突变生长
Transilient Growth

中国(西部)城市
转型的多维透视

Multidimensional Research on City Transition in (Western) China

杨永春 著

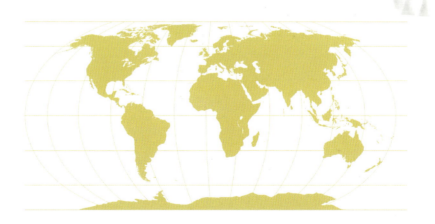

兰州大学出版社

图书在版编目(CIP)数据

突变生长:中国(西部)城市转型的多维透视/杨
永春著. —兰州:兰州大学出版社,2011.1
ISBN 978-7-311-03642-3

Ⅰ.①突… Ⅱ.①杨… Ⅲ.①城市发展—研究—西北
地区②城市发展—研究—西南地区 Ⅳ.①F299.2

中国版本图书馆 CIP 数据核字(2011)第 004934 号

责任编辑　陈红升
封面设计　余　音

书　　名 **突变生长——中国(西部)城市转型的多维透视**
作　　者　杨永春　著
出版发行　兰州大学出版社　(地址:兰州市天水南路 222 号　730000)
电　　话　0931 - 8912613(总编办公室)　　0931 - 8617156(营销中心)
　　　　　0931 - 8914298(读者服务部)
网　　址　http://www.onbook.com.cn
电子信箱　press@lzu.edu.cn
印　　刷　天水新华印刷厂
开　　本　787×1092　1/16
印　　张　35.875　(插页 9)
字　　数　839 千
版　　次　2011 年 1 月第 1 版
印　　次　2011 年 1 月第 1 次印刷
书　　号　ISBN 978-7-311-03642-3
定　　价　68.00 元

(图书若有破损、缺页、掉页可随时与本社联系)

序

斯蒂格列茨认为城市化是人类社会发展的必然趋势,是经济发展和科技进步的必然产物和一个国家实现现代化的重要标志。然而,城市作为一个复杂巨系统,经历着诞生、成长、壮大、衰退、消失等过程。在城市生长过程中,无论是作为城市生长的外部系统,还是作为城市自身发育壮大或消亡的内部系统,在其突变发展时期,都会存在阶段性的生长转型过程,尤其是大规模而深刻的制度转型时期所引致的城市生长转型。关于转型的研究在中、西方均是学术热点,逐渐成为学术界非常关注的重要领域,研究文献遍及经济学、地理学、社会学等各个学科。西方学者们近些年来主要关注福特主义向后福特主义的转型、现代主义向后现代主义的转型、自由主义向新自由主义的转型等,这些转型涵盖内容广泛且十分复杂。

改革开放以来,中国经济社会发展的制度与政策背景发生了巨大变化,由此带来了广泛的社会经济转型,自此中国的发展从计划经济时期进入了转型期。在转型期,社会经济发展具有与计划经济时期完全不同的特征,同时亦与市场经济有所差异,在这种背景下的中国城市生长过程自然也进行着潜移默化的转型。然而,当今的城市研究大多集中在发达国家,中国的研究则集中在东部地区,针对西部城市的研究则较少见,关于城市生长转型方面的研究亦是如此。

20世纪70年代以来,随着世界范围内新自由主义经济政策的实施,加速了信息时代和知识经济时代的到来以及全球化进程和广泛的科技革命与技术进步,全球城市和全球城市网络的影响力迅速提升,技术、文化、制度、创新、资本等要素对城市生长过程的影响愈加强大,其作用的模式与机制与福特主义时期相比也都发生了很大变化。后福特主义时期涌现的新城市主义、制度学派、后现代主义、人文主义、后殖民主义、女权主义、新自由主义经济等思潮极大地影响了城市生长与转型领域的研究工作。那么,世界上处于不同发展水平、不同自然生态环境、不同文化和制度背景下的城市生长的空间过程和路径有什么样的异同;如何度量;在保持全球化与地方化进程相互协调的基础上,其差异化的城市生长过程有什么样的政治、经济、社会、环境效应;发展中国家和地区的城市,如中国

（西部）城市,在其制度转型中的生长与转型过程又具有何种特征和模式;该模式与当前提倡的低碳城市建设是否具有内在的一致性;因此,有必要从理论层面上,在充分考虑渐进制度改革(从计划经济到市场经济转型)和政府干预(市场经济过程)力度很强的基础上,探讨转型期中国(西部)城市生长转型(或重构)进程的度量、特点、路径和模式及其社会、文化后果,对中国(西部)城市持续发展和低碳城市建设目标的实现具有十分重要的理论价值。

改革开放以来,在渐进制度改革和快速经济发展的推动下,中国(西部)城市进入了前所未有的快速生长时期。然而,因为中国独特的政治经济体制和文化传统,城市生长过程及其转型模式也具有自身的内生化特点,与计划经济时期相比也发生了很大变化。与此同时,城市生长过程也必然体现或孕育了试图解决诸如全球化进程与地方化进程、快速发展与生态环境保护、社会分化与贫困阶层、发展资源争夺激烈与使用效率低下、创新能力差与产业升级慢、高新技术产业发展与就业压力大、制度变迁与利益公平分配等尖锐的矛盾与问题,这些矛盾与问题在快速工业化和城市化进程中必然以城市生长过程为载体发展和演化,当然也在相应程度上制约和影响了城市生长与转型过程的特征、路径和模式。更为重要的是,由于西部有其特殊情况,发达国家及中国东部城市的相关研究成果并不能完全照搬过来用于西部城市的研究与实践,因而关于中国西部城市转型的研究必不可少。城市转型不仅与国家的大背景相关联,同时也与城市所处区位、社会经济状况、所处区域发展条件等诸多因素紧密联系。中国西部城市作为在地域上较为特殊的一类城市,西部城市生长转型研究将会给中国城市研究尤其是城市转型研究的相关理论以补充,而对其经济、社会及空间方面的研究将会是经济、社会及空间相关理论的补充和验证。而且,中国西部城市不但受到东部城市若干相似问题的困扰,还面临着发展资源快速流失、人居环境相对恶化、竞争力弱化和被边缘化、企业改制艰难、就业问题、部分城市发展空间狭小、环境污染更加严重等更为地方化的问题,尤其是国内渐进改革模式中制度创新总是首先实施或发端于东部地区,而西部地区则面临着因为制度改革模式设计所引致的"制度劣势"的窘境。那么,如何度量和评估中国(西部)城市生长与转型的特征、路径和模式,其与中国沿海城市有什么不同。况且西部河谷型城市分布广泛,面临着建设用地有限、环境容量狭小、交通问题严重、自然灾害严重、建设成本较高等各类问题,兰州、乌鲁木齐等城市跨越式发展任务十分艰巨,因此深入研究西部城市生长转型的路径与模式对于推进都市建设、产业升级、保护生态环境、城市科学规划和管理、地区持续发展等都具有深远意义。

本书的目的就是在一定程度上回答上述问题,即在全球化与制度转型的背景下,以兰州、成都等西部城市为例,基于地理学视角,从城市系统、经济、社会、空间、文化与建筑、景观生态等各个角度综合性、系统性地探讨,多维透视了中国西部城市生长中的转型过程和特征,部分地展示了中国西部城市生长转型过程路径与模式、政治经济动力、以及社会文化后果。

　　在这里需要特别说明的是,这些成果的取得,是十余年来笔者和孟彩红、李震、伍俊辉、杨晓娟、陈健、吴文鑫、向发敏、姚康、冷炳荣、张理茜、闫桂媚、黄幸、乔林凰、侯利、刘沁萍、谭一洺等多名博、硕士研究生的共同研究成果的集中展现,他们付出了艰辛的劳动,在这里我表示衷心的感谢!

　　理所当然,著作的出版受益于多位师长和同仁的大力支持!首先,这个成果离不开国家自然和社科基金委员会多项基金和教育部新世纪人才支持计划等项目的大力支持。在此,我必须感谢国家自然基金委员会的宋长青主任、冷疏影博士等相关人士!其次,我深深感谢兰州大学李吉均院士、陈发虎副校长、潘保田副院长,以及我的导师曾尊固教授、汪一鸣教授、安成谋教授等师(兄)长的长期指导和关怀,才使我有了长足的进步!最后,我要致谢使我受益良多的学界师长和同仁,因为无论是阅读他(她)们的著作,还是与他们交谈,都使我茅塞顿开,例如吴传钧院士、陆大道院士、吴良镛院士、许学强教授、宁越敏教授、周一星教授、顾朝林教授、阎小培教授、吴缚龙教授、曾刚教授、李小建教授、樊杰教授、周尚意教授、柴彦威教授、刘卫东研究员、张京祥教授、薛德升教授……以及同窗好友甄峰教授、朱竑教授、曹小曙教授……

　　非常遗憾,因各种原因不得不先出版这本以实证研究为主的著作。如果力所能及,争取明年完成统一的中国城市生长转型的理论方面的研究工作,以补偿这个缺憾!

　　另外,本书的出版得到了兰州大学出版社的大力支持,我的研究生李伟伟、赵四东、郭杰、王亚男、豆晓、李甜甜等人对全书进行了校对,他们都付出了艰辛的劳动,在此一并致谢!

　　最后,谨将此书献给多年来默默支持我工作的(岳)父(岳)母,以及承担了大量家务和培养儿子重担的妻子!愿早逝的父亲含笑九泉,多年卧病的母亲早日康复和快乐,岳父岳母颐养天年,妻儿和家人都幸福长乐,中华民族早日复兴,祖国繁荣昌盛!

　　但愿此书能给飞速发展中的中国西部城市的规划、建设和持续发展提供应有的帮助!

杨永春

2010年10月于兰州大学

目　录

第3篇　中国(西部)城市的社会转型

第4篇　中国(西部)城市的空间转型

第5篇　中国(西部)城市的文化与建筑转型

第6篇　中国(西部)城市的生态景观系统转型

第1章 绪 论

1.1 城市转型的相关概念

1. 城市生长

生长一词是借用生命科学的词汇,广义地生长就是用来描述生命体的孕育、诞生、成长、成熟、衰落、灭亡的全过程。然而,狭义的解释则主要强调了生命体如何成长的一面(对于死亡过程的研究比较忌讳)。如果生命体要扩大其身,就必须含有增长过程或扩张过程。使用城市生长来描述城市演化历程,与城市发展相比较,至少有下述优点:强调了城市是一具有特殊生命学意义上的有机体,认定其有有机体的大部分主要特征,如新陈代谢、群落与竞争、有生有死等,即认为城市很多演化进程带有生命体的规律和特征,这自然就是一个开放系统的演替,也就带有复杂系统演化的特性。实际上,自达尔文进化论产生后, 有一段时期也曾出现了社会达尔文主义将社会看成生命有机体的研究思路、方法和学派,后来因为这种方法的局限性而逐步衰落。然而,自从复杂系统理论、自组织理论、协同理论、突变论等新理论不断深度地应用到城市研究中来,无论是将城市视为有机体,还是无机体,城市这个既带有生命特性,又带有无机世界特征的复杂系统让研究人员在可持续发展层面上(如最近的低碳城市的概念)又不得不重新重视其有机体的特征。城市生长这个词汇的使用,前提是要明晰城市是否就是一个有机体或部分是有机体或仅就具有有机体的部分特性这个敏感的问题,即城市是否会像生命体一样生长;生命体的生长一般需要阳光、水、氧气、矿物质等一切条件,通过新陈代谢获取养分,排泄不需要的物质,那么城市是否也完全类似呢;再如,如果将城市当成生命有机体来对待,那么城市如何生长的机制与特性是否与生命体本质上相似;城市生长是否就是生命有机体系统的成长,而不是单个部分的特殊膨胀或增长。

从一般意义上分析,城市生长和生物世界的一般生命体生长至少有下列相似之处:

(1)城市生长历程从基本原理分析和生命体过程相似。城市的生存需要从外界获取资源和能源,尤其是各类产品,排泄自己不需要的废弃物,因为城市的服务对象是具有生命体特征的人类社会以及其它一些附属的生物体。因此,城市从根本上应遵循生物学规律,如关于居住区分异的家庭居住年龄迁移周期理论等。人类自身生存的基本定律虽然在城市中已发生了根本性改观,但是人类生长的生命定律依然存在,那就是无论时代和社会文化背景有多么大的不同,人类的衣、食、住、行、玩、工作等的本质并没有改变,只是行为的方式和乡村有了根本的不同。例如,干净的空气、丰富的食物、不同种类的衣服、不同类型的交通工具(如马车、汽车、飞机等)等等物品只是进一步现代化了,方式多样化了而已。

(2)城市也存在诞生和衰亡的周期和历程。历史上很多城市都已不复存在,不管是什么原因,城市消亡在世界各地都是存在的。因此,从生命周期而言,城市生长也存在周期,也存在完整的生长过程。从长远看,她和人类的历史将共同捆绑成一个统一的生命周期。

(3)城市生长也同生命体一样,存在生态系统和生存网络,利用竞争与合作方式获得资源和能源。城市在一定时期既可以单个生存,更多时候则是以群体组织方式生存,利用组织力量或系统方式获得生长所需的更多资源。城市既可以从自身所处的小区域(城乡系统)获取资源,也可以从更广阔的区域层次,如大区、国家、全球等获取资源。而且,不同的城市系统虽然本质上也是其它城市的外部环境,但也可组成联盟(即以群落方式)方式寻找合作者(盟友)和协作者,共同获取生长的资源和共享周边环境。人类可以组成社会,植物可以组成生态系统,动物可以形成种群和团队,由人类创造的城市更是可以组成各种各样的城市系统参与竞争和协作,因为系统的力量远比各自的力量强大。

(4)城市生长过程也和生命体一样,很可能"长大成人",也可能"中途夭折",既可以迅速成长,也可以在基本成熟后维持现状。不过,这个基本成熟的概念指在整个社会经济系统发展基本稳定后,城市发展规模将在一定时期大致保持稳定;也就是说,在可利用的资源被基本分配完后,各城市将只能在已获得的基本恒定的资源和能源总量的背景下生存,其生长速度将取决于内生过程,即资源利用效率的提高、技术进步速度和内部要素整合的成效。如果单位资源的生产率基本稳定,或者没有发现新的资源,或者整个资源分配系统没有新的扰动,那么各城市将在恒定条件下展开内生式的竞争。因此,城市生长的源泉不仅仅在外部系统,也存在于内部的生长条件和能力的变化。

(5)城市生长和生命体一样,存在生长的门槛,即在一定条件下,需要得到外界的支援或扶持,当达到一定规模和超过自组织增长边界后,才可自我组织和生长,跨越生长门槛,自行吸纳外界资源,逐步完成自我的生长历程。但是,城市能否达到成熟阶段,也取决于外部的条件和发展的机会。如果外界是一个相对稳定的多城市系统,而自己又不是一个竞争力很强的个体,就很难长大,将可能处于较为稳定的生长状态(甚至可能衰退)。如果城市是一个新兴个体,竞争力很强,尽管外界系统稳定,也能"虎口夺食",顽强生长。假如遇到了政治、经济系统转换的时机,生长就会变得很快。

(6)城市和生命体一样,也存在自身生长的瓶颈。就是长的太快或太慢,可能最终限制城市生长。如果长的太快,那么会因"消化不良"发生臃肿和畸形,产生"城市病",如交通拥挤、效率低等各种问题;而且,如果这些问题不能及时解决,可能导致城市衰退,甚至消亡。如果在条件适合时却生长太慢(称为"侏儒"类城市),而同期其它城市迅速成长,则可能会"时不再来",失去不可多得的生长良机,在很长一段时期内或永远都可能无法成长了。

在一定系统界限内,城市肯定存在规模上限,也存在一个良性的规模范围。这个规模的范围随着人类群体规模、生产力水平、流动性、管理能力、文化容量的不断上升而上升。但是,由于城市可能因外部不经济、文化的离散力(人们嫌弃拥挤)、交通拥挤、环境的不适宜居住等因素导致单个城市规模存在上限;所以,无论如何,城市生长规模在一定的经济技术水平下存在一个上限(类似生态系统的生长上限,由光合作用上限所决定)。不过,虽然城市单体存在上限,但是可以促成城市生态群落的形成,如城市群、城镇密集区、城市连绵区等城市系统的形成。

城市可能自身存在结构性疾病(如选址不当)或者属于某个职能类型(如军事堡垒、矿业性城市、旅游性城市等),都可能导致城市生长缓慢或者达到一定阶段后发生衰退。如果能及时解决城市所面临的问题,城市或可恢复生长。

城市也可以因为某种外部力量而毁灭,如地震、海啸、火灾、战争、瘟疫、环境变迁(如沙漠化、水源消失等)等各种毁灭性力量,也许还包括传说中的"外星人"入侵或者"温室效应"引起的全球变暖等环境巨变所引起的难以预料的后果,最终导致城市毁灭。

生长速度的差异化瓶颈。城市发展和其它生命体一样,其生长速率在不同时期有差异,即存在突变和渐变两种过程,也存在突变状态和渐变状态。前者,城市生长迅速,发生巨变;后者,城市处于相对稳定的状态,生长速度相对缓慢。因此,城市生长过程中不同时期的规划导向和管理政策应有一定程度的差异。

(7)城市之间存在各种关系,尤其是当他们形成了各种城市体系后更是如此。植被生态系统的基本关系在城市系统中都可能出现,如等级关系、从属关系、共生关系、竞争关系、协作关系、掠夺关系等等。在现代社会和全球化经济模式下,城市生长就是在各种关系中,利用竞争和协调手段获取资源,促进自己的成长。所以,一些城市受到系统的限制而永远只是城市体系中的侏儒——中小城市,而那些已经长大的少数城市有可能成为城市王国和城市网络的统治者——世界城市。这样,就促使城市之间的竞争复杂而多样化。

(8)城市拥有多样性。实际上,自然界中的植物群落拥有很强的多样性,即植物种类越多,等级越高,这种多样性越复杂,即越复杂的植物群落越可以得到更多的基因交流,可加速植物种群的进化,也反过来促进了植物群落的多样性,两者相辅相成。城市与之相似,也拥有同样特性,即规模越大的城市的创新能力越强,只是过程更为复杂和深刻。城市可容纳不同年龄、不同文化、不同职业、不同爱好、不同群体等各种差异化的和拥有很多明显差异的,甚至独立群体的共同存在,这种差异化的存在使城市存在难以想象的多样性,也使人类可以获得更多的交流和融合,不但扩大了人类自身的基因交流范围,增强了人类社会生物学意义上进化的可能性,而且可以碰撞出更多的新思想和新行为,创造了灿烂的文化和诸多创新。城市人可"因城而兴旺",也可"随城而衰亡"。宏观上,城市系统和生态系统相似,每一个城市都扮演着不同的角色,担负着不同或相似的职能,共同组成了城市系统,即不同的单体城市(生态)系统共同组成了更为复杂的城市群体(生态)系统,虽然其结构和功能有其形似性,但是其种类复杂多样。各地的城市系统如相互联结,就可形成世界性的城市系统。目前,全球性的城市系统已经大致形成,并处于较为快速的演化过程中。

虽然城市与生命体有诸多相似之处,但城市毕竟是由人类组成的复杂巨系统,它也存在下列与自然界生命体及其系统不相同的地方:

第一,城市的物质世界是壳,居住在其中的人类才是魂魄。在世界历史上,一些城市在人类历史上可能就没有人类生命个体历程和社会经济体系变迁的限制,因为很多城市从诞生之日起就一直存在,只是生活在这个壳里的城市人群在不断变化和演化,不但经历了不同的社会制度的变迁,而且城市面貌(物质世界)在不同时代也发生了很大变化,即城市与生活在其中的人们在一同演化,这是因为城市是人们生活的地方,必须满足人类物质和精神的双重需要。因此,如果不考虑生活在城市中的人类的变化,很多城市已存在很长时间了;反之,如果考虑人类社会变迁,城市必然跟随人类需求作出相应转变,那么人类历史上的所有城市就已经是"此城非彼城"了。所以,因为人类社会多次发生了质的转变,城市在不同时期实际上都将经过剧烈的转型,这个转型实际上就是人类社会、经济、文化在城市这个物质载体上的折射和反映,城市就是在这种转型中不断实现生长过程的,这是城市和生命体最为不同的地方,即城市可以实现再生、再造、再复制过程,而生命体却不能,它只能通过遗传、繁衍后代去延续(生命体可以实现有限的身体内部的再生过程,如细胞再生等。极少数生命体仅可以实现自身躯体部分器官的再生过程,如壁虎的尾巴)。从更广泛的意义上来说,城市是人类文明和文化体系的延续,一些城市的"躯体"虽经历史沧桑和巨变,但依然巍然屹立,而生命体却已进入大自然的物质循环了。因此,城市是随着人类社会的转型而变化的。故此,关于城市旧城保护和古文化保护从深层次来说,存在继承和变化的辩证关系。

第二,城市躯体和人类通过各种关系实现耦合,如财产关系、契约关系等,也可以一夜之间人类撤离城市,导致"人城分离",这是生命体不能做到的,如最近美国因为飓风而进行的城市人口大规模的暂时性撤离等。生命体仅仅只是少数物种可以做到蜕皮和脱壳,仅此而已。认识到这一点非常重要,因为城市人口、城乡人口在工业化时代互相迁移频繁,各个城市争夺高质量人群的过程将可能非常激烈,在信息时代更是如此,如美国的移民签证政策,很多中国城市的户籍政策等,都是非常现实和明智的。

第三,城市规模上限远未确定。因为受制于生物体内在的约束,任何单体生物迄今为止的个体规模都十分有限,如恐龙、鲸鱼,甚至世界上最大的树种。但是,城市的实际建设规模迄今越扩越大,远不是历史时期的人们可以想象,如果没有经济、文化、管理、安全等的约束,城市可容纳大量人口,远不是单个生命体可以比拟,所谓最佳规模或者最大规模实际上非常难以确定,这就好像你要确定一个生态系统的最佳规模或最大规模,你如何确定一个热带雨林系统的最大规模呢?这显然与其整体生存环境和内部系统的生长状态相关。

第四,城市的性质和职能可以发生突变或改变。任何单个生命体及其所组成的群落或种群结构与组织在生长过程中实际上相对稳定,在不同阶段其性质可以发生周期性的可以预料的、稳定性的变迁。城市的基本职能实际上也是相对稳定的,如提供人类生活、居住、生产、休闲等基本需求,但是从生产和消费角度分析,其内容发生了翻天覆地的变化,城市的一些性质和职能发生了改变,如从生产性城市变化为消费性城市,从制造业中心改变为服务业中心,这些都是其它生命体缺乏的。而且,如果说人类对自己未来所要走的道路还处于摸索阶段,城市的部分性质和职能的变化依然带有某种探索性。从尺度上来看,植物群落和动物种群也在发生突变和变异,但是远没有人类所组成的城市这样越来越处于加速生长的特征。

通过生命有机体和城市系统的对比性辨析,可以说明城市既符合生命体的部分一般性演化规律,但也存在很多的差异性。因此,既然城市是由人类在一定地域耦合而成的社会地域系统,且带有单个生命体的部分一般性特征和更接近植物群落或生态系统的特点,还带有部分自身的演化特点的复杂巨系统,那么城市生长一词虽然基本遵循"生长"一词的内涵,但是也有一定的差异性。故此,城市生长通常是指一个城市诞生和演化的总体发展历程,也可以指单个城市"一生"的生长历程,即城市的任何发展进程都可称为城市生长概念内涵的一部分。

2.制度与制度变迁

常见于文献中的"制度"一词有着众多和矛盾的定义,不同学派和时代的学者赋予这个词众多可供选择的含义,以至于除了将其笼统地与行为规则性联系在一起外,很难给出一个普适的定义来。而本书采用的是制度经济学的分析框架,在制度经济学里制度作为十分重要的分析因素,多个学者给出了规范、公认的定义。下面将讨论制度经济学领域内制度的含义。

凡勃伦认为制度实质上就是个人或社会对某些关系或某些作用的一般思想习惯,制度必须随着环境的变化而变化,是生存竞争和淘汰适应过程的结果;而在康芒斯看来,制度无非是集体行动控制个人行动,所谓集体行动的范围很广,从无组织的习俗到有组织的运营机构(盛昭瀚等,2002)。这是早期两位著名制度经济学家给制度的定义,而现代制度主义者对制度的理解则更为明确。诺斯认为制度是一系列被指定出来的规则、守法程序和行为的道德伦理规范,是一种博弈规则,它旨在约束追求主体福利或效用最大化利益的个人行为,它是由正式约束(如规则、法律、宪法)、非正式约束(如行为规范、习俗、自愿遵守的行为准则)以及他们的实施特点构成的(诺斯,1994)。青木昌彦(2001)进一步探讨了诺斯的"博弈规则"定义,他认为制度是关于博弈如何进行的共有信念的一个自我维系系统,制度的本质是对均衡博弈路径显著和固定特征的一个浓缩性表征,该表征被相关领域几乎所有参与人所感知,认为与他们策略决策是相关的;这样,制度就以一种自我实施的方式制约着参与人的策略互动,并反过来又被他们在连续变化的环境下的实际决策中不断再生产出来。柯武刚和史漫飞认为制度是由人制定的规则,它抑制着可能出现的、机会主义的和乖僻的个人行为,使人们的行为更可预见并由此促进着劳动分工和财富创造。他们又根据制度的起源将其分为内在制度和外在制度,前者是从人类经验中演化出来的,体现着过去曾最有益于人类的各种解决办法,譬如习惯、伦理规范等;而后者则是被自上而下地强加和执行的,由一批代理人设立和确立,譬如司法制度(柯武刚等,2008)。从制度定义的发展脉络来看,其涉及范围更为广泛,指向更为明确,且根据其性质、起源等已经有了较好的分类。虽然不同学者的定义各有侧重,但具体也就包括规则、法律、宪法、规范、习俗、准则等内容,本文采用柯武刚、史漫飞的定义,把制度理解为人制定的规则。

在进一步分析制度的作用及演变时,对制度构成或制度结构的分析已经成为基本的理论前提。在制度的定义中已经可以看到,从实施惩罚方式来分可以分为正式制度和非正式制度;而从起源来分可以分为内在制度和外在制度。正式制度是指人们有意识建立起来的并以正式方式加以确定的各种制度安排,包括政治规则、经济规则和契约,以及由这一系列的规则构成的一种等级结构,从宪法到成文法和不成文法,到特殊的细则,最后到个别契约等,它们共同约束着人们的行为;非正式制度是指人们在长期的社会生活中逐步形成的风俗习惯、伦理道德、文化传统、价值观念及意识形态等对人们行为产生非正式约束的规则,是对那些对人的行为的不成文的限制,是与法律等正式制度相对的概念(卢现祥,2004)。内在制度是群体内随经验而演化的规则,外在制度是通过外在地设计出来并靠政治行动自上面强加于社会的规则。

制度通过提供一系列规则界定人们的选择空间,约束人们之间的相互关系,从而减少环境中的不确定性,减少交易费用,保护产权,促进生产活动。正是由于制度具有能够给人们提供便利、维护人们利益的功能和作用,人们才会对制度产生需求,这就需要制度的供给。制度供给也即制度的生产,它是对制度需求的回应。而在产生制度需求到实现制度供给的过程中,制度变迁随之发生。

制度变迁是指制度的替代、转换与交易的过程,它的实质是一种效率更高的制度对另一种制度的替代过程。一项新的制度安排之所以能够出现,是因为人们对它的预期收益超过预期成本,只有当这个条件得到满足时,我们才可能发现在一个社会内改变现有制度和产权结构的企图(科斯,1994)。很多的外部事件都能够导致利润的形成,但是现有的经济制度的安排又不可能使我们获取这些利润,只有通过制度创新形成规模经济、使外部性内部化、规避风险和降低交易费用,才能使人们的总收入增加,创新者才可能在不损失任何人利益的情况下获取利益,而这种利益的驱动力正是制度变迁的原因(卢现祥,2004)。除了对制度变迁起源的探讨,新制度经济学还有一系列关于制度变迁的模型,其中最为著名的当属诱致性制度变迁模型和强制性制度变迁模型。

拉坦最早对诱致性制度变迁模型进行了深入研究,他认为制度是一套行为准则,它被用于支配特定的行为模式与相互关系,他认为制度变迁可能是由对与经济增长相联系的更为有效的制度绩效的需求所引致的。林毅夫借鉴了西方经济学有关制度变迁的理论,将诱致性制度变迁定义为现行制度安排的变更或替代,或者说新制度安排的创造,它由个人或一群人在响应获利机会时自发倡导、组织和实行(Lin,1989)。总之,只有在创新者的预期收益大于预期成本时,诱致性制度变迁才可能发生,对于正式的制度安排,需要创新者花费时间和精力去组织、谈判并得到制度变迁主体的一致性意见,而非正式制度的变迁则纯粹由个人完成。由此可以看到诱致性制度变迁的两大特点:赢利性和自发性。前者是指其成本大于收益时相关群体才会推进制度变迁,后者指这种变迁完全是群体对制度不均衡的一种自发性反应。

强制性制度变迁由政府命令和法律引入实现,与诱致性制度变迁不同,强制性制度变迁可以纯粹因在不同选民集团之间对现有收入进行再分配而发生。强制性制度变迁的主体是国家或政府,国家的基本功能是提供法律和秩序,并保护产权以换取税收。根据新制度经济学的分析,国家在使用强制力时有很大的规模经济,此外,国家在制度实施及其组织成本方面也有优势。

在社会的实际生活中,诱致性制度变迁与强制性制度变迁很难划分开,它们相互联系、相互制约,共同推动着社会的制度变迁。两者之间有许多共同点,如二者都是对制度不均衡的反应,二者都遵循成本—收益比较的基本原则等;同时二者的差别也十分明显,主要体现在制度变迁的主体不同,各自的优势不同等。

有些学者根据制度变迁的进程将制度变迁分为渐进性制度变迁和激进性制度变迁,但诱致性制度变迁与强制性制度变迁模型是新制度经济学关于制度变迁的两个最有代表性的模型,目前大多关于制度变迁的经验研究都是建立在其基础上,也是本文采用的划分方法。

3.转型与转型期

"转型"一词是从化学领域的"构型"、"构象"及生物学上的"进化"等词发展而来的(吴光炳等,2008)。其意指通过改变分子结构的空间排列组合方式,使其具有新的结构与功能。在生物和化学领域,一物的内部构成要素及该物同周围他物的各种联系,因其特定的组合方式而使该物具有了相对稳定的存在方式就叫做"型"。当这一事物内部构成要素及它同周围环境的组合关系发生排列变化,从而改变原来的存在方式就称为"转型"。转型后的事物,要么变成了他物,要么因改变结构而增加了新的功能。在这里,"型"主要是指事物的结构,"转型"就是通过变换事物的结构而强化或减弱事物功能的过程。

近年来,"转型"一词已经成为学术的热点词汇,关于"转型"的研究文献可谓汗牛充栋,其研究空间尺度大到世界范围内资本主义、社会主义国家的转型,小到城市转型;而且其涉及学科范围亦十分广泛,涵盖了政治学、经济学、社会学、地理学等诸多领域。

在社会科学领域,国内外学者一般把"转型"理解为一个发生根本性变化的过程,即从基于国家控制的社会主义集中计划经济转向自由市场经济的过程(张良,戴扬,2006)。并且认为转型与改革根本不同,应当将市场化改革与向市场经济转型区分开来(陈健,胡家勇,2005)。改革的焦点是调整与完善现有制度,而转型是改变制度基础的过程,是要通过完全的制度替换和建立新型的经济关系来废除以前的制度(徐瑛等,2007)。其研究范围和研究内容一般围于经济层面,即经济转型。

但也有某些研究对"转型"的理解要宽泛得多,他们把转型理解为"大规模制度变迁的过程"(Roland,2002),制度转型意味着"从一种国家或政体被转变或转变为另一种国家或政体"(Kasper and Streit,2000), 如基于国家控制的社会主义集中计划经济向市场经济的转变(张良等,2006),以及"转型是后社会主义国家的制度与全球资本主义制度趋同的过程"(Sacks,2000),而科尔奈(Kornai, 2000)则认为"转型是一个大概念,不能仅仅简单归结为从计划经济到市场经济的转轨。转型并不仅仅只包括经济的转型,还包括了生活方式、文化的转型,政治、法律制度的转型等多个方面,因此必须基于多维度考察转型"(张良,戴扬,2006)。这样,可把转型理解为大规模制度变迁的过程,认为转型期就是一个包括经济、社会等诸多领域发生深刻变化的复杂过程,其实质是一系列的制度变迁或制度创新(张庭伟,2008;张京祥等,2008)。而制度的本质是一系列关于社会基本利益关系、社会关系和社会行为的协调与规范(黄俏,2008),它是建立在一定的生产力和社会发展水平之上的,其必然要随着生产力和社会的发展而发展,而在我国的这种渐进性改革中制度变迁是其重要内容。因此,"转型"(transformation)比"转轨"(transition)更适合于描述中国的经济体制改革,虽然这两者涉及的都是经济体制的变化,但后者表达的是经济处于一种向某种理想状态(如一种特定形式的市场经济)过渡的状态,而前者并不包含一个众所周知的最后阶段的概念,研究的是经济体制改革的过程,没有一个关于最终状态的明确表达(Chow,1993)。

转型期是指社会系统发生剧烈转变或质变的时期,一般伴随着社会、经济、文化、科学的飞跃,人口的激增,科技的进步,文化的变革等。但是,从理论上讲,任何制度性变革都可以称为转型,但转型期强调变革对全球或地区或城市本身的整个社会系统所带来的根本性变化。故此,转型期是一个包括经济、社会等诸多领域发生深刻变化的复杂过程,其实质是一系列的制度变迁或制度创新(张庭伟,2008;张京祥等,2008)。在此阶段,世界范围内均发生着广泛的城市转型,也即是一个制度变迁的过程,而中国的转型也可以视为其中的一部分(吴缚龙等,2007;Shen,2007;Bennett,1997)。

4.单位与单位社区

单位是单位社区研究的大前提、大背景。所以解释"单位社区"的前提是对"单位"一词的界定。"单位"翻译成英文为"Unit—thing or group regarded as complete in itself",即指构成整体的人、物、团体等,它表示一个整体在其构成上的容量与成分。很明显"Unit"一词不能够完全把我国单位外延解释清楚,在中国,单位不只是一个地域概念,它还包括各种制度性与非制度性之间的关系,"Unit"一词却没能完全揭示出来,所以在西方,许多学者不用"Unit"一词描述中国的城市单位,而是用"Danwei"。

从我国学者对单位的研究中不难发现,学者们对单位含义的界定主要有以下三种:

第一,单位作为一种组织形式。

路风在《单位:一种特殊的社会组织形式》一文中提出单位是我国各种社会组织所普遍采取的一种特殊的组织形式,是我国政治、经济和社会体制的基础(路风,1989)。潭深在《城市单位保障的形式及特点》中提出单位原指城市人的就业组织,从社会保障的意义上来说是一种取代了与传统家庭亲属保障相应的"家—国"观念的组织(潭深,1991)。李猛、周飞舟、李康在《单位:制度化组织的内部机制》中提出单位是再分配体制下的制度化组织。城市的事业和行政单位是最典型的"单位"(李猛,周飞舟,李康,1996)。刘建军在《单位中国——社会调控体系重构中的个人、组织与国家》中提出"单位是在中国社会调控体系中以实现社会整合和扩充社会资源为目的的制度化组织形式,是国家和个人之间的联结点(刘建军,2000)。"

第二,单位作为一种制度。

李路路在《中国的单位组织——资源、权力与交换》中提出,单位是国家分配社会资源和实现社会控制的方式。所谓"单位制",是指这样一种制度结构,即大多数社会成员都被国家组织到一个个具体的、由国家所建立的"单位组织"中,由这些单位组织给予他们社会行为的权利、身份和合法性,满足他们的各种需求,代表和维护他们的利益,控制他们的行为(李路路,李汉林,2000)。徐奇标在《简谈单位制及单位制改革构思》中提出"在中国社会经济生活中,人们均从属于不同的单位,人们的行为均受到单位的制约。反之,单位也对单位成员承担各种义务,因而,单位一词超出了它原来所具有的含义,而有了制度的含义,成为了单位制(徐奇标,1997)。"杨晓民在《中国单位制度》中提出单位制度是一种为了管理公有体制内人员而设立的组织形式,它是构成单位社会所有的正式和非正式制度(杨晓民,1999)。

第三,单位作为一种现象。

于显洋在《单位意识的社会分析》中提出单位特指工厂、商店、学校和机关,事业和企业(于显洋,1991)。揭爱花在《单位:一种特殊的生活空间》中提出单位作为一种特殊的生活空间的特征是封闭性。它形成了"保护—束缚"机制,使建国后人们的生活方式千篇一律,人格的依附性扭曲,社会的创造力窒息。社会成为一潭死水。人们丧失了自己的独立性和自主意志。用这样的方式换来国家权力对个人的基本生活进行保障,提供给人们社会地位、声望等等(揭爱花,2000)。单位社区实际上是单位在空间地域上的载体(周崇,2008),是由计划经济体制下的家属院转变过来的。本文中的单位社区特指在国家宏观社会调控体系下形成的,由国家和单位统一开发的,并由本单位职工组成的集生存和发展于一体的社会生活共同体。在空间上表现为以单位为基本建构的单元,依托工作场所,居住和工作紧密相连的生活聚居地(张丽梅,,2004)。它具有典型的社区特征,即一定的地域、相当规模的人口、较强的文化认同感、基本完善的设施和完整的管理体制。目前这类社区在我国城市社区中仍然占据着主体地位。

单位社区具有如下特征:(1)单位社区是国家宏观调控体系的产物。单位社区并非自发形成,而是在社会整合的客观要求下,在国家宏观调控力量的外在作用下促成的。单位社区作为社会调控体系的基本单元,服从于我国当代实现社会整合和建构社会新秩序的时代要求。因此不属于脱离于政治因素之外的社会实体。(2)单位社区的主体具有高度的职业均质性。由于社会发展的需要和社会分工的细化,单位社区的成员均为本单位职工,并表现出高度的职业或行业均质性。(3)单位社区的主体对单位具有高度的依赖性。单位对个人发挥着提供就业和劳保福利、分配住房、解决子女入托入学等全方位的社会功能,使个人对单位产生高度的依赖感。(4)单位社区在空间上具有封闭性。单位社区通常有围墙或围栏,他们将社区包围于其中,门口有保安守护,社区主体在一个相对封闭的社会空间内开展社会关系,形成浓郁的单位氛围,但对于社区的公共事务很少关心和参与。(5)单位社区主体具有内部社会性,缺乏社会交流。社区内居民的生产和生活连为一体,大部分活动在社区内就能解决,可以说是"足不出社区,万事俱办"。但是受到单位体制的限制,单位成员无法走出单位社区,缺乏与本社区以外人员的社会交流。

单位社区并非自发形成,而是在社会整合的客观要求下,由国家宏观调控力量的外在作用下促成的(张丽梅,2004)。改革开放前,我国实行高度集权的计划经济体制和社会管理体制,形成了"单位办社会"的总体性社会格局。"单位"成为中国城市中一种特殊的组织形式和社会调控形式,个人的一切事宜皆由单位来承担,住房也由单位来分配。为了满足单位职工的生活需要,为在业职工提供住房,各个单位都利用本单位资源从事住宅建设。由于当时的城市基础设施比较落后,城市交通尚不发达,又缺乏对城市住宅的宏观规划与管理,所以住宅往往就建在本单位附近,形成了单位组织和居民区参差交错、混合分布的独特的中国城市的单位社区模式 (吴庆华,2008)。这类社区在 1950 年代出现并在 1960 年代获得发展,居民多为同一单位的工作人员,单位社区形成于当时较低水平的消费层次上, 一定程度上满足了国家工作人员和国有单位职工的基本生活保障的需求,但是却强化了社区成员或社区家庭对工作单位的依附性(琚顺喜,杨振平,1997)。

对单位社区的分类,目前学术界涉及较少。程玉申根据单位社区的综合程度把单位社区划分成独立式单位社区和复合式单位社区,这两种类型的单位社区在时间上呈现出一种先后关系(程玉申,2002)。20 世纪 80 年代以前基本上都是独立式单位社区,即一个单位套一个大院,80 年代以后,由于土地利用的有偿制推动了城市用地结构的调整,出现了多家单位职工共住一个社区的复合式单位社区。阮云龙根据单位社区的功能和居住人群把单位社区划分为政府机关单位社区、学校、科研院所单位社区、部队单位社区和厂矿单位社区(阮云龙,2005)。张丽梅认为单位实为人们的工作场所(Work Place),根据单位所分布的行业和所承担的职能,可把单位划分为三种类别:行政单位、事业单位以及企业单位。她从分工主义的角度上把单位社区划分为行政型单位社区、事业型单位社区以及企业型单位社区(张丽梅,2004)。这种划分方法和国家对不同的单位社区制定的发展政策是一致的。

事业型单位社区最早是以"军队大院"、"干部大院"等形式出现的。1950年代初,先是在一些党、政、军机关集中的城市中,出现了一块块被圈在一定地域范围内的单位社区,这些社区有高墙和大门门卫。"大院"的里面则是一个"小社会":工作区、家属区、食堂商店、娱乐体育场所等几乎一应俱全。企业型单位社区是在新中国国民经济恢复期及"一五"建设时期出现的。为了实现工业化和"从消费性城市转变为生产性城市",城市边缘大规模建设工业区的同时又兴建了成片配套的"工人新村"。如上海在1951年兴建了第一个工人新村——曹杨新村,到1953年为止,兴建天山、崂山、控江、凤城、长白等有两万余户工人新村住宅。在此期间,以企业或产业为名的诸如"纺织新村"、"钢铁新村"、"海运新村"等企业型单位社区遍布各地(张敏杰,2009)。

5.经济转型

经济转型是前苏联理论家布哈林在研究新经济政策时最先使用的概念(吴光等,2008)。在研究文献中对"经济转型"的使用,表述的内涵及研究的侧重点均有不同。代表性的观点有三种:

(1)生产力转型说。这是较低层次的经济发展的转变过程。具体有两种理解:①从传统农业社会向现代工业社会的转型。如1840年以后,中国在西方列强入侵的压力和刺激下,开始了从农业社会向工业社会的转型。②从工业社会向后工业社会或信息社会的转型。这是人类社会经历了农业革命、工业革命之后出现的第三次产业革命,它从根本上改变着工业化以后的社会形态,塑造着新社会的面貌。

(2)经济制度转型说。包括以下三个方面:①从资本主义向社会主义的转型。这种转型是传统社会主义政治经济学中所研究的转型。②从社会主义向共产主义的转型。③从社会主义向资本主义的转型。捷克的克劳斯认为,转型是从社会主义经济向资本主义经济、从供给约束型经济向需求约束型经济、从地区经济向独立的国家经济的转变过程。克罗地亚经济学家沃伊尼奇在其论文《转型的经济与政治》中提出,转型要实现三个多元化,即所有制多元化、市场多元化、政治体制多元化。萨科奇等人认为,转型是后社会主义国家与全球资本主义制度趋同的过程,而不是创造一个本质上不同于资本主义的制度创新过程。

(3)资源配置转型说。主要是指从传统的计划经济向市场经济的转型,即通常所说的市场化,强调的是制度和机制的变化。起点是以计划手段作为配置资源的计划经济,目标是以市场手段配置资源的市场经济。1996年世界银行的发展报告《从计划到市场》把转型的长期目标说成是"建立一种能使生活水平得到提高的繁荣的市场经济",发展报告认为只有当改革达到与它们收入水平相当的建立市场经济很久的国家差不多程度的时候,这一转型过程才算完成(世界银行,1996)。

保建云(2007)认为,经济转型并不仅是人类社会经济发展到一定阶段的产物,也不仅涉及到计划经济制度向市场经济制度的转变,而是具有普遍性和更为丰富的内涵。经济转型过程就是一个经济体系由一种相对稳定的状态向另一种相对稳定的状态转变的过程,核心是经济制度的变迁和演化。经济转型过程是一个多目标、多路径和存在可逆可能性的过程。可以根据转型经济体由一种稳定状态向另一种稳定状态转型进程快慢与转型范围大小,把经济转型方式区分为渐进式经济转型模式与激进式经济转型模式两种主要类型(吴光炳等,2008)。假定一个转型经济体正处于由稳定状态 A 向另一种稳定状态 C 转型过程之中,如果存在一个持续时间较长的非稳定状态 B,则为渐进式。然而,渐进式经济转型与激进式经济转型的区别是相对的,一个选择渐进式转型模式的经济体,在某些领域和某些阶段也存在激进的转型活动,反之亦然。

6.社会转型

社会转型(Social Transformation)一词源自西方社会学现代化理论,是西方社会学对生物学中"转型(transformation)"这一概念的借用(陶爱萍,2008)。社会转型理论是研究当今世界社会发展问题中使用频率极高的一种理论,学术界普遍认为这一理论来源于西方社会学的现代化理论,是西方社会学家描述和解释社会变迁的现代化经典思想理论。西方较早使用"社会转型"一词的学者是 D.哈利生,他在其著作《现代化与发展社会学》中多次使用这一范畴。明确地把"Social Transformation"翻译成"社会转型"的是中国台湾学者范明哲,他在《社会发展理论》一书中认为"发展就是由传统社会走向现代化社会的一种社会转型与成长过程"(李德,郝秋华,2008)。

学者们对社会转型含义的理解可谓是见仁见智,有着传统社会向现代社会结构转换的内涵(车裕斌,2008)。社会转型是发展社会学的重要议题,是一个社会从传统向现代转变,是现代性不断增长和理性化程度不断提高的过程(陈占江,2007),既是一种渐进性的社会发展过程,又是一种整体性的社会发展过程(刘祖云,2002)。李德等认为,社会转型一般是指社会从一种形态向另一种形态的转换,这种转换既可以是同一种社会形态量的变化,也可以是不同社会形态之间的转变过渡,转变方式既可以是渐进式的,也可以是爆发式的(李德,郝秋华,2008;刘建荣,2005)。从社会哲学领域来看,陈晏清提出:"社会转型是指人类社会由一种存在类型向另一种存在类型的转变,它意味着社会系统内在结构的变迁,意味着人们的生产方式、生活方式、心理结构、价值观念等各方面全面而深刻的革命性变革。在当代,对于包括中国在内的所有发展中国家来说,社会转型是指在特定的国际环境中由某种非市场经济社会向市场经济社会的转变,或者用当代发展理论的术语来说,是由传统社会向现代社会的过渡。"

国内社会学者一般把从 1978 年改革开放以来的中国社会称为"转型期",目前中国已经面临社会结构全面转型的关键时期(范燕宁,1997)。实现从传统的计划经济体制向社会主义市场经济体制转换的体制转型是当前社会体制转型中最突出的目标(刘玲玲,1997)。在这个社会转型总过程中,既有从传统向现代的转变,又有现代向传统的转变。这些复杂、交叉的进程在当代中国大陆社会都在经历着,成为当前中国社会快速转型的显著特点之一(郑杭生,2003)。王永进等认为,转型的全方位突出表现为,它是从传统的计划经济体制、半自给的自然经济社会向社会主义市场经济体制的转化,从农业社会向工业社会转化,从村落社会向城镇社会转化,从封闭半封闭社会向开放社会转化,从伦理社会向法制社会转化,从以经济建设为中心向以制度建设为中心转化,从同质文化社会向异质文化社会转型,从刚性结构社会向弹性结构社会转化,从农业文明向工业文明、由工业文明向可持续发展文明的双重社会转化。我国社会转型的多角度性主要表现在:从经济社会形态的视角看,中国的社会转型是社会主义社会的模式转换,即从苏联模式的社会主义转换为有中国特色的社会主义;从技术社会形态的视角看,就是由农业社会向工业社会的转型(王永进,邬泽天,2004)。而李培林把中国社会转型的变化趋势归纳为六个方面:由自给半自给产品经济向市场经济转型,由农村向工业社会转型,由乡村向城镇转型,由封闭、半封闭向开放转型,由同质的单一性向异质的多样性转型,由伦理型社会向法理型社会转型等(李德,郝秋华,2008)。

尽管对社会转型的理解见仁见智,对社会转型根源的认识却是较为一致的,即普遍认为社会基本矛盾及其运动推动社会发生变革,而生产力则是社会转型的最原始动力和动因。社会转型是由社会生产力的发展引发的,由代表历史发展趋势的历史主体所推动的社会经济形态、社会结构、社会运行机制以及社会意识和人自身素质向更高类型系统转换的创造性活动过程。社会转型是由多种因素作用的结果,如英国光荣革命、法国大革命等是以暴力革命推动的社会转型;俄国 1861 年改革、日本 1868 年明治维新是以改革推动的社会转型;中国鸦片战争后开始的社会转型是被外敌强行推入的,属于外源型社会转型。暴力革命、改革等因素所引致的社会转型往往局限在一国范围内,且究其根源都是由于生产力的发展使原有的社会稳态难以维系。科学技术是第一生产力,尽管三次科技革命有许多不同之处,但都对人类社会的政治、经济、意识形态等产生了重大而深远的影响,科技革命是推动整个世界不断调整、不断变动的直接驱动力(陶爱萍,2008)。

7.城市转型与城市生长

广义的城市转型是指城市发生质变的过程,即从一种状态跃迁到另一种状态,这会导致城市规模、性质、职能、制度、文化、社会等各领域发生明显的变化。最为重要和特殊的城市转型现象是指人类社会制度、生产力或文化系统发生根本性变革的时期在城市物质空间所引致的质变现象,当然也包括生活在其中的居民行为和思想的本质变化。然而,研究的视角不同,对于城市转型的理解亦有很大差别。侯百镇认为,城市转型既包括政府的观念、制度和行为层面的转变,也包括了城市在处于某种困境中的转变,以及产业整合、结构整合、功能整合引致的整合转型(侯百镇,2005)。程大中认为,城市转型是城市发展阶段的转变,如前工业化、工业化和后工业化等阶段(程大中,2009)。张贤等认为,城市转型是城市内产业部门的组合方式和地区生产要素的宏观聚集状态的转变,即产业结构的变动(张贤,张志伟,2008)。周耀虹认为就业结构和机会的变化是城市转型的重要内涵(周耀虹,1999)。Logan 认为,社会经济转型期,中国的城市转型由三种力量来推动(Logan, 2002;Logan, 2007),即市场取向的制度转型 (market-oriented institutional transition)、城乡迁移(rural-urban migration)和全球化力量(globalizing forces)。

城市转型是一个巨大的系统工程,是在城市所处的发展环境中,对发展环境的演变所作出的反应,既包括结构性的变化,也包括功能性的变动,既包括渐进性的演化,也包括变革性的突变,其内涵涵盖经济、社会、文化、环境、空间等诸多方面,这些因素相互作用而导致城市的演变。

目前,可以识别出的城市转型有以下几种基本的类型:

第一，从社会、经济、文化角度出发，即当社会经济和文化系统发生突变或根本性转变的时期，城市这个载体当然也要随之发生转型，以容纳新型的经济文化活动，以及人类的新需求。更为重要的是，由于制度发生了根本性变化，人类对城市——自己生存的这个壳的认识就会发生变化，其管理和建设思路就会改变，壳也就随之发生转型了。这种情况在人类历史上最为普遍。每一次社会制度发生根本变革时期，城市都要随之发生转型。

第二，即使在同一社会制度内，当经济系统或社会系统在某一时期处于高速增长期或急速衰退期时，由于经济活动的迅速扩展或萎缩，都会引致其他社会文化生活的快速变动，城市就会显示快速扩张或迅速衰败，城市性质与职能有可能发生质的变化，城市的转型就随之发生了，在人类历史上，此类情况也不鲜见。此两种情况都是因为内生力量的变化而引致城市的转型，如果两种情况相互叠加，城市的转型将更加剧烈，如中国1950年代社会主义建设时期，以及1978年至今的改革开放时期都是中国城市剧烈转型的生长时期。

第三，城市物质世界受到突变性"打击"或"干扰"，发生了根本性变化，进而导致城市的转型，如地震、战争、火山喷发等各种突发事件都可能造成城市物质载体生长的突然中断或大面积毁坏，一些城市随之彻底消亡或被遗弃，部分城市从此一蹶不振，还有一些城市有可能需要大规模重建，并可能在重建中发生转型，城市人口的组成和城市职能也可能发生改变。这是一种因"壳"变动而引起的转型。

城市转型至少应包括下列的特点：

第一，城市规模、性质、职能的可能的质变，这包括城市的迅速扩张，基本生产部门或生产集群的迅速调整，这些都可能导致居民职业、文化、兴趣、行为等发生转型，导致城市发生一系列连锁效应的转变。

第二，虽然城市的规模等没有发生变化，但是城市的人群已经因为制度、生产力变化、文化的变革发生了根本性的转变，这些将会逐渐改变城市的外部面貌，例如消费模式、建筑面貌等。

第三，城市的内部关系或城市之间的关系可能因转型而发生调整和变化。由于转型期是城市发生扩张或制度变革最为迅猛的时期，生产力、城市体系、空间格局、新型产业的布局等都在发生快速的调整，城市有可能随时改变自己的命运和格局，提升自己在国内外的生态位，因此，抓住时机，促进迅猛生长，扩张自身，提升生态位是转型期各城市自觉地发展战略。

一般地，城市生长过程包含了转型过程，这里就涉及到两者相互关联的问题，即城市生长过程中的转型和转型中的城市生长。转型中的城市生长是城市发展中最为关键的时期，如果不能在转型中抓住时机，很多城市的命运就已经基本确定，因为城市系统如果处于相对稳定态，是很难轻易获得突破点的。即使有可能突破，那也主要依靠内生力量的强力作用或者外生力量的强力推动才有可能成功。

1.2 国外的相关研究进展

1.经济转型

国外的经济转型研究文献大多是针对苏联及东欧发生的由计划经济向市场经济突变性的转型。自1990年代后期,大量关于转型各方面研究的文章被发表。期刊《后共产主义经济》(Post-Communist Economy)出版,并系统地探讨了以下国家的经济转型:阿塞拜疆(Sabi, 1997)、匈牙利(Mihalyi, 1996)、保加利亚(Mihaylova and Howe, 1998)、克罗地亚(Cengic, 1996)、东德(Hölscher, 1997)、波兰(Kaminski, 1998)、罗马尼亚(Hunya, 1998)、俄罗斯(Magomedov, 1998)、哈萨克斯坦与乌兹别克斯坦(Abazov, 1997)、乌克兰(Hirschhausen, 1998;Ishaq, 1997)。多个国家之间的比较研究也取得了相应的进展。选取东欧和中欧的四个国家(罗马尼亚、保加利亚、捷克共和国、匈牙利)为研究对象,在需求方面,研究了拥有私营企业的中小型企业企业家如何在中欧和西欧不断变化的商业背景下使他们的商业业务国际化的难题,被关注的关键方面是适当金融手段的缺乏、市场智能(market intelligence)和市场进入的难题、在商务支撑设施中专家地位的缺失、管理技术的贫乏(Lloyd-Reason et al., 2005)。作为另一种极端,基于中小型企业的经济发展的成功先例也很多(Scarlat and Scarlat, 2007)。通过对越南经济的分析,Harvie 认为中小型企业是工作机会的创造者,这些企业通过资源的有效配置对持续的经济发展做出贡献,扩大出口,实现更加平等的收入分布,并援助乡村和欠发达区域的发展(Harvie, 2004)。

就现有文献来看,经济转型理论大致分为两种,华盛顿共识和演化——制度学派。华盛顿共识源于人们对自由放任主义的普遍信仰,其基础理论为一般均衡理论、货币理论、比较经济体制和公共选择理论。华盛顿共识认为转型有三大重要支柱(所谓"三位一体"):价格自由化、私有化和稳定的宏观经济。华盛顿共识对于转型持非常乐观的态度,认为一旦转型引进市场改革,就可以立即有收获,效率立刻得到提高。因此,转型是大爆炸式的、激进的、休克式的。大爆炸式的转型意味着所有的重大改革都应该同时引进,不能有先后顺序。这种学派以杰弗里·萨克斯(Jeffrey Sacks)为代表人物。华盛顿共识在转型国家的实践中并没有取得预期的效果,反而出现了许多意想不到的失败。这说明一个成功的市场经济应该有充分的制度基础作为支持,有产权、信息、交易费用等经济范畴,不同国家、不同的初始条件有不同的制度演化道路和方式,这导致了演化——制度学派的兴起(张良,戴扬, 2006)。演化——制度学派的理论基础来自于:(1)现代微观经济学理论所提供的新制度经济学(确切地说是新古典制度经济学);(2)经济学的演化理论(尼尔森和温特以及哈耶克的演化博弈思想);(3)哲学上的怀疑论(哈耶克和卡尔·波普尔的批判理性主义),认为结果的不确定性是转型的关键特征。最著名的代表者有 Janos Kornai、Gerard Roland、Grzegorz W. Kolodko、Joseph Stigliz 等。目前,这两种经济转型理论出现了向演化——制度观的汇合。斯蒂格利茨同时是新凯恩斯主义经济学的代表人物,他运用不完全和非对称信息理论"左右开弓",批评了"社会主义的尝试",认为"从目前的历史趋势看,社会主义在处理公有与私人财产之间的均衡时,给这个古老命题提供的答案是错误的","社会主义多年尝试的结果显然是失败的","社会主义 70 年尝试的最大教训就在于他们放弃了探索其它的道路",从而肯定了转型的必要性。在政策建议方面,他坚持"向市场经济过渡并不是要弱化而是要重新定义政府的作用",否定"向市场经济过渡的首要任务是使国有资产私有化",强调激励和竞争的重要地位。斯蒂格利茨(1998)给予中国的价格双轨制改革很高的评价,认为"价格双轨制具有帕累托改进的特性",是中国改革的成功经验。认为"转型最具有挑战性的方面是与政治的联系更甚于与经济的联系","转型既是一个经济过程,也带有政治特性","起决定性作用的是开明的政治领导以及改革派人物的坚定决心"。他认为"成功转型的关键在于要有良好的宏观管理……政府应当重新定位,而不是被抛弃。政府不应从经济活动中退出,而是应当转换角色,在适度管理、基础设施和人力资本投资方面发挥强有力的作用"。罗兰、科尔奈都把"转型"看成是一个综合性和一般性的社会科学流派,不属于任何传统的分科,其重点是研究具有不同社会功能的各个领域(政治、经济、文化和意识形态)之间的互动关系。罗兰认为"单纯作为自身的领域,转型研究是难以成功地发展的,转型研究必须在与经济学其它领域的相互作用中发展,从不同的专业领域提供的不同视角中受益"。对此,罗纳德.H.奇尔科特认为"政治学与经济学研究已经以若干重要方式发展成为政治经济学,在 20 世纪 80 年代和 90 年代凸显的一些新问题和新思想将会延续到 21 世纪开始的新千年"。经济转型理论强调的是政治、经济、文化的相互作用,而非仅仅指经济本身。

运用政治经济学方法,并基于不同的标准,Marangos(Marangos, 2005, 2006)提出了转型的可供选择的五种模式:休克疗法 (Shock Therapy)、新古典渐进模式(Neoclassical Gradualist model)、转型的后凯恩斯主义模式(the Post-Keynesian model of transition)、多元市场的社会主义 (the Pluralistic Market Socialist) 和非多元市场的社会主义 (the Non-Pluralistic Market Socialist model)。这些模式与制度发展的过程相联系,例如,决策依赖于政府干预(state intervention)和市场导向(market-generated)中什么制度被认为是更有效率的(Scarlat and Scarlat, 2007)。新古典渐进模式探讨在一定的内在和外在限制下的社会福利最大化 (Marangos, 2006),基本假设是任何一个经济系统都能被以下两个指标描述(Scarlat and Scarlat, 2007):(1)所有制形式,国家所有(state ownership)和私人所有(private ownership),同时也包括混合所有形式(intermediate or mixed ownership);(2)管理方式,事务型和组织型(adopted by businesses/organizations)。如果重大决策是在宏观尺度上(即政府)做出,则其管理方式被称为集权型(centralized),若是由微观尺度来做出,则称为分散型(decentralized)。在此假设的基础上,一个关于经济转型的二维模型被提了出来:"私人所有"和"分散型管理"结合是典型的民主国家的市场经济;"国家所有"和"集权型管理"的结合被称为社会主义和共产主义国家的指令性经济(the command economy)或中央计划经济(centrally planned economy);"私人所有"和"集权型管理"的结合被称为垄断经济(economy of monopoly);"国家所有"和"分散型管理"的结合即是所谓的社会主义市场经济('social-market' economy)。自由市场经济系统与中央计划经济相比,至少在以下两点存在着优势:因私人所有而产生的动机性(motivation)和因分散型管理而产生的灵活性(flexibility)。

米塞斯(Mises, 1927)和哈耶克(Hayek, 1944)认为,苏联式社会主义在其形成阶段就已显露出了其最终崩溃的全部特征,极权主义是追求经济计划努力的无意识后果。哈耶克(1948)还指出,不受约束的行政权威具有本质上的缺陷性,中央指导的经济不能像市场经济那样利用个人的常识。Dobrinsky 探讨了从计划向市场转型国家的资本积累过程及其驱动力(Rumen Dobrinsky, 2007)。Braguinsky 等构建了一个资本资产只在少数政治上相互联系的精英所拥有、且每个精英成员都面临着一定的被瓜分财产风险的模型,以此研究了俄罗斯向市场经济转型的财产权的不足(Braguinsky and Myerson, 2007)。俄罗斯经济转型的主要方式是国有企业大范围的私有化,直接结果是导致私有经济在国民经济中所占的比重越来越高,直至占据绝对的主导地位;间接结果是造成大量的失业人口,尤其是女性失业人口。另外,在俄罗斯经济转型的过程中,俄罗斯的"地下经济",又称"影子经济"有更加泛滥的趋势(庄晓惠,侯钧生, 2008)。

目前,以新古典分析框架为基础、以"华盛顿共识"为主要政策特点的西方主流经济理论,对以中国、俄罗斯为代表的转型国家中出现的某些经济现象和经济问题的解释力不足,主要表现在如下几个方面(保建云, 2007):第一,西方主流经济理论以西方国家出现的经济现象和经济问题为主要解释对象,对非西方国家特别是经济转型国家产生的很多经济现象与经济问题缺乏解释力,对中国改革进程中出现的某些经济现象和经济问题的解释力也严格受限;第二,西方主流经济理论以西方成熟的市场经济体系为假设前提构建理论模型和解释框架,以理性人假设和完全市场竞争环境为基本的研究基准和出发点,一些研究结论、理论模型和观点难于扩展到市场不发达、不完全竞争的经济转型国家,对中国这样的非均衡发展中经济转型大国更是如此,如对转型国家"价格双轨制"、"渐进转型模式"与"激进转型模式"选择的内生解释和经验研究仍然不足,对不同转型国家转型模式选择与经济绩效评价存在着广泛分歧;第三,西方主流经济理论研究的一些观点和结论缺乏来自广大发展中国家和转型国家的大量的直接的经验证据支持,特别是来自世界上最大的发展中国家和经济转型国家的中国的经验证据的支持;西方主流经济理论关于其他转型国家的理论和结论,更多地着眼于传统计划经济国家向市场经济转型的模式选择及其经济效果的分析,忽视了经济转型的复杂性与可逆的可能性;第四,西方主流经济理论是在总结西方国家市场经济实践的基础上发展和形成的,缺乏对传统计划经济体制的系统研究和理论解释,难以对中国转型过程中的计划经济成分及其影响效应进行科学合理的解释。

Janos Kornai 认为,转型完成的标志体现在三个方面:政治力量与私人产权、市场共同体亲密配合发挥力量;私有制占支配地位;市场协调占据优势(Kornai, 2000)。而中小型企业是在自由市场经济阶段理想的经济主体,因为这些企业的企业家基本都是私人的和分散型的决策者(Scarlat and Scarlat, 2007)。

2.社会转型

社会转型理论是社会历史进步和发展理论的一个中心论题,但只是到了文艺复兴时代以后,这一主题才逐渐明朗起来(孙立平, 2008)。

近代西欧的社会转型先后经历了三个阶段:即 14—15 世纪出现的民族国家、资本主义生产方式、人文主义对中世纪政治体制、经济体制和意识形态的否定;16 世纪出现的反暴君派对专制王权的再否定和宗教改革思想家对人文主义的再否定;17—18 世纪西方各国在思想观念和政治制度方面的整合。在这一过程中,当时的各个社会阶层都发挥了不同程度的作用和影响,共同促进了近代西方政治、经济和思想文化体制的形成和确立(雷恒军,2007)。在东亚国家中,日本是社会转型的"好手",他们之所以能主动变革社会,是由他们与生俱来的危机感决定的(高续增,2007)。

70年代以后,世界形势逐渐发生根本性的变化,这种变化有三个重要的标志:一是西方发达国家的经济增长出现停滞和衰退的普遍征兆;二是东亚新兴工业国家以强劲的势头迅速崛起;三是苏联和东欧的社会主义制度瓦解。这些新事实促使人们重新思考社会转型的本质,从而重新审视正统的社会转型理论,而这种反思的中心集中于欠发达国家和发达国家走向现代化的道路这一问题上(孙慕天,刘玲玲,1997)。Marczyńska-Witczak分析了转型期波兰各省的生活状况的变化,发现波兰人生活状况的区域间不均衡正在加剧(Marczyńska-Witczak,1998)。Lombard探讨了社会转型对非政府福利部门的影响(Lombard,2008),Touraine对二十世纪的转型进行研究,认为制度、社会、文化结合体的破裂及个体化的解放是现今大家共同面临的问题(Touraine,1998),Kollontai研究了俄罗斯的社会转型,认为俄罗斯与西方国家的不同在于个人与社会之间关系的不同(Kollontai,1999)。

3.城市生长与转型

(1)城市生长与转型的理论解读

①城市生长的理论解读

城市生长过程研究是城市地理和规划管理领域的主流研究方向之一,研究内容广泛地集中在地理、社会、生态等领域,出现了研究中的经济转向、文化转向、制度转向和网络化转向。从地理学视角可归纳为城市发展的度量、特点、模式、机制及其相关问题等方面。近20~30年来,随着新城市主义、制度学派等新思想、新学派的出现和崛起,西方学者从制度、政治、经济、文化、持续发展等角度研究城市发展过程日趋成为主流方向,尤其是所谓的制度转向和文化转向。其中,比较有影响力的学派是新马克思主义的政治经济学、后殖民主义理论、新自由主义经济理论、后现代主义理论、女权主义理论等。例如,以Harvey为代表的新马克思主义学派采用经典的马克思主义方法,分析了资本主义世界的资本循环过程与模式,从政治经济学角度解释了资本主义城市发展过程中的生产和消费进程、资本循环和积累及资本主义的本质,主要关注资本主义所导致的不均衡发展(uneven development)、阶级化后果的空间碎裂化及排斥(spatial fragmentation and exclusion)、剥夺性的累积(accumulation by dispossession)、对环境的破坏及对天然资源的掠夺问题,如关于权力阶层对城市空间资源的不公平分配会导致"城市空间剥夺"现象,出现了"被操纵城市"假说(manipulated city hypothesis),认为城市形态是精英利益团体和社会权力进行联盟并有意识操纵的结果。哈维认为绝大多数城市的政治行为仅仅是对再分配的隐含机制的利用和控制争夺与讨价还价,城市空间资源分配显然有利于城市权势阶层。在此基础上,西方学者还采用结构主义和代理人(agent)方法(e.g.,David,1994),基于市场机制和法律体系的制度框架,深入地分析了政府、开发商、市民、中介机构之间的利益博弈和合作,试图解析城市生长的空间过程和演化趋势。再如,随着资本主义的全球化,新科技革命的兴起,导致社会多样化与碎片化,对现代主义理性的怀疑和批判,后现代主义思潮诞生[主要研究方法是解构(deconstruction)],从而在整个思想领域进行着"颠覆性的转折",也深刻地影响了城市生长领域的研究工作,如在城市生长研究中充分考虑等级社会向网络化社会转变以及扁平化(flat),社会性生产过程中的福特主义向后福特主义的转变(如差异化生产和差异化消费导致行为空间上的分异),以及社会碎化(fragmentation)现象(呈现快、新趋势,融合与分化,全球化与地方化等)。还有,一些学者结合马克思主义资本论及父权社会的观点来探讨性别的不平等、两性在空间活动的区隔及经验的差异性,如男女的空间流动(如出行的距离及方式)是不同的,劳动市场许多是以性别来分割的 (如仅雇用女工的工厂),并认为性别不平等是 "父系式资本主义 (patriarchal capitalism)" 再生产的组成部分。

此外,还有自组织理论、经济学理论等力图解释城市发展过程。以克鲁格曼"新经济理论学"及德国何梦笔"演化经济学"为代表,关注作为复杂系统的经济体,利用自组织原理,建立起多中心城市空间自组织模型,分析了厂商之间向心力、离心力及其相互作用,阐明了形成大范围内有规则经济空间格局并合理发展的内在机理。以色列著名学者波图戈里对"自组织城市"的主要思想进行了系统的总结。城市系统自组织理论完全不同于传统社会的规律,并不仅局限于城市整体的自组织过程,还表现在城市系统的多个层面。例如,自曼德布罗特(1983)给出了河道网络的分维图形和分维值公式,开创了城市交通系统自组织研究的先河后,蒂波特和马坎则对法国里昂市的道路系统进行了更为具体的实地研究,发现城市道路网络是一种内部具有自相似性的等级结构,具有分形的性质。另外,林奇的研究被视为结构性意象,而 Appleyard 对委内瑞拉的新城市 Ciudad Guayana 的意象调查,把城市意象体系推进到更精细的一层的分析。1970s,城市意象理论和方法还被应用于研究城市旅游地意象空间,并从意象类型、构成要素、影响因素和空间认知过程等方面初步探讨了旅游地意象空间。

还有,提出了城市人口分布的 Sherratt 模型和 Naroll–Bertalanffy 的城乡人口异速生长关系模型和 Batty 等城市生长 DLA–DBM 模拟模型。

在国家创新系统理论普遍受到关注后,研究者将目光开始转移到更加微观层次,如萨克森宁 (1994) 对美国硅谷和波士顿 128 公路这两个世界著名高科技产业中心的比较研究,James(2001)揭示创新与城市之间的复杂性以及由欧盟经济与社会研究计划组发起关于城市竞争力和结合力的这个国际间可比性项目的结论。卡尔(2001)、Maryann(1999 年)等就创新体系构建、创新主体作用发挥、创新体系正常运转基本条件等进行了研究。

赫希和杜肯(1959)从人均公共设施角度研究认为,城市的最佳规模应在 50~100 万城市人口之间;choi(1998)从集聚经济和最小成本的角度进行实证研究表明,韩国的最佳城市规模在 175~190 万之间。

②城市空间生长的模式、路径、重组、度量与动力机制

在霍华德、恩温、沙里宁、克里斯塔勒、佩里、埃里克森、狄更生、麦吉、塔浮弗、洛斯乌姆、阿朗索、曼奴、戈特曼、凯文·林奇、麦克哈格、亚历山大、弗里德曼、萨森、魏格纳等著名学者的推动下,城市空间结构研究出现了田园城市、中心地理论、历史地带模式、殖民化城市模式、大都市结构模式、半网络城市、多元文化城市、自然生态城市、拼接城市等城市空间结构模式,提出了生态学理论模式、社会物理学的理论模式、城市经济学的理论模式、空间动力学模式(如 Conzen M.R.G.的周期性演变理论,Erickson R.A.的要素运动模式)

等,并将研究扩展到全球化或区域背景中,关注文化价值、生态耦合、人类体验、社会公平等问题。城市空间扩张引起了学者们的广泛兴趣,因为分散化、多中心化趋势引致了"非都市化"或"逆城市化"现象。从区域城市化与城市扩张角度分析,J.Garreau(1991)、R.E. Lang(2003)等学者提出了城市边缘区(urban fringe)、边缘城市(edge cities)、无边界城市(Edgeless Cities)、都市扩展区(Extended Metropolitan Regions)、Desakota 等概念,深刻地揭示了城市边缘化,以及城市职能与景观混杂交错的新兴地域或景观类型的形成与动力机制。Oatley Nick(1997)、Hall、T.Fujii、T.A.Hartshorn 等学者认为其主要特征是城市形态开始由紧凑中心区与郊区二元结构模式向蔓延的大都市转变,由单一中心向多中心城市地区转变,出现了柔性空间(flexspace)、超级郊区(superburbia)、外向性城市(exopolis)等,代表了在后工业化背景下西方城市化,包括大都市空间结构突变扩张的过程。L.Davies(1997)等欧洲学者们则关注城市功能的转移,发现低级服务功能从高层次中心城市向低层次中心城市的转移。一些学者还采用数学模型方法研究了新城建设的若干问题, 以及 Hildebrand Frey 等从可持续发展的角度对城市空间的物质形态和结构进行了探讨,并推荐组合城市模式或网络城市模式,还有皮尔思(Pearce)的城市发展阶段环境对策模型等。与此同时,城市空间扩张(如城市蔓延现象)引起了学者们的广泛兴趣,因为分散化、多中心化趋势引致了"非都市化"或"逆城市化"现象,后又兴起了影响很大的"绅士化"运动。因此,1970 年代中期西方发达国家向后福特主义社会转型以来,新城市贫困问题产生,并引发对西方城市内有关社会和空间结构转型的广泛争论。Marcur se 指出今天的后福特主义城市已经分化为以下一些分隔的城区:高级住宅区、绅士化城区、城郊区、租屋城区和被遗弃的城区(吴缚龙,2006)。

鉴于绅士化进程是西方国家城市空间生长过程或重构的重要动力, 学术界自 1960-1970s 兴起了关于"绅士化"运动的成因、后果、影响等方面的研究工作,如休闲"绅士化"过程、super gentrification、new-build gentrification(Smith,1982;2002;1996;2002;Hackworth and Smith,2001;Cameron,2003;Shaw,2002; Lambert and Boddy, 2002;Hackworth,2001; Morrison and McMurray,1999;Philips,2004)。Sassen(1991)认为在后福特主义和全球化的背景下,金融、保险、房地产为代表的高端服务业在城市中心集聚,大量的高收入者被吸引到邻近的中心城区居住,导致了土地的再开发以及绅士化,且国际性的企业、国际性的开发商以及国际性的购买者共同催生出国际性大市场,而这个市场的产生可以说是一种与绅士化相关联的城市居住现象,因此,绅士化已成为"全球城市"(global city)出现的标志。目前, 绅士化在新城市自由主义的背景下已成为了 "全球城市战略 (global urban strategy)"(Smith,2002),并作为一种"蓝本"模式(gentrification blueprint),在全球被大量的生产、经营和消费(Davidson and Lees,2005)。越来越多的角色在绅士化发展的第三阶段参与进来,政府更加积极地推动绅士化的发展,通过地方政府驱动、设立政策和法规来加速绅士化进程 (He,2007;Slater,2004;Lees,2000;2003;Smith,2002;Atkinson,2002; Hackworth and Smith,2001)。

就人口与经济因素而言,1950 年代开始, 人口和经济活动的快速分散化对城市空间结构产生了深远影响,相关研究主要集中在大都市区的分散化过程、多核化现象和郊区中心等方面,如 N.Fujita 发现东京大都市区大公司总部从严格地在东京 CBD 集中的模式转向在空间意义上更加广泛的分散分布,Clarck 提出城市人口密度的负指数模型,后又出现了描述城市人口分布的各类模型。

关于居住分异，从1930年代帕斯、伯吉斯等学者采用社会生态学方法对城市居住分异进行研究扩展到后来的采用因子分析和模型方法对城市居住的形态、分化、扩张与演变的研究工作，出现了土地利用竞租模型和家庭迁移模型以及所谓的居住迁移的"渗漏模型"等。Wheaton（1977）将收入纳入到居民居住区位选择模型中，Wright（1977）、Polinskyand（1978）将居住地的公共物品与服务等因素加入到Alonso的城市扩张模型中，Lin Li、Yohei Sato建立了包含人口与经济两个因素在内的城市扩张模型。关于城市住房问题，新古典学派和行为学派侧重研究住户的住房选择及其决策行为，空间分析学派主要研究住户的空间相互作用以及侧重数量分析，制度学派和马克思主义学派重点研究权力集团冲突、住房供给与分配的制约因素。Weber、Bhatta和Merriman还研究了TIF是否能提高城市产业和物业价值这个问题，认为在混合用途类TIF区内，房地产价格不低于非TIF区的价格，甚至更高。经济转型与城市空间重组一直是国外学界关注的对象，如关于芝加哥城市经济转型和空间重组的研究工作取得了很大的进展。芝加哥转型成功的标志是从传统工业城市成功转型为现代服务业城市，城市基础实施完善，融入了全球经济等。同时，部分学者从文化视角、经济视角、教育视角、网络视角、安全视角等就少数民族社区的演变和问题进行了较为深入的研究。

城市空间生长状况度量的研究主要体现在空间扩张程度（如城市蔓延现象）、土地利用效率、紧凑程度、社会与经济领域的分化水平等领域的指标选择和量化研究工作上，构建了扩展指数等若干指标衡量城市空间的生长状态。关于城市土地利用变化及其模式研究，"国际地圈与生物圈计划（IGBP）"和"全球环境变化人文因素计划（IHDP）"推动了对土地利用变化活跃的热点地区、典型地区和环境脆弱地区的研究工作，部分揭示了城市土地利用变化的普遍趋势，解释了城市地区土地利用变化的动力机制。Martin Herold、Noah C. Goldstein构造了SLEUTH城市扩张与土地利用变化模型，如Martin Herold、Noah C.Goldstein借助于卫星遥感信息，在72年时间序列数据基础上分析了美国加州圣巴巴拉城市空间扩张的特点，构造了SLEUTH城市扩张与土地利用变化模型，并对该地区城市扩张进行了预测。新都市主义、可持续发展、精明增长、紧凑发展等理论思潮纷纷涌现，并对第二住宅进行了多角度、多层面的探讨，如Chaplin等人的都市逃离机制。国外学者越来越重视人力资本、制度、文化等影响城市发展的无形因素的研究，认为文化等"软"因素开始成为提升城市发展与转型的关键要素。有学者研究了城市空间结构模式与城市竞争力，如从经济角度出发的研究工作主要涉及到城市空间结构与劳动力市场效率、城市空间结构与土地市场和资本市场的效率、城市空间结构与城市基础设施和公共财政等（丁成日，2004）。另外，一些学者认为开发区是城市发展的一种途径，对城市发展形成了很大影响，尤其在发展中国家已逐步演化为一种常规的经济和城市政策，发达国家的一些城市也采用了类似策略。

关于城市发展及其空间发展的新现象，萨森（S.Sassen,1991）和斯科特（A.J.Scott,2001）曾分别提出了全球城市和全球城市区的概念，泰勒（P.J.Taylor,2002）认为全球经济使世界城市成为"全球服务中心"并相互连接成世界范围的网络。Scott（2001年）认为全球城市区既不同于普通意义上的城市范畴，也不同于仅有地域联系的城市连绵区，而是在全球化高度发展的前提下，以经济联系为基础，由全球城市及其腹地内经济实力雄厚的二级大中城市扩展联合而成的一种独特空间现象。巨型城市区概念于1999年由P.Hall

提出,是中心大城市向新的或临近的较小城市极度扩散后所形成的,是21世纪初正在出现的新城市模式,强调区域在全球化中的作用,并认为城市间高级生产性服务业产生的联系与区域的多中心结构相关联。如"POL YNET"项目组从2005年开始对欧洲八大巨型城市区进行了研究和比较。

开发区是城市发展的一种途径,对城市发展形成了很大影响,如Hall认为在小片特定区域实行特殊优惠政策等举措使其它区域陷入相对劣势境地,潜在发展机遇因不平等竞争而被无形剥夺,导致不平衡发展,制造或加剧城市内部经济—社会空间极化分异。

自1940年代美国社会学家谢夫凯和威廉斯提出社会区概念以来,许多学者从社会区角度对全球不同国家和地区城市社会空间开展了研究。美国、加拿大、澳大利亚、新西兰和香港等国家或地区城市社会区分异的主要因素是社会经济状况、家庭与种族,而欧洲国家城市影响城市社会区分异的主要因素是社会经济状况和家庭寿命周期,印度加尔各答和埃及开罗等第三世界国家城市社会区中的社会阶层和种族状况作用不明显,而传统文化与现代文明的冲突表现突出(薛德升,2006)。

国外学者越来越重视人力资本、制度、文化等影响城市竞争力的无形因素的研究,并认为文化等"软"因素开始成为提升城市竞争力的关键要素。同时,还研究了城市空间结构模式与城市竞争力,如从经济角度出发的研究工作主要涉及到城市空间结构与劳动力市场效率、城市空间结构与土地市场和资本市场的效率、城市空间结构与城市基础设施和公共财政等(马成日,2004)。

(2)城市生长过程中转型的理论解读

在全球化所带来的整体环境转变中,传统的城市发展战略、城市规划、城市政策与治理也面临着巨大的转型(张京祥等,2008)。国家权力的下放和城市间通过联盟方式将某些权力上交(表现为当今各种大都市区、区域性组织的兴起),以形成新的制度竞争优势,进一步突出了区域在全球经济竞争中的地位和作用(McNeill,1999)。1980年代末期出现的新区域主义是目前影响西方区域发展和规划的主流思想,甚至被用来作为解决某些国际问题的基本框架,欧洲国家1999年签署的《东南欧稳定公约》即被认为是新区域主义在国家政治事务中的重要尝试(张京祥等,2008)。欧盟为了促进持续发展、增强全球竞争力、共同实现区域与城市空间的集约发展,1993年开始了"欧洲空间展望(European Spatial Development Perspective)"的跨国规划,强调维护区域意识,加强区域基础设施规划和建设上的管理与合作,并成立了欧洲城际联盟(Eurocities)、欧洲大都市联盟(Metrex)、欧盟发展实施计划署(IDO)等区域组织。

人们认识到解决区域内经济、社会发展冲突和增强竞争力的最好办法是将整个区域纳入一个统一的管理体系之下,适当集中区域治理的权力,多元发展主体合力产生的共鸣是区域繁荣的基础(Pierce,1993)。各种大都市区政府、区域性政府(或协调组织)因而正在西方发达国家蓬勃兴起(Brenner,2002)。国家政府将部分权力让渡给国际或区域组织,从而在实质上削弱了对本国经济的控制(Sassen,1991)。跨国公司在国际经济交往和国家力量中的地位上升,与国家政府在全球层面上讨价还价(Amin and Thrift,1994)。

凭借强势的经济和军事实力,西方国家的文化和价值观在全球传播,导致了设计风格、审美观甚至是城市面貌的全球趋同(张京祥等,2008),西方的消费品也在全球泛滥,所有这些,最终导致了西方价值观和意识理念的全球化(Knox and Taylor,1995)。

全球化过程在削弱国家主权的同时，却刺激了区域和城市作用的持续提升，这是因为在全球化的推动下，城市正在转变成全球经济的枢纽，在协调信息流、管理商业活动和服务业与科技创新方面起着举足轻重的作用（Giddens，2003；张京祥等，2008）。然而，全球化也给城市带来了剧烈冲击，导致了世界城市空间的变迁，包括整个全球城市体系和大城市内部空间的分化（张京祥等，2008）。城市之间可以跨越国家而建立起各种实在的或虚拟的联系，从而形成了建构在节点（中心城市）、节点之间的轴（商品流、人流、资金流、信息流）基础之上的全球城市网络和全球城市体系（陈振光，姚士媒，2001）。Hall 曾将城市的功能属性和城市之间的相互关系统一分析，提出了全球城市、亚全球城市、区域城市和地方城市的体系（Hall，1984）。位于全球城市体系顶级的是全球城市，它们在经济、金融、政治、文化上都占有全球的领导地位；在顶级全球城市之下是一批次级的全球城市，在国际上的某几个或某一个方面占有全球性的领导地位；在次级全球城市之下，是一批区域性的国际城市，在某几个或某一个方面占有国际区域的领导地位（Knox and Taylor，1995；Sassen，1991）；处于全球城市体系底端的是为数众多的国内区域中心和地方城市，在全球经济体系中充当生产基地的职能（张京祥等，2008）。全球城市和区域国际城市集中了跨国公司的总部和研发部门，成为了新兴产业的创新和孵化基地，是全球经济体系中的"头脑型城市"（Sassen，1991）；而大量位于全球城市体系底端的城市，在全球化进程中则充当着跨国公司生产基地的角色，成为全球城市体系中的"肢体型城市"。且"头脑型城市"和"肢体型城市"的差距越来越大，"肢体型城市"的地位逐渐下降，逐渐被边缘化（张京祥等，2008）。

区域一体化成为许多地区一种务实的选择和提升竞争力的手段（张京祥，吴缚龙，2004）。城市发展的区域化、区域发展的城市化成为当今城市——区域发展的全球性主体趋势，城市区域化已成为当代社会生产力高度集聚的空间表现形式，并进而催生了城市密集地区的发展（张京祥等，2008），为了在全球竞争体系中占据更高的地位，强化区域内的联合以增强城市和区域竞争力，就自然成为各级政治权力机构与经济发展主体的主动要求（张京祥等，2002）。在这种背景下，全球不断涌现的城市密集地区，既是一种现代的城市、区域空间形式，也是一个整合的功能性、经济性空间（Friedmann，1999）。

Sailer-Fliege 的研究结论表明，尽管东欧国家正在推进的城市转型仍是新近才开始的过程，后社会主义城市的发展已经表现出物质性重组过程的特征。第三产业的起飞、CBD 的扩展、商务和服务功能的空间分散化及增长的街头贸易（street trading）应受到特别关注（Sailer-Fliege，1999）。Yeung 指出，亚洲的沿海大城市扩展迅速，并正经历大规模的物质和社会经济转型，造成了这些城市及其腹地资源利用和滥用的严重问题。这就需要一个全面的管理亚洲沿海区域的框架，而教育和加深的意识应当是其第一步（Yeung，2001）。

土地所有权是城市转型在房地产开发方面的关键因素，分散的土地所有权阻碍了转型进程，但这可以采取使集中土地更简单的措施解决，理论上有两种方式：土地调整（land restruction）和土地储备（land banking）。Louw 分析了荷兰的 s-Hertogenbosch 镇在转型中土地集中的过程，展示了荷兰土地在规划和开发过程中是如何集中起来的，并且土地集中的方式依赖于地点和状况的特征（Louw，2008）。Oldfield 从地方和城市尺度分析了国家重组过程，探索开普敦——一个过去曾经种族隔离的"有色"邻里的社会和政治关系（Oldfield，2002）。Vicino 等运用主成分分析方法对 2353 个地方的 39 个指标分析后发现，特大城市仍是国家的人口和经济活动的重要中心,半个世纪以来的城市重组证明城市分散化已使得区域成为一个郊区化的集聚体(Thomas J. Vicino, 2007)。

1950年代以来,违章住房(squatter housing)已成为土耳其探讨城市的中心因素,然而,这个难题的后果随着时间而有所改变,Dündar从两种不同的违章住房转型方式对安卡拉(Ankara)的物质和社会形态的影响视角对这两种方式进行了比较(Dündar, 2001)。Nuissl等研究了东德在后社会主义转型的最近几年中城市蔓延的原因、特点和后果,认为东德有其自身特点因而无法利用西方既有经验,东德城市蔓延在很大程度上被证明是特殊的立法和政治状况的产物,这些状况的变化对城市发展产生了巨大影响,而这些变化应与其城市停滞和衰退的状况相协调(Nuissl and Rink, 2005)。Vendina探讨了莫斯科人口和城市内部种族隔离的社会重组趋势,并指出了基于财产的空间种族隔离的转型与城市人口分异的特点的变化(Vendina, 1997)。Murphy考察了当今乌克兰城市转型的特点,探讨了城市中正在出现的社会和文化转型过程(Laurence Murphy, 1999)。

(3)城市生长中转型的识别

任何重大的制度变迁、政策更换都可能引致城市发展的转型。一方面,西方国家自从新自由主义、日益严格的资源环境保护政策实施以来,城市发展过程就已经出现了诸多的转型进程,例如城市的精明增长、绅士化进程,以及生态城市、可持续发展城市、低碳城市的探索、设计、规划与建设(e.g., Adams, 1994;Anderson and Ge, 2004)。另外,随着新兴工业化国家的兴起,伴随着快速的经济增长,城市发展出现了快速生长过程。另一方面,随着原苏联解体后的各国家和欧洲、中国等社会主义国家普遍实行了市场经济体制,经历了广泛和深刻的社会经济转型,城市发展过程也发生了剧烈的转型(e.g., Boycko, 1992;Sachs, 1993;Roland, 1991;Wei, 1993;Frydman and Rapaczynski, 1994;Qian, 1998;Richard T and Frederic, 2005)。这样,我们涉及到了一个关键的问题:城市转型及其识别。实际上,西方发达国家的城市产业结构转型的测度、经济增长的(高)技术与制度改革依赖性的衡量、精明增长和持续化水平的测量等,都反映了城市发展过程转型的识别和测度。而对于广大发展中国家,尤其是原社会主义国家而言,则主要从经济系统的市场化程度,如私有企业的比重、产业的市场调节程度、就业人口的市场化行为、参与全球化分工的水平等角度识别城市发展的转型(e.g., Berry, 2003; Richard T and Frederic, 2005;Wu, 2005;2009)。当然,基于与西方国家城市发展过程的比较,从空间扩张(蔓延)、功能变迁和分化、社会区等角度对城市空间生长及其转型进行识别和测度的研究工作也取得了很多的优秀成果(e.g., Wu, 2003;2005)。

(4)城市生长中的问题及其社会文化后果

城市发展过程中存在诸多问题,学者都给予了极大关注。Orfield认为空间极化在某种程度上是中产阶级从中心城区迁出的结果,留下一个相对隔离的、具有社会病理特征的贫困人口集中区。Crump进一步指出研究应重视分析隐藏在贫困集中现象背后的社会和政治过程。美国城市贫民窟实际上是种族主义制度化的结果。因此,1970年代中期西方发达国家向后福特主义社会转型以来,新城市贫困问题产生,并引发对西方城市内有关社会和空间结构转型的广泛争论。Marcurse指出今天的后福特主义城市已经分化为以下一些分隔的城区:高级住宅区、绅士化城区、城郊区、租屋城区和被遗弃的城区(吴缚龙,2006)。Weber、Bhatta和Merriman还研究了TIF是否能提高城市产业和物业价值这个问题,认为在混合用途类 TIF 区内,房地产价格不低于非 TIF 区的价格,甚至更高。同时,Gobster 等的研究结论是在规划中必须特别注意民族特性,不能因为居民活动行为表面上的相似性而忽略了其民族文化的深层特性。Hoch 教授在其"阿马蒂亚·森的实效性观念的运用——规划对发展、自由和赋权的探讨"一文中讨论了规划理论及其应用。经济学家森更关注市场,偏重于关注市场缺陷以及弥补方法,强调"向弱势阶层赋权"。就环境保护而言,Jaffe 讨论了资源管理、环境保护规划中四个方面的问题,指出资源保护问题的复杂性——包含着政治、经济、社会和规划方面的考量。最后,自曼德布罗特(1983)给出了河道网络的分维图形和分维值公式,开创了城市交通系统自组织研究的先河后,蒂波特和马坎则对法国里昂市的道路系统进行了更为具体的实地研究,发现城市道路网络是一种内部具有自相似性的等级结构,具有分形的性质。Kawamura 等人特别介绍了"货运导向发展"(FOD)规划中评估、对比和鉴定潜在场地三个步骤,体现了通过交通发展来振兴社区的新理念。

一方面,源于西方国家民主和公正的价值观和市民社会,城市居住隔离(如防卫社区、富人区)、空间极化、"空间剥削"、贫困阶层、机会平等是近些年西方学者关于城市发展与转型的核心议题。例如,Orfield 认为空间极化在某种程度上是中产阶级从中心城区迁出的结果,留下一个相对隔离的、具有社会病理特征的贫困人口集中区。Crump 进一步指出研究应重视分析隐藏在贫困集中现象背后的社会和政治过程,认为美国城市贫民窟实际上是种族主义制度化的结果。再如,Hall 等学者对开发区政策产生了质疑,认为在小片特定区域实行特殊优惠政策等举措使其它区域陷入相对劣势境地,潜在发展机遇因不平等竞争而被无形剥夺,导致不平衡发展,制造或加剧城市内部经济—社会空间极化分异。而且,城市社会区研究也蕴含了类似内容和结论,即美国、加拿大、澳大利亚、新西兰和香港等国家或地区城市社会区分异的主要因素是社会经济状况、家庭与种族,而欧洲国家城市影响城市社会区分异的主要因素是社会经济状况和家庭寿命周期,印度加尔各答和埃及开罗等第三世界国家城市社会区中的社会阶层和种族状况作用不明显,而传统文化与现代文明的冲突表现突出(薛德升,2006)。另一方面,近 20 多年来,随着文化地理学的迅速发展,很多学者从文化创新、文化传承、文化融合、文化多元化、地方文化保护、生态文化等相关角度审视城市发展过程及其转型的文化意义、文化后果和文化冲突,例如,全球化进程中地方文化保护和文化冲突、绅士化运动对城市更新的文化意义等(e.g., Sassen,1991;Adams,1994),这些研究工作日益全面化、深入化和多元化。

1.3 中国的相关研究进展

1.经济转型

学术界对经济转型理论的研究已达到相当的深度,涉及经济体制、经济增长方式、企业制度、经济形态以及经济发展阶段等诸多层面(黄安余,2005)。保建云认为(保建云,2007),处于转型阶段的经济社会具有如下三方面的特点:经济制度始终处于演化过程之中,经济制度具有多样化的表现形态,存在多样化的资源配置方式和价格形成机制。

孙景宇认为,应从国际维度研究经济转型,深入研究国际间政治与经济之间的互动机制、以及作为其外在表现的世界政治经济体系的结构和演进规律(孙景宇,2007)。中国经济转型中的制度变迁和均衡表现出三方面的趋势(保建云,2007):政府仍然是推动经济制度变迁的主导力量,但随着市场制度和规则体系的逐渐完善,政府行为对经济制度变迁的影响正逐渐弱化;中国发展模式及其经济制度变迁经验摆脱了"华盛顿共识"所倡导的单一发展模式与经济制度选择对世界经济发展的约束;中国的经济制度变迁速度将会逐渐降低,制度变迁的边际收益会逐渐递减,但制度变迁和制度创新的动力不会消失。保建云(保建云,2007)认为:纯粹的计划制度与纯粹的市场制度都是人类社会经济制度演化的极端情况,经济转型具有一般性和更为丰富的内容;西方主流经济理论只能解释转型社会的部分经济现象和经济问题,具有局限性;转型经济学研究必须在对计划经济理论与市场经济理论进行比较与综合的基础上,突破西方主流经济理论和传统计划经济理论的固有缺陷和约束,进行创新性扩展和重构,其研究范式和研究内容必须不断拓展。研究转型经济社会中的经济现象和经济问题,既要考虑计划部门的影响,又要考虑市场部门的影响,应具有动态演化和转型的视角。不同国家的地理区位、历史文化传统、资源禀赋、经济规模与经济结构存在差异,选择的经济转型路径与模式不可能完全相同。

张慧君认为转型中三个转折点比较重要:从改革走向转型之点(转型正式启动点)、市场化进程不可逆转之点(市场经济体制基本确立)、转型完成点(比较成熟、完善的市场经济确立之点),并以前苏联、东欧、中国为例进行了分析(张慧君,2007)。并认为经济转型是量变与质变的统一。所谓量变是指经济体制中的各项制度安排所发生的渐进的、连续的变化,而这种制度安排的量变又与一定的社会经济发展状况形成累积性因果关系,从而使经济转型呈现出一种不断演进的特征。当制度安排的量变积累到一定程度时,整个经济体制将呈现出质的飞跃,与此同时经济发展模式也将发生重大转换。而上述转折点的确定标准体现为以下四点:体制转轨目标的确立与演变,制度环境的变化(政治体制、意识形态),基础性制度变迁(产权制度、交易制度和宏观管理制度),经济发展模式的变化(经济结构调整、经济运行机制变化、经济增长方式转变以及经济开放程度提高)。郭旭新认为(郭旭新,2007),经济转型与制度变迁,受到制度结构、文化传统、社会结构、以及国家政策等诸多因素的共同影响,并无一定的必然路径或模式。无论是由于技术和社会分工等内部因素的累积性改变,还是由于外部环境的影响和冲击所致,这一过程本身都具有高度的不确定性。尽管制度变迁在某种程度上都具有路径依赖的性质,却并不足以保证制度均衡的唯一性和最优性。当经济转型瓦解了原有的社会结构,从而破坏了社会的连续性之后,制度变迁可能进一步加剧社会中的信息的不对称,使转型中的经济及其新生的制度对不确定事件格外敏感。谢琦提出经济增长方式的转型有以下主要动因:经济增长的阶段性、经济体制、技术进步和开放经济。主要探讨了从数量型经济增长模式向质量型增长模式的转型,即:以高投入为主的增长转向以使用效率提高为主的增长,从速度效益型转向效益速度型,由非均衡增长转向均衡增长,由趋于衰竭的经济增长转向可持续的经济增长(谢琦,2008)。

周建利用1978—2005年样本通过状态空间模型研究了改革开放以来能源需求、经济增长、效率改进之间的动态相关性,研究结论为:改革开放以来我国能源消费与经济增长、能源价格、产业结构变化、效率改进存在着长期均衡关系,制度变迁对能源的消费及其需求有着重要的影响,从影响大小程度来看,经济增长模式和我国工业化进程,尤其是重工业比例在国民经济结构中的提高对能源消费的波动具有显著的决定关系(周建,2007)。康继军等从4个方面、以19个指标为基础构造了衡量中国经济转型的制度变量(市场化相对指数),从该指数的数据特征和图形分析的结果看,在此基础上,将该市场化指数作为制度变量,运用协整理论和动态建模方法建立了一个经济增长的动态分析模型,实证研究的结果证实了1978—2003年间经济体制的市场化改革确实促进了中国经济增长,同时也证实了资本和劳动仍然是经济增长的主要因素(康继军等,2007)。通过建立的经济增长动态分析模型,将中国经济增长波动过程的影响因素分解为长期与短期两类,证实了短期内中国经济增长的动力确实部分来源于经济体制的市场化改革所带来的能量释放。

王哲从产业集群与区域品牌的角度探讨了区域经济转型(王哲,2007)。李斌(李斌,2005)认为广东省山区经济转型的动力为广东省实施倾斜政策所产生的推动力、"泛珠三角"发展的推力与拉力、珠三角的产业转移与辐射和模式借鉴与经验、区域交通设施建设带来的经济发展潜力、山区优势条件发挥产生的内力,并应实施可持续发展、外资带动、地缘经济发展、"跳跃式"发展、聚集式布局等战略思路。黄安余发现(黄安余,2005),台湾经济转型对劳动力就业产生了影响,主要涉及劳动力结构多元化、就业结构变化符合"配第——克拉克定理"、劳动力流动性加强、结构性和摩擦性失业加剧、劳动力收入差距扩大等诸多层面。台湾经济转型一是指从农业经济社会过渡到工业经济社会;二是指由劳动密集型工业转向资本和技术密集型工业。台湾经济发展经历了两次较大的转型历程:第一次是在60年代中期,台湾实现了从以农业经济为主体的传统经济向以工业经济为主体的现代经济的转变;第二次始于70年代末和80年代初,台湾以工业为主导的经济结构开始逐步调整与升级,实现劳动密集型向资本和技术密集型的转变。封小云分析了香港回归十年来经济结构的演变过程,并且剖析了在CEPA协议签署后,香港与中国内地区域化的结构转变效应,以及效应不高的原因。针对香港面临的结构转型挑战,提出了整合现有优势和创建竞争优势的两条路径,以及相应的对策。高端的战略性资源(人才、创新行为与科技的发展和实力)是推动香港经济转型的根本与关键性因素(封小云,2007)。

唐慎认为,随着开发区建设与发展的不断成熟和市场经济体制的不断完善,开发区这个特殊经济区域所蕴涵的发育市场的巨大潜能必将更加充分地释放出来,从而带动整个国家的经济转型(唐慎,2005)。与苏联及中东欧相比,中国的经济转型是一种渐进的反复试验的过程,即所谓"摸着石头过河"(Chen,2005)。Lin认为,中国应寻求一种与其他转型国家通过私有化改善企业表现的方式,即通过公司化改善企业管理(Lin,2001)。

2.社会转型

陈占江认为差序格局与中国社会转型有着互相型构和消解的关系。在中国160余年的社会转型过程中,差序格局一直产生着各种各样的影响和作用。差序格局之于市场经济的健康发展、社会阶层的和谐构建和现代法治进程的顺利推进均有着较大的消极影响。同时,随着社会转型的深入,传统意义上的差序格局也在发生着某种程度的嬗变(陈占江,2007)。刘祖云认为,早发展国家社会转型的过程表明,社会转型的动力最初主要来自市场,即市场力量既是社会转型的初始动力,又是社会转型的主要动力。而当前中国的社会转型则不同,即 1978 年开始的改革不仅是政府和市场双重启动,而且是政府和市场双重推动(刘祖云,2002)。陶爱萍认为,科技革命是社会转型的驱动力,催生新的产业和产业部门,引发人类社会生产方式和生活方式的变革,进而促进整个社会发生转型。近代科技革命间接地促进了中国走向现代化,当前中国正抓住现代科技革命的机遇,加速向后工业化社会转型(陶爱萍,2008)。周耀虹指出,劳动就业领域正在发生根本性的变革:一是劳动就业基本实现市场化;二是计划经济时代讳莫如深的失业,现在已经成为一种涉及面很广的社会现象;三是就业的多元化,包括劳动力来源的多元化和就业岗位的多元化。

　　袁志准探讨了当代中国城市建筑文化嬗变与社会转型的关系,认为中国当代城市文明是在经济全球化语境中还没有找准根文化与现代性对话的支点时开始勃兴的,作为其核心构件的建筑文化呈现出的媚俗与杂糅其实是社会转型时期整体文化心态的驳杂与精神生态失衡之症候(袁志准,2007)。车裕斌考察了典型村落社会转型及其发展趋势,其转型发展过程具有渐进性,转型驱动力具有差异性,转型发展水平具有不平衡性,转型内涵具有复杂性,转型模式具有多样性(车裕斌,2008)。乌力吉认为,在城市化进程中少数民族社会的转型是指在少数民族的社会深层即文化层面进行现代性重构。然而,少数民族文化的现代性重构既要求在制度上设计相应的理论和体制的内容以外,还需要对传统文化心理结构进行现代性的重构(乌力吉,2008)。

3.城市转型

(1)城市发展与转型的理论解读

政治经济、制度改革与中国城市(空间)发展的关系是国内外理论研究的主体方向之一。学者们深入地研究了中国制度改革进程及其对城市发展的影响(Wu,2002;Zhu,2005;Ma,2005;Quan,2006;Sun & Wang,2003;Shen,2007),以及资产导引下的城市增长和增长联盟 (Han & Wong,1994;Zhu,1999;Zhang,2002;George & Lin,2002;Gordon & Ge,2004;Deng & Huang et al,2006;Annemarie & Karen et al,2005;Zhang & Wu,2008),城市之间的合作以及城市区域和城市规划 (Zhang,2006;Xu,2008;Wong et al,2008;Klaus,2008;Yu,2008;Luo & Shen,2009)、经济改革和社会网络 (Ma, 2002;Eric,2005)、企业化的国家和政府 (Harvey,2006;Ma,2005;2007; Wu,2003;Zhang,2003;Wu & Ma,2006),中国的全球化城市(Yeoh,1999;Shahid & Wu,2002; Lin,2004;Wu & Ma,2006)、城市战略管理 (Strategic urban management)(Wong & Tang et al,2006)。例如,Wu(2002;2008;2009)等学者从制度角度初步构建了中国社会经济系统演化的解释性模型,并进而分析了在此模型下的中国城市发展及其空间变化的趋势与机制,还分析了中国规划系统演变及其对城市发展的影响。再如,从制度视角出发,张京祥等学者就转型期中国城市政府地方化、地方政府企业化、城市增长机器等及其对城市发展的影响进行了较为深入的理论与实证分析。而且,近年来,产业区位、集群与城市发展的研究工作日益受到重视。樊杰、冯健、陈雯等中国学者日益重视企业选址和区位选择对城市发展的影响,如企业选址与城镇体系(樊杰等,2009)、企业选址与城市空间重构(冯健,2008;吕卫国,陈雯,2009)、FDI 和产业集群与城市发展等。我国学者分析了 FDI 对产业结构与集群、城市空间、生态环境等方面的影响,并从企业集聚、企业衍生、企业之间的竞合关系、企业集聚发展的局限性等微观视角分析产业集群空间演化的规律。同时,还详细分析了 FDI、创新和城市增长的关系及其机制(Lee & Robert,2002;Wu & Tony,2008)。

在城市发展过程的研究工作中,刘彦随、陈彦光做了大量的理论模型推导和实证研究工作,取得了很多成果,如构建了城市人口空间分布的 Weibull 模型,提出了信息熵增原理、异速生长原理和 Logistic 发展原理等关于城市形态演化的三个基本原理等。李郇等(2009)就中国城市的异速增长进行了研究。另外,王放、苏小康等人根据耗散结构理论的自组织原理建立起城市区域人口动态演化自组织模型,而 Clark 模式可能是分形模型的半退化形式。孙本经等对自组织理论在城市人—环境系统中应用的合理性作了严格论证,并指出城市环境系统完全符合出现耗散结构的条件:开放系统、远离平衡、正反馈与突变、非线性作用及存在涨落等。

(2)城市空间发展的模式、路径、重组与度量

许学强、周一星、顾朝林、闫小培、叶嘉安、吴缚龙、黎夏、宁越敏、柴彦威、刘纪远、王兴中、张庭伟、张京祥、张小雷、甄峰、薛德升、冯健、陈雯等诸多国内外学者从中国社会、经济、文化和自然等角度对中国城市空间生长过程进行了深入的研究,建立了中国城市形态、空间演化及其结构模型,并作了动力学探讨,研究成果非常丰厚,即主要从城市化和郊区化 (urbanization or suburbanization)(Zhou & Ma,2003;Shen & Ma.,2005;John,2006;Shen & Feng et al,2006;Zhan,2008)、城市空间重构(旧城改造、新城建设和国家支持下的绅士化进程)以及新城市景观(Sun,2002;Lin & Wei,2002;George &Lin,2002;Wu,2004;Ma, 2002;2004; 2006;2007;Ma & Wu,2004;2005;Ding,2004;Ohn,2006; He,2007;McGee et al,2007;Yang & Chang,2007; Wu & Zhang,2008; Chien,2008)、城市变化过程与动力及开发区和工业园区导向 (Wu,1999; Wei.,2001;Sun,2002; Xu & Tan,2002;Logan,2002;Eric,2005;Deng & Huang,2004;Li,2005;Susan & Walcott et al,2006; Wei & Li et al,2007; Fang & Xie,2008; Yang & Wang,2008; Tan & Li et al,2008)、城市形态(Lu,2006;Chen & Jia et al,2008)、城市中的地方提升和地方形成 (Place promotion and Place –making in the Cities)(Wu,2000;Albert,2006;John,2007)、全球化的城市空间(Spaces of globalization) (Andrew & Wu,2006)、城中村和隔离社区 (semi–urbanized villages and gated communities) (Deng & Huang, 2004; Wu & Webber,2004;Pow,2007)、绅士化进程(He,2007;朱喜钢,2008)、城市生态环境(Huang & Tan et al,2003)、巨型城市区域或全球城市区(闫小培,2006;顾朝林,2006)等角度展开研究,涉及到城市发展的变化过程、时空模型及其影响要素和推动力(Zhang and Wu, 2008)。例如,国内学者分别选择长江三角洲和珠江三角洲等典型地区研究了该地巨型城市区的发展与机制,并开展了巨型城市区域土地利用变化的人文因素研究。近些年来,遥感、GIS、分形分维方法、细胞元自动复制机等新技术手段在城市用地扩展与城市形态演化的模拟方面得到了较为充分的应用。城市社会空间结构研究也取得了较大进展,如广州、北京、兰州、大连的实证研究。随着我国大城市规模的迅速膨胀,城市边缘区与城市郊区化领域的研究工作也日趋深入,研究对象主要集中在长江三角洲、珠江三角洲、环渤海地区等。同时,还对我国大都市、大都市区(都市圈)的发展进行了较为深入的研究,如 Chan(1996)对香港,Yeh(1996)和 Olds(1995)对上海浦东,Wu(2000;2004;2008)对上海的研究工作。顾朝林、甄峰、刘卫

东等学者结合全球化背景,探讨了信息时代区域、城市空间结构的发展趋势等。与此同时,李思明(2004)、吴缚龙(2004)、黄友琴(2004)、吴启焰等学者对城市住房、居住分异、居民迁移等进行了较为深入的研究。开始时主要集中于住房政策和住房制度的探讨。1990年代介入城市住房空间的研究,包括住房空间结构、住房商品化、住宅区位与居住选址、居住空间分异、居住郊区化、拆迁行为、第二住宅等方面,以及住房改革及其市场(Wu,2001;Wang et al,2005;Huang,2003;2004;Wang&Li,2004;2006;Wu,2004;Sun,2004;Zhang,2006;Zhou,2006;Stephen & Mak et al,2007)。1980s 中期以来,我国学者还对上海、广州、西安和北京等城市进行了社会区划分的实证研究,揭示了城市社会区的变化及其影响因素(薛德升,曹小曙,2006;李志刚,2006;2009),并对城市社会分层和城市社会空间的结构变化以及社会隔离和平等性进行了研究(Wu,2002;Meng & Rober et al,2005;Gu & Wang et al,2005;Ma,2007;Zhu,2007)。李志刚等(2009)还以广州黑人为例研究了中国外国来华人口在城市的聚居问题。

此外,城市土地改革、土地利用及其覆被变化是另一个取得重要成果的研究领域。史培军、刘盛和、刘纪远、周建民、姚士谋、张庭伟、李秀彬、刘卫东、杨永春等一批学者以南京、上海、广州、北京、长沙、福州、深圳、长沙、兰州等城市为例对我国城市土地结构变化及其驱动力进行了较为深入的研究,取得了大量成果。同时,国外学者,尤其是华裔学者从土地制度改革(如土地取得、交易、开发区位和管理)、经济变革角度对中国城市土地利用变化及其机制进行了较为深入的研究工作,也取得了不少成果(Zhu,2004;Deng & Huang,2004;Tian &Liu et al.,2005;Fan,1999;Karen & Michail,2005;Zhu,2005;Li et al,2007;Lanchih,2008;TIAN,2008;La et al,2008;Qian,2008)。

(3)城市转型

中国是世界目前公认的转型成功的国家(Ma,2004)。伴随着经济转型及社会转型研究的广泛开展,城市转型研究也大量展开。国内城市转型的研究大部分是关于资源型城市的,在 2009 年 4 月 14 日进入 CNKI 检索时发现,1994 年以来的题目中含有城市转型的341 篇文献中,针对资源型城市的文献有 243 篇,比例达到了 71%。而由于经济和社会转型也同样导致了普通城市的转型,关于城市的转型研究也扩展到所有城市。当前,以西方国家城市发展过程、模式和路径为参照物,从私有企业的比重、产业的市场调节程度、就业人口的市场化行为、参与全球化分工的水平、城市空间扩张(蔓延)和功能变迁和分化以及社会区等角度识别城市发展转型是此类研究的主要视角,取得了一定水平的成果(e.g.,He,2007;冯健,2003;2005)。例如,在城市增长研究中考虑了制度变迁因素的影响,如私营企业的产值和就业人数的比例、新政策实施的影响等(Anderson and Ge,2004)。不过,总的来看,此类研究实际上存在的核心问题是以西方国家城市发展的轨迹和路径为参照物来评判中国城市发展转型的成功与否或发展方向,这恐怕不能令人满意。

Yang 等评估了扩展中的中国城市的土地转型的可达性和流动性结果,阐述了在中国背景下交通与土地利用的关系,分析了可达性和流动性的不确定性与当今城市发展主题(包括 CBD、卫星社区的形成和朝向多中心布局的演化)的结合(Yang and Gakenheimer,2007)。

Zhao 等研究了自 1990 年代以来北京的都市增长管理,结论表明,北京的经济转型朝向市场导向的经济,其中投资资本在城市空间演变中起到决定性作用,这种转型使得城市发展过程和城市增长管理复杂化。城市政策需要从独裁方式转变并对创建市增长管理和发展的实际地方需求之间的和谐关系更加关注（Zhao et al.）。在城市快速增长的背景下，转型发展中国家近期公共政策应考虑的主要问题是提高城市生活质量和个人社会福利的能力。由于通勤时间的增加而导致的工作可达性的降低是影响北京城市生活质量的非常严重的问题。理解综合工作可达性的管治重组的重要性是实现发展管治的政策创新的首要条件。现今的管治重组对综合工作可达性具有负作用(Zhao et al.,2009)。

Quan 研究了形成住房投资方式过程中的不同主体(国家、单位和家庭)的角色变化，指出制度转型和市场化导致企业从党的领导向管理者的转变，政府干预的规模和范围受到质疑。为了回应经济压力，政策改革采取了使决策尽可能接近经济活动发生程度的措施，在住房投资方面，政府或中央集权系统的作用降低，而单位、家庭、开发者、合作社和金融机构等非国家机构的作用日益增加(Quan,2006)。Zhao 等研究了中国城市在 1978-1993 年间的教育变化，发现市场和政治过程以一种非常复杂的方式相互影响而非简单的水火不容(Zhao and Zhou,2002)。Gu 等对北京与改革前的城市化模式不同，北京正经历与西方国家城市和其他发展中国家城市相比更加分散化的一种路径，城市蔓延和空间分散伴随着社会极化和乡村移民的大量涌入作了研究(Gu and Shen,2003)。

全球化导致当今世界国家与城市之间标量关系(Scalar relations)的变化，标度理论(Scale theory)主要在资本社会发展起来，Shen 认为这种理论在转型的社会主义经济中同样适用，并用于描述中国城市的深刻转型，从多标度视角研究了作为重新调整和区域化过程的中国城市空间转型和重组(Shen,2007)。程大中从服务业发展的角度探讨了上海市的城市转型(程大中,2009)。张贤从产业结构升级的角度探讨了城市转型，认为城市产业结构是城市内产业部门的组合方式和地区生产要素的宏观聚集状态，同时也是决定城市经济功能和城市性质的内在因素(张贤、张志伟,2008)。

中国城市研究的相关文献主要关注世界城市，因而要做的是促进中国城市进入世界城市行列，而较少关注在全球化及其对规划、决策暗示下的城市转型(Lin,2004)。中国案例中的城市转型重要性与人口和地理外延在世界上其他任何国家都无相似者。处于国际化过程中的中国城市正在快速演化，这对规划师和城市专家来说是一个巨大挑战(Gar-on Yeh and Wu,1999；Lin,2004)。

值得关注的是，吴缚龙、马润潮、张京祥 2007 年 9 月出版了《转型与重构——中国城市发展多维度透视》一书，采用实证方法，较为系统地阐述了中国城市的转型与重构问题，取得了一定的进展。

闫小培(2006)、顾朝林(2006)等学者分别选择长江三角洲和珠江三角洲等典型地区研究了该地巨型城市区的发展与机制，并开展了巨型城市区域土地利用变化的人文因素研究。

我国学者城市住房研究开始主要集中于住房政策和住房制度的探讨。1990 年代介入城市住房空间的研究，包括住房空间结构、住房商品化、住宅区位与居住选址、居住空间分异、居住郊区化、第二住宅等方面。

(4)制度视角的城市研究

城市制度是整合城市诸多要素的核心，是城市有序发展的基础，也是城市的重要本质(陈忠,2003)，然而在很长的一段时期内，在我国的城市研究中都存在"制度视角"的缺失，直至 2000 以来关于制度视角的城市研究成果才大量涌现。研究内容主要包括城市化、城市发展的区域协调、城市规划、城市空间结构、城市政府及城市某项制度的改变对城市发展的影响这几个方面;研究方法上以定性研究为主,鲜有定量研究,而且大都借用制度经济学的分析方法,并未形成自身的理论体系。

①制度视角的城市化研究

城市化作为 20 世纪世界上一个重要的经济社会现象,一直都是学术研究的热点之一。我国改革开放以来,伴随着经济的迅速发展,我国城市化速度也不断加快,城市化规律、模式等理论研究成果颇多,"制度"作为一个影响城市化进程的深层原因也受到了极大的关注。目前我国学者对于制度视角的城市化研究主要集中在城市化的制度体制和专项制度对城市化的影响两个方面,自下而上和自上而下城市化、城乡二元结构、社会转型是研究的热点问题。关于城市化的制度体制研究,刘传江(2001)在总结城市化模式的基础上对我国自下而上和自上而下的城市化发展特点进行了比较分析;叶裕民(2001)分析了我国就业、户籍、社会保障、土地、行政等制度创新,构筑出了我国城市化的制度体制框架,并以台州和开平进行了实例分析;汤海孺(2000)分析了浙江城市化滞后于工业化的现象,提出了制度创新是推进城市化进程的重要手段;赵燕菁(2001)分析了我国小城镇战略,总结了城市分层模型,提出以土地流转为核心的制度创新来推动城市化的思路;潘新胜和吉昱华(2006)分析了我国城市化的政策,构建了我国城市化问题的制度框架;赵振军(2006)分析了地方政府在政绩牵引和利益驱动下推进城市化的进程,指出了我国城市化特有的制度背景与体制条件所面临的巨大风险。

关于专项制度对于城市化的影响领域,吴力子(2002)分析了以土地为基础的我国现行城乡制度,提出重新界定"联产承包责任制"的建议;鲍明(2003)从我国的区域自治制度出发,分析了其对城市化的影响,并提出了相关建议;陈波翀和郝寿义(2004)建立了城市化决策模型,对影响城市进程的制度要素进行了比较分析,指出城市化快速发展首先需要突破的是社会保障制度和土地制度,户籍制度并不是十分重要;谢志岿(2005)从制度安排的角度提出了我国城市化过程中村落终结的路径和国家征地中的合理制度安排。

②制度视角的城市区域协调研究

经过 20 世纪的城市化发展,在世界上许多区域都形成了大规模的城市群、城市密集区,这使得对于城市区域的研究成为新的学术热点。目前我国已经形成了京津唐、长三角、珠三角三大城市密集区,城市之间、区域之间的竞争愈演愈烈,而东西部的差距更是日益拉大,关于城市区域之间协调问题的研究显得十分迫切。

在我国制度视角的城市区域协调研究中,对于三大城市密集区的协调研究是主要议题,这既是我国现在发展阶段的要求,也是学术应用于实践的体现。安筱鹏(2003)通过对京津唐、长三角、珠三角三大城市区的考察,认为我国城市区域非一体化的原因主要是存在政府、市场、协调组织三大制度缺陷,在借鉴国外经验的基础上提出了我国城市区域协调发展的组织模式、城市区域协作组织建设的途径;崔大树(2003)、陈伟国等(2004)认为制度障碍是制约我国三大城市群发展的主要因素,制度创新应该是我国城市群发展的重点;施源等(2004)以珠三角为例,分析了我国城市区域协调存在的种种问题,进而指出只有通过体制创新,建立区域协调机制,才能避免恶性竞争,从而使区域得以健康发展;陈建华等(2006)从区域博弈的思想出发,通过对三大城市密集区的问题分析,提出编制协调规划、建立权威协调机构、设置单一功能的专门机构、促进市场化改革四种制度途径来促进区域协调发展；孙海燕(2007)总结了区域协调理论的发展，并且提出了一套从目标内容到实际操作的完善协调体系。

除了对三大城市区域协调研究，许多学者还研究了城市政府在协调中的作用。张京祥等(2000)、张国平等(2005)分析了源于西方城市的管治理念，指出了我国在区域协调发展中可以借鉴的制度安排及协调理念；黄士正(2006)探析了我国的行政分权改革，对我国不同等级政府的协调进行了研究。

③制度视角的城市规划研究

目前我国制度视角的城市规划研究可以分为两部分，一方面是对于城市规划制度本身的探讨，另一方面是从制度视角出发对于城市规划理论的探讨。

我国城市规划法制建设从八十年代初起步，到1990年城市规划法开始实施，2008年又改为城乡规划法，已经形成了较为完整的城市规划法规体系。然而，由于我国的城市规划制度是在借鉴西方经验的情况下建立的，且我国处于快速发展的时期，在城市规划法实施之初就存在城市规划法与经济社会发展之间不适应及法规与技术操作相矛盾的问题，故关于城市规划法的研究文献数量十分庞大。概况起来讲也包含两方面内容，其一是分析法规中与现实矛盾的地方，进而提出解决的方法(栾峰，1999；张松，2000；周建军，2004；彭阳等，2006；杨寅，2007；高中岗，2007；何流等，2007；李勇等，2007；高中岗，2007；孙忆敏等，2008；郑卫等，2009；杨寅等，2009)；其二是分析介绍西方城市规划法律制度，为我国城市规划法律制度的建立提供经验借鉴(刘戈青，2000；文超祥，2003；王郁，2008；2009)。

在从制度视角出发的城市规划理论研究中，借鉴制度经济学成熟的分析方法对城市规划理论进行分析的研究较多。戴小平等(2001)认为土地制度是我国城市规划的制度基础，并且城市规划的主要制度作用就是减少土地制度中的寻租行为，为此必须对城市规划体制进行创新，以适应经济发展的要求；李盛(2004)利用制度变迁理论分析了我国转型期制度变迁对于城市规划的要求，并分析了为了适应制度变迁城市规划所面临的变革；王洪(2004)分析了我国城市规划理论的演进，总结了新中国成立以来我国城市规划制度创新的主要成果，并提出了未来我国城市规划创新的若干新思路；何明俊(2005)从制度经济学中的现代产权制度的角度分析了城市规划的特征，并提出了基于产权的城市规划机制；赵燕菁(2005)系统的阐述了西方制度经济学的基础理论，并用其分析了中国的城市规划，从制度经济学的视角为中国城市规划方法提出了若干建议；周国艳(2009)总结了西方新制度经济的发展历程，阐述了交易成本学派、产权学派和公共选择学派三大制度经济学理论对于我国城市规划的借鉴作用。

④制度视角的城市空间结构研究

城市空间结构是影响城市发展的要素在实体空间中的表现，转型期我国经历了经济、社会、政治等诸多制度变迁，城市空间结构也随之有了很大的变化。影响我国城市空间结构发展的制度体系是不同时期我国的城市发展战略，故关于我国城市空间结构的研究也多从此出发。胡军等(2005)总结了新中国成立以来我国城市发展策略的转变及制度变迁，由此分析了其对我国城市空间结构演进的影响；殷洁等(2005)从全球制度转型的大背景分析了西方城市空间结构研究的过程，认为对制度要素的关注是城市空间结构分析的基本走向,继而分析了中国制度转型对城市空间结构的影响;张京祥等(2008)在分析了我国转型期的基本特征的基础上, 建立了转型期我国城市空间重构的制度分析框架;李强(2008)用新制度主义的研究方法建立起了一个分析我国城市空间发展内在机制的分析框架;洪世键等(2009)探讨了我国土地制度改革所形成的"二元化"土地结构对我国城市空间拓展的影响。

⑤制度视角的城市政府研究

美国学者 Harvey Molotch 在 1976 年指出:"地方政府、政府官员、企业、开发商等城市中不同力量因具体目标而组成了不同的增长联盟,而地方官员以发展地方经济为目的和土地经济精英聚敛财富的动机成为城市发展的主导, 进而可能损害大众的利益"(Molotch,1976),这是最初的城市增长联盟模型。罗小龙等(2006)利用实例论述了我国城市发展中的增长联盟与反增长联盟,发现一些不合理的制度安排正是形成反增长联盟的原因;张京祥等(2006,2007)利用增长联盟思想对我国城市政府进行了分析,认为我国城市政府正在走向企业化的倾向,指出建立更为稳定、广泛的城市增长联盟,实现从"增长型政府"向"发展型政府"治理模式的根本转变才是比较合理的道路;黄文华(2006)认为在国际开放的新世界环境中,城市政府正在由"管理"走向"经营",城市经营已经成为城市政府的一项重要职能;王伟等(2007)从城市规划的角度阐述了目前我国地方政府城市规划行为的缺陷,认为我国城市规划与地方政府存在着诸如经济利益冲突、沟通渠道不畅通、非程序化等问题。总之,学术界已经敏锐的觉察到地方政府行为企业化的倾向,关于地方政府的研究也主要集中在地方政府这种角色的转变及其带来的影响。

⑥城市制度的研究

在城市制度研究方面,城市土地制度和单位制度是受关注程度最高的两个部分,而这两项制度正是在我国改革的过程中给城市空间结构带来巨大影响的两项制度。1987 年我国开始允许城市土地使用权的市场化交易, 显著改变了我国城市发展中的土地开发过程,给我国的城市空间结构带来了巨大变化。然而,由于土地制度本身的不完善性,在土地交易中存在国有资产流失、市场价格信号失真等现象,为此土地储备制度成为一个重要研究方向。城市土地储备制度对于增加政府调控能力和财政收入,解决公共设施用地问题等等都具有重大意义(张宏斌,2000),学者们眼中的重点也都在我国实施土地储备制度的对策建议上。张洪(2004)从制度经济学理论出发,在借鉴了国外土地管理制度的基础上,对我国的土地储备制度进行了具体设计;张文新(2004)从地租理论、区位理论、制度变迁理论等相关理论出发对我国城市土地储备体制建立进行了理论基础上的探讨;卢新海等(2004)利用大量的实证研究,肯定了我国土地储备制度取得了极大的成果;沈鸿等(2005)认为我国土地储备制度的法制建设必须完善土地储备制度的法律效力,明确各部门的责任;陈士银等(2007)从经济绩效出发,也认为完善土地制度的关键仍是相关法规的建设及土地市场管理的市场化。此外,原玉廷(2004),刘美平(2002)从总体上分析了我国土地制度的漏洞和缺陷,并对其修补提出了相关建议。

我国城市在相当长的时期内都是依托"单位"来进行空间组织,"单位"成为城市的最小空间单元,随着改革的进行,"单位制"才逐渐向"社区制"转变,传统单位被城市基层社区替代,成为城市社会整合的又一种制度性选择,构成公共物品供给与消费的基本单元(郝彦辉,2006)。关于单位制的研究主要集中在由单位向社区转变的进程中,城市结构的变化。柴彦威等(2008,2009)系统分析了我国单位制度的演变历史,认为单位制度的改革是一个十分漫长的过程,关于其研究仍可能在长期内是学术重点,他初步归纳出了转型期我国单位制度变迁的研究框架;乔良等(2009)、张纯等(2009)、张艳等(2009)通过实证分析,进一步证实了单位社区的转变已经成为必然,只是在具体进程中有所差别;李汉林(2007)通过对转型期我国单位制度变迁的分析,也发现单位和非单位并存,相互影响、作用还会维持相当长的一段时间,而目前主要的任务是对单位制度的变迁进行创新引导;何重达等(2007)则将目光聚集在了单位制度的变革对我国城市社会的影响,试图寻找城市管理的新途径。

（5）社会文化后果

一方面,城市发展的社会效应研究,主要围绕贫困、环境、公平、文化等诸多问题展开。例如,1990年代以来的市场经济体制建设和相关的制度改革已引发了新的城市贫困问题,围绕中国转型期城市贫困产生原因、机制、空间特征的研究取得了部分成果(Khan & and Carl,2001;Meng & Robert et al, 2005;Guo & Gub et al,2006;刘玉亭,2006)。再如,方创琳等学者认为当前中国城市空间剥夺主要体现在:低收入群体居住边缘化,旧城改造强制拆迁,高收入群体对城市滨水、绿地等公共空间进行"后花园"式圈地,以及农民土地低价被征用等。另一方面,吴良镛院士、阮仪三教授等一批学者从传统文化保护与传承、文化融合、地方文化特色等角度研究中国城市发展与转型所引起的传统文化快速丧失、文化特色缺失(如千城一面)、旧城改造的文脉传承问题等问题,取得了诸多的研究成果。

总之,国内外学者广泛借助社会学、经济学、生物学、心理学等学科的方法,如借鉴数学上的分形与泛函,生物学的细胞组织生长,物理学的统计物理,社会学的组织网络分析,多学科交叉的地理计算(geocomputation)等,利用网络拓扑、分维、神经网络方法、CA模型、多智能体(Agent-based model, or multi-gent system (MAS))、系统动力学、情景分析与模拟预测、复杂网络等方法和手段,运用GIS、RS等先进技术,主要从经济、社会、地理、生态环境、文化等领域或不同角度研究了城市(空间)生长过程、模式与机制,取得了大量的优秀成果和一定程度的进展,尤其是立足于不同学科利用西方相关概念与理论模型进行"类比性"的研究成果较多,或就某一现象进行多角度的现象学描述、定性和简单的定量分析和模拟的研究工作较多,而深入的机理性的研究成果相对较少。因此,关于城市(空间)生长及其转型研究虽已考虑了制度改革进程及其对城市(空间)生长过程的影响,但对于渐进改革方式与中国独特政治经济系统相互耦合对城市发展过程与转型影响的考虑远远不足。例如,在中国独特的政治经济系统背景下,渐进制度改革必然引致的计划和市场双重系统在一定时期内并存,城市(空间)生长过程必然与计划经济向市场经济转轨的程度和方式相对应,也体现相应的政治经济体制的影响,那么此种渐进转型方式到底如何影响城市(空间)生长过程呢?会产生什么样的社会文化后果呢?对这些问题的研究工作远远不够,仅仅从不同的角度进行了初步的讨论,依然缺乏集成性和系统性的研究成果。

1.4　组织框架

实际上，伴随着西方发达国家从 1970 年代进入信息时代和知识经济时代的同时，原苏联各国、原华约体系中的东欧各国，以及中国自 1970 年代末期以来也逐步进入了大规模的制度转型时期。西方发达国家实行的新自由主义的经济政策，与绝大部分社会主义国家向市场经济体制的转型相耦合，导致新一轮的世界性的经济全球化、技术全球化、制度全球化和文化一体化浪潮的出现，也导致世界经济体系和城市体系及其内部组织的大规模转型。这种全球范围内转型的进程与中国广泛而深刻的转型过程相互耦合和相互作用，使中国快速的融入到全球经济体系、文化体系和城市体系中。中国的城市化进程，尤其是城市的生长与转型突变性的从封闭的演化体系进入到开放系统中，即单体城市生长过程更加深层次地受到外部因素和机制的影响与作用，也更将重视城市自身的品质、特色和潜质（内因），因为在市场经济的分工原则下，有效的竞争优势必然要求城市具有合理的定位和在市场体系中的"生态位"。

改革开放以来，中国在政治、经济、社会、文化各领域都发生了快速而深刻的变化。这种体制性和宏观环境的变化必然促使城市生长及其体系发生深刻的转型。这种转型过程与机制的研究工作引起了国内外学者的广泛关注和兴趣，也取得了很好的进展和学术性成果。然而，关于中国西部城市的此类研究工作较为欠缺。尤其值得关注的是，中国的（经济）改革在时间和空间上都采取了渐进式的模式，这必然会在国家范围内引起从东部沿海到西部内陆城市生长转型的"梯度"现象或模式，西部城市的研究工作必然会有助于深层次的理解转型期中国城市生长的影响因素、生长过程和作用机制，尤其是制度变迁和相关政策对城市生长的影响，这对于城市规划和管理具有非常重要的作用。

由于转型期中国（西部）城市生长显然在制度变迁和对外开放政策的推动下受到了投资、市场化、土地有偿使用等经济因素，人口（自由）流动、居住自由化、收入差异化等社会因素，价值观多元化、文化多样化等文化因素，以及高速和复合式的交通网络日趋成熟和日新月异的通讯网络的交通通讯因素等综合性要素体系的复合式影响与作用，中国（西部）城市生长过程出现了全方位的变化和转型，例如城市体系组织、城市经济、城市空间、城市社会、城市建筑与文化等。本书的目的正是集成了 10 余年来本研究团队在多项国家自然和社会基金以及教育部新世纪人才支持项目的相关研究成果，力图多角度的透视转型期中国（西部）城市生长的影响因素、生长过程以及相关特点。中国西部地区的范围包括重庆、四川、贵州、云南、陕西、甘肃、青海、新疆、宁夏、西藏等 10 个省（直辖市、自治区）。然而，因为资料获取的限制、案例研究的局限性以及理解问题的需要等原因，部分章节研究的空间尺度也许是国家范围，或者是西北地区，甚至是某一城市。

关于时间尺度，1949-1976（或 1978）为计划经济时期，1976（或 1978）至今为转型期。研究中，部分章节也讨论了计划经济时期的相关问题。

本书的体系和组织框架见图 1-1，分 6 篇，共 20 章。

第 1 章　绪论。研究进展与组织框架，由杨永春、李震、陈健完成。

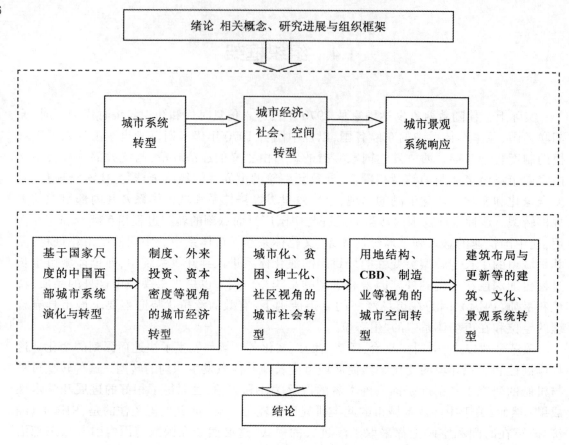

图 1-1　研究思路与组织框架

第 1 篇　转型中的中国（西部）城市系统。包括：第 2 章　复杂网络视角下中国（西部）城市体系，作者为冷炳荣、谭一洺、杨永春；第 3 章　基于 GDP、人口规模分布的中国（西部）城市体系变动，作者为李震、杨永春。

第 2 篇　中国（西部）城市的经济转型。包括第 4 章　制度因素与城市经济增长，作者为陈健、杨永春；第 5 章　外来投资与中国城市发展，由杨永春、吴文鑫完成；第 6 章 中国西部城市产业结构转型及行业分工，由李震、杨永春完成；第 7 章　中国城市资本密度空间变化，由杨永春完成。

第 3 篇　中国（西部）城市的社会转型。包括第 8 章　中国西部城市的城市化进程分析，由李震完成；第 9 章　中国（西部）城市的贫困问题，由吴文鑫、杨永春完成；第 10 章 中国（西部）城市的绅士化，由黄幸、杨永春完成；第 11 章　中国城市单位社区转型，由闫桂媚、杨永春完成。

第 4 篇　中国（西部）城市的空间转型。包括第 12 章　城市空间扩展与用地结构响应，由杨永春、杨晓娟、乔林凰完成；第 13 章　中国（西部）城市 CBD 的发展，由张理茜、杨永春完成；第 14 章　中国（西部）城市居住空间，作者为伍俊辉、杨永春、孟彩红；第 15 章 中国（西部）城市制造业空间分析，成都案例部分由郭杰、杨永春完成，兰州案例由姚康、杨永春完成。

第 5 篇　中国（西部）城市的文化与建筑转型。包括第 16 章　中国（西部）城市的文化特色,由杨永春、向发敏完成;第17章　中国(西部)城市建筑空间分布与结构,由杨永春完成;第18章　中国(西部)城市的建筑更新,由杨永春、张理茜完成;第19章　中国(西部)城市建筑色彩演变,由杨永春、向发敏完成。

第6篇　中国(西部)城市的生态景观系统转型。包括第20章　兰州城市生态景观系统变化,由孟彩红博士完成。

全书的内容和组织具备下列特点:

一是试图从地理学视角,从各个领域系统化的展示中国西部城市生长与转型的过程、特点与演变。

二是在体系上虽然各部分组成一个整体,但各篇(章)又自成体系,这样不但可以达到本书的目的,而且可使读者各取所需,节省时间。

三是各章内容尽量采用成熟或最新的研究手段和方法,试图更加清晰的认识中国(西部)城市的生长转型进程。

非常遗憾的是,由于中国西部地域广阔,本书所涉及的内容庞杂且广泛,因此书中各章节均采用了案例研究的实证主义方法,研究的时空尺度不尽一致,并且仅部分内容进行了理论模型的归纳。也就是说,各章节的内容并没有完全同一的时空尺度和理论分析深度,今后的研究工作将在统一的理论模型的基础上尽力解决这个问题,并力图使研究具有连续性。

第1篇　中国（西部）城市的系统转型

城市的经济转型和城市化进程的新趋势必然会导致城市体系组织的变动,然而,在进行研究之前,必须探讨的是应该把什么空间尺度作为经济上理性化的城市系统(Rosen and Resnick,1980)。从理论上讲,把整个世界的城市的集合作为这一城市系统基本不包含外界的干扰,尽管当今发达国家已经进入了非组织化的资本主义阶段 (Lash and Urry,1987),然而中国城市与国外城市之间的经济联系却并没有完全一体化,国家仍然有一定的独立性,中国的企业也远没有北美和西欧等发达资本主义国家那样脱离国家的框架(Knox and McCarthy,2005);同时,在国家范围内,改革开放以来中国各省区之间的经济联系十分活跃和广泛,迅速打破了计划经济时期的各省区经济结构"大而全"的格局,形成了国家层面的统一市场(虽然也存在所谓的"诸侯经济"现象)。另外,杨永春、冷炳荣(2009)的研究结果证实:基于科学技术、人口素质、环境保护与可持续发展的视角,中国西部城市的边缘化程度面临被东部城市拉大的趋势。所以,本章力图从国家层面审视转型过程中,中国(西部)城市体系的变化与特征。

本篇试图部分地回答以下两个问题:

1. 中国西部城市在转型期的国家层面城市体系中的位置。

2. 转型期中国国家城市体系与西部城市体系结构与组织的差异性。

因此,本篇将首先从国家空间尺度以及对比视角审视中国西部城市体系转型期的发展变化及其特征,包括基于复杂网络系统的城市体系组织与结构、基于生产者网络的成渝地区城市体系组织,以及基于GDP、人口规模分布的中国西部城市体系变动。

第2章　复杂网络视角下
中国(西部)城市体系

　　城市体系研究是城市地理与规划研究的传统问题,也是国家战略层面上调整全国空间布局与区域发展的重要分析内容。1980年代以来,随着西方国家相关理论的引进、"本土化"及其进一步的发展,在全国城市体系结构及其规划问题的理论研究成果方面已相当成熟(顾朝林,1992;顾朝林,蔡建明,牛亚菲,2002;许学强,1982;许学强,周一星,宁越敏,2005;周一星,张莉,2003;顾朝林,于涛方,李王鸣等,2008;陆大道,1999;宋家泰,顾朝林,1988)。依据我国经济制度发展的背景,对新中国成立以来全国城镇体系的研究一般划分为计划时期和转型时期两个阶段。计划时期国家主导城市发展建设,城市发展跟国家相应的发展政策密切相关,城市自我掌控力度有限,对计划时期的城市体系研究主要侧重在城市化、城市体系的结构变动、城市发展的国家政策层面(如工业安排、城市人口政策等),城市体系的组织关系以等级式层级结构为主,分析手段大致以描述性分析为主(顾朝林,蔡建明,牛亚菲,2002;许学强,周一星,宁越敏,2005)(大量数据缺乏及统计口径经常变动,无法进行细致的分析)。改革开放以来,由计划经济至市场经济模式的制度转型,中国城市发展出现了很多新特征,如中国逐步对外的开放政策及优惠政策(经济特区-沿海14个开放城市-沿海开放-内地),外资(FDI)注入的地域差异与行业分异,全国梯度式发展模式与区域差异的扩大等,这些是目前关注的重点研究内容(覃成林,1997;周颖,周峰,2001;朱英明,2004)。研究主要集中在城市体系的结构变动(规模结构、职能结构等)、国家对城市发展的政策变化、城市社会经济要素的流动(经济流、物流、电信流、人口流、交通流等)、城市层域与城市经济区的划分、城市的空间相互作用等(周一星,张莉,2003;朱英明,2004;周一星,张莉,武悦,2001;杜国庆,2006;顾朝林,庞海峰,2009;杨永春,冷炳荣,2009;王海江,苗长虹,2009;潘金虎,石培基等,2008)。随着信息化、全球化的进一步深入,地方空间组织逐步分化,全国城市体系空间组织呈现多样化。分析手段以位序-规模分布、经济腹地的划分与组织、核心—边缘的划分、空间相互作用模型、城市联系强度计算为主导。上述研究工作主要以指标体系的综合计算方式,结合一定的数量分析方法(如主成分分析、层次分析、(多年份)比较静态分析的方法等),揭示城市之间的相互作用及其空间差异。然而,上述分析是把城市体系当做静态的、城市与城市之间相对孤立的分析方法,得出的是一种等级或者位序分布规律(orders or ranks),侧重于竞争与等级关系(competitiveness and hierarchies),而没有充分考虑到城市体系的城市之间应该是动态的、相互关联的(dynamics or relations),并且侧重的是合作与网络互补关系(cooperation and complementarities)(Taylor P. J,2002;2004)。

在全球化与地方化交织的背景下，城市体系已走向了网络化研究的新趋势，通过航空流、互联网骨架网络、生产性服务业等跨国公司的全球扩张与空间重组研究世界城市体系的组织形式与变化，以 GaWC 小组的研究贡献最为突出。GaWC 小组以 100 家高级生产性服务跨国公司（金融、会计、咨询、保险等行业）为基础数据（GaWC100），根据总部、区域级分部等规模及其联系强度将服务价值（service values）划分为六个等级（总部所在城市赋值为 5，没有该企业的城市为 0），最后对全球 316 个城市进行 100 家高级生产性服务跨国公司分类汇总，得出全球城市网络的组织方式（Taylor P. J, 2004；Taylor Peter J. et al, 2007；Derudder B. and P.J. Taylor, 2005；Taylor P. J., 2005）。通过等级式的分城市汇总进行对比，仍然属于等级或位序的"累积"，并没有完全解决城市之间水平方向上的互动联系问题。目前，随着统计物理、系统科学领域的最新发展，借助图论和复杂网络（complex networks）研究工具，对社会经济领域的网络组织研究取得了重大的突破，引起学术界的普遍关注。

对于复杂网络理论具有开拓性贡献的是 BA 网络（或 SF 网络）（scale-free，无标度）和 SW 网络（small-world network）的提出（Barabási A.-L., Albert R, 1999；Strogatz Duncan J. Watts & Steven H, 1998）。由于现实数据收集的有限，传统上认为，网络的连接是随机的，即为 ER 网络，认为网络的节点连接符合泊松分布，从概率分布上看呈钟形状，A-L Barabási 和 R. Albert 在研究 World Wide Web（WWW）时发现网络的节点连接符合幂次分布，呈典型的右偏态状，称之为无标度网络，随着网络规模的增大（节点数量的增加），新增节点与已经存在节点的连接满足择优连接特征（新增节点偏向与连接数最大的节点发生连接），现实网络中表现为"富者越富、穷者越穷"的"马太"效应（Barabási A.-L., Reka, Jeong, Hawoong, 1999）；D. J. Watts 和 S. H. Strogatz 提出虽然网络规模很大，但仍然可以通过很短的路径达到网络的任何节点，并不矛盾的是网络表现出高聚类性质，即为节点的邻居之间也偏向于发生连接，这跟 1967 年心理学家 S. Milgram 发表的论文《小世界问题》中"六度隔离"实验结论相一致，在后续的网络研究中称之为"小世界"网络。BA 网络和 SW 网络在生物网络（基因网、神经组织、信号传递网络、生物群落等方面）得到广泛的证明与运用，最为重要的是，在科研人员合作网（Alain Barrat, M. Barthelemy, 2004）、社会关系网（Watts D. J. Dodds P. S. Newman M. E. J. Newman, 2002）、病毒扩散（Strogatz Duncan J. Watts & Steven H, 1998）、航空网（Taylor Peter J. et al, 2007；Alain Barrat, M. Barthelemy, 2004）、国际贸易网（Serrano M A Boguna M, 2003）、区域创新与扩散网（Lee Fleming, Charles King, III, Adam I. Juda, 2007）等社会和经济领域（Watts D. J. Dodds P. S. Newman M. E. J. Newman, 2002；Serrano M A Boguna, 2003；Lee Fleming, Charles King, III, Adam I. Juda, 2007；Menezes M. Argollo de and A-L Barabási, 2004；Barabási A.-L, 2005；Frank Schweitzer Giorgio Fagiolo, et al, 2009；Junho H. Choi et al, 2006）得到了发展和运用。

但是网络的地理空间特性（如距离衰减）在网络研究时很少涉及，近年来有部分学者转向于空间网络的研究（Alain Barrat, 2005；Barthélemy, 2003；M.T. Gastner, 2006；Kong-qing YANG, 2008）。M. Barthélemy 认为在考虑网络增长时，不仅仅表现为 BA 网络的择优特征，还应该考虑选择已有节点同新增节点的距离特征（联系强度具有距离衰减规律）（Barthélemy, 2003；Alain Barrat, 2005）；同时其他学者对高速公路网（Menezes M.

Argollo de and A-L Barabási,2004）、铁路网（Parongama Sen，Dasgupta S.Arnab Chatterjee，et al,2003）、城市街道网及城市网络（Batty M,2001；2004;2008;2009;Sergio Porta，Crucitti P，Latora V,2006；Sergio Porta，Crucitti P，Latora V,2006）的研究为空间网络研究做了很大的补充。作者认为地理网络不同于一般意义的网络特征,如随机网络、规则网络、及其常规的非空间意义的复杂网络等,应该具有空间邻近连接的空间短路径特征(较短的空间距离、时间距离、感知距离等),但也应具备一般节点偏向于连接辐射中心的特征(如核心城市、扩散源、枢纽等)。国内对产业集群网络、城市交通网络、航空结构网络、物流企业网络、企业连锁研究有了一定的进展(蔡宁,胡结兵,殷鸣,2006;刘宝全,2007;刘宏鲲,张效莉等,2009;刘宏鲲,周涛,2007;莫辉辉,王姣娥,金凤君,2008;李健,宁越敏,汪明峰,2008;钱江海,韩定定,2009;汪明峰,宁越敏,2004;王成,2008;王娇娥,莫辉辉等,2009;薛俊菲,2008;张闯,孟韬,2007;赵月,杜文,陈爽,2009)。上述研究成果没有将城市对外服务量(基本经济部门)和城市联系状态的网络化组织结合起来,

依托生产者服务业信息也是从网络连接视角对城镇体系研究的主要方式。生产者服务业,理论上是指市场化的中间投入服务,即可用于商品和服务的进一步生产的非最终消费服务。以霍尔为首的POLYNET项目组在对欧洲城市体系组织的分析中,将高级生产性服务业(advanced producer service，APS)视角下城市网络的研究方法引入区域城镇格局研究(张晓明,2008)。此类研究的基本模式是将作为形成网络基础的APS公司构成各个FUR节点，这些节点又通过之间的联系构成网络；城镇间的联系情况通过网络中各个FUR的连接关系得到表现，城镇格局中的结构关系反映在各个FUR节点在网络中的地位。由此,不仅得到了城镇间的等级关系,更反映了城镇间的联系,生动而全面地表达了城市体系的内部组织和结构。然而,基于APS视角的城市体系研究所需数据量很大,国内仅针对长三角地区有少量研究成果。

本章的内容分为两部分：一是结合统计物理中复杂网络分析工具,采用GIS、Matlab和数据库等技术手段,构建城市联系网络,一定程度上突破了传统的等级或位序城市关系研究,并以2003年和2007年的Top1、Top5和Top10网络为例证进行实证研究(城市联系强度的最大值、前五、前十名所连接的城市),即尝试性地使用重力模型方法构建城市经济联系网络,并利用复杂网络分析工具,拓展了城市体系研究的相关内容,以2003、2007年中国地级城市的对外服务经济联系网络为例,基于基本部门分析了中国城市网络结构的空间特征,并从中理解中国西部城市在国家城市网络体系中的地位和状态(冷炳荣,杨永春,2010);二是将基于高级生产者服务业视角,以成渝地区为例,从结构视角探索转型期中国西部的城市体系组织与结构(谭一洺,杨永春,2010)。

2.1 研究思路与方法

1.网络构建方法

对于城市体系的网络研究,我们通常是把城市抽象为网络节点,城市之间的联系抽象

为连接边，这种联系通常是指城市之间的经济流、资本流（如银行转账支付流）、信息流（电话、email、信件及包裹）、企业空间组织流（企业总部、区域分部、代理节点等层次关系的联系传递）、交通流、人口迁移流等。城市网络包括了复杂网络的三种分析类型，即为复杂拓扑网络（仅考虑连与不连的二值情况），权重网络（连接强度的强弱情况），有向网络（连接的方向特性），具有复杂网络研究的综合特征。本文在构建城市经济联系网络的方面考虑到：(i)城市对外服务量的大小是两两城市发生联系与否以及联系强弱的最直接因素，在此城市对外服务功能的类型及其强弱采取城市统计年鉴中分产业类型的就业数据，并按照区位熵的办法剥离出城市的对外服务部分；(ii)现实中两两城市之间是否发生联系又受到空间要素的制约（也即距离衰减效应），本文综合考虑铁路、高速公路以及部分国道组成的交通网络，采用两两城市间的综合交通距离进行计算（主要考虑有：一是从统计数据得知公路占客货周转量的主体；二是短途运输以公路为主，而且铁路与公路距离差不多，取二者之一差距都不大；三是在长途运输中，当有铁路通过时考虑运费因素理应以铁路为主，但全国城市之间运输量的大小在铁路与公路二者中到底是怎样分配的？全国城市网络中很难以统一的权重进行客货周转量的分配；再者，在实际的统计数据中也没有两两城市之间的客货联系量。综上，综合交通距离是指城市之间公路与铁路二者中的最短距离）。上述过程可采用重力模型的方法测算城市经济联系强度，该方法在城市研究中得到了广泛地运用（朱英明，2004；杜国庆，2006；顾朝林，庞海峰，2008；王海江，苗长虹，2009），一定程度上弥补了城市之间矢量数据缺乏的问题。具体计算过程如下：

(1)城市对外服务量的计算

城市功能一般分为基本活动部分和非基本活动部分，划分的方法采取区位熵（Location Quotient，下称 Lq）的方法为主，若 i 城市 j 产业部门的 Lq_{ij} 时，则认为 i 城市 j 产业部门具有对外服务功能，计算公式为：

$$Lq_{ij}=\frac{(G_{ij}/G_i)}{(G_j/G)} \tag{1}$$

其中：G_{ij} 表示 i 城市 j 产业的就业人数，G_i 表示 i 城市总就业人数，G_j 表示 j 产业就业人数，G 表示全国城市体系的总就业人数。

当时，计算 i 城市 j 产业的对外就业人数为 E_{ij}：

$$E_{ij}=G_{ij}-G_i(G_j/G)=G_{ij}(1-1/Lq_{ij}) \tag{2}$$

那么 i 城市总对外就业人数为 E_i：

$$E_i=\sum_j E_{ij} \tag{3}$$

为使总对外就业人数的对外价值经济效益化，考虑 i 城市的人均地区生产总值（GDP）N_i：

$$N_i=GDP_i/G_i \tag{4}$$

则 i 城市总的对外经济价值 F_i 为：

$$F_i=E_i \cdot N_i \tag{5}$$

根据国家 2002 年的三次产业划分规定，参考有关研究成果（王海江，苗长虹，2009），对 2003 年和 2007 年《中国城市统计年鉴》中的分部门就业数据进行了一定的预处理：一是考虑到绝大部分城市第一产业（农、林、牧、渔等行业）为非基本部门，且与城市的非农职能特性不相吻合,故不予考虑;二是为排除专业型工矿城市区位熵过高对全国城市整体分析干扰很大,剔除了采掘业;三是国际组织的就业数据不完整,不予考虑;四是公共管理与社会组织的就业需求和城市规模不存在明显相关关系 (周一星,张莉,武悦, 2001),亦不做计算;五是经过测算发现教育业从业人数的区位熵中中小城市高而(特)大城市大都不超过 1,这主要是跟教育统计时也包括中小学教育有关,与城市对外功能有出入,不做考虑,而采用"科学研究、技术服务和地质勘查业从业人员数"指标代替城市对外功能的教育与技术服务要素。由于受困于基础资料的限制,研究不包括西藏、台湾、香港和澳门地区。

(2)两两城市间联系强度计算

结合上述中(i)、(ii)分析,采用重力模型确定城市 i 和城市 j 的预期联系强度 T_{ij} 为:

$$T_{ij}=K\frac{F_i \cdot F_j}{d_{ij}^b} \tag{6}$$

其中: d_{ij} 表示城市 i 和城市 j 之间的距离, K 为重力系数, b 为距离摩擦系数。结合全国交通网络(铁路、高速公路和部分国道),利用 ArcGIS9.2 软件中 OD Cost Matrix 工具测算出 d_{ij}。重力系数 K 取 1(T_{ij} 只是城市 i、 j 可能发生的预期强度,这里没有绝对量大小的概念), b 的取值一般设为 2。本文选取各个城市联系强度的最大值、前五名、前十名的城市进行城市网络分析(下文简称 Top1、Top5、Top10 网络)。选取 Top1、Top5、Top10 及参数 b 取值为 2 的主要依据是:城市之间的联系应该不仅仅受单个城市的影响(也即最大联系强度城市),理论上应该所有城市除其本身外都对该城市有影响,但是有若干个城市对其影响偏大些,这即是本文探讨联系强度前五名和前十名(Top5 和 Top10 网络)的原因;当选择联系强度前五名和前十名时,网络交织化加强,国家层面的网络体系特征开始呈现,能一定程度上反映顾朝林等研究中探讨的国家层面(b=1)全国城镇体系结构的问题;另外,虽然对于衰减参数 b 的选取问题,研究中没有一个统一取多少的定论,但 b=2 也是目前研究中较常用的参数取值。

2.网络测度方法

图论是网络研究与表达的数学基础,记为图 $G=(V, E)$, $V=\{v_i; i=1,2, \cdots, N\}$ 称为图 G 的顶点(或节点), $E=\{e_i; i=1,2, \cdots, m\}$ 称为图 G 的边, e_{ij} 表示节点 i 到 j 的连接边, N 和 m 分别为图 G 的总节点数和总边数。若 $e_{ij}=e_{ji}$,则称 (V,E) 为无向图,记为 $e_{ij}=e_{ji}=1$,若 $e_{ij} \neq e_{ji}$,则称图 G 为有向图(directed graph),一般记为 $G=(V, A)$。后文中城市网络研究存在无向和有向两种情况,节点 i 到 j 的连接边一律采用 a_{ij} 表示。

(1)度及强度分布

度是复杂网络分析的主要分析工具之一,节点 i 的度是指节点 i 的连接边数目,记为 k_i, $\{k_i=k; i=1,2, \cdots, l\}$ 表示度为 k 的节点集合, n_k 为集合中节点的个数, N 为网络中节点的数目(当考虑有向网络时,入度(in-degree)分析仅考虑存在入度的节点数),度数为 k 的概率为:

$$p(k)=n_k/n \tag{7}$$

对于权重网络而言,节点 i 的强度 $s_i = \sum_j w_{ij}$,w_{ij} 为节点 i 和 j 之间的连接权重,对于度数为 k 的节点的强度概率为:

$$p(s_k) = \frac{\sum_{i=1}^{l} s_k}{\sum_{j}^{N} s_j} \tag{8}$$

当节点少时,常采用累计概率分布的方法来测度网络的概率分布 $P(k)$,若 $P(k) \propto k^{-\gamma}$($2 \leqslant \gamma \leqslant 3$)时,则满足 BA 网络特征。在城市网络研究中,$w_{ij}$ 即为联系强度 T_{ij},度和强度的概率分布分别反映了拓扑网络和权重网络的宏观连接特征。

(2)聚类系数(clustering coefficient)

聚类系数是用来反映与节点相连的其他节点中是否发生相连的情况,反映的是网络连接的局部属性(local property),在社会关系网络可以理解为某人的两个朋友是否也相互认识(或者是具有相同兴趣爱好的人由于话语关系或见面概率大而"传染"扩散导致相互认识),这样容易产生抱做成团的情形,社会的层级体系(如社会团体)就此产生。节点 i 的聚类系数 c_i 为:

$$c_i = \frac{1}{k_i(k_i-1)} \sum_{j \neq k} a_{ij} a_{ik} a_{jk} \tag{9}$$

式中:a_{ij}、a_{ik}、a_{jk} 为邻接矩阵中的元素,相连为 1,否则为 0。从几何关系来看,即为含 i 节点的三角形实际数目除以含 i 节点的三角形最大可能数目。

度数为 k 的节点的聚类系数可表示为:

$$C(k) = \frac{\sum_i \delta(k_i-k) c_i}{\sum_i \delta(k_i-k)}, \delta(k_i-k) = \begin{cases} 1 & k_i=k \\ 0 & k_i=k \end{cases} \tag{10}$$

网络平均聚类系数则为 $C = \frac{1}{N} \sum_i c_i$,若 C 值越大,则表示整个网络局部连接明显,在后文城市网路分析中反映城市联系强度既跟城市对外服务成正相关,又跟城市之间空间距离成反相关。

(3) 平均路径长度 L(average path length)

最短路径长度 L 是指,节点连接若考虑连接成本时,有一条(或多条)成本最小的路径,计算算法上以 1959 年提出的 Dijkstar 算法最为著名,后文分析即采用 Dijkstar 算法。本文分析时,最短路径长度考虑的是需要经过中间节点的个数,如若两节点直达时,L 为 0。为使分析方便,整个网络的平均路径长度 L 为:

$$L = \frac{1}{n(n-1)} \sum_{i \neq j} d_{ij} \tag{11}$$

平均路径长度 L 反映的是网络的全局性质(global property),若 L 很小,则说明网络的易达性好,网络运行效率高。

2.2 中国城市网络复杂性结果分析

1.中国城市网络的空间异质性

从 Top1 网络的城市统计上看(需说明的是城市连接具有方向性,若城市 i 的 Top1 网络城市为城市 j, 但城市 j 的 Top1 网络城市未必为城市 i, 也即城市联系具有非对称性(asymmetry)),参与计算的 281 个城市中仅有 82 个城市入度大于 0,占城市总个数的 30% 左右,城市最大联系强度的联系方向集中明显。从 Top1、Top5、Top10 连接方向的空间分布上看(图 2-1、图 2-2、图 2-3),中国城市联系网络的连接节点主要集中在环渤海地区、长三角地区和珠三角地区,2003 年三地区的 Top1 网络连接边数目依次占总边数的 21.4%、13.9%、11%(共占总数的 46.3%),2007 年则依次占总边数的 23.9%、12.1%、8%(共占总数的 44%),中国的三大都市地区最重要的节点城市是北京、上海、广州。环渤海地区空间极化非常严重,北京的联系度由 2003 年的 52 上升到 2007 的 56,受其支配的省市主要有天津、山东、河北、河南、山西、宁夏、内蒙古、辽宁南部、甘肃部分地区、陕西北部地区等九省一市,基本上控制了北方大部分地区,影响范围最为广泛,同时说明了北方城市网络体系等级性明显,极核化发展严重,中间层城市数量不足,多核化城市发展不明显,受北京支配的地区有沈阳—大连体系、济南—青岛体系、石家庄—太原体系、郑州体系、银川体系、内蒙(河套)—晋北体系、徐州体系,以及支配作用不明显但按照周围空间联系方向仍然可以归入的有西安—宝鸡体系、兰州体系、乌鲁木齐—克拉玛依体系、哈尔滨—大庆体系、长春体系等;长三角地区最重要的城市节点是上海,Top1 网络强度中上海的入度由 2003 年的 27 转变为 2007 年的 11,说明长三角地区多核化发展趋势明显,城市间发展差距缩小,城市间网络化联系加强,联系方向主要面向于江苏、浙江、安徽和江西东北部地区,基本形成了杭州—宁波体系、温州体系、苏州—无锡—常州体系、南京—合肥体系。按照通常的长江流域城市体系划分方法,也将武汉体系、成渝体系并入其中(但二者独立性较强);珠三角地区,以广州—深圳(穗—深)为龙头(主要引力节点是广州,2007 年深圳在粤东地区作用加强), 广州的入度由 2003 年的 22 转变为 2007 年的 12, 深圳的入度也由 2003 年的 4 迅速升为 9,根据 Top5 网络的连接特征,其主要包括深圳体系、汕头体系、贵阳体系、南宁体系以及较为独立的昆明体系、闽三角体系(厦门、泉州、福州、漳州等)、南昌体系、长株潭—赣西北体系(新余、萍乡等市)、海口—湛江—北海体系。依据 Top1、Top5、Top10 网络的联系强度及其空间格局,可将中国城市体系划分为表 2-1 的层次结构。

从累计度统计图表来看(图 2-1、图 2-2 和图 2-3),度数为零的节点占很大比重。2003 年 Top1 网络中 $k=0$ 的节点占了 74.1%,$k=1$ 占了 16.3%,2007 年分别为 74.9%、12.5%,即 $k=1$ 时下降了 3.8%。从度分布来看,大量城市节点不存在其他城市向其发生最大连接,也即城市节点最大联系于那些高"度"城市,如北京($k_{2003}=52,k_{2007}=11$)、上海($k_{2003}=27,k_{2007}=11$)、广州($k_{2003}=22,k_{2007}=12$)、成都($k_{2003}=13,k_{2007}=11$)、长沙($k_{2003}=8,k_{2007}=12$)、厦门($k_{2003}=5,k_{2007}=4$)、昆明($k_{2003}=10,k_{2007}=8$)、郑州($k_{2003}=6,k_{2007}=7$)、西安($k_{2003}=7,k_{2007}=6$)、哈尔滨($k_{2003}=8,k_{2007}=$

5)、沈阳($k_{2003}=4$, $k_{2007}=6$)等。这些高"度"城市中除具有最高等级($k>20$)的北京、上海、广州三城市作为全国的经济枢纽以外，其他城市亦是地区经济发展的集散地。

2003 年 Top5 网络城市中 $k=0$ 的节点占 41.3%(2007 年为 42.9%)，Top10 网络城市中 $k=0$ 的节点占 27%(2007 年为 27.9%)。当仅考虑入度 $k>0$ 的城市节点时，2003 年 Top1、Top5、Top10 网络的平均度 $<k>$ 依次为 3.44、8.52、13.77，而至 2007 年时依次为 3.27、8.61、13.51，Top1、Top10 有所下降，Top5 稍有增加，说明城市的网络连接更为广泛，有分散连接的趋势。

从函数模拟来看(表 2-2)，若考虑城市节点联系网络的方向性时(有向网络)，存在大量 $k=0$ 的节点，函数模拟只能采取指数形式；当不考虑城市联系的方向性时(无向网络)，累计度分布幂次关系明显，指数 $\gamma \in (2,3)$，呈无标度网络特征；而在强度分布中，Top5、Top10 网络基本上呈线性关系。

表 2-1　中国城市体系划分

三大城市区	城市极核	亚城市体系
北方城市区	北京	北京—天津体系(廊坊、唐山、秦皇岛、承德、保定、沧州、张家口)
		济南—青岛体系(聊城、淄博、泰安、莱芜、济宁、临沂、潍坊、滨州、威海、烟台、德州)
		沈阳—大连体系(沈阳、大连、本溪、抚顺、辽阳、赤峰、朝阳、葫芦岛、盘锦、营口、丹东、铁岭、阜新、通辽)
		长春体系(四平、辽源、通化、白山、吉林、松原等)
		哈尔滨—大庆体系(齐齐哈尔、绥化、牡丹江、鸡西、双鸭山、佳木斯、鹤岗、黑河、呼伦贝尔)
		内蒙(河套)—晋北体系(呼和浩特、大同、包头、鄂尔多斯、乌兰察布、朔州)
		太原—石家庄体系(晋中、阳泉、忻州、吕梁、榆林、邢台、邯郸、衡水)
		郑州体系(开封、许昌、洛阳、三门峡、运城、临汾、长治、晋城、焦作、新乡、安阳、鹤壁、濮阳、菏泽、南阳、驻马店、平顶山、漯河、周口)
		徐州体系(连云港、商丘、亳州、淮北、宿州、枣庄、宿迁)
		银川体系(吴忠、石嘴山、乌海)
		西安—宝鸡体系(咸阳、渭南、商洛、安康、汉中、铜川、天水、固原、平凉、庆阳、延安)
		兰州体系(定西、西宁、白银、武威、张掖、金昌、酒泉、嘉峪关)
		乌鲁木齐—克拉玛依体系
长江城市区	上海	杭(州)—宁(波)体系(湖州、嘉兴、绍兴、舟山、金华、黄山)
		南京—合肥体系(滁州、马鞍山、芜湖、镇江、扬州、淮安、池州、安庆、铜陵、宣城、巢湖、六安、淮南、蚌埠、阜阳)
		苏(州)—(无)锡—常(州)体系(含南通、泰州)
		温州体系(上饶、丽水、台州、衢州)
		武汉体系(十堰、襄樊、荆门、宜昌、荆州、孝感、随州、信阳、黄冈、鄂州、黄石、咸宁)
		成渝体系(德阳、绵阳、雅安、乐山、宜宾、自贡、泸州、内江、资阳、遂宁、广安、南充、达州、巴中、广元)
南部城市区	广州	广(州)—珠(海)体系(中山、江门、云浮、肇庆、佛山、清远、韶关、永州、贺州、梧州)
		深圳体系(惠州、汕尾、河源、郴州、赣州)
		汕头体系(汕头、揭阳、潮州、梅州)
		海(口)—湛(江)—北(海)体系(三亚、茂名、阳江)
		南宁体系(百色、防城港、钦州、玉林、贵港、来宾、柳州、河池、桂林)
		昆(明)—贵(阳)体系(丽江、保山、临沧、玉溪、思茅、攀枝花、曲靖、昭通、六盘水、安顺、遵义)
		南昌体系(九江、鹰潭、抚州)
		闽三角体系(厦门、泉州、福州、漳州、龙岩、莆田、三明、宁德、南平)
		长株潭—赣西北体系(怀化、邵阳、娄底、衡阳、益阳、张家界、常德、岳阳、新余、萍乡、吉安)

注释：只是以收集到的城市为例，如新疆的昌吉、吐鲁番、哈密由于缺乏数据没有进行城市体系的划分，其它省份同理。

表 2-2　函数拟合关系　　　　　　　　　　　　　　　　　　　049

网络类型			拟合函数	
			有向网络（指数）	无向网络（幂次）
2003	度（degree）	Top1	$P(k)=0.7394\mathrm{e}^{-1.676k}$,$R^2$=0.9946 SSE=0.002671,RMSE=0.01492	$P(k)=0.9968k^{-2.047}$,R^2=0.9983 SSE=0.001521,RMSE=0.01176
		Top5	$P(k)=0.4523\mathrm{e}^{-0.9194k}$,$R^2$=0.9787 SSE=0.004571,RMS	P(k)=53.56$k^{-2.552}$,R^2=0.9211 SSE=0.07832,RMSE=0.05597
		Top10	$P(k)=0.3204\mathrm{e}^{-0.6754k}$,$R^2$=0.9316 SSE=0.008498,RMSE=0.01422	$P(k)=187k^{-2.386}$,R^2=0.8862 SSE=0.1332,RMSE=0.06259
	强度（strength）	Top1	$P(k)=1.035\mathrm{e}^{-0.02757k}$,$R^2$=0.8583 SSE=0.1286,RMSE=0.1035	—
		Top5	$P(k)=1.062\mathrm{e}^{-0.01136k}$,$R^2$=0.9765 SSE=0.03831,RMSE=0.03699	—
		Top10	$P(k)=1.068\mathrm{e}^{-0.007049k}$,$R^2$=0.9689 SSE=0.06339,RMSE=0.03885	—
2007	度（degree）	Top1	$P(k)=0.748\mathrm{e}^{-1.77k}$,$R^2$=0.9963 SSE=0.001884,RMSE=0.01204	$P(k)=0.9943k^{-1.986}$,R^2=0.9957 SSE=0.003692,RMSE=0.01832
		Top5	$P(k)=0.4852\mathrm{e}^{-1.127k}$,$R^2$=0.9703 SSE=0.007096,RMSE=0.01538	$P(k)=65.45k^{-2.674}$,R^2=0.9214 SSE=0.07964,RMSE=0.05431
		Top10	$P(k)=0.3118\mathrm{e}^{-0.62k}$,$R^2$=0.9477 SSE=0.006324,RMSE=0.01213	$P(k)=304.2k^{-2.589}$,R^2=0.8878 SSE=0.1321,RMSE=0.06057
	强度（strength）	Top1	$P(k)=1.125\mathrm{e}^{-0.04278k}$,$R^2$=0.8136 SSE=0.2073,RMSE=0.1263	—
		Top5	$P(k)=1.078\mathrm{e}^{-0.01376k}$,$R^2$=0.9604 SSE=0.08286,RMSE=0.05255	—
		Top10	$P(k)=1.082\mathrm{e}^{-0.007976k}$,$R^2$=0.9604 SSE=0.1483,RMSE=0.05873	—

注释：函数模拟的置信度为 95%；SSE 为误差平方和（The sum of squares due to error）；RMSE 为均方根（Root mean squared error）；—表示不符合幂次拟合。

从有向权重网的联系强度来看，网络的联系强度分布与度的概率分布并不一致，也即有些城市节点虽有高度数但其联系强度并没有出奇的高，如北京市和广州市的对比，虽然北京的入度是广州的两倍左右，但 Top1 网络中北京的联系强度（$T_{2003}=1.91\times10^6$，$T_{2007}=8.71\times10^6$，单位是：亿元·亿元/km·km，下同）相比于广州（$T_{2003}=6.92\times10^6$，$T_{2007}=33.15\times10^6$）却相距甚远，该现象有两点解释：一是城市空间分布上的密集程度，从全国角度而言华南地区城市发展起步早（改革的"实验地"），中小城市得到了膨胀式发展，城市分布较为密集；二是城市腹地的整体经济实力因素，珠江三角洲地区城市平均水平相当，城市外向型导向明显，在同等距离的情况下联系强度也就更大。从强度的概率分布来看（图 2-3），根据 $<k>+\delta(or\frac{1}{2}$ $\delta/\frac{3}{2}\delta/2\delta/3\delta)$（$<k>$ 为 $k>0$ 时节点的平均度，δ 为标准差）判断强度在高度节点内部的变化趋势为：2003 年 Top1 网络的累计强度分布中由 $k=27$（上海）至 $k=22$（广州）变化最剧烈，而 2007 年时变化最剧烈的是从 $k=12$（广州）至 $k=9$（苏州）（亦包括长沙、上海、成都、深圳四市），剧烈变化区间由 2003 年大于 $<k>+\frac{5}{2}\delta$ 区间转化为 2007 年的 $<k>+\frac{1}{2}\delta\sim<k>+\frac{3}{2}\delta$ 变化范围，城市节点度变化范围上集中性更强；相应的 Top5 网络中 2003 年联系强度快速变化在 $<k>+\frac{1}{2}\delta\sim<k>+\delta$ 和 $<k>+3\delta\sim\max$ 区间上，而 2007 年剧烈变化区间是 $<k>+2\delta\sim<k>+3\delta$；在 Top10 网络中，2003 年联系强度在 $<k>+\frac{1}{2}\delta\sim<k>+\delta$ 区间上变化强烈，而 2007 年强度变化较大区间是 $<k>+3\delta\sim\max$。

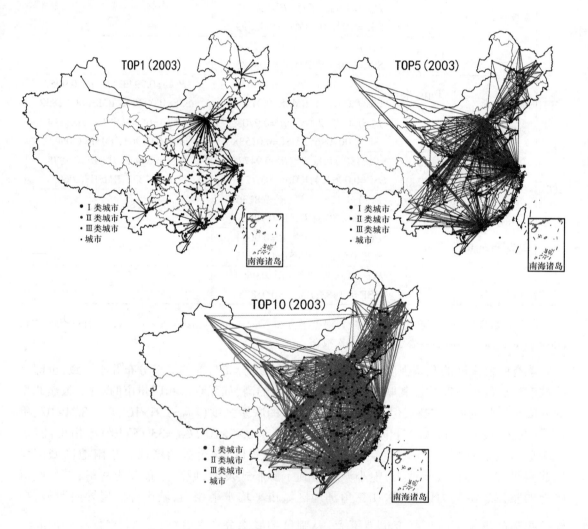

图 2-1　2003 年城市网络空间组织图（Top1/Top5/Top10）

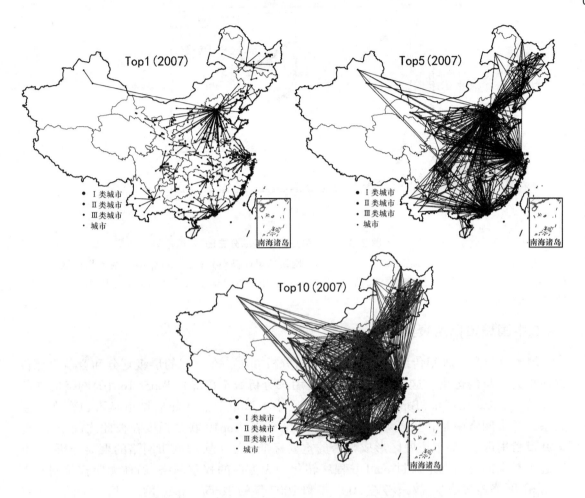

图 2-2 2007 年城市网络空间组织图 (Top1/Top5/Top10)

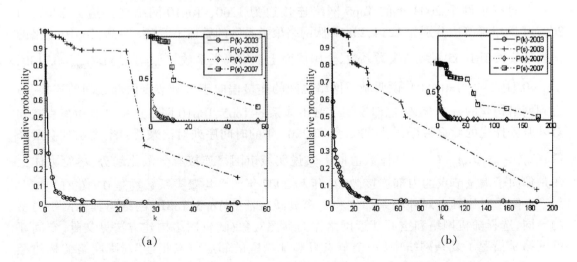

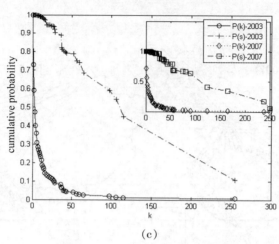

(c)

图 2-3　度及强度累计概率分布图

注释：(a)Top1 网络的累计概率分布,(b) Top5 网络的累计概率分布,(c) Top10 网络的累计概率分布；(a)、(b)、(c)包含度的概率分布和强度的概率分布二者,其中外图根据 2003 年数据绘制,内插图(inset)根据 2007 年数据绘制。

2.中国城市网络聚类分析

聚类分析是一种很传统但又非常实用的分析方法，在空间的层级划分和竞争力评价方面得到广泛的运用。这里的聚类分析是用来分析城市(Top1/ Top5/ Top10)网络的局部连接特征,也即在城市(Top1/ Top5/ Top10)网络中城市节点的邻居城市是否也存在连接关系。城市网络中是否呈现城市节点的 Top1/ Top5/ Top10 联系强度在彼此之间发生,也是城市密集区、大都市拓展区形成与否的重要标准。为了实现城市网络的聚类分析,将上述过程产生的有向网络通过 matlab 程序转化为无方向的权重网络(简称无向权重网),由于 Top1 网络连接边少,故只考虑 2003 年和 2007 年的 Top5/ Top10 网络,后文中的平均路径长度分析亦是这里的无向权重网。

无向权重网中 2003 年的 Top5 网络连接边为 1260, Top10 网络连接边为 2462,而 2007 年网络连接边分别为 1214、2387。从网络聚类系数的整体上看(表 2-3),Top10 网络的聚类系数大于 Top5 网络的聚类系数,全国层面上平均聚类系数 $C_{2003}^{10}=0.7354>C_{2003}^{5}=0.7130$, $C_{2007}^{10}=0.7192>C_{2007}^{5}=0.6804$,说明城市网络之间的连接偏向于大量节点内部之间的连接,考虑到网络构建的基本含义,也即说明了城市体系的 Top5、Top10 网络连接具有距离衰减和对外服务择优的双重特征；从 2003 年和 2007 年的时间序列对比来看, 聚类系数有所降低, $C_{2007}^{5}<C_{2003}^{5}, C_{2007}^{10}<C_{2003}^{10}$(具体数值同上),说明城市网络连接有分散化趋势,尽管大体上还是偏向于大量节点的内部连接(2003 年和 2007 年的平均聚类系数均是 0.7 左右)。

为便于对比具有对外联系择优和距离衰减特征的 Top5、Top10 网络与其他网络类型的异同,选择随机网络和空间邻近网络作为参照对象(随机网络构建方法见文献,空间邻近网络是借鉴了复杂网络中"每个节点只和他周围的邻居节点相连"规则网络的构建经验,仅考虑距离联系构建网络,最短距离则是最大连接,依次类推)。通过 Arcgis 和 Matlab

程序的计算(表 2-3),实际网络($C_{reality} \approx 0.7$)很不同于随机网络,随机网络的聚类系数($C_{randoon} < 0.05$),基本上是分散连接方式,实际网络也大于空间邻近网络(空间邻近网络的聚类系数 $C_{mear} = (0.5, 0.6)$),则表明城市连接的 Top5、Top10 网络具有"局部收敛"性质。

结合国家发展政策,将全国划分为四大政策地区:沿海开放区(北京、天津、河北、上海、江苏、浙江、福建、山东、广东、海南等十省市)、中部崛起区(山西、河南、安徽、江西、湖北、湖南六省)、东北振兴区(辽宁、吉林、黑龙江三省)和西部开发区(重庆、四川、贵州、云南、广西、陕西、甘肃、青海、宁夏、西藏、新疆、内蒙古等十二省市),西藏及香港、澳门、台湾因数据缺乏暂不考虑。从聚类系数的对比来看,聚类系数整体上呈下降趋势,也即区域开放程度在提高。结合全国传统六大经济区的划分表明,东北地区由于处于中国版图的"鸡头"位置,区域内敛性最强。

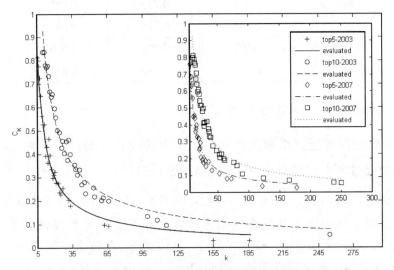

图 2-4 聚类系数累计概率分布图

表 2-3 不同网络聚类系数及平均路径长度比较

网络类型	年份	度数	聚类系数	平均路径长度 L
实际网络	2003	5	0.713	1.5105
		10	0.7354	0.9782
	2007	5	0.6804	1.3902
		10	0.7192	0.9023
空间邻近网络	2003	5	0.5184	7.3810
		10	0.5985	4.6182
	2007	5	0.5365	6.5441
		10	0.6208	4.1289
随机网络	280*	5	0.0113	2.6376
		10	0.0367	1.6918

注释:* 列中随机网络是指网络节点为 280、平均度为 5 或 10 的网络统计指标。

表2-4　不同区域的聚类系数比较

分区		2003		2007	
		Top5	Top10	Top5	Top10
政策分区	东北振兴区	0.793	0.809	0.798	0.772
	沿海开放区	0.702	0.692	0.664	0.668
	中部崛起区	0.694	0.741	0.669	0.741
	西部开发区	0.713	0.748	0.646	0.718
传统经济区	东北经济区	0.793	0.809	0.798	0.772
	华北经济区	0.716	0.732	0.694	0.769
	华东经济区	0.677	0.732	0.681	0.693
	中南经济区	0.743	0.716	0.647	0.708
	西北经济区	0.699	0.720	0.620	0.697
	西南经济区	0.655	0.736	0.637	0.704

3.中国城市网络的平均路径长度 L

从实际网络、空间邻近网络和随机网络的平均路径长度的对比来看（表2-3），Top5、Top10网络需要经过的中间城市少，Top5网络的平均路径长度 $L_{reality}^{5} \approx 1.5$，Top10的 $L_{reality}^{10} \approx 1.0$，而空间邻近网络的 $L_{near}^{5} \approx 7.0$，$L_{near}^{10} \approx 4.5$，说明了实际网络相对于空间邻近网络具有短路径特征，也即空间约束下的城市网络连接在全局视角下需要经过的节点多，不利于城市之间的货物运输、人员流动、技术扩散、信息传递等，在符合空间邻近网络的城市体系中后发展的城市赶超策略难以奏效。然而，Top5、Top10网络具有一定的长距离联系边，这样就保证了城市之间信息、人员、技术的有效扩散，促进了城市之间的合作与互补，有利于朝城市网络化方向发展；再者，随机网络由于节点连接是随机的，具有稀疏、长距离连接特性（sparse connection），平均路径长度理应较小，但从三种网络对比看，随机网络的 L 远小于空间邻近网络但大于实际网络，说明 Top5、Top10网络比随机网络的路径更短。从2003年和2007年的对比看，2007年的平均路径长度稍有下降，说明全国城市网络中城市联系更为紧密，连接通道增多。

因此从总体上看，Top5、Top10网络具有高聚类系数和短路径的双重特性，呈现"小世界"网络特征。

2.3　高级生产者服务业视角的成渝地区城市网络体系

1.研究空间范围与数据来源

成都、重庆是中国西南地区的两个特大城市，在地区经济发展过程中有显著地位和作用。成渝城镇密集区是中国五大城镇密集地区之一（张俊，2000），是在成都市、重庆市双核辐射影响区内形成的经济分工较明显、产业互补性较强的地区。其核心区，即传统意义上的"成渝经济区"包括设市城市35个、县级建制142个，其中特大城市2个，大城市16个、小城市17个、小城镇2213个（林凌，廖元河等，2005）。

　　本文的研究范围大体为成渝经济区界定区域，即四川省和重庆市区域内经济较发达，城市化水平较高，在成都和重庆两地之间以及附近地区的城市密集区，包括四川省和重庆市大部分区域。其中，由于重庆市地域范围较大，以县区为单位则与四川省各个地级市缺乏可比性，因此按《重庆统计年鉴》（2009）将重庆市分为都市发达经济圈（包括渝中区、大渡口区、江北区、沙坪坝区、九龙坡区、南岸区、北碚区、渝北区和巴南区）、渝西走廊（包括万盛区、双桥区、綦江县、潼南县、铜梁县、大足县、荣昌县、璧山县、江津市、合川市、永川市和南川市）和三峡生态区（包括万州区、涪陵区、黔江区、长寿区、梁平县、城口县、丰都县、垫江县、武隆县、忠县、开县、云阳县、奉节县、巫山县、巫溪县、石柱土家族自治县、秀山土家族苗族自治县、酉阳土家族苗族自治县和彭水苗族土家族自治县）三个地域空间。研究范围具体为（图2-5）：四川省内成都市、自贡市、泸州市、德阳市、绵阳市、遂宁市、内江市、乐山市、南充市、眉山市、宜宾市、广安市、达州市、雅安市和资阳市（不含川西经济区的甘孜藏族自治州、阿坝藏族自治州，攀西经济区的凉山彝族自治州、攀枝花市和属于川东北盆周山区的广元和巴中市），重庆都市发达经济圈和渝西走廊。研究中的最小分析单元FUR（functional urban region）为地级市（重庆分为两个地域功能空间）。数据的收集和分析以地级市为单位。

图2-5　研究区域范围

　　本文选取了7个生产者服务业部门：法律、会计、银行、证券、保险、广告和物流，其中银行和证券虽都属银行金融部门，但在处理过程中发现二者最大服务值H差距很大，故分开讨论。

　　通过对这些生产者服务业部门中一些公司的访问发现，这些公司对应网站中，基本上均提供了其办事处的分布地点、规模的信息。这是由于一方面这些APS公司是地方乃至全国服务业的重要组成部分，他们需要将这些服务信息提供给潜在客户；另一方面，这些公司是作为知识生产型企业，需要吸引具有创造性劳动的知识分子为其工作（Peter J Taylor,2002）。

基于这种信息的收集方式,进行企业选择。在对这些部门进行企业选择时,参考如下名单：

法律:2009年全国300强律师事务所名单；

会计:2009年度百强会计师事务所名单；

银行:中金在线"2009年度财经排行榜"最佳服务银行入选名单；

证券:中金在线"2009年度财经排行榜"最令投资者满意的证券公司入选名单；

保险:2009年保险公司排名报告(发布机构:西南财经大学信托与理财研究所、普益财富)；

广告:中国4A广告公司名单；

物流:中国物流百强公司名单。

具体选择方法为:上述名单中的公司,在研究范围内的15个地级市和2个地域空间中设有两个以上(含两个)办事处的,纳入研究公司名单中。若在17个FUR中仅设有一个办事处,但是在国外或者国内省会级城市设立办事处的,也属于本文研究范畴。基于这样的选择方式,在7个部门中,最终选取了25家律师事务所、29家会计师事务所、9所银行、12家证券公司、25家保险公司、19家广告公司和30家物流公司,共计149家APS公司。

对公司进行选取后,进一步对已选取公司在各个城市的办事处等级和规模进行量化。将办事处的等级规模量化为0到4之间的整数,具体为:0表示该APS公司没有在该城市设立办事处,4表示该公司的总部设在此城市,此两者是量化中最客观、最易解决的。公司在FUR设立的一般办事处值均为2；如果公司设在FUR的办事处规模明显偏小或者需要依赖其他FUR办事处才能实现一般办事处的功能,则设其值为1；如果办事处为区域性总部或规模数倍于其他一般办事处,或者表现出服务范围超出FUR范围的,则设其值为3。最终,全部FUR中的APS公司数据可以量化为一个17个FUR149家公司的矩阵。

2.研究方法

将高级生产者服务业引入到城市研究领域得益于西方学者对世界城市和世界城市体系的一系列研究。其方法主要是通过测度某一高级生产者服务业(APS)公司在一个城市中的办事处的等级规模,来反映该城市在服务网络中的通达性和重要性,用以描述作为节点的该城市在网络中的价值。此方法的关键在于将APS公司的分布数据转化为城市间的联通关系,即必须建立高级生产者服务业数据分析矩阵,得到每个网络节点处的服务值信息。这些服务值信息将通过不同的运算和组合得到反映城市和不同行业连通性的数据或矩阵。

文中对于网络数据的处理和分析方法借鉴了张晓明同志《长江三角洲巨型城市区城镇格局分析》一文中使用的方法：

假设公司 j 在城市 i 的办事处规模用 V_{ij} 表示,则

$$V_{ij} = \sum_n v_{ij} \tag{1}$$

其中, v_{ij} 表示公司 j 在城市 i 中某一办事处大小, n 为公司 j 在城市 i 的所有办事处个

数。指标 V_i 即公司 j 在城市 i 办事处大小的集合,称之为公司 j 在城市 i 的服务值。将全部 APS 公司在各个城市的服务值 V_i 统计后,可得到服务值矩阵 V。

通过该服务值矩阵 V 可得到如下内容:

APS 公司 j 在所有城市的服务值总和: $F_j = \sum_i V_{ij}$ (2)

城市 i 中所有 APS 公司的服务值总和: $U_i = \sum_j V_{ij}$ (3)

所有城市中 APS 公司的服务值总和: $S_{ij} = \sum_i \sum_j V_{ij}$ (4)

式(2)(3)(4)中的 F_j 反映的是公司 j 的服务性强弱,可用于比较分析公司的连通实力并进行排序; U_i 考察的是各个城市提供服务的能力, 表现了城市作为 APS 公司网络中节点的作用大小和对外连接沟通的能力;所有城市中 APS 公司的服务值总和 S_{ij} 可用来比较不同部门间的服务值反映部门的连通性,也可通过比较不同年份的 S_{ij} 来得到服务值的变化情况。

进一步定义任意一对城市 a 和 b,通过公司 j 产生的联系情况为:

$$r_{ab,j} = V_{aj} \cdot V_{bj}$$ (5)

根据 $r_{ab,j}$,可以进一步得到城市 a 和 b 间的连锁链接情况:

$$r_{ab} = \sum_j r_{ab,j}$$ (6)

而(5)中存在的特殊情况:城市 a 与自身的连锁链接,可认为是城市 a 的自相关系数,表示为:

$$r_a = \sum_j V_{ja}^2$$ (7)

这样,每个城市与其余 $n-1$ 个城市都构成连锁链接,以这个城市为研究对象,可得到:

$$N_a = \sum_i r_a (a \neq i)$$ (8)

其中 N_a 为该城市与其他 $n-1$ 个城市的连锁链接之和,称为链接指数。对不同城市进行比较、排序,可得到城市在网络中的状况。

为深入探讨节点与链接的系统结构,首先对每对城市计算连锁链接,进而得到一个全部城市的数值相关矩阵(n 个城市即为 $n*n$ 的矩阵)E,其中对角线上的数值为所对应城市公式(6)中的自相关系数。但由于不同部门的服务值差异较大,矩阵 E 不能很好的反映部门间的差异,于是引入最大可能链接值 H,将 E 中的数值与 H 相比,所得到的比值相关矩阵 P 可更好的说明城市间的差异。其中,最大可能链接值为各个公司在所有城市中分别取得的最大链接值的总和,即:

$$H = \sum_j h_j^2$$ (9)

$$P_{ab} = r_{ab}/H$$ (10)

P_{ab} 介于 0 和 1 之间。对于矩阵 E 中对角线上的自相关系数 r_{ab}, 在矩阵 P 中通过式

(10)进行处理,得到 P 中的对角线数据

$$P_a = r_d/H \tag{11}$$

定义某一城市与全部其他城市的连锁链接之和为该城市在网络中的连通性 C_a:

$$C_a = \sum_i P_{ai} \tag{12}$$

C_a 反映了一个城市与网络中其它城市之间的链接程度,其值直接反映了一个城市的中心度的大小,表现了一个城市作为节点的连通能力和地位。

然而,矩阵 E 与矩阵 P 都是基于服务传递两端的对等性进行研究的,均未考虑城市间生产者服务业网络中链接的方向性。实际上,服务网络中高等级城市与低等级城市的服务能力区别明显,需要进一步在不对称条件下进行分析。相关计算式如下:

$$H_{ab} = \sum_j h_j \cdot V_{ja} \tag{13}$$

$$H_{ba} = \sum_j h_j \cdot V_{jb} \tag{14}$$

其中,h_j 为公司 j 的最大服务值,V_{ja} 和 V_{jb} 分别是城市 a 和 b 的服务值。这样,不对称的比值链接矩阵 A 中,

$$q_{ab} = r_d/H_{ab} \tag{15}$$

$$q_{ba} = r_d/h_{ba} \tag{16}$$

矩阵 A 中的对角线数据为自相关系数,不受对称性影响,因而保持不变。

需要说明的是,由于各部门的 H 值差异很大,因此整个网络的链接通量不能简单得由各个部门的比值连锁链接值相加得到,需要将各个部门的最大服务值相加得到的和值即为 H。

3.结果分析

(1)FUR 服务值总和分析

根据所收集的 APS 公司的信息,可以计算得到成渝地区各 FUR 的分部门服务值(表2-5,图2-6)。其中,重庆都市发达经济圈为方便在图上表示,简称重庆都市圈(下文中图表亦同)。理论上,服务值是高级生产者服务业办事处规模和等级的反映,该值越高,该FUR 中的办事处等级越高和规模越大,该 FUR 在生产者服务业网络中的中心性越强和地位越高,该城市在城市体系中所处地位越高。

表 2-5 成渝地区各 FUR 服务值分布

	证券	物流	法律	会计	广告	保险	银行	合计
成都	39	107	48	56	37	122	365	774
重庆都市发达经济圈	54	65	13	43	15	63	287	540
绵阳	9	19	0	0	2	34	52	116
德阳	2	11	6	2	0	25	43	89
渝西走廊	2	5	0	0	0	27	48	82
乐山	2	10	0	0	0	27	42	81

	证券	物流	法律	会计	广告	保险	银行	合计
南充	2	6	0	1	0	30	41	80
自贡	4	6	0	0	2	16	48	76
宜宾	6	6	2	0	0	25	37	76
达州	2	3	0	0	0	24	41	70
泸州	4	8	0	2	0	13	36	63
内江	5	6	0	0	0	19	27	57
广安	2	2	0	0	0	22	24	50
遂宁	4	6	0	0	0	13	24	47
资阳	0	7	2	0	0	20	18	47
雅安	2	3	0	2	0	19	19	45
眉山	2	6	0	0	0	16	20	44
合计	141	276	71	106	56	515	1172	2337

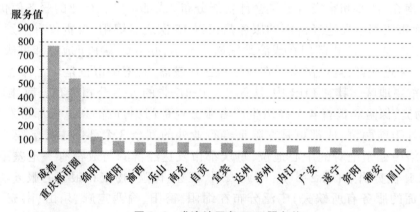

图 2-6　成渝地区各 FUR 服务值

成渝地区的服务值差异大，分级现象明显。成都市和重庆都市发达经济圈的服务值分别为 774 和 540，远高于其它城市，为第一等级的服务中心。成都市服务值更大，为功能中心。作为四川省第二大城市的绵阳市的服务值略高于 100，其与德阳联合为次一级的节点，但其优势并不明显。其它 FUR 的服务值均在 100 以下，且差异很小，为第三等级的服务中心，说明这些城市的生产者服务业尚不发达。

（2）FUR 分部门服务值分析

成渝地区的 7 个生产者服务业部门差异较大，并明显分为两大类（表 2-5 ）。第一类为法律、会计、广告 3 个部门，这类部门仅在部分 FUR 中产生服务值，且办事处规模有限，服务值较小；第二类为证券、保险、物流、银行 4 个部门，此类部门服务值均较大，服务机构几乎覆盖了成渝地区全部城市的 FUR，办事处较多，服务网络发达。

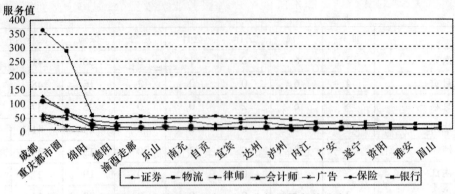

图 2-7　成渝地区各 FUR 分部门服务值分布

　　法律、会计和广告三个生产者服务业功能仅在部分 FUR 设立办事处，且数量和规模均比较有限（表 2-5 ）。其中，300 强律师事务所在成都、重庆都市发达经济圈、德阳、宜宾和资阳 5 个城市产生服务值，设立办事处较少且集中。成都的服务值为 48，占总服务值（71）的 68%，是成渝地区法律服务网络的中心；重庆都市发达经济圈为 13，为区域次级节点；德阳（服务值为 6）排在第三位，宜宾和资阳的服务值均仅为 2。成都和重庆都市发达经济圈在会计部门中优势明显，服务值分别为 56 和 43，以双核心形式构成第一等级功能中心。德阳、南充、泸州和雅安有零星会计功能分布。成都市广告行业的服务值仍为最大，达到了 37，而重庆都市发达经济圈的服务值仅以 15 次之。绵阳、自贡仅有个别办事处分布。因此，法律、会计、广告部门在成渝地区尚不发达，办事处集中于成都和重庆都市发达经济圈。由于邻近成都，且经济水平在成渝地区比较靠前，德阳市也是这三种 APS 公司办事处设立的重要地区。其它 FUR 中，法律、会计和广告的 APS 公司分布分散，随意性大。

　　证券、物流、保险和银行 4 个高级生产者服务业部门中，成都和重庆都市发达经济圈的服务值均处于前两位，成都更是在除证券行业外的其余 3 个部门中排名第一，在生产者服务业网络中处于绝对的中心地位，重庆都市发达经济圈与成都有一定差距，但是相对于其它 FUR 优势明显（表 2-5 ）。因此表明，证券、保险、物流和银行的服务功能（除资阳在证券方面的服务有所缺失）广泛分布在绵阳、德阳、渝西走廊、乐山、南充、自贡、宜宾、达州、泸州、内江、广安、遂宁、资阳、雅安、眉山这 15 个 FUR 中。其中，绵阳在这 4 个部

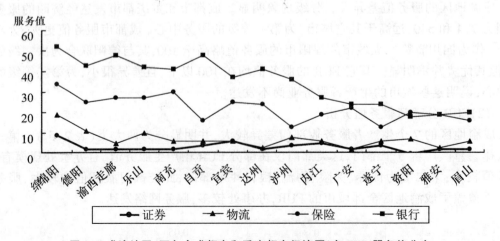

图 2-8 成渝地区（不包含成都市和重庆都市经济圈）各 FUR 服务值分布

门中,均获得最高服务值,是成渝地区的生产者服务业次级中心,但因与成都和重庆都市发达经济圈的差距很大,仅具有较小范围的区域性服务功能。就银行部门而言,渝西走廊地区和自贡市"异军突起",服务值与绵阳相近(接近50),德阳、乐山和南充略大于40,具有较高服务值,宜宾、泸州在30-40之间为中等水平,内江、广安、遂宁、眉山在20-30之间,雅安和资阳服务值在20以下,银行功能不发达。物流、保险、证券的各个FUR服务值比较接近,等级界限不明显,规律性不强。

综上所述,成都市和重庆都市发达经济圈在服务值方面优势明显,构成地区的生产者服务业双核心,绵阳以较大差距排在第3位。其余FUR服务值虽略有差异但总体偏低。这表明高级生产者服务业网络在该地区的极化现象显著。

4.FUR 间的连通性

(1)FUR 的法律、会计和广告功能的连通性分析

法律、会计、广告的服务功能在连通性上与用服务值得到的排位相比变化不大(表2-6 成渝地区各FUR法律、会计和广告功能连通性,表2-5)。成都市依然在法律、会计和广告部门功能上获得最大值,重庆都市发达经济圈紧随其后构成双核功能中心,其余FUR连通性较小且分布分散。这3个部门的服务网络尚不发达。

表 2-6　成渝地区各 FUR 法律、会计和广告功能连通性

	律师	会计师	广告
成都	0.31	0.35	0.35
重庆都市经济圈	0.19	0.26	0.21
绵阳	0	0	0.11
渝西走廊	0	0	0
乐山	0	0	0
德阳	0.07	0.03	0
宜宾	0.02	0	0
南充	0	0.02	0
自贡	0	0	0.11
达州	0	0	0
雅安	0	0.03	0
内江	0	0	0
广安	0	0	0
遂宁	0	0	0
资阳	0.07	0	0
眉山	0	0	0
泸州	0	0.05	0

(2)FUR 的证券、物流、保险和银行功能连通性分析

根据成渝地区各 FUR 证券、保险、银行和物流分行业连通性(表 2-7)以及上述 4 个部门的分部门 FUR 比值相关矩阵作出各 FUR 分部门连通性及网络连接通量示意图进行分析。

表 2-7　成渝地区各 FUR 证券、银行、物流和保险功能连通性

	证券	银行	物流	保险	合计
成都	1.14	2.36	1.96	3.05	8.51
重庆都市区	0.73	2.09	1.24	1.69	5.75
绵阳	0.3	0.61	0.62	1.33	2.86
渝西	0.04	0.57	0.25	1.34	2.2
乐山	0.12	0.49	0.47	1.09	2.17
德阳	0.12	0.48	0.47	0.97	2.04
宜宾	0.18	0.42	0.3	1.13	2.03
南充	0.12	0.42	0.3	1.12	1.96
自贡	0.23	0.52	0.29	0.74	1.78
达州	0.12	0.43	0.15	0.93	1.63
雅安	0.12	0.27	0.15	1.02	1.56
内江	0.15	0.32	0.3	0.79	1.56
广安	0.12	0.28	0.1	0.99	1.49
遂宁	0.23	0.3	0.29	0.65	1.47
眉山	0.12	0.24	0.3	0.73	1.39
资阳	0	0.23	0.33	0.69	1.25
泸州	0.18	0.45	0.3	0.23	1.16
合计	4.02	10.48	7.82	18.49	40.81

成都是证券功能的绝对中心,它辐射范围广、连通能力强,所构成的网络链接通量较大。重庆都市经济圈的证券功能服务值虽处于第一位(表 2-5),但其连通性(0.73)却落后于成都市 (1.14),这是因为在重庆都市发达经济圈设立办事处的证券服务公司在其它FUR 设立的办事处较少且规模较小,产生的链锁连接通量较小,而成都却恰恰相反。这样,重庆都市经济圈和绵阳地区均为第二等级服务中心。宜宾、自贡、遂宁均有三条大于0.03 的链锁连接网络,是证券服务网络中相对重要节点,其它城市显著连接较少,处于被辐射地位。

成渝地区银行功能的显著网络通达性好,覆盖了全部研究区(图 2-9),形成了区域网络体系。各 FUR 节点联系紧密,是成渝地区各生产者服务业部门中发育最好的部门之一。成都市和重庆都市发达经济圈与其它全部 FUR 均建立了网络连接,构成了成渝地区的双

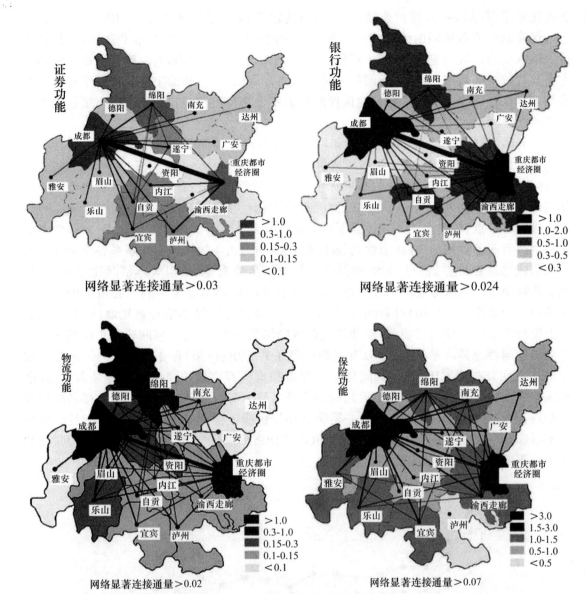

图 2-9　成渝地区各 FUR 证券、银行、物流和保险功能连通性及网络显著连接通量

核心银行服务中心。绵阳拥有七条连接网络,数量上仅次于成都市和重庆都市发达经济圈,但其连接通量较小,连通性上优势并不明显,与自贡、渝西走廊地区接近,三者共同形成第二级中心。雅安、资阳、广安虽与网络功能中心地域邻近,但是在网络中贡献不大,仅作为一般节点存在。

　　成渝地区各 FUR 的物流功能连通性差异较大(图 2-9)。成都和重庆都市发达经济圈连通性均大于 1.0,两者同为第一等级服务中心。然而,成都市的辐射范围更广、集聚能力更强。绵阳市仍表现出较强集聚力,通过 13 条链锁连接网络与其他 FUR 相互联系,但其链接通量大部分仅略高于 0.02,因而连通性处于次级中心位置。乐山、德阳、资阳在物流方面也表现出良好的连通性,成为服务网络中重要节点。广安、达州、雅安被"边缘化"。

　　因保险功能网络较发达,平均连接通量较高,选取连接通量大于 0.07 的网络绘制显著连接通量图(图2-9)。除泸州外,成都市与其它各FUR链接通量均在0.07以上,是成渝地区保险功能服务网络的绝对核心。保险功能的次级中心是重庆都市发达经济圈,其连接网络以周边地区为主,并兼顾了绵阳、德阳和乐山。绵阳市和渝西走廊地区在保险功能方面具有较强的集聚力,是服务网络中重要节点。眉山、自贡和遂宁仅与处于绝对核心的成都市存在显著连接网络。泸州地区保险功能不发达,不存在与其他FUR连接通量大于0.07的服务网络。

综上所述,成渝地区FUR连通性和网络连接方面在各部门差异较大。法律、会计和广告功能的服务网络比较集中,且均以成都和重庆都市发达经济圈为核心,网络中心节点少,体系尚不发达。证券、物流、银行和保险功能在各个FUR均有网络节点。成都市在4个部门的链锁网络中均处于核心地位,重庆都市发达经济圈紧随其后,二者构成链锁网络的一级中心节点,辐射范围几乎覆盖了成渝地区全部FUR。绵阳邻近成都市,在4个主要高级生产者服务业部门中,连通性均处于第3位,作为次一级网络中心联系各个FUR。其它城市或地区在证券、银行、物流和保险功能方面虽略有差异,但大体情况比较一致,是成渝地区中生产者服务业的一般节点。结合成渝地区各FUR证券、银行、物流和保险功能连通性分布情况(图2-10)可看到,虽然银行在服务值方面处于绝对领先地位,但是连通性上银行要落后于保险功能,保险功能的服务网络更为发达,对区域间联系贡献更大。证券功能连通性总体水平最低,也只有证券功能在某FUR(资阳)存在功能缺失。银行与物流的连通性分布情况比较相似,同样在成都市和重庆都市发达经济圈获得最大值,其余地区略有波动。通过连通性大小得到的城市排名虽然与由服务值得到的城市排名顺序非常相近,但是连通性上各FUR间的差距明显小于由服务值获得的各FUR情况,且分级现象不再那么突出。这表明APS公司服务值累积让格局极化显著,但APS公司间的联系却让聚集程度降低,城镇结构的中心多元化。

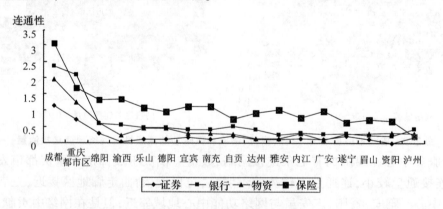

图2-10　成渝地区各FUR证券、银行、物流和保险功能连通性分布

5.成渝地区网络性特征分析

(1)各FUR连通性与社会经济情况分析

根据成渝地区的比值相关矩阵P中的各FUR连通性、GDP(2009年数据)以及城市化水平(用非农业人口占人口总数的百分比表示,数据源自2000年第五次全国人口普查数据),得到其分布图(图2-11至图2-13)。

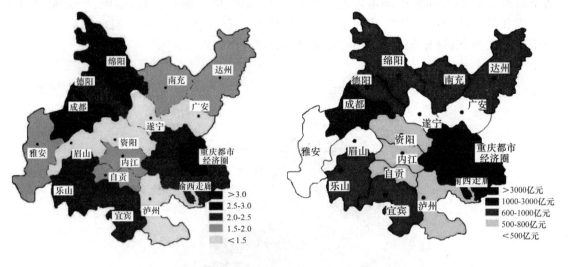

图 2-11　成渝地区各 FUR 连通性分布　　　　图 2-12　成渝地区各 FUR 的 GDP

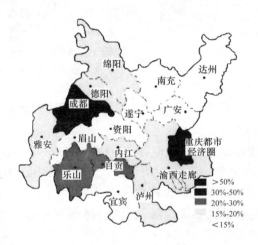

图 2-13　成渝地区各 FUR 的城市化水平

　　成渝地区各 FUR 的连通性分布与 GDP 和城市化水平间存在正相关，连通性水平较高的地区一般也是 GDP 和城市化水平较高的地区，即没有呈现出距离功能中心越近其连通性水平越高的趋势，而是与 GDP 和城市化水平的高低密切相关。例如，成都市和重庆都市发达经济圈在 GDP 和城市化水平方面均处于领先地位，其在连通性上也表现出较大优势，眉山、遂宁、广安在连通性并不发达，而其 GDP 与城市化水平同样较低。而处于中间位置的城市或地区虽在三者间有所差异，但大体地位一致。

　　（2）对称网络分析

　　根据比值相关矩阵 P 获得各个 FUR 间的连接通量，选取其中大于 0.02 的数据得到成渝地区各 FUR 间显著网络连接（图 2-14），且用连接线段宽度表示连接通量大小。图 2-14 显示，成都市和重庆都市发达经济圈处于核心地位且与其它各 FUR 连接通量较大，优势明显。成都与重庆都市发达经济圈间存在密切的联系，两者构成成渝地区的双核心，共同起到中心节点的作用。绵阳存在较大数量的连接线，但是其链锁连接值较小，城市连接通量落后于成都市和重庆都市发达经济圈,排在第二位。渝西走廊、德阳、乐山和宜宾4个城市和地区构成第三级生产者服务业网络中心。资阳、广安、遂宁、眉山和泸州虽处于两个中心之间,但是显著连接较少,对网络贡献不大。

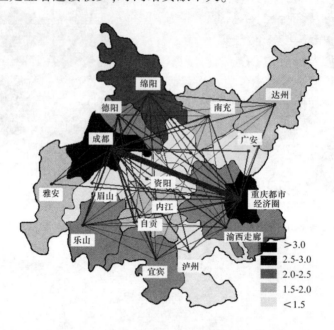

图 2-14　成渝地区各 FUR 对称网络连接通量

(3)不对称网络分析

根据不对称比值相关矩阵 A 获得各个 FUR 间的不对称连接通量,依据对称网络连接通量对网络连接进行取舍。以某一条连接线为例,以中点为界,其中靠近较大连接通量的一端的线段采用实线,宽度由较大连接通量确定。同理,靠近较小连接通量的一端的线段采用虚线,较小连接通量大小决定线段宽度,得到不对称连接网络图(图 2-15)。作为双

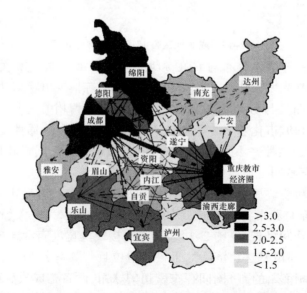

图 2-15　成渝地区各 FUR 不对称网络连接通量

核心的成都市和重庆都市发达经济圈几乎全部为实线一端，即处于绝对的辐射地位，集聚能力强。绵阳市有少部分连接处于被辐射端，总体以辐射为主，是网络中的重要节点。渝西走廊、宜宾、乐山和德阳同样同时存在辐射与被辐射端，但是辐射连接线较少。其余城市几乎完全处于被辐射情况。上述情况仅考虑了显著连接情况下的不对称网络，进一步参照不对称比值相关矩阵 A，当某一 FUR 对应行之和小于列之和时，说明其对外连接能力强于接受能力，为辐射中心。这样，成都和重庆都市发达经济圈行列差值很大，为明显的辐射中心。绵阳、渝西走廊差值很小且列值略高于行值，为辐射与被辐射情况相近地区且总体偏向于被辐射，其余地区均为被辐射地区。

本章小结

可将中国城市划分为三大城市区，即北方城市区、长江城市区和中国南部城市区，形成三极多核的空间格局，三极是指北京、上海和广州，北方城市区的多核是指北京–天津体系、济南–青岛体系、哈尔滨–大庆体系、内蒙（河套）–晋北体系、石家庄–太原体系、郑州体系、徐州体系、银川体系、西安—宝鸡体系、兰州体系、乌鲁木齐—克拉玛依体系，长江城市区的多核是指杭州—宁波体系、南京—合肥体系、苏州—无锡—常州体系、温州体系、武汉体系、成渝体系，中国南部城市区的多核是指广州—珠海体系、深圳体系、汕头体系、海口—湛江—北海体系、南宁体系、昆明—贵阳体系、南昌体系、闽三角体系、长株潭—赣西北体系。全国城市联系网络的连接节点主要集中在环渤海地区、长三角地区和珠三角地区的主要城市，并且有进一步极化的态势，但从三大地区内部比较来看，环渤海地区城市等级性明显，长三角地区和珠三角地区呈现多核化发展趋势，城市网络化发展在加强，区域核心城市北京（$k_{2003}=55, k_{2007}=66$）、上海（$k_{2003}=30, k_{2007}=13$）、广州（$k_{2003}=25, k_{2007}=14$）就是证明。Top10 网络反映各个城市前十名的联系方向有所分散，即呈现"最大联系极化"现象。

对中国西部城市而言，转型期西部地区的城市分别属于以北京为核心的北部城市区（如陕西、甘肃、宁夏、新疆等省区）、以上海为中心的长江南部城市区（重庆市与四川省）、以广州—深圳为核心的南方城市区（云南与贵州省），且这种趋势有不断强化的趋势。这表明中国西部城市改革开放以来逐步打破了计划经济时期以省区为空间尺度的等级体系，形成了与沿海高等级城市相互连接的国家尺度的城市网络体系，虽然在一定程度上也保留了部分省区等级联系的特征。显然，重庆、成都、西安、昆明等城市是中国西部城市网络组织的枢纽和中心节点。改革开放以来，国家政策对城市网络影响甚大。不同政策区的城市网络发展水平和趋势显然不同。优先得到政策支持区域其城市网络显然发展程度高，如沿海开放区的枢纽城市，处于国家城市网络演化的高端和支配地位；相反，西部地区城市明显处于被边缘化的地位，而且，这个趋势尚未得到明显的遏制，使中国西部城市生长与转型宏观上处于不利地位。

基于生产者服务业视角的研究结果表明：以成都市和重庆都市发达经济圈构成的双核为中心，绵阳为次级中心，渝西走廊、德阳、乐山和宜宾 4 个城市和地区作为第三级生产者服务业网络中心,其余城市(资阳、广安、遂宁、眉山和泸州)为一般节点的城镇体系网络。其中,成都市和重庆都市发达经济圈优势明显,绵阳地区在显著连接数量上领先于除成都和重庆都市发达经济圈外的其他 FUR,其余城市或地区在成渝地区中结构地位略有差别、相互联系共同发展。但成渝地区经济基础相对发达的城市并未连接成片,尤其是区域中心城市之间的地域经济比较落后。因此,成渝城市群还仅仅停留在起步阶段,城市间的互动作用还比较弱。研究城市体系空间联系状态和结点结构比较常用的方法是通过重力模型对某地区城市间的空间联系强度进行定量计算,如于涛方、丁睿、潘振等 2008 年发表的《成渝地区城市化格局与过程》一文就采用非农业人口利用重力模型分析了成渝地区的城市之间的联系。两者相比,基于生产者服务业视角的城市体系和基于非农业人口的成渝地区城市网络体系中均存在两个城市一级中心——成都市和重庆都市发达经济圈,二者构成成渝地区的双核心,且这两种针对城市体系空间联系状态的方法又都反应出成都市辐射范围较重庆都市发达经济圈更加广泛,与其它 FUR 联系更加密切。连通性最低的眉山、资阳、遂宁和广安地区同样表现出非常小的势力范围,与生产者服务业网络中的研究结论相符。但是,本文中绵阳市作为成渝地区网络的次级节点,在网络中有较大辐射范围,而于涛方等(2008)的研究中绵阳市仅为接收成都辐射的一般节点,影响范围非常小。并且,乐山、宜宾等第三级中心的引力范围仅停留在相邻地域,有一定的局限性。

第3章 基于GDP、人口规模分布的
中国(西部)城市体系变动

本章基于 GDP、人口规模分布,在构建分析模型的基础上,分别从国家、西部空间尺度分析和理解中国西部城市体系的变动及其影响因素。

3.1 基于 GDP 规模分布的城市体系变动

随着当今社会经济全球化和区域经济一体化的加强,各城市之间的联系越来越频繁,相互作用强度与日俱增,而且影响方向也趋于多样化,由此产生了城市等级与规模分布的扁平化(Smith,2005;曹丽娟,2001;张晓全,曹光明,1994)和复杂化(Robinson,2005)。笔者拟对 1990—2006 年中国地级城市及西部地级城市的市辖区 GDP 的规模分布进行分析,以期探讨中国城市及西部城市规模等级的变化趋势——是否像发达国家那样存在扁平化趋势,还是等级性加强? 并对其进行影响因素分析。

1.研究数据与思路

采用《中国城市统计年鉴 1991—2007》中的全国市辖区 GDP 规模排序前 200 位地级城市和西部城市的市辖区 GDP 数据,分别对其进行位序——规模等相关内容的分析。

首先把被研究城市的市辖区 GDP 数据排序,得到基于市辖区 GDP 的城市 GDP 规模序位 x,以及相应的城市市辖区 GDP 规模 y,根据 Zipf 法则,y 与 x 之间的双对数关系可以表示为:

$$\lg y = \lg A - \alpha \lg x \tag{1}$$

式(1)中,A 和 α 均为常数(A 和 $\alpha > 0$)。然而,关于从 1831 至 1990 年法国城市体系的更为精细的研究表明帕累托分布在城市规模分布的描述中并不一定是精确的、合适的(Guerin-Pace,1995),而 Rosen 和 Resnick 则提出了城市人口规模和位序的双对数关系的二次和三次形式(Rosen and Resnick,1980):

$$\lg y = (\lg A)' + \alpha'(\lg x) + \beta'(\lg x)^2 \tag{2}$$

$$\lg y = (\lg A)'' + \alpha''(\lg x) + \beta''(\lg x)^2 + \gamma''(\lg x)^3 \tag{3}$$

在本次研究中,笔者选取公式(1)和(2)进行分析。

对于公式(1)，可以用 α 的数值来表示城市体系中城市等级性程度；而对于二次模型——公式(2)，城市等级性程度需用模型在区间$[\lg1, \lg n]$上的平均斜率表示(n 为城市个数)，即在区间$[\lg1, \lg n]$上的积分与 $\lg n - \lg 1$ 之比的绝对值，所以作者特意构建了以下模型表示其等级性程度：

$$\lambda = \left| \frac{\int_{\lg1}^{\lg n} \{\lg y - [(\lg A)' + \alpha'(\lg n) + \beta'(\lg n)^2]\} d(\lg x)}{\lg n - \lg 1} \right| \qquad (4)$$

与 α 类似，λ 值越大亦表示等级性越强。这样，就可以运用拟合出的1990—2006年 α 和 λ 的数值变化来反映城市体系的城市间差别程度的变化趋势。

然后，用多元回归分别分析 α 和 λ 与相应年份的人均GDP、第一产业产值、第二产业产值、第三产业产值、全社会固定资产投资、财政收入、城镇居民家庭人均可支配收入、旅客周转量、货物周转量、社会消费品零售总额、进出口总额、利用外资金额、研究生毕业生数的关系，以期探讨中国城市体系及中国西部城市体系差异程度变化的影响因素。

2.中国城市 GDP 规模分布变动

根据公式(1)和公式(2)，可以得出1990—2006年中国前200位地级城市GDP规模分布的情况(表3-1)。

由此，可以得出 α 和 λ 的变化趋势如图3-1和图3-2所示。不论是 α 和 λ 的值，均基本处于上升状态，这说明中国城市体系的城市等级性仍处于加强趋势中，不同于当代发达国家的城市等级扁平化(Smith，2005)的趋势，然而，若是观察2002年以来的 α 和 λ 的值，则发现这种加强的趋势有减弱的势头。而若对 α 和 λ 值的变动趋势进行比较，发现 λ 的值比 α 稍大，α 和 λ 的波动幅度均较大，在1994—1996年和2004年处于波谷。所以，中国城市间的差距仍将继续扩大，并将持续一段时间，然而，这种等级性加强的趋势在近几年来已经弱化，所以，在不久的将来，中国城市体系也将有可能出现等级扁平化的现象。

而若对此两种模型的 F 值与 r^2 进行比较，则发现二次模型相对于一次模型可以更好的拟合城市GDP规模的分布情况，因而，λ 的值可以更精确的反映中国城市体系的城市等级性程度。

表3-1 1990—2006年中国前200位城市GDP规模分布拟合结果

年份	一次模型				二次模型				
	α	$\lg A$	r^2	F 值	α'	β'	$\lg A'$	r^2	F 值
1990	0.8564	2.9440	0.9833	11632.00	−0.4227	−0.1416	2.6529	0.9942	16868.58
1991	0.8677	3.0260	0.9819	10746.07	−0.3961	−0.1540	2.7094	0.9945	17757.97
1992	0.8953	3.1709	0.9712	6679.78	−0.3076	−0.1919	2.7764	0.9894	9154.07
1993	0.8982	3.3192	0.9739	7392.61	−0.3107	−0.1919	2.9249	0.9920	12176.95
1994	0.8671	3.4248	0.9822	10895.58	−0.3511	−0.1685	3.0784	0.9972	35460.17
1995	0.8775	3.5310	0.9824	11058.15	−0.3755	−0.1639	3.1941	0.9963	26866.69
1996	0.8722	3.5878	0.9788	9160.59	−0.3134	−0.1825	3.2127	0.9963	26243.37
1997	0.8899	3.6687	0.9816	10577.35	−0.3548	−0.1747	3.3095	0.9970	32844.44

年份	一次模型				二次模型				
	α	lgA	r^2	F 值	α'	β'	lgA′	r^2	F 值
1998	0.9078	3.7273	0.9851	13062.70	−0.4202	−0.1592	3.4000	0.9974	37626.87
1999	0.9406	3.8123	0.9808	10088.39	−0.3756	−0.1845	3.4330	0.9961	25085.35
2000	0.9568	3.8965	0.9844	12472.66	−0.4234	−0.1742	3.5385	0.9976	41587.31
2001	0.9824	3.9979	0.9826	11213.16	−0.4008	−0.1899	3.6075	0.9976	40555.76
2002	1.0022	4.0965	0.9770	8392.72	−0.2991	−0.2296	3.6246	0.9978	44546.05
2003	1.0110	4.1843	0.9737	7338.29	−0.2544	−0.2471	3.6764	0.9974	37322.50
2004	1.0025	4.2538	0.9735	7278.37	−0.2514	−0.2453	3.7496	0.9972	35146.09
2005	1.0201	4.3620	0.9792	9338.82	−0.3539	−0.2175	3.9149	0.9973	36937.12
2006	1.0223	4.4323	0.9796	9526.23	−0.3569	−0.2173	3.9857	0.9976	41440.88

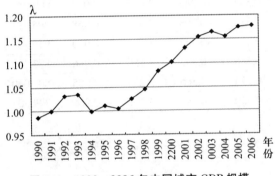

图 3-1　1990—2006 年中国城市 GDP 规模分布 α 值的变化趋势

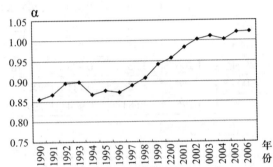

图 3-2　1990—2006 年中国城市 GDP 规模分布 λ 值的变化趋势

3.中国西部城市 GDP 规模分布变动

　　根据公式(1)和公式(2)，可以得出 1990—2006 年中国西部地级城市 GDP 规模分布的情况(表 3-2)。对于公式(1)，可以用 α 的数值来表示城市体系的城市等级性程度；而对于二次模型——公式(2)，城市等级性程度需用模型在区间 [lg1,lgn] 上的平均斜率表示(n 表示西部城市数)，即在区间 [lg1,lgn] 上的积分与 lgn−lg1 之比的绝对值，可以用公式(4)中的 λ 值表示其等级性程度。与 α 类似，λ 值越大亦表示等级性越强。这样，就可以运用拟合出的 1990—2006 年 α 和 λ 的数值变化来反映中国西部城市体系的城市间差别程度的变化趋势。α 和 λ 值的变动趋势如图 3-3、图 3-4 所示。

　　西部城市 GDP 规模分布 α 和 λ 值存在着在波动中上升的趋势，与全国的趋势大体相同，只是在 1990 年代末期西部城市 GDP 规模分布 α 和 λ 值存在着一个低谷，另一个不同之处在于，全国城市 GDP 规模分布 α 值小于 λ 值，但西部城市则相反，这主要是因为西部城市 GDP 分布更为复杂，用更高次的模型方能精确模拟。

表 3-2　1990—2006 年中国西部城市 GDP 规模分布的拟合结果

年份	一次模型				二次模型				
	α	lg$A$	r^2	F 值	α'	β'	lgA'	r^2	F 值
1990	0.994	2.349	0.936	659.223	−0.214	−0.388	2.039	0.970	723.492
1991	1.016	2.431	0.945	768.819	−0.218	−0.397	2.114	0.979	1045.781
1992	0.977	2.491	0.825	422.147	−0.178	−0.436	2.210	0.965	448.342
1993	0.997	2.638	0.942	554.556	−0.183	−0.445	2.351	0.982	894.936
1994	1.098	2.890	0.932	662.739	−0.142	−0.466	2.499	0.974	881.524
1995	1.096	2.977	0.934	680.269	−0.268	−0.403	2.638	0.965	656.817
1996	1.113	3.066	0.942	777.450	−0.311	−0.390	2.739	0.971	775.670
1997	1.116	3.091	0.956	1014.829	−0.477	−0.313	2.832	0.974	870.107
1998	1.126	3.173	0.958	1111.438	−0.459	−0.323	2.898	0.977	1039.455
1999	1.140	3.191	0.952	757.845	−0.345	−0.418	2.897	0.981	945.682
2000	1.120	3.222	0.972	1557.759	−0.494	−0.312	2.973	0.990	2180.394
2001	1.124	3.267	0.964	1269.285	−0.532	−0.288	3.025	0.979	1110.077
2002	1.171	3.363	0.952	1064.281	−0.536	−0.298	3.091	0.968	795.391
2003	1.202	3.457	0.947	1017.743	−0.410	−0.366	3.110	0.970	915.137
2004	1.206	3.538	0.939	909.781	−0.346	−0.393	3.156	0.966	823.786
2005	1.176	3.588	0.941	933.910	−0.375	−0.365	3.233	0.965	803.060
2006	1.196	3.684	0.944	799.304	−0.450	−0.341	3.352	0.965	799.304

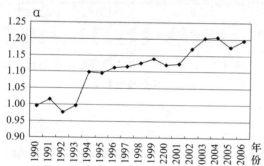

图 3-3　1990—2006 年中国西部城市 GDP 规模
　　　　分布 α 值的变化趋势

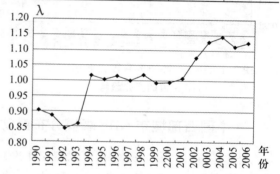

图 3-4　1990—2006 年中国西部城市 GDP 规模
　　　　分布 λ 值的变化趋势

4.影响因素分析

（1）中国城市 GDP 规模分布影响因素分析

为了使人均 GDP、第一产业产值、第二产业产值、第三产业产值、全社会固定资产投资、财政收入、城镇居民家庭人均可支配收入、旅客周转量、货物周转量、社会消费品零售总额、进出口总额、利用外资金额、研究生毕业生数的数据之间具有可比性，并且使回归结果更加易于显示，笔者以 1990 年的相应数据为 1，而其他年份的数据则为其相应数据与相应 1990 年数据的比值，得出相应的标准化数据。对中国城市 GDP 规模分布 α 和 λ 与相应年份的以上标准化数据进行多元回归分析，发现 α 的 F 值为 169.743，显著水平为 0.000，而 λ 的 F 值为 169.623，显著水平为 0.000，所以 α 和 λ 的多元回归拟合均有统计学意义;不论对于 α 和 λ,人均 GDP 和社会消费品零售总额均未进入模型。本次多元回归的
具体结果如表 3–3 和表 3–4 所示。

表 3–3　中国城市 GDP 规模分布 α 值与相关因素的回归分析结果

	B	标准误差	标准回归系数	t	显著水平
常数项	0.736	0.065	—	11.355	0.000
第一产业产值	−0.105	0.03	−2.018	−3.524	0.017
第二产业产值	−0.005	0.017	−0.262	−0.263	0.803
第三产业产值	0.085	0.016	5.591	5.291	0.003
全社会固定资产投资	−0.006	0.009	−0.672	−0.673	0.531
财政收入	−0.065	0.028	−3.848	−2.33	0.067
城镇居民家庭人均可支配收入	0.042	0.037	1.395	1.125	0.312
旅客周转量	−0.032	0.037	−0.371	−0.867	0.426
货物周转量	0.17	0.072	1.928	2.352	0.065
进出口总额	−0.025	0.007	−2.872	−3.566	0.016
利用外资金额	0.004	0.002	0.289	2.582	0.049
研究生毕业生数	0.06	0.029	1.793	2.086	0.091

表 3–4　中国城市 GDP 规模分布 λ 值与相关因素的回归分析结果

	B	标准误差	标准回归系数	t	显著水平
常数项	0.8460	0.0750	—	11.3160	0.0000
第一产业产值	−0.1220	0.0350	−2.0180	−3.5220	0.0170
第二产业产值	−0.0060	0.0200	−0.2740	−0.2760	0.7940
第三产业产值	0.0990	0.0190	5.6020	5.3000	0.0030
全社会固定资产投资	−0.0070	0.0110	−0.6850	−0.6850	0.5240
财政收入	−0.0750	0.0320	−3.8630	−2.3380	0.0670
城镇居民家庭人均可支配收入	0.0490	0.0430	1.4070	1.1350	0.3080
旅客周转量	−0.0380	0.0430	−0.3730	−0.8720	0.4230
货物周转量	0.1960	0.0830	1.9320	2.3560	0.0650
进出口总额	−0.0290	0.0080	−2.8760	−3.5690	0.0160
利用外资金额	0.0050	0.0020	0.2930	2.6090	0.0480
研究生毕业生数	0.0700	0.0330	1.8090	2.1030	0.0890

由标准回归系数可见,影响 α 变化的各因素的影响程度大小排序及其作用力方向如
下:第三产业产值(正)、财政收入(负)、进出口总额(负)、第一产业产值(负)、货物周转量
(正)、研究生毕业生数(正)、城镇居民家庭人均可支配收入(正)、全社会固定资产投资
(负)、旅客周转量(负)、利用外资金额(正)、第二产业产值(负);而影响 λ 变化的各因素
的影响程度大小排序及其作用力方向如下:第三产业产值(正)、财政收入(负)、进出口总
额(负)、第一产业产值(负)、货物周转量(正)、研究生毕业生数(正)、城镇居民家庭人均可
支配收入(正)、全社会固定资产投资(负)、旅客周转量(负)、利用外资金额(正)、第二产业
产值(负)。对此两者进行对比,各因素对两者的影响相似。由此可见,近年来中国城市体
系 GDP 等级性的加强趋势在较大程度上受到以下因素正方向的作用力:第三产业产值、

货物周转量、研究生毕业生数、城镇居民家庭人均可支配收入、利用外资金额；而受到以下因素的负方向的作用力：财政收入、进出口总额、第一产业产值、全社会固定资产投资、旅客周转量、第二产业产值。

（2）中国西部城市 GDP 规模分布影响因素分析

对中国西部城市 GDP 规模分布 α 和 λ 与相应年份的以上标准化数据进行多元回归分析，发现 α 的 F 值为 54.303，显著水平为 0.000，而 λ 的 F 值为 43.094，显著水平为 0.000，所以 α 和 λ 的多元回归拟合均有统计学意义；不论对于 α 和 λ，人均 GDP 和社会消费品零售总额均未进入模型。本次多元回归的具体结果如表 3-5 和表 3-6 所示。

表 3-5　中国西部城市 GDP 规模分布 α 值与相关因素的回归分析结果

	B	标准误差	标准回归系数	t	显著水平
常数项	0.991	0.137	—	7.216	0.001
第一产业产值	0.049	0.063	0.774	0.767	0.478
第二产业产值	−0.111	0.037	−5.284	−3.017	0.030
第三产业产值	−0.042	0.034	−2.300	−1.235	0.272
全社会固定资产投资	0.026	0.020	2.296	1.303	0.249
财政收入	−0.022	0.059	−1.095	−0.376	0.722
城镇居民家庭人均可支配收入	0.184	0.079	5.072	2.320	0.068
旅客周转量	0.142	0.079	1.352	1.793	0.133
货运周转量	−0.233	0.153	−2.200	−1.522	0.188
进出口总额	0.030	0.015	2.897	2.041	0.097
利用外资金额	−0.008	0.003	−0.498	−2.519	0.053
研究生毕业生数	−0.006	0.061	−0.138	−0.091	0.931

表 3-6　中国西部城市 GDP 规模分布 λ 值与相关因素的回归分析结果

	B	标准误差	标准回归系数	t	显著水平
常数项	1.299	0.193	—	6.739	0.001
第一产业产值	0.255	0.089	3.247	2.868	0.035
第二产业产值	−0.153	0.051	−5.846	−2.976	0.031
第三产业产值	−0.136	0.048	−5.926	−2.837	0.036
全社会固定资产投资	0.031	0.028	2.213	1.120	0.313
财政收入	0.175	0.083	6.910	2.117	0.088
城镇居民家庭人均可支配收入	0.084	0.111	1.837	0.750	0.487
旅客周转量	0.117	0.111	0.893	1.056	0.339
货运周转量	−0.669	0.214	−5.056	−3.120	0.026
进出口总额	0.087	0.021	6.737	4.232	0.008
利用外资金额	−0.010	0.005	−0.495	−2.232	0.076
研究生毕业生数	−0.185	0.085	−3.687	−2.169	0.082

由标准回归系数可见，影响中国西部城市 GDP 规模分布 α 值变化的各因素的影响程度大小排序及其作用力方向如下：第二产业产值（负）、城镇居民家庭人均可支配收入（正）、进出口总额（正）、第三产业产值（负）、全社会固定资产投资（正）、货运周转量（负）、

旅客周转量(正)、财政收入(负)、第一产业产值(正)、利用外资金额(负)、研究生毕业生数(负);而影响中国西部城市 GDP 规模分布 λ 值变化的各因素的影响程度大小排序及其作用力方向如下:财政收入(正)、进出口总额(正)、第三产业产值(负)、第二产业产值(负)、货运周转量(负)、研究生毕业生数(负)、第一产业产值(正)、全社会固定资产投资(正)、城镇居民家庭人均可支配收入(正)、旅客周转量(正)、利用外资金额(负)。对此两者进行对比,各因素对两者的影响相似,只是财政收入对 GDP 规模分布 α 值产生负作用力而对 GDP 规模分布 λ 值产生正作用力。由此可见,近年来中国西部城市体系 GDP 等级性的加强趋势在较大程度上受到以下因素正方向的作用力:城镇居民家庭人均可支配收入、进出口总额、全社会固定资产投资、旅客周转量、第一产业产值;受到以下因素负方向的作用力:第二产业产值、第三产业产值、货运周转量、利用外资金额、研究生毕业生数。

3.2 基于人口规模分布的城市体系变动

除了经济规模的分布以外,人口规模的分布也是城市体系的重要研究内容,笔者拟对市辖区非农业人口排序前 200 位的 1990—2006 年中国地级城市和中国西部城市的市辖区非农业人口的规模分布进行分析,以期探讨中国城市及中国西部城市规模等级的变化趋势,并对其进行影响因素分析。采用《中国城市统计年鉴 1991—2007》中的中国市辖区非农业人口规模排序前 200 位地级城市和中国西部城市的市辖区非农业人口数据,分别对其进行位序——规模分析。然后,同样采用《中国城市统计年鉴 1991-2007》中的相关数据,利用多元回归分别分析 α 和 λ 与相应年份的人均 GDP、第一产业产值、第二产业产值、第三产业产值、全社会固定资产投资、财政收入、城镇居民家庭人均可支配收入、旅客周转量、货运周转量、社会消费品零售总额、进出口总额、利用外资金额、研究生毕业生数的关系,以期探讨中国城市体系和中国西部城市体系等级性程度变化的影响因素。

1.中国城市人口规模分布变动

(1)城市人口规模分布模型结果分析

根据公式(1)和公式(2),用城市市辖区非农业人口代替上文中所用的 GDP 数据,可以得出 1990—2006 年中国城市非农业人口规模分布的情况(表 3-7)。一次模型的系数值符合我们常见之规律,即 $\alpha>0$,$\lg A>0$,且 α 的值通常被称为帕累托指数,而 A 则表征基于帕累托分布的首位城市规模理论值。对于二次模型,由于 $\lg y$ 按降序排列,所以其图象只可能符合图 3-5 中的模式 I 和模式 II;而根据 1990 年至 2006 年之数据,二次项系数、一次项系数及常数项的正负情况分别为 $\alpha'<0$、$\beta'<0$、$\lg A'>0$,所以 $-\beta'/2\alpha'<0$,因而,$\lg y$ 与 $\lg x$ 之间的二次模型的图象在区间 $[\lg 1,\lg 200]$ 上处于其对称轴右边,且开口向下[①],所以,基于 1990 年至 2006 年数据的二次模型图象可抽象为图中模式 I。

[①]对于二次函数 $y=ax^2+bx+c$,图象开口方向和对称轴位置判断分别根据指标 a 和 $-2a/b$,而本文中二次模型的三个系数分别为 β'、α'、$(\lg A)'$,因而,分别运用 β' 和 $-\beta'/2\alpha'$ 的值来判断图象开口方向和坐标轴位置。

表 3-7　1990—2006 年中国城市非农业人口规模分布的拟合结果

年份	一次模型				二次模型				
	α	lg$A$	r^2	F 值	α'	β'	lgA'	r^2	F 值
1990	0.8262	3.1454	0.9817	10623.44	−0.3571	−0.1532	2.8306	0.9954	21404.12
1991	0.8184	3.1432	0.9811	10300.88	−0.3534	−0.1518	2.8311	0.9949	19102.58
1992	0.8041	3.1347	0.9817	10606.64	−0.3550	−0.1467	2.8332	0.9950	19409.18
1993	0.7878	3.1250	0.9832	11607.34	−0.3865	−0.1310	2.8557	0.9943	17134.71
1994	0.7663	3.1083	0.9883	16780.53	−0.4300	−0.1098	2.8826	0.9966	28780.60
1995	0.7644	3.1171	0.9896	18901.71	−0.4391	−0.1062	2.8988	0.9974	37783.25
1996	0.7503	3.1098	0.9908	21332.11	−0.4476	−0.0989	2.9066	0.9978	44624.01
1997	0.7609	3.1352	0.9851	13107.59	−0.3998	−0.1179	2.8928	0.9947	18622.02
1998	0.7551	3.1354	0.9885	17073.79	−0.4384	−0.1034	2.9228	0.9961	24986.74
1999	0.7482	3.1347	0.9924	25909.80	−0.4865	−0.0854	2.9590	0.9977	42302.48
2000	0.7458	3.1448	0.9929	27719.35	−0.5038	−0.0790	2.9823	0.9974	38361.06
2001	0.7487	3.1688	0.9913	22509.63	−0.4711	−0.0906	2.9824	0.9972	34909.61
2002	0.7506	3.1997	0.9898	19280.31	−0.4459	−0.0995	2.9952	0.9969	31752.24
2003	0.7611	3.2557	0.9855	13481.67	−0.3784	−0.1250	2.9988	0.9963	26732.98
2004	0.7698	3.2809	0.9850	12958.62	−0.3704	−0.1304	3.0128	0.9964	27587.90
2005	0.7664	3.3029	0.9822	10900.59	−0.3479	−0.1367	3.0220	0.9949	19038.78
2006	0.7652	3.3125	0.9841	12292.49	−0.3550	−0.1340	3.0371	0.9964	27326.49

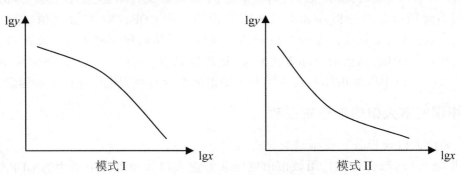

图 3-5　二次模型的两种可能模式

　　与一次模型中 A 值类似，二次模型中 A' 亦表示基于帕累托分布的首位城市规模理论值，而根据表 3-1 中 r^2 值与 F 值，发现二次模型显著性远高于一次模型，所以与 A 的值相比 A' 的值对首位城市理论值的表征更精确。lgA' 的值从 1990 年的 2.8306 增至 2006 年的 3.0371（仅 1997 年的 2.8928 低于 1995 的 2.8988 和 1996 年的 2.9066），lg$A$ 的值从 1990 年的 3.1454 在波动中增至 2006 年的 3.3125，因此，首位城市在城市体系中的作用仍处于增强趋势，这与中国近些年来快速的城镇化进程有很大关系。

　　(2)城市等级性程度变化趋势判断

　　根据表 3-7 中数据及公式(4)，得出 α 和 λ 的变化趋势如图 3-6 和图 3-7 所示。

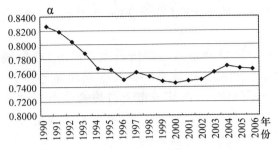

图3-6 1990—2006年中国城市人口规模
分布α值的变化趋势

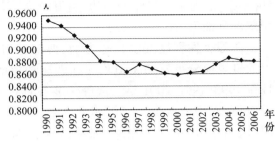

图3-7 1990—2006年中国城市人口规模
分布λ值的变化趋势

1990—1996年，α的值基本处于逐年下降的趋势，即城市人口等级分布存在扁平化现象；而在1997年α的值则有一个较大幅度的上升，之后则处于波动中略有上升的状态，说明中国城市在1997—2006年间的等级性在波动中略有加强。类似地，λ的变化趋势与α具有相似性，同样说明中国城市人口等级分布在1990—1996年间存在扁平化现象，而在1997—2006年间的等级性在波动中略有加强。

1990—1996年，扁平化现象的存在很大程度上是由于在特大城市、大城市周围及两个特大城市之间快速交通走廊沿线中心城市的迅速崛起，吸引了很多人口集聚（胡序威等，2000）；同时，特大城市和大城市对户籍的控制较为严格，如以深圳市为例，按1995年的户籍人口统计，总人口99.2万，其中非农业人口74.5万，但却有长期在深圳工作、生活的"暂住"人口290万（胡序威等，2000），因此，如果考虑暂住人口的影响，1990—1996年间的扁平化趋势至少比以非农业人口为研究对象的结论平缓一些。而在1996—2006年间，城市非农业人口规模等级性在波动中略有加强，这在很大程度上是由于大城市户籍政策的放松，如从1990年代末期开始，北京、上海、成都、温州等十余个大、中城市以及广东省相继推行了"人才居住证"管理制度（孔繁荣，2008），同时，在中国加速的城市化进程中，人口亦向特大城市和大城市大量集聚。

而若对α和λ进行对比，则发现λ的值略大于α值，而用二次模型进行拟合的r^2值和F值大于一次模型，说明二次模型的中国城市非农业人口规模分布双对数关系比一次模型更加精确，因此，λ的变化趋势相对于α更加精确的反映中国城市人口规模分布等级性的强弱。

2.中国西部城市人口规模分布变动

根据公式（1）和公式（2），可以得出1990—2006年中国西部前50位地级城市GDP规模分布的情况（表3-8）。根据公式（4）则可以计算出中国西部城市人口规模分布λ值，并作出中国西部城市人口规模分布α和λ值的变动趋势图（图3-8、图3-9）。一次模型的系数值符合我们常见之规律，即α>0，lg$A$>0，且α的值通常被称为帕累托指数，而A则表征基于帕累托分布的首位城市规模理论值。西部城市人口规模分布α值与1较为接近，分布于0.9至1.1之间；lg$A$则在波动中增加。

对于二次模型，由于lg$y$按降序排列，所以其图象只可能符合图3-5中的模式Ⅰ和模式Ⅱ；而根据1990年至2006年之数据，二次项系数、一次项系数及常数项的正负情况分别为α′<0，β′<0，lg$A$′>0，所以−β′/2α′<0，因而，lg$y$与lg$x$之间的二次模型的图象在区间

[lg1, lg*n*]上处于其对称轴右边,且开口向下①,所以,基于1990年至2006年数据的二次模型图象可抽象为图中模式Ⅰ。

在等级性程度变动趋势方面,西部城市人口规模分布与全国情况大相径庭,西部城市人口规模分布α和λ值均在强烈波动中增加,西部城市体系的等级性在加强趋势中,且在1993、1997、2001年三次处于波谷;另一个不同在于,西部城市人口规模分布α值大于λ值,而中国城市人口规模分布α值小于λ值,这同样是因为西部城市人口规模分布相对于中国城市人口规模分布更为复杂,需采用高次模型方能精确拟合。

表 3-8　1990—2006 年中国西部城市人口规模分布的拟合结果

年份	一次模型				二次模型				
	α	lg*A*	*r*²	*F* 值	α′	β′	lg*A*′	*r*²	*F* 值
1990	1.028	2.677	0.946	792.494	−0.306	−0.359	2.390	0.974	827.307
1991	1.022	2.681	0.946	788.515	−0.308	−0.356	2.396	0.974	810.630
1992	1.013	2.683	0.945	772.217	−0.303	−0.353	2.401	0.973	781.087
1993	0.960	2.646	0.920	402.545	−0.301	−0.357	2.411	0.947	305.181
1994	1.000	2.710	0.939	739.531	−0.256	−0.366	2.403	0.970	754.055
1995	1.002	2.722	0.947	864.602	−0.343	−0.321	2.453	0.972	801.048
1996	0.998	2.732	0.947	850.699	−0.329	−0.326	2.459	0.972	803.048
1997	0.917	2.669	0.943	545.156	−0.469	−0.247	2.513	0.957	358.143
1998	0.979	2.738	0.943	599.519	−0.468	−0.274	2.553	0.959	413.161
1999	0.984	2.749	0.945	647.942	−0.506	−0.251	2.572	0.958	425.574
2000	0.979	2.757	0.968	1351.201	−0.616	−0.180	2.612	0.976	882.550
2001	0.971	2.762	0.972	1677.704	−0.656	−0.153	2.634	0.978	1054.584
2002	1.001	2.812	0.967	1558.369	−0.630	−0.174	2.653	0.974	998.336
2003	1.036	2.879	0.956	1225.155	−0.475	−0.259	2.633	0.971	951.668
2004	1.047	2.902	0.959	1381.453	−0.510	−0.245	2.664	0.973	1054.066
2005	1.061	2.932	0.962	1491.913	−0.542	−0.237	2.702	0.975	1126.103
2006	1.067	2.957	0.964	1567.576	−0.605	−0.211	2.751	0.974	1082.858

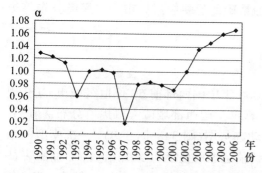

图 3-8　1990-2006 年中国西部城市人口规模
分布 α 值的变化趋势

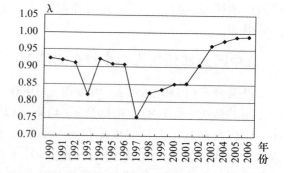

图 3-9　1990—2006 年中国西部城市人口规模
分布 λ 值的变化趋势

①对于二次函数 *y*=*ax*²+*bx*+*c*,图象开口方向和对称轴位置判断分别根据指标 *a* 和−2*a*/*b*,而本文中二次模型的三个系数分别为 β′、α′、(lg*A*)′,因而,分别运用 β′ 和−β′/2α′ 的值来判断图象开口方向和坐标轴位置。

3.影响因素分析

(1)中国城市人口规模分布影响因素分析

为了使人均 GDP、第一产业产值、第二产业产值、第三产业产值、全社会固定资产投资、财政收入、城镇居民家庭人均可支配收入、旅客周转量、货物周转量、社会消费品零售总额、进出口总额、利用外资金额、研究生毕业生数的数据之间具有可比性，并且使回归结果更加易于显示，笔者以 1990 年的相应数据为 1，而其他年份的数据则为其相应数据与相应 1990 年数据的比值，得出相应的标准化数据。对中国城市人口规模分布 α 和 λ 与相应年份的以上标准化数据进行多元回归分析（表 3-9、表 3-10），发现 α 的 F 值为 25.401，显著水平为 0.001，而 λ 的 F 值为 25.133，显著水平为 0.001，所以 α 和 λ 的多元回归拟合均有统计学意义；不论是 α 和 λ，人均 GDP 和社会消费品零售总额均未进入模型。

表 3-9　中国城市人口规模分布 α 值与相关因素的回归分析结果

	B	标准误差	标准回归系数	t	显著水平
常数项	0.843	0.067	—	12.662	0.000
第一产业产值	0.021	0.031	1.017	0.692	0.520
第二产业产值	−0.023	0.018	−3.307	−1.297	0.251
第三产业产值	0.034	0.017	5.512	2.033	0.098
全社会固定资产投资	−0.009	0.010	−2.331	−0.909	0.405
财政收入	−0.006	0.029	−0.940	−0.222	0.833
城镇居民家庭人均可支配收入	−0.033	0.038	−2.707	−0.851	0.434
旅客周转量	−0.050	0.038	−1.420	−1.294	0.252
货运周转量	0.005	0.074	0.155	0.074	0.944
进出口总额	0.001	0.007	0.415	0.201	0.849
利用外资金额	0.001	0.002	0.266	0.926	0.397
研究生毕业生数	0.041	0.029	3.044	1.380	0.226

表 3-10　中国城市人口规模分布 λ 值与相关因素的回归分析结果

	B	标准误差	标准回归系数	t	显著水平
常数项	0.97	0.077	—	12.556	0
第一产业产值	0.025	0.036	1.036	0.701	0.514
第二产业产值	−0.027	0.021	−3.319	−1.295	0.252
第三产业产值	0.039	0.019	5.529	2.029	0.098
全社会固定资产投资	−0.01	0.011	−2.358	−0.915	0.402
财政收入	−0.007	0.033	−0.947	−0.222	0.833
城镇居民家庭人均可支配收入	−0.038	0.045	−2.723	−0.852	0.433
旅客周转量	−0.057	0.045	−1.409	−1.277	0.258
货运周转量	0.005	0.086	0.135	0.064	0.952
进出口总额	0.002	0.008	0.419	0.202	0.848
利用外资金额	0.002	0.002	0.271	0.937	0.392
研究生毕业生数	0.047	0.034	3.073	1.386	0.224

由标准回归系数可见，影响 α 变化的各因素的影响程度大小排序及其作用力方向如下：第三产业产值（正）、第二产业产值（负）、研究生毕业生数（正）、城镇居民家庭人均可支配收入（负）、全社会固定资产投资（负）、旅客周转量（负）、第一产业产值（正）、财政收入（负）、进出口总额（正）、利用外资金额（正）、货运周转量（正）；而影响 λ 变化的各因素的影响程度大小排序及其作用力方向如下：第三产业产值（正）、第二产业产值（负）、研究生毕业生数（正）、城镇居民家庭人均可支配收入（负）、全社会固定资产投资（负）、旅客周转量（负）、第一产业产值（正）、财政收入（负）、进出口总额（正）、利用外资金额（正）、货运周转量（正）。对此两者进行对比，各因素对两者的影响相似。由此可见，近年来中国城市体系等级性的变化趋势在较大程度上受到以下因素正方向的作用力：第三产业产值、研究生毕业生数、第一产业产值、进出口总额、利用外资金额、货运周转量；而受到以下因素的负方向的作用力：第二产业产值、城镇居民家庭人均可支配收入、全社会固定资产投资、旅客周转量、财政收入。

在产生正向作用力的各因素中，第三产业、研究生毕业生、进出口、外资在大城市和特大城市中的比重通常大于中等城市和小城市，向规模较大的城市集聚趋势明显，所以，第三产业产值、研究生毕业生数、进出口总额、利用外资金额的增长体现的更多的是大城市和特大城市的发展，在等级性程度方面，则是等级性程度加强，即 α 和 λ 值的增加。第一产业主要为城市提供各种资料的基本来源，第一产业产值提高可以为城市发展提供坚实基础，并能促进人口大量向城市特别是大城市和特大城市集聚，同样可促进城市等级性程度的加强。而对于货物周转量，货物周转量的增加即城市及区域间联系的频繁程度加强，这种强化在不同的发展阶段可以导致截然不同的结果，在发展相对落后的区域，促进各种要素向大城市和特大城市集聚，引致城市等级性程度加强；而在相对发达区域，将促进各要素在城市间分布的均衡，引致城市体系等级扁平化。显然，根据上述定量分析结果，货物周转量的增加促进了城市等级性程度的加强。

在产生负方向作用力的各因素中，第二产业产值通常在规模较小的城市占 GDP 比重较大，因而可促使城市等级性程度被相对拉平。旅客周转量可以表征城市与区域之间人口的流动情况，在对城市等级性程度的影响方面，可以产生两种不同方向的作用力：一种是促进人口向大城市和特大城市集聚，另一种则是促进人口在城市间分布更加均衡。而根据上述定量分析，人口流动与 α 和 λ 值呈弱的负相关关系，即促进城市体系等级的扁平化。城镇居民家庭人均可支配收入、全社会固定资产投资、财政收入等三个因素可以从不同侧面反映一个区域的发展水平，它们对城市等级性程度的影响从理论上来说可正可负，与区域的各种情况有关，而在 1990—2006 年间，对中国城市等级的扁平化起到了不同程度的作用。

(2)中国西部城市人口规模分布影响因素分析

对中国西部城市人口规模分布 α 和 λ 值与相应年份的以上因素标准化数据进行多元回归分析，发现 α 的 F 值为 3.657，显著水平为 0.082，而 λ 的 F 值为 4.886，显著水平为 0.046，所以 α 和 λ 的多元回归拟合均有统计学意义；不论对于 α 和 λ，人均 GDP 和社会消费品零售总额均未进入模型。本次多元回归分析的具体结果如表 3-11 和表 3-12 所示。

表 3-11　中国西部城市人口规模分布 α 值与相关因素的回归分析结果

	B	标准误差	标准回归系数	t	显著水平
常数项	1.208	0.259	—	4.668	0.005
第一产业产值	0.076	0.120	2.355	0.639	0.551
第二产业产值	−0.133	0.069	−12.316	−1.927	0.112
第三产业产值	−0.025	0.064	−2.627	−0.386	0.715
全社会固定资产投资	0.052	0.037	8.929	1.389	0.224
财政收入	0.075	0.111	7.120	0.670	0.533
城镇居民家庭人均可支配收入	0.047	0.150	2.532	0.317	0.764
旅客周转量	−0.136	0.149	−2.508	−0.911	0.404
货运周转量	−0.035	0.288	−0.646	−0.123	0.907
进出口总额	0.020	0.028	3.744	0.723	0.502
利用外资金额	−0.007	0.006	−0.840	−1.165	0.297
研究生毕业生数	−0.112	0.114	−5.394	−0.975	0.374

由标准回归系数可见,影响中国西部城市人口规模分布 α 值变化的各因素的影响程度大小排序及其作用力方向如下:第二产业产值(负)、全社会固定资产投资(正)、财政收入(正)、研究生毕业生数(负)、进出口总额(正)、第三产业产值(负)、城镇居民家庭人均可支配收入(正)、旅客周转量(负)、第一产业产值(正)、利用外资金额(负)、货运周转量(负);而影响中国西部城市人口规模分布 λ 值变化的各因素的影响程度大小排序及其作用力方向如下:财政收入(正)、第二产业产值(负)、第三产业产值(负)、研究生毕业生数(负)、进出口总额(正)、全社会固定资产投资(正)、城镇居民家庭人均可支配收入(正)、第一产业产值(正)、旅客周转量(负)、货运周转量(负)、利用外资金额(负)。对此两者进行对比,各因素对两者的影响相似。由此可见,近年来中国西部城市体系人口规模等级性的变化趋势在较大程度上受到以下因素正方向的作用力:全社会固定资产投资、财政收入、进出口总额、城镇居民家庭人均可支配收入、第一产业产值;而受到以下因素负方向的作用力:第二产业产值、研究生毕业生数、第三产业产值、旅客周转量、利用外资金额、货运周转量。

表 3-12　中国西部城市人口规模分布 λ 值与相关因素的回归分析结果

	B	标准误差	标准回归系数	t	显著水平
常数项	1.347	0.388	—	3.470	0.018
第一产业产值	0.155	0.179	2.796	0.865	0.427
第二产业产值	−0.197	0.104	−10.636	−1.896	0.116
第三产业产值	−0.147	0.097	−9.082	−1.522	0.188
全社会固定资产投资	0.058	0.056	5.790	1.026	0.352
财政收入	0.251	0.167	14.025	1.504	0.193
城镇居民家庭人均可支配收入	0.110	0.224	3.430	0.490	0.645
旅客周转量	−0.229	0.224	−2.476	−1.025	0.352
货运周转量	−0.176	0.432	−1.890	−0.408	0.700
进出口总额	0.067	0.041	7.382	1.624	0.165
利用外资金额	−0.011	0.009	−0.764	−1.207	0.281
研究生毕业生数	−0.295	0.172	−8.326	−1.715	0.147

本章小结

基于 GDP 规模分布的视角，中国城市体系的城市 GDP 规模等级性仍处于加强趋势中，不同于当代发达国家的城市等级扁平化(Smith，2005)的趋势，不论是中国城市 GDP 规模分布 α 和 λ 的值，均基本处于上升状态。然而，2002 年以来的中国城市 GDP 规模分布 α 和 λ 的值表明这种加强的趋势有减弱的势头。所以，中国城市间的差距仍将继续扩大，并将持续一段时间，然而，这种等级性加强的趋势在近几年来已经弱化，在不久的将来，中国城市体系也将有可能出现 GDP 规模等级扁平化的现象。不过，中国西部城市 GDP 规模分布 α 和 λ 值存在着在波动中上升的趋势，与全国的趋势大体相同，只是在 1990 年代末期西部城市 GDP 规模分布 α 和 λ 值存在着一个低谷；另一个不同之处在于，全国城市 GDP 规模分布 α 值小于 λ 值，但西部城市则相反，这主要是因为西部城市 GDP 分布更为复杂，用更高次的模型方能精确模拟。

基于人口规模分布的视角，中国城市人口规模分布在 1990—1996 年间存在扁平化现象，而在 1997—2006 年间的等级性在波动中略有加强，在 1990—1996 年间，人口规模分布 α 和 λ 的值基本处于逐年下降的趋势，而在 1997 年人口规模分布 α 和 λ 的值则有一个较大幅度的上升，之后则处于波动中略有上升的状态。中国西部城市人口规模分布与全国情况大相径庭，其城市人口规模分布 α 和 λ 值均在强烈波动中增加，等级性在加强趋势中，且在 1993、1997、2001 年三次处于波谷；另一个不同在于，西部城市人口规模分布 α 值大于 λ 值，而中国城市人口规模分布 α 值小于 λ 值，这同样是因为西部城市人口规模分布相对于中国城市人口规模分布更为复杂，需采用高次模型方能精确拟合。

第 2 篇 | 中国（西部）城市的经济转型

改革开放以来,系统化的市场化和分权化改革促进了中国西部及其城市经济的快速增长和经济系统的转型。其中,制度要素、外来资本对于城市经济转型起到了核心的作用。这样,随着城市经济系统的转型以及土地有偿使用制度和货币购房等政策的实施,城市产业结构及其分工,以及城市空间的资本密度必然做出相应的响应或调整。

事实上,整个 1980 年代,中国区域以及城市经济的增长主要集中在东部沿海地区,西部地区及其城市的快速发展发端于西部大开发的 90 年代初期以后。因为改革开放政策执行的空间差异性,西部城市的经济增长必然与东部城市有着一定的差异性。然而,无论如何,两者也具有宏观意义上的相似性。

本篇力图回答下列几个问题:

1.从国家层面审视制度要素与中国城市经济发展的关系。

2.选择外来投资,透视转型期资本要素与中国城市发展的关系。

3.转型期,中国西部城市的产业结构变化及其行业分工。

4.中国(西部)城市资本密度的空间变化趋势与特征。

因为制度要素和市场化是城市经济发展的两大基本要素,本篇首先研究了制度因素与城市经济增长(第4章),外来资本与城市发展(第5章),然后分析了中国西部城市的产业结构转型及其行业分工(第6章),以及中国城市的资本密度的空间变化(第7章)。

第4章　制度因素与城市经济增长

中国经济飞速发展,城市化速度不断加快,许多新的城市问题相继产生。到底该如何解释这样的经济增长?如何理解由此引发的城市问题?在这当中,制度变迁到底有着什么样的作用?这些都需要系统的研究。在中国的转型过程中,制度变迁无疑是十分重要的部分。这种制度变迁在空间上有很大的不同,东部沿海城市开放较早,制度变迁的速度也较快,从而获得了较好的经济效益;而广大中西部地区城市目前在经济发展上落后于东部地区城市,制度变迁的缓慢进行无疑是重要原因之一。同时,在城市等级上制度变迁仍然十分不均衡,大城市往往拥有比中小城市更好的制度发展条件,从而能获取更多的发展资源。因此,从中心城市的角度来分析制度变迁对于城市经济增长的研究可以为转型期中国城市经济发展的相关研究提供有益的补充,同时这些实证研究也可以验证目前一些中国转型期城市经济、社会及空间的相关理论。国家西部大开发战略提出和实施已有十余年,虽然我国西部地区取得了巨大发展,但目前的东西部差距仍然十分巨大,且有不断扩大的趋势。如何实现西部地区快速发展、缩小东西差距已成为重要的研究课题(杨永春,2003)。尽管相对于改革初期而言,如今的国内、国际发展条件已经发生了深刻的变化,如今的西部地区面临着更为复杂的情况,但对于东西部地区的比较研究仍然能为西部地区的发展提供参考。

制度可以降低交易成本,对经济活动进行有效的组织,并对经济活动的参与者提供有效的激励和约束,从而促进经济的发展。但是,激励水平和交易费用无法精确计算出来,因此需要寻找制度的代理变量来衡量制度的质量,其实制度改善的动态过程可以通过具体的制度变迁活动过程表示出来,这样量化就成为可能(王艾青,2008)。目前国内学者对制度量化研究基本都在国家级、省级层面,关注的仍然是区域整体的变化以及不同区域的差异(金玉国,2001;傅晓霞等,2002;王金营等,2004;王洪庆等,2004;高萍等,2006;孙斌栋等,2007),而对于中心城市尺度的分析,仍未见到。此外,制度是一个十分复杂的因素,制度变迁要素不仅在空间上具有分异性,在等级规模上仍具有差异性(Henderson,2007)。笔者认为,在中国这个等级结构(包括大小规模和行政等级)明显的城市体系里,制度要素对城市经济的发展具有十分重要的作用。中国的改革实际上是一个权力由中央向地方下放的过程,而且一开始就强调城市推动区域经济增长的作用,通过一系列的改革使城市和乡村,不同等级城市之间具有了不同等级的发展经济的自主性(Ma,2005)。虽然权力的下放使地方政府获得了更大的权力,然而由于不同等级的地方政府拥有的权力不同,地方政府在发展经济的作为中带有明显的政治倾向性,等级的作用表现的仍然十分突出。

目前虽有不少基于制度变迁视角的经济增长研究，但是其多采用国家、省级尺度或只将部分地区列为研究对象（金玉国，2001；傅晓霞等，2002；王金营等，2004；王洪庆等，2004；高萍等，2006；孙斌栋等，2007；王艾青，2008），而未见以城市为中心的全国范围的研究；同时，许多学者在进行制度变迁的理论分析时往往默认为在全国范围内制度变迁是均衡的，也即是在全国处于同等的制度变迁水平下来分析问题。因此，以中心城市[①]为主要研究对象来分析制度变迁对城市经济增长的影响及制度变迁在全国的均衡程度是十分必要的（陈健，杨永春，2010）。

本章尝试对目前我国转型期制度变迁研究进行总结，建立分析转型期制度变迁对我国城市发展影响的衡量因子，并采用大规模的基于中心城市的数据资料来对制度要素进行量化分析以揭示制度变迁对中国不同区域及等级城市发展的影响（陈健，杨永春，2010），在空间上将获取到数据的中国城市分为东部（包括北京、天津、辽宁、河北、山东、上海、江苏、浙江、福建、广东、广西和海南的城市）、中部（包括山西、内蒙、吉林、黑龙江、安徽、江西、河南、湖北和湖南的城市）、西部（包括四川、重庆、贵州、云南、陕西、甘肃、宁夏、青海和新疆的城市）三大区域；在等级上，利用城市非农业人口将城市分为特大城市（非农人口大于 100 万）、大城市（100~50 万）、中等城市（50~20 万）以及小城市（小于 20 万）四个等级。

研究空间范围包括除西藏、香港、台湾及澳门地区外的我国其它地区，在时间尺度方面，由于受到数据获取的限制，采用 1995 年至 2007 年的数据，如无特殊说明数据均来自相应年份的《中国城市统计年鉴》。

4.1　转型期中国制度变迁的分析因子选择

1.理论上的因子选择

制度变迁是一个制度替代的过程，从广义上来讲，其包括正式的和非正式的制度变迁（由于非正式制度本身界定并不是十分明确，且其变迁难以概况和量化研究，在本文的分析中都只考虑了正式制度）。从上文回顾中国改革历程中可以看到，转型期中国正式制度变迁主要包含以下几方面内容：

（1）政府改革。政府的改革主要表现在两方面——政府机构改革和职能改革。根据成本收益的经济学分析方法，制度变迁是要向预期利益大于预期成本的方向发展，社会主义市场经济的建设需要的正是能采用灵活手段进行宏观调控的政府，而政府机构和职能改革正是顺应了这种形势。政府不再像计划经济时期采用指令性的管理模式，而是更多的将权利分配到微观经济体，进行引导性管理。而政府的主要功能就是为其居民提供公共服务，这种政府的转变，改变了其提供公共服务的模式，政府消费的变化就成为了有力的衡量工具。

---

①本文的分析数据是来自于《中国统计年鉴》里的地级及以上城市数据，它们基本上是其行政区域的中心城市，而这里的中心城市指的正是这些城市，下文同。

(2)市场化。从中国的改革历程来看,可谓是以市场化建设为中心来进行的,其它的改革均是为了更好的实现市场化进程。在市场化进程中,主要包括产品市场由政府定价到市场定价的改变,劳动力市场从管制流动到自由流动的改变,金融体系的建立,资本市场向多种所有制经济开放,市场法律秩序的健全等等。

(3)对外开放。始终伴随着我国改革历程的对外开放,为我国提供了大量的发展资金,促进了我国技术进步,使我国融入了全球化的进程之中。在实际表现中,对外开放的程度可以通过利用外资的情况和外贸的情况来衡量。

根据以上论述可以得出一个初步的制度分析因子,如下图4-1:

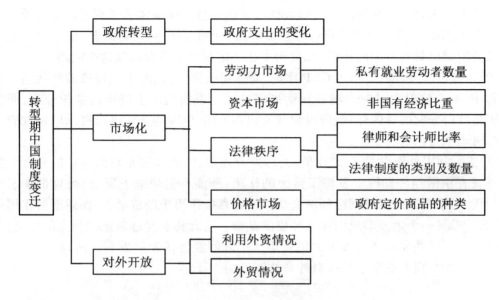

图4-1　制度变迁分析因子

2.制度要素分析因子构架

实际上,对于中国而言,转型主要体现在分权、市场化和全球化三个方面(Wei,2001)。中国的经济改革实质就是在行政分权的框架下引入市场机制,这种分权既包括纵向的中央向地方的分权,同时也包括横向的政府向市场、社会的分权(罗震东,2007)。在计划经济时代,城市经济及居民生活由城市政府包办,而在改革进程中,城市政府在很大程度上放弃了通过行政手段进行经济分配,而更多的采用市场化的手段。地方政府的重要职能之一就是为本地区的居民及企业提供公共服务,履行这一职能的一个重要前提条件便是提供足够的公共产品。在改革的进程中,公共产品所涵盖的范围在不断的变化,而对于揭示这样的变化,城市政府支出在 GDP 中的比例是一个十分有力的工具。市场化是中国经济改革最为重要的方面,通过市场经济体制的建立,改变了计划经济的资源配置方式,实现了经济的飞跃。而在市场化方面,资本市场对私有经济的开放和劳动力市场的开放无疑具有重要意义。前者给予中国经济巨大活力,而后者极大提高了劳动力分配效率,从而使得资本和劳动力这两个在传统经济学增长模型中具有决定意义的要素从计划经济体制中解放出来。此外,正是由于经济活动的全球化,发达国家产业转移造就了中国经济的飞跃。当然,全球化并不单单是一种经济活动,还具有政治、社会、文化的含义,但是对于中国而言正是经济全球化促进了经济的飞跃,随之而来的才是政治、文化的影响,而在这一过程中外资发挥了举足轻重的作用。

制度变迁是一个极为复杂的过程,无法精确度量,只能从制度变迁的动态过程中选取与其密切相关的要素来测度。此外,由于数据收集的困难,使得可以量化的制度要素更为稀少。结合上文论述,本文主要采用以下三个制度变量来测度制度变迁:

(1)私营和个体从业人员占非农人口的比例,简称私劳比率,以此来测度劳动力市场的开放,即劳动力的市场化。劳动力市场是现代市场经济中十分重要的生产要素市场。而在劳动力市场中,劳动力的流动是与劳动力的分配效率直接相关的,因此关于劳动力市场的制度十分重要。只有劳动力可以根据市场信息自由流动才能达到劳动分配效率最大化。而目前中国,仍然存在诸如户口等众多限制劳动力自由流动的因素。这些因素在不同等级规模的城市具有不同的作用,私劳比率在一定程度上可以反映这个问题。

(2)地方财政预算内支出占GDP比例,简称财政比率,以此来测度政府的转型。在改革进程中,城市政府通过向市场分权而更多的采用市场化的手段进行资源分配,而财政支出正是政府分配的具体体现,所以财政支出占GDP份额的变化可以揭示城市政府在利益分配格局中角色的转变。

(3)实际利用外资占GDP的比例,简称外资比率,以此来测定对外开放的程度。实际利用外资在中国经济发展中发挥了巨大的作用,外商不但带来了资金,而且带来了先进的管理理念,管理方式以及国际经济文化。前者直接作用于经济增长,而后者的作用在于潜移默化,乃是一个地方形成国际化环境的基础。这有利于促进非正式制度的形成(譬如国际惯例),而这些非正式制度大大的促进了国际间经济活动的发展。所以,实际利用外资的情况亦能在很大程度上反映对外开放制度的变迁。

4.2　制度变迁下的中国不同区域及等级的城市经济增长

1.制度变迁与经济增长

(1)经济增长理论的回顾

现代意义上的经济学应该始于17世纪中叶,以威廉·配第、大卫·李嘉图、亚当·斯密等人为代表的古典政治经济学开始了真正意义上的经济学。在这一古典经济学时期,经济学家们取得了许多理论成果,建立起了初步的经济增长理论研究框架。而经济增长理论的第一次革命发生在20世纪,哈罗德和多马模型的提出使经济增长理论的研究走上了用数理工具建立规范模型对经济增长及其影响经济增长点变量进行研究和考察的道路。哈罗德和多马在凯恩斯主义的框架内提出了经济增长理论,他们不相信年度投资增长能够自动充足以保持充分就业,进一步加强了凯恩斯主义"经济不稳定是固有的"这一结论。而且其模型假定资本报酬率是常数,这就间接假定了资本和劳动在增长过程中不能相互替代,从而使均衡增长的条件十分苛刻(康继军,2009)。

索洛在对哈罗德和多马模型研究后,放松了资本与劳动不可替代的假定,创立了新古典经济增长理论。该理论的关键特征是其新古典形式的生产函数,它假设了不变规模报酬,对每种投入的报酬递减,以及投入之间某种正的且平滑的替代性。此外,它认为技术进步是经济增长的主要动力,从长期来看可能是唯一的动力(巴罗等,2000)。

虽然新古典经济增长理论在生产函数中采取两种投入要素,但从其本质上讲只是采取了资本这样一种投入要素。而且研究者逐步找到了其他影响经济增长的因素,譬如规模效应、资本或知识的外部性、人力资本、技术创新等等。因为这些因素和经济增长活动密切相关,所以,研究者要把这些因素纳入模型,使之内生化,于是内生增长理论就呼之欲出了(杨依山,2007)。作为新古典理论的继承者,内生经济增长理论强调知识、人力资本、创新、分工等因素在经济增长中的作用,其模型就是将这些因素内生化的模型,从总体上来看其模型并不统一,按照时间发展顺序和对外部性认识的不同,可以分成两代:以Romer、Lucas为代表强调外部性的 AK 模型和以 Aghion、Howitt 为代表强调"创造性毁灭"(creative destruction)的熊彼特模型。前者承认不同时间维度上知识(技术)的正的外部性;后者除此之外,还承认新知识对旧知识的负的外部性(王劲松,2007)。

内生经济增长模型是理论的重大进步,为解释经济增长提供了新的视角,但在实际应用中其实证结果难以令人满意,甚至对某些经济体的解释力还不如新古典经济增长理论,这时很多经济学家把目光投向了制度。在制度经济学家看来,资本积累、技术进步这些传统的经济增长要素可以看成就是经济增长本身,而经济增长点的根本原因则是制度变迁,一种提供适当个人刺激的有效产权制度体系是促进经济增长的决定性因素(North,1981)。

(2)制度的作用

传统经济学的一个重要假设就是"理性人"学说,认为决策主体总能够合理利用自己的有限资源为自己取得最大的效用。然而,在现实世界中存在决策者本身的知识、决策能力的缺陷,同时决策所需要的资源和时间都是十分稀缺和昂贵的,不可能无止境的收集信息,于是决策信息便不可能完全获取。这样未来便充满了各种的不确定性,决策者无法利用成本收益的方法来进行分析,而制度的作用正是在于尽量降低不必要的不确定性,促使交易的达成。具体来说制度主要有以下几项作用:

①约束行为,建立信任。制度作为人们制定的规则,其首要作用就是约束人的行为,使复杂的人际交往过程变得更易理解和更可预见,建立起有效的协调和信任机制。这种信任体制正是进行经济活动的基础,通过预先设置给予违规者严厉的惩罚来避免了交易者由于信息悖论而造成的风险,大大降低了交易的成本,保证了经济的稳定发展。

②保护产权,激励创新。良好的制度安排可以建立明晰的产权构架,这一方面保护了所有者的利益,可以充分调动经济主体的积极性,进行财富创造,也正是由于制度能够保证创新者获取到巨大利益,这才刺激创新不断的产生,从而推动社会发展;另一方面,产权的清晰可以将外部性内部化,从而避免"搭便车"现象和负外部性为公众所承担的问题。

③防止和化解冲突。在现实社会中人们的活动难免会产生相互之间的冲突,而制度正是一个较低代价的、非暴力的解决冲突的方式,譬如裁决机制。

2.制度变迁影响下的中国城市经济增长

目前对于制度量化的研究多采用在柯布-道格拉斯函数中加入制度要素从而形成新的生产函数来进行分析(傅晓霞等,2002;高萍等,2006),即采用一个包含资本、劳动投入

及制度变量的生产函数。本文亦采用此方法,具体方程形式:

$$Y=K^aL^bI^ce\varepsilon$$

其中 Y 国民经济产出,即 GDP; K 代表资本投入; L 代表劳动力投入; I 代表制度变迁水平,由一组制度变量来衡量; a、b、c 为参数; ε 代表随机误差项。实际操作中为了计算方便,对上式两边取自然对数,得:

$$LnY=aLnK+bLnL+cLnI+\varepsilon$$

此外,在城市分等级计算时涉及到了不同时期城市数量的变化,故采用平均劳动力产出(y)和平均劳动力资本投入(k)来代替 Y 和 K ,从而形成新的方程:

$$Lny=aLnk+cLnI+\varepsilon$$

实际 GDP 换算为 1995 年不变价,同时以 1995 年为基年进行初始处理。资本投入采用固定资产投资,关于资本存量的计算采用永续盘存法,计算公式为:

$$K_t=I_t+(1-\delta)K_{t-1}$$

其中 K_t 表示第 t 年的资本存量, K_{t-1} 表示第 $t-1$ 年的资本存量, I_t 表示第 t 年的投资, δ 表示折旧率。具体参数计算采用张军等的估算方法(张军等,2004)。劳动投入采用各城市各年总劳动人员数。对于制度要素,根据前面的分析,这里采用私劳比率、财政比率和外资比率三个制度变量。

(1)制度变迁影响下的中国空间经济增长

在改革开放的过程中,中国东西部地区差距不断增大,至今仍有扩大趋势,下文试图分析制度要素在其中有着怎样的作用。对全国及三大区域面板数据采用最小二乘法估计,具体通过 Eviews 6.0 统计软件进行回归分析,表 4-1 为分析结果。

表 4-1　1995—2007 全国样本及各区域样本回归结果

解释变量	全国	东部	中部	西部
常量	2.438***	3.212****	−0.115	0.569
	[4.046]	[5.166]	[−0.040]	[0.563]
实际资本存量	0.674**	0.091**	1.031*	1.016****
	[3.046]	[2.916]	[3.450]	[6.287]
从业人员	−0.028	0.077	0.171	0.041
	[−0.232]	[0.809]	[1.113]	[0.443]
私劳比率	0.230**	0.226***	0.528***	0.254***
	[3.140]	[4.781]	[4.418]	[3.994]
财政比率	0.364	0.185	000	0.214
	[1.640]	[1.183]	[0.001]	[1.204]
外资比率	−0.352*	−0.770****	−0.195	−0.168*
	[−1.881]	[−6.173]	[−1.084]	[−1.923]
R-squared	0.993	0.992	0.986	0.991
Adjusted R-squared	0.988	0.986	0.975	0.984
F 统计值	203.611	169.815	95.543	148.949
D.W.统计值	1.842	2.251	2.089	2.278

注:**** 表示显著性水平为 0.001,*** 表示显著性水平为 0.010,** 表示显著性水平为 0.050,* 表示显著性水平为 0.100,方括号中的数字为 t 检验值。

从表4-1可以看到，R^2均在0.9以上，而调整后的R^2亦都在0.9以上，F值也都较大，这说明模型均具有显著的统计意义。实际资本存量在全国及三大区域都十分显著，这与傅晓霞和高萍从省级数据研究结果相同（傅晓霞等，2002；高萍等，2006）。这说明，中国经济增长对资本投入的依赖依然严重，经济增长方式依然是粗放型，尤其是在中、西部地区。而东部地区虽然通过了0.05的显著性检验，但是其回归系数只有0.091，这说明资本投入对东部经济增长的影响有限。而对于另一项传统经济增长要素——劳动力投入在全国及三大地区均未通过显著性检验，这说明简单的劳动力数量的投入在中国经济增长中的作用已经微乎其微。按照内生增长理论，经济增长还与劳动力的素质相关，但苦于无法获取劳动力素质数据，故这里只考虑了劳动力数量的投入，然而随着经济的发展劳动力投入必然走向质量的竞争，这也是其未通过检验的原因之一。

私劳比率在全国通过了0.05的显著性检验，在三大区域都通过了0.01的显著性检验，这表明劳动力市场的开发对于全国各个区域经济增长的影响都具有十分重大的意义。从回归系数来看，全国与东部地区和西部地区相当，而中部地区约为其它地区的二倍，这说明劳动力市场的开发对于中部地区经济发展的影响大于东、西部地区的。财政比率在全国及各个区域均未通过显著性检验，这表明政府通过直接财政支出来调节经济的手段作用已经不大。外资比率差别较大，全国和西部地区通过了0.1的显著性检验，东部地区通过了0.001的显著性检验，而中部地区则没有通过显著性检验，这说明了外资的影响作用差别较大。至于回归系数为负值，在于说明外资在经济增长中的作用不断减弱，从回归系数来看这在东部地区体现的最为明显，中、西部地区并不明显。这是符合实际情况的，东部地区作为改革开放的前沿，虽然得到的外商直接投资数量巨大，但是其市场化程度高，经济多样性强，故外资的作用并没有西部那样明显。

（2）制度变迁影响下的中国不同等级城市经济增长

前文论述了中国城市虽然经过了分权改革，但仍然存在鲜明的等级结构，这里将分析制度变迁在不同等级城市中的经济绩效。与上文分析方法相同，对各个等级城市面板数据进行最小二乘法估计，具体通过Eviews 6.0统计软件进行回归分析，对于初次回归未通过D.W.检验的方程采用一阶（AR1）、二阶（AR2）自回归的方法进行修正，表4-2为分析结果。

表4-2 1995—2007不同等级城市样本回归结果

解释变量	特大城市	大城市	中等城市	小城市
常量	−4.831* [−2.691]	2.437** [3.109]	5.224* [3.157]	3.424 [1.392]
实际资本存量	2.322*** [7.919]	0.858**** [7.169]	0.570* [3.220]	0.848* [2.132]
私劳比率	−0.215** [−2.897]	0.148* [1.493]	0.544*** [4.554]	0.561 [1.270]
财政比率	−0.021 [0.944]	0.132 [1.290]	0.467 [1.701]	0.561 [1.223]
外资比率	0.644** [3.948]	0.075 [1.095]	0.120 [0.976]	0.167 [1.270]

解释变量	特大城市	大城市	中等城市	小城市
AR(1)	−0.546** [−4.406]	0.851**** [13.216]	—	0.236 [0.506]
AR(2)	−0.292** [−2.826]	—	—	−0.637* [−1.728]
R-squared	0.999	0.999	0.996	0.979
Adjusted R-squared	0.997	0.997	0.994	0.959
F 统计值	667.195	808.563	557.945	47.843
D.W.统计值	2.061	1.714	1.783	1.852

注：**** 表示显著性水平为 0.001，*** 表示显著性水平为 0.010，** 表示显著性水平为 0.050，* 表示显著性水平为0.100，方括号中的数字为 t 检验值。

从表 4-2 来看，与空间分布相同，在等级尺度上实际资本存量对经济增长的作用仍然十分显著，且在特大城市其对经济的影响表现的尤为明显。这表明从等级尺度来看，各个等级的城市经济增长仍然十分倚重资本的投资。私劳比率在特大城市、大城市和中等城市均通过了显著性检验，这表明在这些等级的城市中劳动力市场开放导致的直接劳动力的投入仍然具有十分重要的作用，而对于小城市由于其本身劳动力市场狭小，弹性空间有限，故劳动力市场开放对其影响并不是十分显著。与空间分布相同，财政比率在各个等级尺度的城市中也未能通过显著性检验，这表明政府通过直接财政支出来调节经济的手段在各等级城市中的作用已经不大。外资比率在特大城市通过了 0.05 的显著性检验，而在其它等级城市均未通过显著性检验，这表现了外资进入时的等级选择性，特大城市由于处于较高的地位能接受到更多的外资，故其显著性较强。

3.制度要素与城市经济增长的关系

前文在包含传统城市经济增长要素的情况下考察了制度要素对城市经济增长的贡献，结果发现，相较制度变量而言资本存量仍然在我国的城市经济增长中占据着主要地位，且其空间及等级的分异性不明显，而制度要素则刚好相反。然而，对于具体各个制度要素来说，他们到底跟城市经济是什么关系，需要进一步探讨。本节先采用灰色关联度分析方法分析制度要素与城市经济增长关联程度的变化，再采用边际影响率的概念来测度具体制度变量与城市经济增长的关系。所谓边际影响率，是指制度变量每变动一个单位，GDP 变化的情况，实际上就是制度变量（自变量）对于 GDP 发展速度（因变量）的回归系数（金玉国，2001）。

(1)研究方法

本节首先采用灰色关联度方法测度了制度要素与人均 GDP 的关联程度，再通过回归分析的方法求出回归系数。灰色系统理论是中国学者邓聚龙教授创立的一种研究少数据、贫信息、不确定性问题的方法，该模型对实验观测数据没有什么特殊的要求和限制，因此应用领域十分宽广。灰色关联分析是定量地比较或描述系统之间或系统中各因素之间，在发展过程中随时间而相对变化的情况，即分析时间序列曲线的几何形状，用他们变化的大小、方向与速度等接近程度,来衡量它们之间关联性大小(王学萌等,2001)。该种方法得出的关联度值介于0~1之间,愈接近1说明二者的相关性愈高。本节采用初值变换对初始数据进行处理,计算公式为:

$$X_i(t)=X_i(t)/X_i(1)$$

其中 $i=1,2,\cdots,N$; $t=1,2,\cdots,M$;关联度计算公式采用邓聚龙教授的公式,他将 X_i 与 X_j 的关联度定义为:

$$\xi_{ij}(t)=(\Delta_{min}+k\Delta_{max})/[\Delta_{ij}(t)+k\Delta_{max}]$$

其中 $\Delta_{ij}(t)=[X_i(t)-X_j(t)]$, $\Delta_{max}=\max_j \max_i \Delta_{ij}(t)$, $\Delta_{max}=\min_j \min_i \Delta_{ij}(t)$, k 为灰数,一般取0.5即可(徐建华,2004)。

(2)制度要素的空间边际作用

根据前文分析,除了考察全国制度要素外,还将全国分为东部地区、中部地区、西部地区进行考察。制度要素的基础数据见表4-3至4-4,其中人均GDP单位为元/人(下文若无特殊说明人均GDP单位均为元/人),在具体计算时采用初值法去除单位。之所以采用制度变量和人均GDP来进行分析,原因有二:其一,因为在考虑不同等级结构的城市时,城市数量每年均有变化,采用人均GDP可以剔除城市数量变化的影响;其二,便于不同等级、空间单元的比较(这里的人均GDP实际上指的是基于非农人口的人均GDP,故单从GDP数据来看可能偏大)。

表4-3 全国和东部地区制度变量及GDP数据

年份	全国制度变量数据及人均GDP				东部制度变量数据及人均GDP			
	私劳比率	财政比率	外资比率	人均GDP	私劳比率	财政比率	外资比率	人均GDP
1995年	0.0559	0.0738	0.0770	17607	0.0546	0.0799	0.1042	21492
1996年	0.0708	0.0768	0.0925	19623	0.0612	0.0815	0.1324	23443
1997年	0.0730	0.0784	0.0764	22035	0.0636	0.0826	0.1035	26225
1998年	0.0733	0.0835	0.0722	23595	0.0572	0.0898	0.1000	28287
1999年	0.0809	0.0893	0.0623	25091	0.0694	0.0941	0.0843	30698
2000年	0.0834	0.0893	0.0555	27880	0.0763	0.0929	0.0768	34545
2001年	0.0821	0.0965	0.0613	31038	0.0728	0.1047	0.0834	39109
2002年	0.1499	0.1043	0.0625	33809	0.1621	0.1086	0.0814	42079
2003年	0.1694	0.0981	0.0616	36676	0.1906	0.1040	0.0792	44730
2004年	0.1756	0.1007	0.0529	42386	0.1905	0.1038	0.0667	51612
2005年	0.1846	0.0989	0.0444	49433	0.1964	0.1002	0.0532	59863
2006年	0.2099	0.1015	0.0440	56642	0.2351	0.0996	0.0507	69579
2007年	0.2312	0.1111	0.0401	65988	0.2625	0.1121	0.0466	80871

表 4-4　中部和西部地区制度变量及 GDP 数据

年份	中部制度变量数据及人均 GDP				西部制度变量数据及人均 GDP			
	私劳比率	财政比率	外资比率	人均 GDP	私劳比率	财政比率	外资比率	人均 GDP
1995 年	0.0624	0.0658	0.0325	12738	0.0456	0.0559	0.0172	14749
1996 年	0.0758	0.0738	0.0281	14793	0.0981	0.0573	0.0277	17054
1997 年	0.0841	0.0677	0.0262	16326	0.0834	0.0664	0.0145	17870
1998 年	0.0911	0.0713	0.0275	17381	0.0868	0.0667	0.0130	20340
1999 年	0.0975	0.0794	0.0269	18084	0.0868	0.0714	0.0103	20730
2000 年	0.0984	0.0779	0.0206	20128	0.0758	0.0788	0.0108	22286
2001 年	0.0865	0.0780	0.0225	21770	0.0810	0.0883	0.0115	23665
2002 年	0.1365	0.0878	0.0294	23909	0.1222	0.0914	0.0157	25391
2003 年	0.1432	0.0849	0.0322	26600	0.1340	0.0880	0.0104	27275
2004 年	0.1520	0.0878	0.0305	30866	0.1579	0.0936	0.0094	31098
2005 年	0.1524	0.0904	0.0290	36595	0.1690	0.0923	0.0155	35143
2006 年	0.1595	0.1018	0.0345	39977	0.1893	0.0980	0.0182	40431
2007 年	0.1698	0.1101	0.0318	47544	0.2321	0.1064	0.0144	45887

从表 4-3 和 4-4 基本上能看出制度要素随时间的变化情况。私劳比率无论是全国或是分区域来看,均处于不断上升的状态,尤其是东部地区和西部地区均有 0.19 左右的增幅,这是我国劳动力市场不断开放的表现。财政比率虽有波动,但大体始终处于较平稳状态,尤其是近年来,在全国三大地区表现的十分均衡。外资比率情况比较复杂,从全国来看始终处于下降状态,东部地区与其相同,只不过下降更为剧烈,中部地区的外资比率经历了先降后升的过程,而西部地区虽随时间波动较多,但波动幅度较小,均处于 0.015 附近。此外外资率呈现东部地区>中部地区>西部地区的状态,这正是我国对外开放过程在空间上的反应。

表 4-5、表 4-6 则反应了制度要素与人均 GDP 的关联程度。从总体来看各个制度要素与人均 GDP 的关联程度虽少许年份有所波动,但大都呈现逐年下降趋势,且不同区域降幅差别较大。

表 4-5　全国和东部地区制度变量与人均 GDP 的关联度

年份	全国制度变量与人均 GDP 的关联度			东部制度变量与人均 GDP 的关联度		
	私劳比率	财政比率	外资比率	私劳比率	财政比率	外资比率
1995 年	1	1	1	1	1	1
1996 年	0.914131	0.955705	0.948989	0.981807	0.959642	0.902602
1997 年	0.967729	0.89499	0.861202	0.968423	0.899252	0.879462
1998 年	0.982394	0.885422	0.8001	0.861273	0.896099	0.822759
1999 年	0.986637	0.882356	0.723649	0.91353	0.868663	0.727993
2000 年	0.946	0.811947	0.651696	0.888338	0.788888	0.655594

年份	全国制度变量与人均 GDP 的关联度			东部制度变量与人均 GDP 的关联度		
	私劳比率	财政比率	外资比率	私劳比率	财政比率	外资比率
2001 年	0.845753	0.77964	0.625323	0.773671	0.76536	0.61921
2002 年	0.679628	0.760502	0.592573	0.620691	0.735016	0.584834
2003 年	0.630222	0.681369	0.55697	0.540024	0.680268	0.556425
2004 年	0.687494	0.607341	0.483888	0.603336	0.600634	0.484824
2005 年	0.76578	0.523592	0.419658	0.670254	0.51986	0.421484
2006 年	0.750163	0.466902	0.378755	0.607327	0.454353	0.37604
2007 年	0.806378	0.418345	0.333333	0.612539	0.412751	0.333333
平均	0.843254	0.743701	0.644318	0.772401	0.736983	0.643428

　　全国制度要素与人均 GDP 的关联程度呈现私劳比率>财政比率>外资比率的状况；东部地区虽然总趋势与全国相同，但绝对差别要小的多；中部地区的变化趋势及程度与全国最为接近；西部地区财政比率成为关联度最高的制度要素，私劳比率次之，然后才是外资比率，且后两项与财政比率差距巨大。之所以呈现出这样的现象，笔者认为对于东部地区而言，处于改革开放的前沿，其经济发展影响因素众多，为此三个制度要素的关联度差距较小；中部地区处在中间位置，刚好与全国平均水平接近，这也是其与全国要素分析结果较近的原因；而在西部地区，长期以来均主要靠国家财政支撑来发展，故其财政比率关联度要大大高于其它两项，而西部地区市场经济程度较低、吸引外资投资也不足，这也是私劳比率和外资比率两项关联度较低的原因。

表 4-6　中部和西部地区制度变量与人均 GDP 的关联度

年份	中部制度变量与人均 GDP 的关联度			西部制度变量与人均 GDP 的关联度		
	私劳比率	财政比率	外资比率	私劳比率	财政比率	外资比率
1995 年	1	1	1	1	1	1
1996 年	0.962256	0.972032	0.822677	0.534019	0.896073	0.718028
1997 年	0.953697	0.844999	0.743641	0.648585	0.978933	0.75559
1998 年	0.934927	0.830745	0.726198	0.685578	0.859514	0.644533
1999 年	0.90539	0.866119	0.699077	0.696535	0.899273	0.585008
2000 年	0.998454	0.77651	0.592381	0.883025	0.917937	0.56269
2001 年	0.810917	0.724462	0.575303	0.870296	0.979249	0.548957
2002 年	0.815434	0.717454	0.585756	0.543403	0.929817	0.583739
2003 年	0.868927	0.633419	0.556692	0.511297	0.804969	0.477246
2004 年	0.989517	0.558612	0.480981	0.457181	0.724271	0.421782
2005 年	0.762595	0.479037	0.410194	0.463111	0.608776	0.434054
2006 年	0.703464	0.464171	0.398796	0.447314	0.535409	0.403162
2007 年	0.576949	0.400823	0.333333	0.365645	0.485194	0.333333
平均	0.867887	0.712953	0.609618	0.623538	0.816878	0.574471

私劳比率在全国平均的范围内变化并不大，只是在02-04年稍微下降，随即又回到较高水平，一直都与人均GDP的变化有着十分高的关联度，从这里可以看到劳动力市场的开放与我国城市经济增长的关系是十分密切的。东部地区私劳比率与人均GDP的关联程度从一开始就十分高，随后下降迅速，至2003年降到0.54的最低点，然后反弹，基本稳定在0.6左右。中部地区私劳比率关联度比较平稳，大部分年份都在0.7以上，且其平均关联度是三个区域中最高的。而对于西部地区，一开始私劳比率的关联度就较低，在2000年上升到0.88的最高点，随后开始下降，直至2007年下降到最低点0.37，而且其平均关联度也是三个区域中最低的。

全国财政比率关联度在序列初期一直处于较高的状态，关联度达0.7以上，随后加速下降直至2007年达到最低点0.42；东部地区和中部地区的变化轨迹基本与全国相同；而在西部地区财政比率的关联度较高的状态持续较长，有一个先涨再降的过程，最终降到0.5附近，这远高于其它地区及全国平均。

外资比率在时间序列初期均表现出了较高的关联度，其空间分布状态与我国开放的顺序基本吻合，呈现由东向西逐渐降低的趋势。虽然在初期其表现关联度较高，但是其下降速度是制度要素中最为迅猛的，尤其是在东部地区从0.9降到0.33。在西部地区，外资比率在初期呈现了0.7的较高关联度，但随后其大部分时间都在0.4~0.6之间，变化幅度相较其它地区而言较小。

从关联度分析来看，制度要素与人均GDP的关联程度虽然在区域具体数据上差异较大，但总体趋势大致相同，私劳比率拥有最高的关联度，其次是财政比率，最后是外资比率，只有西部地区是个例外，财政比率关联度最高，私劳比率次之，外资比率最后。从时间尺度来看，各个制度要素的关联程度虽略有波动，但大体还是随着时间流逝而降低的。

关联度分析在一定程度上揭示了制度要素与人均GDP的相关性，但制度要素对于人均GDP的影响率如何需要进一步的探讨，这里采用回归分析的方法来测定制度变量的边际影响率，结果见表4-7。

表4-7　制度要素的空间边际影响率

制度变量	类别	边际影响率	决定系数(R^2)	F值	t检验值	D-W统计量	显著水平(α)
私劳比率	全国	13.168	0.912	114.659	10.708	1.098	0.000
	东部	10.505	0.891	89.867	9.480	1.086	0.000
	中部	21.116	0.853	64.004	8.000	1.091	0.000
	西部	11.488	0.927	140.588	11.857	1.410	0.000
财政比率	全国	63.588	0.751	33.260	5.767	0.473	0.000
	东部	62.450	0.595	16.167	4.021	0.408	0.002
	中部	62.425	0.925	135.239	11.629	2.086	0.000
	西部	35.752	0.819	49.899	7.064	0.469	0.000
外资比率	全国	−49.959	0.775	37.998	−6.164	1.029	0.000
	东部	−31.694	0.814	48.040	−6.931	1.350	0.000
	中部	98.519	0.217	3.057	1.748	0.419	0.108
	西部	−16.619	0.016	0.177	−0.421	0.139	0.682

从表 4-7 中可以看到,私劳比率的边际影响率均为正,这说明了私劳比率对不同区域的城市经济增长均有正的边际影响,而且在不同区域其系数相当,这也说明了私劳比率对于不同区域城市经济增长的影响差别较小,与前文的论述亦是相符的。财政比率系数亦为正,表明其对不同区域城市经济增长也具有正的影响力,且其系数在全国、东部和中部比较接近,为西部地区的近两倍。而外资比率的系数均为负,这表明外资比率在我国不同区域城市经济增长中的影响正在不断的下降。

4.3　制度变迁的均衡程度

关于我国转型期经济、社会、城市、环境研究的文献颇多,出现了一批各个学科的中国城市发展理论,但主要集中在经济学、地理学和社会学方面(Ma,2007)。经济学者往往将这个进程理解为从基于国家控制的社会主义集中计划经济转向自由市场经济的过程,研究范围和研究内容一般囿于经济层面,即经济转型(张良等,2006)。然而在地理学者看来,这种转型是一个包括经济、社会等诸多领域发生深刻变化的复杂过程(张庭伟,2008;张京祥等,2008)。相较于经济学者而言,地理学者对这个过程的理解更为宽泛,他们关心经济、政治、社会的制度变迁及由此带来的中国城市转型。地理学者进一步指出这种转变并非中国独有,这种转变在北美、西欧的城市和区域中也广泛发生,中国的转变与这些地区的转变有很大的相似性,只是在具体的进程上有差别(Shen,2007),在像中国这样的社会主义体系国家中,这些转变尤为迅速,因为它们需要重构制度和经济体系以适应全球化的经济发展(Bennett,1997)。这样,中国的变革也可以看成是开始于1970年代的全球发达资本主义国家的制度模式和积累体制变化的一部分(吴缚龙等,2007)。于是,源于西方资本主义体系下的城市发展理论纷纷被用来解释中国问题,如"城市增长机器"(urban growth machine)(Zhu,1999;罗小龙等,2006;张京祥等,2007;2008)、"城市政体"(urban regime)(Zhang,2002;何丹,2003)、"尺度理论"(scale theory)(Ma,2005;Shen,2007)等等。这些理论为我们建立起了一套理解转型期中国城市发展的理论体系,然而无论是经济学者还是地理学者对于这种转型在不同区域及等级的城市中的均衡程度关注甚少。

制度变迁是一个制度的替代、转换与交易过程,它的实质是一种效率更高的制度对另一种制度的替代过程,而这个过程具有时滞,存在路径依赖,且和学习能力有很大的关系。各个利益集团在制度变迁过程中讨价还价,人的有限理性,信息成本等均导致了制度变迁过程的延长,从而产生"时滞"。此外,新制度经济学一直强调历史的作用,重要的分析工具就是"路径依赖",它是指一个具有正反馈机制的体系,一旦在外部性偶然事件的影响下被系统所采纳,便会沿着一定的路径发展演进,而很难为其它潜在的甚至更优的体系所取代(卢现祥,2004)。

由此看见,制度变迁在不同主体之间是存在差异的,正是由于这种差异,制度变迁的绩效才不同,这也是区域发展不均衡的重要原因之一。而目前的研究多集中在考察某一要素变化对区域经济影响,或是利用既已发生的体制改革将全国作为一种制度框架来分析,而对于制度变迁的空间及等级均衡程度并无涉及[①]。本章的目的正是在于探究制度变迁的空间及等级均衡程度。

1.研究方法

与前文相同,在空间上将获取到数据的城市按照东、中、西分为三大区域,在等级上有特大、大、中和小城市四类,采用基尼系数来对制度变迁的均衡程度进行研究。

基尼系数(Gini Coefficient)是意大利经济学家基尼(Corrado Gini)于1912年提出的,用来定量测定收入分配差异程度的一个重要分析指标。基尼系数也广泛应用于测度产业集中程度,教育资源分配均衡程度等,其取值范围为0到1,数值愈高表示该要素愈是集聚。常用基尼系数计算公式为:

$$G = \frac{1}{2n^2\mu} \sum_{i=1}^{n} \sum_{j=1}^{n} |x_i - x_j|,$$

其中 x_i 为第 i 个人的收入, n 为人数, μ 为平均收入。由于此公式计算十分繁琐,本文采用简化公式:

$$G = 1 - \frac{1}{n}\left[2\sum_{i=1}^{n-1} W_i + 1\right],$$

其中 W_i 为从第1组变量累计到第 i 组变量的和占变量总和的百分比 (张建华,2005)。

2.中国城市制度变迁的空间均衡程度

通过对空间数据的分析计算,结果见图4-2。从总体上来看,除西部地区的财政比率基尼系数呈微弱上升之外,其它区域制度要素基尼系数均大体呈下降趋势,且外资比率始终是最不均衡的要素,而财政比率则始终是最均衡的要素。

财政比率基尼系数方面,全国及各个区域在整个序列中基本都在0.2-0.3之间。其中,全国财政比率基尼系数呈现出十分稳定均衡的状态;东部地区则一直是下降的趋势;中部地区波动较多,近年来呈现上升趋势;而西部地区在序列初始经历了短暂的下降后,就一直处于上升趋势。

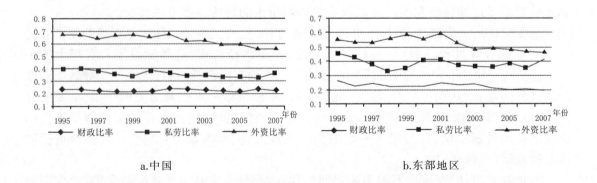

a.中国   b.东部地区

①在制度经济学中将制度均衡理解为制度变迁达到帕累托最优的状态,即制度供给与制度需求相平衡的一种相对稳定状态,而在本文中制度变迁的均衡程度是指制度变迁程度在空间或是等级上的分布均衡程度。

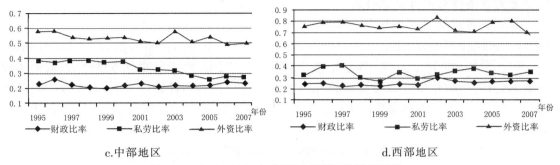

c.中部地区　　　　　　　　　　　　d.西部地区

图4-2　1995—2007年中国制度要素的基尼系数

私劳比率在三个制度要素的均衡度上处于中间位置，从全国来看其基尼系数变化并不激烈，一直都处于0.3~0.4之间；而在东部地区，初期基尼系数经历了迅速的下降，从0.45左右降到0.32，但随即就出现了反弹，之后便一直在0.4附近波动；中部地区可以从时间序列的中间分为两部分，前半部分基尼系数基本稳定在0.4，而后半部分则是一路下降；西部地区私劳比率的基尼系数与全国相同，一直也基本是在0.3~0.4范围内，只是波动较多，在初期就经历了从0.3到0.4再到0.3的波动，随后虽也有小范围波动，但基本都稳定在0.3附近。

外资比率为最不均衡的制度要素，从其基尼系数的变化趋势来看，各个区域大体都呈现下降趋势，只是全国的下降趋势十分明显，而其它地区则经历了较大的波动。东部地区外资比率基尼系数在序列的前半期从0.55上升到0.6，随后在两年内即降到了0.5以下，然后下降趋势趋缓，在序列末期下降到0.46左右。中部地区先是从0.6持续下降到2002年的0.5，随后经历了较大波动，但都在0.5~0.6之间。西部地区外资比率基尼系数是各个区域中最高的，虽然波动较大，但一直都是在0.7~0.8之间。

总之，从空间角度来看，均衡程度：财政比率>私劳比率>外资比率。从基尼系数来判断，最为均衡的财政比率基尼系数说明我国各个地区城市政府对于控制当地经济发展的程度基本相当。而私劳比率在西部城市表现出了最均衡，且变化一直不大，这在某种程度上可以说明西部城市劳动力市场发展缓慢，而正是由于缓慢的发展造就了一直以来的最均衡。对于外资比率，西部地区外资比率一直高度不均衡，这说明外资在进入西部地区的地域选择性十分强烈。无论从哪个要素来判断，中部地区均是发展最为均衡的地区。西部地区，除外资比率外，其它要素均呈现较高的均衡度而且变化均不大，这也说明了西部地区相关要素发展相当迟缓。

4.4　城市制度变迁的类别分析

前文对制度影响下的我国城市发展做了探讨，分析了制度要素对我国城市经济增长的影响及其分布均衡程度，可以看到制度要素存在明显的空间及等级的分异性。然而，在这些城市中是否存在某种或某几种制度变迁的路径，是否可以按照制度要素的影响力对这些城市的制度变迁路径进行判断，为了探讨这些问题，本章采用聚类分析的方法，以制度变量为分类要素进行类别分析。

聚类分析包括二阶段聚类分析(Two-step Cluster Analysis),逐步聚类分析(K-Means Cluster Analysis),系统聚类分析(Hierarchical Cluster Analysis)和判别分析(Discriminant Analysis)等多元统计学方法(李志辉等,2005)。在本文中,由于自变量数量巨大,故采用逐步聚类分析(也称作快速聚类分析)来进行数据分析。在具体计算中,笔者取1995年、2000年和2007年三个年份的数据,以制度要素作为分类变量进行对照分析,结果见表4-8至表4-18。

表4-8　1995年以财政比率为变量分类结果

1类	重庆、唐山、秦皇岛、保定、张家口、廊坊、太原、阳泉、长治、晋城、呼和浩特、包头、呼伦贝尔、沈阳、鞍山、丹东、锦州、长春、吉林、白山、鸡西、双鸭山、佳木斯、七台河、南京、南通、泰州、舟山、蚌埠、铜陵、黄山、六安、亳州、福州、三明、泉州、南平、宁德、萍乡、九江、新余、吉安、宜春、青岛、枣庄、潍坊、泰安、洛阳、平顶山、鹤壁、新乡、南阳、黄石、宜昌、黄冈、长沙、株洲、常德、益阳、怀化、韶关、珠海、茂名、肇庆、惠州、阳江、清远、东莞、中山、南宁、桂林、梧州、百色、海口、自贡、内江、资阳、遵义、铜川、宝鸡、渭南、延安、嘉峪关、金昌、白银、天水、武威、张掖、西宁、银川、石嘴山、乌鲁木齐
2类	天津、石家庄、邯郸、大同、运城、忻州、临汾、通辽、盘锦、葫芦岛、大庆、伊春、无锡、徐州、常州、苏州、盐城、扬州、镇江、宿迁、杭州、温州、嘉兴、湖州、绍兴、金华、衢州、台州、丽水、合肥、芜湖、淮南、马鞍山、淮北、阜阳、宿州、巢湖、莆田、南昌、景德镇、赣州、济南、淄博、东营、烟台、济宁、威海、日照、莱芜、临沂、德州、聊城、滨州、菏泽、郑州、濮阳、商丘、信阳、驻马店、武汉、十堰、襄樊、鄂州、荆门、孝感、咸宁、随州、湘潭、岳阳、永州、娄底、江门、云浮、柳州、钦州、贵港、玉林、河池、成都、德阳、广元、遂宁、乐山、南充、宜宾、雅安、巴中、安顺、昆明、曲靖、玉溪、昭通、西安、咸阳、汉中、榆林、兰州、克拉玛依
3类	北京、上海、沧州、衡水、朔州、乌海、赤峰、大连、抚顺、本溪、营口、辽阳、四平、辽源、通化、松原、哈尔滨、齐齐哈尔、鹤岗、黑河、连云港、淮安、宁波、安庆、滁州、厦门、漳州、龙岩、上饶、开封、安阳、焦作、许昌、漯河、三门峡、周口、衡阳、邵阳、张家界、郴州、深圳、汕头、佛山、湛江、汕尾、潮州、揭阳、北海、三亚、攀枝花、泸州、绵阳、贵阳、六盘水、思茅、安康、平凉、吴忠
4类	邢台、承德、阜新、铁岭、朝阳、白城、牡丹江、鹰潭、广州、梅州、河源、防城港、保山、酒泉

表4-9　1995以私劳比率为变量分类结果

1类	临沂、深圳
2类	运城、温州、湖州、台州、阜阳、六安、亳州、宁德、鹰潭、菏泽、常德、张家界、怀化、珠海、茂名、中山、防城港、玉林、昭通
3类	北京、天津、上海、重庆、石家庄、唐山、秦皇岛、邯郸、邢台、保定、张家口、承德、廊坊、衡水、太原、大同、阳泉、长治、临汾、呼和浩特、包头、乌海、赤峰、沈阳、鞍山、抚顺、本溪、丹东、营口、盘锦、朝阳、吉林、通化、哈尔滨、鸡西、鹤岗、双鸭山、伊春、牡丹江、南京、无锡、徐州、常州、苏州、南通、淮安、盐城、扬州、镇江、泰州、杭州、宁波、嘉兴、绍兴、丽水、合肥、芜湖、蚌埠、马鞍山、淮北、铜陵、宿州、巢湖、福州、厦门、莆田、三明、泉州、南平、龙岩、南昌、萍乡、九江、新余、上饶、青岛、淄博、东营、烟台、潍坊、泰安、威海、日照、莱芜、德州、滨州、郑州、洛阳、平顶山、安阳、鹤壁、新乡、焦作、许昌、漯河、三门峡、南阳、商丘、信阳、驻马店、黄石、十堰、襄樊、鄂州、株洲、郴州、广州、韶关、汕头、佛山、肇庆、梅州、汕尾、阳江、清远、潮州、南宁、柳州、梧州、成都、自贡、攀枝花、泸州、绵阳、内江、乐山、南充、宜宾、巴中、资阳、六盘水、昆明、曲靖、玉溪、保山、西安、铜川、宝鸡、咸阳、汉中、榆林、兰州、嘉峪关、白银、天水、张掖、酒泉、西宁、银川、石嘴山、乌鲁木齐、克拉玛依
4类	沧州、晋城、朔州、忻州、通辽、呼伦贝尔、大连、锦州、阜新、辽阳、铁岭、葫芦岛、长春、四平、辽源、白山、松原、白城、齐齐哈尔、大庆、佳木斯、七台河、黑河、连云港、宿迁、金华、衢州、舟山、淮南、安庆、黄山、滁州、漳州、景德镇、赣州、吉安、宜春、济南、枣庄、济宁、聊城、开封、濮阳、周口、武汉、宜昌、荆门、孝感、黄冈、咸宁、随州、长沙、湘潭、衡阳、邵阳、岳阳、益阳、永州、娄底、江门、湛江、惠州、河源、东莞、揭阳、云浮、桂林、北海、钦州、贵港、百色、河池、海口、三亚、德阳、广元、遂宁、雅安、贵阳、遵义、安顺、思茅、渭南、延安、安康、金昌、武威、平凉、吴忠

表 4-10　1995 年以外资比率为变量分类结果

1类	北京、重庆、石家庄、唐山、秦皇岛、邯郸、邢台、保定、张家口、承德、沧州、衡水、太原、大同、阳泉、长治、晋城、朔州、运城、忻州、临汾、呼和浩特、包头、乌海、赤峰、通辽、呼伦贝尔、沈阳、鞍山、抚顺、本溪、丹东、锦州、阜新、辽阳、盘锦、铁岭、朝阳、葫芦岛、长春、吉林、四平、辽源、通化、白山、松原、白城、哈尔滨、齐齐哈尔、鸡西、鹤岗、双鸭山、大庆、伊春、佳木斯、七台河、牡丹江、黑河、南京、徐州、连云港、淮安、盐城、扬州、镇江、泰州、宿迁、杭州、温州、嘉兴、湖州、绍兴、金华、衢州、舟山、台州、丽水、芜湖、蚌埠、淮南、马鞍山、淮北、安庆、黄山、滁州、阜阳、宿州、巢湖、六安、亳州、三明、南平、龙岩、宁德、南昌、萍乡、九江、新余、鹰潭、赣州、吉安、宜春、上饶、济南、青岛、淄博、枣庄、东营、潍坊、济宁、泰安、威海、日照、莱芜、临沂、德州、聊城、滨州、菏泽、郑州、开封、洛阳、平顶山、安阳、鹤壁、新乡、焦作、濮阳、许昌、漯河、三门峡、南阳、商丘、信阳、周口、驻马店、武汉、黄石、十堰、宜昌、襄樊、鄂州、荆门、孝感、黄冈、咸宁、随州、长沙、株洲、湘潭、衡阳、邵阳、岳阳、常德、张家界、益阳、郴州、永州、怀化、娄底、茂名、阳江、潮州、南宁、柳州、防城港、钦州、贵港、玉林、百色、河池、成都、自贡、攀枝花、泸州、德阳、绵阳、广元、遂宁、内江、乐山、南充、宜宾、雅安、巴中、资阳、贵阳、六盘水、遵义、安顺、昆明、曲靖、玉溪、保山、昭通、思茅、西安、铜川、宝鸡、咸阳、渭南、延安、汉中、榆林、安康、兰州、嘉峪关、金昌、白银、天水、武威、张掖、平凉、酒泉、西宁、银川、石嘴山、吴忠、乌鲁木齐、克拉玛依
2类	天津、上海、廊坊、大连、营口、无锡、常州、南通、宁波、合肥、铜陵、福州、莆田、泉州、漳州、景德镇、烟台、广州、韶关、深圳、珠海、佛山、江门、湛江、肇庆、梅州、汕尾、河源、清远、中山、云浮、桂林、天津
3类	三亚
4类	苏州、厦门、汕头、惠州、东莞、揭阳、北海、海口

表 4-11　2000 年以财政比率为变量分类结果

1类	天津、上海、重庆、邢台、承德、沧州、廊坊、呼和浩特、乌海、大连、抚顺、本溪、丹东、锦州、营口、阜新、辽阳、葫芦岛、四平、通化、白山、白城、鹤岗、牡丹江、黑河、南京、宿迁、宁波、舟山、丽水、黄山、六安、厦门、鹰潭、青岛、济宁、聊城、菏泽、开封、平顶山、安阳、新乡、焦作、许昌、漯河、三门峡、驻马店、黄冈、咸宁、邵阳、娄底、广州、深圳、潮州、云浮、桂林、北海、贵港、玉林、三亚、攀枝花、德阳、广元、乐山、南充、眉山、宜宾、贵阳、六盘水、昆明、保山、安康、金昌、天水、西宁、银川
2类	北京、石家庄、唐山、秦皇岛、邯郸、保定、张家口、衡水、太原、大同、阳泉、长治、晋城、朔州、晋中、运城、忻州、临汾、包头、赤峰、通辽、沈阳、鞍山、盘锦、长春、吉林、辽源、松原、哈尔滨、齐齐哈尔、鸡西、双鸭山、大庆、伊春、佳木斯、七台河、无锡、徐州、常州、苏州、南通、连云港、淮安、盐城、扬州、镇江、泰州、杭州、温州、嘉兴、湖州、绍兴、金华、衢州、台州、合肥、芜湖、蚌埠、淮南、马鞍山、淮北、铜陵、安庆、滁州、阜阳、宿州、巢湖、亳州、池州、宣城、福州、莆田、三明、泉州、漳州、南平、龙岩、宁德、南昌、景德镇、萍乡、九江、新余、赣州、吉安、宜春、抚州、上饶、济南、淄博、枣庄、东营、烟台、潍坊、泰安、威海、日照、莱芜、临沂、德州、滨州、郑州、洛阳、鹤壁、濮阳、南阳、商丘、信阳、武汉、黄石、十堰、宜昌、襄樊、鄂州、荆门、孝感、荆州、随州、长沙、株洲、湘潭、衡阳、岳阳、常德、益阳、郴州、永州、怀化、韶关、珠海、汕头、佛山、江门、湛江、茂名、肇庆、惠州、汕尾、阳江、清远、东莞、中山、揭阳、南宁、柳州、梧州、防城港、钦州、海口、成都、自贡、泸州、绵阳、遂宁、内江、广安、达州、雅安、巴中、资阳、遵义、安顺、曲靖、玉溪、西安、铜川、宝鸡、咸阳、渭南、延安、汉中、榆林、兰州、嘉峪关、白银、石嘴山、吴忠、乌鲁木齐、克拉玛依
3类	周口
4类	铁岭、朝阳、张家界、梅州、河源

表 4-12　2000 年以私劳比率为变量分类结果

1类	中山
2类	四平、松原、滁州、临沂、深圳、眉山
3类	北京、天津、上海、重庆、石家庄、唐山、秦皇岛、邯郸、邢台、张家口、承德、沧州、太原、大同、阳泉、长治、晋城、朔州、晋中、忻州、临汾、呼和浩特、乌海、通辽、沈阳、鞍山、抚顺、本溪、丹东、营口、辽阳、盘锦、铁岭、朝阳、长春、辽源、通化、白山、哈尔滨、齐齐哈尔、鸡西、鹤岗、双鸭山、伊春、牡丹江、南京、无锡、徐州、常州、苏州、南通、连云港、淮安、盐城、扬州、镇江、泰州、宿迁、嘉兴、绍兴、金华、合肥、蚌埠、马鞍山、铜陵、安庆、巢湖、池州、宣城、福州、三明、泉州、漳州、南平、龙岩、宁德、南昌、景德镇、萍乡、九江、新余、鹰潭、宜春、上饶、济南、青岛、淄博、枣庄、东营、烟台、济宁、泰安、威海、日照、莱芜、德州、滨州、菏泽、郑州、开封、洛阳、平顶山、安阳、鹤壁、新乡、焦作、濮阳、许昌、漯河、三门峡、南阳、商丘、信阳、驻马店、黄石、十堰、咸宁、随州、长沙、株洲、湘潭、衡阳、邵阳、郴州、永州、怀化、娄底、广州、韶关、汕头、佛山、江门、湛江、茂名、肇庆、惠州、梅州、河源、阳江、清远、东莞、潮州、揭阳、云浮、南宁、柳州、桂林、梧州、北海、防城港、钦州、成都、自贡、攀枝花、泸州、德阳、绵阳、广元、遂宁、内江、乐山、南充、宜宾、广安、达州、雅安、巴中、资阳、贵阳、六盘水、遵义、安顺、昆明、曲靖、保山、铜川、渭南、延安、汉中、榆林、安康、兰州、嘉峪关、金昌、白银、天水、西宁、银川、石嘴山、吴忠、乌鲁木齐、克拉玛依
4类	保定、廊坊、衡水、运城、包头、赤峰、大连、锦州、阜新、葫芦岛、吉林、白城、大庆、佳木斯、七台河、黑河、杭州、宁波、温州、湖州、衢州、舟山、台州、丽水、芜湖、淮南、淮北、黄山、阜阳、宿州、六安、亳州、厦门、莆田、赣州、吉安、抚州、潍坊、聊城、周口、武汉、宜昌、襄樊、鄂州、荆门、孝感、荆州、黄冈、岳阳、常德、张家界、益阳、珠海、汕尾、贵港、玉林、海口、三亚、玉溪、西安、宝鸡、咸阳

表 4-13　2000 年以外资比率为变量分类结果

1类	三亚
2类	北京、上海、秦皇岛、邯郸、保定、张家口、廊坊、包头、沈阳、大连、锦州、铁岭、南京、无锡、镇江、宁波、合肥、安庆、福州、泉州、漳州、南平、青岛、烟台、威海、日照、新乡、漯河、武汉、宜昌、衡阳、娄底、广州、韶关、深圳、江门、汕尾、潮州、揭阳、梧州、防城港、玉林、六盘水
3类	天津、营口、常州、苏州、厦门、莆田、珠海、佛山、肇庆、惠州、梅州、河源、清远、东莞、中山、海口、乐山
4类	重庆、石家庄、唐山、邢台、承德、沧州、衡水、太原、大同、阳泉、长治、晋城、朔州、晋中、运城、忻州、临汾、呼和浩特、乌海、赤峰、通辽、鞍山、抚顺、本溪、丹东、阜新、辽阳、盘锦、朝阳、葫芦岛、长春、吉林、四平、辽源、通化、白山、松原、白城、哈尔滨、齐齐哈尔、鸡西、鹤岗、双鸭山、大庆、伊春、佳木斯、七台河、牡丹江、黑河、徐州、南通、连云港、淮安、盐城、扬州、泰州、宿迁、杭州、温州、嘉兴、湖州、绍兴、金华、衢州、舟山、台州、丽水、芜湖、蚌埠、淮南、马鞍山、淮北、铜陵、黄山、滁州、阜阳、宿州、巢湖、六安、亳州、池州、宣城、三明、龙岩、宁德、南昌、景德镇、萍乡、九江、新余、鹰潭、赣州、吉安、宜春、抚州、上饶、济南、淄博、枣庄、东营、潍坊、济宁、泰安、莱芜、临沂、德州、聊城、滨州、菏泽、郑州、开封、洛阳、平顶山、安阳、鹤壁、焦作、濮阳、许昌、三门峡、南阳、商丘、信阳、周口、驻马店、黄石、十堰、襄樊、鄂州、荆门、孝感、荆州、黄冈、咸宁、随州、长沙、株洲、湘潭、邵阳、岳阳、常德、张家界、益阳、郴州、永州、怀化、汕头、湛江、茂名、阳江、云浮、南宁、柳州、桂林、北海、钦州、贵港、成都、自贡、攀枝花、泸州、德阳、绵阳、广元、遂宁、内江、南充、眉山、宜宾、广安、达州、雅安、巴中、资阳、贵阳、遵义、安顺、昆明、曲靖、玉溪、保山、西安、铜川、宝鸡、咸阳、渭南、延安、汉中、榆林、安康、兰州、嘉峪关、金昌、白银、天水、西宁、银川、石嘴山、吴忠、乌鲁木齐、克拉玛依

表 4-14　2007 年以财政比率为变量分类结果

1类	重庆、石家庄、唐山、秦皇岛、邯郸、保定、太原、大同、阳泉、晋中、运城、临汾、呼和浩特、包头、通辽、鄂尔多斯、呼伦贝尔、巴彦淖尔、乌兰察布、沈阳、鞍山、锦州、营口、盘锦、长春、吉林、松原、哈尔滨、大庆、佳木斯、南京、无锡、徐州、常州、苏州、南通、淮安、盐城、扬州、镇江、泰州、杭州、温州、嘉兴、湖州、绍兴、金华、台州、芜湖、蚌埠、马鞍山、淮北、铜陵、巢湖、宣城、福州、莆田、三明、泉州、漳州、南平、龙岩、南昌、景德镇、萍乡、九江、新余、赣州、吉安、抚州、上饶、济南、青岛、淄博、枣庄、东营、烟台、潍坊、泰安、威海、日照、莱芜、临沂、德州、洛阳、濮阳、漯河、武汉、黄石、十堰、宜昌、襄樊、鄂州、荆门、荆州、随州、长沙、株洲、湘潭、岳阳、常德、永州、娄底、广州、韶关、深圳、珠海、汕头、佛山、江门、湛江、茂名、肇庆、惠州、汕尾、阳江、清远、东莞、中山、揭阳、南宁、柳州、防城港、钦州、贵港、玉林、百色、贺州、河池、来宾、崇左、海口、成都、绵阳、广元、眉山、达州、雅安、遵义、昆明、曲靖、玉溪、昭通、西安、宝鸡、咸阳、渭南、延安、汉中、榆林、安康、兰州、嘉峪关、金昌、白银、武威、张掖、平凉、酒泉、银川、石嘴山、乌鲁木齐、克拉玛依
2类	北京、天津、上海、邢台、张家口、承德、沧州、廊坊、衡水、长治、朔州、忻州、乌海、赤峰、大连、抚顺、本溪、丹东、辽阳、葫芦岛、四平、辽源、通化、白山、齐齐哈尔、鸡西、鹤岗、双鸭山、伊春、七台河、牡丹江、连云港、宿迁、宁波、衢州、舟山、丽水、合肥、淮南、安庆、黄山、滁州、阜阳、宿州、亳州、池州、厦门、宁德、宜春、济宁、聊城、滨州、菏泽、郑州、开封、平顶山、安阳、鹤壁、新乡、焦作、许昌、三门峡、南阳、商丘、信阳、驻马店、孝感、咸宁、衡阳、张家界、益阳、郴州、梅州、河源、潮州、桂林、梧州、北海、三亚、自贡、攀枝花、泸州、德阳、遂宁、内江、乐山、南充、宜宾、广安、巴中、资阳、贵阳、六盘水、安顺、保山、丽江、思茅、铜川、商洛、天水、西宁
3类	吕梁、黑河、庆阳、定西、陇南、吴忠
4类	晋城、阜新、铁岭、朝阳、白城、六安、鹰潭、周口、黄冈、邵阳、怀化、临沧、固原、中卫

表 4-15　2007 年以私劳比率为变量分类结果

1类	丽水
2类	北京、天津、重庆、运城、呼和浩特、包头、大连、抚顺、锦州、营口、无锡、常州、苏州、泰州、杭州、温州、嘉兴、湖州、金华、衢州、台州、合肥、滁州、阜阳、六安、池州、福州、厦门、泉州、南昌、萍乡、鹰潭、济南、威海、随州、株洲、湘潭、衡阳、娄底、珠海、佛山、北海、钦州、玉林、贺州、来宾、海口、成都、乐山、宜宾、雅安、遵义、昆明、曲靖、丽江、思茅、武威、酒泉、庆阳、西宁、银川、北京
3类	深圳、东莞、中山、玉溪
4类	上海、石家庄、唐山、秦皇岛、邯郸、邢台、保定、张家口、承德、沧州、廊坊、衡水、太原、大同、阳泉、长治、晋城、朔州、晋中、忻州、临汾、吕梁、乌海、赤峰、通辽、鄂尔多斯、呼伦贝尔、巴彦淖尔、乌兰察布、沈阳、鞍山、本溪、丹东、阜新、辽阳、盘锦、铁岭、朝阳、葫芦岛、长春、吉林、四平、辽源、通化、白山、松原、白城、哈尔滨、齐齐哈尔、鸡西、鹤岗、双鸭山、大庆、伊春、佳木斯、七台河、牡丹江、黑河、南京、徐州、南通、连云港、淮安、盐城、扬州、镇江、宿迁、宁波、绍兴、舟山、芜湖、蚌埠、淮南、马鞍山、淮北、铜陵、安庆、黄山、宿州、巢湖、亳州、宣城、莆田、三明、漳州、南平、龙岩、宁德、景德镇、九江、新余、赣州、吉安、宜春、抚州、上饶、青岛、淄博、枣庄、东营、烟台、潍坊、济宁、泰安、日照、莱芜、临沂、德州、聊城、滨州、菏泽、郑州、开封、洛阳、平顶山、安阳、鹤壁、新乡、焦作、濮阳、许昌、漯河、三门峡、南阳、商丘、信阳、周口、驻马店、武汉、黄石、十堰、宜昌、襄樊、鄂州、荆门、孝感、荆州、黄冈、咸宁、长沙、邵阳、岳阳、常德、张家界、益阳、郴州、永州、怀化、广州、韶关、汕头、江门、湛江、茂名、肇庆、惠州、梅州、汕尾、河源、阳江、清远、潮州、揭阳、南宁、柳州、桂林、梧州、防城港、贵港、百色、河池、崇左、三亚、自贡、攀枝花、泸州、德阳、绵阳、广元、遂宁、内江、南充、眉山、广安、达州、巴中、资阳、贵阳、六盘水、安顺、保山、昭通、临沧、西安、铜川、宝鸡、咸阳、渭南、延安、汉中、榆林、安康、商洛、兰州、嘉峪关、金昌、白银、天水、张掖、平凉、定西、陇南、石嘴山、吴忠、固原、中卫、克拉玛依

表 4-16　2007 年以外资比率为变量分类结果

1 类	晋城、沈阳、苏州、肇庆、惠州、汕尾、河源
2 类	天津、廊坊、大连、长春、无锡、常州、南通、连云港、扬州、镇江、泰州、杭州、宁波、嘉兴、湖州、合肥、芜湖、蚌埠、黄山、厦门、龙岩、南昌、新余、赣州、青岛、威海、三门峡、武汉、黄石、黄冈、长沙、郴州、珠海、清远、钦州、海口、三亚
3 类	北京、上海、重庆、唐山、秦皇岛、保定、沧州、长治、呼和浩特、包头、丹东、锦州、铁岭、吉林、辽源、白山、牡丹江、南京、徐州、淮安、盐城、温州、绍兴、金华、淮南、马鞍山、铜陵、安庆、滁州、池州、福州、泉州、景德镇、九江、鹰潭、吉安、上饶、烟台、潍坊、日照、莱芜、临沂、郑州、鹤壁、漯河、驻马店、鄂州、荆门、孝感、荆州、株洲、衡阳、永州、广州、深圳、佛山、江门、梅州、阳江、东莞、中山、潮州、梧州、北海、防城港、贵港、成都、绵阳、眉山
4 类	石家庄、邯郸、邢台、张家口、承德、衡水、太原、大同、阳泉、朔州、晋中、运城、忻州、临汾、吕梁、乌海、赤峰、通辽、鄂尔多斯、呼伦贝尔、巴彦淖尔、乌兰察布、鞍山、抚顺、本溪、营口、阜新、辽阳、盘锦、朝阳、葫芦岛、四平、通化、松原、白城、哈尔滨、齐齐哈尔、鸡西、鹤岗、双鸭山、大庆、伊春、佳木斯、七台河、黑河、宿迁、衢州、舟山、台州、丽水、淮北、阜阳、宿州、巢湖、六安、亳州、宣城、莆田、三明、漳州、南平、宁德、萍乡、宜春、抚州、济南、淄博、枣庄、东营、济宁、泰安、德州、聊城、滨州、菏泽、开封、洛阳、平顶山、安阳、新乡、焦作、濮阳、许昌、南阳、商丘、信阳、周口、十堰、宜昌、襄樊、咸宁、随州、湘潭、邵阳、岳阳、常德、张家界、益阳、怀化、娄底、韶关、汕头、湛江、茂名、揭阳、南宁、柳州、桂林、玉林、百色、贺州、河池、来宾、崇左、自贡、攀枝花、泸州、德阳、广元、遂宁、内江、乐山、南充、宜宾、广安、达州、雅安、巴中、资阳、贵阳、六盘水、遵义、安顺、昆明、曲靖、玉溪、保山、昭通、丽江、思茅、临沧、西安、铜川、宝鸡、咸阳、渭南、延安、汉中、榆林、安康、商洛、兰州、嘉峪关、金昌、白银、天水、武威、张掖、平凉、酒泉、庆阳、定西、陇南、西宁、银川、石嘴山、吴忠、固原、中卫、乌鲁木齐、克拉玛依

表 4-17　制度要素分类最终聚类中心

制度变量		聚类			
		1	2	3	4
1995 年	财政比率	0.0736	0.0454	0.1079	0.165
	私劳比率	0.6214	0.2122	0.0374	0.0882
	外资比率	0.0218	0.1455	0.6202	0.3441
2000 年	财政比率	0.1286	0.0736	0.4851	0.2595
	私劳比率	1.0415	0.4011	0.0621	0.1620
	外资比率	0.4540	0.0739	0.1927	0.0127
2007 年	财政比率	0.0881	0.1488	0.3317	0.2445
	私劳比率	2.8835	0.3485	1.1206	0.1479
	外资比率	0.1154	0.0723	0.0346	0.0079

表 4-18　制度要素分类 ANOVA 表

制度变量		聚类		误差		F 值	显著性 (Sig.)
		均方	df	均方	df		
1995 年	财政比率	0.087	3	0.000	258	660.03	0.000
	私劳比率	0.394	3	0.000	258	924.319	0.000
	外资比率	0.498	3	0.001	258	629.281	0.000

制度变量		聚类		误差		F 值	显著性 (Sig.)
		均方	df	均方	df		
2000 年	财政比率	0.152	3	0.000	257	395.184	0.000
	私劳比率	0.648	3	0.001	257	604.822	0.000
	外资比率	0.254	3	0.000	257	796.932	0.000
2007 年	财政比率	0.244	3	0.000	280	593.599	0.000
	私劳比率	4.161	3	0.005	280	827.154	0.000
	外资比率	0.066	3	0.000	280	895.933	0.000

从结果来看,以单个制度要素为变量进行分类时,各个变量的显著程度均较高,这说明以单个制度要素分类将样本数据分为四类是较为合理的。财政比率方面,在 1995 年的分类结果中,前三个类别占据了主要部分,而在类别内部也没有表现出明显的空间或等级偏好性;2000 年的结果中,第 2 类别占据大多数变量,而第 3、4 类别包含变量数较少,而在类别 1 里面表现出了沿海地区的偏好性,类别 1 即包含较多沿海城市;2007 年的结果与 2000 年类似,只是类别 1 在这里成为主导,恰巧此时的最终聚类中心与 2000 年的类别 2 最终聚类中心较为接近,同时类别 2 也表现出了沿海城市的偏向性,类别 3、4 包含的变量数目极少。按照私劳比率分类,在 1995 和 2000 年类别 3、4 均包含了大多数变量,而在 2007 年类别 4 则占据了绝对主导地位。同时,总体看来,在各个年份的变量数目较多的类别中也很难看出变量分布的空间或等级的偏好性。按照外资比率分类方面,1995 年类别 1 拥有绝对多数的变量,类别 2 次之,对于聚类中心数值较大的类别 3 和类别 4 只有 9 个变量,这两个类别基本属于少数特例。在类别 2 中基本都是沿海城市,类别 3、4 则都是沿海城市,这表现出了这几个类别强烈的空间偏好性;2000 年的情况与 1995 年类似,类别 1 拥有大多数变量,类别 2 次之,类别 3、4 拥有变量较少。同时,类别 3、4 完全为沿海城市,类别 2 的空间偏好性较 1995 年有所减弱;2007 年的情况要更为复杂些,类别 4 依然拥有最多变量,但其它类别拥有变量数目均有所增加,同时只有类别 3 表现出了对于沿海地区的偏好性。

本章小结

通过对制度要素、劳动力投入和资本投入与 GDP 的量化分析,可以看到在空间尺度上,回归方程中劳动力要素均显著程度不高,而资本存量不但显著程度较高,且回归系数较大,这说明了简单的劳动力数量的投入对中国城市经济增长的影响有限,而资本投入的作用仍然十分巨大。在制度变量方面,回归方程中财政比率不显著,私劳比率显著性均较高,而外资比率各个区域差距较大,在中部地区没通过检验,东部地区显著程度较高。这说明政府投入对于我国城市经济增长的影响力不显著,而劳动力市场的开放对中国城市经济增长意义重大且不具有空间的分异性,外资影响力方面,依然是东部地区十分显著。

从空间角度来看,制度要素均衡程度:财政比率>私劳比率>外资比率。从基尼系数来判断,最为均衡的财政比率基尼系数说明我国各个地区城市政府对于控制当地经济发展的程度基本相当。而私劳比率在西部城市表现出了最均衡,且变化一直不大,这在某种程度上可以说明西部城市劳动力市场发展缓慢,而正是由于缓慢的发展造就了一直以来的最均衡。对于外资比率,在东部地区呈现了波动上升的趋势,这表明外资在进入东部地区的地域选择趋势在增加;西部地区外资比率一直高度不均衡,这说明外资在进入西部地区的地域选择性十分强烈,亦显现出了外资在进入西部地区时的谨慎。无论从哪个要素来判断,中部地区均是发展最为均衡的地区。西部地区,除外资比率外,其它要素均呈现较高的均衡度而且变化均不大,这也说明了西部地区相关要素发展相当迟缓。

通过以制度要素为分类变量对我国转型期城市的类别分析,发现虽然按照制度要素在不同的时间可以将城市区分为不同的类别,但在类别内部并没有表现出强烈的地域或等级的偏好性,各个类别中的城市仍然表现的有些"杂乱",而当以制度要素综合进行分析时,类别更不明显,大部分变量只集中在某一类,亦没有表现出明显的偏好性。

总体上,制度要素对城市经济发展的影响非常大,尤其以外资最为典型,已然形成了从东部到西部的梯度差异。显然,西部地区的城市经济成长在国家尺度上明显处于落后的地位,这明显与改革开放的空间渐进式的安排有关(当然也与其所处的区位和经济基础十分相关),有必要进一步明晰外来资本与西部城市发展的关系。

第5章　外来投资与中国城市发展

　　改革开放以来,中国积极吸引外资,成为世界上利用外资的大国之一。但是,外国投资主要集中在特大城市及东部沿海地区的中等城市,促进了沿海这些城市的迅速扩张。21世纪上半叶是中国西部继续完成工业化进程和相对快速的城市化过程的关键时期,资本、人才、信息、知识、技术、管理越来越成为制约该地现代化过程中的主要因素。在今后10-20年内,解除制约中国西部工业化和城市化过程中的资金瓶颈依然十分重要。由于城市是工业化过程和城市化过程的主要承载地和结果,城市第二、三产业、城市基础设施、城市人居环境、城市扩张等需要巨额投资,因此,鉴于外来资本今后对中国西部城市发展影响日益增大,有必要以兰州市为例,即以 1997—2002 年期间外来投资[①]与城市发展关系进行分析,讨论外来投资对中国西部城市发展的相关问题(杨永春,吴文鑫,2005;吴文鑫,杨永春,2004)。

　　兰州是西部地区典型的河谷盆地型城市之一,现辖城关、七里河、西固、安宁(市区),以及红古(区)、永登、榆中、皋兰(辖县)等郊(区)县。该市是一个在计划经济体制下以石化产业为核心兴起的综合性新兴工业城市。1980 年代,兰州市私营经济发展缓慢,国有企业逐渐不景气,影响了整个城市经济发展和产业结构转型。1990 年代以来,城市初步加大了引进外来资金(包括外资,以及城市外部的东部、中部、西部等地区的所有资金)的力度,加快了城市经济发展。

5.1　外来资本对中国城市发展影响的理论思考

　　目前,外来资本介入城市发展主要有以下几种方式:1.直接资金形式:政府援助和贷款(可能附加部分条件和其它企图)、国家金融机构贷款或援助(可能附加条件,如限制资金使用方向)、股票市场、私人之间的借贷、企业内部的投资等;2.间接方式:技术援助与转让(如专利权转让、技术帮助、敏感技术出口等)、外资企业(如跨国公司等)、放松贸易管

　　①资料来源:兰州市招商局:《兰州市投资贸易洽谈会签约项目汇总表》,1997—2002;兰州市统计局:《兰州市统计年鉴》,1997—2002;兰州市各区县投资项目统计,1997—2002。其中小部分产权交易项目因为所属产业及用途不明而未统计,并且由于所占项目和金额比例小,不影响分析结果。兰州外来投资中,1997—2002 年国内投资合同 949 项,协议 82项;2000—2002 年国外投资合同 128 项,协议 14 项;1998 年投资资金到位的合同及协议项目共 63 项(包括全部与部分资金到位的项目),2000 年共到位 134 项(包括全部与部分资金到位的项目),分别占到这两年总项目数的 64.3%和 73.2%。本文作者十分感谢提供资料的相关单位和提供帮助的同志。

制条款和相关人才流动等。从产业投资类型分析,可以分为:1.独资(跨国公司直接投资等);2.合营(资金入股等)。其中发达国家与落后地区城市的合营主要有如下三种方式:①被投资方提供资金,外方出管理者、技术人员和技术,共同组成公司,主要适用于科技开发,目的是主要着眼于国际先进技术,紧跟国际技术和产品开发趋势,了解国际市场,提高企业知名度,拓展国际市场;②被投资方提供关键配件与外方合资。这种合作方式需要被投资方已掌握外方需要的重要技术;③利用共同分享市场的条件合作。利用被投资方的巨大市场,通过与外方大公司合资,可提高自身的技术水平,拓展自己的品牌,提升技术水平。由于促进产业结构变化的因素主要有生产率因素、要素供给因素、技术促进因素、需求因素,以及贸易因素等,因此,处于中国(西部)的城市都给予外商极优惠的条件,如各地兴建的经济开发区、工业园区等,不但降低土地出让费用,还制订了多项减免税收的优惠政策。而就高新技术产业而言,外来投资主要投向发展中国家中比较发达的地区,因为高新技术不仅需要提供厂房和相应技术人员,而且对其它要素和综合环境的要求也比较高,这才能加大对高新技术产业中外合资的吸引力。

因此,从企业角度分析,外来投资利用各种方式,主要通过介入城市产业结构的链条,改变城市及其区域产业链条的传导机制和过程,充分利用城市的相关社会、经济资源,降低自身产品的成本,拓展国内外市场,提高自身竞争优势,降低对手的竞争能力,达到自身规模、实力快速增长和技术迅速提升的目的。而被投资方同样想通过上述产业机制,吸取先进技术和管理经验,达到产业优化、建立与外部的广泛的社会、经济联系和城市经济快速发展的目的;从其它角度分析,外资有可能试图利用其先进的技术和管理经验、雄厚的资金力量等,不但达到占领市场,获取丰厚经济利益的目的,而且可能通过部分附加条件和了解对方的技术、经济能力的过程,甚至收购对方的同类企业(主要是传统企业和产品的品牌),力图使之成为己方的边缘化地区或节点,达到获取政治、社会、文化等潜在利益的目的。

1.产业链角度

技术进步能提高各种生产要素的潜在生产率包括有形的生产要素如资本和劳动力,也包括无形的生产要素如组织和管理,从而推动产业结构效率的提高。一般地,在各种投入基本相同的条件下,一个地区能够获得相对较快的经济增长,主要归功于它拥有比较有利的产业结构。目前发展中国家大多仍处于劳动、资金密集型工业时期,而发达国家已进入技术密集型、技术知识信息密集型工业发展水平。根据弗农的产品循环论和国际产业转移理论,发达国家和地区通过国际产业转移和金融、技术流动以及贸易规则,将逐步形成发达国家——次发达国家——发展中国家的产业贸易链条和产品技术梯度,逐渐打破和整合落后地区和城市产业结构的演化过程,形成产业链条的垂直分工体系,将发展中国家城市和地区的产业纳入到发达国家的产业演化体系中,使之逐步丧失独立性,成为发达国家的边缘节点和地区。但是,不可否认,也有少数国家、地区、城市通过国际间的产业转换和贸易过程,通过快速的进口替代过程和出口替代过程,实现了产业结构的迅速升级过程,在较短时间实现了国际间产业的水平分工体系,进入到发达国家、地区和城市的行列。因此,在现阶段,发达国家外来资金所介入的产业水平普遍高于发展中国家,对落后地区城市的产业发展构成了强大的竞争压力和技术进步刺激。如果能够有效利用外部环境和外来资金,使用更先进的技术,改进产品质量和服务网络体系,快速提升城市产业结构,将会有力促进城市社会经济的发展。

因此,外来投资可能加速城市产业结构的升级换代,外资被纳入到城市原产业结构体系中,壮大城市发展的基础力量,促进城市发展。也可能由于外资产业层次较高,凭借其良好的资金、技术、人才和优惠政策,而城市原有产业层次很低,形成新的产业二元结构,这有可能迅速破坏城市原有的产业结构,将城市原有工业都纳入其产业链条中,培养起全新的产业结构体系(图5-1)。

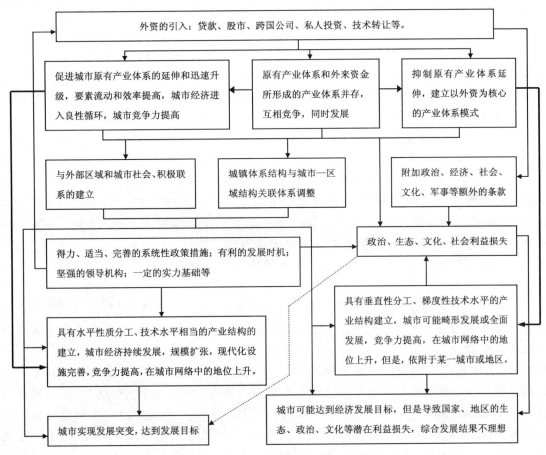

图5-1　外来投资对中国城市发展的影响机制与模式

(1)外来投资能显著促进原有城市产业结构的提升和优化

任何城市产业结构如果没有来自外部的干预,可能会按照产业结构的演替规律演化。城市自身的产业结构可能存在两种情况:一是城市产业结构演化合乎演化规律和逻辑,符合城市发展实际。国际产业投资往往意味着资本、技术等的直接输入,这意味着在发展中国家会出现某些在技术构成上与发达国家相类似的产业,我们称这些产业为重合产业。与外来投资重合的那些产业如果与城市的主导产业相吻合,则外资的注入会赋予其更加强大的竞争力,使其更具有活力,能够促进城市原有主导产业以及其它一批关联性产业的发展。虽然可能加强了城市产业结构的垂直关联度,但是也促进了城市新兴产业的发展,释放了城市经济的累积效应,促成城市经济质的飞跃;二是存在产业发展的限制性门槛或瓶颈,结构不合理等各种问题,如国内许多城市产业结构层次低,缺乏有效分工,轻、重工业比例失调,二元结构严重等。针对后者,如果外来资本能够有效克服城市产业结构的主要问题或者克服不利的城市发展环境,也将促进城市产业结构的快速提升和优化,促进城市进入良性发展循环。

(2)外来投资能部分促进原有城市产业结构的优化,但需要有效的产业内部整合

经过有效的内部整合,外来投资所导致的产业方向在以下几个方面可以部分促进城市产业结构优化:一是外来投资与城市原有主导产业部分吻合。这虽然可能导致原有部分主导产业的衰落或者停滞,但是城市经过整合和选择,有可能形成更加优化和高级化的主导产业群体,因为外资带来了更加先进的技术、管理和市场开拓等理念和经验。

二是外来投资与城市原有非主导产业部分吻合,如外来投资主要集中在城市原有的辅助产业、基础产业、广布性产业等方面,可能出现以下几种结果:1)如果能够优化原有该类关联性产业,将可能促进原有主导产业的发展和形成新的城市基础部门;2)外资带来了较为先进的技术和管理经验,再凭借当地政府提供的各项优惠政策,带动了部分当地非主导产业的蓬勃发展,形成了自己的产业链条。而当地原本为原主导产业服务的关联性企业和经济要素有可能流入上述产业链条中,将可能动摇城市原有主导产业的发展基础。如果城市能够及时弥补这种影响(例如从更广阔的地域内进行新的产业关联),城市主导产业将不会受到太大冲击,甚至可以加速发展。反之,有可能导致原有主导产业的衰败,或者外资导致城市一部分非主导产业形成了一条独立的产业链,这条产业链与原有主导产业平行发展,两者难以整合。于是城市出现了新、旧两种主导产业结构体系并存的局面。最终以哪种主导产业为主或者并存取决于各自产业发展的速度、趋势和水平,取决于市场占有率。

三是外来资金如果集中在城市所没有的辅助产业、基础产业等类型,如果这些产业与原有主导产业有一定的关联性,这将促进原有主导产业的形成。因此,虽然外资带来了新的管理理念及技术手段,但他相对于城市原有产业结构仍属于层次相对较低的产业结构类型,无法动摇原有主导产业根深蒂固的位置,而与非主导产业一起被纳入到城市产业结构的链条中,将可能逐渐发展演化成为主导产业服务的关联性产业;反之,不但可能形成新的城市基础部门,而且为与之相关联的城市新的主导产业类型的产生和发展提供了基础和可能性,有可能出现新、旧两种主导产业结构体系并存的局面,以后演化不外乎两者并存或者一方胜出,另一方次之甚至衰败的结果。

(3)外来投资的产业类型几乎与原有产业体系难以整合

如果外来投资产业类型不是前述任何类型,相对于原有产业结构体系是另类体系,并且保持相对快速发展水平,则城市的产业和经济结构调整将出现以下几种情况:一是如果外来资金的产业类型相对原有产业水平是高级化的,则很可能导致城市以此为核心重新整合产业结构体系,因为城市的资源将被吸纳进入新型产业体系中,导致原有产业体系的分化、瓦解或改造;二是如果两者的技术水平和规模基本是同等级的,未来发展的结果将取决于两者发展的速度、外部政策、市场竞争能力和潜力、城市规模、区域规模等相关因素。哪种产业首先升级,哪种产业就占有成为城市产业核心的先机。但是,也不排除城市同时支撑内、外两种产业类型同时升级演化的可能性,这主要取决于城市获取各种资源的能力、城市与区域的规模、综合市场潜力、竞争对手的实力等各种因素的综合影

响。

2.生态环境角度

通过产业结构调整和地域分工,落后地区的城市一般主要从事资源、劳动力,甚至资金密集型产业,而这些产业往往消耗了所在城市和相关地区大量的能源和原材料,这些能源和原材料的开采和冶炼由于技术、经济水平的限制往往导致程度不同的生态环境后果,致使城市与相关地区生态环境问题从根本上难以在短期内解决,更谈不上可持续发展,并有可能形成城市发展的恶性循环,降低了城市的竞争力。因此,迅速的产业结构提升、转换或者相关技术能力的进步是克服这种后果的主要途径。

3.经济角度

外资项目会提高发展中国家制造业的产业集中度。在多数发展中国家,按国际标准衡量,制造业的生产结构分散,生产集中度较低,在有些规模经济很显著的行业中,几乎没有企业能达到规模经济的要求。这种状况既与发展中国家有限的市场容量有关,还与市场的分割有关。由于通过资本输入而带来的技术和设备,从总体上来说,其先进程度相对高于发展中国家同类产业。这些产业的外国资本往往具有较高的利润率,对发展中国家的企业家具有示范作用,后者为了获得较高利润率,可以通过模仿、引进、学习,从而提高原有产业的技术水平和管理水平。一般地,跨国投资项目的规模远远超过被投资国同类企业,在被投资国企业规模排名中位置居前,因此能够显著提高所在行业的生产集中度。在这种发展趋势下,外资可以通过兼并、注资等方式带动城市主导产业演化,城市经济极有可能发展成一种直接为国外企业服务的外向型经济结构。而且,虽然资本的流动可以加速发展中国家及其城市的发展速度,实现双赢局面,但是,由于产业技术、企业规模层次的巨大差异,导致积累速度不同,两者之间经济差距将可能逐步拉大。缪尔达尔(1957年)提出市场力的作用倾向于扩大差距而不是缩小地区之间的差距,发达地区获得了累积的竞争优势,从而有可能遏制落后地区及其城市的经济发展,不利因素积累增加,落后地区(包括其城市)的处境也就日益恶化。同时,日益增长的资本流不仅导致制造业生产和金融市场网的地理空间变化,也带来对制造业新生产方式和新金融体系的管理、控制和服务的最新需求。管理的高层次集聚,生产的低层次扩散,控制和服务的等级体系扩散方式构成了信息经济社会的总特征。因此,原有的城市体系结构由于社会经济背景的转变也在发生着巨大变革,影响了区域城市的发展类型和城镇体系结构。一般地,外来资金将从原有城市产业结构体系中打开联系的通道和传导路线。如果外来企业实力强劲而且产业类型高级和体系完整,通过贸易过程,将会逐步把被投资地区和城市导入到投资方的经济系统中。双方都可能通过这种过程实现合理分工,促进共同发展。关键是落后地区的城市必须抓紧时机,对外来资本和产业进行选择性吸纳,达到实质性进步。

4.政治、社会、文化角度

一般地,如果外来资本对城市或地区发展十分重要,甚至处于支配地位,则资本输入国就可能利用这种经济能力直接或者间接获取政治、经济利益,尤其是国家贷款、援助要求增加政治、经济、文化等附加条款(虽然不是传统意义的殖民地,但是利益的损失却是显而易见的）。同时，利用经济交往和产业体系的建立，输出自己的文化价值观和社会准则；利用自己先进的地位和丰厚的条件，攫取对方的高级人才和稀有资源等，使后进城市和地区的社会经济体系依附于先进国家，丧失了独立性，这种局面是十分危险的。因此，改革开放所引致的外来投资要进行有效的控制和整合，才能将损害降低到最低限度，实现社会经济的腾飞。

综上所述，中国西部城市不能盲目引进外资，要进行综合权衡和阶段性"过滤"，制订行之有效的阶段性外来投资政策体系，才能将对城市产生的危害降低到最低限度，建立城市具有竞争性的产业结构体系，实现城市经济的快速腾飞和奠定全面可持续发展的良好基础。

5.2 兰州市外来投资的产业类型及其分布

1.1997—2002 年国内项目的产业类型及其变化

由于开发建设了几个规模较大的百合及兰花种植基地，吸引了较多的外来投资，因此，兰州市第一产业国内外来投资合同金额略有提高。1998 年投资总额 9000 多万元，1999 年达到将近 4 亿元，2001 年达到 7 亿多元。

国内外来投资中第二产业的产业类型变化不大，而且化工原料及化学制品制造业、医药制造业、金属制品业、食品加工业、电力、蒸汽、热水的生产和供应业等城市支柱产业每年都占了较大份额，并且合同总额在近两年有明显提高。其中化工业在 2000 与 2002 年投资额远高于其它几年，2002 年达到 6 亿多元。1997 年投资比率较高的产业类型除前述领域外，还有化学纤维制造业。1998 年，建筑业得到了投资惠顾。1999 年，饮料制造业、家具制造业及电气机械及器材制造业又得到了外来资本的垂青。而且同年建筑业合同投资金额约为 1998 年的 10 倍。2000 年新增投资额较高的行业有塑料制品业和专用设备制造业，而所占投资份额较大的产业变成金属制品业。2001 年投资额最高的产业是医药制造业，其次是饮料制造业、仪器仪表及文化办公用机械制造业和建筑业。2002 年，石油加工业及炼焦业获得了较多资金，橡胶制品业获得外来资金的总额超过了 12 亿元。

外来投资产业类型中，第三产业投资类型变化最大。1997 年只有批发和零售贸易、餐饮业合同投资金额较多，但在 1998 年，房地产业投资金额将近 2 亿元，而批发零售、餐饮业投资额下降较大。1999 年后，上述两个行业投资额高居第三产业榜首。而且，从 2000 年开始，科学研究和综合技术服务业，交通运输、仓储及邮电通讯业，社会服务业，卫生、体育和社会福利业，教育、文化艺术和广播影视业以及国家机关、政党机关和社会团体的外来投资额直线上升。2002 年总投资额达到了 11.5 亿元。

1997—2002 年，第一产业投资总额在 2000 年以前呈增长趋势，之后开始下降；第二产业在 1997—2000 年有一个波动，之后高速增长；第三产业从 1998 年起开始快速增长，到 2000 年已超过第二产业（图 5-2）。

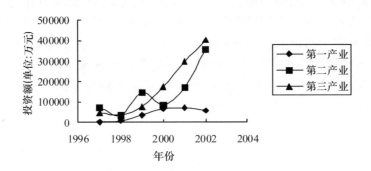

图5-2　兰州市国内外来投资三次产业投资变化曲线

2.2000—2002年国外项目的产业类型及其变化

国外对兰州市第一产业的投资项目总数相对稳定，金额也始终稳定在500万美元左右。国外投资主要集中在第二、第三产业。

在第二产业中，2000年吸引国外资金超过100万美元的产业有化学原料及化学制品制造业以及建筑业，其中化工业吸引资金300多万美元。同年，饮料制造业、医药制造业和专用设备制造业也吸引了较高的外资额。2001年，电子及通信设备制造业吸引的外资最多。化学原料及化学制品制造业、建筑业、造纸及纸制品业以及电子及通信设备制造业获得了较多的外来资金。电气机械及器材制造业也吸引了一定外资。2002年，吸引外资额最高的行业变化为电力、蒸汽、热水的生产和供应业。其次是化工业。另外，投资额在1000万美元左右的产业新增了金属制品业、普通机械制造业和仪器仪表等产业。

在第三产业中，2001年引进国外资金额比2000年增长了7倍多，但在2002年又开始下降。2000年的外资额主要集中在批发和零售贸易、餐饮业和房地产业，到2001年房地产业成为吸引外资的大户，总金额超过2.5亿美元。其次是科学研究和综合技术服务业，但它所吸引的外资额远低于房地产业。投资金额较高的产业新出现了交通运输、仓储及邮电通讯业和社会服务业等，但其吸引的资金额较少(图5-3)。

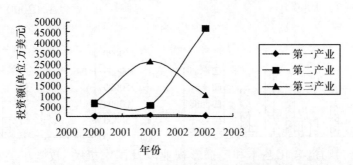

图5-3　兰州市国外投资三次产业投资变化曲线

总体而言，国内外来投资在第一产业主要致力于生态农业发展，而且投资额稳步增长，其产品选择主要取决于市场需求。第二产业的外来投资项目主要集中于化工原料及化学制品制造业、医药制造业、金属制品业、食品加工业、电力、蒸汽、热水的生产和供应业等，而这些产业几乎都是兰州市的支柱产业，且投资额正逐年增高。从1999年起，建筑业成为吸引投资的大户,比前一年增长了将近9倍。第三产业吸引合同投资在产业类型方面变化较大,从批发和零售贸易、餐饮业到房地产业再到科学研究和综合技术服务业,交通运输、仓储及邮电通讯业,社会服务业,卫生、体育和社会福利业,教育以及文化艺术和广播影视业,合同投资额逐年增加,所涉及产业类型也越来越广泛(图5-4)。国外投资在第一产业较为稳定,第二产业在2000年主要集中于化学原料及化学制品制造业以及建筑业、饮料制造业、医药制造业和专用设备制造业。第三产业吸纳外资的产业类型与国内外来资金基本类似。

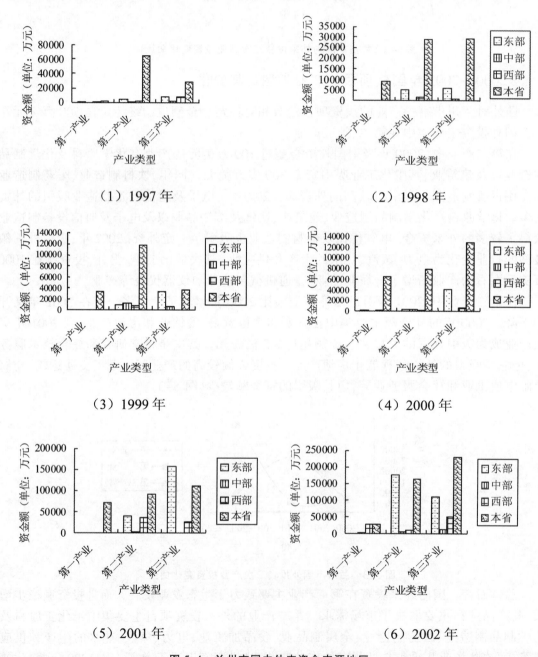

图 5-4 兰州市国内外来资金来源地区

3.外来投资来源地区结构分析

(1)1997—2002年国内项目投资的来源地区分析

1997年,兰州市外来资金无论投资总额或第一、二、三次产业投资额,甘肃省均占最大份额,其次是东部、西部地区,而中部省份在兰州市的投资很少。而且,各地区对兰州市投资额均是从第一产业到第三产业递增。1998年,第一产业外来资金都来自甘肃省,而西部其它省份对兰州市第三产业则没有投资。而同年除东部对我省第二产业的投资金额略有提高外,其余各项投资额,包括本省的投资,比起1997年均有所下降。1999年,外来各项投资额均有大幅度提高,但是西部其它省份均未向兰州第一产业投资。东部地区与甘肃省对兰州第三产业的投资额几乎持平,但在第一、二产业投资强度远小于甘肃。而中部地区对兰州的投资在六年里唯一一次超过了西部地区,甚至对第二产业的投资还超过了东部地区。

2000年兰州外来资金仍然主要来源于甘肃省,而中部地区的外来投资又开始下滑,并集中在第二产业,而且第二产业资金额下降到1999年的1/4左右。东部地区对兰州第二产业的投资也呈下降趋势,而对第三产业的投资却在增加,但金额也只占本省投资额的1/3左右。中部地区对兰州第二产业的投资额虽低,但仍高于西部地区(不含甘肃)。虽然西部地区（不含甘肃）对兰州第一产业的投资金额超过了东部,但仍远低于甘肃省。2001年外来资金中投资于第一产业的资金全部来自甘肃省。而中部地区资金仅涉及第二产业,投资额也继续下降。但东、西部地区对兰州投资较前一年有很大提高,而甘肃省的投资额与2000年相比变化不大。

2002年,除西部地区对第二产业和东部地区对第三产业的投资略有所下降外,东、中西部三地区对兰州三次产业的投资均有很大程度提高。而来自甘肃其它地区的资金虽然对第一产业的投资略有下降,但是对第二、三产业的投资额均翻了一番。

1997—2002年,国内其它各省对兰州第一、二、三次产业的投资额分别占总金额的14.24%、36.83%、45.33%(图5-5)。因此,甘肃省是兰州市外来资金的主要省份,而省外其它地区投资仍然没有占到较大比重,这说明,甘肃省依然是兰州城市外来资金的主要提供者,兰州市对外依然缺乏吸引力,不是外来资本的首选地。

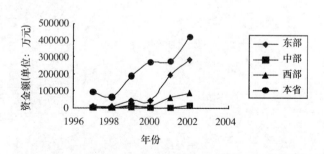

图5-5 兰州市国内不同来源地区资金变化曲线

(2)2000—2002年国外项目投资的来源地区分析

2000年的国外资金中来自美洲的资金占港澳台资金的9/10,其次是亚洲,欧洲的投资最少,仅约占港澳台资金的1/10。美洲及亚洲其它国家主要投资在兰州的第二产业,而港澳台等资金主要集中在第三产业。从第一产业到第三产业,所吸引的投资额呈递增趋势。2001 年,美洲与亚洲对兰州第二产业的投资额急剧减少,而港澳台对第二产业的投资是 2002 年的 10 倍。美洲和港澳台地区对第三产业的投资额均有大幅度增长。同年,兰州所吸引的亚洲其它国家的投资额非常少,只及 2000 年 1/10 左右。

2002 年兰州市吸引国外资金总额仍在上升,已达到 2001 年的 1.5 倍,其中对于第二产业的投资大幅增长。美洲和亚洲对第二产业的投资又有了大幅提升,将近 2000 年数额的 7 倍,第三产业投资额也有所上升。而港澳台无论在第二产业还是第三产业投资额均有所下降。

总之,国外投资额占外来资金比例一直低于 5%。兰州市所吸引的国外资金总额始终低于国内资金,而国内外来资金中省外资金少于本省资金。在国外资金中,每年港澳台的资金额都远高于各大洲。从吸引资金总额看,美洲和亚洲均呈上升趋势,欧洲的投资额始终最少,且变化不大。而港澳台的投资额则大起大落(图 5-6)。

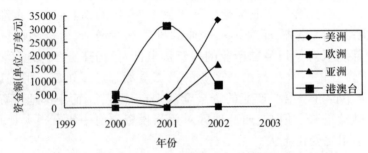

图 5-6　兰州市国外不同来源地区外来资金变化曲线

4.外来投资不同类型在城市的空间分布

兰州市的外来投资主要集中在市区(包括城关、七里河、西固、安宁四区),郊县所吸引的国内资金除个别年份在某一产业较高外,其余都远低于市区(图 5-7(1)-(6))。

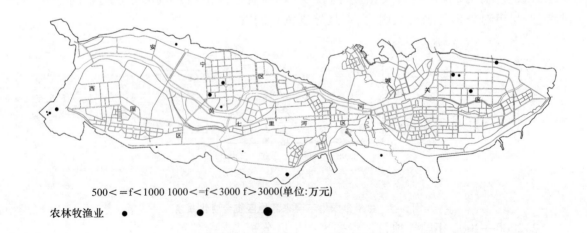

500<=f<1000　1000<=f<3000　f>3000(单位:万元)

农林牧渔业　　●　　　　●　　　　●

(1)　市区第一产业(注:市区只标注了投资额高于 500 万元的国内项目)

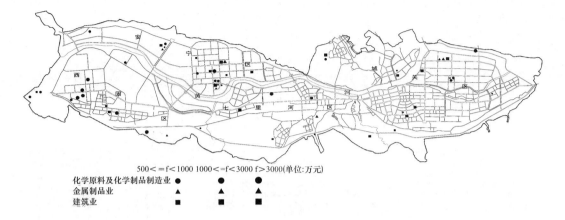

	500<=f<1000	1000<=f<3000	f>3000(单位:万元)
化学原料及化学制品制造业	●	●	●
金属制品业	▲	▲	▲
建筑业	■	■	■

(2) 投资项目较多的第二产业(注:市区只标注了投资额高于500万元的国内项目)

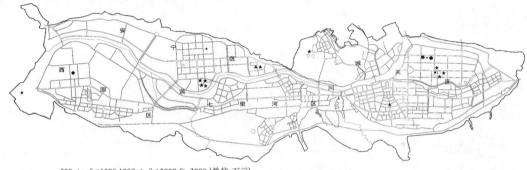

	500<=f<1000	1000<=f<3000	f>3000(单位:万元)
煤炭采选业	○	○	○
有色金属矿采选业	△	△	△
非金属矿采选业	□	□	□
食品制造业	▽	▽	▽
饮料制造业	⬠	⬠	⬠
服装及其它纤维制品制造业	◇	◇	◇
皮革皮毛羽绒及其制品业	☆	☆	☆

	500<=f<1000	1000<=f<3000	f>3000 (单位:万元)
木材加工及竹藤棕草制品业	●	●	●
家具制造业	▲	▲	▲
造纸及纸制品业	■	■	■
印刷业	⬠	⬠	⬠
文教体育用品制造业	⬟	⬟	⬟
石油加工业及炼焦业	◆	◆	◆
医药制造业	★	★	★

(3) 其它第二产业1(注:市区只标注了投资额高于500万元的国内项目)

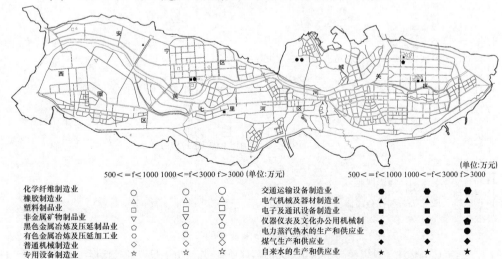

	500<=f<1000	1000<=f<3000	f>3000(单位:万元)
化学纤维制造业	○	○	○
橡胶制造业	△	△	△
塑料制品业	□	□	□
非金属矿物制品业	▽	▽	▽
黑色金属冶炼及压延制品业	⬠	⬠	⬠
有色金属冶炼及压延加工业	◌	◌	◌
普通机械制造业	◇	◇	◇
专用设备制造业	☆	☆	☆

	500<=f<1000	1000<=f<3000	f>3000
交通运输设备制造业	●	●	●
电气机械及器材制造业	▲	▲	▲
电子及通讯设备制造业	■	■	■
仪器仪表及文化办公用机械制	⬠	⬠	⬠
电力蒸汽热水的生产和供应业	⬟	⬟	⬟
煤气生产和供应业	◆	◆	◆
自来水的生产和供应业	★	★	★

(4) 其它第二产业2(注:市区只标注了投资额高于500万元的国内项目)

地质勘察业、水利管理业	500≤f<1000 ○	1000<f<3000 ○	f>3000 ○ (单位:万元)			
交通运输、仓储及邮电通讯业	△	△	△	卫生、体育和社会福利业	500≤f<1000 ♦	1000<f<3000 ♦	f>3000 ♦
批发和零售贸易、餐饮业	●	●	●	教育、文化艺术和广播影视业	▼	▼	▼
金融、保险业	◇	◇	◇	科学研究和综合技术服务业	■	■	■
房地产业	▲	▲	▲	国家机关、政党机关和社会团体	◆	◆	◆
社会服务业	☆	☆	☆	其它行业	★	★	★

(单位:万元)

(5)　第三产业(注:市区只标注了投资额高于500万元的国内项目)

1.农林牧渔业
2.煤炭采选业
3.有色金属矿采选业
4.非金属矿采选业
5.食品加工业
6.食品制造业
7.饮料制造业
8.烟草加工业
9.纺织业
10.服装及其它纤维制品制造业
11.皮革毛皮羽绒及其制品业
12.木材加工及竹藤棕草制品业
13.家具制造业
14.造纸及纸制品业
15.印刷业
16.文教体育用品制造业
17.石油加工业及炼焦业
18.化学原料及化学制品制造业
19.医药制造业
20.化学纤维制造业
21.橡胶制品业
22.塑料制品业
23.非金属矿物制品业
24.黑色金属冶炼及压延加工业
25.有色金属冶炼及压延加工业
26.金属制品业
27.普通机械制造业
28.专用设备制造业
29.交通运输设备制造业
30.电气机械及器材制造业
31.电子及通信设备制造业
32.仪器仪表及文化办公用机械制造业
33.电力蒸汽热水的生产和供应业
34.煤气的生产和供应业
35.自来水的生产和供应业
36.建筑业
37.地质勘察业水利管理业
38.交通运输仓储及邮电通讯业
39.批发零售贸易餐饮业
40.金融保险业
41.房地产业
42.社会服务业
43.卫生体育和社会福利业
44.教育文化艺术和广播影视业
45.科学研究和综合技术服务业
46.国家机关政党机关和社会团体
47.其它行业

0<f<500	500<f<1000	f>1000 (单位:万元)	
○	○	○	省内
□	□	□	东部
△	△	△	中部
□	□	□	西部

0<f<500	500<f<1000	f>1000 (单位:万元)	
▽	▽	▽	港澳台
◇	◇	◇	美洲
◇	◇	◇	亚洲
☆	☆	☆	欧洲

(6)　郊县外来资金的投资区位

注:市区只标注了投资额高于500万元的国内项目,郊县由于投资额较低标注了所有投资项目

图 5-7　兰州市外来投资的区位分布

(1)1997—2002年国内资金投资区位分析

兰州市所吸引的国内投资主要集中在市区,郊县(包括红古区,榆中、皋兰、永登三县)所吸引的国内资金除个别年份在某一产业较高外,其余都远远低于市区。这说明兰州市区对外来资金的吸引力很强(图5-8)。

1997年三次产业的国内投资主要集中在市区。永登县第一、二产业吸引资金额均高于其它郊县。皋兰县的总资金额最高,但也只占到市区吸引资金的1/4左右。1998年榆中县所吸引的外来资金额在郊县中排到首位,但与市区的差距却在拉大,资金额只及市区的1/5。榆中县吸引的资金主要集中在第二产业,数额达到市区的一半。红古区只在第二产业吸引到少量资金。永登县吸引的第一产业资金与市区相差不大,第三产业资金也是郊县中最多的。1999年各县区吸引资金额均有大幅增长,其中市区突破10亿元,各郊县也都突破了亿元。但榆中和皋兰刚过1亿,红古将近6亿,永登接近5亿。永登县的第一产业所吸引的资金额远高于其它各县区,是市区的8倍左右,而红古区第一产业吸引资金也超过了市区。与1998年不同的是,红古区第二产业在1999年吸引了大量资金,数额已达市区的3/5,将近5亿。兰州市第三产业外来资金绝大多数都集中在市区。2000年市区吸引资金达到24.1亿元,榆中、皋兰吸引资金总额比起上年均有增长,并且榆中成为吸引资金额最高的郊县,而红古和永登在这一年吸引资金额则大幅下降,其中永登县除第一产业吸引到1.6亿元合同投资外,第二、三产业没有外来投资进入。

2001年各县区吸引国内资金均大幅增长,其中榆中县是2000年的两倍,皋兰和永登超过3亿元,红古区超过了2.5亿元。永登县第一产业吸引资金额远高于第二、三产业,市区和榆中县第三产业吸引资金额将近第二产业的两倍,而红古区是第三产业稍低于第二产业,皋兰县则第三产业略高于第二产业。虽然市区第二、三产业发展迅速,吸引资金额逐年上升,但第一产业所吸引资金远不及郊县。2002年各县区外来资金额仍在上升,其中皋兰县外来资金额已超过16亿元,是2001年的5倍,仅第二产业一项就吸引投资15亿元。郊县中只有榆中类似于市区,第三产业吸引资金额远高于第二产业,其它郊县情况相反,第二产业高于第三产业,且第三产业吸引资金额相差不大。

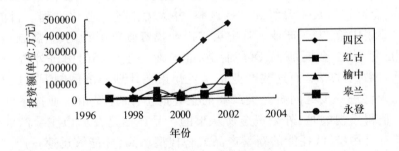

图5-8 兰州市国内外来资金的投资区位

(2)2000—2002年国外资金投资区位分析

2000年国外资金主要集中在兰州市区 (图5-9),仅榆中在第二产业中吸引了将近500万美元,皋兰在第三产业吸引了300万美元,其余全部集中在市区,且遵循从第一产业到第三产业吸引资金递增规律,但是第三产业与第二产业差距不大。2001年,市区第一、二、三产业分别吸引了国外资金500万美元,6000万美元和3亿美元。而郊县所吸引的国外资金同样很少,并分布在榆中和皋兰两县。2002 年,市区第一产业吸引外资额几乎没有变化,但第二产业外来资金额增长很快。

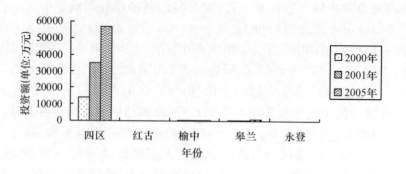

图 5-9　兰州市国外资金的投资区位

5.3　外来投资对兰州城市发展的影响

1998 年和 2000 年兰州市国内合同及协议资金到位率分别为 20.71%、23.22%, 到位金额分别为 1.69 亿元与 10.52 亿元(美元汇率以 8.2798 换算),而同年份兰州市固定资产总投资额分别为 124.8 亿元与 153.7 亿元。因此,1998 年和 2000 年兰州市国内外来项目资金额分别仅占当年全市固定资产总投资的 1.35% 与 6.84%(仅仅是项目形式的资金,没有包括银行贷款、国家转移支付等资金来源,比例肯定偏小)。从投资角度分析,外来投资并不是影响兰州市发展的主导因素。

1.对产业结构变化的影响

兰州市是一个以石化、机械、医药、电力等产业为基础的重工业城市,长期轻、重工业结构比例失调,急需进行技术升级和结构调整,并大力推进工业化进程。目前国内、外在兰州的投资主要集中第二、三产业。其中第二产业投资侧重于石化、金属制造等重工业部门,1997—2002 年石化、金属加工、医药制造、建筑业等生产部门引进外资的项目数占到第二产业总项目数的 32%。而这些产业正是兰州市在计划经济体制下形成的主导产业。外来投资的注入将进一步巩固石化类产业的主导地位,加速城市工业体系的构建和经济体制的转轨。值得重视的是,外来资金所从事的产品往往是在城市主导产业部门的基础上开发研制具有无污染、低耗能的新型产品或替代型产品,并能够迅速投产。这种现象符合城市应以人力资本及技术的内生化为基础,通过对现代工业文明和技术进步动态效益的不懈追求,来实现城市经济增长目标的发展趋势,尤其是目前通过个别产业部门内部技术的进步来进行累积,当城市经济发展到某一特定阶段时,就很容易实现产业结构的升级换代及调整,形成以高新技术产业为龙头的新城市产业体系。同时,外来资本在城市第三产业的投资也较为突出,商服业、房地产业均发展迅速,尤其是对科技文化事业的投资,可以直接促进兰州市科研机构的科技研发水平,进而为第二产业产业结构的调整和升级换代提供技术保障,间接推动了兰州市第二产业的发展和兰州市经济的增长。但同时也导致第三产业市场竞争日趋激烈,利润急剧下降,税收贡献率远不及工业的现象。而且,第二产业领域外来投资主要在重工业,尤其是以石油、化工、机械为主的石化工业,而电子、信息等高新技术产业项目极少,虽然能够进一步提高重工业的竞争力,但不利于兰州城市产业结构的转型和升级。

2.对生态环境的影响

兰州市的支柱产业多为污染性工业,导致城市环境污染已非常严重,已经对城市发展高新技术产业和留住人才等各方面问题的解决造成了巨大压力,而所吸引的外来资金恰恰也是主要投向化工原料及化学制品制造业、医药制造业、金属制品业、食品加工业等重污染工业,而且绝大多数布局于市区,这可能导致城市环境污染问题难以从根本上尽快解决。目前,兰州市急需大力吸引外来资金,推进工业化过程和城市产业结构的迅速提升以及相关技术进步,但是,兰州市引进外来资金十分困难,不可能对外来资金实行筛选制度,因此,在今后相当一段时间,这将是一个十分棘手的问题。

3.对城市空间结构的影响

目前,兰州市的第二、三产业多集中于市区,兰州市区河谷所能提供的建设用地已经非常有限,而城市两侧山地由于黄土坡地稳定性差,切割严重,不宜大规模开发,导致市区用地紧张、交通拥挤、基础设施不足、绿地稀少,以及城市后备用地紧缺等严重问题,因此,兰州市区已经难以再规划布局大型建设项目,急需在外围寻找发展空间。但是,由于目前市区仍然是投资环境极为优越的区位,因此外来资金也主要集中在市区,这将可能进一步强化城市空间问题解决的难度,陷入了城市发展和空间拓展的两难境地。

4.城市职能及其结构体系的调整

兰州城市职能结构体系存在职能结构高度集中化、诸城镇职能关系不密切、职能体系主要集中于城区、城市边缘区和郊县以及小城镇职能层次低,分工协作不明显等特点。兰州市调整城市职能结构体系的目标是将以大宗能源原材料初级生产为主的生产基地逐步转变为以优势主导工业部门综合体为主的跨区域产业组织协调中心,用信息技术改造传统产业体系;逐步形成高新技术产品研制开发基地,逐步建立发展生物、环保、医药、信息等高新技术产业基础,提高企业市场竞争能力;继续加速城市工业化进程,并将工业化过程与信息化进程相结合,带动城市传统产业结构优化升级。依目前外来投资集中于重化工业和市区的现状,距实现城市职能结构体系调整的目标还有相当遥远的距离。

本章小结

资金是制约中国西部城市工业化和城市化的主要因子之一。根据外来资本的投入类型、机制、规模和条件,其将从产业链、生态环境、经济、政治、社会、文化等角度对所投入城市产生不同程度的影响。

　　兰州市外来投资主要集中在市区的第二、三产业,由于外来资金占兰州城市总投资的比例小,且国外资金总额始终低于国内资金,省外资金少于本省资金。其中东部地区对兰州的投资力度正在加大,西部其它省份投资则摇摆不定,而中部地区投资始终很少。在国外资金中,每年港澳台的投资金额都远高于各大洲。从吸引资金总额看,美洲和亚洲均呈上升趋势,欧洲的投资额始终最少,而港澳台的投资额则大起大落。虽然化工原料及化学制品制造业、医药制造业、金属制品业等原有支柱产业仍然是外来资金涉足的主要领域,但是其它兰州具有优势的资源开发及其深化加工的产业门类也逐渐成为外来资金投资的选择。而且,建筑业、食品加工业、饮料加工业也是外来资本投资的行业。第三产业吸引的外来投资额已远超过第二产业,其中批发和零售贸易、餐饮业和房地产业等行业是外来资本垂青的行业。因此,外来投资主要集中于重化工业等主导产业部门,对兰州市产业结构、生态环境、城市空间结构调整产生了正负两方面的影响。

　　现阶段,兰州市利用外来资本应注意:(1)应吸引较高层次的,城市所需要的产业类型,有利于及时调整城市的产业结构的升级、高级化和高技术化,并确保所吸引产业的先进性和清洁性,为城市环境问题的解决提供条件;(2)引进有利于发展新兴产业的外资项目,并将自身科研优势与引进的先进技术、管理经验相结合,加强对引进项目技术的消化吸收;(3)通过对外资的选择吸收延长产业链条,不断提高产品加工深度。当城市的社会经济有了实质性发展和坚实的基础后,再根据实际情况做进一步的政策调整。

第6章 中国西部城市产业结构转型及行业分工

改革开放以来,中国西部城市经历了快速的经济增长,产业结构也发生了转型,也打破了计划经济时期以省区为空间尺度的传统产业分工模式,各城市间的产业分工已然发生了一定程度的变化,有必要进行深入的分析。在研究的思路和方法上,哈佛学派(又称结构主义学派)建立了完整的 SCP 理论模式,认为结构决定行为,而行为又决定绩效(陈仲常,2005)。哲学中的结构主义亦认为系统的结构决定其功能(李创同,2006),因此本章从产业结构变动与分工的角度对中国西部城市的经济转型进行研究。

6.1 西部城市产业结构转型

1.三次产业的产值结构变动

(1)产值结构高度化指数变动

以往城市与区域发展之经验表明,随着经济的发展和人们生活水平的提高,第一产业产值占 GDP 比重将逐步下降,第二产业则先上升后下降,而第三产业的比重在经济发展到一定水平之后则逐步上升。为了反映三次产业结构高度化的趋势,构建产业结构高度指数(H):

$$H=\frac{R_3+R_2}{R_2+R_1} \tag{1}$$

式(1)中,R_1、R_2、R_3 分别为第一、二、三次产业的产值或就业比例。

取 R_1、R_2、R_3 分别为第一、二、三次产业的产值比例,则可计算出三次产业产值结构高度指数(表6-1)。在 1995—2000 和 2000—2007 年间,产业产值结构高度指数均增加的城市分别为重庆、成都、攀枝花、巴中、贵阳、六盘水、安顺、昆明、保山、延安、汉中、榆林、安康、兰州、白银、天水、西宁、银川、吴忠,先增加后减小的城市分别为自贡、德阳、内江、乐山、南充、宜宾、雅安、资阳、遵义、曲靖、铜川、宝鸡、咸阳、渭南、嘉峪关、金昌、石嘴山、乌鲁木齐,先减小后增加的城市分别为泸州、广元、遂宁、玉溪、绵阳、西安、克拉玛依。此外,因数据不足而导致的仅有 2000—2007 年间变动的城市中,眉山、达州在 2000—2007 年间减小,而广安则增加。可见,尽管某些城市在某些时间段内高度指数有所下降,但西部城市三次产业产值结构仍主要处于高度化的趋势之中。

表 6-1　中国西部城市的三次产业产值高度指数

城市	三次产业产值结构高度指数			城市	三次产业产值结构高度指数		
	1995 年	2000 年	2007 年		1995 年	2000 年	2007 年
重庆	1.35	1.60	1.69	西安	2.18	1.85	1.82
成都	2.09	2.09	2.12	铜川	1.51	1.61	1.45
自贡	1.50	1.50	1.36	宝鸡	1.49	1.51	1.41
攀枝花	1.25	1.28	1.32	咸阳	1.22	1.62	1.54
泸州	1.52	1.34	1.35	渭南	1.34	1.49	1.39
德阳	1.03	1.39	1.29	延安	1.09	1.11	1.24
绵阳	1.56	1.50	1.44	汉中	1.29	1.41	1.80
广元	1.26	1.22	1.39	榆林	1.16	1.37	1.62
遂宁	1.24	0.96	1.03	安康	1.21	1.52	1.71
内江	1.22	1.48	1.22	商洛	–	–	1.32
乐山	1.17	1.27	1.21	兰州	1.46	1.75	2.07
南充	1.45	1.57	1.30	嘉峪关	1.20	1.21	1.19
眉山	–	1.20	1.18	金昌	1.11	1.16	1.08
宜宾	1.23	1.33	1.24	白银	1.12	1.33	1.35
广安	–	1.20	1.28	天水	1.30	1.40	1.69
达州	–	1.60	1.35	武威	1.00	–	1.24
雅安	1.22	1.44	1.40	张掖	0.85	–	1.23
巴中	0.54	0.72	1.05	平凉	1.84	–	1.65
资阳	0.72	1.08	1.07	酒泉	0.91	–	1.48
贵阳	1.56	1.67	2.03	庆阳	–	–	1.40
六盘水	1.22	1.54	1.69	定西	–	–	1.25
遵义	1.65	1.99	1.82	陇南	–	–	1.63
安顺	1.12	1.64	1.89	西宁	0.71	2.27	2.40
昆明	1.78	1.89	2.14	银川	1.70	1.86	2.21
曲靖	1.26	1.50	1.40	石嘴山	1.37	1.41	1.30
玉溪	1.23	1.22	1.25	吴忠	1.15	1.27	1.31
保山	0.78	1.00	1.10	固原	–	–	1.90
昭通	1.25	–	1.50	中卫	–	–	1.39
丽江	–	–	2.36	乌鲁木齐	2.48	2.62	2.44
思茅	1.29	–	1.72	克拉玛依	1.19	1.18	1.10
临沧	–	–	1.39				

(2)产值结构的变动速度

产业结构变动速度通常用产业结构变动速度 K 值指标来表示,K 值指标是用来考察某一时期城市或区域三大产业结构变动速度的指标,用报告期产业构成比与基期产业构成比差额绝对值的总和来度量(陈仲常,2005),其计算公式如下:

$$K = \sum_{i=1}^{n} |q_{it} - q_{i0}| \tag{2}$$

式(2)中, q_{it}表示第 i 产业在报告期的 GDP 比率或就业比率; q_{i0}表示第 i 产业在基期的 GDP 比率或就业比率。K 值越大,表明产业结构变动的幅度越大,反之,则产业结构变动的幅度越小。采用各产业占 GDP 之比率则可计算出西部城市产业产值结构变动速度(表6-2)。

在 1995—2000 年间,K 值的平均值为 0.168, 大于 2000—2007 年间的 K 值平均值(0.150),且 2000—2007 年间的时间长于 1995—2000 年间的时间,所以 2000—2007 年间的产业产值结构变动速度小于 1995—2005 年间,即产业产值结构变动速度有减缓趋势。而对于 K 值的标准差,1995—2000 年间的 K 值标准差(0.145)大于 2000—2007 年的 K 值标准差(0.099),可知西部城市之间产业产值结构变动速度的差异有缩小之趋势。

表 6-2　中国西部城市三次产业产值结构变动速度 K 值

城市	K 值		城市	K 值	
	1995—2000 年	2000—2007 年		1995—2000 年	2000—2007 年
重庆	0.187	0.050	曲靖	0.238	0.182
成都	0.107	0.011	玉溪	0.024	0.068
自贡	0.044	0.085	保山	0.162	0.132
攀枝花	0.032	0.029	西安	0.183	0.012
泸州	0.216	0.099	铜川	0.118	0.097
德阳	0.232	0.245	宝鸡	0.019	0.061
绵阳	0.24	0.072	咸阳	0.311	0.053
广元	0.109	0.183	渭南	0.225	0.287
遂宁	0.311	0.145	延安	0.245	0.146
内江	0.155	0.344	汉中	0.101	0.249
乐山	0.076	0.239	榆林	0.15	0.217
南充	0.246	0.283	安康	0.188	0.080
眉山	–	0.292	兰州	0.215	0.167
宜宾	0.08	0.165	嘉峪关	0.015	0.126
广安	–	0.347	金昌	0.071	0.294
达州	–	0.304	白银	0.256	0.020
雅安	0.198	0.119	天水	0.108	0.181
巴中	0.196	0.263	西宁	0.91	0.033
资阳	0.314	0.366	银川	0.084	0.138
贵阳	0.075	0.185	石嘴山	0.028	0.087
六盘水	0.21	0.099	吴忠	0.094	0.026
遵义	0.21	0.096	乌鲁木齐	0.041	0.048
安顺	0.278	0.109	克拉玛依	0.042	0.112
昆明	0.052	0.115			

以 K 值的平均值与标准差之和及两者之差作为基准,把 K 值大于两者之和的城市作为产业产值结构变动较快的城市,而 K 值小于两者之差的城市作为产业产值结构变动较

慢之城市。1995—2000 年间,产业结构变动较快的城市及其 K 值分别为资阳(0.314)、西宁(0.91),变动较慢的城市及其 K 值分别为宝鸡(0.019)、嘉峪关(0.015);2000-2007 年间,产业产值结构变动较快的城市及其 K 值分别为内江(0.344)、南充(0.283)、眉山(0.292)、广安(0.347)、达州(0.304)、巴中(0.263)、资阳(0.366)、渭南(0.287)、金昌(0.294),变动较慢的城市及其 K 值分别为重庆(0.050)、成都(0.011)、攀枝花(0.029)、西安(0.012)、白银(0.020)、西宁(0.033)、吴忠(0.026)、乌鲁木齐(0.048)。所以,在变动速度分布方面,西部城市有向两个相反方向集中之趋势,2000—2007 年间的产业产值结构变动较快和较慢的城市数分别为 9 个和 8 个,大于 1995—2000 年间的城市数(两者均是 2 个)。

2.三次产业的就业结构变动

(1)就业结构高度化指数变动

随着经济的发展,即随着人均国民收入水平的提高,劳动力首先由第一产业向第二产业转移,当人均国民收入水平进一步提高时,劳动力便向第三产业移动(郝寿义,安虎森,2004)。公式(5)取三次产业的就业比例则可计算出三次产业就业结构高度指数(表 6-3)。

在 1995—2000 和 2000—2007 年间,产业就业结构高度指数均增加的城市分别为重庆、成都、自贡、攀枝花、德阳、广元、雅安、资阳、贵阳、六盘水、遵义、安顺、昆明、曲靖、铜川、汉中、安康、兰州、嘉峪关、金昌、白银、天水、西宁、银川、吴忠、乌鲁木齐、克拉玛依等27 个,先增加后减小者分别为泸州、绵阳、遂宁、内江、乐山、南充、宜宾、巴中、玉溪、保山、西安、咸阳、渭南、延安、榆林等 15 个,而先减小后增加者分别为宝鸡和石嘴山。此外,因数据不足而导致的仅 2000—2007 年间变动的三个城市(眉山、广安、达州)在 2000—2007 年间高度指数均增加。尽管某些城市在某些时间段内高度指数有所下降,但西部城市三次产业就业结构仍主要处于高度化的趋势之中,且此趋势较三次产业产值结构高度化之趋势更为明显。

(2)就业结构变动速度

产业就业结构之变动速度亦用 K 值表示,只是把公式(2)中的相应产值比率改为就业人数比率,而其计算结果如表 6-4 所示。

在 1995—2000 年间,产业就业结构 K 值的平均值为 0.710,远大于 2000—2007 年间的 K 值平均值(0.156),可知西部城市的产业就业结构变动速度有减缓之趋势。而 1995—2000 年间产业就业结构 K 值的标准差(0.429)亦大于 2000—2007 年间的 K 值标准差(0.106),可见西部城市三次产业就业结构变动速度之差异存在着缩减之趋势。

以 K 值的平均值与标准差之和及两者之差作为基准,把 K 值大于两者之和的城市作为三次产业就业结构变动较快的城市,而 K 值小于两者之差的城市作为三次产业就业结构变动较慢之城市。在 1995—2000 年间,三次产业就业结构变动较快的城市及其 K 值分别为广元(1.227)、遂宁(1.169)、巴中(1.348)、资阳(1.32)、六盘水(1.274)、保山(1.309)、渭南(1.292)、榆林(1.394)、安康(1.305),三次产业就业结构变动较慢的城市及其 K 值分别为泸州(0.281)、西安(0.185)、宝鸡(0.256)、兰州(0.175)、嘉峪关(0.184)、石嘴山(0.058)、乌鲁木齐(0.057)、克拉玛依(0.044);2000—2007 年间,三次产业就业结构变动较快的城市及其 K 值分别为广元(0.2738)、巴中(0.4245)、安顺(0.2866)、保山(0.3546)、铜川(0.3242)、嘉峪关(0.268)、银川(0.4094)、石嘴山(0.3232),而三次产业就业结构变动较慢的

城市及其 K 值分别为重庆(0.015)、成都(0.005)、绵阳(0.050)、宜宾(0.025)、达州(0.015)、曲靖(0.005)、西安(0.009)、咸阳(0.038)。在变动速度分布方面,西部城市总体上几乎变化不大,2000—2007 年间的三次产业就业结构变动较快和较慢的城市数均为 8 个,与 1995—2000 年间的城市数基本相当(9 个和 8 个)。

表 6-3 中国西部城市三次产业就业结构高度指数

城市	三次产业就业结构高度指数			城市	三次产业就业结构高度指数		
	1995 年	2000 年	2007 年		1995 年	2000 年	2007 年
重庆	0.90	1.90	1.93	西安	1.66	2.08	2.06
成都	1.28	2.05	2.06	铜川	1.04	1.34	1.69
自贡	1.02	1.61	1.82	宝鸡	1.58	1.57	1.77
攀枝花	1.05	1.26	1.37	咸阳	0.82	1.83	1.76
泸州	1.48	1.82	1.71	渭南	0.41	2.23	2.05
德阳	0.84	1.52	1.67	延安	0.77	3.01	2.78
绵阳	0.57	2.08	2.01	汉中	0.82	1.98	2.61
广元	0.45	2.19	3.18	榆林	0.30	3.46	3.18
遂宁	0.50	2.35	2.10	安康	0.40	3.39	4.78
内江	0.54	2.17	1.82	商洛	–	–	4.94
乐山	0.60	1.79	1.57	兰州	1.63	1.76	1.99
南充	1.00	2.67	2.46	嘉峪关	1.12	1.21	1.36
眉山	–	2.02	2.42	金昌	1.20	1.24	1.36
宜宾	0.50	1.73	1.69	白银	0.97	1.30	1.43
广安	–	2.45	3.37	天水	0.56	1.67	2.08
达州	–	2.00	2.04	武威	0.51	–	2.07
雅安	0.76	2.11	2.82	张掖	0.66	–	3.13
巴中	0.34	4.11	2.24	平凉	0.80	–	2.12
资阳	0.34	2.00	2.37	酒泉	0.71	–	3.54
贵阳	1.30	1.78	2.06	庆阳	–	–	5.59
六盘水	0.44	1.39	1.48	定西	–	–	8.79
遵义	1.19	1.80	2.25	陇南	–	–	5.78
安顺	0.56	2.09	3.05	西宁	1.57	2.41	2.84
昆明	1.49	2.32	2.49	银川	1.47	1.56	1.86
曲靖	0.56	2.07	2.08	石嘴山	1.34	1.27	1.64
玉溪	0.83	3.33	2.58	吴忠	1.01	1.81	2.62
保山	0.33	2.90	2.04	固原	–	–	5.77
昭通	0.34	–	3.69	中卫	–	–	2.07
丽江	–	–	4.24	乌鲁木齐	1.94	2.05	2.48
思茅	0.72	–	1.68	克拉玛依	1.22	1.25	1.35
临沧	–	–	2.97				

表 6-4　中国西部城市三次产业就业结构变动速度 K 值

城市	K 值		城市	K 值	
	1995—2000 年	2000—2007 年		1995—2000 年	2000—2007 年
重庆	0.688	0.015	曲靖	1.066	0.005
成都	0.410	0.005	玉溪	0.847	0.196
自贡	0.579	0.138	保山	1.309	0.355
攀枝花	0.362	0.118	西安	0.185	0.009
泸州	0.281	0.092	铜川	0.434	0.324
德阳	0.716	0.114	宝鸡	0.256	0.150
绵阳	1.111	0.050	咸阳	0.700	0.038
广元	1.227	0.274	渭南	1.292	0.084
遂宁	1.169	0.162	延安	0.890	0.093
内江	1.122	0.196	汉中	0.817	0.239
乐山	0.995	0.129	榆林	1.394	0.064
南充	0.635	0.065	安康	1.305	0.166
眉山	–	0.155	兰州	0.175	0.127
宜宾	1.135	0.025	嘉峪关	0.184	0.268
广安	–	0.222	金昌	0.427	0.122
达州	–	0.015	白银	0.398	0.149
雅安	0.893	0.230	天水	1.015	0.210
巴中	1.348	0.425	西宁	0.343	0.122
资阳	1.320	0.136	银川	0.298	0.409
贵阳	0.398	0.152	石嘴山	0.058	0.323
六盘水	1.274	0.083	吴忠	0.376	0.236
遵义	0.388	0.221	乌鲁木齐	0.057	0.161
安顺	1.050	0.287	克拉玛依	0.044	0.107
昆明	0.287	0.057			

3.三次产业产值结构与就业结构关联

(1)产值结构与就业结构偏离

三次产业的产值结构与就业结构偏离状态通常用结构偏离度 (discrete ratio of structure)来表示,它用各产业在 GDP 中所占的比率与该产业就业在总就业中所占的比率之差的绝对值之和表示。计算公式如下:

$$D = \sum_{i=1}^{n} \left| \frac{Y_i}{Y} - \frac{L_i}{L} \right| \tag{3}$$

式(3)中,Y_i 表示第 i 产业的产值,Y 表示 GDP,L_i 表示第 i 产业的就业人数,L 表示总就业人数。D 值越大,表示三次产业的产值结构与就业结构偏离越剧烈。

经过计算,结果如表 6-5 所示,发现,西部城市的产业结构偏离度平均值从 1995 年的 0.501 骤减为 2000 年的 0.320,然后增加到 2007 年的 0.370,存在着先骤减后又有略微增加之趋势;而其产业结构偏离度标准差则从 1995 年的 0.279 分别减为 2000 年的 0.279 和

2007 年的 0.235,存在着差异程度递减之趋势,且递减之速率有所减缓。

表 6-5　中国西部城市的产业结构偏离度

城市	产业结构偏离度			城市	产业结构偏离度		
	1995 年	2000 年	2007 年		1995 年	2000 年	2007 年
重庆	0.501	0.154	0.142	西安	0.205	0.093	0.093
成都	0.349	0.106	0.107	铜川	0.388	0.358	0.119
自贡	0.410	0.139	0.218	宝鸡	0.289	0.044	0.255
攀枝花	0.298	0.110	0.036	咸阳	0.521	0.086	0.102
泸州	0.314	0.289	0.242	渭南	0.955	0.398	0.280
德阳	0.180	0.394	0.219	延安	0.761	0.968	0.850
绵阳	0.822	0.255	0.277	汉中	0.522	0.260	0.251
广元	0.830	0.480	0.578	榆林	1.018	0.614	0.518
遂宁	0.827	0.653	0.579	安康	0.736	0.465	0.551
内江	0.631	0.406	0.354	商洛	–	–	0.831
乐山	0.646	0.299	0.229	兰州	0.331	0.055	0.081
南充	0.328	0.363	0.469	嘉峪关	0.145	0.314	0.192
眉山	–	0.433	0.607	金昌	0.485	0.069	0.390
宜宾	0.910	0.239	0.340	白银	0.350	0.170	0.049
广安	–	0.587	0.671	天水	0.767	0.140	0.152
达州	–	0.283	0.337	武威	0.442	–	0.386
雅安	0.621	0.264	0.467	张掖	0.196	–	0.596
巴中	0.255	0.947	0.705	平凉	0.564	–	0.209
资阳	0.534	0.472	0.703	酒泉	0.300	–	0.493
贵阳	0.300	0.081	0.074	庆阳	–	–	0.910
六盘水	1.014	0.226	0.228	定西	–	–	0.886
遵义	0.288	0.272	0.150	陇南	–	–	0.555
安顺	0.522	0.332	0.264	西宁	0.785	0.040	0.130
昆明	0.227	0.178	0.120	银川	0.150	0.316	0.183
曲靖	0.712	0.286	0.413	石嘴山	0.022	0.108	0.302
玉溪	0.939	1.030	0.798	吴忠	0.326	0.348	0.558
保山	0.533	0.630	0.559	固原	–	–	0.481
昭通	1.131	–	0.614	中卫	–	–	0.297
丽江	–	–	0.317	乌鲁木齐	0.201	0.185	0.046
思茅	0.425	–	0.184	克拉玛依	0.030	0.104	0.321
临沧	–	–	0.518				

　　分别取产业结构偏离度的平均值与标准差之和及两者之差作为基准,把偏离度大于两者之和者作为产业结构偏离程度较强的城市,而小于两者之差者作为产业结构偏离程度较弱的城市。那么,1995 年的产业结构偏离程度较强的城市及其偏离度分别为绵

阳(0.822)、广元(0.830)、遂宁(0.827)、宜宾(0.910)、六盘水(1.014)、玉溪(0.939)、昭通(1.131)、渭南(0.955)、榆林(1.018)、西宁(0.785)，产业结构偏离程度较弱的城市及其偏离度分别为德阳(0.180)、西安(0.205)、嘉峪关(0.145)、张掖(0.196)、银川(0.150)、石嘴山(0.022)、乌鲁木齐(0.201)、克拉玛依(0.030)；2000年产业结构偏离程度较强的城市及其偏离度分别为遂宁(0.653)、广安(0.587)、巴中(0.947)、玉溪(1.030)、保山(0.630)、延安(0.968)、榆林(0.614)，产业结构偏离程度较弱的城市及其偏离度分别为贵阳(0.081)、宝鸡(0.044)、兰州(0.055)、金昌(0.069)、西宁(0.040)；2007年产业结构偏离程度较强的城市及其偏离度分别为眉山(0.607)、广安(0.671)、巴中(0.705)、资阳(0.703)、玉溪(0.798)、昭通(0.614)、延安(0.850)、商洛(0.831)、庆阳(0.910)、定西(0.886)，产业结构偏离程度较弱的城市及其偏离度分别为成都(0.107)、攀枝花(0.036)、贵阳(0.074)、昆明(0.120)、西安(0.093)、铜川(0.119)、咸阳(0.102)、兰州(0.081)、白银(0.049)、西宁(0.130)、乌鲁木齐(0.046)。分析此结果可以发现，不论是在1995年、2000年或是2007年，产业结构偏离程度较强的城市大多处于较低发展阶段，而产业结构偏离程度较弱的城市大多是处于较高发展阶段的城市，由此可见，西部城市符合产业结构偏离度随着发展水平的提高而呈现的倒"U"字型趋势(李丽萍，黄薇，2006)的后半部分。

(2)三次产业就业GDP弹性系数

三次产业就业GDP弹性系数可表示各产业GDP的变动对该产业就业变动的影响程度(陈仲常，2005)，用各产业就业变动的百分比与该产业GDP变动的百分比之比值来表示，公式为：

$$E_{LY} = \frac{\Delta L_i / L_i}{\Delta Y_i / Y_i} \tag{4}$$

式(4)中，E_{LY}表示产业就业GDP弹性系数，i表示第i产业，L_i表示第i产业就业人数，ΔL_i表示第i产业就业人数的变动量，Y_i表示第i产业GDP产量，ΔY_i表示第i产业GDP的变动量。

如果某产业的$E_{LY} > 1$，则该产业的GDP增长能带动该产业就业更大的增长；如果某产业的$E_{LY} < 1$，则该产业的GDP增长只能带动该产业就业更小的增长，其中，若$E_{LY} < 0$则说明GDP增长并不能带动就业的增长。计算结果如表6-6所示。

1995—2000年间，第一产业就业GDP弹性系数大于1的城市分别为成都、德阳、六盘水、曲靖、玉溪、咸阳、汉中、天水、银川、乌鲁木齐，第二产业就业GDP弹性系数大于1的城市分别为六盘水、乌鲁木齐、广元、遂宁、昆明、渭南、西宁，第三产业就业GDP弹性系数大于1的城市分别为六盘水、乌鲁木齐、广元、昆明、西宁、嘉峪关。此外，大量的城市E_{LY}小于0，其中第一、二、三次产业就业GDP弹性系数小于0的城市数据分别为31个、37个和34个。

2000—2007年间，第一产业就业GDP弹性系数大于1的城市仅有乐山、铜川，第二产业就业GDP弹性系数大于1的城市仅有巴中、玉溪，而没有一座城市的第三产业就业GDP弹性系数大于1。此外，大量的城市E_{LY}小于0，其中第一、二、三次产业就业GDP弹性系数小于0的城市数据分别为40个、29个和11个。

表 6-6　中国西部城市三次产业就业 GDP 弹性系数

城市	1995—2000 年			城市	2000—2007 年		
	第一产业	第二产业	第三产业		第一产业	第二产业	第三产业
重庆	−1.73	−0.73	−0.22	重庆	−0.06	0.13	0.13
成都	8.10	−0.37	−0.40	成都	−0.31	0.09	0.09
自贡	−2.78	−0.85	−1.11	自贡	−0.23	−0.06	0.12
攀枝花	−5.35	−1.16	−1.23	攀枝花	−0.31	−0.16	−0.01
泸州	−0.13	−0.32	−0.28	泸州	−0.61	0.13	0.03
德阳	4.22	−1.78	−0.93	德阳	−0.69	−0.04	0.11
绵阳	−3.84	−0.29	−0.68	绵阳	−0.75	0.14	0.08
广元	−7.88	4.71	39.43	广元	−0.75	−0.06	0.30
遂宁	−0.78	8.95	−4.28	遂宁	−0.73	0.27	0.11
内江	−11.02	−4.49	−1.27	内江	−0.22	0.17	0.06
乐山	−5.07	−2.04	−1.06	乐山	2.20	0.10	0.03
南充	−0.73	−1.05	0.47	南充	−0.27	−0.10	−0.37
眉山	−	−	−	眉山	−0.48	−0.05	0.16
宜宾	−4.15	−0.51	−0.18	宜宾	0.11	0.03	0.01
广安	−	−	−	广安	−0.07	−0.09	0.01
达州	−	−	−	达州	−0.40	−0.02	−0.05
雅安	−1.75	−1.41	−0.46	雅安	−0.38	−0.27	0.17
巴中	−1.63	−1.50	−0.37	巴中	−0.28	1.03	−0.07
资阳	−5.58	−0.73	−0.29	资阳	−0.67	−0.08	−0.04
贵阳	−1.73	−0.60	−0.53	贵阳	−0.65	0.06	0.22
六盘水	1.16	2.01	4.60	六盘水	−0.74	−0.05	0.01
遵义	−0.58	−0.58	−0.23	遵义	−0.61	−0.04	0.27
安顺	−64.92	−2.27	−0.61	安顺	−0.32	−0.24	0.12
昆明	−1.48	1.65	2.18	昆明	−1.14	−0.06	0.03
曲靖	2.19	−1.06	−1.32	曲靖	−0.33	−0.04	−0.07
玉溪	22.27	−6.56	−5.30	玉溪	−0.50	1.75	0.02
保山	−2.29	−1.23	−0.51	保山	−0.18	0.58	0.04
西安	−1.17	−0.19	−0.30	西安	0.56	0.14	0.14
铜川	−0.78	−1.02	−0.74	铜川	1.19	−0.14	0.23
宝鸡	−8.54	−0.21	−0.39	宝鸡	−0.01	−0.10	0.03
咸阳	4.72	−1.77	−0.19	咸阳	0.34	−0.05	−0.14
渭南	−1.75	63.67	−0.90	渭南	0.16	0.16	0.20
延安	−17.97	−0.47	−0.88	延安	−0.31	0.05	0.01
汉中	37.46	−0.99	−1.05	汉中	−0.13	−0.27	0.07
榆林	−3.87	−1.20	0.15	榆林	0.00	0.05	0.02
安康	−12.13	−0.94	−0.57	安康	−0.37	−0.23	0.00

城市	1995–2000 年			城市	2000–2007 年		
	第一产业	第二产业	第三产业		第一产业	第二产业	第三产业
兰州	-2.54	-2.25	-0.64	兰州	-1.46	-0.15	0.05
嘉峪关	0.79	-0.08	1.75	嘉峪关	-1.01	-0.06	-0.11
金昌	-8.90	-10.99	-2.08	金昌	-0.79	-0.02	0.06
白银	-3.46	-0.83	-0.16	白银	0.22	-0.14	0.07
天水	8.73	-1.18	-1.72	天水	-0.28	-0.14	0.09
西宁	0.43	1.43	1.93	西宁	-1.26	-0.08	0.00
银川	1.80	-0.59	0.30	银川	-0.96	0.06	-0.10
石嘴山	-1.72	-0.28	-0.37	石嘴山	-0.04	-0.21	-0.09
吴忠	-1.00	-0.71	-0.34	吴忠	-0.57	-0.46	-0.21
乌鲁木齐	30.30	5.57	5.16	乌鲁木齐	-0.02	-0.11	0.03
克拉玛依	0.81	-0.09	0.05	克拉玛依	-0.19	0.04	0.37

6.2 中国(西部)城市行业人口的规模分布

1.模型构建

在对 2005 年中国所有地级城市、各行业人口规模排序前 200 位地级城市以及中国西部城市的各行业人口及其从业人口(文中从业人口指 19 个行业从业人口的总和)规模分布的分析和对比基础上,探讨城市行业人口规模分布特点。采用《中国城市统计年鉴 2006》中的全国各地级城市的从业人口和 19 个行业人口数据。分别针对中国所有地级城市、规模排序前 200 位的地级城市和西部地级城市进行拟合分析,以期分别得到中国所有地级城市、前 200 位城市和西部城市的规模与位序关系,以及各行业规模分布之间的差异。

首先把城市的每个行业人口数据排序,得到基于各行业人口的城市行业人口规模序位 R_i,以及相应的城市行业人口规模 P_i,Singer 模式(Singer,1936)中的线性关系更进一步推广为普通函数,得到:

$$\lg P_i = f(\lg R_i) \tag{5}$$

根据泰勒展式,通常的函数模型都可以展开成以下形式:

$$f(x) = f(x_0)(x-x_0) + \frac{f''(x_0)}{2!}(x-x_0)^2 + \cdots + \frac{f(n)(x_0)}{n!}(x-x_0)^n + R_n \tag{6}$$

那么,Singer 模式推广后的普通函数(9)则可以转化为以下形式:

$$\lg P_i = \sum_{k=1}^{n} b_k(\lg R_i)^k + b_0 \tag{7}$$

因而,可以用多项式模型(7)进行模拟。同时,采用 Hierarchical 聚类对各行业人口规模的城市排序进行聚类分析,而聚类的依据为相似系数——公式(8)。

2.中国所有地级城市的行业人口规模分布

把 2005 年中国所有地级城市的从业人口规模和 19 个行业人口规模数据排好序后,以 10 为底求取对数,然后进行拟合分析(表 6-7、图 6-1)。结果表明,在中国城市的从业人口规模和 19 个行业人口规模分布与位序之间的双对数关系并非全部是线性的（即符合 Zipf 法则）,其中只有居民服务和其他服务业符合这一法则,且 r^2=0.9848,但是其帕累托指数(一次模型中一次项系数被称为帕累托指数)与 1 相差较大(1.4813)。尽管如此,从业人口规模和其余的行业人口规模与位序的双对数关系全部遵循三次模型。

表 6-7 2005 年中国所有地级城市市辖区行业人口规模与位序的模型拟合

行业	模型	r^2
从业人口	$\lg P_i=-0.2555(\lg R_i)^3+0.8626(\lg R_i)^2-1.5358(\lg R_i)+6.8917$	0.972
农林牧渔业	$\lg P_i=-0.5726(\lg R_i)^3+1.9035(\lg R_i)^2-2.513(\lg R_i)+5.2144$	0.9756
采矿业	$\lg P_i=-0.4706(\lg R_i)^3+0.6633(\lg R_i)^2-0.3742(\lg R_i)+5.1329$	0.9935
制造业	$\lg P_i=-0.5755(\lg R_i)^3+1.9074(\lg R_i)^2-2.4107(\lg R_i)+6.5746$	0.9405
电力、燃气及水的生产和供应业	$\lg P_i=-0.3648(\lg R_i)^3+1.2088(\lg R_i)^2-1.636(\lg R_i)+5.0734$	0.9358
建筑业	$\lg P_i=-0.5055(\lg R_i)^3+1.6481(\lg R_i)^2-2.1503(\lg R_i)+5.9329$	0.9347
交通运输、仓储及邮政业	$\lg P_i=-0.1976(\lg R_i)^3+0.5489(\lg R_i)^2-1.2394(\lg R_i)+5.7442$	0.9653
信息传输、计算机服务和软件业	$\lg P_i=-0.2994(\lg R_i)^3+1.1711(\lg R_i)^2-2.2127(\lg R_i)+5.461$	0.9375
批发和零售业	$\lg P_i=-0.3525(\lg R_i)^3+1.2481(\lg R_i)^2-2.154(\lg R_i)+6.005$	0.9665
住宿、餐饮业	$\lg P_i=-0.3953(\lg R_i)^3+1.3124(\lg R_i)^2-2.1269(\lg R_i)+5.5635$	0.967
金融业	$\lg P_i=-0.2941(\lg R_i)^3+1.0347(\lg R_i)^2-1.7174(\lg R_i)+5.4358$	0.9274
房地产业	$\lg P_i=-0.4939(\lg R_i)^3+1.7637(\lg R_i)^2-2.7791(\lg R_i)+5.7233$	0.9591
租赁和商务服务业	$\lg P_i=-0.5282(\lg R_i)^3+1.86(\lg R_i)^2-2.8979(\lg R_i)+5.925$	0.9792
科学研究、技术服务和地质勘查业	$\lg P_i=-0.1963(\lg R_i)^3+0.5814(\lg R_i)^2-1.4348(\lg R_i)+5.5444$	0.9491
水利、环境和公共设施管理业	$\lg P_i=-0.3539(\lg R_i)^3+1.2231(\lg R_i)^2-1.8538(\lg R_i)+5.1019$	0.9517
居民服务和其他服务业	$\lg P_i=-1.4823(\lg R_i)+5.4885$	0.9848
教育	$\lg P_i=-0.1606(\lg R_i)^3+0.5344(\lg R_i)^2-1.1867(\lg R_i)+5.6958$	0.9562
卫生、社会保障和社会福利业	$\lg P_i=-0.2283(\lg R_i)^3+0.7939(\lg R_i)^2-1.4732(\lg R_i)+5.4244$	0.9607
文化、体育和娱乐业	$\lg P_i=-0.1733(\lg R_i)^3+0.544(\lg R_i)^2-1.3516(\lg R_i)+5.1016$	0.9532
公共管理和社会组织	$\lg P_i=-0.0888(\lg R_i)^3+0.2831(\lg R_i)^2-0.874(\lg R_i)+5.4823$	0.9756

对三次拟合模型的系数进行分析,发现三次模型的三次系数(b_3)均为负值,且除公共管理和社会组织对应的 b_3 值大于-0.1 以外,其余的均与 0 相差较大,最小值甚至达到了-0.5755(制造业)。

根据常数项计算出第一位城市的相应行业人口规模如表6-8所示,采矿业／科学研究、技术服务和地质勘查业／文化、体育和娱乐业／公共管理和社会组织的理论值与实际值较为接近,而除了采矿业与文化、体育和娱乐业的实际值略大于理论值外,其余的则是理论值大于实际值,甚至制造业的理论值为实际值的2.5倍。

同时, 从业人口规模／制造业／电力燃气及水的生产和供应业／交通运输仓储及邮政业／信息传输计算机服务和软件业／批发和零售业／金融业／科学研究技术服务和地质勘查业／水利环境和公共设施管理业／教育／卫生社会保障和社会福利业／文化、体育和娱乐业／公共管理和社会组织的规模——位序的双对数关系在最右方突然下降,影响了拟合的精度;而农林牧渔业／采矿业／住宿和餐饮业／房地产业／租赁和商务服务业／居民服务和其他服务业的规模——位序的双对数关系则相对平滑。

从形态上看,拟合曲线的形状大体有三种(图6-2)。对于模式 I,规模的对数值随位序对数值的变化率不变,基本属于城市规模分布中的位序——规模型,而符合模式 I 的行业只有居民服务和其他服务业;对于模式 III,规模的对数形式随位序对数形式的变化率逐渐增大,属于过渡型,而符合模式 III 的行业为采矿业／交通运输仓储及邮政业／教育;其余的则基本符合模式 II,在模式 II 中,规模的对数形式随位序对数形式的变化率先是减小然后增大,前一部分类似于首位型,后一部分则与过渡型相似。

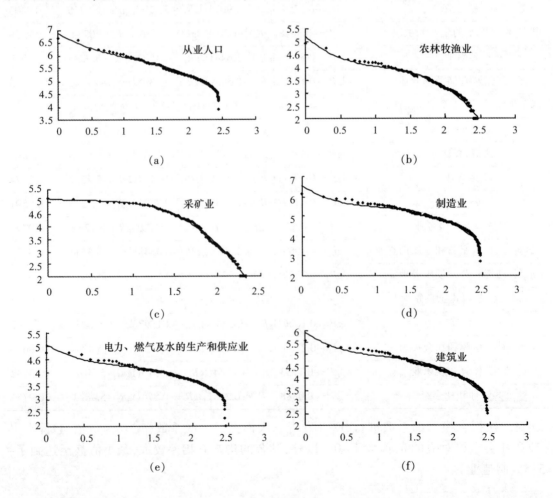

(a)　　　　　　　　　　　　　　　(b)

(c)　　　　　　　　　　　　　　　(d)

(e)　　　　　　　　　　　　　　　(f)

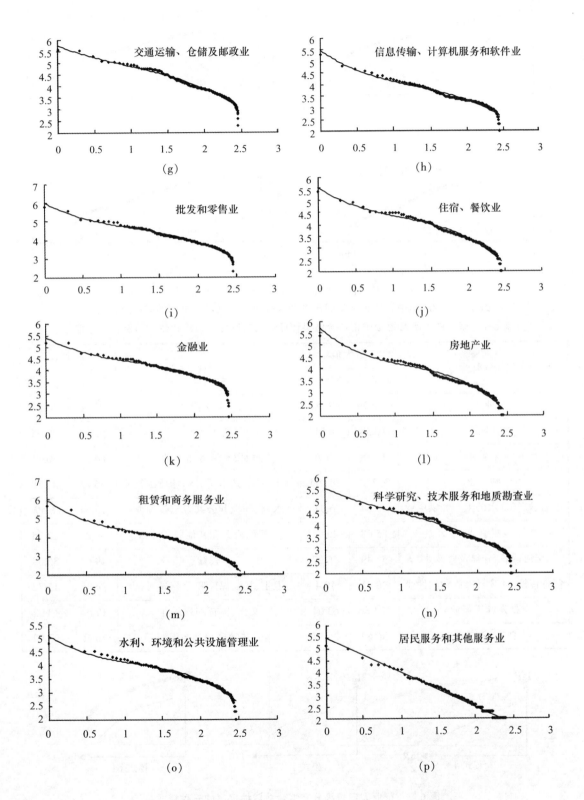

（g）交通运输、仓储及邮政业

（h）信息传输、计算机服务和软件业

（i）批发和零售业

（j）住宿、餐饮业

（k）金融业

（l）房地产业

（m）租赁和商务服务业

（n）科学研究、技术服务和地质勘查业

（o）水利、环境和公共设施管理业

（p）居民服务和其他服务业

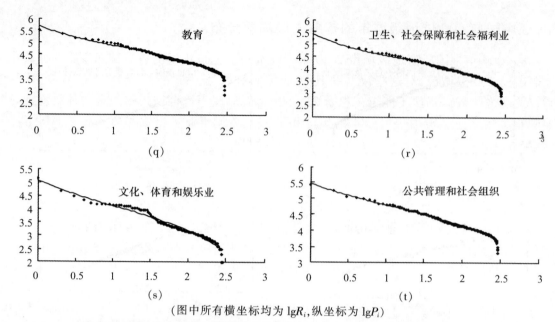

（图中所有横坐标均为 $\lg R_i$，纵坐标为 $\lg P_i$）

图 6-1　2005 年中国所有地级城市市辖区行业人口规模与位序的模型拟合图

表 6-8　基于中国所有地级城市拟合结果计算的城市行业人口规模最大值及其实际值

行业	最大值		行业	最大值	
	理论值	实际值		理论值	实际值
从业人口	779.29	492.88	金融业	27.28	15.81
农林牧渔业	16.38	8.51	房地产业	52.88	23.05
采矿业	13.58	13.76	租赁和商务服务业	84.14	46.31
制造业	352.86	141.11	科学研究、技术服务和地质勘查业	35.03	31.38
电力、燃气及水的生产和供应业	11.84	6.04	水利、环境和公共设施管理业	12.64	6.59
建筑业	85.68	40.03	居民服务和其他服务业	30.80	13.15
交通运输、仓储及邮政业	55.49	36.97	教育	49.64	35.39
信息传输、计算机服务和软件业	28.91	19.4	卫生、社会保障和社会福利业	26.45	15.72
批发和零售业	101.86	63.64	文化、体育和娱乐业	12.64	13.92
住宿、餐饮业	36.60	24.17	公共管理和社会组织	30.36	27.42

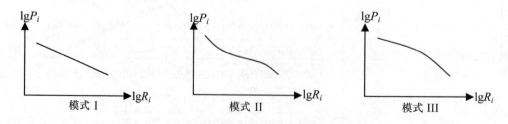

图 6-2　行业人口规模分布拟合曲线抽象出的三种模式

3.中国前 200 位地级城市的行业人口规模分布

从 2005 年中国所有地级城市的 19 个行业及从业人口规模的数据排好序后的列表中提取出前 200 位城市,对这些数据以 10 为底求取对数,然后进行拟合分析(表 6-9、图 6-3)。发现这些数据仍然不能全部符合 Zipf 法则,而那些不符合该法则的是农林牧渔业 / 采矿业 / 制造业 / 电力煤气及水的生产和供应业 / 建筑业 / 租赁和商务服务业等 6 个行业,且这些行业的规模——位序的双对数关系满足三次多项式模型。

对符合 Zipf 法则的行业拟合模型的系数进行分析,发现文化、体育和娱乐业的帕累托指数最接近 1(0.9999),其次是批发和零售业(1.0249),其余则与 1 差别较大。而把这些帕累托指数与 1 相比,发现大于 1 的行业及其帕累托指数分别为交通运输、仓储及邮政业(1.0578) / 批发和零售业(1.0249) / 住宿、餐饮业(1.122) / 房地产业(1.1378) / 科学研究、技术服务和地质勘查业(1.1361) / 居民服务和其他服务业(1.4838),而小于 1 的则有从业人口(0.8416)/信息传输、计算机服务和软件业(0.9) / 金融业(0.7975) / 水利、环境和公共设施管理业(0.8095) / 教育(0.77) / 卫生、社会保障和社会福利业(0.7825) / 文化、体育和娱乐业(0.9999) / 公共管理和社会组织(0.6817)。

对符合三次模型的行业进行研究,发现三次系数(b_3)仍全为负值,但其中建筑业(−0.0691)与 0 较为接近,最小值为−0.4806(采矿业);其二次项系数全部为正值,除建筑业的二次项系数(0.0175)与 0 较为接近以外,其余都比 0 大得多,最大值甚至达到了 1.0447(租赁和商务服务业);而一次项系数为负值,除了农林牧渔业(−1.1741) / 租赁和商务服务业(−2.0603)以外,其余四个的绝对值均小于 1。

根据常数项计算出第一位城市的相应行业人口规模如表 6-10 所示,与实际值相比,农林牧渔业 / 采矿业 / 制造业 / 建筑业 / 文化、体育和娱乐业的理论值和实际值较为接近;除了建筑业的理论值略小于实际值而信息传输、计算机服务和软件业的实际值比理论值约大出 1/2 以外,其余的实际值均小于理论值,理论值和实际值最大的比值达到了 2.49(交通运输、仓储及邮政业)。

从形态上看,前 200 位城市的行业规模——位序的双对数关系也基本遵循图 6-2 中的三种模式。符合模式 II 的行业为农林牧渔业 / 电力燃气及水的生产和供应业 / 租赁和商务服务业,符合模式 III 的为采矿业 / 制造业 / 建筑业,而其他的则基本可以用模式 I 来归纳。

表 6-9　2005 年中国前 200 位地级城市市辖区行业人口规模与位序的模型拟合

行业	模型	r^2
从业人口	$\lg P_i = -0.8416(\lg R_i) + 6.8768$	0.9897
农林牧渔业	$\lg P_i = -0.2097(\lg R_i)^3 + 0.5704(\lg R_i)^2 - 1.1741(\lg R_i) + 4.9381$	0.9963
采矿业	$\lg P_i = -0.4806(\lg R_i)^3 + 0.6987(\lg R_i)^2 - 0.4085(\lg R_i) + 5.1396$	0.9928
制造业	$\lg P_i = -0.1287(\lg R_i)^3 + 0.2385(\lg R_i)^2 - 0.7017(\lg R_i) + 6.1841$	0.9953
电力、燃气及水的生产和供应业	$\lg P_i = -0.1367(\lg R_i)^3 + 0.3564(\lg R_i)^2 - 0.7627(\lg R_i) + 4.8874$	0.9935
建筑业	$\lg P_i = -0.0691(\lg R_i)^3 + 0.0175(\lg R_i)^2 - 0.4796(\lg R_i) + 5.5772$	0.9959

行业	模型	r^2
交通运输、仓储及邮政业	$\lg P_i = -1.0587(\lg R_i) + 5.9644$	0.982
信息传输、计算机服务和软件业	$\lg P_i = -0.9(\lg R_i) + 5.1003$	0.9895
批发和零售业	$\lg P_i = -1.0249(\lg R_i) + 5.8775$	0.9911
住宿、餐饮业	$\lg P_i = -1.122(\lg R_i) + 5.5877$	0.9827
金融业	$\lg P_i = -0.7975(\lg R_i) + 5.3423$	0.9905
房地产业	$\lg P_i = -1.1378(\lg R_i) + 5.4896$	0.9859
租赁和商务服务业	$\lg P_i = -0.3105(\lg R_i)^3 + 1.0447(\lg R_i)^2 - 2.0603(\lg R_i) + 5.7461$	0.9954
科学研究、技术服务和地质勘查业	$\lg P_i = -1.1361(\lg R_i) + 5.6741$	0.9805
水利、环境和公共设施管理业	$\lg P_i = -0.8095(\lg R_i) + 5.029$	0.9846
居民服务和其他服务业	$\lg P_i = -1.4838(\lg R_i) + 5.4914$	0.982
教育	$\lg P_i = -0.77(\lg R_i) + 5.6948$	0.9924
卫生、社会保障和社会福利业	$\lg P_i = -0.7825(\lg R_i) + 5.3631$	0.9942
文化、体育和娱乐业	$\lg P_i = -0.9999(\lg R_i) + 5.1635$	0.9748
公共管理和社会组织	$\lg P_i = -0.6817(\lg R_i) + 5.5069$	0.9949

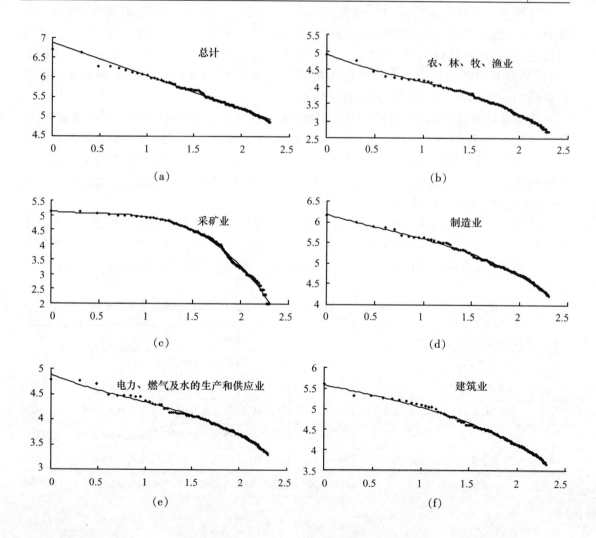

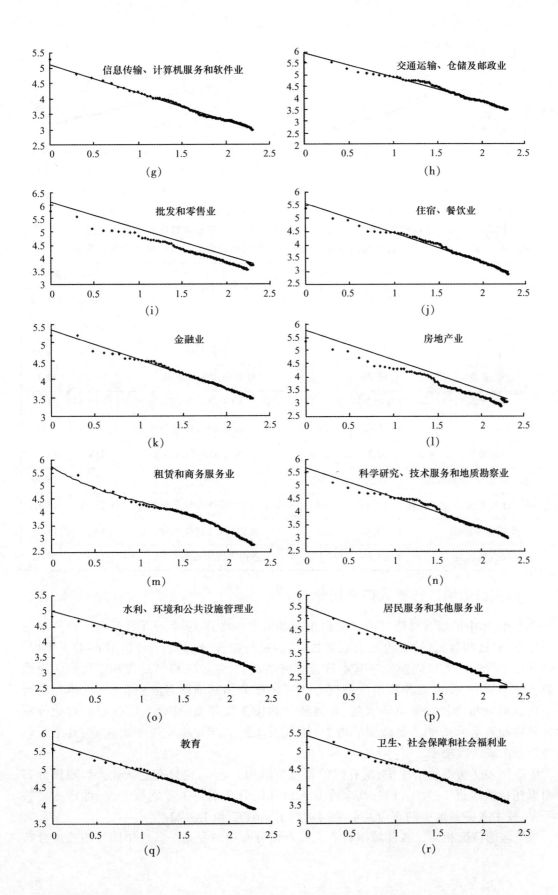

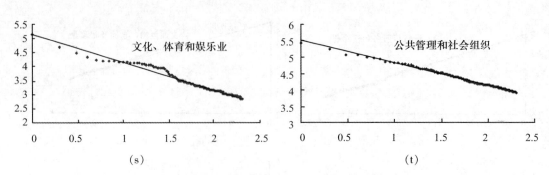

(图中所有横坐标均为 $\lg R_i$,纵坐标为 $\lg P_i$)

图 6-3　2005 年中国前 200 位地级城市市辖区行业人口规模与位序的模型拟合图

表 6-10　基于中国前 200 位地级城市拟合结果计算的城市行业人口规模最大值及其实际值

行业	最大值		行业	最大值	
	理论值	实际值		理论值	实际值
从业人口	753.01	492.88	金融业	21.99	15.81
农林牧渔业	8.67	8.51	房地产业	30.87	23.05
采矿业	13.79	13.76	租赁和商务服务业	55.73	46.31
制造业	152.79	141.11	科学研究、技术服务和地质勘查业	47.22	31.38
电力、燃气及水的生产和供应业	7.72	6.04	水利、环境和公共设施管理业	10.69	6.59
建筑业	37.77	40.03	居民服务和其他服务业	31.00	13.15
交通运输、仓储及邮政业	92.13	36.97	教育	49.52	35.39
信息传输、计算机服务和软件业	12.60	19.4	卫生、社会保障和社会福利业	23.07	15.72
批发和零售业	75.42	63.64	文化、体育和娱乐业	14.57	13.92
住宿、餐饮业	38.70	24.17	公共管理和社会组织	32.13	27.42

4. 中国西部城市行业人口规模分布

从 2005 年中国所有地级城市中提取出西部城市,将其 19 个行业及从业人口规模的数据排序,对这些数据以 10 为底求取对数,然后进行拟合分析(表 6-11、图 6-4)。发现,有以下几个行业的人口规模分布基本符合 Zipf 法则:总从业人口/批发和零售业/房地产业/科学研究、技术服务和地质勘查业/居民服务和其他服务业;符合二次模型的行业分别为租赁和商务服务业/水利、环境和公共设施管理业;符合三次模型的行业分别为农林牧渔业/采矿业/制造业/电力、燃气及水的生产和供应业/建筑业;其余行业则符合五次或六次模型。

在符合 Zipf 法则的情况中,所有的帕累托指数均大于 1,且只有总从业人口规模分布的帕累托指数接近 1,为 1.1153;其余行业人口规模分布则与 1 差别较大,房地产业/科学研究、技术服务和地质勘查业甚至分别达到了 1.6172 和 1.6122。

与全国的情况相比,西部城市行业人口规模分布相对复杂一些。中国城市行业分布都能由一次或三次模型模拟,但西部城市行业人口规模分布却不能全部被一次或三次模型模拟,交通运输、仓储及邮政业／信息传输、计算机服务和软件业／教育／卫生、社会保障和社会福利业／公共管理和社会组织等行业在西部城市的分布遵循五次模型,而住宿、餐饮业／文化、体育和娱乐业则需要用六次模型来拟合。同时,与全国城市行业人口规模分布类似,西部城市的行业人口规模分布亦是在最右方急剧下降,影响了拟合精度。

表 6-11　2005 年中国西部城市市辖区行业人口规模与位序的模型拟合

行业	模型	r^2
从业人口	$\lg P_i=-1.1153(\lg R_i)+6.4451$	0.945
农林牧渔业	$\lg P_i=-0.7747(\lg R_i)^3+1.6188(\lg R_i)^2-1.6031(\lg R_i)+4.3085$	0.971
采矿业	$\lg P_i=-0.7898(\lg R_i)^3+0.2969(\lg R_i)^2-0.2413(\lg R_i)+4.787$	0.9919
制造业	$\lg P_i=-1.2642(\lg R_i)^3+2.7848(\lg R_i)^2-2.463(\lg R_i)+5.8574$	0.9555
电力、燃气及水的生产和供应业	$\lg P_i=-0.4389(\lg R_i)^3+0.8449(\lg R_i)^2-1.1025(\lg R_i)+4.5634$	0.9527
建筑业	$\lg P_i=-1.016(\lg R_i)^3+1.9644(\lg R_i)^2-1.8442(\lg R_i)+5.4979$	0.9638
交通运输、仓储及邮政业	$\lg P_i=-3.766(\lg R_i)^5+16.385(\lg R_i)^4-24.454(\lg R_i)^3+13.718(\lg R_i)^2-2.8436(\lg R_i)+5.043$	0.982
信息传输、计算机服务和软件业	$\lg P_i=-201355(\lg R_i)^5+8.6605(\lg R_i)^4-11.641(\lg R_i)^3+5.2759(\lg R_i)^2-0.9475(\lg R_i)+4.2479$	0.9814
批发和零售业	$\lg P_i=-1.318(\lg R_i)+5.3402$	0.9175
住宿、餐饮业	$\lg P_i=-0.2048(\lg R_i)^6-2.7033(\lg R_i)^5+14.076(\lg R_i)^4-21.698(\lg R_i)^3+11.834(\lg R_i)^2-2.2799(\lg R_i)+4.4641$	0.9856
金融业	$\lg P_i=-2.8686(\lg R_i)^5+11.861(\lg R_i)^4-16.769(\lg R_i)^3+9.0368(\lg R_i)^2-2.1377(\lg R_i)+4.6915$	0.9798
房地产业	$\lg P_i=-1.6172(\lg R_i)+5.031$	0.9306
租赁和商务服务业	$\lg P_i=-0.5759(\lg R_i)^2-0.3396(\lg R_i)+4.4019$	0.9654
科学研究、技术服务和地质勘查业	$\lg P_i=-1.6122(\lg R_i)+5.3837$	0.9306
水利、环境和公共设施管理业	$\lg P_i=-0.4679(\lg R_i)^2-0.0253(\lg R_i)+4.1244$	0.9407
居民服务和其他服务业	$\lg P_i=-1.4498(\lg R_i)+4.3084$	0.9749
教育	$\lg P_i=-2.4339(\lg R_i)^5+9.7344(\lg R_i)^4-12.947(\lg R_i)^3+6.0962(\lg R_i)^2-1.323(\lg R_i)+5.1279$	0.9551
卫生、社会保障和社会福利业	$\lg P_i=-2.1966(\lg R_i)^5+8.9997(\lg R_i)^4-12.379(\lg R_i)^3+5.9906(\lg R_i)^2-1.1537(\lg R_i)+4.6441$	0.9823
文化、体育和娱乐业	$\lg P_i=-1.0781(\lg R_i)^6+1.1834(\lg R_i)^5+7.9972(\lg R_i)^4-17.854(\lg R_i)^3+11.098(\lg R_i)^2-2.1652(\lg R_i)+4.2053$	0.9786
公共管理和社会组织	$\lg P_i=-2.3292(\lg R_i)^5+9.9924(\lg R_i)^4-14.64(\lg R_i)^3+8.1344(\lg R_i)^2-1.8931(\lg R_i)+4.975$	0.9763

(a) 人业人员

(b) 农、林、牧、渔业

(c) 采掘业

(d) 制造业

(e) 电力、燃气及水的生产和供应业

(f) 建筑业

(g) 交通运输、仓储及邮政业

(h) 信息传输、计算机服务和软件业

(i) 批发和零售业

(j) 住宿、餐饮业

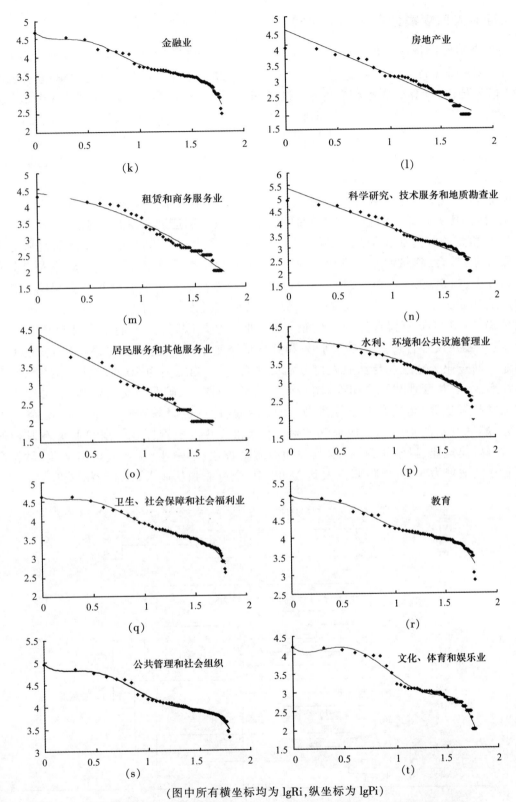

（图中所有横坐标均为 lgRi，纵坐标为 lgPi）

图 6-4　2005 年中国西部城市市辖区行业人口规模与位序的模型拟合图

5.行业人口规模分布之间的比较

关于全国城市行业人口规模分布,聚类分析谱系图(标签中的V1~V19分别代表农林牧渔业＼采矿业＼制造业＼电力、燃气及水的生产和供应业＼建筑业＼交通运输、仓储及邮政业＼信息传输、计算机服务和软件业＼批发和零售业＼住宿、餐饮业＼金融业＼房地产业＼租赁和商务服务业＼科学研究、技术服务和地质勘查业＼水利、环境和公共设施管理业＼居民服务和其他服务业＼教育＼卫生、社会保障和社会福利业＼文化、体育和娱乐业＼公共管理和社会组织等19个行业,V20为从业人口)显示:当距离为0时,各为单独的一类;当距离为5时,被聚为16类,农林牧渔业与公共管理和社会组织／制造业与房地产业／居民服务和其他服务业与教育／金融业与从业人口分别被聚为4类;当距离为10时,被聚为12类,其中农林牧渔业与公共管理和社会组织／制造业与房地产业／批发和零售业与租赁和商务服务业／信息传输、计算机服务和软件业与住宿、餐饮业／居民服务和其他服务业、教育、建筑业与科学研究、技术服务和地质勘查业／金融业与从业人口分别被聚为6类;当距离为15时,被聚为9类,其中农林牧渔业与公共管理和社会组织／制造业与房地产业／采矿业与交通运输、仓储及邮政业／批发和零售业、租赁和商务服务业、信息传输、计算机服务和软件业与住宿、餐饮业／电力、燃气及水的生产和供应业与水利、环境和公共设施管理业／居民服务和其他服务业、教育、建筑业与科学研究、技术服务和地质勘查业／金融业与从业人口分别被聚为7类;当距离为20时,被聚为6类,其中农林牧渔业、公共管理和社会组织、制造业与房地产业／采矿业与交通运输、仓储及邮政业／批发和零售业、租赁和商务服务业、信息传输、计算机服务和软件业与住宿、餐饮业／电力、燃气及水的生产和供应业与水利、环境和公共设施管理业／居民服务和其他服务业、教育、建筑业、科学研究、技术服务和地质勘查业、金融业、从业人口与文化、体育和娱乐业分别被聚为5类;当距离扩大到25时,19个行业和从业人口被聚为一类。

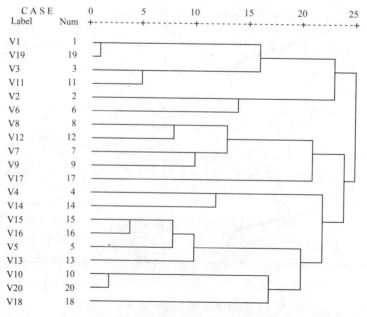

图6-5　中国地级城市的19种行业和从业人口规模分布的聚类分析谱系图

　　而对于西部城市，聚类分析谱系图如图 6-6（标签中的 V1~V20 的意义与图 6-5 相同）所示，可发现西部城市的各行业人口规模分布之间关系与全国城市大有不同。当距离为 5 时，信息传输、计算机服务和软件业／金融业／从业人口归为一类，其余行业则各自为一类；当距离为 10 时，信息传输、计算机服务和软件业／金融业／从业人口／公共管理和社会组织／交通运输、仓储及邮政业归为一类，批发和零售业／教育归为一类，租赁和商务服务业／文化、体育和娱乐业／科学研究、技术服务和地质勘查业归为一类，建筑业／房地产业归为一类，住宿、餐饮业／卫生、社会保障和社会福利业归为一类，其余则各自为一类；当距离为 15 时，信息传输、计算机服务和软件业／金融业／从业人口／公共管理和社会组织／交通运输、仓储及邮政业／批发和零售业／教育／水利、环境和公共设施管理业／租赁和商务服务业／文化、体育和娱乐业／科学研究、技术服务和地质勘查业／建筑业／房地产业／电力、燃气及水的生产和供应业归为一类，住宿、餐饮业／卫生、社会保障和社会福利业／制造业／采矿业／居民服务和其他服务业归为一类，而农林牧渔业则自为一类；当距离为 20 时，农林牧渔业自为一类，而其他则归为一类；当距离扩大到 25 时，19 个行业和从业人口被聚为一类。

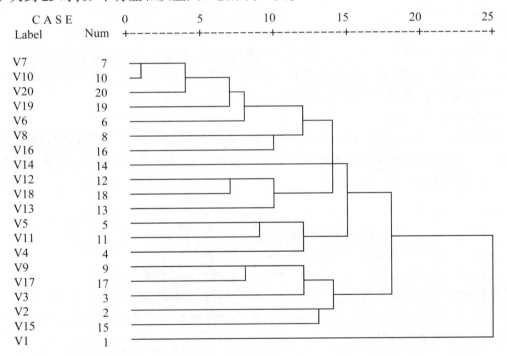

图 6-6　中国西部地级城市的 19 种行业和从业人口规模分布的聚类分析谱系图

　　与全国城市相比，西部城市的行业人口规模分布相似度较大，在距离为 15 时除农林牧渔业之外的 18 行业已与从业人口被归为两大类，在距离为 20 时甚至这 18 个行业已与从业人口归为一类；但全国城市的行业人口分布在距离为 15 时仍属于 9 类之多，在距离为 20 时亦仍属于 6 类之多。此外，西部城市的农林牧渔业人口规模分布与其他行业差别较大，在距离为 20 时方与其他归为一类，而全国城市则在距离为 5 时即与公共管理和社会组织归为一类。

6.3 西北地区城市的产业分工

产业结构的变动导致了城市间的分工与合作的新态势,综合采用相似系数、灰色关联分析与相对专业化和相对多样化指数,对西北地级城市行业分工进行测度研究。

1.产业分工测度

首先对西北城市的产业结构进行相似系数计算,从宏观上把握其总体情况;然后,求取区位熵,并对其进行灰色关联分析,对西北地级城市的产业结构分工进行测度,之后对专门化行业进行分析。本节研究的城市为西北地区的主要地级城市[1](西安、兰州、乌鲁木齐、银川、西宁等30个)。参与计算的产业分为农林牧渔业(简称农业,以下省略"简称"二字)、采掘业(采掘)、制造业(制造)、电力、煤气及水生产供应业(电煤水)、建筑业(建筑)、交通运输、仓储及邮政业(交仓邮)、信息传输、计算机服务及软件业(信计软)、批发和零售业(批零)、住宿和餐饮业(住宿饮)、金融业(金融)、房地产业(房地产)、租赁和商业服务业(租赁)、科研、技术服务和地质勘查业(科技)、水利、环境和公共设施管理业(水利)、居民服务和其他服务业(居民服务)、教育(教育)、卫生、社会保险和社会福利业(卫生)、文化、体育和娱乐业(文化)、公共管理和社会组织(公共)等19个。

(1)相似系数的计算

相似系数是用以测度各地区间结构(产业结构、就业结构、消费结构等)的相似程度的指标,实质上就是所研究两地区的结构数据所形成的向量夹角的余弦值,计算公式如下(吴殿廷,2004):

$$\theta_{jk}=\cos\alpha_{jk}=\frac{\sum_{i=1}^{n}s_i(j)s_i(k)}{\sqrt{\left[\sum_{i=1}^{n}s_i(j)\right]^2\left[\sum_{i=1}^{n}s_i(k)\right]^2}} \tag{8}$$

式(8)中,θ_{jk}是相似系数,$s(j)$和$s(k)$分别是不同样本的向量。相似系数越大,两样本的相似程度就越大,根据公式(8),可以计算出西北各地级城市相互之间行业结构的相似系数(表6-12至表6-14)。

---

[1]这些城市为《2006年中国城市统计年鉴》中所统计的西北地级城市,本节所用数据均为此年鉴数据。且所用数据为市辖区数据。

表 6–12　中国西北各地级城市相互之间的行业结构的相似系数(1)

相似系数	西安	铜川	宝鸡	咸阳	渭南	延安	汉中	榆林	安康	商洛
西安	1	0.5291	0.9795	0.9701	0.8723	0.6998	0.9398	0.6629	0.6015	0.6143
铜川	0.5291	1	0.5372	0.5339	0.5796	0.5965	0.5768	0.6074	0.4705	0.498
宝鸡	0.9795	0.5372	1	0.9635	0.8387	0.6695	0.9264	0.6575	0.5912	0.6027
咸阳	0.9701	0.5339	0.9635	1	0.8843	0.6606	0.938	0.6526	0.5746	0.5579
渭南	0.8723	0.5796	0.8387	0.8843	1	0.9039	0.9671	0.8663	0.8419	0.8004
延安	0.6998	0.5965	0.6695	0.6606	0.9039	1	0.8593	0.9547	0.9533	0.9454
汉中	0.9398	0.5768	0.9264	0.938	0.9671	0.8593	1	0.8317	0.7904	0.7807
榆林	0.6629	0.6074	0.6575	0.6526	0.8663	0.9547	0.8317	1	0.9531	0.9436
安康	0.6015	0.4705	0.5912	0.5746	0.8419	0.9533	0.7904	0.9531	1	0.9728
商洛	0.6143	0.498	0.6027	0.5579	0.8004	0.9454	0.7807	0.9436	0.9728	1
兰州	0.9435	0.5855	0.9237	0.951	0.9297	0.7607	0.9618	0.7154	0.6595	0.6354
嘉峪关	0.9249	0.4818	0.9474	0.9413	0.7024	0.4688	0.8121	0.4884	0.3899	0.4073
金昌	0.9274	0.5003	0.9474	0.9532	0.7417	0.5199	0.8376	0.5357	0.4421	0.4445
白银	0.8185	0.8522	0.8385	0.8364	0.6954	0.5539	0.7598	0.5785	0.4267	0.4569
天水	0.9526	0.5513	0.9345	0.9652	0.9234	0.762	0.9609	0.7685	0.6961	0.6826
武威	0.7144	0.5628	0.6928	0.6667	0.84	0.9189	0.8343	0.9207	0.8644	0.9043
张掖	0.8487	0.5826	0.8256	0.8084	0.9291	0.9456	0.9297	0.943	0.9034	0.919
平凉	0.7977	0.5268	0.7617	0.7774	0.9279	0.9289	0.909	0.9321	0.9129	0.8919
酒泉	0.8352	0.5362	0.8005	0.8239	0.9635	0.9381	0.9526	0.9075	0.8821	0.8621
庆阳	0.4412	0.4019	0.423	0.4199	0.744	0.9135	0.6595	0.9185	0.9699	0.9281
定西	0.5264	0.4364	0.5225	0.4868	0.7759	0.9315	0.723	0.9412	0.9904	0.9767
陇南	0.3699	0.4108	0.3672	0.3548	0.6792	0.8705	0.6012	0.906	0.9486	0.9359
西宁	0.8282	0.5139	0.8115	0.819	0.9189	0.8652	0.9374	0.8169	0.7973	0.7704
银川	0.6189	0.932	0.5971	0.6398	0.7365	0.7218	0.7084	0.7195	0.5793	0.5942
石嘴山	0.9474	0.5368	0.9627	0.9778	0.8368	0.6369	0.9065	0.663	0.5661	0.5619
吴忠	0.6482	0.4678	0.6475	0.648	0.8043	0.8695	0.7864	0.9065	0.8303	0.8374
固原	0.4641	0.4332	0.4426	0.4482	0.7755	0.9086	0.688	0.9097	0.9596	0.9129
中卫	0.935	0.5559	0.9381	0.9482	0.9195	0.7851	0.9594	0.8023	0.7412	0.7361
乌鲁木齐	0.8522	0.6063	0.8278	0.8597	0.9423	0.8467	0.9472	0.7987	0.7522	0.7215
克拉玛依	0.3606	0.9497	0.3505	0.3942	0.434	0.4161	0.4084	0.4061	0.2638	0.2745

表 6-13 中国西北各地级城市相互之间的行业结构的相似系数(2)

相似系数	兰州	嘉峪关	金昌	白银	天水	武威	张掖	平凉	酒泉	庆阳
西安	0.9435	0.9249	0.9274	0.8185	0.9526	0.7144	0.8487	0.7977	0.8352	0.4412
铜川	0.5855	0.4818	0.5003	0.8522	0.5513	0.5628	0.5826	0.5268	0.5362	0.4019
宝鸡	0.9237	0.9474	0.9474	0.8385	0.9345	0.6928	0.8256	0.7617	0.8005	0.423
咸阳	0.951	0.9413	0.9532	0.8364	0.9652	0.6667	0.8084	0.7774	0.8239	0.4199
渭南	0.9297	0.7024	0.7417	0.6954	0.9234	0.84	0.9291	0.9279	0.9635	0.744
延安	0.7607	0.4688	0.5199	0.5539	0.762	0.9189	0.9456	0.9289	0.9381	0.9135
汉中	0.9618	0.8121	0.8376	0.7598	0.9609	0.8343	0.9297	0.909	0.9526	0.6595
榆林	0.7154	0.4884	0.5357	0.5785	0.7685	0.9207	0.943	0.9321	0.9075	0.9185
安康	0.6595	0.3899	0.4421	0.4267	0.6961	0.8644	0.9034	0.9129	0.8821	0.9699
商洛	0.6354	0.4073	0.4445	0.4569	0.6826	0.9043	0.919	0.8919	0.8621	0.9281
兰州	1	0.8219	0.8471	0.7803	0.9379	0.7114	0.8401	0.8318	0.896	0.5103
嘉峪关	0.8219	1	0.9914	0.8593	0.8834	0.5329	0.6837	0.612	0.6447	0.2221
金昌	0.8471	0.9914	1	0.8603	0.9079	0.5624	0.7165	0.6568	0.6945	0.2824
白银	0.7803	0.8593	0.8603	1	0.7958	0.5777	0.6847	0.6075	0.6225	0.2882
天水	0.9379	0.8834	0.9079	0.7958	1	0.7986	0.8875	0.857	0.9094	0.56
武威	0.7114	0.5329	0.5624	0.5777	0.7986	1	0.9313	0.8527	0.9049	0.8053
张掖	0.8401	0.6837	0.7165	0.6847	0.8875	0.9313	1	0.9576	0.953	0.818
平凉	0.8318	0.612	0.6568	0.6075	0.857	0.8527	0.9576	1	0.9429	0.8422
酒泉	0.896	0.6447	0.6945	0.6225	0.9094	0.9049	0.953	0.9429	1	0.7942
庆阳	0.5103	0.2221	0.2824	0.2882	0.56	0.8053	0.818	0.8422	0.7942	1
定西	0.5736	0.3127	0.3612	0.3606	0.625	0.8626	0.8715	0.8679	0.8317	0.9779
陇南	0.4352	0.1784	0.238	0.2751	0.5112	0.8042	0.7875	0.7886	0.7444	0.9633
西宁	0.9283	0.6348	0.6805	0.61	0.846	0.7772	0.8743	0.8882	0.9424	0.6828
银川	0.7174	0.5081	0.5396	0.8259	0.6574	0.6631	0.703	0.685	0.6906	0.5039
石嘴山	0.8957	0.9638	0.9756	0.8612	0.9455	0.6616	0.8091	0.7677	0.7814	0.4159
吴忠	0.6606	0.5213	0.5769	0.5375	0.7568	0.898	0.8875	0.8605	0.8548	0.7921
固原	0.5542	0.2326	0.2921	0.3053	0.608	0.841	0.8087	0.8272	0.8279	0.9691
中卫	0.8925	0.8812	0.8935	0.8015	0.9663	0.8093	0.9055	0.8618	0.88	0.6134
乌鲁木齐	0.9627	0.6741	0.719	0.6927	0.8918	0.7802	0.8581	0.8733	0.9426	0.6309
克拉玛依	0.4668	0.3213	0.3414	0.7398	0.3884	0.3657	0.3629	0.3337	0.3726	0.2125

表 6-14　中国西北各地级城市相互之间的行业结构的相似系数(3)　　　149

相似系数	定西	陇南	西宁	银川	石嘴山	吴忠	固原	中卫	乌鲁木齐	克拉玛依
西安	0.5264	0.3699	0.8282	0.6189	0.9474	0.6482	0.4641	0.935	0.8522	0.3606
铜川	0.4364	0.4108	0.5139	0.932	0.5368	0,4678	0.4332	0.5559	0.6063	0.9497
宝鸡	0.5225	0.3672	0.8115	0.5971	0.9627	0.6475	0.4426	0.9381	0.8278	0.3505
咸阳	0.4868	0.3548	0.819	0.6398	0.9778	0.648	0.4482	0.9482	0.8597	0.3942
渭南	0.7759	0.6792	0.9189	0.7365	0.8368	0.8043	0.7755	0.9195	0.9423	0.434
延安	0.9315	0.8705	0.8652	0.7218	0.6369	0.8695	0.9086	0.7851	0.8467	0.4161
汉中	0.723	0.6012	0.9374	0.7084	0.9065	0.7864	0.688	0.9594	0.9472	0.4084
榆林	0.9412	0.906	0.8169	0.7195	0.663	0.9065	0.9097	0.8023	0.7987	0.4061
安康	0.9904	0.9486	0.7973	0.5793	0.5661	0.8303	0.9596	0.7412	0.7522	0.2638
商洛	0.9767	0.9359	0.7704	0.5942	0.5619	0.8374	0.9129	0.7361	0.7215	0.2745
兰州	0.5736	0.4352	0.9283	0.7174	0.8957	0.6606	0.5542	0.8925	0.9627	0.4668
嘉峪关	0.3127	0.1784	0.6348	0.5081	0.9638	0.5213	0.2326	0.8812	0.6741	0.3213
金昌	0.3612	0.238	0.6805	0.5396	0.9756	0.5769	0.2921	0.8935	0.719	0.3414
白银	0.3606	0.2751	0.61	0.8259	0.8612	0.5375	0.3053	0.8015	0.6927	0.7398
天水	0.625	0.5112	0.846	0.6574	0.9455	0.7568	0.608	0.9663	0.8918	0.3884
武威	0.8626	0.8042	0.7772	0.6631	0.6616	0.898	0.841	0.8093	0.7802	0.3657
张掖	0.8715	0.7875	0.8743	0.703	0.8091	0.8875	0.8087	0.9055	0.8581	0.3629
平凉	0.8679	0.7886	0.8882	0.685	0.7677	0.8605	0.8272	0.8618	0.8733	0.3337
酒泉	0.8317	0.7444	0.9424	0.6906	0.7814	0.8548	0.8279	0.88	0.9426	0.3726
庆阳	0.9779	0.9633	0.6828	0.5039	0.4159	0.7921	0.9691	0.6134	0.6309	0.2125
定西	1	0.9689	0.7313	0.528	0.4889	0.8196	0.9647	0.6812	0.6799	0.2206
陇南	0.9689	1	0.6154	0.5081	0.3747	0.8088	0.9439	0.5742	0.572	0.218
西宁	0.7313	0.6154	1	0.6815	0.7642	0.7437	0.7036	0.8149	0.9664	0.3789
银川	0.528	0.5081	0.6815	1	0.6277	0.6331	0.5264	0.6523	0.7644	0.882
石嘴山	0.4889	0.3747	0.7642	0.6277	1	0.6961	0.4188	0.952	0.7988	0.3635
吴忠	0.8196	0.8088	0.7437	0.6331	0.6961	1	0.7804	0.7866	0.7421	0.2658
固原	0.9647	0.9439	0.7036	0.5264	0.4188	0.7804	1	0.6311	0.6873	0.2702
中卫	0.6812	0.5742	0.8149	0.6523	0.952	0.7866	0.6311	1	0.8415	0.3617
乌鲁木齐	0.6799	0.572	0.9664	0.7644	0.7988	0.7421	0.6873	0.8415	1	0.5012
克拉玛依	0.2206	0.218	0.3789	0.882	0.3635	0.2658	0.2702	0.3617	0.5012	1

（2）基于区位熵矩阵的灰色关联分析

计算区位熵的公式如下：

$$LQ_{ik}=\frac{L_{ik}/L_i}{L_k/L}\tag{9}$$

式（9）中，i 为城市序号，$i=1,2,3,\cdots,m$；k 为产业序列，$k=1,2,3,\cdots,n$；L 为从业人员。

根据公式（9）得出被研究城市及区域的各行业区位熵，并由此做出其区位熵矩阵。以全国城市的总体情况为参考序列，记为 $X_0(k)$；而所研究的各城市及区域的区位熵为比较序列，记为 $X_i(k)$。求出参考序列与比较序列的绝对差 Δ_i：

$$\Delta_i=|x_0(k)-x_i(k)|\tag{10}$$

求出两级最小差和两级最大差，记 $\min\limits_i\min\limits_k\Delta_i$ 为两级最小差，$\min\limits_i\Delta_i$ 为一级最小差，则两级最小差为：$\min\limits_i\min\limits_k\Delta_i=\min\{\min\Delta_i(1),\min\Delta_i(2),\cdots\min\Delta_i(n)\}$；同样求出两级最大差：$\max\limits_i\max\limits_k\Delta_i=\max\{\max\Delta_i(1),\max\Delta_i(2),\cdots\max\Delta_i(n)\}$。

基于以上指标，计算灰色关联系数 $\xi_i(k)$：

$$\xi_i(k)=\frac{\min\limits_i\min\limits_k|x_0(k)-x_i(k)|+\sigma\max\limits_i\max\limits_k|x_0(k)-x_i(k)|}{|x_0(k)-x_i(k)|+\sigma\max\limits_i\max\limits_k|x_0(k)-x_i(k)|}\tag{11}$$

式（11）中，σ 为分辨系数，$\sigma\in[0,1]$，依照经验一般取 $\sigma=0.5$。依上式求得被研究各城市的区位熵灰色关联系数矩阵（表6-15、表6-16）。然后计算灰色关联度 r_i

$$r_i=\frac{1}{N}\sum_{k=1}^n\xi_i(k)\tag{12}$$

同理可求出 r_k，并按此结果进行排序（表6-17、表6-18）。

表6-15　中国西北各地级城市的区位熵灰色关联矩阵（1）

$\xi_i(k)$	农业	采掘	制造	电煤水	建筑业	交仓邮	信计软	批零	住餐饮	金融业
西安	0.97	0.83	0.97	0.96	0.95	0.97	0.96	0.93	0.97	0.98
铜川	0.96	0.40	0.92	1.00	0.91	0.94	0.94	0.89	0.86	0.98
宝鸡	0.97	0.84	0.94	0.94	0.91	0.84	0.91	0.99	0.94	0.94
咸阳	0.92	0.83	0.95	0.87	0.91	0.92	0.96	0.96	0.87	0.93
渭南	0.93	0.88	0.94	0.82	0.90	0.95	0.98	0.96	0.86	0.99
延安	0.82	0.98	0.88	0.88	0.94	0.97	0.98	0.92	0.95	0.90
汉中	0.93	0.86	0.95	0.97	0.98	0.98	0.90	0.99	0.97	0.94
榆林	0.59	1.00	0.89	0.74	0.90	0.98	0.99	0.87	0.87	0.94
安康	0.97	0.83	0.88	0.84	0.92	0.94	0.85	0.93	0.89	0.84
商洛	0.83	0.88	0.88	0.90	0.84	0.94	0.98	0.95	0.96	0.69
兰州	0.92	0.92	0.97	0.98	0.87	0.89	0.95	0.97	0.99	0.98
嘉峪关	0.89	0.84	0.81	0.99	0.87	0.86	0.90	0.90	0.90	0.94
金昌	0.84	0.84	0.84	0.99	0.93	0.87	0.90	0.92	0.84	0.91
白银	0.93	0.50	0.95	0.80	0.88	0.87	0.88	0.89	0.84	0.96
天水	0.50	0.83	1.00	0.87	0.97	0.89	0.97	0.92	0.91	0.96
武威	0.36	0.95	0.89	0.95	0.86	0.96	0.95	0.96	0.92	0.86

$\xi_i(k)$	农业	采掘	制造	电煤水	建筑业	交仓邮	信计软	批零	住餐饮	金融业
张掖	0.68	0.89	0.92	0.82	0.88	0.99	0.95	1.00	0.89	0.84
平凉	0.97	0.83	0.91	0.75	0.96	0.97	0.97	0.93	0.91	0.97
酒泉	0.57	0.83	0.91	0.91	0.97	0.99	0.94	0.99	0.96	0.91
庆阳	0.88	0.83	0.85	0.80	0.91	0.98	0.91	0.96	0.91	0.97
定西	0.83	0.83	0.87	0.84	0.86	0.92	0.96	0.92	0.88	0.82
陇南	0.58	0.89	0.84	0.71	0.87	0.97	0.95	0.86	0.87	0.69
西宁	0.98	0.84	0.91	0.95	0.93	0.82	0.80	0.98	0.93	0.95
银川	0.78	0.55	0.90	0.68	0.98	0.90	0.95	0.93	0.96	0.90
石嘴山	0.80	0.84	0.93	0.65	0.96	0.89	0.94	0.89	0.90	0.94
吴忠	0.34	0.83	0.89	0.59	0.88	0.91	0.83	0.99	0.95	0.92
固原	0.60	0.87	0.85	0.88	0.98	1.00	0.94	0.93	0.86	1.00
中卫	0.77	0.83	0.99	0.79	0.94	0.87	0.91	0.93	0.95	0.99
乌鲁木齐	0.69	0.97	0.92	0.98	0.87	0.88	0.96	0.96	0.92	0.98
克拉玛依	0.86	0.33	0.90	0.83	0.90	0.85	0.86	0.90	0.85	0.89

表 6-16　中国西北各地级城市的区位熵灰色关联矩阵(2)

$\xi_i(k)$	房地产	租赁	科技	水利	居民服务	教育	卫生	文化	公共
西安	0.94	0.90	0.76	0.91	0.86	0.97	0.96	0.99	0.94
铜川	0.88	0.85	0.89	0.99	0.87	0.99	0.95	0.93	0.94
宝鸡	0.85	0.84	0.92	0.97	0.88	0.98	0.97	0.90	0.98
咸阳	0.86	1.00	0.99	0.91	0.84	1.00	0.97	0.91	0.99
渭南	0.84	0.86	0.95	0.99	0.86	0.86	0.93	0.95	0.91
延安	0.86	0.86	0.93	0.81	0.83	0.84	0.92	0.95	0.82
汉中	0.97	0.94	0.97	0.90	0.94	0.93	0.88	0.91	0.95
榆林	0.87	0.90	0.91	0.70	0.87	0.83	0.86	0.91	0.79
安康	0.93	0.84	0.99	0.93	0.83	0.74	0.85	0.96	0.74
商洛	0.98	0.91	0.99	0.91	0.94	0.78	0.88	0.93	0.80
兰州	0.89	0.91	0.85	0.98	0.84	0.99	0.94	0.93	0.98
嘉峪关	0.85	0.87	0.84	0.93	0.87	0.88	0.91	0.92	0.97
金昌	0.85	0.87	0.84	0.85	0.86	0.85	0.86	0.85	0.87
白银	0.85	0.84	0.86	0.99	0.97	0.91	0.88	0.88	0.99
天水	0.99	0.89	0.89	0.96	0.88	0.92	1.00	0.97	0.93
武威	0.84	0.99	0.97	0.65	0.86	0.84	0.91	0.85	0.91
张掖	0.87	0.87	0.80	0.83	0.92	0.86	0.95	0.89	0.86
平凉	0.68	0.85	0.74	0.90	0.89	0.88	0.95	0.99	0.84
酒泉	0.88	0.92	0.85	0.84	0.83	0.90	0.91	0.97	0.86
庆阳	0.86	0.85	0.97	0.76	0.83	0.71	0.86	0.85	0.68
定西	0.90	0.85	0.95	0.95	0.90	0.72	0.85	0.90	0.73
陇南	0.83	0.83	0.86	0.95	0.83	0.71	0.83	0.90	0.67

突
变
生
长
——
中
国
（
西
部
）
城
市
转
型
的
多
维
透
视

$\xi_i(k)$	房地产	租赁	科技	水利	居民服务	教育	卫生	文化	公共
西宁	0.92	0.94	0.87	0.97	0.85	0.98	0.85	0.90	0.91
银川	0.99	0.88	0.95	0.92	0.85	0.96	0.98	0.90	0.99
石嘴山	0.95	0.87	0.86	0.93	0.86	0.96	0.95	0.96	0.93
吴忠	1.00	0.86	0.83	0.68	0.72	0.94	0.96	0.91	0.80
固原	0.86	0.85	0.90	0.94	0.77	0.69	0.85	0.88	0.73
中卫	0.90	0.92	0.83	0.90	0.83	0.85	0.84	0.88	0.93
乌鲁木齐	0.96	0.96	0.93	0.96	0.85	1.00	0.98	0.90	0.96
克拉玛依	0.89	0.94	0.89	0.85	0.88	0.91	0.91	0.84	0.96

表 6-17　中国西北各地级城市产业结构的灰色关联度排序

城市	汉中	兰州	西安	乌鲁木齐	咸阳	宝鸡	渭南	西宁
r_i	0.940	0.934	0.932	0.928	0.926	0.921	0.914	0.910
城市	天水	铜川	延安	石嘴山	酒泉	商洛	银川	嘉峪关
r_i	0.908	0.900	0.898	0.896	0.893	0.892	0.892	0.891
城市	平凉	中卫	安康	张掖	白银	金昌	武威	定西
r_i	0.888	0.887	0.880	0.878	0.878	0.874	0.868	0.867
城市	榆林	固原	庆阳	克拉玛依	吴忠	陇南		
r_i	0.864	0.863	0.862	0.855	0.833	0.824		

表 6-18　中国西北地级城市各行业的灰色关联度排序

行业	批零	信计软	交仓邮	金融业	建筑业	文化	卫生	住餐饮	制造	科技
r_k	0.936	0.929	0.924	0.918	0.914	0.914	0.912	0.909	0.909	0.893
行业	水利	房地产	租赁	教育	公共	居民服务	电煤水	采掘	农业	
r_k	0.892	0.891	0.889	0.879	0.878	0.861	0.856	0.814	0.788	

（3）产业专门化和多样化

产业分工表现为两个方面：专门化和多样化（Bishop and Gripaios,2007；谢燮,杨开忠,2003）。通常,城市的产业专门化和多样化采用专门化指数和多样化指数（Duranton and Puga,2000）,而相对专门化指数和相对多样化指数可以使不同研究对象间具有可比性,因此选用这两个指数。其计算公式如下：

$$RZI_i = \max\left(\frac{S_{ij}}{S_j}\right) \tag{13}$$

$$RDI_i = \frac{1}{\sum_{j}^{l} |S_{ij} - S_j|} \tag{14}$$

在式（13）和（14）中,S_{ij} 为城市 i 在产业 j 的经济指标所占的份额,S_j 为产业 j 的经济指标在比较区域中所占的份额,而本文中采用各行业从业人员作为相应的经济指标。在计算过程中,出现某些城市的 S_{ij}/S_j 最大值对应行业为农业的情况,不符合城市的职能情况，故选择该城市 S_{ij}/S_j 的第二大值及其所对应行业为相对专门化指数和相对专门化行业。根据计算，西北地级城市的相对专门化和相对多样化指数如表 6-19 所示。

表 6-19　中国西北各地级城市的相对专业化及行业和相对多样化指数

城市	西安	铜川	宝鸡	咸阳	渭南	延安	汉中
相对专门化行业	科技	采掘	交仓邮	电煤水	电煤水	水利	卫生
相对专门化指数	2.555	8.248	1.916	1.756	2.097	2.176	1.701
相对多样化指数	3.446	1.463	2.628	3.115	2.227	1.689	3.640
城市	榆林	安康	商洛	兰州	嘉峪关	金昌	白银
相对专门化行业	水利	教育	金融业	科技	制造	制造	采掘
相对专门化指数	3.130	2.737	3.163	1.890	2.180	1.971	5.837
相对多样化指数	1.397	1.262	1.323	3.580	1.269	1.294	1.502
城市	天水	武威	张掖	平凉	酒泉	庆阳	定西
相对专门化行业	科技	水利	科技	房地产	水利	公共	教育
相对专门化指数	1.601	3.602	2.236	3.324	1.912	3.342	2.945
相对多样化指数	2.998	1.500	1.766	1.682	2.021	1.091	1.112
城市	陇南	西宁	银川	石嘴山	吴忠	固原	中卫
相对专门化行业	公共	信计软	采掘	电煤水	电煤水	教育	电煤水
相对专门化指数	3.417	2.227	4.964	3.673	4.482	3.177	2.317
相对多样化指数	0.894	2.084	1.681	2.082	1.247	1.171	2.307
城市	乌鲁木齐	克拉玛依	均值	方差			
相对专门化行业	建筑	采掘					
相对专门化指数	1.716	10.815	3.237	117.896			
相对多样化指数	2.705	1.032	1.907	18.877			

2.分工特征

(1)行业结构的相似性

西北地级城市之间的相关系数均在 0.1784~0.9914 之间，其中，甘肃省地级城市之间的相似系数在 0.1784~0.9914 之间，而陕西省的则在 0.4705~0.9904 之间，由此可见，西北地级城市行业结构的差别很大，同时西北地级城市行业结构相似系数的最大值和最小值均处于甘肃省地级城市之间，说明，甘肃省地级城市之间行业结构的差异较大，这一方面与甘肃省内各城市发展水平差距较大有关系，另一方面，在这种较大的发展水平差距下，城市的职能差别也较大。

根据西北地级城市之间相似系数的对比发现（表 6-20），西北地级城市行业结构的相似性存在着一定程度的空间自相关性，即空间距离越近通常更相似。比如，与西安行业结构相似性最强的前三位城市分别是宝鸡市、咸阳市、天水市，而最弱的则是克拉玛依市。此外，克拉玛依市、陇南市及庆阳市与其他城市的相似性较弱，而细究其行业结构，发现克拉玛依市的采掘业区位熵达到了 10.82，远高于其他城市，而陇南市和庆阳市的经济发展水平较低，导致了这三个城市行业结构与其他西北地级城市差异较大。

从灰色关联度的比较来看，各市的差别并非很大，最大值与最小值之间的差值为 0.116。而通过观察各市数据还发现，汉中市、兰州市、西安市、乌鲁木齐市分别为前四位，而庆阳市、克拉玛依市、吴忠市和陇南市分别为后四位，说明西北的核心城市与其他城市的关联程度较其他城市高。

表 6-20　中国西北城市中各种相似程度对应的城市及相似系数

城市	最相似		第二相似		第三相似		最不相似	
	城市	相似系数	城市	相似系数	城市	相似系数	城市	相似系数
西安	宝鸡	0.9795	咸阳	0.9701	天水	0.9526	克拉玛依	0.3606
铜川	克拉玛依	0.9497	银川	0.932	白银	0.8522	庆阳	0.4019
宝鸡	西安	0.9795	咸阳	0.9635	石嘴山	0.9627	克拉玛依	0.3505
咸阳	石嘴山	0.9778	西安	0.9701	金昌	0.9652	陇南	0.3548
渭南	汉中	0.9671	酒泉	0.9635	乌鲁木齐	0.9423	克拉玛依	0.434
延安	榆林	0.9547	安康	0.9533	张掖	0.9456	克拉玛依	0.4161
汉中	渭南	0.9671	兰州	0.9618	天水	0.9609	克拉玛依	0.4084
榆林	延安	0.9547	安康	0.9531	商洛	0.9436	克拉玛依	0.4061
安康	定西	0.9904	商洛	0.9728	庆阳	0.9699	克拉玛依	0.2638
商洛	定西	0.9767	安康	0.9728	延安	0.9454	克拉玛依	0.2745
兰州	乌鲁木齐	0.9627	汉中	0.9618	咸阳	0.951	陇南	0.4352
嘉峪关	金昌	0.9914	石嘴山	0.9638	宝鸡	0.9474	陇南	0.1784
金昌	嘉峪关	0.9914	石嘴山	0.9756	咸阳	0.9532	陇南	0.238
白银	石嘴山	0.8612	金昌	0.8603	嘉峪关	0.8593	陇南	0.2751
天水	中卫	0.9663	咸阳	0.9652	汉中	0.9609	克拉玛依	0.3884
武威	张掖	0.9313	榆林	0.9207	延安	0.9189	克拉玛依	0.3657
张掖	平凉	0.9576	酒泉	0.953	延安	0.9456	克拉玛依	0.3629
平凉	张掖	0.9576	酒泉	0.9429	榆林	0.9321	克拉玛依	0.3337
酒泉	渭南	0.9635	张掖	0.953	汉中	0.9526	克拉玛依	0.3726
庆阳	定西	0.9779	安康	0.9699	固原	0.9691	克拉玛依	0.2125
定西	安康	0.9904	庆阳	0.9779	商洛	0.9767	克拉玛依	0.2206
陇南	定西	0.9689	庆阳	0.9633	安康	0.9486	嘉峪关	0.1784
西宁	乌鲁木齐	0.9664	酒泉	0.9424	汉中	0.9374	克拉玛依	0.3789
银川	铜川	0.932	克拉玛依	0.882	白银	0.8259	庆阳	0.5039
石嘴山	咸阳	0.9778	金昌	0.9756	嘉峪关	0.9638	克拉玛依	0.3635
吴忠	榆林	0.9065	武威	0.898	张掖	0.8875	克拉玛依	0.2658
固原	庆阳	0.9691	定西	0.9647	安康	0.9596	嘉峪关	0.2326
中卫	天水	0.9663	汉中	0.9594	石嘴山	0.952	克拉玛依	0.3617
乌鲁木齐	西宁	0.9664	兰州	0.9627	汉中	0.9472	克拉玛依	0.5012
克拉玛依	铜川	0.9497	银川	0.882	白银	0.7398	庆阳	0.2125

（2）各行业的相似性与产业分工

综观西北地级城市各行业的灰色关联度,可发现其数值有一定的差别,最大值(批零)与最小值(农业)的差值为 0.148。由于灰色关联度越小则分工的机会越大,因而,西北城市行业的分工可能性按以下顺序减弱:农林牧渔业→采掘业→电力、煤气及水生产供应业→居民服务和其他服务业→公共管理和社会组织→教育→租赁和商业服务业→房地产业→水利、环境和公共设施管理业→科研、技术服务和地质勘查业→制造业→住宿和餐饮业→卫生、社会保险和社会福利业→文化、体育和娱乐业→建筑业→金融业→交通运输、仓储及邮政业→信息传输、计算机服务及软件业→批发和零售业。

由此可见,西北城市分工潜力较大的行业是农林牧渔业和采掘业,属于较低级层次,这与西北地区发展水平较低有关。

（3）产业专门化和多样化分析

总体上,西北地级城市的专门化程度较高,平均值达到 3.237,而最大值更是高达 10.815(克拉玛依市),最小值也达到了 1.601(天水市)。然而,从各城市的对比来看,西北地级城市专门化程度差别较大,方差为 117.896。从相对专门化行业来看,采掘业与电力、煤气及水生产供应业的地位很突出,在 30 个城市中,有 4 个城市(铜川、银川、白银、克拉玛依)的相对专门化行业为采掘业,亦有 5 个城市(咸阳、通渭、石嘴山、吴忠、中卫)的相对专门化行业为电力、煤气及水生产供应业,表明依赖于低层次行业的分工格局在西北城市中仍有很大的影响。在几个省会城市中,西安和兰州的相对专业化行业为科研、技术服务和地质勘查业,西宁为信息传输、计算机服务及软件业,银川为采掘业,而乌鲁木齐则为建筑业,这说明,在西北较为落后的发展状态下,科技和信计软等高端的服务功能主要集中在核心城市。

从多样化的角度看,西北地级城市的相对多样化程度并不太高,大部分在 3 以下,表明西北城市的企业区位选择对产业间的外部性不敏感;而相对多样化指数大于 3 的城市仅有西安、咸阳、汉中和兰州,其相对多样化指数分别为 3.446、3.115、3.640、3.580。在这四个城市中,西安和兰州分别是关中城市群和兰州都市圈的核心城市,说明西北城市中的核心城市拥有较高的多样化程度。

本章小结

在三次产业产值结构方面,尽管某些城市在某些时间段内高度指数有所下降,但西部城市三次产业产值结构仍主要处于高度化的趋势之中。产业产值结构变动速度有趋缓之趋势,2000—2007 年间的三次产业产值结构 K 值平均值(0.150)小于 1995—2000 年间 K 值的平均值(0.168);且西部城市之间三次产业产值结构变动速度的差异有缩小之趋势,2000—2007 年的 K 值标准差(0.099)小于 1995—2000 年间的 K 值标准差(0.145)。尽管如此,在变动速度分布方面,西部城市却有向两个相反方向集中之趋势,2000—2007 年间的产业结构变动较快和较慢的城市数分别为 9 个和 8 个,大于 1995—2000 年间的城市数(两者均是 2 个)。

在三次产业就业结构方面，尽管某些城市在某些时间段内高度指数有所下降，但西部城市三次产业就业结构仍主要处于高度化的趋势之中，且此趋势较三次产业产值结构高度化之趋势更为明显。西部城市的三次产业就业结构变动速度有减缓之趋势，2000—2007年间的三次产业就业结构 K 值平均值（0.156）小于1995—2000年间三次产业就业结构 K 值的平均值（0.710）；且西部城市产业就业结构变动速度之差异存在着缩减之趋势，2000—2007年间的 K 值标准差（0.106）小于1995—2000年间产业就业结构 K 值的标准差（0.429）。在变动速度分布方面，西部城市总体上几乎变化不大，2000—2007年间的产业结构变动较快和较慢的城市数均为8个，与1995—2000年间的城市数基本相当（9个和8个）。

在三次产业的产值与就业结构关联方面，西部城市的产业结构偏离度平均值从1995年的0.501骤减为2000年的0.320，然后增加到2007年的0.370，存在着先骤减后有略微增加之趋势；而其产业结构偏离度标准差则从1995年的0.279分别减为2000年的0.279和2007年的0.235，存在着差异程度递减之趋势，且递减速率有所减缓。产业结构偏离程度较强的城市大多处于较低发展阶段，而产业结构偏离程度较弱的城市大多是处于较高发展阶段的城市，由此可见，西部城市符合产业结构偏离度随着发展水平的提高而呈现的倒"U"字型趋势的后半部分。此外，GDP增长对就业带动的作用不明显，2000-2007年间，第一产业就业GDP弹性系数大于1的城市仅有乐山、铜川，第二产业就业GDP弹性系数大于1的城市仅有巴中、玉溪，而没有一座城市的第三产业就业GDP弹性系数大于1。

在中国所有地级城市的从业人口规模和19个行业规模分布与位序之间的双对数关系中，只有居民服务和其他服务业符合这一法则，但是其帕累托指数与1相差很大，其余的行业及总计的规模与位序的双对数关系则全部遵循三次模型，三次模型的三次项系数均为负值，且除公共管理和社会组织对应的 b_3 大于-0.1以外，其余的均与0相差较大。前200位中国地级城市中，除了农林牧渔业／采矿业／制造业／电力煤气及水的生产和供应业／建筑业／租赁和商务服务业等6个行业外，其余行业均符合Zipf法则，且这6个行业的规模——位序的双对数关系满足三次多项式模型；在符合Zipf法则的行业中，文化、体育和娱乐业的帕累托指数最接近1，其次是批发和零售业，其余则与1差别较大，而符合三次模型的行业中，三次系数（b_3）仍全为负值，其二次项系数全部为正值，而一次项系数为负值。从形态上看，所有地级城市、前200位地级城市的相应拟合曲线的形状大体有三种：位序——规模型、前一部分类似于首位型而后一部分则与过渡型相似及过渡型。而对于西部城市，仅有总从业人口／批发和零售业／房地产业／科学研究、技术服务和地质勘查业／居民服务和其他服务业符合Zipf法则，甚至有些行业需要五次或六次模型拟合，与全国的情况相比，西部城市行业人口规模分布相对复杂一些。

对西北地级城市的产业分工研究表明，西北地级城市行业结构的差别很大，其中甘肃省地级城市的差别更大；且西北地级城市行业结构的相似性存在着一定程度的空间自相关性。从行业角度看，西北地级城市行业的分工可能性按以下顺序递减：农林牧渔业→采掘业→电力、煤气及水生产供应业→居民服务和其他服务业→公共管理和社会组织→教育→租赁和商业服务业→房地产业→水利、环境和公共设施管理业→科研、技术服务和地质勘查业→制造业→住宿和餐饮业→卫生、社会保险和社会福利业→文化、体育和娱乐业→建筑业→金融业→交通运输、仓储及邮政业→信息传输、计算机服务及软件业→批发和零售业。总体上,西北地级城市的专门化程度较高,而城市间专门化程度差别较大,且采掘业与电力、煤气及水生产供应业的地位很突出,表明依赖于低层次行业的分工格局在西北城市中仍有很大的影响份量。此外,在西北较为落后的发展状态下,科技和信息传输、计算机服务及软件业等高端的服务功能主要集中在核心城市,且核心城市拥有相对较高的多样化程度。

第7章 中国城市资本密度空间变化

从计划经济到转型期,中国城市经济系统发生了深刻的转型,市场经济体制的确立必然导致城市资本密度在空间分布上的变化。为了透彻地分析制度变迁与城市资本密度空间分布的关系,有必要从理论和实证角度分析不同制度环境下的城市资本密度空间分布模式。

城市土地使用的空间模式理论的基础是新古典主义经济学,它是一种规范理论,主要探讨自由市场经济的理想状态下资源配置的最优化问题。在 1960 年代,新古典主义学派的研究领域是城市土地使用的空间模式,代表人物有艾伦索(W.Alonso,1964)、迈尔(E.S. Mill,1967)及墨思(R.F.Muth,1969)。其中艾伦索的研究最有影响。他运用新古典主义经济理论解析了区位、地租和土地利用之间的关系,采用新古典经济学中标准的成本——收益分析方法,得出了市场原则是将土地出租给最高的竞标者,导致各行业从中心到外围的区位选择模式为商务用地→工业用地→住宅用地→农业用地。该理论针对经济理性、完全竞争和最优决策等理想状态下的选址行为,由于不同的预算约束,各个土地使用者对于同一地区的经济评估(单位面积投入和产出)是不一致的。随着与城市中心的距离递增(区位可达性递减),各种土地使用者的效益递减速率(边际效益的变化)是不同的。用竞标价格曲线来表示土地成本和区位成本(克服空间距离的交通成本)之间的权衡。不同的曲线表示不同的土地使用,曲线上任何一种表示一种选址可能性,同一曲线上任何一种选择方案的经济效益(土地成本和区位成本之和)都是相同的。城市土地使用的空间分布模式就可以用一组竞标价格曲线来加以表示(图 7-1)。

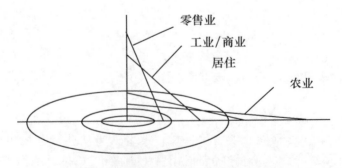

图 7-1 城市土地使用的空间分布模式

从住房角度分析,该模型主要思想就是居民选择居住区位的依据是在比较居住区位的边际收益与边际成本后选择居住地。因此,居住空间的分布可运用竞标价格曲线加以解释。根据经济收入作为预算约束条件,在任何区位,低收入家庭的土地需求总是少于高收入家庭,由于低收入家庭享用的土地较少,区位成本(通勤费用)的变化比土地成本(地租)的变化相对更为重要,这就导致了低收入家庭的地租竞价曲线比较陡直,相反高收入家庭享用的土地较多,土地成本的变化比区位成本的变化相对重要,因而地租竞价曲线比较平缓。于是城市内部居住空间的分布就表现为高收入家庭居住在城市边缘,低收入家庭居住在靠近市中心的位置。公共设施选址的优化分析,最大利润的选址原则被最大福利原则所取代,用各个地区到公共设施的距离之和进行衡量,并根据各个地区的需求指数来确定其距离变量的权重。

后来,越来越多的研究成果证实在市场经济体制下城市中某区位的住房面积价格与该区位的交通通勤费用成反比,也就是说房屋价格随离城市中心距离的增加而下降(Mills E S,1967;Muth R F,1969;Ding Chengri,1996)。进一步,城市经济理论通过引进住房生产函数证明土地价格(地租)、资本密度(或容积率、建筑密度、建筑高度)、人口密度都随离城市中心的距离增加而下降(Alonso W,1969;Bruechner Jan,1987;Ding Chengri,2004)。显然,城市土地价格和建筑面积价格是形成、影响和主导城市空间结构动态变化的驱动力量(Ding Chengri,2004)。为此,丁成日(2004)选用人口密度指标研究了中国的城市人口密度及其空间分布问题(Ding Chengri,2004)。然而,在Alonso模型中,居民的效用和居住地与城市中心商业区距离无关的假设显然与现实生活不符,研究人员就从不同角度扩展了Alonso模型。例如,Wheaton(1977)将收入纳入到居民居住区位选择模型中,认为居民收入是居民选择居住在较远的效区的一个主要因素,富有的家庭选择居住在效区是一个长期的空间竞争的均衡结果,部分地解释了美国富有家庭居住地效区化的趋势。但大部分富有家庭选择居住效区还受一些外部因素的影响,如追求好的环境等。Wright等(Wright,1977;Polinskyand Rubinfeld,1978)将居住地的公共物品与服务等因素加入到Alonso模型中,认为环境质量是居民选择居住效区的一个因素。以后,Cho等(Cho,2001;Wu,2001)进一步系统研究了环境舒适性对城市扩张或居民居住区位选择的影响,但他们忽视了交通成本对居民居住区位的选择。

近10多年来,国内外关于紧凑城市研究的成果日益增多,学者们分析了紧凑城市的概念、结构、设计、问题、建设模型等,且较为普遍的看法是中国城市属于紧凑城市形态类型。紧凑城市从其概念内涵来分析,至少应包括两方面内容:一是城市形态紧凑度(建成区总面积与建成区外接圆面积的比值)不断提高。一般地,当城市处于轴状、星形等扩张期时,该指标将显著下降,而当城市处于块状或填充期时,该指标则明显上升(杨永春,汪一鸣,1999);二是建成区资本存量平均值不断上升。从土地利用效率分析,这个指标更具有现实和管理价值,但其变化较为复杂。一般地,从理论角度出发,若不考虑城市外部形态差异,且假定一个城市建成区面积一定,而资本存量(如固定资产)为正值,或资本存量增量(或增长率)/建成区面积正增量(或正增长率)大于1,或资本存量负增量(或负增长率)/建成区面积负增量(或负增长率)小于1,笔者认为从此资本视角可认定为城市更加"紧凑化"。当城市处于形态分散化时期,由于土地廉价,单位土地面积的城市资本存量将至少不会提高太快,甚至会下降;反之,则将逐步提高。

总的来看,因资料获取难度和成本很高,此类研究国内外还没有采用一个城市的整体相关调查资料(如容积率、建筑高度等)对城市资本密度空间变化的有关模型进行验证的先例,更没有对计划经济时期和转型时期中国城市资本密度空间变化规律进行较为深入的理论与实证研究。本章首先构建了计划经济体制和转型期（中国）城市资本密度空间分布理论模型（杨永春，伍俊辉等，2009；杨永春，李欣珏，2009），然后以兰州市为例进行实证。在实证分析中，利用高精度卫星影像和大规模实地调查方法获取数据，采用 GIS 手段和数理统计方法，利用建筑高度指标，分区、分行业对兰州城市资本密度空间变化进行了深入研究。同时，采用资本存量增量（或增长率）/建成区面积增量（或增长率）的指标衡量资本角度的城市紧凑化程度，研究了兰州城市紧凑化变动过程（杨永春，伍俊辉，等，2009）。

7.1　理论模型

1.城市资本密度空间变化

西方城市经济学理论一般认为：在市场经济体制环境下，城市资本密度（或容积率、建筑密度、建筑高度）从城市中心到外围大致在空间上是递减的（Alonso W，1969；Bruechner Jan，1987；Ding Chengri，2004）（图 7-2）。而且，土地地租竞标曲线表明：市场原则是将土地出租给最高的竞标者，因而靠近市中心的土地一般用于商务目的，中间是工业用地，外围是住宅用地，再向外就是农业用地（Alonso W，1969）。假设城市的所有就业机会都在市中心，区位越远离市中心，交通通勤费用越高，为使城市居民无论住在哪里的满意度（效用函数）不变，单位面积住房价格就要下降。同理，区位越靠近市中心，交通通勤费用就越小，单位面积住房价格越高。也就是说，房屋价格随离城市中心的距离增加而下降（Alonso W，1969；Bruechner Jan，1987；Ding Chengri，2004）。一般地，私有经济成分和土地开发融资机制肯定直接或间接地影响城市土地开发的资本投入量，因而影响土地开发强度（Ding Chengri，2004）。资金供给量或土地供给量不一定是均衡的，土地或资金相对对方的稀缺程度将影响资本密度在城市空间变化的轨迹。在其它要素不变的前提下，如果资金特别紧缺，那就意味着土地成本相对较低，资本密度曲线的斜率应是相对平缓的，城市空间扩张相对较快。反之，该斜率将较为陡峭，城市空间扩张将较为平缓（Ding Chengri，2004）。

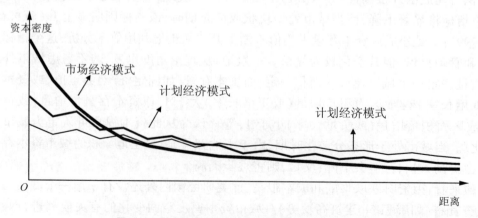

图 7-2　不同制度下的城市资本密度空间变化模式

(1)完全计划经济体制

在完全计划经济体制下,相关假设条件与市场经济条件相比发生了重大变化:①土地与资金供给都属于计划供给,各行业能得到多少土地、(相关建设)资金与计划期间的发展目标(规划或计划)相关,而且与各行业所掌握的权利或与权利阶层关系密切的程度相关;②土地使用制度的内在刚性,即国家一旦将土地分配出去,该行业或单位无权进行交易,即使不使用也只能交还给政府重新分配。由于(市场)调节和交换机制欠缺,单位对土地使用不足或过度开发利用都易发生,更不愿意将土地交还政府;③土地使用合理与否、开发强度是否科学等主要直接取决于国家相关政策、城市相关规划限制、该单位所支配的资金规模及其单位内部规划等;④虽然单位追求利润的动机弱,但此时期依然存在成本-效益核算管理体系,城市土地的区位差异依然可从交通费用、基础设施水平和居民生活的方便程度与费用大小等各种因素中反映出来,即城市中心依然是各单位追求的理想用地区位,国家也较为重视和投资较多。

根据前述假设,至少可以得到以下推论:①形成了各单位利用权利对利益或资源进行博弈的内在机制:一般地,处于发展目标范围内的行业,掌握(或能影响)相关权利(或权利部门)越大的行业将能获得更多的建设用地面积,在一定条件下也能选择更好的区位(当然也受城市规划的部分影响),反之亦然。假设没有城市规划限制,该单位资金充裕,土地开发强度将加大,单位的资本密度将提高,反之亦成立;②无论如何,如果各单位获得土地和资金数量按计划而行,而计划是变化的,不是根据市场规则制订的,更何况资金拨款与土地划拨还存在非同步性,一定时期各单位所获资金量与土地面积的比值肯定有差异,必然会导致单位资本密度的空间差异,即各单位获得的土地与资金数量以及两者的比例关系的不同决定了计划经济时期各单位资本密度的空间差异,必定会出现土地多、资金多,土地少、资金多,土地多、资金少,土地少、资金少等几种组合,单位的资本密度相应也会出现高或低、高、低、高或低等几种现象,即所谓能力强的企业的区位相对较优越,所获资金多,但拥有的土地也多,并不一定能形成高资本密度的特征,反之亦然。加之,由于各行业或单位的城市空间分布并不遵循市场经济原则下的空间分异,而只是遵循计划部门执行国家相关政策或依据自己的判断,那么不同行业或单位的城市空间布局差异将直接影响城市资本密度的空间变化规律。

根据以上假设和推论可以证明:虽然假设条件④能使城市资本密度的空间分布规律接近于市场经济条件的曲线,但不同行业或单位的资本密度差异及其在城市空间布局的差异性,同时还应充分考虑中国城市还实行了多年的"先生产,后生活",以及生产、生活区合一的单位制政策的影响,土地市场价值更难以体现出来,因此,这种资源分配制度及其机制将使(中国)城市资本密度在空间上很难出现类似市场经济制度下的资本密度由中心向外围的显著的递减规律,很可能出现(非常)弱的递减规律,更有可能呈现出波动均衡的空间分布特征,局部甚至出现递增现象。在各单位获得土地能力相似的背景下,考虑到整个国家资本稀缺的现实,各单位只有充分利用土地,将会出现资本密度都低的空间分布特征。所以,计划经济模式下的城市资本密度将主要呈现波动均衡分布或弱递减规律(区位通达度的影响),甚至出现局部递增现象,但整体差异很小,局部差异可能较大(图7-2)。由于中国城市相关政策以及社会经济发展水平低的影响,居住区、商务设施等随单位在城市内部广泛分布,城市用地模式并没出现类似市场机制条件下的由中心向外围的商务→工业→居住→农业的典型空间结构模式。

(2)转型期

转型期,中国经济经30余年的发展,尤其是市场经济体制的不断深入和完善,相关假设条件与完全计划经济时期相比发生了很大变化:①除了少部分单位如高校、军队、政府机关等可无偿获得用地外,其余单位已很难再无偿获得建设用地了。即使能得到,也大都在城市边缘地带或新开发区;②各单位在转型过程中逐步成为自负盈亏的市场经济中的个体,不断加强了经济自主能力和加深了参与市场竞争的程度,但这与单位性质或类型密切相关,例如生产性企业转变最快;③普遍实行了土地有偿使用政策和收回-拍卖的市场经济体制的土地管理政策。该政策对于那些已破产企业或因城市改造、新建土地在给予一定补偿的基础上,强行收回或转为国有,然后统一整理后进行公开招标拍卖,不但体现了市场导向,而且体现了城市规划约束,即购得土地的单位或公司必须按照规划限制的用途方向和容积率指标,在核定年限内开发和利用;④城市规划约束不断强化,各单位建筑设计与容积率、规划、用地用途转换等均需规划局等相关单位批准;⑤虽然如此,传统单位制度依然影响颇深,例如各单位的规划与建设、单位制社(居住)区建设依然保持了很强的独立性和计划经济时期运行的惯性;⑥出现了大量的房地产公司,形成了市场化运营的规模巨大的商品性房地产市场。同时,实施了大规模的"退二进三"政策(城市政府对改善城市形象和人居环境的期望以及对农用地转化为城市建设用地的强力控制),对城市中心区或老城区进行了大规模整治和改造,对城市基础设施投入巨资(如改善了道路系统,拓宽了部分街道等),允许单位企业破产,建设了一定数量的各类开发(园)区和所谓新城等。

在前述假设条件下,至少可得到以下推论:①中国经济近30年来处于高速增长期,资金实力逐渐雄厚,各行业或单位不但所分得的用地已不同程度地被开发或使用了,而且还普遍制订和实施了新的规划,采取了加大土地开发强度的政策(如拆旧换新,增加建筑密度等),不同程度地提高了单位资本密度,即单位资本密度上升速度和强度是该单位拥有的土地面积、资金量(效益水平)和领导开发意愿的函数,导致单位之间资本密度差异增大,也同时导致高层或低层建筑空间上的"插花"分布现象十分显著,各行业建筑高度与计划经济时期相比也将得到不同程度的提高。同时,鉴于不同单位的性质和单位领导喜好的差异,各单位开发用地模式的差别较大,如沿边建设、中心开花等,致使单位内部资本密度差异也在发生变化。加之,效益好或效益差(如一些效益逐年下滑的国有企事业单位)的单位在城市空间分布的非均衡特征逐步显著,将必然逐渐打破计划经济模式下产生的城市资本密度的空间分布格局;②一般地,处于城市中心区的单位普遍意识到了土地的商务价值,在提高土地集约度的同时,大都实施了单位四周的"沿边"开发策略,即在单位边缘开发商住混合楼,大致1~4层用于商服出租,4层以上用于居住或办公,提高了资本密度。但越到城市边缘,此策略就越难以奏效。

根据以上假设和推论可以证明:由于转型期经济模式不断接近市场经济运作模式,在近30年的发展过程中,中国城市资本密度空间分布由市中心向外围的逐渐递减现象日益显著。而且,市场化水平越高,用地内部转换越活跃(市场调节或控制的用地比例越高),该曲线的波动周期越短、波幅越小,曲线越陡峭,越接近典型市场经济条件下的理论模型(图7-2)。但是,由于单位制度运行的强大惯性,各单位之间和单位内部资本密度的差异,市场化运营的土地地块的区位差异,以及旧城改造和新城(含开发区)建设强度和区位差异最终共同使中国城市资本密度在转型期依然出现了与市场经济体制不一致的规律,即呈现波动降低的资本空间分布规律。与此同时,城市居民收入差距极化加大(中下层收入者占绝大多数),第二产业用地向城市外围,甚至远郊迁移,以及住宅用地向城市中心和(近)郊区的集聚导致中国城市用地空间模式与西方国家城市的差异依然较大,由中心向外围总体上呈现商务→住宅→工业→农地的空间结构模式。

2.紧凑化背景下的中国城市资本密度空间变化随时间推移的"雁行波动上升式"规律

从经济学理论一般原理可推论:在完全市场经济体制下,在资本(投资)总量(该值大于资产折旧和消耗量)一定的前提下,土地和资本可相互替代,当土地供给充足和价格低廉时,城市建成区扩张较快,建成区资本存量平均值处于下降状态;反之,当土地供给不足,甚至在一定时期停止供给和价格昂贵时,城市建成区扩张缓慢,甚至停滞,建成区资本存量平均值处于上升状态。

宏观上,由于中国土地为国家和集体所有制,国家(集体)对土地开发与利用拥有绝对控制权和支配权,尤其是土地的无偿使用,可最大化的替代资本使用量。由于资金也是由国家控制和分配的(但确实是独立核算的),事实上,各行业或单位的成本仅包括建设、运营成本和交通费用,仅交通费用才体现土地区位价值(如果不考虑集聚经济、范围经济、规模经济等因素,土地替代的仅是交通成本而已)。而且,由于单位制下企业属"小社会"性质,各种基本服务大致俱全,且各类服务品定量供应,城市中心服务功能大为减弱,因此,在资金总量一定的前提下,如果土地供给充足,城市空间扩张机制作用力强烈,建成区资本存量平均值应较低,尤其是当国家资本紧缺时更是如此。虽然如此,国家也通过城市规划或各类建设规划限制土地供应量和供给区位,尤其是过度的空间扩张肯定会大量增加基础设施建设费用和交通费用的支出,因为城市"紧凑化"建设可节约用地和节省财力,抑制城市的过度蔓延和扩张,提高土地利用率。一般地,当国家经济发展迅速,资金充裕时,理论上应使城市更紧凑化。但在计划经济体制下,若不考虑国家强制性限制和控制的情况,土地无偿使用将导致这种紧凑化进程极为有限,相对充足的资金同样导致城市快速的蔓延和扩张,与西方国家城市从现象上并无太大不同,只是机制不同而已。

如果考虑中国有13亿以上的人口,耕地面积每年减少大致1000万亩左右,国家安全和发展压力日益增强的实际情况,转型期中国城市新增建设用地政策将导向严格控制供给总量(适度和合理供给),深度挖掘内部土地利用潜力,这将是一种长期国策。但随着国家经济实力日增,经济持续增长也将维持一定时期,城市化和工业化进程仍将持续,即投入城市的资本总量将快速增加,理论上,城市建成区扩张速度可能减缓,而建成区资本存量平均值将快速增加,增加幅度与新增用地量成负相关,与投入到城市的新增资本量成正相关。显然,中国城市转型期将更加紧凑化。但是,日益紧凑化的中国城市(由于土地供给不足导致)的高昂地价和单位制度将必然引致老城区改造成本高昂,构成对新增用地的强烈需求和冲动,土地控制和管理压力极大,有推动城市迅速扩张的内在动力机制。而且,如果老城区改造成本大于新城建设的成本,必然导致新城资本密度较高,土地开发度高,这已是中国城市的普遍现象。总体来看,由于城市新增建设用地总量在国家控制下十分有限,而经济发展速度十分迅速,城市资本投入量增长迅速,即城市资本存量增长率与建设用地增长率之比值大于1,再考虑到前文所构建的转型期中国城市资本密度空间变化模型,中国城市资本密度空间变化趋势将随着时间的推移形成图7-3所示的"雁行波动上升式"模式。而且,从现状来看,中国城市建筑高度提高速度随着时间的变化存在加速趋势,即1949年到改革开放前,建筑高度增加速度较慢;之后,城市建筑高度增加速度加快。

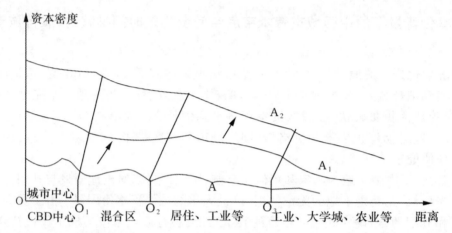

图7-3　中国转型期土地供给约束下的城市资本密度空间变化模式

　　需要说明的是,随着中国城市"退二进三"政策的持续实施,城市CBD建设与更新的持续进行,以及容积率的限制,城市更新总是由市中心逐步向外围推进,从中心到外围的一定地域范围内城市建筑密度、容积率或建筑高度等具有一定的稳定性,如图7-3中的$O-O_1$区间,这个区间随着城市中心区更新的加快,有加宽趋势。在城市外围部分地区,开发区或新城区建设标准较高,大大提升了城市资本密度,如图7-3中的O_2-O_3区间,也有扩张趋势。然而,图7-3中的O_1-O_2区间,由于拆迁成本逐年提高,居住密度高,用地类型混杂,在一定时期内有可能成为资本密度的低谷区。图7-3中O_3以外区间,因属城市边缘区,虽然资本密度相对最低,但因可能包含部分新区和(土地供给限制所导致的)地价较高等原因,资本密度在一定程度上高于以前的同类地域。

7.2　兰州市的实证分析

　　选择兰州市建成区所在的黄河河谷盆地为研究对象,范围为东经103°31′~104°00′,北纬36°00′~36°10′,包括城关、安宁、西固和七里河等四区位于兰州河谷盆地内的地区,也包括了已开发的部分坪地与台地。

　　以现存建筑,选择建筑高度指标度量资本密度,并论述城市资本密度的空间分布规律。因为兰州市是一个经济发展并不是太快的城市,各时期和各类型建筑依然保存了很多,且空间分布相对较为均衡。因此,虽缺乏各时期相应的详细统计资料,但各时期资本密度空间特征在一定程度上可以反映出来,能满足研究要求。

1."紧凑化"特征

单从城市形态角度考虑,兰州市在"一五""二五"和"三五"期间逐步建立了现代化的工业体系,且其大型工业选址也大致遵循了兰州城市第一版总体规划的框架,即在兰州河谷盆地西端的西固建立了石化工业基地,安宁区建设机电企业、高等院校等,属带状迅速扩张时期,紧凑度明显下降。之后,因河谷盆地范围的限制城市发展基本属于填充过程,紧凑度逐步上升(杨永春,汪一鸣,2000)。后文将主要从城市资本存量角度考虑城市紧凑化问题。

采用资本存量增量(或增长率)/建成区面积增量(或增长率)的比值指标衡量资本角度的城市紧凑化程度。表7-1显示,从资本视角审视,1959—1969年兰州市更加紧凑化,1980—2000年期间城市紧凑化程度在显著降低(指标甚至是负数,此时兰州市高新技术开发区、经济技术开发区设立,城郊和"城中村"居民大量自行建房),而2001—2005年城市紧凑化程度有非常显著的提高,指数超过了36(城市建设用地扩张受到严格限制,而建筑层数提高甚快)。

表7-1 1950—2005年兰州市城市资本存量增量/建成区面积增量的比值

年份	建成区面积增长率	各时期平均层数	各时期平均层数增长率	各时期平均层数增长率/建成区增长率
1950—1959		1.53		
1959—1969	0.18	1.93	0.26	1.485
1970—1979	0.44	2.92	0.51	1.170
1980—1989	0.27	2.90	−0.01	−0.029
1990—2000	0.44	2.47	−0.15	−0.336
2001—2005	0.06	7.55	2.06	36.071

2.资本密度变化特征

(1)总体变化规律

兰州市各组团建筑高度从各自中心到外围均基本显示了波动下降趋势(图7-4、图7-5)。城关-七里河组团随着距市中心距离的增加建筑高度逐步降低,即在0~1.6km内快速下降,显示了市中心快速改造的成果,之后,为一相对平滑的曲线,呈现非常缓慢的波动下降态势,在2.5km、4.4km、5.8km左右建筑高度出现小波峰,这主要因为1.6~2.5km范围是老城区,大部分住户是土生土长的兰州人,城市功能"混杂"程度较高,旧城改造进程相对较慢,4.4km、5.8km左右的小波峰主要受到西站二级商业中心的影响;西固组团建筑高度在7.5km的区域内先快速降低、后有小幅度上升、最后基本呈直线趋势,且其层数大部分在1.5~3层之间,1.8km内在2层以上,1.9km开始降到2层以下,7km后建筑层数大致都是2层;安宁组团属较为典型的带状空间布局结构,建筑高度非常缓慢地降低,曲线平滑,建筑物主要为2~3层,2.2km内建筑物平均在2层以上,4.2km后基本都是2层。同时,(图7-5见彩色插页)显示,虽然各区建筑高度大致呈现由中心到外围的逐步降低趋势,但高建筑群在低建筑区,或低建筑群在高建筑区的"插花"分布现象比比皆是,通常在工业企业或其它国营企事业单位中较为普遍,建筑年代通常在1990年以前。

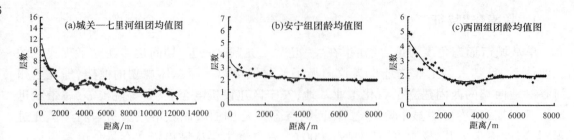

图 7-4 1950—2005 年兰州市各组团建筑层数从城市中心到外围的变化趋势

(2)行业变化规律

兰州市各组团的住宅、商业、办公、其它等类建筑高度从中心到外围变化与总体变化趋势基本一致,而工业建筑仅城关—七里河组团在 2km 范围内快速下降外,其余地方大致处于均衡,甚至上升趋势。市政建筑则大致处于波动均衡分布趋势(图 7-6,图 7-7 见彩色插页)。

城关—七里河组团的住宅、商业、办公等受市场影响较大的建筑类型的建筑高度空间变化趋势与总体趋势基本一致,而工业、市政和其它建筑的高度变化趋势与总体趋势相差较大;安宁组团的住宅、办公及其它建筑的高度总体上呈下降趋势,住宅建筑最明显,办公建筑波动相对较大。市政和工业建筑高度的变化趋势比较相似,基本上以 2 层建筑为主,偶尔出现幅度不大的波动,而商业建筑高度变化则不一样,分布零散和随机,属于波动幅度较大的均衡分布趋势;西固组团住宅、商业、办公等类建筑高度呈下降趋势,即住宅建筑与总体变化趋势基本一致,商业建筑基本上呈直线下降,然市政建筑为波动均衡分布态势,工业建筑呈上升趋势。

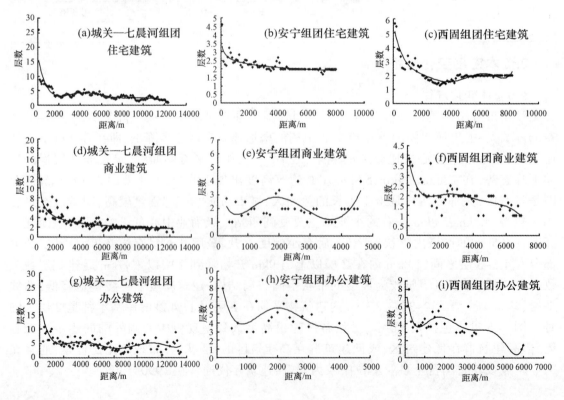

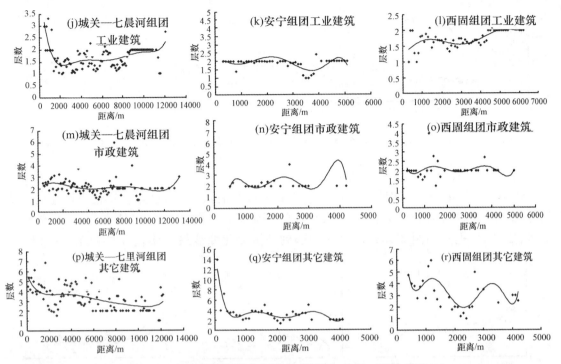

图7-6 2005年兰州市各组团住宅、商业、办公、工业、市政、
其它等类建筑平均值从中心到外围变化趋势

(3)计划经济时期

兰州市各组团建筑高度从中心到外围随距离增加基本呈现波动缓慢下降或波动中均衡,甚至明显上升趋势,尤其是安宁、西固两区波动甚大(图7-8)。例如,城关-七里河组团建筑高度从中心到外围基本呈现波动缓慢下降趋势,而安宁组团建筑高度显示为波动幅度大的均衡分布或下降,甚至上升态势。

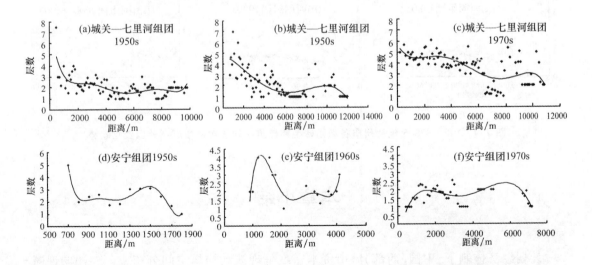

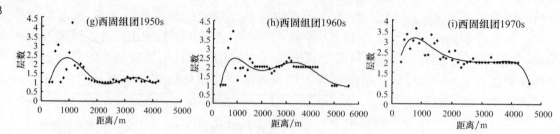

图 7-8　1950—1979 年兰州市各组团计划经济时期建筑层数平均值从中心到外围变化趋势

（4）转型期（改革开放至 2005 年）

转型期,兰州市各组团建筑高度从中心到外围虽有波动,但总体上呈较为快速的下降趋势,而且随着时间的推移,曲线大致存在较为明显的"雁行式移动"特点,上移趋势较为明显,如城关–七里河组团建筑高度从中心到外围变化曲线最为明显(图 7-9)。

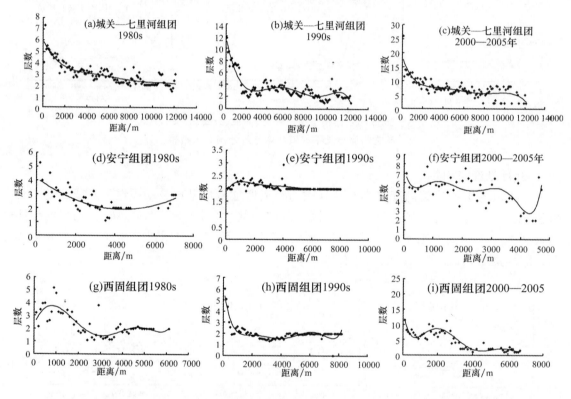

图 7-9　1980—2005 年兰州市各组团转型期建筑平均层数从中心到外围变化趋势

本章小结

计划经济体制下,中国(西部)城市资本密度呈现波动均衡空间分布或(非常)弱递减规律(区位通达度的影响),局部地区甚至出现递增现象;转型期,其相应变化曲线则居于市场经济体制和计划经济体制之间,并不断向市场经济空间分布模式靠拢,确实出现了波动下降趋势和曲线斜率增大。而且,1990—2005年建筑高度曲线比以前各时期,住宅、商业、办公等市场化程度高的建筑类型比市政等市场化程度低的建筑类型明显地更接近市场经济体制下的模型,显然是推动城市建筑高度空间变化的核心推动力,而工业建筑仅存在较强的扰动过程。

(中国)计划经济体制下城市由中心到外围呈现商务→住宅→工业→农业的用地空间结构模式,且转轨期依然保留了计划经济体制下的特征。

计划经济体制与市场经济体制的城市资本密度空间模型差异较大显然与基于计划经济体制背景下单位制的土地与资本分配与使用模式有关,即各单位或行业获得的土地与资金数量以及两者的比例关系的不同决定了单位资本密度的空间差异。市场经济体制下效益好的单位在城市空间的非均衡分布,遵循市场规律运行的用地地块空间分布上的非均衡性,加之各单位拥有的资金能力差异逐渐打破了计划经济模式下的城市资本密度的空间分布格局,最终使中国城市资本密度在转型期依然出现了与市场经济体制不一致的规律。而且,市场化水平越高,市场调节或控制的用地比例越高,该曲线越接近市场经济体制下的理论模型。

从资本视角审视,如果土地利用紧缩和严格审批政策不发生实质性变化,中国城市将更加紧凑化。而且,随着时间的推移,城市资本密度空间变化曲线大致存在较为明显的"雁行式波动上升式"规律,建筑高度提高速度也存在加速趋势。

第 3 篇 | 中国（西部）城市的社会转型

虽然中国的渐进式改革以经济为先导,但是广泛而深刻的制度和经济转型必然导致一系列社会系统的转型,包括社会分化、社会流动、社会结构转化等。就地理学视角而言,城市社会转型必然从城市化进程中反映出来,广泛社会经济改革背景下的贫富差距扩大,必然会导致城市社会分化基础上的中国特色的贫困问题和绅士化进程,也会促使城市单位社区的发展和演化。

本篇将从地理学视角审视中国(西部)城市的社会转型,试图回答下列问题:

1. 中国西部城市的城市化进程差异性和特征。

2. 中国西部城市的贫困问题。

3. 中国西部城市的绅士化进程(中产阶级化进程)。

4. 中国(西部)城市单位社区如何演变。

因此,本篇包括了中国西部的城市化进程(第8章)、中国(西部)城市的贫困问题(第9章)、中国西部城市的绅士化(第10章),以及中国(西部)城市单位社区的演变(第11章)。

第8章　中国西部城市的城市化进程分析

21世纪是城市的世纪，中国作为世界上人口最多的发展中国家，未来20年中国的城市化进程不但对本国而且对全球发展都将产生深刻影响。2001年诺贝尔经济学奖获得者、美国经济学家斯蒂格列茨（Stiglitse）在世界银行的一次讨论会上宣称"中国的城市化"与"美国的高科技"是影响21世纪人类发展进程的两大关键因素。并认为，新世纪对中国有三大挑战，居于首位的就是中国的城市化：中国的城市化将是区域经济增长的火车头，并产生最重要的经济利益。因此，城市化是21世纪中国社会经济发展的大战略（王家骥，2004）。然而，中国西部地区的城市化进程关系到中国持续、稳定发展的大局，需要进一步关注和支持。

8.1　城市化水平的空间差异

本书把1992年以前有市级建制的西部城市作为样本城市①。从自然地理和经济地理角度，可将西部划分为西南地区和西北地区（吴传钧，1998），而按城市规模，城市则被分为特大城市、大城市、中等城市和小城市。综合这两种分类方法，将西部样本城市划分为西南地区和西北地区的特大城市、大城市、中等城市和小城市等八种类型。

1.城市化水平与人均GDP增长水平的关系分析

城市化水平与城市的人均GDP增长水平存在着正相关关系，用公式表示为：$y=b\lg x+a$，其中y为某市的城市化水平（本次分析中用城市非农业人口比重代替），而x为该城市的人均GDP。根据1990至2003年的城市化水平和人均GDP数据，得出a值和b值如表8-1所示。

————————

①1992年的中共十四大正式提出了我国经济体制改革的目标是建立社会主义市场经济体制；而北京大学光华管理学院王建国教授在《新市场经济论》中提出：1992年可以作为中国新市场经济与有社会主义特色的市场经济的分水岭。所以，笔者把1992年以前有市级建制的西部城市作为研究对象。

表 8-1　中国西部城市按各类城市列举的回归分析所得 a 值和 b 值

类别	西南地区			西北地区		
	城市	b 值	a 值	城市	b 值	a 值
特大城市	重庆	−0.6516	3.09628	西安	−0.15415	1.27613
	成都	0.051225	0.432611	兰州	0.05345	0.598625
	南宁	0.081755	0.38653	乌鲁木齐	−0.09019	1.256749
	贵阳	0.061216	0.451304			
	昆明	0.003056	0.730492			
大城市	南充	0.292652	−0.69152	宝鸡	0.086522	0.449444
	绵阳	0.149437	−0.20563	天水	0.175516	−0.33132
	攀枝花	0.047823	0.568219	银川	0.107738	0.353985
中等城市	自贡	0.066814	0.182208	咸阳	0.151778	−0.06153
	乐山	0.133587	−0.13372	铜川	−0.05642	0.86212
	泸州	−0.34727	1.735252	汉中	0.125321	−0.01395
	内江	0.051997	0.049047	渭南	0.115414	−0.16373
	遂宁	0.114383	−0.22754	白银	0.024742	0.485691
	宜宾	0.057617	0.168221	石嘴山	0.02392	0.863863
	广元	0.124746	−0.14302	克拉玛依	−0.23435	1.943683
	德阳	0.311303	−0.82725			
	遵义	−0.13226	1.186186			
	六盘水	0.461137	−1.26069			
	曲靖	0.212625	−0.52486			
小城市	玉溪	0.099543	−0.17513	延安	0.074682	0.135831

数据来源：中国城市统计年鉴 2001—2004，新中国城市五十年。

由于城市化水平与人均 GDP 之间存在着正相关的关系，因而公式中的 b 值应为正值。而从表中可以看出，重庆、西安等若干个城市的 b 值为负值。而细究其原因，发现重庆等城市行政建制变化较大，各年份间城市化水平不具有可比性，b 值为负；另外，克拉玛依等城市在 90 年代城市非农业人口已开始减少，因而 b 值为负。而对于其他的城市，由表 8-1 中 b 值大小比较可知，中等城市和大城市的 b 值较大，而特大城市和小城市的 b 值较小，可以得出如下结论：在中国西部地区，中等城市和大城市的城市化过程与特大城市和小城市相比，对人均 GDP 增长的反应较为灵敏。

对表 8-1 中 a 的值与 2003 年的城市非农业人口和总人口做相关分析，得出其相关系数分别为 0.514812321 和 0.501417571。对其进行可信度检验，表 8-1 中 a 的值与按照各类城市的规模相关性较弱。由于在线性回归分析中，常数项表示在自变量为零时因变量的值（本次回归为非线性回归，可以把 lg$x$ 看作线性回归中的自变量）。在本次回归分析中，可以认为 a 的值表征城市初期（人均 GDP 水平较低时期）的城市化水平，由此可知，城市初期的城市化水平与其自身规模的关系并不很显著。对表 8-1 中的所有 a 值进行分析，求取其平均值和标准差,分别把平均值加上一个标准差、加上 0.5 个标准差、减去 0.5 个标准差、减去一个标准差与平均值作为分界点,将这些城市分为 6 类,分别为一类、二类、三类、四类、五类、六类,其自身条件逐渐减弱。按该分类标准,西部城市分类如表 8-2 所示。

表 8-2　按 a 值进行分类的中国西部城市类别

类型	西南城市	西北城市
一类	重庆、泸州、遵义	西安、乌鲁木齐、克拉玛依
二类	—	铜川、石嘴山
三类	成都、贵阳、昆明、攀枝花	兰州、宝鸡、白银
四类	自贡、内江、宜宾	银川、延安、汉中
五类	绵阳、玉林、乐山、遂宁、广元、玉溪	天水、咸阳、渭南
六类	南充、德阳、六盘水、曲靖	—

2.城市化水平增量差异分析

利用 1990 年至 2003 年样本城市的非农业人口比重,求出 1991 年至 2003 年每年的非农业人口比重增量,作为城市化水平增量。对这一阶段的样本城市的城市化水平增量求取平均值,并把这些平均值作为样本,则该样本可表示各城市在这一阶段城市化进程的速度。对其求取平均值和标准差,分别为 0.43% 和 0.0039,根据平均值加上一个和 0.5 个标准差、减去一个和 0.5 个标准差与平均值等五个分界点,把这些样本分为 6 类,分别为一类至六类,表示城市化进程由快到慢。按此分类标准,样本城市分类如表 8-3 所示。

表 8-3　按照城市化速度分类的中国西部城市类别

类型	西南城市	西北城市
一类	绵阳、遂宁、广元、德阳、六盘水、玉溪	—
二类	成都、南充	咸阳、汉中、渭南
三类	泸州、宜宾、曲靖	延安
四类	重庆、贵阳、昆明、攀枝花、玉林、自贡、乐山、内江、遵义	西安、兰州、宝鸡、天水、银川、白银、石嘴山
五类		铜川
六类	—	乌鲁木齐、乌海、克拉玛依

根据表 8-3,在西南城市中,属于一类至六类的城市个数分别为 6、2、3、9、0 和 0,没有属于较差范畴(五类和六类)的城市;在西北城市中,属于一类至六类的城市个数分别为 0、3、1、7、1 和 3,属于较好范畴(一类和二类)的西北城市个数很少,仅为三个。这无疑说明,西北城市的城市化进程明显落后于西南城市,这不仅是因为西北城市的经济社会发展水平较差,也与西北城市的区位劣势有关。而通常认为经济发展水平较高的城市,如乌鲁木齐,却被分到第六类,城市化进程最慢。仔细研究其城市化水平数据,发现这两个城市在 1990 年代的城市化水平就已经很高了,现在城市非农业人口已开始减少。

3.与以往研究成果的对比研究

周一星等的研究结果表明(周一星,曹广忠,1998):①从各规模级来看,各时期城市的人口增长速度平均值与标准差和规模呈负相关关系。②中国特大城市与大城市规模增长的起伏比中小城市大。

经对比分析,可得如下结论:①在 1949—1957 年间,中国西部大部分城市增长较快;在 1958—1978 年间,西部缓慢增长和快速增长城市的数量都增多;在 1979—1995 年间,西部城市中除了成都、南充、天水等少数几个以外,增长均较缓慢。②作者与周一星的研究结果较为相似,两者均可得出西南城市人口规模增长快于西北城市的结论。③两次对城市化研究的差别在于,周一星研究的时间范围为 1949 年至 1995 年,而作者研究的时间范围为 1990 年至 2003 年。④两次研究的结果虽然总体上相似,但在单个城市的结果上有差别:在周一星的研究结果中,天水在 1958—1978 和 1979—1995 两个阶段均为快速增长城市,而在作者的研究结果中,天水在 1990—2003 阶段属于四类,为增长较为缓慢的城市,这从一定侧面反映出西北部分城市在整个西部中有城市人口规模增长相对缓慢的趋势;在周一星的研究成果中,六盘水在 1979—1995 阶段为缓慢增长城市,而在作者的研究成果中,六盘水在 1990—2003 阶段属于一类,为人口规模增长较快的城市,这从一定程度上反映出西南部分城市在西部城市中有规模增长相对较快的趋势。这从某种程度上表明,西南城市人口规模增长状况总体上好于西北城市,且其差距仍在继续扩大。

8.2　西部城市是否需要替补迁移的变动

1.城市是否需要替补迁移的判断

1990 年代以来,中国城市化进程进入加速期,但在经济性城市化的同时,城市人口尤其是大城市人口生育率下降明显,较早地走向人口转变。城市化发展和人口转变逐渐实现的结果是城市人口增长不再依靠自然增长,而主要依靠人口流动和迁移的机械增长,这就是替补迁移的概念。所谓替补迁移是指迁移人口对长期处于更替生育水平以下的人口,因人口自然增长量减少而产生的替代效用。替补迁移之所以发生,是因为人口转变实现以后,长期维持低生育水平产生的诸如年龄结构老化、劳动力供给短缺、经济发展后劲不足、抚养比过重等一系列人口问题(刘成斌, 2008)。

判断某个城市是否需要替补迁移,关键是看人口自然增长率的高低和城市化水平。前者决定本地出生人口与城市化发展需求人口是否匹配,后者决定该城市是否需要更替水平人口甚至是更多的人口来实现城市的可持续发展与提升。因此,对西部城市进行基于上面两个维度的划分得出四类城市:第一类是城市化水平较高,人口自然增长率也较高,人口增长和城市发展相对匹配,称为均衡发展型城市;第二类是城市化水平较高,但人口自然增长率较低,人口增长不足以满足城市发展的需求,称为替补迁移型城市;第三类是城市化水平较低,人口自然增长率也比较低,人口与城市化处于低水平均衡状态,称为滞后传统型城市；第四类是城市化水平较低，但人口自然增长率比较高，人口供应超过城市发展需求，称为滞后膨胀型城市。而判断某个城市符合哪种类型可以用绝对或相对指标，其中相对指标是指城市化水平和人口自然增长率相对于全国或一定区域范围内是高还是低。

2.西部城市中替补迁移型等城市类别的变动

以当年全国城市的相应平均指标为相对指标的对比指标，根据城市化水平和人口自然增长率指标，西部地区的替补迁移型等四类城市在1990、2000、2006年的分布情况如图8-1、表8-4所示。

从总体上看，四种类型的城市数均有波动，均衡发展型、替补迁移型和滞后膨胀型城市数均增加，而滞后传统型城市数则下降。均衡发展型城市的数量及比例分别从1990年的5个(10.64%)，增加为2000年的20个(42.55%)，之后降为2006年的11个(18.03%)；替补迁移型城市的数量及比例分别从1990年的23个(48.94%)，减为2000年的16个(34.04%)，之后增加到2006年的31个(50.82%)；滞后膨胀型城市的数量及比例分别从1990年的5个(10.64%)和2000年的5个(10.64%)，增加为2006年的10个(16.39%)；滞后传统型城市的数量及比例分别从1990年的14个(29.79%)，降为2000年的6个(12.77%)，之后增加到2006年的9个(14.75%)。

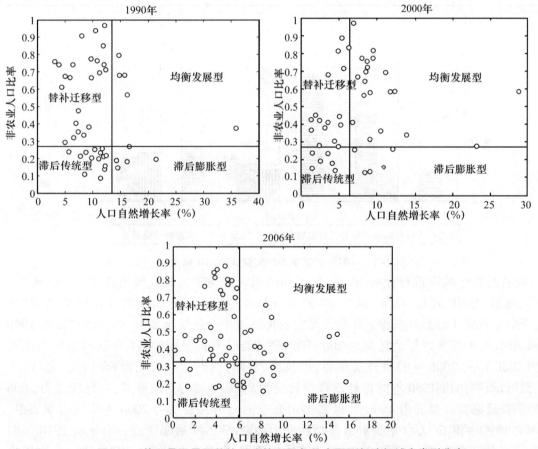

图8-1　基于是否需要替补迁移的不同年份中国西部地级城市类型分布

表 8-4　基于是否需要替补迁移的中国西部城市类型变化

类型	1990 年	2000 年	2006 年
均衡发展型	遵义、铜川、延安、兰州、白银	攀枝花、达州、贵阳、六盘水、遵义、安顺、曲靖、玉溪、西安、铜川、宝鸡、咸阳、延安、嘉峪关、金昌、白银、西宁、银川、石嘴山、吴忠	达州、雅安、六盘水、遵义、曲靖、思茅、渭南、延安、天水、吴忠、中卫
替补迁移型	重庆、成都、自贡、攀枝花、泸州、绵阳、乐山、南充、宜宾、雅安、贵阳、昆明、西安、宝鸡、咸阳、汉中、嘉峪关、金昌、西宁、银川、石嘴山、乌鲁木齐、克拉玛依	重庆、成都、自贡、泸州、德阳、绵阳、广元、乐山、宜宾、雅安、昆明、汉中、榆林、兰州、乌鲁木齐、克拉玛依	重庆、成都、自贡、攀枝花、德阳、绵阳、广元、乐山、眉山、宜宾、贵阳、昆明、玉溪、丽江、西安、铜川、宝鸡、咸阳、汉中、榆林、兰州、嘉峪关、金昌、白银、张掖、酒泉、西宁、银川、石嘴山、乌鲁木齐、克拉玛依
滞后膨胀型	内江、渭南、武威、张掖、吴忠	眉山、广安、保山、渭南、天水	泸州、遂宁、内江、巴中、安顺、昭通、安康、庆阳、陇南、固原
滞后传统型	德阳、广元、遂宁、六盘水、安顺、曲靖、玉溪、保山、昭通、榆林、安康、天水、平凉、酒泉	遂宁、内江、南充、巴中、资阳、安康	南充、广安、资阳、保山、临沧、商洛、武威、平凉、定西

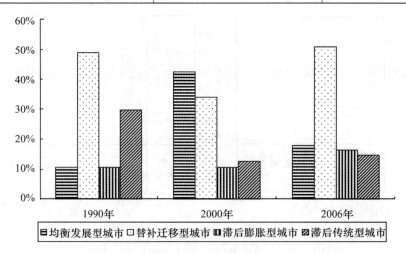

图 8-2　中国西部城市四种类型城市的比例变化

　　而若对各个城市进行分析,遵义、延安和达州一直属于均衡发展型城市,重庆、成都、自贡、绵阳、乐山、宜宾、昆明、汉中、乌鲁木齐和克拉玛依一直属于替补迁移型城市,平凉、资阳一直属于滞后传统型。而类型发生变化的城市变化情况如下:铜川和白银由 1990年和 2000 年的均衡发展型转变为 2006 年的替补迁移型;兰州由 1990 年的均衡发展型转变为 2000 年和 2006 年的替补迁移型;攀枝花、贵阳、西安、宝鸡、咸阳、嘉峪关、金昌、西宁、银川、石嘴山由 1990 年的替补迁移型转变为 2000 年的均衡发展型,之后转变为 2006年的替补迁移型;雅安由 1990 年和 2000 年的替补迁移型转变为 2006 年的均衡发展型;泸州由 1990 年和 2000 年的替补迁移型转变为 2006 年的滞后膨胀型;南充由 1990 年的替补迁移型转变为 2000 年和 2006 年的滞后传统型;六盘水和曲靖由 1990 年的滞后传统型转变为 2000 年和 2006 年均衡发展型；玉溪由 1990 年的滞后传统型转变为 2000 年的均衡发展型，之后转变为 2006 年的替补迁移型；安顺由 1990 年的滞后传统型转变为 2000 年的均衡发展型，之后转变为 2006 年的滞后膨胀型；德阳、广元、榆林由 1990 年的滞后传统型转变为 2000 年和 2006 年的替补迁移型；遂宁和安康由 1990 年和 2000 年的滞后传统型转变为滞后膨胀型；天水由 1990 年的滞后传统型转变为 2000 年的滞后膨胀型，之后转变为 2006 年的均衡发展型；保山由 1990 年的滞后传统型转变为 2000 年的滞后膨胀型，之后转变回滞后传统型；酒泉由 1990 年的滞后传统型转变为 2006 年的替补迁移型；昭通由 1990 年的滞后传统型转变为 2006 年的滞后膨胀型；吴忠由 1990 年的滞后膨胀型转变为 2000 年和 2006 年的均衡发展型；内江由 1990 年的滞后膨胀型转变为 2000 年的滞后传统型，之后转变回 2006 年的滞后膨胀型；渭南由 1990 年和 2000 年的滞后膨胀型转变为 2006 年的均衡发展型；张掖由 1990 年的滞后膨胀型转变为 2006 年的替补迁移型；武威由 1990 年的滞后膨胀型转变为 2006 年的滞后传统型；巴中由 2000 年的滞后传统型转变为 2006 年的滞后膨胀型；眉山由 2000 年的滞后膨胀型转变为 2006 年的替补迁移型；广安由 2000 年的滞后膨胀型转变为 2006 年的滞后传统型。

本章小结

根据对城市化水平与人均 GDP 的分析，新疆的城市化水平增量对人均 GDP 增长的反应较为灵敏，而西藏则反应较为迟钝，重庆在初期城市化有较好的基础，而贵州和新疆基础较差。此外，西部多数省（区）城市人口分布较集中。在对西部城市之间的城市化进程进行比较时发现，中等城市和大城市的城市化过程与特大城市和小城市相比，对人均 GDP 增长的反应较为灵敏。西北城市的城市化进程明显落后于西南城市，这不仅是因为西北城市的经济社会发展水平较差，也与西北城市的区位劣势有关。西南城市人口规模增长状况总体上优于西北城市，且其差距仍在继续扩大。

在是否需要替补迁移方面，均衡发展型、替补迁移型和滞后膨胀型城市数均在波动中增加，而滞后传统型城市数则在波动中下降。而若对各个城市进行分析，遵义、延安和达州一直属于均衡发展型城市，重庆、成都、自贡、绵阳、乐山、宜宾、昆明、汉中、乌鲁木齐和克拉玛依一直属于替补迁移型城市，平凉、资阳一直属于滞后传统型，其余则在变动之中。

第9章　中国(西部)城市的贫困问题

　　城市产生后,随着城市规模的扩大及经济的增长,城市人口之间逐渐出现了贫富差距,产生了城市贫困阶层。城市贫困阶层作为城市人口的一部分,其产生过程贯穿于城市发展过程,其存在也会影响城市的进一步发展。城市贫困等因素给城市带来了许多通病和问题,包括冷漠的人际关系、阶层间的隔离、反社会行为等(韦伯,1997;杨永春,孟彩红,2005)。这一现象导致西方社会学者开始关注城市贫困问题。

　　从英国学者布什(1889)和朗特里(1901)算起,贫困问题的研究迄今已有 100 多年的历史。国外学者从社会学、经济学等角度通过对社区建设、种族隔离、城市空间结构等方面的关注对城市贫困问题进行了系统的研究,如学者们研究了城市贫困(Urban Poverty)(汤姆森,1997;刘玉亭,2003;保罗·萨缪尔森,1999;世界银行,1981;1990;2001;李军,2004)、绝对贫困(Absolute Poverty)和相对贫困(Relative Poverty)(Booth C,1889;Rowntree S B,1901;郑杭生,2003)、城市贫困阶层的界定 (韦伯,1997;顾朝林,2002;Bilton, et al.,1987;)、城市贫困阶层的分布(Hoyt H. ,1939;Harris C. D. and Ullman E. L.,1945;许学强,1997;朱喜钢,2002;Badcock, Blair, 1984)、城市产生贫困阶层的原因及其理论解释(如个体主义理论、Poverty Culture 论、结构性解释)(许学强,1997;N.F.R.Crafts,1985;Derek Fraser,1982;徐滨,2004;亚当·斯密,1997;Ed., B.R.Mitchell,1998)、城市贫困阶层的特征 (Zajczyk F,1996;Steward E W,1983;Spencer M,1985)、反城市贫困的对策和措施 (姜守明,1998;DonaldT,1989;Michael Katz,1986;Isabel Sawhill,1995;Michael Katz,1995;Ralph Dolgoff,1997;Paul Weyrich,1997;徐再荣,2001;吕学静,2000),产生了关于城市贫困问题相关理论或模型,如社会分层(Social Stratification)理论 (李路路,1999)、社会极化理论(Sassen, S,1991;Marcuse,P,1989;Pahl, R. and Wallace,C.,1985;Dale, A. and Bamford, C.,1989)、社会排斥理论(Strait J.B.,2001)、城市社会空间结构理论(顾朝林,1994)。

　　中国城市的国有企业职工及其离退休人员成为城市贫困化的高发群体(文军,1997),贫困人口主要是社会上"三无"人员,即无劳动能力、无法定赡养人或抚养人和社会无业人员。近年来由于经济结构调整,大量职工下岗失业,出现贫困人口群体多元化特征,贫困阶层包括原有社会"三无"人群、职业不固定人群、下岗职工、离退休职工、农转非人群、外来人口(张茂林,1997;马清裕等,1999;周海旺,2001)。中国城市的贫困人口也逐渐聚集在城市的某些特定区域,产生了新的"城市贫民区"(李强,1996;陈涌,2000),社会极化和空间分异的机制非常显著 (顾朝林,1997;宋迎昌等,1997;阎小培,1999;刘玉亭等,2002)。计划经济时期,中国实行广就业、低工资政策和城乡二元经济及管理体制,城市形成了几近均等的社会结构,城市贫困问题不突出。转型期,中国面临的新城市贫困问题十分复杂,不仅具有发展中国家的一般特征,而且带有明显的社会转型期的特殊性。1990年代以来,城市贫困问题的凸现和蔓延,使我国城市在长期计划经济体制下形成的隐性失业和贫困显性化,且数量大和短期内难以消除。我国新城市贫困是伴随着城市两极分化的社会变迁而成为一个突出的社会和经济问题的,已经对我国城市的外向扩张和内向发展产生了巨大影响(苏勤,林炳耀,刘玉亭,2003)。"城市新贫困"主要是由我国社会结构转型、经济体制转轨、经济和产业结构调整、公有制企事业单位改革等因素引发,并因社会分配制度和社会保障制度改革滞后等因素加剧而造成的贫困(任慧成,王付胜,2004)。

城市居民最低生活保障对象是指凡共同生活的成员人均收入低于当地最低生活保障标准的持有非农业户口的城市居民。主要包括以下三种人员:(1)无生活来源、无劳动能力、无法定赡养人或抚养人的居民;(2)领取失业救济金期间或失业救济期满仍未能重新就业,家庭人均收入低于最低生活保障标准的居民;(3)在职人员和下岗人员在领取工资或最低工资、基本生活费后以及退休人员领取退休金后,其家庭人均收入仍低于当地最低生活保障标准的居民。城市居民最低生活保障制度遵循"保障城市居民基本生活"的原则,这主要表现在:城市居民最低生活保障制度立足于"最低",即仅仅保障城市贫困居民的基本生活,其本意在于帮助解决"绝对贫困",而不是"相对贫困",也就是说帮助城市中最贫困居民解决"温饱"问题(城市居民最低生活保障制度资料摘录,2002)。

虽然关于城市贫困问题国内外学者已经做了大量的研究工作,但对于中国西部城市的研究工作甚少,有必要以兰州市为例进行系统的研究工作。本章运用基于最低生活保障的完整的数据资料对兰州市贫困阶层的产生原因及机制进行分析 (吴文鑫,杨永春,2006)。研究的空间尺度主要为兰州东、西两大盆地内,并定义城关区的雁滩为近郊,榆中、皋兰、永登三县为郊县,永靖县城为远郊。

9.1 贫困阶层现状

1.城市贫困阶层的空间分布

兰州市贫困人口的资料主要来源于兰州市民政局统计的享受低保人口数据,本文以2004年底享受低保人口信息对兰州市贫困人口进行分析(表9-1)。根据2005年甘肃年鉴,截至2004年底,研究区内非农人口158.7万人,而根据各区民政局2005年初统计资料显示,在2005年初享受低保人数为8.39万人,在兰州市就业服务中心登记的下岗职工(下文简称下岗职工)占到享受低保人数的10.48%。根据现有统计资料,以享受低保人口代表城市贫困人口,则贫困人口总数占到非农人口总数的5.29%。

表 9-1 2004 年底兰州市居民最低生活保障统计表

项目 \ 地区	城关区	七里河区	西固区	安宁区	合计
一、已保对象总户数	15713	8618	7280	3678	35289
二、已保对象总人数	38383	20710	16144	8636	83873
（一）按家庭成员身份分类	38383	20710	16144	8636	83873
1.在职职工	1810	2105	1753	1379	7047
2.在中心的下岗职工	2872	1895	2985	1039	8791
3.离岗人员	2687	3065	403	656	6811
4.离退休人员	1142	808	304	424	2678
5.失业人员	6974	1873	3859	1539	14245
6.三无人员	523	70	90	11	694
7.其他人员	22375	10894	6750	3588	43607
（二）按所在单位性质分类	38383	20710	16144	8636	83873
（1）国有企业职工	5763	7657	2814	2754	18988
其中:中直企业单位职工	198	0	656	111	965
省属企业职工	1913	3993	863	1161	7930
市属企业职工	2528	2656	657	748	6589
县区企业职工	1124	1008	638	734	3504
（2）集体企业职工	2748	216	2631	744	6339
其中:中直企业单位职工	40	0	619	24	683
省属企业职工	321	0	823	194	1338
市属企业职工	884	0	696	211	1791
县区企业职工	1503	0	493	315	2311
（3）其他人员	29872	12837	10699	5138	58546

资料来源:兰州市民政局。

兰州城市贫困人口依人口数量排序从多到少依次是城关区、七里河区、西固区、安宁区（表 9-2）。城关区贫困人口分别是其他三区贫困人口数量的 1.85、2.38、4.44 倍。但从各区贫困人口数在本区非农人口中的比例来看，比例最高的区为西固区，其余依次为七里河区、安宁区、城关。从下岗职工的绝对数量来看，西固区最高，其次是城关、七里河、安宁三区。但从下岗职工占享受社保人数的比例来看，西固区最高，后面依次为安宁区、七里河区与城关。城关区作为兰州市的中心城区，越来越多的承担了行政、商服、科研等城市中心职能，第三产业发展迅速，而且是外来新兴产业投资的首选之地。因此，区内贫困人口比例较低。安宁区本身非农人口较少，又以科研文教、高新技术产业为主要发展方向，区内贫困人口比例相对较低。七里河区目前作为兰州市中心城区之一，在商贸物流方面有了较大发展，但由于过去此区拥有的多家国有企业相继停产或破产，产生了大量下岗职工，因此与传统重工业区西固区一样，拥有较高比例的贫困人口。

表 9-2　兰州城市贫困阶层的分区差异

项目	城关区	七里河区	西固区	安宁区
社会保障人数(人)	38383	20710	16144	8636
占全区非农人口比例(%)	4.59	5.96	6.70	5.30
下岗职工人数(人)	2872	1895	2985	1039
下岗职工占社保人数比例(%)	7.48	9.15	18.49	12.03

　　城关区各街道贫困人口占全区非农人口比例平均值为 0.20%,如表 9-3 所示,城关区的贫困人口主要分布在广武门、靖远路、草场街、张掖路、皋兰路、临夏路等街道,其中广武门街道贫困人口数占全区非农人口的比例达到了 0.44%,在各街道中是最高的。而此比例最低的雁北街道仅为 0.01%,其它如拱星墩、铁路西村、焦家湾、雁南等街道此比例也较低。七里河区各街道贫困人口比例普遍高于城关区,各街道贫困人口占全区非农人口比例平均值达到 0.46%。其中贫困人口比例最高的街道是西园街道,达到 1.41%,约是城关区广武门街道的三倍多。其次是土门墩、龚家湾等街道,比例最低的是秀川街道(表 9-3)。西固区各街道贫困人口占全区非农人口比例平均值为 0.52%(表 9-3)。所有街道中比例大于 1% 的有临洮街和西固城街道,这两个街道拥有大量的老住宅及单位制住宅,因此拥有较多的下岗、退休职工与无业人员。接近 1% 的有西柳沟、福利路和陈坪街道。比例较低的四季青街道也达到了 0.35%。安宁区各街道贫困人口占全区非农人口比例平均值为 1.32%,是四区中最高的。而沙井驿街道这一比例高达 2.24%,是研究区所有街道中最高的(表 9-3)。培黎、安宁西路街道比例也均大于 1%。

表 9-3　兰州市贫困阶层分街道的空间分布

街道名称	社会保障人数(人)	占全区非农人口比例(%)	街道	社会保障人数(人)	占全区非农人口比例(%)	街道	社会保障人数(人)	占全区非农人口比例(%)
城关区 火车站	1730	0.21	东岗西路	1845	0.22	五泉	1899	0.23
临夏路	2414	0.29	渭源路	1126	0.13	伏龙坪	1562	0.19
酒泉路	1989	0.24	盐场路	709	0.08	皋兰路	2382	0.29
张掖路	2683	0.32	团结新村	2344	0.28	白银路	1949	0.23
嘉峪关路	980	0.12	拱星墩	925	0.11	雁南	384	0.05
靖远路	3060	0.37	东岗	1362	0.16	雁北	120	0.01
草场街	2719	0.33	铁路东村	1267	0.15	焦家湾	604	0.07
广武门	3695	0.44	铁路西村	635	0.08			
七里河区 西湖	1640	0.47	敦煌路	1808	0.52	八里镇	1608	0.46
西园	4901	1.41	土门墩	2775	0.80	秀川	649	0.19
西站	1183	0.34	龚家湾	2398	0.69			
建兰路	2008	0.58	晏家坪	1740	0.50			
西固区 西柳沟	2392	0.99	西固城	3089	1.28	福利路	2282	0.95
临洮街	3309	1.37	先锋路	1944	0.81	陈坪	2287	0.95
四季青	841	0.35						
安宁区 培黎	2326	1.43	沙井驿	3653	2.24	银滩	482	0.30
安宁西路	2175	1.33						

以字母 D 代表街道贫困人口占所在区非农人口的比例,根据 D 的大小可将街道分为五个等级,等级越高,表明贫困人口占全区人口比例越大,Ⅰ级($D>=1$)、Ⅱ级($0.5<=D<1$)、Ⅲ级($0.3<=D<0.5$)、Ⅳ级($0.1<=D<0.3$)、Ⅴ级($D<0.1$)。图9-1显示,城关区的街道均属于第Ⅲ、Ⅳ、Ⅴ级,D 值普遍较低,而与之相反的是安宁区,四个街道中有三个属于Ⅰ级,只有银滩街道属于Ⅲ级,七里河区与西固区较为类似,大多数街道属于第Ⅱ级,其它街道分属第Ⅰ、Ⅲ、Ⅳ级。

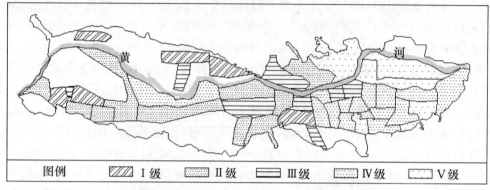

图9-1 兰州城市贫困阶层空间分布示意图

从各街道贫困人口分布密度来看,密度大于2千人/km²的街道有临夏路、张掖路、广武门、酒泉路、皋兰路、西园和沙井驿街道等7个街道,其中以城关区的街道居多,无西固区的街道(图9-2)。密度在1.5~1.99千人/km²的街道主要分布在城关区和七里河区,西固区有临洮街,无安宁区的街道。密度在1~1.49千人/km²的街道主要分布在城关区和西固区,七里河区只有一个土门墩街道,也无安宁区的街道。密度在0.5~0.99千人/km²区间内的街道分布在城关区和七里河区,以及安宁区的培黎街道。密度在0~0.49千人/km²内的街道在四个区皆有分布,且以城关区居多,其它三区相当。

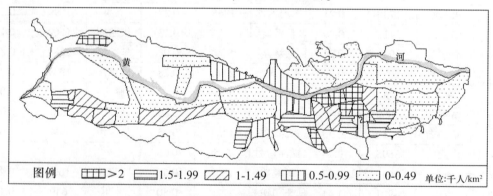

图9-2 兰州城市贫困阶层分布密度示意图

2.城市贫困阶层主要特征

根据享受低保人口的统计资料,除了来源不明的其他人员外,贫困阶层的来源主要有如下六类:在职职工、下岗职工、离岗人员、离退休人员、失业人员与"三无"人员。其中"三无"人员包括无劳动能力、无固定收入、无法定扶养或赡养人的城市居民。这类人全靠政府救济,是城市中最贫困的群体。兰州城市贫困阶层的最主要来源是失业人员,占贫困人口的比例为16.98%,其次是下岗职工,占贫困人口的比例为10.48%,在职职工和离岗人员的比例相当,分别为8.40%和8.12%,离退休人员占贫困人口比例较低,为3.19%,比例最低的是"三无"人员,为0.83%。

在城关区的街道中,雁南、团结新村和东岗街道贫困人口中下岗职工所占比例最高,而雁北、东岗西路、焦家湾街道则离岗人员比例最高,其他街道均拥有数量庞大,比例较高的失业人员。七里河区贫困人口中在职职工比例最高的街道有西站、龚家湾和八里镇街道,下岗职工比例最高的街道只有晏家坪街道,离岗人员所占比例最高的街道有休川、土门墩、敦煌路和西园街道,而建兰路和西湖街道则失业人员比例最高。西固区的贫困人口主要以在岗、下岗职工和失业人员为主。安宁区的沙井驿街道在职职工在贫困人口中比例最大,且绝对数量也较大,安宁西路和培黎街道皆有较多的失业人员,银滩街道比例最高的为下岗职工,且绝对数量很小(表9-4)。

由以上分析可以看出,离退休人员和三无人员不是兰州城市贫困阶层的主要组成部分,分别以在职职工、下岗职工、离岗人员和失业人员为贫困人口最主要来源的街道数目的比例为5:7:7:25。这四类贫困人口占总贫困人口数的95.98%。

表9-4 兰州市各街道贫困阶层来源情况

街道	在职职工(人)	下岗职工(人)	离岗人员(人)	离退休人员(人)	失业人员(人)	三无人员(人)
靖远路	96	186	96	112	270	30
草场街	82	0	160	67	357	15
盐场路	8	0	99	19	121	7
临夏路	172	134	138	70	408	55
张掖路	42	283	259	152	966	28
广武门	487	296	13	41	568	6
伏龙坪	216	88	90	96	459	96
白银路	65	216	3	24	386	68
酒泉路	115	316	133	72	345	18
皋兰路	48	204	0	29	579	15
五泉	49	19	140	53	223	10
铁路西村	0	44	30	0	184	15
火车站	46	5	109	39	243	12
雁北	0	0	8	6	6	2
雁南	5	73	1	2	50	1
东岗西路	70	351	586	75	194	6
渭源路	16	43	294	18	387	10
团结新村	67	208	117	86	195	18
铁路东村	68	165	161	63	557	16
拱星墩	54	138	37	53	161	11

突变生长——中国（西部）城市转型的多维透视

续表 9-4

街道	在职职工（人）	下岗职工（人）	离岗人员（人）	离退休人员（人）	失业人员（人）	三无人员（人）
嘉峪关路	23	12	66	12	192	63
焦家湾	70	0	106	15	71	6
东岗	11	91	41	38	52	15
秀川	15	92	202	2	0	1
土门墩	490	125	758	144	0	1
敦煌路	110	117	479	124	279	2
西站	357	0	142	39	0	13
龚家湾	405	492	243	190	166	5
晏家坪	20	574	76	59	18	14
建兰路	330	103	77	55	861	10
西湖	120	28	185	44	201	8
西园	101	219	860	102	345	1
八里镇	157	145	43	49	0	15
西柳沟	176	841	62	106	370	21
临洮街	309	322	71	13	754	7
四季青	32	198	17	10	362	6
西固城	506	738	104	67	444	14
福利路	281	66	34	38	650	17
先锋路	20	662	69	31	916	18
陈坪	429	158	46	39	363	7
沙井驿	1024	754	179	255	483	4
安宁西路	123	196	248	50	671	5
银滩	4	16	0	0	1	0
培黎	228	73	229	119	384	2

3.城市贫困阶层生活状况

根据兰州市就业局的抽样调查,各企业虽然按规定发放生活费,但只能维持职工本人最低生存需求。而下岗职工多数是上有老人,下有孩子,家庭经济收入较低。调查资料显示,家庭人均收入在 200 元以下的占 44.6%;在 200~400 元之间的占 41.4%;在 400~600元之间的占 12.9%;在 600 元以上的占 1.1%。大多数职工下岗后自谋职业以增加家庭收入,从事工作劳动报酬月收入在 300 元以下的占 66.5%,300~500 元之间的占 27%,500~800 元的占 6.3%。

4.城市贫困阶层基本情况及再就业状况

为了解兰州市下岗职工、失业人员就业及再就业状况,兰州市就业局于 2001 年 7 月进行了一次全面调研。本次调研共向1万名下岗职工及5000名失业人员发放了基本情况调查问卷,收回问卷12900份,收回率86%。以下结合本次问卷调查工作,以下岗职工与失业人员为例,分析兰州城市贫困阶层特征及再就业状况。

(1)下岗职工基本情况

下岗职工中,女性所占比例呈逐年递增趋势。从行业看,主要集中在机械、纺织、电子、建筑、煤炭等行业(表9-5);从隶属关系看,主要集中在省、市所属两级企业。

表9-5 兰州市下岗职工基本情况

年度 \ 项目	下岗职工人数(人)			中央在兰企业	省属企业	市属企业	县区属企业
		女性(人)	占总人数比例(%)				
1998年6—12月	28534	12355	43.30	2714	17580	8240	12355
1999年	19261	8585	44.57	925	10781	7555	8585
2000年	22044	9931	45.05	1749	12071	6814	1410
2001年1—6月	6393	3211	50.23	49	4907	1437	
合 计	76232	34082	44.71	5437	45339	24046	

以下根据2001年6月末实有下岗职工人数分析下岗职工基本情况:

下岗职工年龄结构:16~25岁的占下岗职工总人数的6%;26~35岁的占下岗职工总人数的31%;36~45岁的占下岗职工总人数的41%;46岁以上的占下岗职工总人数的22%。

下岗职工的文化程度:小学文化程度的占下岗总人数的4%;初中文化程度的占下岗总人数的38%;高中、职高、中专、技校文化程度的占下岗总人数的49%;大专以上文化程度占下岗总人数的9%。

职工下岗前所从事的劳动岗位:从事生产一线人员占下岗职工总人数的62%;业务人员占下岗职工总人数的17%;管理人员占下岗职工总人数的8%;财务人员占下岗职工总人数的3%;其他人员占下岗职工总人数的10%。

下岗职工技术等级状况:具有初级工职称的占下岗职工总人数的22%;具有中级工职称的占下岗职工总人数的36%;具有高级工职称的占下岗职工总人数的19%;其他(或没有职称的)占下岗职工总人数的23%。

(2)失业人员基本情况

失业人员年龄结构:从1998年到2001年6月底各年度,分年龄段占本年度失业人员总人数比重看,16~25岁,分别为30.4%、25.1%、28.9%和22%;26~35岁,分别为28.8%、32.8%、29.7%和33.5%;36~45岁,分别为28.1%、28.9%、28.8%和31.5%;45岁以上,分别为12.7%、13.2%、12.6%和13%。可以看出,除了45岁以上群体占当年失业总人数的13%左右,其余三个年龄段失业人群均占失业总人数的30%左右。

商业人员文化程度:从1998年至2001年上半年调查资料看,小学文化程度占2%左右,初中占42%左右,高中占42%左右,大专以上占14%左右。

表9-6显示,2001年上半年失业人员递增速度明显高于以往年度;由就业转失业人数以每年10%左右的速度递增,说明就业任务重、难度加大;各年度失业人员就业人数占本年度失业人员的比重以每年8%左右的速度递增,反映了就业工作取得了明显的成效;

年末实有登记失业人员中,有四成以上的失业人员为长期失业者,这部分人年龄偏大、文化程度偏低、大部分无专业技能,成为当前乃至今后一段时期就业的难点群体;各年度期末登记失业率均低于2.5%的计划控制率,实际上,"登记失业率"不含未进行登记的隐形失业人员,这一指标与实际差距较大,已不能准确反映社会失业现实。

表9-6 兰州市失业人员构成情况

年度 项目	1998年	1999年	2000年	2001年1—6月
本年度失业人员总人数(人)	38280	45895	44744	30200
其中:女性(人)	22547	26022	25728	17063
占总人数比例(%)	58.9	56.7	57.5	56.5
本年度新登记失业人数(人)	38280	30168	29563	18154
其中:由就业转失业人数(人)	7411	9123	4609	5223
占新登记人数比例(%)	19.6	30.2	49.4	28.8
年度失业人员就业人数(人)	22241	30714	32695	12321
占本年度失业人数比例(%)	58.1	66.9	73.1	40.8
期末实有登记失业人数(人)	15727	15181	12049	13043
其中:长期失业者(人)	7414	7706	5884	5566
占期末人数比例(%)	47.1	50.8	48.8	42.7
登记失业率(%)	1.88	1.6	1.5	1.7

(3)下岗职工再就业情况

下岗职工再就业后即脱离了就业服务中心,因此可以使用下岗职工出中心人数反映其再就业情况(表9-7)。除中央在兰企业外,其他企业每年进中心人数大于出中心人数;女性实现就业人数低于男性;经济效益好的企业下岗职工进中心人数少,实现再就业较容易,反之,经济效益差的企业下岗职工进中心人数多,再就业安置难度大、数量少。

表9-7 兰州市下岗职工再就业情况

年度	项目 出中心人数(人)	女性(人)	占总人数 比例(%)	中央在 兰企业	省属 企业	市属 企业	县区属 企业
1999年	6908	2518	36.45	1534	3002	2372	
2000年	5403	1894	35.06	704	2861	1841	1410
2001年1—6月	3071	1224	39.86	658	1724	678	11
合　计	15385	5636	36.63	2896	7587	4891	11

在对4631份调查问卷的随机抽样中,回原企业或调入其他国有企业2219人,占抽查人数的48%;到集体企业就业的187人,占抽查人数的4%;到三资企业就业的10人,占0.2%;到股份制企业就业的911人,占20%;到私营企业就业的37人,占0.8%;到事业单位就业的29人,占0.6%;从事个体工商户156人,占3%;按规定退休(含死亡、少量升学)的1082人,占23%。由此看出,下岗职工大多数愿意回原企业工作,到集体、三资、股份

在对 5270 份调查问卷随机抽样中,由原企业安排就业的 4273 人,占抽查人数的 81.1%;由劳动部门职业介绍机构介绍就业的 47 人,占抽查人数的 0.89%;靠亲朋好友介绍就业的 161 人,占 3.1%;通过媒体广告就业的 3 人,占 0.06%;从事个体经营的 122 人,占 2.3%;劳务输出 5 人,占 0.1%;其他 659 人,占 12.5%。由以上可以看出,靠原企业安排就业仍然是下岗职工实现再就业的主渠道。

(4)失业人员就业情况

非公有制经济各行业已经成为失业人员实现就业的主要领域,而其中劳动服务企业所占比重达到 33.9%,成为失业人员就业的主要渠道(表 9-8)。

表 9-8 兰州市失业人员就业去向

年度 项目	1998 年	1999 年	2000 年	2001 年 1—6 月	3 年半总 人次数	此类企业人次数占总人数 比重(%)
国有企业	1246	1677	2397	544	5864	6.0
集体企业	2408	2774	2404	864	8450	8.6
劳服企业	8051	11037	10255	3837	33180	33.9
股份制企业	224	878	254	166	1522	1.6
乡镇企业	273	193	224	39	729	0.7
三资企业	252	303	278	184	1017	1.0
私营企业	3781	6940	6657	2203	19581	20.0
个体企业	5292	5263	8526	3349	22430	22.9
其他	714	1649	1700	1135	5198	5.3
合计	22241	30714	32695	12321	97971	100

9.2 市民对城市贫困问题的认识及看法

为了解兰州市民对城市贫困问题的认识及看法,笔者于 2005 年 3—5 月在兰州市随机发放问卷 200 份,由于采用一对一访谈式填写,因此问卷回收率与有效率均为 100%。

在本次问卷中,白领人员包括技术人员、教师和科研人员、办事人员、机关团体企事业单位负责人,而蓝领则包括工人、商业人员、服务业人员、生产运输业人员。将家庭人均月收入 190 元以下的定义为低收入,190~300 元为中低收入,300~500 元为中等收入,500~1000 元为中高收入,高于 1000 元为高收入。大专、本科及以上学历为高等学历,中专、高中为中等学历,初中、小学为初等学历。

在调查中发现,高学历的人一般从事科研、管理、文教等一些技术含量高或文化素质要求高的工作,而且他们的收入比较高且比较稳定;中等学历的人多为服务销售人员、工人、运输人员等,虽然收入比较稳定但不是很高;低学历的人多从事于简单的体力劳动,是潜在的下岗职工和失业人员。在访谈中了解到,年龄偏大的人再就业十分困难,女性再就业也比男性相对困难(表9-9)。

表9-9 兰州市被调查人口的基本属性

地区	居民属性	城关区(%)	七里河区(%)	安宁区(%)	西固区(%)
性别	男	61.1	63.6	72.2	56.3
	女	38.9	36.4	27.8	43.7
年龄	18~30岁	32.7	54.5	44.4	31.2
	31~45岁	40.0	36.4	11.1	62.5
	46~65岁	27.4	9.1	44.5	6.3
职业	白领	37.0	20.0	45.0	12.5
	蓝领	53.7	70.0	40.0	87.5
	无业	3.7	0	10.0	0
	其他	5.6	10.0	5.0	0
收入	低收入	1.8	0	10.0	25.0
	中低收入	7.4	0	0	6.3
	中等收入	9.3	20.0	10.0	31.2
	中高收入	53.7	50.0	50.0	37.5
	高收入	27.8	30.0	30.0	0
学历	初等	13.0	0.0	27.8	31.3
	中等	42.6	54.5	27.8	56.2
	高等	44.4	45.5	44.4	12.5

1.城市贫困阶层的界定

对兰州市是否存在城市贫困阶层,所有被调查者均持肯定态度。而自2005年4月起兰州市区实行的190元/人/月的最低生活保障标准有14%的被调查者认为是合适的,而其余86%的被调查者均认为此标准偏低。

问卷中关于城市贫困阶层的定义列有三个选项:第一项是"家庭收入低于最低生活保障标准的居民",第二项是"生活质量相对于周围居民或社会平均水平偏低",第三项是"家庭收入不足以维持最基本的生活开支"。所有被调查者中有20%的人选择第一项,36%的人选择第二项,43%的人选择第三项,另外还有1%的人选择了其他。这说明贫困在大多数人的观念里属于一个相对的概念,不能仅仅依据收入的绝对数量来衡量。而不同收入水平的居民对这一问题的理解也存在差异(表9-10)。低收入和中高收入者以选择选项三的居多,中低收入者与高收入者选择选项二的比例最高,而中等收入者选择选项一的比例较高。

表9-10　兰州市不同收入水平的居民对贫困的理解

	低收入(%)	中低收入(%)	中等收入(%)	中高收入(%)	高收入(%)
选项一	14.3	20.0	42.8	10.0	29.2
选项二	14.3	40.0	28.6	38.0	41.6
选项三	71.4	20.0	28.6	52.0	29.2
其它	0	20.0	0	0	0

2.贫困阶层来源特征

在贫困阶层的来源特征中,选择"'三无'人员"和"下岗职工"的被调查者比例最高,分别占被调查人员总数的63.5%和64.5%。其次是"无业人员"、"离退休及无固定收入的老人"、"外来人口"、"农转非人口",分别占被调查人员总数的42.5%、37%、23.5%和18%。另外还有4%的人选择了"其他",并在补充栏中填入了"残疾人"。

(1)对贫困阶层来源认知的分区差异

城关区的被调查者选择"下岗职工"、"'三无'人员"和"无业人员"这三个贫困阶层来源的比例最高,分别占被调查者总数的24.11%、24.82%和17.73%,而其他区与城关区相同,也是选此三项的被调查者比例最高。但由于各个区本身贫困阶层的差异,各区被调查者对贫困阶层来源特征也有着不同的认知(图9-3)。如城关区和西固区,选择"'三无'人员"的被调查者比例最高,而在安宁区则是选择"下岗职工"的比例最高,七里河区选此两项的被调查者比例是相同的。四区中选择"无业人员"的被调查者比例均排在第三位。这与通过最低生活保障资料分析的结果稍有差异,主要是因为最低生活保障金发放的衡量标准是家庭人均月收入,有些家庭虽然存在无业人员,但因为此家庭中在职人员收入水平较高,人均收入高于最低生活保障标准,因此这部分无业人员并不在享受低保人口中。而被调查者多数是从个人的角度考虑收入问题,并不考虑家庭平衡的因素。

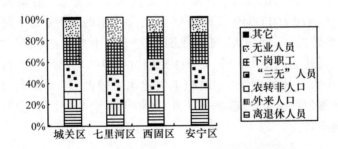

图9-3　兰州市民对贫困阶层来源认知的分区差异

(2)不同收入阶层对贫困阶层来源的认知

同样,对于各收入阶层的被调查者,排在前三位的被选选项也是"'三无'人员"、"下岗职工"和"无业人员"(图9-4)。而对于其他几项,低收入,中低收入者选择"外来人口"的比例较高,而中等收入、中高收入和高收入者则以选择"离退休人员"的居多。有可能是低收入、中低收入者多为蓝领阶层,接触到的外来贫困人口较中等收入、中高收入和高收入者为多,而中等收入、中高收入和高收入者则多为白领阶层,接触外来人口机会不多,而自家或周围则存在一些收入较低的离退休的老人。

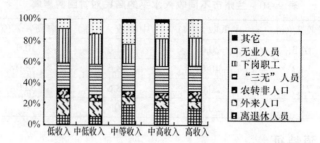

图9-4 兰州市不同收入水平者对贫困阶层来源的认知

3.产生城市贫困的原因

在本次调查中,对于兰州市产生贫困阶层的原因,有58.5%的被调查者选择了"大部分下岗职工文化水平较低、年龄偏大、再就业困难",52.5%选择了"失业率高",说明下岗职工、失业人员及其再就业问题已经引起全社会的高度关注;44.5%选择了"社会保障滞后",19.5%选择了"社会缺乏公平竞争机制",说明多数市民开始在制度层面探究城市贫困阶层的成因;46.5%选择了"物价上涨",45%选择了"个人身体因素(如残疾、痼疾等)",31.5%选择了"社会发展过程中的必然现象",说明已有一部分市民认同了此因素对致贫的影响;15.5%选择了"家庭及环境对个人的影响",说明大多数市民对此观点还是不认同的;11%的被调查者选择了"人口增长过快",说明一部分市民已经注意到人口激增与就业岗位不足之间的矛盾;另外还有一位被调查者选择了"其他",并在补充栏中填入"地区经济落后"。

在城关区的被调查者中,被选比例最高的三项致贫原因是"下岗职工文化水平较低、年龄偏大、再就业困难"、"社会保障滞后"和"个人身体原因",分别占城关区被调查者总数的19.32%,15.34%和14.77%。而在七里河区,比例最高的是"物价上涨"和"失业率高",比例均为19.23%,紧随其后的才是"下岗职工文化水平较低、年龄偏大、再就业困难"和"社会保障滞后",比例均为11.54%。西固区排在前三位的是"失业率高"、"物价上涨"和"下岗职工文化水平较低、年龄偏大、再就业困难"。安宁区"失业率高"、"下岗职工文化水平较低、年龄偏大、再就业困难"和"个人身体原因"(图9-5)。综上,各区对城市贫困阶层致贫原因集中在"个人身体原因"、"下岗职工文化水平较低、年龄偏大、再就业困难"、"失业率高"和"物价上涨"这几项上,除第一项外,其他正是受到经济转型时期社会经济发展阶段性特征的影响所致。

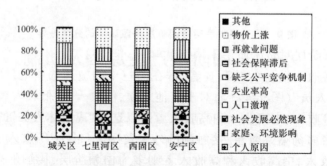

图9-5 兰州市民对致贫原因认知的分区差异

4.解决城市贫困的对策

对于解决城市贫困的对策,所有被调查者均认为应该多管齐下,一方面给予贫困阶层更多的帮扶及保障政策,使其尽早脱贫;另一方面,加强在职人员的收入及福利保障,改善低收入阶层生活质量,防止潜在贫困人口转变为贫困人口。在所有解困对策中,选择"完善社会保障制度"的被调查者占所有被调查者总数的58.5%,其次是"鼓励中小企业发展,扩大就业",所占比例为49.5%,其余选项如"促进国有企业改革,提升经济实力"、"发展第三产业,增加就业岗位"、"加强对下岗职工的再就业培训"和"改革税制,消除收入分配不公"所占比例均为45%左右。

在城关区的被调查者中,选择"完善社会保障制度"的比例最高,其次是"发展第三产业,增加就业岗位"(图9-6)。城关区失业人员数量庞大,离退休人员数量也明显高于其他各区(表9-1),因此市民容易将解困对策寄希望于社会保障和第三产业发展对劳动力的需求。在七里河区,排在前两位的选项分别为"加强对下岗职工的再就业培训"和"鼓励中小企业发展,扩大就业"。事实上,七里河区各国有大型企业的相继停产和倒闭,大量下岗职工再就业困难,使七里河区居民开始意识到通过加强再就业培训及鼓励中小企业发展来增加就业岗位以解决城市贫困问题。西固区属于工业区,虽然近年来石化类产业持续稳步发展,但也有一些企业由于改制的失败而产生了大量下岗职工,因此该区的居民多把希望寄托于企业的发展及收入分配的公平性,排在前三位的选项是"促进国有企业改革,提升经济实力"、"鼓励中小企业发展,扩大就业"和"改革税制,消除收入分配不公"。安宁区与西固区类似,唯一不同的是排在第三位的选项变为"完善社会保障制度"。

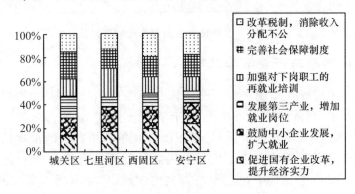

图9-6 兰州市民对解困对策认知的分区差异

9.3 贫困阶层产生原因及机制

兰州市贫困阶层主要包括在岗职工,下岗、离岗人员,失业人员,离退休人员与"三无"人员。虽然不同类型贫困阶层的产生原因并不完全相同,但从总体来讲,各种致贫因素构成了三条主要致贫机制链条,它们分别是:经济体制转轨与产业结构调整、政府财政实力与社会保障体系、劳动力市场供求与劳动者个人因素(图9-7)。

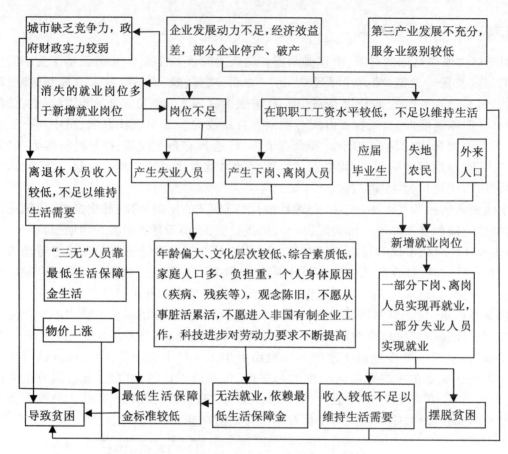

图 9-7　兰州市贫困阶层产生的原因及机制

1.经济体制转轨与产业结构调整

兰州市是新中国成立初期在计划经济体制下以石化产业为核心兴起的综合性工业城市。改革开放以来,私营经济发展缓慢,国有企业不景气,导致大量职工下岗失业,再加上历史、社会等原因,城市发展速度缓慢,城市综合竞争力指数在西部地区较为靠后。

目前,兰州城市已开始由快速集聚发展阶段进入到有机集聚和有机扩散发展阶段。虽然住宅郊区化过程主要集中在兰州河谷盆地,"跳出"兰州河谷盆地的住宅郊区化过程还未成规模展开,但部分企业和产业的郊区化过程已经开始出现。产业的扩散不仅为老工业基地的改、扩建和高新技术产业的发展搭建了平台,同时也为兰州城市空间的拓展提供了一个很好的契机(杨永春,2004)。转型期,兰州市目前除石化产业仍保持较高增长外,其它原有国有及市属工业企业大多在经济体制改革、国有企业转轨过程中破产或停产,出现了大量的下岗职工。另外,在实行城市土地有偿使用、住房商品化以后,对住房的选择在很大程度上是一种市场经济行为,城市居民主要根据自己的实际购买能力和偏好来自主地选择住房。房地产市场的迅速发展,政府对房地产市场的政策扶持,为城市居住地域的空间分异提供了可能。而城市经济、社会的发展,城市居民收入水平的提高和收入差距的加大,住宅需求的上升和分化,使居住空间分异成为现实(杨永春,孟彩红,2005)。随着兰州城市经济的发展,城市住宅商品化的全面推行,虽然还未出现类似于西方国家的"贫民窟"现象,但城市居民的居住水平和居住分布已经开始发生分化,城市部分地区的居住空间结构的分异也日趋明显。

解放后,我国在山大沟深,利于隐蔽的河谷型城市布局了许多大型工业企业,尤其是军工企业,促进了兰州等一批河谷型城市的发展。之后,随着国家的大规模开发建设,兰州市迅速发展成为以石油化工、冶金、电力、机械工业为主的重化工业城市。目前,资源型产业及其初加工居于兰州市产业结构的核心,但由于全球化影响日益强烈和国内外统一市场的迅速形成,自然资源对于产业发展的贡献率迅速下降,该类产业对于城市快速增长的推动能力进一步削弱。因此,兰州目前所拥有的石化等优势主导产业正处于困难时期,主导产业转换异常困难,导致城市经济快速发展成为无源之水,经济影响力进一步下降。另外,随着时代的发展,特别是进入 1990 年代以来,我国的产业结构发生了重大的变化,商业、金融业、信息业以及众多高技术产业在我国产业结构中所占比例急剧上升。与此相反,那些劳动密集型企业和资源型企业、初级产品加工等企业由于市场萎缩、资源枯竭、产品过时等原因而难以维系,这使得国有大中型企业不得不进行改革和转轨。然而可惜的是,国有大中型企业没有成功转轨,目前发展困难重重。石化等计划经济时期的产业进一步老化,而先进的朝阳型产业进展缓慢,整个城市几乎没有推动经济快速和持续发展的基本产业,滞后的工业化进程将严重削弱城市经济持续发展的能力和发展潜力,使得兰州市没有能力进行产业升级、人才引进、技术创新、新产品开发等,产业结构难以调整,导致城市进一步缺乏竞争力。企业下岗职工增多,效益没有明显改善,部分国有企业倒闭或破产,支撑城市经济的核心出现了重大危机。与此同时,由于产业的发展环境严重不良,导致民营企业步履艰难,不能成功填补国营企业衰落留下的空间。第三产业发展动力不足,服务业层次较低,对下岗工人、破产企业职工难以妥善安置。城市经济发展滞后,导致政府财政实力较弱,社会福利水平较低。

另外,计划经济时期,我国在城市实行了低工资、高就业、高福利的企业制度,城市居民的就业、住房、医疗、养老、劳动保护等福利优惠主要来源于国有企业的发展,由此逐渐形成了以计划经济为特征,以国有、集体企事业单位为依托的城市经济体制。经济转轨时期,国有、集体企业的效益下滑及停产、破产现象的出现,对城市居民的生活产生了很大影响。一些企业虽然在从事生产,但经济效益较差,从而导致在职职工及离退休人员工资水平较低,无法摆脱陷入贫困的命运(表 9-11)。根据西北五省会城市最新统计资料,2005年,西北地区主要城市城镇单位在岗职工工资水平区域差距较大,乌鲁木齐市以 21222元高居西北五省会城市首位,银川市为 18424 元次之,西宁市、西安市分别为 17748 元、17654 元位居第三、第四,兰州市以 16960 元继续位居末位。

表 9-11 2005 年西北地区省会城市在岗职工工资水平及兰州的差距

城市名称	工资水平及位次				2005 年增速(%)	兰州的差距	
	2004 年		2005 年			2004 年	2005 年
兰州市	14854	5	16960	5	14.18	—	—
乌鲁木齐市	18774	1	21222	1	13.04	3920	4262
银川市	15243	4	18424	2	20.87	689	1464
西宁市	16175	2	17748	3	9.72	1321	788
西安市	15473	3	17654	4	14.10	619	694

随着企业改革和改制速度的加快，大量的计划经济时期积淀下来的冗余人员面临着下岗、失业的命运，很多过去与企业保持人事关系的下岗及离岗人员被释放到社会，成为真正的失业人员，使得隐性失业逐渐显性化，若无新增就业机会，这部分失业人员的生活将无法得到保障，成为城市贫困阶层。另外，随着经济体制改革的不断深入，允许一部分人、一部分地区先富起来的政策取得了良好的实施效果，但伴随着富裕阶层的出现，也使得城市居民的收入差距不断拉大，出现了城市低收入人口，产生了相对贫困阶层。

2.政府财政实力与社会保障体系

兰州市整体经济实力较弱，政府财力不足影响了社会福利及保障政策的实施。兰州市人均 GDP 变化率从 1980 年至今经历了两次大起大落，两个极值分别出现在 1985 年和 1994 年。1980 年人均 GDP 与 1979 年相比有所下降，变化率为负值，之后人均 GDP 增长速度不断加快，但 1985 年起增长速度开始下降，中间经过一个小波动从 1990 年开始稳步上涨，到 1994 年达到最大值，但此后两年增长速度急速下降。1996 年后，人均 GDP 增长速度从总体上来说在逐步上涨，但仍未达到 1985 年的水平，且出现周期性的下降。当人均 GDP 增长率下降时，由于人口不断增长，物价水平不断升高，必然导致人均拥有财富量的减少，相应的贫困人口数量将会增多，贫困面也会扩大(图 9-8)。同时，人口增长率与社会劳动者人数增长率的关系也会影响贫困阶层的产生。当人口增长速度快于社会劳动者人数增长速度时，每个就业人口的负担系数增大，同样也会导致人均拥有财富量的减少，导致贫困的产生。兰州市自 1995 年起人口增长速度就快于社会劳动者人数增长速度，甚至 1997 年和 1999 年及以后社会劳动者人数增长速度为负值，从业人口不断减少，所幸 1999 年后减少速度不断减慢。直到 2002 年，社会劳动者人数增长速度终于转为正值且超过了人口增长速度，但仍然不能立即解决人口过多、就业岗位不足的问题。

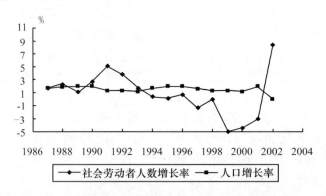

图 9-8　兰州市人口增长率与社会劳动者人数增长率

目前兰州市离退休人员的养老金已逐渐由社会统筹发放，但受到城市经济发展实力的影响，我市离退休人员的养老金数额并不高，再加上物价上涨等因素，他们获得的收入有些甚至不足以维持正常生活所需，使得原本生活状况一般的低收入家庭逐渐沦入贫困家庭的行列。同时，城市整体经济实力也影响到兰州市最低生活保障线标准的制定，目前兰州市的低保标准为 190 元/人/月，在全国属于较低水平。"三无"人员及大部分残疾人无收入来源，若无家人赡养，必将陷入贫困，因此全凭领取最低保障金度日，而当城市最低生活保障标准较低时，这些人仍将无法摆脱贫困。

另外,社会保障体系不完善也成为下岗职工和失业人员实现就业和再就业的"瓶颈"。在计划经济体制下,劳动者的医疗、养老、就业和住房等社会保障是与所有制联系在一起的,国有单位享有上述各方面的社会保障,而非国有单位一般不实行社会保障。改革开放以来,我国在社会保障制度方面已经作了一些改革,但统一的社会保障制度尚未建立起来,就业的身份界限、所有制界限、用工形式不同的界限实际上还没有完全被打破。目前非公有制单位虽然已成为吸纳劳动力的重要渠道,但许多非公有制用工单位还没有实行必要的劳动保障措施,使劳动者存在后顾之忧。职工培训和职业介绍跟不上社会的发展需求,劳动执法监督力度不够。培训专业单一,缺乏适应社会需求的新岗位的劳动技能培训。职业接收成功率低,下岗职工和失业人员缺乏实现就业和再就业的良好外部环境,使得那些无法实现就业与再就业的下岗和失业人员很容易陷入贫困。

3.劳动力市场供求与劳动者个人因素

下岗、离岗及失业人员在我市贫困人口大军中所占比例较高,这首先是由产业结构调整下的结构性失业造成的,其次是一些企业及事业单位由于精简机构、裁员、停产或破产使得工作岗位正在不断消失,第三是由于第三产业发展动力不足,级别较低,大多为商业、服务业等传统产业,对于增加就业岗位贡献不大。另外,随着人口的快速增长(图9-8),越来越多的适龄人口进入社会寻找就业机会,使得岗位不足的问题愈发明显。由于以上种种原因,导致兰州市新增就业岗位数量少于消失的就业岗位,岗位不足使得越来越多的人下岗甚至失业。据统计,城镇每年新增就业岗位大约700万,而城镇劳动力市场新增的人员超过1000万人。巨大的劳动力供需矛盾造成我国失业率逐年上升,这成为城镇贫困群体人数增加的直接因素。

失业人员面临着就业,而下岗人员面临的是再就业。解决就业和再就业问题靠的是新增就业岗位。兰州市每年新增的就业岗位主要用于解决四类人员的就业,分别是应届毕业生、刚进城的失地农民、外来打工人口及下岗、失业人员。在对新增就业岗位的竞争中,下岗、失业人员并不占优势。在产业结构优化升级的过程中,大批传统产业正进行设备更新改造,产品技术含量不断提高,需要大量具有掌握现代科技的人才。因此企业对劳动者素质的要求将越来越高,而我国现有的劳动力技术结构无法完全适应产业结构的转换,大量的简单劳动力由于文化程度偏低、年龄偏大、技能单一、综合素质较低,从传统部门中游离出来,却又无法进入新兴部门,结果出现了劳动转换、失业与空位并存的矛盾格局。一方面,高学历的应届毕业生无法满足社会对高素质劳动力的需求,另一方面大量无技术专长的劳动者因不能胜任新岗位而失业,从而引起在工业化进程中,随着经济结构尤其是产业结构的调整而出现的大量结构性失业人员。这部分失业人员即使实现再就业也只能从事简单工作岗位,随时面临再次失业,成为城市贫困阶层或潜在贫困阶层。

同时,城市低收入家庭大多人口多而就业人口少,就业者负担系数高。一旦就业者的所在单位效益较差,或就业者收入较低,则家庭难免陷入贫困。低收入家庭不但生活水平低,而且居住条件差,再加之养老、医疗、失业等社会保障还有待进一步完善,使得低收入家庭生活抗涨价因素的能力下降。同时,由于低收入家庭往往家庭成员下岗或所在单位经济效益不好等原因而无法享受到增资政策,使得增加工资对贫困家庭几乎没有作用。而某些低收入家庭成员由于患病或残疾而无法正常就业也是致贫的直接原因之一。

城市新增就业岗位与政府的"再就业"工程使得一部分下岗及失业人员实现了就业与再就业。对于那些解决了就业问题的人口,若收入稳定,生活能够得到保障,则会避免其陷入贫困。但若收入很低且不足以维持基本生活所需,则其中的一部分人口不可避免又会陷入或重新陷入贫困。而那些不愿就业依靠低保度日的下岗职工和失业人员,有些由于得到父母或亲戚朋友的资助生活勉强还过得去,而那些仅靠低保生活的人口无论从绝对或相对来讲都已成为不折不扣的城市贫困阶层。

也有一部分下岗职工始终无法解决就业问题,这一方面是就业岗位不足或下岗职工个人客观条件导致的结果,另一方面也是由于下岗职工个人思想观念造成的。由于一些下岗职工认为自己曾是国有企业的职工,从事其他临时性的工作或在非国有企业中打工与自己的身份不符,放不下国有企业职工的架子,怕苦、怕累、怕脏、怕丢人,思想上仍存在"等、靠、要"的幻想,总认为政府部门会解决他们的就业问题。因此造成下岗职工实现再就业困难和岗位空缺并存的现象,而这部分岗位最后只能由失地农民或外来打工者来填补。而下岗、失业人员则只能部分地实现就业与再就业,还有很大一部分宁愿领取最低生活保障金也不去从事其不愿从事的职业,从而导致其生活陷入贫困。

9.4 低收入阶层迁居意向与城市社会空间结构

迁居是城市内部以住宅位置改变为标志的人口及住户移动。当城市发展到一定阶段时,城市的域外人口迁移下降为次要方面,而城市内部人口迁移(迁居)上升为主要方面。迁居是居住机会和居民住房需求之间相互作用的结果。它不仅是城市居住空间的形成基础,而且也受制于城市社会空间结构。随着我国城镇住房制度改革的推进,城市居民长期享受的福利性住房实物配给制度已经由房屋货币化和商品化体系所替代,标志着以单位为主体的集团建房和购房时代的基本结束,进入了以居民个人为主体购房的发展阶段。城市贫困人口属于低收入阶层,研究贫困问题就有必要研究低收入阶层迁居特征对城市社会空间结构的影响,尽可能地避免城市居住空间分异过程中西方国家"贫民窟"等不良现象的出现。

此次研究在兰州市随机抽取了200名市民进行了问卷调查,剔除无效问卷后,有效问卷161份,有效率80.5%。调查区域按照不同区域特征及其自身特点可分为城市核心区(城关区与七里河区,不含雁滩)、雁滩新型住宅区(已开发出大量成片的新型居住区,这些小区基础设施配套齐全,绿化率高,物业管理好,各类公共设施都很方便。但也存在一些尚未开发的原有居民的自建住房,整个区域缺乏整体的规划和布局。调查主要集中在本区的新型住宅区进行)、安宁高教区、西固工业区(集中了城市两大石油化工集团及其它配套及相关企业,居民多集中于单位制住宅区内,居住区相对密集、连片,并且各种公共设施齐备)等四类。针对不同区域和居民收入水平,笔者对回收的问卷进行统计分析。其中,将家庭人均月收入低于190元定义为低收入,190~300元为中低收入,300~500元为中等收入,500~1000元为中高收入,高于1000元为高收入。

1.低收入阶层迁居特征与城市社会空间结构

（1）迁居次数

兰州市居民的迁居率为71.2%，也就是说平均十户家庭中有七户家庭进行过至少一次搬迁。在发生迁居的家庭中，只进行过一次搬迁的住户占到61.2%，户均迁居次数为1.17次，可见主要以一次搬迁为主。与其他已经经过实证的城市的迁居率相比，兰州市的迁居率较高，但这远远不能说明兰州市民自主迁移性的高低，它与经济活跃、流动性大、迁移性高的现代化大都市的高迁居率是完全不一样的。

收入是影响居民择居最重要的因素之一，尤其是在住房商品化以后。从调查中可以看出，兰州市民的收入普遍不高，且城市两极分化现象亦不突出。然而，今后随着城市居民收入水平的拉开，在收入水平的制约下，兰州市的居住分异将逐渐显现。相对而言，低收入家庭的迁居能力（迁居率=54%）明显低于高收入家庭（迁居率>70%），高收入家庭的平均迁居次数明显高于低收入家庭，分别为1.5和0.8，说明收入水平是影响迁居的重要因素之一。中等收入家庭的平均迁居次数介于低收入与高收入家庭之间，且更接近高收入家庭。兰州市民平均收入水平不高是目前制约居民自由迁居的主要原因，这在迁居意向分析中将得到进一步证明。

（2）迁居年份及方式

在调查中发现，国有企业和事业单位工作者的迁居率较高，主要集中于上世纪1980、1990年代，主要与他们工作调动频繁及单位福利分房、集资建房有关，因此这些居民的迁居一般是与单位分房相联系的，择居比较被动，另外与收入水平也具有一定的关系。而择居比较自由的居民（如个体业经营人员）的迁居则更多的受到收入水平的限制而迁移性不强。

在2000年前，单位的住房福利分配是兰州市民获取住房的主要方式，但由于经济体制的转变，住房市场的逐渐放开，这一阶段单位分房所占的比例一直在小幅度的减少。取消福利分房后，单位分房的比例有较大幅度的降低，可见，今后居民获得住房的机会将由市场来决定，而不再完全依赖于单位。而由拆迁引起的迁居行为在一定程度上也能够反映城市旧城改造的强度。2000年后，居民迁居的原因趋于多样化。随着住房市场的发展，不但购房者将大大增加，而且各种获得住房的方式都将得到发展，可以预见今后兰州市的住房市场将向多元化发展。

高收入家庭迁居方式早期多为单位分房，1990年代末期以后则为购买商品房。低收入家庭迁居率较低，从未迁移者现住房大多为单位分房，迁居者主要集中在分房、换房和拆迁三种迁居方式。从图9-10可以看出，1990—2000年兰州市在道路改建过程中也加大了旧城改造的强度。换房是指在单位内部的房屋调换，此种迁居方式仅出现在西固区的大型企业中，如兰炼、兰化，且在此类单位工作的被调查者几乎都有此经历。西固区居民的迁居率仅次于雁滩新型住宅区，并且户均迁居次数高于雁滩。在调查中了解到，兰炼、兰化职工迁居一般有这样一个规律：先是居住在厂前，由于当时住房短缺，大部分职工居住的房子都是共用厨房、浴室的，后来由于结婚、孩子上学等原因，原有住房不能满足他们的需求，居住压力增大。于是，他们向单位提出申请换房，单位根据职工的工龄、职称等来考虑其迁居。所以说，在西固区，居民调换房是很频繁的。虽然说这种住房制度是出于

"居者有其屋"的良好目的,但是仍然存在着很大的弊端,不但严重限制了居民迁居的自由性,而且由此引起的分配不公、财政包袱等等都将阻碍城市居住空间的发展。

(3)迁移距离与方向

调查表明,兰州市民迁居以短距离和区内迁居为主要特点,在有效的184次迁居中,仅有26次迁居是跨组团的,占14%。在本次问卷关于通勤的调查中,低收入家庭被调查居民的通勤距离明显低于其他收入等级家庭的被调查成员,通勤距离不超过10km。这主要是因为被调查的低收入对象多为企业下岗职工,迫于生计他们只有选择在住所附近或社区内的小卖部、洗衣店等服务性行业工作。因此,低收入家庭迁居行为中跨区迁移比例很低,除非是拆迁安置后的被动迁移。

跨区迁移的目标地以城关区居多,特别是雁滩新型住宅区。通过对雁滩新型住宅区住户的迁出地的分析,发现城市中心区是其住户的主要来源地。这是中心区建设商务区,进行旧城改造以及一些企业外迁导致的人口外迁在空间上的反映。由此可见,兰州市的住宅郊区化进程已初现端倪。

2.低收入阶层迁居意向与城市社会空间结构

(1) 迁居计划

图9-9可看出,有将近40%被调查者的迁居计划都是大于10年,而10年内不考虑迁居的居民基本上是属于无意迁居的人群,可见兰州市民的迁居愿望不是很强烈。低收入家庭中大多无迁居计划,除非是拆迁行为带来的被迫迁移,否则此类家庭不考虑通过购买商品房来实现迁居。这种状况一方面反映出低收入居民由于无法改变现状而消极适应现有居住状况,另一方面也说明兰州市民的自由择居能力仍然比较弱。不过这其中也有一部分居民是由于"居住社会心理"的影响,对现有居住区所形成的社交、邻里及亲属关系有依赖心理,这在老人中尤为明显。

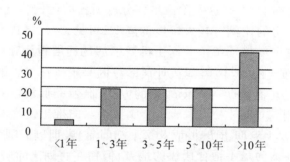

图9-9 兰州市低收入阶层的迁居计划

对于"在何种情况下您将决定迁居"的调查中,有58.9%的人选了收入增加,27.6%的人选房价下降,25.8%的人选旧房拆迁,17.2%的人选单位调整,28.8%的人选家庭调整。可见收入水平是限制兰州市民自由择居的最主要因素。

在高收入者决定迁居的因素中,除了收入增加外,排在前三位的分别是房价下降、家庭调整和单位调整,说明高收入阶层已经有了购买商品房改善居住环境的意愿,只是由于兰州市整体收入水平不高,所以高收入阶层仍希望房价能够下降,从而可以在经济许可范围内一个比较宽裕的基础上考虑迁居。而选择家庭调整的被调查者多为正在考虑结婚的年轻人或家中有适婚子女的老人,选择单位调整的则多为企业及事业单位职工。

低收入者决定迁居的因素除了收入增加外偏向于旧房拆迁、单位调整及家庭调整,而非房价下降。说明低收入阶层自主择居的积极性很弱,几乎不考虑购买商品房,而是通过在现有住房基础上的住房调整来实现居住环境的改善。

(2)迁居选址的影响因素

对于影响迁居选址的因素,兰州市民普遍比较重视交通方便与购物方便这两点,也就是生活便利程度,选此两项的被调查者分别占被调查者总数的83.85%和76.40%。除此之外,高收入者比较看重环境幽雅与社区文明,即重视个人生活感受和社区环境,进入追求生活质量阶段。而低收入阶层则更重视上下班便利程度与交通便利程度。可见低收入阶层在住房质量相同的情况下比高收入阶层更加注重通勤支出,住房选址以节约通勤支出为主要考虑因素。

(3)迁居意向

关于兰州市民的迁居意向,居民有不同的空间偏爱。从总体上看,居民比较追求幽雅的环境和便利的生活,雁滩、安宁、郊县和远郊共占了大半以上。在研究区范围内考虑,则迁居意向主要集中在雁滩、市中心与安宁区(图9-10)。

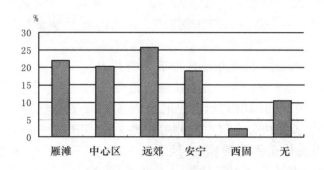

图9-10 兰州城市居民迁居意向

居住在核心区、雁滩新型住宅区和安宁高教区居民的理想迁居地仍是他们现正居住的区域,尤其是安宁和雁滩的居民在这方面表现的很明显。安宁居民选择安宁的达到了65%,理由多为环境好,而这里的环境多指文化环境。雁滩的被调查者选择雁滩为理想迁居地的也达到了50%,主要是因为近年来几个成功楼盘的推出使雁滩成为兰州市新型居住小区的聚集地,大的居住区氛围的形成及交通的日益便利增加了雁滩对于择居者的吸引力。尽管西固一直被认为是不适合居住的地方,但住在西固区的居民仍有选择西固的,这一方面是受"社区文化心理"的影响,另一方面,兰州市狭长的地形和尚欠完善的交通系统增加了出行的时间和费用支出,在一定程度上限制了居民的长距离通勤及迁居行为,因此西固居民的理想迁居地多为核心区。另外,年龄较大的被调查者还会关注就医方便程度这一因素。

在调查中,很多高收入者将远郊(如永靖县城)和郊县(如榆中盆地和什川)作为自己的理想迁居地,也有一部分已有购买商品房意向的被调查者选择了雁滩和安宁,理由是交通方便、环境好。而低收入者则多选择自己目前的居住区域,理由是交通方便,这主要也是由于无迁居打算而被动适应居住现状的结果。

本章小结

　　根据现有统计资料,以享受低保人口代表城市贫困人口,则研究区内城市贫困人口总数占到非农人口总数的 5.29%。贫困人口依数量排序从多到少依次是城关区、七里河区、西固区、安宁区。以贫困人口占全区人口比例划分等级,等级越高,说明比例越大,城关区的街道均属于第Ⅲ、Ⅳ、Ⅴ级,而与之相反的是安宁区,四个街道中有三个属于Ⅰ级,七里河区与西固区较为类似,大多数街道属于第Ⅱ级,其他街道分属第Ⅰ、Ⅲ、Ⅳ级。从各街道贫困人口分布密度来看,密度大于 2 千人/km² 的以城关区的街道居多,无西固区的街道。密度在 1.5~1.99 千人/km² 的街道主要分布在城关区和七里河区。密度在 1~1.49 千人/km² 的街道主要分布在城关区和西固区。密度在 0.5~0.99 千人/km² 区间内的街道主要分布在城关区和七里河区。密度在 0~0.49 千人/km² 内的街道在四个区皆有分布,且以城关区居多,其他三区相当。兰州城市贫困阶层最主要来源是失业人员,占贫困人口的比例为 16.98%,其次是下岗职工,占贫困人口的比例为 10.48%,在职职工和离岗人员的比例相当,分别为 8.40% 和 8.12%,离退休人员占贫困人口比例较低,为 3.19%,比例最低的是“三无”人员,为 0.83%。

　　兰州市贫困阶层产生的原因及机制主要有以下几点:①第二产业发展动力不足,经济效益差,部分企业停产、破产;②第三产业发展不充分,服务业级别较低;③产业结构及产业结构调整下的就业不足;④城市缺乏竞争力,政府财政实力较弱;⑤城市人口快速增长,不断加大就业压力;⑥收入水平较低,物价指数上涨;⑦最低生活保障标准较低,社会保障体系和劳动力市场体系不完善;⑧失地农民、外来打工人员与本地失业人口对工作岗位的竞争;⑨科技进步对劳动力素质要求不断提高;⑩个人因素,如家庭人口多、负担重,综合素质较低,个人身体原因及陈旧的思想观念。

　　从兰州市目前情况来看,社会极化现象并不严重。但将来低收入阶层对于住宅的选址意向也将成为影响城市社会空间结构的重要因素之一。通过问卷调查对低收入阶层迁居意向与城市社会空间结构的分析结论如下:①低收入家庭的迁居率与平均迁居次数明显低于高收入家庭;②低收入家庭中大多无迁居计划,其中从未迁移者现住房大多为单位分房,迁居者主要集中在分房、换房和拆迁三种迁居方式;③低收入家庭中被调查居民的通勤距离明显低于其他收入等级家庭的被调查成员,且低收入家庭迁居行为中跨区迁移比例很低,除非是拆迁安置后的被动迁移。跨区迁移的目标地以城关区居多,特别是雁滩新型住宅区,兰州市的住宅郊区化进程已初现端倪;④低收入者决定迁居的因素除了收入增加外偏向于旧房拆迁、单位调整及家庭调整,而非房价下降。说明低收入阶层自主择居的积极性很弱,几乎不考虑购买商品房,而是通过在现有住房基础上的住房调整来实现居住环境的改善;⑤低收入阶层在住房质量相同的情况下比高收入阶层更加注重通勤支出,住房选址以节约通勤支出为主要考虑因素;⑥低收入者的迁居意向多为自己目前的居住区域,理由是交通方便,这主要是由于无迁居打算而被动适应居住现状的结果。

　　随着城市居民收入两极分化的进一步加剧及城市中越来越多低收入阶层的产生,贫困问题已经越来越成为城市政府及公众关注的焦点,应注重城市规划的公平性,保障弱势群体、低收入居民的基本权利,遏制城市贫困化的迅速蔓延,重点关注贫困家庭的住宅环境的改善。对于低收入阶层购房过去一直实行的是经济适用房政策,由于此政策在执行过程中的漏洞,购房者并不全是低收入者。因此今年我国已有城市改明补为暗补,对低收入购房者直接给予现金补贴。对于兰州市这都是值得借鉴的方法。另外,在关于迁居的调查中我们了解到,很多低收入家庭都将迁居和改善居住环境的希望寄托在旧房拆迁上,因此对于拆迁安置办法,也是规划中需要注意的问题。在安置过程中,必须充分考虑低收入拆迁户的利益,给予其一定的优惠政策。政府要为被拆迁人提供司法及经济救助,保障被拆迁人权益。安置房费用根据不同情况由居民、单位和政府三方共同负担,就地安置、异地安置与货币补偿相结合。扩大安置房源,综合运用廉租住房、经济适用房等政策,也可定向订购符合安置标准的商品房,进行市场化采购,充分保证拆迁安置房的供应。对于愿意异地安置的居民,可以适当增加安置面积或者给予适当经济补偿。在安置房出售时,原面积部分享受公房出售政策,超出部分享受经济适用住房政策或再给予适当的优惠。

第 10 章　中国(西部)城市的绅士化

　　绅士化是 1960s 产生的一种城市社会地理现象,即西方发达国家的绅士化运动已持续了几十年的时间,对世界各国的城市发展都产生了巨大的影响,相关绅士化的研究已日趋成熟,研究的多样性以及复杂性成为当今西方国家绅士化研究的特点。绅士化这一概念最早由英国学者 Glass(1964)提出,其根据英文中"gentry"一词引申而来,主要指中产阶级家庭进入贫困下层阶级社区的过程,在这个过程中,被抛弃住宅的居住质量被提升,最后逐渐地取代了原先的工人阶级和低收入阶层的居民,从而改变了邻里社区的社会结构。然而,现今绅士化概念涉及了更多、更宽泛的城市现象(Smith N,1996)。在后福特主义和全球化的背景下,以金融、保险、房地产为代表的高端服务业在城市中心集聚,大量的高收入者被吸引到邻近的中心城区居住,导致了土地的再开发以及绅士化,并且,国际性的企业、国际性的开发商以及国际性的购买者共同催生出国际性的大市场,而这个市场的产生可以说是一种与绅士化相关联的城市居住现象。因此,绅士化已经成为"全球城市"(global city)出现的标志(Sassen S,1991)。绅士化研究在西方已经历了三个阶段:第一阶段发生在 1960s—1970s 的大衰退时期,主要发生在内城居住区,由城市新贵族(gentry)在经历郊区化后,占据原先由工人和穷人居住的社区作为此阶段的特征;第二阶段发生在 1970s—1980s,参与的人群开始增多,涉及公司企业、高收入阶层、低收入阶层等,在这一阶段主要是资金的驱动使得绅士化融入银行和房地产等财政系统,"文化战略"对文化设施和历史遗迹的改造也包含了"绅士化"的元素,同时市场的作用也加大了绅士化的发展。我国学者对这两个阶段的绅士化发展已进行过较系统的阐述 (吴启焰,罗艳,2007;孟延春,2000);自 1990s 开始到 21 世纪,绅士化研究进入了第三阶段(Hackworth J, Smith N,2001),政府、公司企业、各类不同人群等多种角色参与其中,发生地点遍布城市中大多数区域(居住区、商业区、工业区),由于当今绅士化现象在各个不同的地方发生且产生了各种不同的形式,因此,当代绅士化研究已趋于了多样化的形式(Wyly E K, Hammel D J,1999;Hackworth J,2001;Lees L,2003; Davidson M, Lee L,2005)。如今,绅士化在新城市自由主义的背景下,已成为了"全球城市战略(global urban strategy)"(Smith N,2002),并作为一种 "蓝本"模式 (gentrification blueprint), 在全球被大量的生产、经营和消费(Davidson M, Lee L,2005)。越来越多的角色在绅士化发展的第三阶段参与进来,政府更加积极地推动绅士化的发展,通过地方政府驱动、设立政策和法规来加速绅士化运动的进程(He S,2007; Slater T,2004; Lees L,2000)。第三阶段的绅士化已不再局限于单纯的居住区置换,居住区被置换成商业区以及商住合一区已屡见不鲜(Curran W,2004;Carroll J, Connell J,2000; Kloosterman R C,1999; Lees L, 2003)。总体而言,当今全球的绅士化现象已变得日趋复杂,越来越多的参与者、各种不同区域以及变化多端的现象交织在一起。可以说,当今绅士化的发展如此之快,我们需要用一个更加宽泛、更加透视的眼光去研究当代的绅士化(Phillips M,2004)。

对城市绅士化运动的实证研究是近年来我国人文地理学研究的热点之一。我国绅士化研究的起步较晚,1990s末期,我国才开始有绅士化的研究(薛德升,1999),研究工作大致可分为对西方绅士化概念的引介及综述性研究、西方绅士化对我国旧城更新和改造的借鉴、对单体城市的实证研究及特殊绅士化现象的实证研究等三类。改革开放以来,中国城市发展突飞猛进,绅士化现象在大部分城市出现了。随着经济全球化的扩张,绅士化与社会转型、产业重组、内城改造、文化转向等这些可导致绅士化运动发生的新城市现象联系起来。此后,相继出现关于绅士化研究的文章,主要分为三类:①对西方绅士化概念的引介及综述性研究(吴启焰,尹祖杏,2008;戴晓晖,2007;赵玉宗,顾朝林等,2006);②西方绅士化对我国旧城更新和改造的借鉴(孟延春,2000;邱建华,2002;朱喜钢,周强,金俭,2004);③对单体城市的实证研究及特殊绅士化现象的实证研究(He S,2009;赵玉宗等,2009)。其中,第三类的研究主要在2007年以后才陆续开始增多。可见,我国绅士化研究与西方发达国家相比还有一定的差距,需要更多的研究工作来补充与完善,尤其是西部城市的绅士化研究工作。成都市是西部地区的区域性中心城市之一,以其作为案例具有很强的代表性。因此,本文以成都市为例,利用质性研究法(Qualitative Research)和深度访谈法获取原始资料,探讨了西部城市的绅士化现象及其形成的内在机制,以验证当前我国相关的研究成果和结论(黄幸,杨永春,2010)。

10.1 研究设计与研究方法

1.方法及数据来源

本文主要采用实地考察手段,利用"质性研究(Qualitative Research)"和"非结构式深度访谈"的调查方法,在成都市五区(青羊区、锦江区、武侯区、金牛区、成华区)三环内进行调查研究,研究对象涉及本地居民、本地商户、在蓉居住超过一定年限的外来人员(十年左右)、本地媒体及网络社区等。首先进行第一阶段调查,以随机抽样的形式对成都市三环内市区居民进行抽样调查(2009年10月22—29日),抽样的对象平均覆盖于成都市五城区。在这一阶段中,共访谈对象211人,其中有效访谈为200人,有效率为94.8%(表10-1)。在访谈中主要针对在成都市居住超过20年的居民进行询问,询问内容为:"成都市在近十年内外部环境由破旧变繁荣,且内部居民由低收入阶层转变为高收入阶层的社区在成都市(主要在三环以内)的大致分布区域"。并要求被访者在成都市街道详图上标出。虽然抽样访谈的对象相比于成都市总人口数额较小,但大体可以反应成都市不同年龄、性别、职业、教育水平等属性的群体构成,能全面的反应本阶段调查的目的。通过对被访者所标区域的整理,可以得到成都市所谓的典型而集中的"绅士化"区域(图10-1)为:望江楼滨水片区、建设路东郊工业片区及宽窄巷子片区。

表 10-1　第一阶段受访者个人属性

指标		比率	方差
性别	男	56.5%	0.247
	女	43.5%	
年龄	小于 20 岁	1.5%	0.727
	21 岁~35 岁	28%	
	36 岁~55 岁	31.5%	
	大于 56 岁	39%	
学历	没受过正规教育	8.5%	1.534
	小学	17%	
	初中	24%	
	中专及高中	28.5%	
	大专及大学以上	22%	
来源地	成都市	68.5%	0.423
	成都市以外四川籍人士	22.5%	
	四川省外人士	9%	

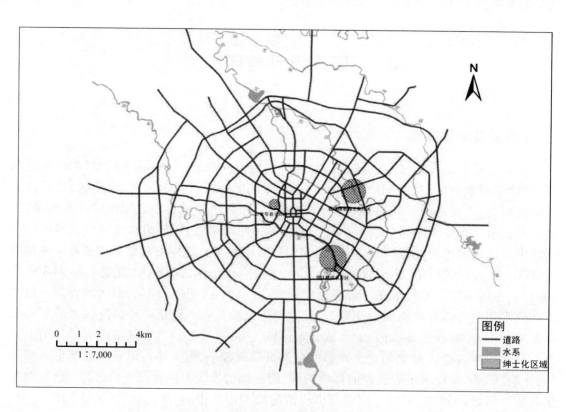

图 10-1　成都市绅士化区域的空间分布

随后进行第二阶段调查,针对这 3 个典型案例地段分别独立的进行深入调查(2009 年
10 月 30—12 月),利用随机抽样的方法,对居住在该区域社区中的居民及社区周边的非小
区住户人士分别独立地进行"非结构式访谈",三个案例地之间的调查相互独立[①],彼此不受
影响。首先我们针对案例地段社区居民为对象进行访谈,在望江楼滨水片区内[②],共访谈 171
人,有效访谈为 168 人,有效率为 98.2%(表 10-2);建设路东郊工业片区内,共访谈 157 人,
有效访谈 150 人,有效率为 95.5%;而在宽窄巷子片区内,由于该区域现在几乎没有居民居
住,因此没有对该地段进行针对居民的访谈。在该部分针对居民的访谈内容包括:访谈者的
年龄、职业、学历、收入及其家庭成员等基本信息,以及选择在此地居住的目的等。随后我们
针对调查地段的非小区住户人士(商户、小区相关工作人员、社区工作人员、熟悉该地的路人
等)进行访谈,望江楼滨水片区共访谈 106 人,有效访谈 100 人,有效率为 94.3%(表 10-3);
建设路东郊工业区共访谈 111 人,有效访谈 103 人,有效率为 92.8%(表 10-3);宽窄巷子共
访谈 114 人,有效访谈 106 人,有效率为 93%(表 10-3)。对该部分访谈对象的访谈内容包
括:对该区域在近十年来的大致情况、以前居住在此的居民的情况、现在居住在此的居民的
情况及在该区域被置换前后的外部环境改变的情况等。每次访谈持续在 30~120 分钟不等。
在此期间还同时收集整理本地媒体(报纸、杂志、网络等)以及政府政策等相关资料,并对该区
域各个社区的各方面(外部环境、内部居民等)情况进行现场观察,为本次研究做好充分的资
料准备。

表 10-2 调查地居民受访者个人属性

指标		望江楼滨水片区		建设路东郊工业片区	
		比例	方差	比例	方差
性别	男	59.5%	0.242	56%	0.248
	女	40.5%		44%	
年龄	60 岁以上	14.3%	0.553	2%	0.347
	45~60 岁	54.8%		34%	
	30~45 岁	26.2%		60%	
	30 岁以下	4.7%		4%	
学历	研究生及以上	19%	1.105	34%	0.498
	大学本科	40.5%		48%	
	大专	26.2%		18%	
	高中	9.5%		0	
	初中、中专及以下	4.8%		0	
收入(元/月)	15000 以上	42.9%	0.333	14%	0.725
	10000~15000	52.4%		22%	
	5000~10000	4.7%		54%	
	5000 以下	0		10%	

①调查地区共 7 个封闭社区:河滨印象、望江嘉苑、纯真年代、青青河畔、中海格林威治城、瀚江峰阁和锦江东湖花园。
其中除河滨印象是联排别墅外,其余为电梯公寓和小高层公寓。

②调查地共 4 个封闭社区:龙湖三千里、首创爱这城、万科金域蓝湾、高地。其中还有两个房地产项目正在修建:龙湖
铜雀台、龙湖三千星座。

突变生长——中国(西部)城市转型的多维透视

指标		望江楼滨水片区		建设路东郊工业片区	
		比例	方差	比例	方差
职业	国家机关、党群组织、企业、事业单位负责人	50%		12%	
	专业技术人员	47.6%	0.299	36%	0.999
	办事人员和有关人员	2.4%		34%	
	其他劳动人员	0		18%	
私家车拥有量(以家庭为单位)	2辆以上	7.1%		0	
	2辆	33.3%		8%	
	1辆	59.6%	0.395	70%	0.282
	没有	0		22%	
家庭结构	一代人家庭	4.8%		20%	
	两代人家庭	54.8%	0.327	74%	0.242
	三代人家庭	40.4%		6%	

表 10-3　调查地非居民人士受访者个人属性

指标		望江楼滨水片区		建设路东郊工业片区		宽窄巷子片区	
		比例	方差	比例	方差	比例	方差
性别	男	54%		53.4%		47.2%	
	女	46%	0.251	46.6%	0.251	52.8%	0.252
年龄	小于20岁	17%		10.7%		19.8%	
	21岁—35岁	22%		30.1%		31.1%	
	36岁—55岁	37%	1.048	42.7%	0.779	36.8%	0.893
	大于56岁	24%		16.5%		12.3%	
学历	没受过正规教育	7%		5.8%		4.7%	
	小学	18%		19.4%		18.9%	
	初中	19%	1.441	17.5%	1.428	18.9%	1.698
	高中	36%		35.9%		17%	
	大学及以上	20%		21.4%		40.5%	
职业	本地商户	43%		53.4%		37.7%	
	相关工作人员①	34%	0.626	29.1%	0.585	21.7%	0.790
	其他②	23%		17.5%		40.6%	

①相关工作人员指的是调查地社区、物业管理、售楼中心、居委会等单位的工作人员。

②其他指的是记过调查地的过往行人、调查地社区的探亲者、附近学校学生、旅客等人员。

2.案例地段的概况

望江楼滨水区是成都市府南河滨水区的其中一部分，府南河是贯穿于成都市的一条主干河流，有成都的"母亲河"之称。1970s—1980s左右，府南河被用做工业废水、生活用水等污水的主要排放河流，因此，府南河在当时就以其藏污纳垢、肮脏不堪而闻名。成都市政府为了治理该河道，共耗资27亿元，历时5年时间，从1992年开始对整个中心河段进行改造治理，共拆迁188条街道、1291家单位、3万户居民，危旧房面积改造占全市改造总量的60%，面积达60多万平方米。本文调查的区域主要指的是一环路南一段起，延府南河至二环路南一段的府南河滨水带状地区，调查的重点是沿着河岸分布的居住区，即望江路、顺江路及河滨路上的居住区，位于成都市锦江区和武侯区的交界处(图10-2)。建设路东郊工业片区位于成都市成华区二环路东段，在计划经济时期，这里曾分布着许多大型国有企业及工厂，是当时成都有名的工业区，如今则主要分布为高层电梯公寓和空中别墅小区等。由于该区域范围较大且模糊，为了保证调查的针对性和可操作性，我们将调查范围锁定在沿二环路东二段两侧分布及沙河东侧的高档居住社区(图10-3)。宽窄巷子片区位于成都市青羊区，由宽巷子、窄巷子和井巷子三条平行排列的老式街道及其之间的四合院群落组成，其北起实业街，南至蜀都大道，西及西郊河，东达长顺街(图10-4)。历史上，这里曾是清兵屯兵的地点，是成都仅有的几个老建筑群区域之一，解放后一直作为普通民居，于1980s列入《成都历史文化名城保护规划》，如今则成为成都市有名的旅游胜地及高档休闲消费场所。

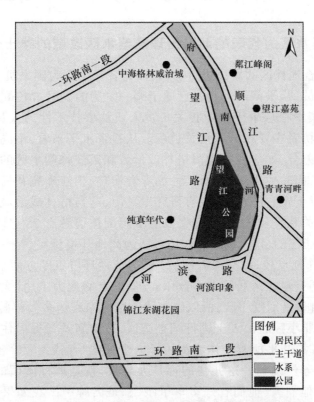

图 10-2 望江楼滨水片区示意图

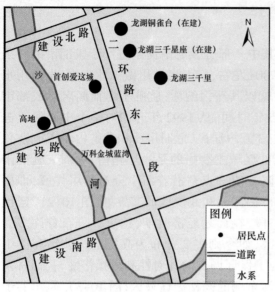

图10-3 建设路东郊工业片区示意图

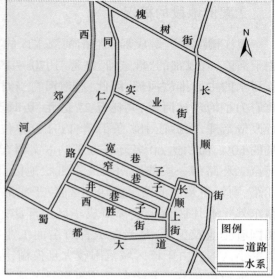

图10-4 宽窄巷子片区示意图

10.2 绅士化类型及其特征

1.以望江楼滨水区为代表的河道治理及滨水区改造的绅士化过程

我们首先对调查地社区的居民进行访谈,被访者几乎全为国家机关、企业事业单位负责人和专业技术人员。当被问及觉得自己属于哪一阶层的人时,74%的居民认为自己属于中产阶层,这主要集中在从事于企业相关负责人或从事技术性的人员,而26%认为自己属于工薪阶层的被访者主要在国家机关就职。从教育水平来看,不同的小区被访者的教育水平存在一定的差异,如居住在中海格林威治城和邻江峰阁小区的被访者大都是本科或硕士以上的学历,而其他小区的被访者,如青青河畔、望江嘉苑和河滨印象等则主要是大学本科、大专及以下左右的学历,没有研究生学历,这与格林威治城和邻江峰阁小区紧邻四川大学有一定关系,且32名研究生以上学历的被访者有28名就就职于四川大学。当被问及选择在此居住的目的,69%的被访者认为此地环境优美,紧邻河岸,适宜居住;24%认为此地离工作地点较近,交通方便;7%认为此地环境氛围方便子女的教育。从被访者年龄阶段来看,调查地社区居民大多数以45岁以上的人为主,且大多为两代人结构家庭(河滨印象小区由于是别墅小区,所以以三代人结构家庭居多),年龄结构比较偏大。随后我们对调查地的非小区居民人士进行调查访谈,当被问及觉得居住在这些社区的居民为哪种类型的人士时,几乎所有受访者都用了一个答案"有钱人"和"富人"。如该地某商务会馆工作的女服务员说到:"这儿住的都是大老板,就是那种所谓的成功人士,我们有几个客户我都去过他们家,他们有好多车子哦,都是名牌……我如果有钱我都想住这儿……但是这里的人接触下来,就比如我们的几个客户,都是40~60岁左右的老板,好像开公司的比较多,都很有钱啊!"调查地某小区保安谈到:"……里面住的大部分是有钱人……小区的人比较友善,素质高……"。

从调查地的物质环境现状来看,基本上由高档电梯公寓、联排别墅小区和小高层等居住社区组成。2008 年这些社区作为二手房的平均价格为 9114 元/m²,大大高于成都市同期商品房 5000 元/m² 左右的均价①。当对调查地非小区居民人士提及到该地区在府南河改造前的居住状况时,除了 9 名被访者对此不知道以外,其他 91 名被访者都说此地以前是"贫民窟"。如顺江路莲花社区某工作人员说:"以前这里是穷人住的,那时成都人觉得穷人才住在河边,现在是有钱才能住在河边。"顺江路某报摊老板说到:"这以前就是个贫民区,全是贫民……住这儿最好的都是下岗工人了……这里条件很差,下雨还漏水,难受得很啊!"因此,从内部居住人员和外部建成环境的改变来看,该区域已经经历了一场绅士化运动。

2.以建设路东郊工业区为代表的工业用地改居住用地的绅士化类型

本区域中,我们先对调查地社区住户进行了访谈,从访谈的结果看,专业技术人员与办事员和有关人员较多,占被访人员的七成以上。而国家机关、党群组织、企业、事业单位负责人及其他工作人员占了余下的三成。当被问及自己属于何种阶层的人士时,98%的访谈者认为自己属于工薪阶层,只有 3 位访谈者认为自己是中产阶层以上的人。本调查区域被访者的教育水平都较高,几乎没有大专以下学历的人员,且研究生及以上学历占被访者总量的 34%,并且本区域的被访者年龄结构较望江楼滨水区更加年轻化,30 岁到 45岁左右的人占多数,再加上笔者在现场观察的资料来看,本调查地区的社区也很少有老年人士的出入, 社区出入人员的年龄结构和笔者根据被访者调查所得的情况大致相同。在被问及居住此地的原因时,很多被访者几乎都提到了附近的大型超市、商场和便利的交通,如龙湖三千里小区的某位男性访谈者说到:"下楼就到沃尔玛,然后过个马路就是伊藤洋华堂商场,隔壁还有必胜客、肯德基、麦当劳和味千拉面,根本都不用去春熙路(成都市著名的商业步行街),在自家楼下就可以买到想买的了。"首创爱这城小区的某位女性访谈者说到:"……住在这很方便,据说王府井百货也要入驻此地,然后还要再开个家乐福,我现在一般都两个月才去一次市中心了……"当笔者对非小区居民人士访谈时,几乎全部都认为居住在这些新开发小区的居民都属于中产阶层以上的人士,但并非那种所谓很富裕的"富人"。这与望江楼滨水区相比有些许不同。从年龄上看,望江楼滨水区与本调查区域相比,年龄结构较大,这主要因为上了一定年龄的成都人认为住在城市的东面向来不是富裕阶层的选择;而对于年轻人来说,这种观念不是很强烈,他们更多的看重一些实际的问题,如交通、购物及工作等。再加上中青年人士在事业上刚刚起步,相较于一定资历的成功人士还需要岁月的磨练,因此才出现在本调查区域出现年轻化和居民并非城市顶级富裕阶层的现象。总的来说,现在居住在此的居民都属于城市中上等收入以上的人士,笔者在本地所调查的楼盘在刚开盘时的均价几乎都为 6000 元/m² 以上,而现在的二手房价格则还更高,如在调查地某房屋公司中介工作的访谈者说:"如果现在在成都不属于有点钱的人,是买不起这的房子的。你看,这附近的新房都卖光了,只有些二手房,都

---

① 根据搜房网 http://cd.soufun.com/查询所得。

是人家退了的,但是还没装修,均价 9000 元/m² 吧,如果你不是中上等收入的人,怎么买得起啊!"

本调查区域曾是成都有名的工业区, 计划经济时期催生的大量重工业型国有企业都落户于此。在当时,这里只有这些大型的工厂及其职工的宿舍。改革开放后,市场经济体制的推进、产业结构的调整使得这些重工业型企业都大量倒闭,只留下废弃的工厂及下岗工人居住的职工宿舍,让当时的成都人感到东面是穷人居住的区域。21 世纪的前几年,这里只剩下少许工厂还在生产。后来,随着"退二进三"政策力度的加大,该地区的工厂全部搬迁出成都市区,并对废弃的工厂用地(brown field)再次的利用开发,成为了如今的高档居住小区。高档的电梯式公寓及空中别墅等封闭社区的新建,以及新的商业圈的形成,使得该地区一跃成为成都市的一个副中心,吸引了大量的中产阶层人士,导致了该地区的绅士化运动。但从笔者的观察来看,该地区还有少量的破旧房屋零星分布。据调查,居住在里面的居民大多为以前工厂的下岗职工,并无固定的收入来源。这些破旧的房屋也与周围高楼林立的电梯公寓形成了鲜明的对比。因此,该调查地还尚处于绅士化运动的过程中,绅士化运动正在逐步完成。

3.以宽窄巷子片区为代表的旅游休闲业的绅士化类型

宽窄巷子在改造前主要由城市普通居民居住, 且大多数都为城市中下阶层人士。他们居住的房屋都是由上一辈所传下,是典型的成都原住户地区。该区域居民一般就在住地附近开个露天小茶馆或小吃店以维持生计,因此也是老成都人觉得比较贴近生活的地区。从 2003 年开始到 2008 年 6 月结束,成都市政府与以开发文化旅游项目而闻名的文旅集团共同合作,对宽窄巷子进行了大规模的改造。改造后的宽窄巷子变为一个商业旅游气氛很浓的区域,在里面集中了众多国内外休闲娱乐品牌,其中尤以酒吧、餐饮等高档休闲业态为主,成为兼具历史文化特色与现代时尚风采的休闲、文化商业区(表 10-4)。鉴于本调查地已没有居民居住,我们只针对本地的商户、工作人员和旅游人员进行访谈。从访谈中得知,在宽窄巷子的商户中,有部分还是改造前的居民,但是数量较少,约占全部商户的 25%左右。在对这一类商户进行访谈时,当谈到对宽窄巷子改造前后的变化,某茶馆的老板说:"这里(宽窄巷子)改造之前都是成都本地人来消费,就是那种典型的成都生活呗,5 元一杯茶,看张报纸过半天……当时 5 元一杯茶都嫌贵哦……现在几乎成都本地人都不来了,都是外地人和谈生意的来,一杯茶现在也涨到 25 元了,还是最便宜的……其实我不是很喜欢现在的感觉,不伦不类的。"另一家卖龟苓膏的老板娘说到:"…现在这里面 (宽窄巷子)的房子都不卖的,只是过租,180 元/m² 一个月,你说没钱能租得起吗?……原来这里就是一般老百姓住的地方嘛,唉,老房子些,都很破啊,后来政府要改造了,给原来的居民安置,但只给钱,给的钱很多,反正给你钱了,你想去哪住就去哪儿……"当对新入驻的商户谈到此地的变化时,一位谭木匠(专卖梳子的精品店)的售货人员说:"这里消费一般比较高,都是卖纪念品的,我们这个店铺是租来的,好像 200 元/m² 一个月吧,别的就不清楚了……来这里消费的人都是旅游的和外地人……"整体而言,对于如今的宽窄巷子来说,已完全成为一个高消费的休闲场所,几乎所有受访者在被问及觉得此地的消费水平如何时都用了相同的答案"贵",甚至"奢侈"。一位过往的旅游者说:"……这个地方的消费太高了,我只是路过来看看这里的环境而已,感觉挺复古的,但是这些店只有看看的份,我可消费不起啊……"另一位国外的受访者(成都某外资企业负责人)说到:"平时工作压力太大了,来到这可以放松一下,虽然贵了点,但环境很好。"同时,笔者对宽窄巷子的实地观察也证实了此地属于高消费型的旅游休闲地,在区区约 72000m² 的区域内就聚集了 8 家酒吧、2 家会所、5 家咖啡馆、3 家茶馆、4 家文化艺术馆、7 家高档西餐店、9 家高档中餐店以及一家高级酒店,且入驻的品牌中有 25% 为国际一线品牌,45% 为区域一线品牌,30% 为本地一线品牌。在调查期间,笔者也发现有很多由外籍人士和港澳台地区人士组成的旅行团会选择此地作为旅游景点。可见宽窄巷子以完全由普通民居转变为完全以商业、休闲业为主的旅游地点。从以上几点看来,宽窄巷子俨然成为一个典型的绅士化地区,并具有西方绅士化发展到第三阶段的特色。

表 10-4 宽窄巷子改造前后对比

	改造前	改造后
主要用途	居住为主,商业为辅	完全以商业为主
消费人群	成都本地人士	外省人及外籍人士
业态分布	主要以居住辅以一定数量的简易茶馆与小吃摊点为主	主要以酒吧、咖啡馆、茶馆、高档中西餐厅、酒店为主
外部环境	普通破旧的四合院群落	翻新整修的仿古建筑及街道
消费阶层	普通工薪阶层	高收入阶层

资料来源:根据实地街区调查数据及相关资料整理。

10.3 绅士化现象的形成机制

从我们调查的案例区域可以看出,成都市的绅士化所表现出来的现象特征各不相同,但从对居民的访谈和现场实地调研,以及结合国家近年来的相关政策来看,成都市绅士化现象形成的内在机制却有着相同之处,究其原因可以发现,正是以下几个因素的共同作用才催生出了成都市的绅士化运动。

1.地方政府、制度创新及产业结构调整的推动

政府的政策与制度一直以来都是影响城市各个方面发展的重要因素。加快城市经济的发展成为当今每个城市地方政府所追求的首要目标。为了吸引更多的投资、加大城市内需、刺激消费,成都市政府通过对城市中已衰败但区位较好的区域进行大规模的改造及更新,创造优美的投资环境,从而吸引更多的投资者来此投资从而加速经济的增长。近年来,成都市所打的"文化品牌"政策、加大文化产业结构发展战略等也是提升成都市综合经济实力的策略之一。在政府政策实施的同时,制度创新也是影响绅士化运动形成的因素之一,土地使用制度和住房制度的改革都对城市的空间结构进行了重组,土地有偿使用制度改变了城市土地的使用功能,提高了土地使用的效率,让政府能充分地利用土

地资源实现经济的增长。而住房制度改革打破了计划经济时期"单位制"住房的面貌，推动了房地产市场的发展，让人们可以根据自己的意愿与经济实力去选择住所。这样，各方面条件都优秀的城市区位被高收入阶层所占据，置换了从前在此居住的低收入阶层，产生了绅士化现象。城市的产业是城市经济发展的基础，成都市近年来大力的发展第三产业，逐渐改变城市的产业结构，实现"退二进三"的快速推进，从而使得原城市内的工业逐步外迁，城市土地利用发生改变，城市中心地区功能加强，促进了城市空间的改变，为绅士化运动的产生创造了条件。

2.开发商对经济利润的追求

正所谓有需求就有供给。在市场经济体制下，人们日益增长的物质需求正在快速膨胀，而对于经济利润最大化的追求也是各个开发商们所迫切需要的。从本次调查来看，在调查的三个区域中，参与到绅士化运动的开发商就超过70多家。除了房地产方面的以外，文化娱乐、休闲业以及其他服务业的企业也在其中扮演了重要的角色，市场所蕴含的潜力在当今竞争激烈的社会环境中被开发商们发掘。因此，才会出现如本次调查中的建设路东郊区域和宽窄巷子区域在短短的时间内就完成了产业和土地利用的完全转换，为吸引高收入阶层创造了有利条件。可以看出，在成都市的绅士化运动中，开发商们为了吸引高收入阶层的客户，不惜下重金大量投资，改变了城市内部结构，催生出了绅士化运动。

3.居民个人居住意愿的诱导

伴随着土地使用制度和住房制度的改革，人们可以通过自身的财政能力去选择自己中意的住所，越来越多的高收入阶层开始考虑更多的住房因素，如自然环境、交通环境、子女教育环境和风水等。从成都市的绅士化现象看出，中老年人士更加青睐于自然环境与风水较好的区位，而中青年人士则更多的考虑交通及子女教育环境等因素。成都市曾有"南面住富人、西面住贵人、西面与南面顺风顺水"的说法，因此成都市西面和南面成为成都人向往的居住区位。而中青年人士追求方便的交通、繁华喧闹的街道，也让如建设路东郊工业区这样的地区成为具有区位优势的地区，因此，在这样的欲望驱使下，高收入阶层迁入这些地区，对贫穷的原住居民进行置换。同时，身份的认同感也让很多高收入阶层组成的社区具有聚类效应。低收入者成为弱势群体，从原住地迁到区位较差的区域，对高收入阶层的排斥也让低收入者们一起聚集在城市的郊区，这可能会对城市发展造成两级分化和居住分异等的负面影响。高收入者对社会上层地位和身份的虚荣追求及低收入者的集体迁移让绅士化现象在短时间内迅速扩散。因此，可以看出，成都市绅士化运动的周期都比较短，一般在3~5年的时间内完成一轮绅士化的置换。

整体而言，在政府政策、制度创新、产业结构调整、开发商的推动以及个人意愿的诱导这几个因素的共同作用下完成了成都市的绅士化运动。上述几种机制因素，在许多情况下交织在一起，并形成综合性的机制模型（图10-5）。正是这种综合机制模型推动了成都的绅士化运动。成都市的绅士化运动除了在特征形式上表现出多样化外，在形成机制上也表现为复杂化，虽然成都市的绅士化运动发展时期不长，但是它却表现出与西方国家绅士化第三阶段有着大致相同的效果和现象，并且其造成的后果也在不断地与西方绅士化趋同。

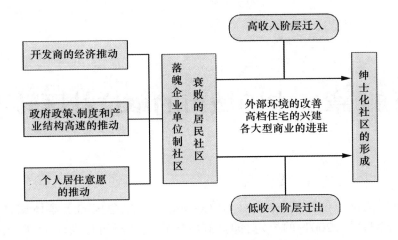

图 10-5　成都市绅士化现象形成的综合机制模型

本章小结

　　成都市的绅士化现象呈多样化趋势,并且形成机制趋于复杂化,主要是政府政策、制度创新、产业结构调整,加上开发商的推动和居民个人意愿的诱导,这几个因素的相互作用,最终导致了成都市的绅士化运动。从现象上看,成都市的绅士化具有多样化的特点,从滨水区的绅士化,废弃工业区的绅士化,到旅游休闲的绅士化都充分体现了成都的绅士化现象与中国东部城市,甚至西方发达国家的绅士化现象并无差异;从形成机制来看,成都市的绅士化区域复杂化,越来越多的因素和角色参与到绅士化运动中来,共同推进了绅士化运动的发展,这也与西方绅士化发展到第三阶段时的特点相同,因此,成都市的绅士化已同西方国家的绅士化越来越相似。

　　尽管成都市的绅士化现象呈多样化趋势,并且与西方发达国家越来越趋同,但其是否会为成都市带来良性的发展也是我们值得探讨的议题。从外部物质环境来说,成都市绅士化运动为城市内城环境的改善做了很大的贡献。从我们调查的三个案例中可以看出,绅士化运动在城市更新、刺激内需消费、土地重新利用等方面起到了积极的作用。然而,探究其深层的影响则发现,绅士化运动导致的两极分化及贫富差异加剧将会成为一个严重的城市社会问题。随着高收入阶层向中心城区地不断迁入,被置换掉的低收入阶层不断地向城市外部迁移,居住分异现象将会越趋严重;同时,富人居住的区域将会逐渐地排斥穷人,最后形成只有富人能进入的非公共区域;而穷人居住的区域将随着人流量的增多而产生一系列恶劣的社会环境现象,成为城市里的"边缘化"区域。这样,成都市也会面临西方国家城市曾出现过的城市问题,对城市将来的发展形成了严重的阻碍。因此,正视绅士化带来的效果,一方面积极地发展与保持绅士化运动给城市带来的优势;另一方面,采取相应的政策减少并防止绅士化运动带来的劣势,这些都是今后我国绅士化研究所面临的问题与挑战。

第11章　中国城市的单位社区转型

中国城市事业型单位社区[本文社区(Community)概念偏向于集体或社会组织的社区,定义倾向于陶铁胜(2001)的界定,即具有中国特色并经历社会转型期,占据一定的地理区域,附属于某一单位,受居民委员会领导的城市居民社区;城市社区空间范围采用了2002年中共中央办公厅和国务院办公厅转发的《民政部关于在全国推进城市社区建设的意见》中对城市社区的概念界定,即"目前城市社区的范围,一般是指经过社区体制改革后做了规模调整的居民委员会辖区"]演变趋势的研究属于中国社区研究中的宏观研究。单位社区是具有中国特色的城市社会空间实体,是计划经济时期政府进行城市管理的组织形式,是单位制的产物。目前,中国正处在单位制瓦解、住房改革、房地产市场化进程加快的转型期,单位社区面对如此复杂多变的环境,它的存在与发展究竟会发生怎样的变化,是解体、消亡抑或回归,这将从根本上反映中国城市空间转型与重构的力度、广度和方向。

城市社区类型研究是城市社会学和社区地理学研究的重要内容之一。基层行政社区和居住社区是我国城市社区中具有重要事件意义的两类社区(刘君德,靳润成,张俊芳,2004)。刘君德等在研究上海浦东新区过程中提出的行政区-社区体系论点,为设计新型的城市社区管理构架开启了新的视野(刘君德,1995)。吴缚龙根据居住与生产之间的不同关系,将中国城市社区统一划分为4种类型:传统式街坊社区、单一式单位社区、混合式居住社区和演替式综合社区(吴缚龙,1992)。张京祥通过对中西方城市居住社区比较研究之后,认为中国城市居住社区应分为传统型街坊社区、部落式单位制社区、混合式综合社区和演替式边缘社区四大类(张京祥,1995)。卢汉龙等在研究上海市社区时,根据功能标准划分出商业区、工业区、居住区、过渡区和文教区5大类型,并在此基础上将居住区分为改造区、旧宅保留区、近郊居住区和新批居住区(卢汉龙,1999)。张俊芳在研究天津市河西区社区时,以232个居委会为单位,进行定性与定量分析,划分为七大类社区(张俊芳,2004)。潘小娟根据居民的分布特征,把社区分为4大类:板块型(地缘型)社区、小区型(单元型)社区、单位型社区和功能型社区(潘小娟,2006)。李国庆根据居民的社会与经济特征,把城市社区分为街道社区、单位社区和商品楼社区三种基本类型(李国庆,2007)。谢守红从居民收入、生活方式、居住需求转化的角度,将我国城市社区分为传统社区、公房社区、商品化社区和边缘社区(谢守红,2008)。目前,在各种类型的城市社区中,研究较为深入的主要是三类社区:一类是单位型社区,另一类是商品型社区,还有一类是边缘型社区。

一般认为,社区的研究最早起源于西欧。1887年德国社会学家滕尼斯(F·Tonnies)出版了《礼俗社会和法理社会》一书,此书第一次比较系统地描述了社区,从而标志着社区理论的诞生。在国外众多有关城市社区的研究中,主要研究观点多集中在四个方面:第一,社区的互动与城市社区居住区位的变迁。克拉克（Clark）、阿布—鲁格霍得和福莱（Abu-Lughod and Foley）通过对城市居住区位变动的研究,揭示了社区变迁的规律和特点。无论影响居住区位变动的因素多么复杂,都能从中找出城市居民、家庭居住区与家庭周期性特点之间的关联。鲍恩（Bourne,1976）从邻里生命周期概念的角度阐述了郊区化阶段与邻里变迁之间的关系。美国的桑德斯,分别从六个层面（人、社会关系、社会团体、社会类群、次体系（社会网络）和主体系）诠释了社区的结构,比较透彻地研究了城市社区的互动规律。第二,城市社区类型的研究。欧美国家城市内部的社区类型复杂多样,不同城市之间在社区类型上也不尽相同。对城市社区类型的划分主要是以美英两国城市中社会分层为依据,研究的侧重点在于中心城中的内城和郊区的社区类型。第三,社区综合研究和社区权利研究。美国社会学家罗伯特·林德和海伦·林德夫妇（Robert and Helen Lynd）对《中镇》的研究开创了社区综合研究的先河。这种研究先是描述社区生活的各个部分,然后解释它们之间的相互关系。林德夫妇对中镇社区中权力不平等分配的描述,诱发了另一种类型的社区研究—社区权利研究。1953年美国社会学家弗洛伊德·亨特（Floyd Hunter）《社区权力结构》的出版标志着社区权力研究的正式开始。这两种不同形式的社区研究,从微观层面解释了社区内部权力来源、分配以及权力结构（精英论）对社区结构的影响。第四,社会变迁对城市社区的影响。沃斯（Wirth）的城市化理论认为城市人口的规模、密度和异质性造成了城市化,也对个体的心理及社会组织形式产生了影响。第一,城市化不会使城市社区消失,但会在不同程度上影响到城市中的社会互动关系;第二,城市化的影响不具普遍性,不同的社区会表现出各自不同的生活方式及特点;第三,传统社区（或者乡村社区）与城市社区不能混为一谈,在性质和特点上,城市社区正处于不同程度的转变过程中。

除滕尼斯外,法国的杜尔干（1858—1917）提出了"机械联合与有机联合"的思想。德国的齐美尔（1858—1918）探讨了城市社区居民的心理特征问题。德国的韦伯（1864—1920）研究了欧洲和中东的城市史,于1921年发表了著名的《论城市》一文,提出了"完全的城市社区"的定义（唐忠新,2008）。1920—50年代,社区理论进入鼎盛时期。从欧洲传到美国以后,社区成为早期美国社会学研究的焦点。毫不夸张地说,"早期美国社会学的历史,就是一部社区研究的历史"（黎熙,1998）。早期美国社会学中许多著名的学者都把滕尼斯的社区理论作为自己研究的基础,慢慢延展,而后形成三个十分有影响的流派:以芝加哥大学社会学系主任帕克（Robert.E.Park）教授为首的芝加哥学派、林德夫妇（Robert and Helen Lund）（1929）开创的社区综合研究、佛洛伊德·亨特（Floyd Hunter）的社区权利研究。社区权利研究是一个基础性社会议题,对社区权力模式的研究纷繁众多,但基本上可以分为精英控制模式、多元权利模式、其他权利模式三类。例如,罗斯的社区权力模式,埃哥、金德志和斯旺森（R.E.Agger,D.Goldrich and B.E.Swanson）的社区权力模式。

然而,绝大多数研究都是以发达国家的城市特别是英美城市为背景的,对发展中国家的关注明显偏少,从而在一定程度上影响着研究结论的普适性（张丽梅,2004）。

对我国社区研究影响最大的是吴文藻、李安宅、费孝通、林耀华等人,学术界对城市社区的研究主要集中在三方面:社区服务与建设研究（陈潇潇,朱传耿,2007;谭善勇,1999;

郑淑蓉,2004;罗乐宣,2005;陈瑞玉,2005;孙彦峰,沈丽英,2005)、社区空间格局(王兴中,1989;崔功豪,武进,1990;顾朝林,陈田,丁金宏,1993;HEINZ HEINEBERG,2000)与类型研究及社区规划与管理研究(谢守红,2008;李国庆,2007;潘小娟,2006;张俊芳,2004;卢汉龙,1999;张京祥,1995;刘君德,1995;蒲蔚然,刘骏,1997;吴缚龙,1992;吴良镛,1994)。

对单位问题最早的研究始于美国哈佛大学社会学教授华尔德,1980年代中期,他通过对80多位曾经在中国内地国有企业工作过的香港职工的访谈,对"中国工业中的工作与权威"问题进行了研究,最终出版了《共产党社会的新传统主义——中国工业中的工作环境和权力结构》一书。在书中,他认为中国的国有企业是一种完全不同于西方企业组织的独特的组织形式,其特点主要表现在两个方面:其一是"制度性的依附";其二是工厂的"制度文化"(田毅鹏,2005)。

实际上,中国事业单位的概念,是个历史范畴。随着社会政治经济的发展,以及生产资料所有制形式和经济体制的变化,在不同的历史时期和发展阶段,有着不同的解释(徐国臣,2001)。依据《事业单位登记管理暂行条例》的解释,事业单位是指国家为了社会公益目的,由国家机关举办或者其他组织利用国有资产举办的,从事教育、科技、文化、卫生等活动的社会服务组织。事业型单位社区顾名思义就是指计划经济时期由国家出资,事业单位统一设计、建造,由本单位职工及其家属为主要成员构成的,集生产生活于一体的生活聚居区(不包括军队大院)。他具有单位社区的所有特点。单位社区出现在1950年代,它曾是我国城市管理的基本形式之一,体现了城市空间的重要社会特征。中国城市社区的发展大致经历了三个阶段:第一阶段,1950年代,在这个阶段中社区与单位齐头并进,法定社区从区一级延伸到街道一级,控制力大大加强,单位制度从党政军机关扩展到所有国营和集体性质的基层企事业法人,单位社会逐渐形成。第二阶段,1960—70年代,通过社区单位化和单位社区化的双向发展,单位社会进入全盛时期,法定社区沦落到城市社会的边缘地位。第三阶段,1980—90年代,经济体制改革以后,随着市场化的拓深和市场理念深入人心,政府在福利分房体制内引入了市场化因素,导致单位社区与单位逐渐脱离,单位社区已不能顺应历史的潮流,继续发挥它行使城市行政和社会等各个方面的职能(路风,1989)。它最初的形态已经在人类进行的两次现代化选择中,即社会社区化和社会人文化(夏学銮,2002),发生了根本性的转变,单位制的瓦解,单位社区的分化,使其逐渐由单一的单位型社区发展成为混合型社区。进入1980年代,社区的概念在我国重新获得确认并逐步被官方文献所采用。在这一个阶段,城市中的单位社会逐渐萎缩、瘫痪,乃至濒于解体,社区组织重振旗鼓、面貌一新、日益壮大,开始向主导地位回归(华伟,2000)。

国内学术界对单位制的研究可以从宏观和微观两个层面来分析:

第一,单位组织的宏观制度结构,其中包括路风的单位起源的研究;李汉林和卢汉龙的城市社区和单位的关系、以及单位社会的研究;李路路的单位资源、权力的研究;李培林的单位制和国有企业的研究;李猛的单位是一种制度化组织的研究。研究者从不同的学科出发,形成了不同的研究视角,各种研究视角之间虽有联系,但其理论解释及其研究的关注点却存在较大的差异。研究者不仅从不同角度对单位下定义,而且对单位形成的原因也分为多个视角:(1)路风的历史观;(2)刘建军的"巩固新政权"和"聚集社会资源"观;(3)田毅鹏的"总体性危机"和"重建社会"观;(4)杨晓民的经济角度等等。虽然角度不同,但共同的是始终透露着"组织性依附"概念的影响。

第二,微观结构,即研究单位组织内部的关系和行动结构。对于微观结构,国内学者从对单位组织中的资源获得方式,依赖性结构的主观层面进行分析,比如在李汉林、梁敬东的《中国单位组织变迁过程中的失范效应》中,他们从人们之间的互动关系这个角度来研究权力如何使用,以及人们对单位的依附(李汉林,梁敬东,2005)。李路路、李汉林的《中国的单位组织:资源、权力与交换》书中就单位权力指出:"当掌握的资源处于一种垄断性的地位,人们或组织就以这种垄断性的资源为基础,将自己的意志强加于他人的时候,这种资源就变成了权力"(李路路,李汉林,2000)。权力的确定形成人们对单位的依附,书中还提到:"单位同时兼有生产、职工生活及大量社会政治多种职能,是一个职能和设施相对完备的、能满足其成员各方面需要的社会复合体,能够提供成员全方位的服务,包括各种福利和保障,而且给予了单位成员在单位内外行动的身份、权力和地位。因而资源的集中性使得社区和社区成员必须通过服从单位来换取自己在社会中所必需的短缺资源、利益和机会。这样在单位中就形成了一种依赖性的社会环(李路路,李汉林,2000)"。以上都是从单位的某个角度出发,并没有与社区结合起来研究,对于单位型社区的专门研究更是缺乏(何康,2007)。

从1990年代后期开始,以世纪末世界范围内出现的"第二次对社区发展"的关注为背景,"单位研究"开始与"社区建设"发生了密切的关联。从对单位社区概念界定的角度讲,邓晓梅认为我国的单位社区与滕尼斯关于农村"社区"的经典论述如出一辙:人员构成的同质化、浓郁的亲情、复杂的社会联系、共同的利益,甚至没有选择单位的自由(邓晓梅,2002)。王颖把单位社区称作单位公房社区。根据单位与社区关系的紧密程度又可划分为混合附属型社区和单一附属型社区。前者主要指由政府统一规划建设,通过住房指标下达到各单位。后者一般是规模比较大的企事业单位,为解决职工住房建设的,附属于单位的社区(王颖,2002)。张丽梅把单位社区定义为在国家宏观社会调控体系下形成的、由国家和单位统一开发的、由本单位职工组成的、集生存和发展于一体的社会生活共同体(张丽梅,2005)。谭文勇认为新中国成立后,中国城市曾经是单位城市,中国城市社区曾经是单位社区,单位社区是建立在单位组织基础上的一种中国特有的社区模式(谭文勇,2006)。张宝峰认为单位型社区,是由计划经济体制下的家属院转变过来的。目前这类社区在我国城市社区中仍占据主体地位。由于单位资源垄断和居委会的行政化使得单位社区居民的政治参与实际参与率低、参与人群结构不合理(张宝锋,2006)。柴彦威认为单位社区是指以一个或多个单位为核心,以居住和生活服务功能为主体,由单位职工及其家属为主要成员构成的城市地域上的社区(柴彦威,1996)。从单位社区分类的角度讲,把单位社区归为城市社区分类之一的有吴缚龙、张京祥、张俊芳、潘小娟、李国庆、谢守红等,在国内城市社区研究进展中已有详细描述。研究单位社区自身分类的有程玉申,他根据单位社区的综合程度把单位社区划分成独立式单位社区和复合式单位社区(程玉申,2002)。张丽梅从分工主义的角度上把单位社区划分为行政型单位社区、事业型单位社区以及企业型单位社区(张丽梅,2004)。谭文勇认为单位社区有三种分类的基本模式:规模、性质和区位。按规模分,有单位城市、单位城区、社区级单位社区、普通单位社区;按性质分,有厂矿企业单位社区、教育单位社区、行政事业单位社区、医疗卫生单位社区、公用事业单位社区;按区位分,有远郊型单位社区、近郊型单位社区、城市内部单位社区(谭文勇,2006)。从单位社区特点的角度讲,张丽梅把单位社区的特点归纳为四点:(1)人口特征:职业同质性。(2)地域特征:横向闭合,纵向逐级套用。(3)组织结构特征:单线调控机制。(4)文化特征:内向性(张丽梅,2005)。谭文勇也将单位社区的特点归纳为四点:(1)单位社区具有正式性。(2)单位社区具有自我封闭性。(3)单位社区具有稳定性。(4)单位社区具有自我完善性(谭文勇,2006)。从单位社区的演变趋势角度讲,张鸿雁认为,当代中国正处在社会结构变迁的过程中,单位型社区向完全型社区转型是当代中国社会变迁的主体表现形式之一。城市低收入群体对传统单位型社区具有依赖性。随着城市社会成员中一部分人实际收入的增加,高收入群体开始追求高质量的生活。一部分群体从传统单位型社区中分离出来,去寻找具有高质量生活环境的"同质性"社区生活。总的看来,城市社区发展以混合型和房地产开发的物业管理型小区作为主体表现形式(张鸿雁,2002)。邓晓梅认为随着医保、养老金的社会化和住房实物分配被禁止,单位社区日益瓦解了,取而代之的是一种更为普遍意义上讲的城市社区(邓晓梅,2002)。张丽梅认为单位社区的发展模式随着住房体制改革的推进和现代企业制度的建立开始逐渐解体。组织体系在地域空间上的可再分性加速了单位社区的解体。由于单位社区是一种单线的调控机制,信息反馈能力差、安全性不高,因此,当直接面对针对单位社区整合的制度侵入时,单位社区只有走向解体,这也是单位社区解体的根本原因(张丽梅,2005)。谭文勇认为在市场经济为主体的条件下,传统单位社区逐渐分化、解体。单位社会的萎缩与瓦解带来了单位社区的分化与瓦解(谭文勇,2006)。柴彦威认为在单位社区内部伴随着单位职工的迁出以及非单位职工的迁入,单位社区的人口构成将逐渐由同质性走向异质性,单位社区杂化逐渐明显(柴彦威等,2007)。城市新建成区及近郊区的一些工业企业单位,也在工业郊区化过程中,将生产设施及厂区向郊区搬迁,单位大院职住接近的空间模式开始瓦解(柴彦威,刘志林,沈洁,2008;柴彦威等,2002)。单位社区在居民构成和住房权属上的多元化、社区服务设施上的外向化以及社区交往与归属感上的变化,使单一的单位社区走向综合化、复杂化。单位社区正在融入整个城市,成为以市民为基础的、具有良好服务设施支撑的新型城市社区(张纯,柴彦威,陈零极,2009)。何雨、陈雯认为20世纪以来,中国城市社区治理方式一共经历了三次重大变迁,其中由法定社区为主向单位社区为主的转变为第二次变迁。以单位进行社会空间的组织与分配,一直是建国以来城市居民空间集聚的主要方式。随着改革开放和现代化、市场化深入发展,特别是各种类型的单位逐渐退出对居民生活领域的直接治理,在城市居民住房商品化制度改革的推动下,城市居民单位制的居住特征逐渐被打破,城市居民的空间集聚逻辑由"单位型"开始向"市场型"、"社会型"转变(何雨,陈雯,2009)。

田毅鹏(田毅鹏,2005)、韩希忠(韩希忠,2004)是以企业型单位社区为研究对象,将社区放在单位社会这么一个背景和环境中,探讨此类社区发展的逻辑、困境和模式;谭文勇研究了单位社区的功能组成以及空间形态(谭文勇,2006);何康研究了企业型单位社区在转型前后"强势"单位、"弱势"政府和社区三者之间的关系互动(何康,2007);郭风英研究了单位社区的失灵问题(郭风英);张纯、柴彦威研究了中国城市单位社区的残留现象及其影响因素、空间演化和质性研究方法(张纯,柴彦威,2009)。

就方法论而言,综合社会学、人类学和人文地理学研究社区的方法可归纳为人文区位学的方法(郑杭生,2003)、社会体系的方法(徐永祥,2000)、结构功能理论的方法、社区互动的方法(刘君德,靳润成,张俊芳,2004)。

鉴于单位社区转型从根本上表征了中国城市空间转型的特征、强度和方向,本章将以兰州市事业型单位社区——兰州大学本部家属院的演变为例,揭示中国西部城市单位社区的演变规律,并试图对中国城市单位社区演变趋势进行理论模型总结(闫桂媚,杨永春,2010)。

11.1　单位型社区演变趋势的理论设想

新中国成立后到住房改革前,中国城市住房制度是一种国家统筹统建,低租分配的福利性制度,除了零星的低质量的旧有私房交易之外,基本上不存在住房市场。在几十年的计划经济体制里,单位在中国的城市发展和建设中具有重要的作用,它曾经是我国城市社区普遍采用的一种特殊的社会组织形式(揭爱花,2000)。新中国成立以后,我国实行高度集中的计划经济体制,政府在城市建设和城市管理过程中实行大包大揽,它既要在最大程度上安排职工的生产与生活,又要把职工的行政管理、社会与家庭生活融合在一起。为此,出现了职工住房单位供的现象。很多国有企事业单位在其单位附近为职工建造住宅区,这类住宅区在空间形态上表现为一个封闭完整的大院,就是人们俗称的家属院,即单位社区的雏形。这样,国有企事业单位占据城市中特定的地块,在自己的办公区或生产区附近建立起职工的住宅区,构成单位社区。有正式单位工作身份(即有工作档案)的劳动力可以享受福利分房(包括市政府公房和单位公房)。个人只需缴纳象征性租金,住房的房、地产权实行全民所有,单位或房产局代管。20世纪80年代开始,政府推动了住房改革,确立了城市住房商品化的思路,推动了单位社区的演变。政府在福利分房体系内,逐步引入市场因素,最终将大部分福利房以各种优惠方式出售给承租者,实现了产权方面的重大转变,单位职工大多获得了所属单位住房的产权,在福利分房体系之外新开辟出商品房体系,面向所有的城市居民。从那时起直至1999年底福利分房体制截止前,中国城市的住房市场"双轨"并行。另外,房地产市场化也是单位社区演变的重要推动力量之一。单位社区地理区位优越,限于土地规模和地产商运营资本等方面的原因地产商不会轻易改变土地的使用性质,多半会继续在原地建造住宅区,这种行为直接导致单位社区内部空间结构的改变,甚至会改变整个社区的性质。任其发展下去,即使单位社区的空间轮廓仍然存在,但其人员构成也会变得混杂,阶层分化随之显著。同时,人口流动是导致单位社区演变的重要因素。单位社区最主要的特点就是居民职业同质性高。大家来自同一个单位,即便职位、受教育水平、收入各有不同,但仍是一个单位的职工。随着人口流动性的增强,外来人口中一部分有知识、技术、资金的人,需要在城市中找到永久性或暂时性的住所,这些地段好、社区风气正派的单位社区和那些由单位社区演变的或者在开发的新型商品房社区就成了他们首选的居住社区,他们通过购买和租借的方式获得住所,单位社区内流入大量外来人口使得其人口构成由同质性向异质性演变。

不过,转型期,大部分单位社区在地理区位意义上仍继续存在。这些社区的居民早已解决自己的住房问题,其子女基本上也不存在住房问题(独生子女),他们基本上可从父母那里继承或获赠住房,可以毫无障碍地生活在原社区(或直接进驻新社区)。这些社区的地理位置多半比较好,即使过去不算好的地区,现在也大大升值了,再加上精神上的依赖,所以原住居民一般不会轻易搬离原社区。

1.演变的表现形式

单位社区演变主要表现在社区住房构成和社区居民社会经济地位构成两个方面。

(1)社区住房构成

在正常情况下,社区住房构成方面的变动有限。因为住房一旦建成,私人房主自行拆除重新建造的可能性很小,这个过程成本太高,大部分住房一般会被使用到设计年限,甚至不少住房会被超期使用。随着时间的推移,住房有一个从新到旧的过程,作为整体的社区也有一个从兴盛到破败的过程。在这个过程中,有能力更换住所的居民会撤出社区,通过住房市场出售或出租其住房,一批新居民会进入社区生活;无能力更换住所的居民继续留守原社区,社区居民的构成发生相应的变化,这是一种自发状态下的单位社区演变过程。在外力(房地产市场化)介入的情况下,通常是房地产公司和单位对原社区的再开发,单位社区的演变会呈现出另外一番景象。单位的再开发一般会将这些社区的居住用地改作其他用途,如新建基础设施、建设商务区等,原单位社区会解体。房地产公司再开发一般不会改变居住用地的性质,这种再开发有整体开发和局部开发之分。局部开发会造成社区中新旧住房群并存的格局,整体开发会在社区原址兴建出全新的住宅区,两种情况下社区居民的社会经济地位构成均会发生变化。

(2)社区居民社会经济地位构成

单位社区居民社会经济地位构成有两个类型:一是同一型的,即社区居民的社会经济地位均相同,具体表现在职位、收入、文化水平等方面;二是多元型的,即社区居民的社会经济地位均不同。在单位社区中,如果同一型居于主导地位,那么通常会形成典型的阶层型社区,例如,高(低)收入高(低)文化阶层社区;如果多元型居于主导地位,那么通常会形成典型的混居型社区(华平,2009)。

2.社区的演变趋势

单位社区是计划经济时期"单位办社会"的产物,单位不仅要负责生产,还要保障职工及其家属的衣、食、住、行、生、老、病、死,给他们提供住房,解决养老保险,甚至是配偶的工作以及子女的受教育问题。单位承担着生产职能以外的多种不同的职能,负担很重。随着计划经济向市场经济转轨,单位体制面临着瓦解和改制的局面。随着住房制度的改革,单位分房的时代结束了,单位社区的分化、解体也就只是一个时间问题。

(1)企业型单位社区演变的趋势

企业型单位社区的分化与企业的破产、倒闭、重组息息相关。

对于生产、生活集于一体的企业单位社区来讲,企业在激烈的市场竞争中破产、倒闭,原单位的职工成为下岗工人,单位在行政管理意义上消失了。一些区位好的厂区被房地产开发商获得,建设后的建筑物面向市场销售,原先封闭、独立的厂区的性质发生了彻底的改变,居住人口多样化了,单位社区在空间上彻底解体了;一些企业破产后,只是生产活动停止了,厂区依旧存在,在相关部门的协调下功能发生了改变,新的生产活动与原先的生产活动和原单位职工都无关系,这类情况下的企业型单位社区从完整性的角度上讲解体了;还有一些企业,政府为了改善城市中心区的空间环境质量,将这些企业的生产区迁到城市边缘地带,原生产区的土地被置换出来,用来进行商业开发或建设公共设施,原生活区仍然保留在原地,但由于货币化分房取代了福利分房,职工的住房都已经社会化了,原有的单位社区彻底解体了(图11-1)。

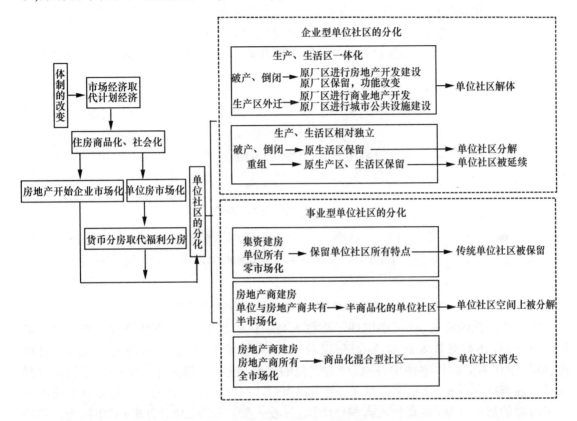

图11-1 中国城市单位社区分化及其演进过程

对于生产、生活区相对独立的企业型单位社区来讲,一些企业破产倒闭后,生产区的土地挪作他用,生活区相对完整,原单位职工继续生活在一起,但是没有了可以依靠的单位,从这个意义上讲,单位社区被分解了;一些企业重组后,原生产区和生活区的土地使用性质都不发生变化,大多数原单位的职工生活方式、工作场所仍保持着一个相对稳定的状态,这类情况下的单位社区在一定程度上得到延续。

(2)事业型单位社区演变的趋势

事业型单位社区的分化过程更容易受到政策的影响。《在全国城镇分期分批推行住房制度改革实施方案》的颁发,拉开了住房改革的序幕,我国开始逐渐实行住房货币化政策,福利分房改为有偿租住或由职工购买产权或使用权,单位分房时代结束了。

1)事业型单位社区居民身份异质性趋势加剧

事业型单位社区最典型的特征就是居民的同质性高,突出表现在职业方面。事业型单位社区建成之初,居民完全来自同一个单位,即便有职位的不同,也仍然是同事关系。随着单位住房的商品化改革,单位住房的所有权逐渐从单位转变为个人自有。单位职工不再等待单位分配住房,而开始自主选择居住环境。很多人搬出了单位社区,出租或出售自己的住房,然后购买并迁入居住环境更加舒适的商品楼社区,与此同时,一些通过购买或租借单位社区内的住房的居民迁入单位社区内,过去只有本单位职员居住的单位社区开始出现混居现象。因此,事业型单位社区居民身份的同质性逐渐降低,反之,异质性加剧。

2)事业型单位社区邻里关系由强变弱,由简单变复杂

计划经济时期,单位社区居民在与邻里的交往过程中相互之间坦诚相待、和睦相处,邻里之间的互动非常频繁(图11-2a)。他们之间有着共同的利益,有着共同的归属感和行为准则,社区人文环境优美、气氛和谐。

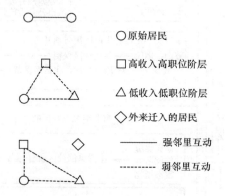

图11-2 中国城市单位社区成员结构与邻里关系演变图

随着市场化的深入,社区中出现了高收入高职位的居民,这个群体被称作高收入高职位阶层,同理还有低收入低职位阶层,以及一些"外来户"。他们虽然都生活在一个社区内,但分住在不同的住宅楼中,一扇扇防盗门的安装,使得以前亲如一家的邻里关系已经难觅踪迹。这样一来,邻里之间的关系受到"钱"与"权"的影响,开始由全体互动变为不同集团内部的邻里互动,即高收入高职位集团、低收入低职位集团和"外来户"集团等。不同集团间的邻里关系变成了"最熟悉的陌生人",互动变弱(图11-2b)。而且越是高收入高职位的居民之间的互动越弱,因为缺乏信任感。而那些外来迁入的居民更加难以进入本已弱化的邻里关系,而被排斥在外(图11-2c)。

3)事业型单位社区空间结构的演变

住房商品化是指住房脱离其计划属性,向商品转化的过程。首先是让部分房地产开发企业走市场化道路,对部分房地产项目进行市场化开发。此后随着商品房规模的扩大,商品房在中国逐步开始与公有住房平分天下,并走上迅速发展的道路;其次是公有住房的改革,逐步取消福利性分房,实行货币分房,走市场化道路,实现住房的商品化、社会化(郝传宝,2003)。

随着住房商品化,事业型单位社区要经历由传统的单位社区→传统的单位社区被保留(1)→半商品化的单位社区(2)→商品化混合型社区(3)的过程(图11-3)。传统型单位社区最终被混合型单位社区所代替。因此,如果说经济体制的改革是事业型单位社区演变的根本原因,那么单位住房商品化是影响事业型单位社区空间结构演变的决定性因素。

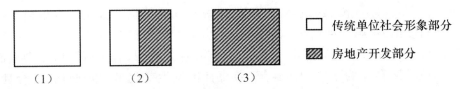

□ 传统单位社会形象部分

▨ 房地产开发部分

图 11-3 中国城市事业型单位社区住房商品化过程

4)事业型单位社区的分化类型

事业型单位社区在住房商品化和房屋改建的过程中,将出现三种分化类型(图 11-4)。

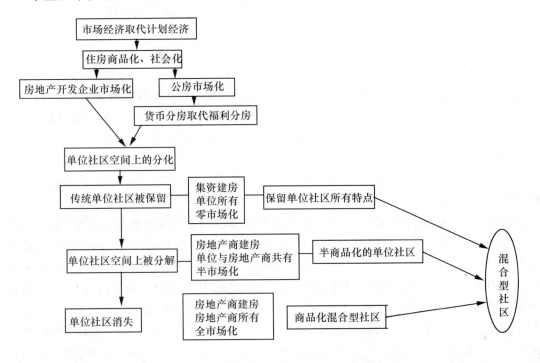

图 11-4 中国城市事业型单位社区分化及其演变趋势

第一种,传统的单位社区被保留。在原单位社区内集资建房,房屋所有权归原单位所有。国家、学校、个人各自出一部分钱,等房子建好后,不面向市场销售,而是根据教龄、职位、现有住房面积、家庭人口数等综合因素考虑后给职工分房。保留原有单位社区的所有特点,单位基本架构体系依然健在,依然是一个熟悉的社会。第二种,单位社区空间上被分解。即房屋建好后,其所有权归单位和开发商共同所有,进行半市场化经营。一方面超过经济耐用年限的楼房被拆除,剩下的空地单位卖给房地产开发商,由开发商建造房屋。其中部分房子低价卖给单位职工,一部分按市场价格出售。另一方面房地产开发商将房子建好后,全部由单位管理,在单位内部进行周转。只许自住、出租、留给子女,不允许买卖,如需买卖,只能卖给单位或者单位职工。第三种,单位社区彻底消失。一些位于市中心地段的单位社区,地理位置好,具有相当高的房地产开发价值。开发商得到土地后,按照城市规划和市场行情的要求进行房地产开发建设,建设后的房屋建筑面向市场销售。一个个新型的社区拔地而起,原先单位的土地所有权性质彻底发生了变化,房屋的所有权归房地产开发商所有,居住的人口也多样化了,单位社区被彻底肢解了。

这三种情况都将使得单位社区向混合型社区方向演变。社区人员构成混杂,居民经济地位分化、邻里关系淡漠,建筑新旧混合,使得原来的单位社区风貌发生根本性改变。从现实生活角度出发,第一种情况也会随着社会的改变、房地产的介入向第二、三种情况演变。就混合型社区与单位社区本身而言,没有好坏之分,只有是否顺应社会发展之分。随着支持单位社区存在的单位制的瓦解,单位社区发生变化是一种必然,混合社区替代单位社区成为城市社区的主流,更是一种必然。

11.2 兰州大学本部家属院的现状分析

在计划经济时期,兰州大学为了满足单位职工的生活需要,为职工提供住房,在单位附近建造了兰州大学本部家属院。兰州大学本部家属院,位于兰州市城关区麦积山路与天水南路交口以东 500 米处,与兰州大学教学区(本部研究生院)仅一路之隔,属于典型的事业型单位社区。之所以将兰州大学本部家属院作为研究对象,主要考虑到下列原因:第一,从时间上看,本部家属院始建于 1958 年,与单位社区的出现时间相吻合;第二,从性质上看,本部家属院属于典型的事业型单位社区;第三,从经历上看,本部家属院经历了由计划经济向市场经济转型的全过程。

笔者于 2008 年 5—8 月份采用问卷调查实地访谈和调查相结合的方法,即主要采取面对面的访谈方式获取第一手资料,例如,在 1194 户中,用随机抽样的方法选取其中 400 户发放问卷,得到有效问卷 132 份,其中包含访谈式调查 48 户。然后,采用 SPSS 软件,对数据进行处理和分析。在 132 个被访者中,群众最多占 47%,其次是中共党员占 33.3%,其他依次是团员占 9.1%,无党派人士占 7.6%,其它人员占 3.0%。被调查者已婚居民最多,占总人数的 72.7%,丧偶居民数位居第二,占总人数的 12.1%。丧偶居民的年龄一般在 60 岁到 87 岁之间,属于老年人群。排在第三位的是未婚者,占总人数的 10.6%,离婚居民(3.0%)和再婚居民(1.5%)的总和只占总人数的 4.5%。可见,兰州大学家属院居民婚姻质量高。

根据世界卫生组织新的年龄划分法:45 岁以下为青年,45~59 岁为中年,60~74 岁为年轻的老人或老年前期,75~89 岁为老年,90 岁以上为长寿老人。兰州大学本部家属院的老年人比例偏大,占总人数的 42.7%;其次是青年人,占总人数的 40.9%;最少的是中年人,占总人数角 13.6%。原因主要以下几个方面:一方面老人则可以考虑怀旧和习惯等方面的原因,仍然留守;青年多数被经济问题困扰,是继承或分配等原因导致仍然居住在家属院;中年人大多数已经小有成就者,他们迁出了单位社区,去追求更好的居住环境。

家属院居民月收入情况理想,收入 1000 元以上的人群占总人数的 71.3%;月收入最多的是在 2000~2999 元之间,这类人群占总人数的 30.3%;收入在 1000~1999 元、3000 元以上的人群比例分别为 15.2% 和 25.8%。家属院内部居民多数是高级知识分子。在 132 个被访者中,具有大专、本科学历的人最多,占总人数的 40.9%;具有硕士及以上学历的人群,占总人数的 19.7%;大专及以上学历的人数占总人数的 60.3%;最少的也是学历最低的人群,占总人数的 13.6%。在 132 个被访者中,在兰大工作 50 年及以上的人最多,占总数的 26.1%;其次是在兰大工作 20~29 年的人,占总数的 21.7%。可见,兰大很多教师将自己毕生的精力奉献给了兰州大学(表 11–1)。

表 11-1　兰大被调查者的工作年龄统计

年数分组	频数(个)	百分数	有效百分数
10 年以下	12	9.1	13.0
10~19 年	6	4.5	6.5
20~29 年	20	15.2	21.7
30~39 年	18	13.6	19.6
40~49 年	12	9.1	13.0
50 年及以上	24	18.2	26.1
有效值	92	69.7	100.0
缺省值	40	30.3	
共计	132	100.0	

　　兰州大学本部家属院居民呈现如下特点:第一,居民同质性高。除了少数租房户(多数是学生,部分是职工亲戚),其余均是兰州大学的教职工或子女;第二,居民婚姻幸福度高。离婚、丧偶的居民只占总人数的15.1%,说明大部分人夫妻关系和睦,家庭幸福美满;第三,居民中老年人居多。从数据上看,老年人比例偏大,占总人数的42.7%;第四,居民月收入高。家属院内被访者中月收入在1000元以上的有70.1%,其中一半以上在2000元以上,这个收入远远高于兰州市的最低工资620元/月;第五,居民文化水平高。家属院隶属兰州大学,居民普遍是兰大的教职工,具有较高的文化水平;第六,兰大的今天是无数教师无私奉献的结果。从数据上看,在兰大工作超过50年之久的教师人数在总人数中的比例最大。

1.住房情况分析

(1)居住在家属院内的原因分析

　　在132个有效的观测值中,各种原因一共被选择了248次。其中兰大职工(包括家属)被选择了110次,该选择次数所占的比例为44.4%,占总人数的83.3%;离单位近为28次,该选择次数所占的比例为11.3%,占总人数的21.2%。因此,这两个原因为被访者选择居住在兰大家属院的主要原因(表11-2)。时至今日,兰州大学本部家属院已经在历史的风雨中飘摇了近半个世纪,这里曾经住着无数德高望重、知识渊博的教授,如今他们的子女和一代年轻教师成了这里的主人,这表明兰州大学家属院是个同质性很高的社区。

表 11-2　居住在兰州大学本部家属院的原因

原　因	变量名	总数(个)	占总应答次数百分比	占总应答人数百分比
兰大职工(包括家属)	B1.1	110	44.4	83.3
方便学习	B1.2	24	9.7	18.2
社区环境安静	B1.3	20	8.1	15.2
离单位近	B1.4	28	11.3	21.2
公共设施齐全	B1.5	8	3.2	6.1

原　因	变量名	总数(个)	占总应答次数百分比	占总应答人数百分比
治安好	B1.6	22	8.9	16.7
社区风气正派	B1.7	16	6.5	12.1
居民身份同质性高	B1.8	16	6.5	12.1
其他	B1.9	4	1.6	3.0
共计		248	100.0	187.9

(Value tabulated=1)0;缺省值;132;有效观测值。

(2)得到房子的方式与是否是兰大职工的交互分析

总人数为 132 人,其中兰大职工有 94 人,非兰大职工有 38 人。选择房子是单位分的有 90 人,占总人数的 68.2%;房子是父母留下的有 8 人,占总人数的 6.1%;房子是租借的有 32 人,占总人数的 24.2%;房子是以其他方式获得的有 2 人,占总人数的 1.5%(表 11-3)。可见,属于兰大职工的居民在单位分房的所有人群中的人数是最多的,占总数的 85.1%;非兰大职工房子是租借人群在所有人群中人数是最多的。家属院中,居民多是兰大职工。还有些居民虽然是兰大职工,却租借兰大家属院的房子住,这部分人占总数的 10.6%,原因是兰州大学规定不给女教工分房,她们只有租借的权利。

表 11-3　兰州大学被调查者房产来源

得到房子的方式	是否是兰大的职工(%)		共计(个,%)	
	是	不是		
单位分的	85.1	26.3	68.2	90
父母留下的	2.1	15.8	6.1	8
租借的	10.6	57.9	24.2	32
其他	2.1	0	1.5	2
共计(个,%)	100.0	100.0	100.0	132
	94	38		

(3)合住人数与住房面积的交互分析

总人数为 132 人,住房面积在 40 平米以下的有 8 人,住房面积在 40~59 平米的有 68 人,住房面积在 60~79 平米的有 48 人,住房面积在 80 平米以上的有 8 人(表 11-4)。1 人独住的有 28 人,占总人数的 21.2%;2 人合住的有 30 人,占总人数的 22.7%;3 人合住的有 46 人,占总人数的 34.8%;4 合住的有 20 人,占总人数的 15.2%;5 人合住的有 6 人,占总人数的 4.5%;6 人合住的有 2 人,占总人数的 1.5%。

住房面积在 40 平米以下的人群是 1 人独住的所有人群中人数最多的;住房面积在 60~79 平米的人群是 2 人合住的所有人群中人数最多的;住房面积在 40 平米以下的人群是 3 人合住的所有人群中人数最多的;住房面积在 40~59 平米的人群是 4 人合住的所有人群中人数最多的;住房面积在 80 平米及以上的人群是 5 人合住的所有人群中人数最多的;住房面积在 40~59 平米的人群是 6 人合住的所有人群中人数最多的。

表 11-4 合住的人数与住房面积的交互分析

合住人数	住房面积				共计(个,%)	
	40m² 以下	40~59m²	60~79m²	80m² 及以上		
1	50.0	17.6	20.8	25.0	21.2	28
2	0	20.6	29.2	25.0	22.7	30
3	50.0	38.2	29.2	25.0	34.8	46
4	0	17.6	16.7	0	15.2	20
5	0	2.9	4.2	25.0	4.5	6
6	0	2.9	0	0	1.5	2
共计 (个,%)	100.0	100.0	100.0	100.0	100.0	132
	8	68	48	8		

笔者在进行问卷调查的过程中发现,一套房子内合住的人口多为退休教职工及其子女,这些子女中一部分是兰大的职工,一部分的配偶是兰大的职工,还有一部分是其他单位的职工。他们因为缺少房子,所以选择跟老人(退休教职工)合住在一起。此类情况在家属院十分常见。导致居民抱怨:兰大不给分房子,分的房子太小,家人都挤在一个小房间里过日子,人均居住面积小,影响生活和工作等等。这个问题的存在,主要原因是职工的子女没有购买新房的能力,只能选择跟曾经得到兰大福利分房的长辈们住在一起。根本原因在于住房改革结束了福利分房制度,把商品房推向市场,房价高,人们收入低,使得很多人买不起房子,迫于无奈,跟长辈挤着住。

(4)初始居住者的分析

在 130 个有效值中,80%的居民不是自己住房的初始居住者,可见在这所拥有 50 多年历史的大院里,房子的主人更换频繁,很少有人自始至终生活在同一套房子里。

(5)居住年数

问卷总数为 132 份,该问题的有效值为 130 个,其中居住在家属院内 5~9 年的人最多,占总数的 30.8%;排在第二位的是居住时间不到 5 年的住户,共 32 人,占总数的 24.6%;第三是居住时间在 15~19 年和 25~29 年的住户,各占总数的 12.3%;第四是居住时间在 30 年以上的住户,占总数的 10.8%;第五是居住时间在 10~14 年的住户,占总数的 7.7%;排在最后的是居住时间在 20~24 年的住户,占总数的 1.5%(表 11-5)。

表 11-5 住在此房的年数分组

年数分组	频数(个)	百分数	有效百分数
5 年之内	32	24.2	24.6
5~9 年	40	30.3	30.8
10~14 年	10	7.6	7.7
15~19 年	16	12.1	12.3
20~24 年	2	1.5	1.5
25~29 年	16	12.1	12.3
30 年及以上	14	10.6	10.8
有效值	130	98.5	100.0
缺省值	2	1.5	
共计	132	100.0	

不难看出,本部家属院的房子内部流通频繁,时常易主。因为在兰大工作50年以上的人很多,而在此房居住的人中9年以下的人最多,所以说,很多居民不是自始至终居住在同一所房子中,而是在不断的搬家。兰大曾经根据教职工的职位、工龄等因素分房、调房,例如一个刚进兰大的男教师,起初兰大会给他分一套40平米的房子,经过十几年的努力,他从一个助教成长成为一名教授,学校会给他分配一套70平米的房子,那么他以前住的房子,就会分给正在努力提升自己的那些教师。从行政角度分析也是一样的。因此,福利化分房制度是导致兰大家属院内房屋经常易主的根本原因。

综上所述,兰州大学家属院内居民绝大部分是兰州大学的职工(包括家属),兰大教师的住房虽然经常易主,但仍属于福利化分房所得,也正是因为福利化分房制度,导致了房屋经常易主。由于福利分房的结束,教职工子女无法从原单位分得住房,又因为在市场经济的影响下,购买房屋的财力不足,导致子女与长辈不得不"蜗居"在一起。计划经济时期,福利分房的面积小,数量少,现有住房已无法满足职工的居住需求,导致居民怨声载道。

2.房产政策分析

调查结果表明,非常了解兰大分房制度的人占总人数的7.8%;了解的人占总人数的35.3%;听说过的人占总人数的11.8%;不了解的人占总人数的33.3%;很不了解的人占总人数的11.8%。可见,不熟悉兰大分房制度的人占多数,熟悉分房制度的人占少数。

根据甘政函[1999]29号文件精神,兰州市于1998年11月30日,停止住房实物分配,从1998年12月1日起逐步实行住房货币化。停止住房实物分配后,新建经济适用住房在留余教工公寓后,可以出售,职工购房资金来源主要有职工工资、住房公积金、个人住房贷款以及住房补贴等。兰大在1995年6月就为全体在职职工建立了住房公积金账户(草科院1996年6月建立)。公积金归个人所有,用于购、建、大修住房,职工离退休时,本息余额一次结清,退还职工本人。而且通过四种方式实行货币化分房:建立补充住房公积金,按月发放住房补贴,一次性发放住房补贴,一次性和按月相结合发放住房补贴。同时为了进一步深化学校住房制度改革,为了规范已购公有住房和经济适用住房的市场交易活动,加快解决教职工住房问题,明确规定:购房一定期限后如出售只能再售给学校、学校教职工或学校主管部门;如因特殊情况要进入市场,向社会出售,必须经学校主管部门审批同意后方可进行,未满服务年限擅离教育岗位的,学校有权按原售价收回其住房。

因此,政策是公开和透明的,兰大家属院内的居民并不主动去了解兰大的分房制度。而且,由于长期实行福利化分房,使兰大职工产生了严重的依赖心理,片面认为"吃饭靠单位工资,建房要国家投资,分房不该个人出资"。

3.住房产权分析

(1)产权所属

在102个有效值中,认为房子现在的产权属于住户的人群有43.1%;认为房子现在的产权属于兰大的人群有41.2%;认为房子现在的产权属于住户和兰大共同所有的人群有2.0%;认为房子现在的产权属于其他的人群有13.7%。可见,多数认为,房子的产权要么属于住户,要么属于单位,很少有人认为现在住的房子的产权是住户和兰大共同所有的。

(2)买断情况

在102个有效值中,有47.1%的人认为他们已经买断了房屋产权,有52.9%的人认为他们没有买断房屋产权(表11-6)。实际上,所有住户都没有拿到房本,房本全部在兰大"手里",即兰大家属院内的被购买的房屋产权虽然属于住户,但房本在相关部门保存着,房屋只能再售给学校、学校教职工或学校主管部门,不能进入市场交易。

表11-6 兰州大学家属院产权与房本的统计结果

		是	否	有效值	跳答	缺省值	合计
产权情况	百分数	36.4	40.9	77.3	19.7	3.0	22.7
	有效百分数	47.1	52.9	100			
房本情况	百分数		77.3		20.5	2.3	22.7
	有效百分数		100				

(3)福利房的产权问题

调查结果表明,认为福利房的产权应该属于住户的人群占56.9%;认为福利房的产权应该属于单位的人群占21.6%;认为福利房的产权应该属于住户和单位共同所有的人群占19.6%;认为福利房的产权应该属于其他的人群仅有2.0%。在102个有效值中,认为福利房的产权应该属于住户的人群最多,其次是认为应该属于单位的人群。福利房从本质上讲是一种福利待遇,是单位无偿分配给职工居住的地点,既然是福利待遇,那么职工只有居住权和使用权,一旦离开这个单位,这种待遇也会随之消失。所以福利房的产权应该属于单位。但是如果福利房已经被居住者用市场价购买了,那么它的产权就应该属于居住者,也就是这个职工。

(4)购房方式

在102个有效值中,认为按工龄、职位、现有住房情况等因素综合考虑后分房合理的人群有35.3%;认为单位和个人各承担一部分房款合理的人群有21.6%;认为传统的实物福利分房方式合理的人群有17.6%;认为单位把房建好后凭个人实力购买合理的有11.8%;认为发放住房补贴合理的人群有5.9%。在所有列出的购房方式中,选择按工龄、职位、现有住房情况等因素综合考虑后分房作为合理的购房方式的人群最多,其次是选择单位和个人各承担一部分房款。可见,在人们对房子望而生畏的今天,大多数人都不能凭自己的力量购买房屋,总是想借助其他力量达成目标,单位可以说是人们首选的依靠对象。

4.满意度分析

(1)对现有住房的满意程度

在132名被访者中,有1.5%的人群对现有住房表示很满意;有13.6%的人群表示满意;有9.1%的人群表示很难说;有34.8%的人群表示不满意;有18.2%的人群表示很不满意。换句话说,对现有住房表示不满(不满意、很不满意)的人数最多,占总人数的53%;对现有住房表示满意(很满意、满意)的人数仅有15.2%。保持中立的人群有9.1%。由此可见,被访者一半以上对现有住房表示不满。

(2)不满意的原因分析

由表11-7可知,这82位被访者一共进行了194次选择,其中有52人次选择了面积小,该选择次数所占的比例为26.8%,他们占总人数的63.4%;有44人次选择了结构不好,该选择次数所占的比例为 22.7%,占总人数的 53.7%;有 40 人次选择了太旧了(内部设施陈旧),该选择次数所占比例为 20.6%,占总人数的 48.8%。可见,被访者对住房不满意的主要原因有三个,按顺序排列依次为面积小、结构不好、太旧了(内部设施陈旧)。

表 11-7　对住房不满意的原因

原因	变量名	总数	占总应答次数百分比	占总应答人数百分比
面积小	D2.1	52	26.8	63.4
与工龄地位不符	D2.2	32	16.5	39.0
结构不好	D2.3	44	22.7	53.7
邻居不好	D2.4	6	3.1	7.3
太旧了(内部设施陈旧)	D2.5	40	20.6	48.8
地理位置不好	D2.6	14	7.2	17.1
其他	D2.7	6	3.1	7.3
共计		194	100.0	236.6

(Value tabulated=1)50:缺省值;82:有效观测值。

综上所述,兰大家属院居民一半以上对现有住房不满意,主要原因有:面积小、结构不好、内部设施陈旧。上世纪 50 年代建的房子,例如 1、2 号楼,属于伙单,一门多户,房型小,结构不合理,几户共用一个厨房、洗手间,生活非常不方便。鉴于兰大住房紧张,又没有了福利分房待遇,许多教职工没有能力购买商品房等因素,不得不住这样的房子。兰大家属院内部的楼房三分之一以上属于砖木结构,这类楼房上个世纪就应该拆了,可是因为种种原因,依然在"鞠躬尽瘁"。本次调查期间,正好赶上 5.12 大地震,家属院内居民楼,很多出现了裂缝,造成住户的恐慌。被访者强烈要求加固危楼,或者拆除危楼。

5.住房设想分析

(1)购新房的打算

在 132 份有效问卷中,该问题跳答的占 19.7%;拒答的占 1.5%;有购置新房打算的占 57.6%;没有想过该问题的占 12.1%;没有想过购置新房的占 9.1%。

(2)购置新房的地点

在 132 个被访者中,47% 的人群选择在家属院内购置新房;有 10.6% 的人群选择在家属院外购置新房;40.9% 的人群跳答;1.5% 的人群拒答。大多数人表示无论如何也要回到兰大家属院居住,因为这里都是兰大教工,是高级知识分子的聚居地,将来对下一代的培养利大于弊,而且住在高校家属院里身份地位会高于普通小区,用一位被访者的话说"住在兰大,即便不是兰大人,也像兰大人了,自己自觉不自觉就变成知识分子了"。

(3)购房价位

在 132 个被访者中,支付意愿在 20 万以下、20~30 万、30~40 万、40~50 万的人员比例分别为 31.8%、13.6%、9.1%、3.0%,另有 40.9% 的被调查者没有回答这个问题。

(4)购房用途

在 76 个有效的调查案例中,各种原因一共被选择了 80 次。其中购房自住被选择了 72 次,该选择次数所占的比例为 90.0%,占总人数的 94.7%;购房投资(5.0%)、留给儿女(2.5%)被选择的次数都非常少,选择出租的人为 0。因此,兰大本部家属院有购房意愿的居民购房的主要用途为自住。

（5）是否搬离家属院及原因

选择不搬离兰大的人最多，占总数的 30.3%，这是因为院内住着很多退休老职工，他们年轻的时候工资少，现在退休了，房价又涨了，攒了一辈的钱还不够买一套房子，再加上年纪大了，更不想搬离现在的房子。而搬离本部家属院的人群因工作调动、购置新房、住房条件、治安为主要因素的比例分别为 13.6%、7.6%、9.1%、1.5%。另有 34.8% 的人没有回答这个问题。

（6）不想居住后处理房子的方式

在 102 个有效值中，有 35.3% 的人群认为会把房子留给家人；有 33.3% 的人群根本就没考虑这个问题，从访谈中可以了解到，这类人群没考虑过这个问题的原因在于他们除了这套房子根本没有其他的住处，也没有办法购买新的房子，不在兰大家属院居住是不可能的事；认为卖出、出租和还给单位的人群各占 7.8%。

综上所述，通过对住房设想的分析，可以得出如下结论。被访者多数想在五年内以不超过 20 万元的价格，还在家属院内购置一套新房，用于自住。俗话说"安土重迁"，很多居民没有特别的原因，不愿意搬离兰大，在他们心目中，兰大家属院，不仅仅是一个社区，而是他们的归属，他们以兰大为家，以兰大的事业为毕生的事业。

11.3　兰州大学本部家属院的演变趋势

下文从成员结构、邻里关系、空间结构等方面探讨家属院的演变趋势。

1.成员结构

（1）家属院内居民身份异质性趋势加剧

事业型单位社区最典型的特征就是居民的同质性高，突出表现在职业方面。事业型单位社区建成之初，居民完全来自同一个单位，即便有职位的不同，也仍然是同事关系。随着单位住房的商品化改革，单位住房的所有权逐渐从单位转变为个人自有。单位职工不再等待单位分配住房，而开始自主选择居住环境。很多人搬出了单位社区，出租或出售自己的住房，然后购买并迁入居住环境更加舒适的商品楼社区，与此同时，一些通过购买或租借单位社区内的住房的居民迁入单位社区内，过去只有本单位职员居住的单位社区开始混居。

以兰州大学本部家属院为例（表 11-8），在 132 份有效问卷中有 28.8% 的被访者不是兰大的职工。其中，在兰大本部家属院租借房屋居住的被访者最多，占总人数的 57.9%；其次不是兰大职工却住在兰大福利分房内，这部分人是职工配偶，所占比例为 26.3%；第二代子女所占比例为 15.8%。这些居民职业构成多种多样，例如药师、工人、个体户、遗孤、律师、学生、自由职业者等等。可见，兰大本部家属院原有的单一的居民职业构成已经被打破，正在向多元化方向发展。

表 11-8　住房性质分析

住房的性质	单位	是否是兰大的职工		共计
		是	不是	
单位分的	%	85.1	26.3	68.2
父母留下的	%	2.1	15.8	6.1
租借的	%	10.6	57.9	24.2
其他	%	2.1	0	1.5
共计	%	100.0	100.0	100.0

(2)老年人口比例增大,年轻型社区向老年型社区演变

兰大本部家属院始建于 1958 年。住区人口的工作年龄 50 年及其以上占 26.1%,40~49 年的人数占 13%,30~39 年占 19.5%,20~29 年占 21.7%,10~19 年占 6.5%,10 年以下占 13%。由此,可推算出当时职工的年龄一般在 20~35 岁。社区显然属于年轻型社区。

如今家属院内居民 70~79 岁年龄段的人最多, 占总人数的 26.5%;39 岁以下人数仅有 25%;40~49 岁人数占 20.31%;50~59 岁人数有 10.94%;而 60 岁以上人数(传统认为 60 岁以上就进入老年)所占比例为 43.75%。可见老年人口数比例很大,此时社区已经变成了老年型社区。

兰大家属院正面临老年型社区的双重压力:一方面人口总体不断老化,老年人口数所占比例不断上升;另一方面,老年人口不断高龄化,即 80 岁以上人数增多。老年人口的活动空间,基本上是家庭所在的社区,这就势必要求兰大家属院要为众多的老年人提供良好的生活环境和生活条件,提供良好的医疗保健、文体娱乐和公共安全等服务。

2.邻里关系

(1)事业型单位社区邻里关系的含义

事业型单位社区的邻里关系实际上是业缘关系和邻里关系的叠加。家长之间既是邻居又是同事,孩子之间既是伙伴又是同学,彼此见面打招呼,平时有空常串门,逢年过节礼尚往来。邻居之间互相信任,把你家钥匙放在我家,互相帮忙照看孩子的事情比比皆是。然而,由于这种邻里关系完全是被动的,且有工作关系在里面,所以邻里关系也显得很微妙,自由度相对较少。

(2)家属院内邻里关系由强变弱,由简单变复杂

以兰州大学本部家属院为例,据调查,8 号楼为框架结构建筑,两幢高层为钢架结构建筑,二者都是家属院内建筑质量较好的建筑,住在里面的居民,大多是兰州大学的离职或在职领导、教授及其家属,他们职位高、收入相对较高,楼房设有高级的安全防盗密钥门,外人很难进入。这类居民之间除了必要的礼尚往来之外,没有频繁的交流,邻里关系较为淡漠。

某教授说:"我们工作都很忙,大多数时间都在办公室,即便在家也是搞研究,没有特殊情况,是不会去麻烦邻居的。"

其它楼房为砖木和砖混结构建筑,里面住的大多是离退休职工或者来兰大时间不长的职工及其家属,他们职位不高,工资相对较低,楼房质量差,不设有防盗门,可随意出入。这类居民之间互动较为频繁,保留着原有的事业型单位社区的邻里关系,相互信任,

时常串门,参加社区活动。

外来的居民,相对于周围的居民,彼此都是陌生的,没有共同的利益,只是居住距离较近,心灵上并没有形成认同感和归属感,邻里互动更是少之又少。

可见,虽然同处一个社区,但各类居民之间的交往似乎被身份、居住环境以及建筑等级等因素限制,邻里关系由强变弱,由简单变得复杂,各自过着属于自己的生活。

3.空间结构

从1990s起,随着城市经济体制改革的深化,城市住房所有制结构发生了重大改变,单位所有的住房全部出售给个人,结束了持续几十年的福利分房制度,启动了住房市场。不少事业型单位社区里出现了由房地产开发商建筑、通过房地产市场流通的楼房。单位住房逐渐被商品房代替,传统的单位社区逐渐解体,单位住房商品化。

本部家属院内现有24幢楼房,下表标有各个楼房的结构,根据不同结构楼房经济耐用年限的规定,预测该家属院在空间上的变化趋势。本部家属院里最早的楼房是在1956年竣工的,该类楼房是砖木结构,它们的经济耐用年限只有40年,按照规定理应在1996年拆除,然而由于社会、经济、政治,特别是"职工多、楼房少、又没钱"的原因,这些房子仍然在原地"尽职尽责"(表11-9)。

表11-9　兰州大学本部家属院楼房情况一览表

住宅楼号	建筑面积(m²)	竣工时间	结构	经济耐用年限	住宅楼号	建筑面积(m²)	竣工时间	结构	经济耐用年限
本部1	1728.2	1956	砖木	40	本部17	1868.11	1978	砖混	50
本部3	1866.59	1956	砖木	40	本部18	2363.74	1978	砖混	50
本部4	1732.48	1956	砖木	40	本部19	2356.5	1979	砖混	50
本部5	1950.49	1957	砖木	40	本部20	4182.25	1979	砖混	50
本部6	1925.19	1957	砖木	40	本部21	1447.14	1979	砖混	50
本部8	9984	1998	框架	60	本部22	3882.27	1980	砖混	50
本部10	2254.46	1973	砖木	40	本部23	1974.57	1980	砖混	50
本部11	2264.44	1973	砖木	40	本部24	3399.59	1982	砖混	50
本部12	2025.16	1974	砖木	40	本部25	1205.08	1983	砖混	50
本部13	3498.89	1978	砖混	50	柏斋	5370.87	1990	钢架	80
本部14	1871.04	1978	砖混	50	松斋	5387.7	1990	钢架	80

本部家属院里最"年轻"的砖木结构建筑是1974年建成的,预计2014年,砖木结构楼房被彻底拆除,空出的土地不再盖新楼房,那时将会空出大概15747.01m²的土地。虽然空地面积很大,但是零星分布在家属院内,使得空地很不完整。通过对本部家属院居民对现有住房满意度的调查,对现有住房不满意的居民有34.8%,很不满意的居民有18.2%,选择很难说的居民有9.1%,可见,绝大多数被访者不满意现在的住房条件。鉴于兰大有很多没有住房、对现有住房不满意的年轻职工或退休职工,如果将1974年建成的所有房屋一次性拆除不盖新住宅,不但会逐步引发很多单位内部的社会性矛盾,而且导致社区内部空间结构的极大变化。

经济耐用年限决定了建筑物的寿命,随着本部家属院的住房不断拆除会空出很多空地,如何利用这些空地,出现两种情况。一种情况是集资建房,学校拿一些,个人掏一些,向国家申请一些,保留原有单位社区的所有特点。另一种情况就是学校跟房地产商合作建造房屋。这里面又分多种类型。第一,学校把空地卖给房地产商,建造成半商品化的房子。一部分房子仍然属于兰大所有,职工可以低价购买但只有居住权,如果将来不能或不想继续在家属院居住了,可以在职工内部进行买卖交易,或者卖给学校,学校也有权直接收回房子;另一部分房子可以作为商品房卖给社会上的任何人,即完全市场化。第二,学校把空地卖给房地产商,建造成绝对商品化的住宅,职工和单位以外的人都可以凭实力购买,居住权、产权、继承权、买卖权均归住户所有。这样一来,家属院就失去了传统意义,居民职业越来越复杂,邻里关系越来越陌生,居民生活越来越自由,由单一的单位制社区演变成了混合居住的社区。这样虽然减轻了学校的某些负担,但是也增添了很多潜在的社会和管理问题。

图11-5描绘的是不再新建住宅建筑前提下的本部家属院2030年以后的图景。此时,砖混结构的楼房已经到了经济耐用年限,拆除后留下好多空地。不过,也可能新建社区保健站、健身中心,甚至学生宿舍或其它教学类型的建筑(学校设想将此家属院逐步置换为教学用地)等。不断完善基础设施也是混合型社区的合理要求。

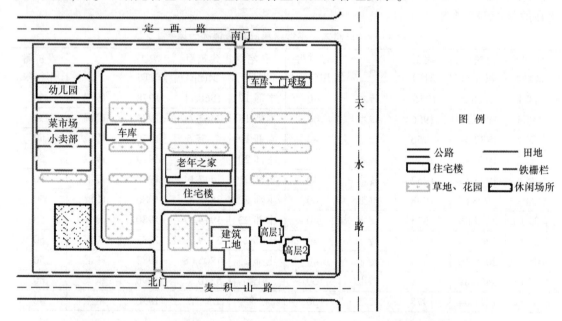

图11-5 兰州大学本部家属院不建新住宅楼条件下的2030年后的空间布局

就家属院目前情况分析,集资建房是最好选择。居住在家属院内的居民可以分为四类:在职职工、退休职工、职工子女、外来人口(少数)。由于个人收入的增加,达到一定资金储备量的居民搬出单位社区,选择更好的居住环境,将原来的住所出租给外来人口居住。外来人口的不断流入,他们通过购买(有房地产介入的楼宇)、租借单位社区的新旧住宅,迁入单位社区,使得过去职业同质性高的家属院开始向混合型居民构成方向演变。

家属院的建筑最早的可以追溯到1956年,假设到2014年,砖木结构楼房被彻底拆除,将会空出大概15747.01m²的土地。集资建房也好,房地产独自开发也罢,新旧住宅并存的情况必然会发生,从这个角度讲,单位社区旧房换新房,新旧共存的局面使得单位社区在建筑空间上由单一变复杂。

综上所述,没有一成不变的事物,家属院存在于变动的主流中,必然受到各种因素的影响而发生变化,从成员构成、邻里关系、空间结构等角度可以预测,家属院未来将朝着混合型社区的方向发展。兰州大学作为一个大型的事业型单位,其在处理家属院的建设和改变过程中扮演着举足轻重的角色,安置好退休教师,让他们安度晚年的同时不能因为"嫉妒"在职职工的居住环境和薪酬待遇而引发矛盾,影响单位社区这种正常的顺应社会发展的演变。

本章小结

事业型单位社区的演变过程是必然的、长期的、复杂的。兰州大学本部家属院的案例分析表明,事业型单位社区必然会发生演变,但演变过程必将是长期化的。单位体制是计划经济时期特有的社会调控体系,事业型单位社区是单位体制下的一种组织形式。单位体制的改制与瓦解,单位沉重的负担、体制的转变以及住房改革注定了单位社区的分化。事业型单位社区作为单位社区的类型之一,具有单位社区的属性,它的存在与演变必然要经历与单位社区相似的过程。随着中国社会体制的改变,事业型单位社区必将发生变化,但是这种变化需要漫长的过程;也不是轻而易举的,而是需要经历错综复杂的、艰难的过程。

事业型单位社区有三种分化类型:一是传统的单位社区被保留;二是单位社区空间上被分解;三是单位社区彻底消失。兰州大学本部家属院目前属于第一种分化类型。随着房改政策的深入,原居民淡出,外来人口流入以及房地产市场化,家属院将在空间上被分解,逐渐演变成混合型社区。

事业型单位社区将演变成混合型社区。总体来看,混合型社区代替事业型单位社区是社区发展的趋势。社区作为一个多元机构的系统,其异质性越强,分化程度就越高;多元结构越复杂,功能整合的作用就越重要(唐新忠,2008)。事业型单位社区是典型的单一型单位社区,同质性高,结构简单,因此这种类型的社区的分化程度低,功能整合性差,不利于市场经济的发展,不利于城市空间的整合,不利于社区组织功能的再造。随着社会的发展,经济体制的改革,住房制度的改革,将来的单位住房必定朝着商品房方向转变。住房的商品化、社会化,混合型社区必定代替单位社区,结束"工资单位发、住房单位分、有事单位办"的依赖单位现象。混合型社区减轻了单位过重的社会负担,提高其经济效益;拉大了人与人之间合理的距离,复原私人空间;改变封闭的生活空间,打破与其他单位几乎处于隔绝状态的局面;实现单位住房的所有权从单位转变为个人,住房由福利变成了商品,职工不再等待单位分配住房,而是有了自己的选择机会。

混合型社区只是单位社区演变过程中出现的一个类型,不是最终的演变结果。混合型社区不是事业型单位社区演变的最终结果,随着居民社会经济地位构成的多元化,阶层分化会越来越明显,事业型单位社区会向收入同质性而不是职业同质性的社区演变,混合型社区只是其演变过程中某个阶段上的形态,不是其终极演变结果。

第 **4** 篇 | 中国（西部）城市的空间转型

国内外学者广泛借助社会学、经济学、生物学、心理学等学科的方法，利用网络拓扑、分维、神经网络方法、CA 模型、系统动力学等方法和手段，运用 GIS、RS 等先进技术，主要从经济、社会、地理、生态环境、文化等领域或不同角度研究了城市空间转型与重构的影响因素、过程、模式与机制问题。地理学主要侧重空间角度，并逐渐形成了 1960–70 年代的空间学派，1970–1980 年代中期的行为主义、人文主义、结构主义和新韦伯主义，1980 年代中期后的后结构主义和后现代主义，城市空间研究还相应形成了景观学派、社会生态学派、区位论学派、行为学派、结构主义学派、时间地理学学派等。而国内学者无论是研究内容，还是研究方法紧跟国际潮流，取得了大量成果，尤其是近年来众多学者从不同角度对城市土地利用和形态在时空变化上进行了大量富有成效的研究。

然而，虽然国内外相关成果颇多，但能深入阐述从计划经济到改革开放时期中国城市空间(扩张)转化及其机制的系统性和成熟的相关理论模型依然较为罕见，研究成果多为实证分析，地域上也多偏向东部及沿海城市的案例，而以全国大城市为研究范围，进行系统研究的成果寥寥无几；同时对城市空间变迁及其内部机制的研究，多从城市外部扩张的角度进行，对城市内部用地分异过程与特征研究较少，而从宏观与微观相结合的角度进行综合分析和研究的成果更甚微。

城市作为一个复杂巨系统，有效引导、控制城市扩张和合理利用城市内部土地资源的研究工作具有重要的战略和实际意义。中国城市经济和社会发展的转型必然从空间上体现出来，这包括空间结构转化、居住区分异、产业空间迁移等，这些研究工作在西部城市中较少。故此，本篇讨论中国(西部)城市空间转型问题，包括空间结构转型与用地结构响应(第 12 章)、CBD 中心塑造(第 13 章)、转型期的居住区分异(第 14 章)、制造业的地理集中与集聚(第 15 章)。

第 12 章　城市空间扩展
与用地结构响应

　　由于城市用地承载着极其复杂的人类活动,在城市化进程中,城市用地明显地向外扩张,这种扩张不仅影响着城市自身的发展,还对城市所处的区域生态环境有着深刻的影响,因此城市空间扩展和土地利用变化成为目前研究的热点问题之一。国内外关于城市空间结构及其发展演变的研究成果非常丰厚, 主要从城市景观、土地利用与土地覆盖变化 (Kevin Fox Gotham,2005;ArmandoBazzani,2003;Lourdes Diazolvera,2003; BinJiang,2000;SergioPorta,1999;JayD.Gatrell,1999;QingShen,1998;Louise Crewe and Jonathan Beaverstock,1998;John Peponis,1997;何春阳,2005;匡文慧,2005;刘盛和,2000;朱会义,2001;徐勇,2005;张文忠,2003;黎夏,2005;冯健,2003;史培军,2000;Liquan Zhang,2004;刘盛和,2001;朱晓华,2005),以及功能区、社会经济动力、生态环境(H.S. Sudhira,2004;闫小培,2004;叶嘉安,1997;闫小培,2006;QingShen,1998;王兴中,1998;顾朝林,2000;Véronique Dupont,2004;M.Antrop,2004) 等角度进行研究。近年来众多学者从不同角度对城市空间扩张规律、模式、动力机制及土地利用结构和形态在时空变化上进行了大量富有成效的研究,揭示了城市土地利用在平面上、立体上和结构上的空间表征。

　　城市土地使用的空间模式理论由经济观点出发,主张单一的地价可以解释土地使用,强调地价对土地使用的影响,忽视了社会文化因素对土地利用方式的影响。而城市土地利用行为学理论通过对人们行为方式的研究,揭示城市土地利用的本质,是一种对土地利用方式形成的解释(图 12-1)。该理论认为城市社会中无论是个人还是群体组织都有其

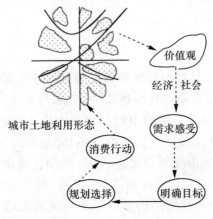

图 12-1　城市土地利用形态

不同的价值观念,具体的反映在行为的四个过程上。这四个过程是:1、需求的感受,2、目标的明确,3、对未来的规划和选择,4、决策和行动。这样,不同的价值观念及其产生的不同的行为方式就导致了不同的城市土地利用形态。其中,行为方式既包括个体行为,也包括群体行为,它有三种类型:1.日常行为,指一般日常的个人行为如娱乐、购物等,2.制度化行为,这是指由于各种机构设置所形成和造成的各种个人和群体行为,3.组织行为,指由于各个社会经济组织相互纷繁复杂的联系而形成的行为。

本章以兰州市为例,研究区为东经103°31′~104°00′,北纬36°00′~36°10′的兰州黄河河谷盆地地区,与兰州市2003年版城市规划区范围大致相当。在GIS技术支持下,采用1949—2004年不同年份的相关数据资料,利用弹性指数、信息熵、年均扩展指数(AGI)、转移矩阵等方法,对城市扩展的时空演变特征和土地利用动态变化进行了系统性分析,并从理论角度进行了总结(杨永春,杨晓娟,2009)。同时,利用高精度卫星影像和大规模实地调查方法获取数据,采用GIS手段和数理统计方法,利用单位用地面积建筑用地面积比例和单位用地面积建筑面积比例两项指标,研究了兰州市土地利用强度及其空间分布规律与行业驱动力(杨永春,乔林凰,2009)。

12.1 兰州城市空间扩展与用地转化

城市建成区位于总面积约160km²的黄河东西两大河谷盆地,为东西长、南北窄的典型的河谷盆地型城市。而且,南北两山黄土松散而陡峭,难以作为建设用地。目前,建成区面积占河谷盆地总面积的比例已超过了85%,按照目前的开发速度,10~15年后,河谷盆地内部将全部建成区化。同时,逆温天数占全年天数超过了70%,环境容量极其有限。因此,自然条件因素极大地限制了城市的用地规模,也制约了城市空间结构布局方式和功能区选择,城市扩展不可能采取"摊大饼"模式,只能在盆地内部沿河谷扩展。计划经济时期,因污染型的重化工业等布局于此,已基本形成了城市的空间框架和脉络。转型期,城市职能从典型的工业城市加速向综合性(工业)城市演变,城市部分职能(如传统工业)"溢出"(从盆地中跳出)进程加快,城市土地利用结构随之发生了急剧转型。

1.空间扩张与结构变化

(1)计划经济时期

计划经济时期,政府投资是社会经济资源配置的最主要手段和城市发展的核心动力因素。1950s,兰州市被列为国家重点建设城市,重点布局建设石油化学工业,同时也是国家第一批规划(试点)城市。此时期的城市规划充分考虑了自然条件限制、老城中心与历史文化的影响、未来工业性质(用地面积、环境污染)等主要因素的影响,提出了在两大盆地内同时建设的多中心组团城市规划设想。1950s末期,城市主要沿黄河谷地东西向伸展,西固组团(以石化工业为主)、七里河组团(以机械、铁路枢纽、轻纺工业为主)和城关组团(综合性)形成,多中心组团空间结构形态基本形成。之后,尤其是三线建设期间,进一步发展了安宁区的机电、仪表与电子工业区、城关区盐场堡的医药工业区、城关区东岗的钢铁、仓储工业区等,进一步充实和完善了城市空间的骨架和脉络,空间扩展方式为扩张与填充过程并行,文革期间尤其如此。显然,工业用地增长一直是城市扩张与土地结构转换的主导推动力(图12-2,见彩色插页)。

1949年,建成区面积仅为1051hm²,集中成片分布在以南关十字为中心的老城区。1949—1959年,城市扩展面积(主要为占用农地)高达3659hm²,年均扩展贡献率高达7.77%,位居1949—2004年扩展率之首。建成区面积扩展到4710hm²,年均扩展速度高达365.9hm²/年。工业、居住及公共设施用地占据核心地位,为第一个高速扩展时期(表12-1),且用地年均扩展贡献率、用地扩展人口弹性系数也分别达到7.77%和3.11,是近50多年的最高值。1976年,建设用地面积增加到7943.02hm²,主要围绕几个组团中心呈圈层式向外围缓慢扩张。1950—1970s末,工业用地一直稳定在30%左右,面积增加值/同期建成区面积增加值高达35.28%,若再考虑到1949—1959年工业用地面积增加值,上述比例更达到了36%以上。此时期可分为1959—1969年的波动缓慢增长期和1969—1976年城市建设加快时期两个阶段。1959—1969年,兰州虽是三线建设城市之一,但因三年自然灾害和文化大革命的影响,建设用地年均扩展仅为83.4hm²/年,年均扩展贡献率、用地扩展人口弹性系数分别仅为1.50%和1.94,是计划经济时期的最低值,但用地扩展经济弹性指数为计划经济时期的最高值,达到4.29。1969—1976年,虽然用地年均扩展速度达到了342.7hm²/年,年均扩展贡献率、用地扩展人口弹性系数分别为3.02%和2.47,但用地扩展经济弹性指数仅为1.10,为计划经济时期的最低值。

表12-1　1949—2004年兰州市土地利用扩张特征指数[①]

年份	扩展面积(ha)	城市用地年均扩展贡献率(%)	城市建设用地年均扩展速度(ha/年)	城市用地扩展人口弹性系数	城市用地扩展经济弹性指数	紧凑度变化指数
1949—1959	3659	7.77	365.9	3.11	–	1.00
1959—1969	834	1.50	83.4	1.94	4.29	1.04
1969—1976	2399	3.02	342.7	2.47	1.10	1.01
1976—1989	2210	1.67	170	1.83	7.82	1.02
1989—2001	4296	2.97	358	1.41	8.86	1.05
2001—2004	1321	0.84	440.3	1.11	5.02	0.97

1980s,城市发展缓慢,空间扩展主要以填充方式为主。1990年至今,随着国家级的雁滩高新技术开发区、省级的安宁经济技术开发区(1993年)、三滩城市副中心(2000年后)的先后规划和建设,旧城改造、基础设施建设力度等加大,修建、改建了若干主干道和几

[①]表中:城市用地年均扩展贡献率度指数指在研究时期内城市建设用地扩展面积占市区土地总面积的百分比,此处采用年平均扩展贡献率;城市用地扩展人口弹性指数指建成区面积的年均增长速度与非农业人口的年均增长速度的比值,为城市用地扩展合理性与否的指标;城市用地扩展经济弹险指数为第二、三产业生产总值的年均增长度/城市建设用地的年均增长速度,衡量城市扩展过程中其新增土地的用地效益;紧凑度指数指城市建设面积/城市建成区面积,用来衡量城市土地利用的有序性,紧凑度变化指数为某时间段与迄止时间点紧凑度的比值。

个主要广场(如滨河路、庆阳路、中山路、东方红广场等)，"城中村"改造、"退二进三"、土地出让招标政策的实施，住房制度改革和商品房市场的形成，西部商贸城和"工业强市"战略的先后执行，以及在盆地外围的中川空港循环经济园区、夏官营大学城、榆中县和平镇开发区的实质性规划与建设，导致城市空间以外延式扩张与填充过程同步进行，城市土地利用结构发生了很大变化，一批工业企业倒闭(如兰州柴油机厂倒闭后用地转为商贸用地)或迁出河谷盆地(如兰州钢铁厂被酒钢公司兼并后，向外围迁移到榆中县之宛川河谷；吉利汽车公司选址在中川空港循环经济园区)，东岗工业区实际上逐步变为居住用地和服务用地(如物流城等)。1980—2001年，在农用地面积大为减少的前提下，工业用地面积增加值占同期建成区面积增加值的比例仅为6%左右，而居住用地的相应数值高达31%以上，显然是城市用地结构变化的主要推动力，这一是对过去"先生产、后生活"建设方针效应的补偿，以弥补城市多年来基础设施、生活设施的欠缺，二是随着城市规模的扩大和城市从新兴工业城市转化为综合性工业城市，尤其是强化了服务业设施建设所引致的交通、商业、居住、文教等用地类型需求激增后的必然结果，也是限制规模较大工业企业进入，一批工业企业倒闭或向外围迁移扩散后的城市规划与发展模式转变管制和引导的结果。而且，由于盆地内用地有限，新增建设用地不得不向黄河两边的滩地和两侧山地(年代愈久的高级别阶地)，以及组团之间隔离作用的农用地或所谓"空地"扩张(或横向填充)，如2000—2004年，伴随着西部大开发战略的实施以及住房制度的改革，开发区和房地产业获得了前所未有的发展，尤其是雁滩等黄河滩地成功开发了大量的商业住宅区。

城市扩展处于加速期(年均扩展速度高达374.47hm²/年)和精明增长期，道路广场、对外交通占地面积比例增长幅度较大，其比例之和高达16%，为历史最高峰(图12-3、12-4，见彩图插页)。以居住用地、文教卫生、商业用地类型为核心，滩地开发达到高峰。城市紧凑度从1949年的0.357快速下降到1969年的0.06，而1979年、1990年分别上升到0.068和0.075，1999年快速上升到0.137，2004年达到了0.173。这表明，1970年后，城市开始进入填充过程，转型期更为显著。而且，城市用地高速扩展的重点区域主要在黄河以南的几个组团内，东西向扩展速度大大超过了南北向，且主要延交通线向滩地、农用地拓展，同时还伴随着不同程度的内部有效置换，城市空间扩张和土地扩展模式由单一的外部空间扩展向外部空间扩展与内部填充、密实相结合的方向演变，逐渐合理化、有序化，也经历了由围绕城市中心体，以斑块状、圈层状向组团式、轴线状，以及渐进式或破碎式扩展方式的转变。

1976—1989年，整个城市是在原有城区基础上见缝插针式的扩张，建设用地年均扩展速度仅为170hm²/年，用地增长类型也主要以道路广场用地(占整个新增城市用地的23.92%)和居住用地(占整个新增城市用地的18.89%)为主，用地年均扩展贡献率、用地扩展人口弹性系数分别仅为1.67%和1.83，但用地扩展经济弹性指数高达7.82。1989—2004年属于高速增长期，为城市建设用地扩张速度最快的时期，建成区从1989年的10153hm²以年均374.47hm²的速度向外扩展，尤其是2001—2004年期间年均扩展速度高达440.3hm²，为历年城市用地发展的最高峰，人口也由1989年的139.9万人增加到180万人左右。旧城区改造力度逐步增大，居住、对外交通、道路广场、公共设施等用地类型面积快速增加。其中，居住用地和公共设施用地在新增建设用地中所占比重最大(分别为64%和44%)，增长速度也最快,而工业、市政用地面积比重较 2001 年明显下降。截至 2004 年末,建成区面积增至 15770hm², 用地年均扩展贡献率、城市用地扩展人口弹性系数分别仅为 0.84% 和 1.11, 而用地扩展经济弹性指数却高达 5.02。

1990—1995 年:用地年均扩展指数(AGI)的最大值为 18.67, 平均达到 1.20, 标准差为 2.09(表 12-2 和图 12-4), 如用地年均扩展指数(AGI)大于 7.56 的高速扩展单元为 5 个, 占所有扩展面积的 16.85%, 主要分布于安宁区, 且集中在黄河两边的滩地; 年均扩展指数 (AGI) 在 2.14 与 7.56 之间的快中速扩展单元分别为 18 个和 30 个, 占所有扩展面积的 52.85%, 主要集中在安宁区、城关区的雁滩和盐场堡, 另外在整个城区的边缘也分散有一些扩展单元; 年均扩展指数(AGI)在 0.01 与 2.13 之间的低缓速扩展单元分别为 53 个和 80 个, 占所有扩展面积的 30.30%, 散点式遍布整个城区。

表 12-2 兰州城市 1990—1995 年空间扩展的空间分异类型

类型	AGI	单元个数	面积(ha)	所占百分比(%)
高速扩展	7.57~18.67	5	294.61	16.85
快速扩展	4.11~7.56	18	481.78	27.55
中速扩展	2.14~4.10	30	442.43	25.30
低速扩展	0.90~2.13	53	376.03	21.50
缓慢扩展	0.01~0.89	80	153.95	8.80

1995—2000 年:用地年均扩展指数(AGI)的最大值为 3.84, 平均达到 0.35, 标准差为 0.64, 与 1990—1995 年相比要缓慢的多(表 12-3 和图 12-4)。年均扩展指数大于 2.53 的高速扩展单元为 5 个, 占所有扩展面积的 17.06%, 分布于城关区的雁滩、七里河区的南边缘和安宁区的最西北地区; 年均扩展指数在 0.73 与 2.53 之间的快中速扩展单元分别为 16 个和 23 个, 占所有扩展面积的 51.39%, 主要集中分布在安宁区和七里河区, 另外还有少数扩展单元分布在西固和城关两区; 年均扩展指数在 0.01 与 0.72 之间的低缓速扩展单元分别为 46 个和 70 个, 占所有扩展面积的 31.55%, 散点式遍布整个城区。

表 12-3 兰州城市 1995-2000 年空间扩展的空间分异类型

类型	AGI	单元个数	面积(ha)	所占百分比(%)
高速扩展	2.54~3.84	5	87.22	17.06
快速扩展	1.41~2.53	16	142.94	27.96
中速扩展	0.73~1.40	23	119.80	23.43
低速扩展	0.32~0.72	46	115.37	22.56
缓慢扩展	0.01~0.31	70	45.97	8.99

2000—2004 年:城市用地年均扩展指数(AGI)的最大值为 18.90, 平均达到 2.87, 标准差为 3.94, 与前两个时段相比扩展显然要快得多(表 12-4 和图 12-4)。年均扩展指数大于 10.71 的高速扩展单元为 19 个, 占所有扩展面积的 33.27%, 有 12 个扩展单元分布于城关区的雁滩、4 个扩展单元分布于安宁区, 少数几个散点式分布于七里河区和西固区; AGI

在 6.41 与 10.71 之间的快速扩展单元为 24 个,占所有扩展面积的 21.94%,其中有 6 个扩展单元分布于城关区的雁滩、8 个分布在七里河区和西固区的南边缘,其它扩展单元主要分布于黄河两边的属于西固、安宁两区的滩地;AGI 在 3.97 与 6.40 的中速扩展单元为 30 个,占所有扩展面积的 18.79%,主要分布于安宁区、城关的雁滩和盐场堡,而且多数是黄河两岸的滩地,其它少数几个位于七里河、西固两区的南缘;AGI 在 1.74 与 3.96 之间的低速扩展单元为 50 个,占所有扩展面积的 16.87%,主要分布于安宁区和城关区的盐场堡,其它散点式分布于城关区、七里河区和西固区的南边缘;AGI 在 0.03 与 1.73 之间的缓慢扩展单元为 105 个,占所有扩展面积的 9.13%,散点式遍布整个城区。

表 12-4 兰州城市 2000—2004 年空间扩展的空间分异类型

类型	AGI	单元个数	面积(ha)	所占百分比(%)
高速扩展	10.72~18.90	19	1113.59	33.27
快速扩展	6.41~10.71	24	734.14	21.94
中速扩展	3.97~6.40	30	628.95	18.79
低速扩展	1.74~3.96	50	564.49	16.87
缓慢扩展	0.03~1.73	105	305.52	9.13

2.用地结构差异与转换趋势

转型期,工业用地从 1970s 末期的大致 30% 下降到 2001—2004 年的 20%~22% 左右,其主导地位逐步被居住用地取代,这与改革开放后商贸服务业、房地产业等行业的较快发展相关。计划经济时期,居住用地随着城市规模的不断扩大,大致呈现非常缓慢的下降趋势,但总体上较为稳定。1980—2001 年,居住用地面积增加值占同期建成区面积增加值的比例高达 31.03%,且居住用地比例在 2001 年已超过工业用地和公共用地,达到了 23.62%,成为城市用地结构变化的主导推动力(图 12-5,见彩图插页)。而且,公共住宅小区占地面积逐步增多,主要集中在城关区的雁滩、老城区、七里河区的金港城等地,有利于打破原有以单位组织住宅用地的格局。转型期,公共设施用地量也逐年增加,保持在 6% 左右;商业用地面积从 1950s 的 1.95% 突增到 2001 年的 3.08%,与 1980s 相比,净增了 2.22%,这与兰州市实施了大约 10 年西部商贸城发展战略有关。1970s 以前,交通用地和道路广场用地之和稳定在 3%~5% 之间,但 1980s 以来,由于城市加大了旧城改造和城市基础设施建设力度,道路广场和交通用地比例增长幅度较大,用地量年均增幅分别达到 24.13% 和 24.07%。1990 年以来,重新开挖了南河道,建设了水上公园,水域面积有所增加。其它用地类型变化不是很明显(图 12-6,12-7,见彩图插页)。同时,由于各组团职能不同,其用地结构变化趋势也有不同程度的差异,例如城关组团 1959 年的公共用地面积达到 31.94%,工业用地仅占 7.60%,而七里河、西固两个组团的工业用地比例较高,尤其是后者工业用地比例高达 61.44%。转型期,城关、七里河两组团 1980—2004 年商业用地都出现了突增现象。据初步统计,近 10 年来,工业用地转化为公共用地、商业用地、住宅用地的面积至少分别为 16.32hm²、17.96hm² 和 44.51hm²,且至少有 2000hm² 的农用地转为非农用地。

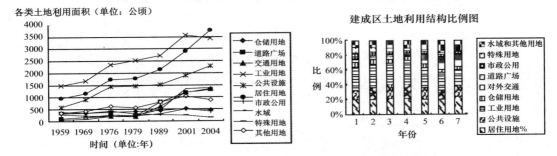

图 12-6 兰州市建设区用地面积变化与土地利用结构比例图

采用转移矩阵法分析,建成区各用地类型发生了显著变化。表 12-5 显示,1976—2001年,城市农用地被大量转化为建设用地。农用地总面积减少了 6505.97hm²,并有 4772.97hm²的农用地被转化为建设用地。其中,被转化为工业用地的数量最多(为 1185.82hm²),对外交通和道路广场位居其次,居住和公共设施用地紧随其后,其它各类型用地所占比例较小。在建设用地内部,各类用地之间转化也较为明显,尤其是由工业及公共设施地转化为居住用地的面积较大,而工业用地却主要由农用地、水域和其它用地直接转化而来。市政和对外交通用地转化比例最小,但交通用地很大一部分由工业用地转化而来(达 97.19hm²)。此外,道路广场用地主要由居住用地转化而来。表 12-6 表明,2001—2004 年,居住用地在所有用地类型中面积最大,仅几年时间,居住用地就从 2904.25hm² 迅速增至 3756hm²。在其用地来源中,由工业用地置换而来的用地最多(309.15hm²),其次为道路广场和公共设施用地。居住用地和市政设施用地之间基本没有相互转化。公共设施用地主要由道路广场用地、对外交通用地转化而来,这与近几年道路广场和对外交通用地周围绿化、文化娱乐设施建设等有必然联系。工业仓储用地面积在 2004 年已出现负增长,主要被居住、公共设施等用地类型有效置换。而且,工业、仓储两类用地之间转化依旧频繁。

表 12-5 兰州市建成区 1976—2001 年土地利用转移矩阵(单位:hm²)

2001 \ 1976	居住用地	公共设施用地	工业用地	仓储用地	对外交通用地	道路广场用地	市政公用用地	特殊用地	水域和其它用地	未利用地	总和
居住用地	1008.55	293.21	165.81	22.56	34.3	115.61	46.28	4.04	36.08	21.82	1748.26
公共设施用地	483.61	594.912	188.16	12.18	33.11	24.03	25.86	4.54	65.35	21.82	1453.57
工业用地	216.424	107.6	1661.79	28.85	97.19	6.2	22.59	27.38	38.03	137.15	2343.20
仓储用地	49.352	26.28	104.72	173.61	0	0	8.79	16.07	12.4	10.702	401.92
对外交通用地	23.132	20.02	18.57	9.49	143.21	0	1.55	0	1.66	0	217.63
道路广场用地	30.81	42.81	29.88	0	35.481	116.1	20.95	0	0.39	0	276.42
市政公用用地	23.151	12.36	16.23	0.04	0	64.22	107.99	0	0	0	223.99
特殊用地	92.73	83.98	57.18	10.9	11.04	12.64	8.49	147.68	7.53	3.12	435.29
水域和其它用地	319.1	53.93	140.75	14.06	2.56	0	5.74	1.46	49.28	255.87	842.75
未利用地	657.34	657.72	1185.82	257.14	836.601	861.9	263.25	53.13	2183.47	4470.4	11426.73
总和	2904.20	1892.82	3568.91	528.83	1193.49	1200.7	511.49	254.3	2394.19	4920.8	19369.78

表 12-6　兰州市建成区 2001—2004 年土地利用转移矩阵(单位:hm²)

2001 \ 2004	居住用地	公共设施用地	工业用地	仓储用地	对外交通用地	道路广场用地	市政公用地	特殊用地	水域和其它用地	未利用地	总和
居住用地	2410.4	259.47	96.84	22.41	0.04	0	2.56	6.72	51.31	54.51	2904.25
公共设施用地	264.63	1373.6	60.81	16.71	0	0	3.42	1.7	131.11	40.85	1892.82
工业用地	309.15	155.27	2894.66	88.84	0.03	0.03	17.22	2.33	45.35	55.99	3568.9
仓储用地	44.93	51.49	100.18	290.34	0.16	0	2.73	6.24	10.64	22.14	528.83
对外交通用地	10.64	272.07	107.97	0.57	784.08	0	0	0	0.14	18.03	1193.49
道路广场用地	267.17	262.61	134.77	0	0	536.15	0	0	0	0	1200.71
市政公用地	70.77	20.12	30.5	8.19	0.04	0	374.02	0.02	1.49	6.32	511.49
特殊用地	3.7	9.68	6.04	0.01	0	0	0.06	5	0.18	5.55	254.29
水域和其它用地	122.26	70.61	28.54	3.29	0	0	0.55	0.78	1676.16	492.02	2394.2
未利用地	253.01	0	0	48.13	575.23	770.75	12.89	1.29	355.27	2904.27	4920.84
总和	3756.66	2474.92	3460.31	478.49	1359.58	1306.93	413.45	24.08	2271.65	3599.68	19369.82

采用土地利用动态度模型的分析结果表明:1976—2001 年(表 12-7),对外交通建设迅速,开发度[①]高达 19.30%,为同期所有用地类型的最高值,年增长率达到 17.94%,耗减度仅为 1.37%;其次为道路用地,开发度仅次于对外交通(为 15.70%),年均面积增加 13.38%;水域和其它用地也被有效开发,耗减度高达 3.77%;特殊用地和农业用地也被大量消耗,其中特殊用地开发度仅为 0.98%,为同期所有用地类型中最低,耗减度高达 2.64%,仅次于水域和其它用地,年均减少 1.66%。2001—2004 年,建成区内各用地类型开发情况较之前发生了显著变化。公共设施用地开发速度飞快上升,开发度从之前的 3.57% 猛跃至 19.39%,虽然耗减度较大(9.145%),但年均面积增加仍高达 10.25%,位居所有用地类型的前列;居住用地面积也得到了有效增长,开发度增幅仅次于公共设施用地,年均面积增加较快(为 9.78%);农业用地消耗较大,耗减度高达 13.66%,大多转化为建设用地,导致年均面积减少最快,为 8.95%。

①土地利用动态度(LUDI)表示单位时间内某一土地利用类型面积的变化程度,表达式为 $LUDI = \frac{U_a - U_b}{U_a} \times \frac{1}{T} \times 100\%$。式中 U_a、U_b 分别表示 a 时刻和 b 时刻某种土地利用类型的面积,T 为 a 时刻到 b 时刻的研究时段长;土地利用开发度(LUD)表达单位时间内某类型土地利用实际新开发的程度,表达式:$LUD = \frac{D_{ab}}{U_a} \times \frac{1}{T} \times 100\%$,式中 D_{ab} 量测从 a 时刻到 b 时刻新开发的某类型土地利用的面积,U_a 表示 a 时刻该土地利用类型的面积,T 为 a 时刻到 b 时刻的研究时段长,以年为单位;土地利用耗减度(LUC)是量测单位时间内某类型土地利用被实际消耗的程度,表示为 $LUD = \frac{C_{ab}}{U_a} \times \frac{1}{T} \times 100\%$。式中 C_{ab} 是指从 a 时刻到 b 时刻某种土地利用类型被消耗的面积,U_a 表示 a 时刻该土地利用类型的面积,T 为 a 时刻到 b 时刻的研究时段长,以年为单位。

表 12-7　197—2001 年、2001—2004 年兰州市各类型土地利用动态变化指数表

土地利用类型	动态度		开发度		耗减度	
	1976—2001	2001—2004	1976—2001	2001—2004	1976—2001	2001—2004
A 居住用地	2.65	9.78	4.34	15.45	1.69	5.67
B 公共设施	1.21	10.25	3.57	19.39	2.36	9.14
C 工业用地	2.09	−1.01	3.26	5.28	1.16	6.30
D 仓储用地	1.26	−3.17	3.54	11.86	2.27	15.03
E 对外交通	17.94	4.64	19.30	16.07	1.37	11.43
F 道路广场	13.38	2.95	15.70	21.40	2.32	18.45
G 市政公用	5.13	−6.39	7.21	2.57	2.07	8.96
H 特殊用地	−1.66	−0.81	0.98	2.50	2.64	3.31
I 水域和其他用地	7.37	−1.71			3.77	10.00
J 农业用地	−2.28	−8.95			2.44	13.66

　　从用地系统有序度的角度分析,1979 年的用地结构信息熵[①]值最低,仅为 1.8784,表明土地利用系统有序度较高。1979—2004 年,信息熵总体上呈现出剧烈上升后稍有回落趋势,有序度下降。2001 年,该值达到最大的 2.0686,接近最大值 2.3026,表明城市土地无序利用达到高峰。土地利用均衡度与信息熵变化趋势基本相似,即 1979 年后均衡度逐渐增大,1989 年达到了 0.8793,基本接近了国内其它大城市平均值的 0.875。H 值变化可分为两个阶段:1959—1979 年,H 值持续稳定下降,总体变化幅度不大,城市建设中各类用地比例变化不很明显,变动较为显著是公共设施及道路广场用地(图 12-8,见彩图插页),其它类型用地增减差异不大;1979—2004 年,H 值急剧上升,增幅相对较快,年均增长 0.156%,表明此时期建成区用地结构剧烈变动和调整时期。其中,变动幅度最大的是交通用地与道路广场用地,其次是居住用地,而仓储用地变动最小。总之,H 值 1959 年以来处于增长趋势(由 1959 年的 1.9546 增长到 2004 年的 2.0139),平均值达到 1.974,可见城市土地多样性指数较高,土地利用类型较为丰富,即计划经济时期的相对较低的 H 值表明成长早期城市单项职能(工业用地)暂时突出,而在转型期,城市职能结构、用地结构和空间结构逐步优化和复杂化,各职能用地类型基本成熟和稳定,信息熵自然升高、收敛和再趋稳定。

3.城市建设用地扩张的地貌类型变化

　　城市建设由以二级阶地为核心向滩地、高级别阶地(坪地、台地、山地)推进趋势明显。1949—1976 年,第一、二版城市总体规划严格限制雁滩、马滩、迎门滩和(安宁区)万亩桃

　　[①]信息熵:反映城市土地利用系统的有序程度,刻画土地利用结构的动态演变。该值愈大,土地利用系统的有序程度愈低,土地职能类型越多,表达式为 $H=\sum_{i=1}^{m}(P_i)\ln(P_i)$。$m$ 为城市土地职能类别总数,P_i 表示第 i 种土地利用类型在该区域所有土地利用类型中出现的可能性,用各类土地职能所占城市建设用地比例来表示。均衡度及优势度反映城市土地利用结构和规模特征,表达式为 $E=\sum_{i=1}^{m}(P_i\ln(P_i))/\ln(m)$。城市土地利用结构的均衡度($E$)为实际熵值与最大熵值之比,取值范围为 $E \in [0,1]$。相应地,优势度表达式为 $E=1-D$,式中 D 为优势度,反映城市内一种或几种用地类型支配该区域土地类型的程度。

园等农地的开发,城市非农用地利用主要是从占用二级阶地开始的。1959年,非农用地在一(主要为黄河滩地)、二、三、四级阶地(坪地、台地)上开发占各自同级阶地总面积的比例(后文同)分别为20.68%、50.49%、24.37%和5.27%,而1969年分别仅为5.29%、3.65%、10.88%和2.72%,城市建设活动显然较弱。四级阶地的大规模开发是在1970s,主要是一部分工业、居住用地在坪地上开始建设,一、二、三、四级阶地开发分别为20.15%、18.36%、24.47%和74.87%。转型期,尤其是近20年来,城市大规模开发建设重点在黄河滩地和三级阶地范围内,一、二、三、四级阶地开发1989年分别为26.30%、13.91%、12.69%和13.04%。1990s初期,在雁滩设立了高新技术开发区,雁滩得到了较大规模开发。同期期末,在安宁设立经济技术开发区,万亩桃园开始受到侵蚀。2001年以来,马滩和迎门滩一带正如火如荼地建设城市副中心,滩地实际上进入了新一轮开发高峰,一、二、三、四级阶地开发2001年分别达到27.58%、13.59%、27.59%和4.09%。之后,城市建设用地主要集中在黄河两岸的滩地上。

4.城市土地利用强度变化

(1)土地利用强度空间变化

兰州市土地(现状)利用强度采用评价单元上建筑用地面积总和与该单元总土地面积的比值(单位用地建筑用地面积比例),以及评价单元上建筑面积总和与该单元总土地面积的比值(单位用地上的建筑面积)两种指标来表示。前者代表单位用地面积的建筑用地率,一般可显示建筑密集或拥挤程度;后者代表建筑建设强度,类似(广义)容积率指标。

城关—七里河两区单位用地的建筑用地率、建筑面积空间变化都呈现下降、上升、下降、上升、下降的震荡波动趋势,在1~7km较为稳定,8km出现了极值,10~12km为低值区(图12-9)。因此,8km为建筑用地率和建筑建设强度都较为突出的地段,前者超过了60%

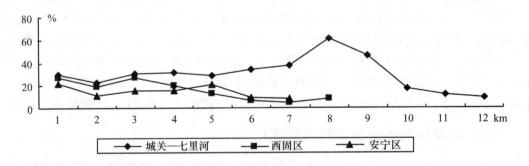

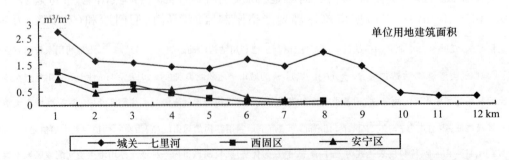

图12-9　兰州市各区单位用地的建筑用地面积比例与建筑面积由中心到外围变化趋势

(建筑群最为拥挤和密集)，而1~5km的城市核心地区大致在30%左右，10~12km的外围地区土地开发利用强度显著降低，2~7km土地开发强度空间分布最为均衡，只有1km的建筑建设强度显著提高，体现了最高建筑容积率的结果。西固区建筑单位用地建筑用地面积比例空间变化的大致趋势是下降、上升、再下降，基本呈现下降趋势，最高值出现在1km，7km出现极低值，且单位用地建筑面积空间变化趋势也是基本下降的，最高值出现在1km，两种指标空间变化趋势惊人的一致，大致都呈现下降趋势。安宁区单位用地的建筑用地面积比例、建筑面积空间变化趋势都是下降、上升、下降，最高值出现在1km，7km出现极低值，两种曲线规律非常吻合，都呈下降趋势。

因此，兰州市各区土地利用强度空间变化基本都呈现了由中心到外围下降的规律，仅城关—七里河的8km处出现了异常(图12-9，图12-10(见彩图插页))。

(2)行业驱动力分析

行业土地利用强度空间变化利用某行业单元建筑用地面积占本单元总建筑用地面积的比例，以及某行业单元建筑面积占本单元总建筑面积比例两个指标来衡量。前者代表在所有建筑用地中，某类建筑用地所占比例；后者表示所有建筑面积中某类建筑面积所占比例。两者从不同角度显示了土地利用结构中某类用途所占份额，代表了城市土地利用强度及其空间变化的行业驱动力。

1)住宅建筑

城关–七里河单元住宅建筑用地面积比例空间上大致显示了波动下降趋势，所占比例都比较高，最高值出现在1km，而单元住宅建筑面积比例也显示了相同的趋势，最高值却出现在5km。西固区单元住宅建筑用地面积比例的空间变化趋势是两头高、中间低，且其建筑面积比例也显示了相似趋势。安宁区单元住宅建筑用地面积比例、建筑面积比例空间上都显示了上升、下降、上升规律，最高值都出现在7km。因此，兰州市住宅建筑在空间上明显是城市土地利用的核心用途类型，呈现出很高的空间占有率和空间均衡分布特征，建筑容积率也显然最高(图12-11、12-12、12-13(见彩图插页))。

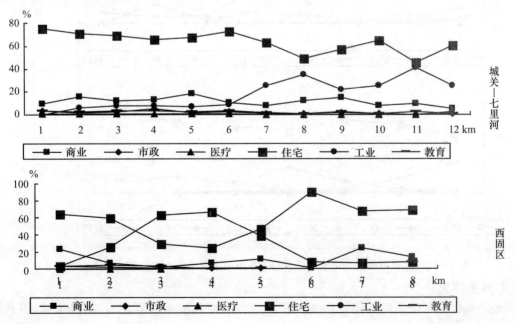

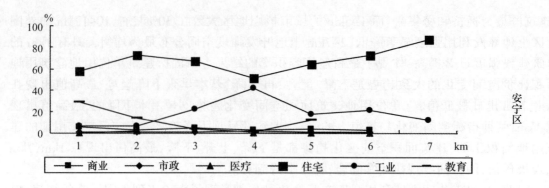

图 12-11　兰州市各区各行业建筑用地面积占总建筑用地面积比例由中心到外围变化趋势

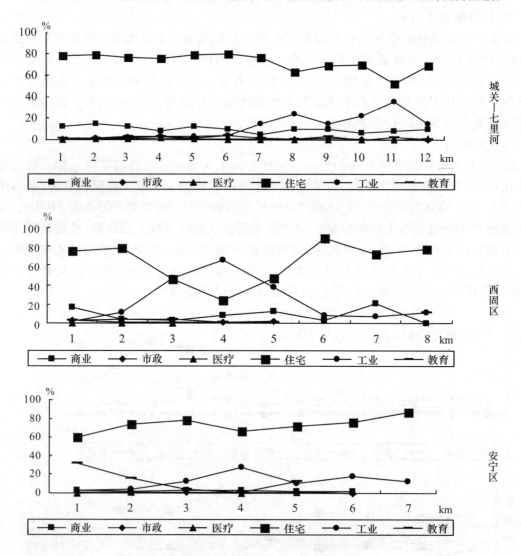

图 12-12　兰州市各区各行业建筑面积占总建筑面积比例由中心到外围变化趋势

2)商务建筑

城关—七里河单元商务建筑用地面积比例空间变化呈现间隔上升、下降规律,但总体

中国（西部）城市的空间转型·第12章

上相对稳定，属于波动均衡分布态势，而建筑面积比例也显示了相同趋势。西固区单元商务建筑用地面积比例、建筑面积比例空间变化总趋势是下降、上升、下降、上升、下降，最高值出现在7km。安宁区单元商务建筑用地面积比例空间变化总趋势是下降、上升、下降，且建筑面积比例也显示了相同趋势。因此，兰州市商务建筑是仅次于住宅、工业建筑的第三大土地利用用途类型，虽然波动较大，但也属于波动均衡分布用地类型（图12-11、12-12、12-14（见彩图插页））。

3）工业建筑

城关—七里河单元工业建筑用地面积比例空间变化呈现间隔上升、下降规律，最高值出现在11km，最低值出现在2km，总体属于波动上升趋势，而建筑面积比例也显示了相同的趋势。西固区单元工业建筑用地面积比例、建筑面积比例空间变化的总趋势是两头低、中间高，最高值出现在4km。安宁区单元工业建筑用地面积比例、建筑面积比例空间变化都是上升、下降的趋势，最高值都出现在4km。因此，兰州市工业建筑属于城市土地利用的第二大用地类型，建筑容积率明显偏低，空间分布也非常不均衡。城关—七里河和安宁区由中心到外围属于波动增加态势，而西固区为两头低、中间高的空间分布模式（图12-11、12-12、图12-15（见彩图插页））。

4）市政、医疗建筑

兰州市市政、医疗等类建筑单元建筑用地面积比例、单元建筑面积比例都很低，而且空间分布基本均衡，属于波动中均衡分布态势。

城关—七里河单元市政建筑用地面积比例显示了下降、上升、下降、上升、下降的变化规律，且建筑面积比例也显示大致相同的规律。西固区单元市政建筑用地面积比例呈现下降、上升的趋势，最高值出现在1km，而建筑面积比例也是下降、上升的趋势。安宁区单元市政建筑用地面积比例显示出下降、上升、下降的规律，最高值出现在4km，建筑面积比例也是下降、上升、下降的趋势，最高值也出现在4km。城关–七里河单元医疗建筑用地面积比例、单元建筑面积比例空间变化呈现下降、上升、下降、上升的波动趋势，最高值都出现在12km。西固区单元医疗建筑用地面积比例从1km的0.38%下降到2~3km的0.13%、0.09%，再往外几乎没有，最高值出现在1km，而建筑面积比例也从1km的0.28%下降到2~3km的0.22%、0.09%。安宁区单元医疗建筑用地面积比例从1km的0.22%上升到2km的2.21%，再下降到4~6km的0.26%、0.44%、0.01%，最高值出现在2km，而建筑面积比例也从1km的0.10%上升到2km的1.57%，再下降到4km的0.23%，再上升到5~6km的0.65%、1.64%，最高值却出现在6km（图12-11、12-12）。

5）教育建筑

兰州市城关—七里河、西固区单元教育建筑用地面积比例、单元建筑面积比例都很低，而且空间分布基本均衡，属于波动中均衡分布态势。城关–七里河单元教育建筑用地面积比例、单元建筑面积比例呈现下降、上升、下降、上升、下降、上升、下降、上升、下降的波动均衡趋势，最高值出现在4km。西固区单元教育建筑用地面积比例、建筑面积比例都出现了上升、下降、上升的规律，最高值都出现在8km。安宁区因是高校相对集中之地，两种指标相对都比较高，显示了下降、上升态势，最高值出现在1km（图12-11、12-12）。

总之，住宅、工业、商务是兰州市三大用地类型，其它类型所占比例甚低。其中，住宅建筑用地面积比例各区大致都在58%-78%之间，遥遥领先于其它用地类型。

12.2 理论总结

从计划经济到转型期，市场经济体制在中国的逐步确立持续地消除了计划经济体制的非市场因素的干预，城市内部土地转型过程虽然在国家管理机构的控制下，但市场化程度逐步提高。而且，转型期4%~5%以上的（消除通货膨胀影响）年经济增长率保证了中国城市的高强度投资，推动了城市空间扩张和土地利用结构转型的持续进行。同时，转型期的典型特点是分权化、地方化和市场化，赋予了地方相对独立的利益，强化了地方政府管理经济的职能，从而使地方政府兼具了区域经济调控主体和经济利益主体这一双重身份。地方政府作为相对独立的经济利益主体，必然追求自身利益最大化，争取更多税收，积极进行招商引资，因此，作为吸引外资主要载体的各种类型的开发区、工业园区、房地产开发等在全国迅速蔓延。另外，中国政府执行了新的法规和政策，如1988年的新《土地管理法》（土地使用权可依法转让）、1994年《基本农田保护法》、1998年实施了新的住房供给制度（停止住房实物分配，逐步实行住房分配货币化政策），持续推行了严格限制单位自行建设福利房，完善商品房市场和建设模式等。

上述背景和改革措施促使中国大城市空间扩展与土地利用结构转型出现了下列特点与趋势：

①城市规模与空间扩张较为迅速，规划引导下的城市多中心趋势越来越显著，市管县管理体制也促使城市职能进一步综合化。虽然向心集中趋势显著，但从城市传统中心向外围扩张趋势较为强劲。

②城市土地市场日益活跃，服务业用地比例增大，ALOSO(1964)的城市土地竞租模型的作用日益显著。在"退二进三""旧城改造""新城建设""开发区建设""城中村改造"等相关政策与措施推动下，传统工业加速外迁，城市CBD中心加速形成，房地产业迅速成长，居住地与工作地分离逐步显化，计划经济时期建设的工业——居住综合体在逐步分化，广场、道路（硬指标）、绿地（绿化）建设如火如荼，居住用地、交通用地、绿化园林用地等用地类型比例增加显著，而工业仓储等用地类型比例减少，农用地、水域地、其它类型用地向建设用地转化趋势明显；就全国而言，因为发展水平的差异，从东到西中国城市大致会出现梯度式的规律。2001年全国城市用地分类中，居住用地占总用地的比重明显超过了以往工业用地占总用地主导地位的趋势，一度成为主导城市扩展的中坚力量，其比重高达32.89%。其中东部地区居住用地的比重（32.5%）与全国水平相当，中部地区（33.13%）稍微偏高一些，而西部地区城市居住用地比重（33.72%）高于全国及东部和中部地区，东部及中部地区工业比重明显高于西部地区。

③鉴于单位制的影响依然强烈，服务（业）性质的单位用地的空间转化的单位特征依然十分显著，如行政、医疗、教育、军事、管理等类单位；

④鉴于政府对耕地转变为建设用地和土地用途变更进行强力管制，虽然郊区化进程在加速，但不会出现西方城市的低密度蔓延特征；

⑤政府因素依然十分突出。例如，加速工业化和城市化进程日益成为政府的核心目

标,以及 GDP(规模要素)或硬要素(可视化,即能看到的物质要素;非软要素,如人员素质、社会和谐等)依然是考核干部政绩的主要指标等导致城市政府普遍强化了城市规划的控制作用,但不同时期的各类城市规划均主要体现了当时领导之意图,形成了以规划为基础,市场经济模式+领导意图的城市空间扩张与土地利用结构转换的模式与机制。简言之,转型期中国城市土地利用结构与空间模式不断向市场经济体制的理论模型靠近,但仍保持了计划经济时期的部分特征。

就城市扩展与土地利用结构转型的机制(图 12-16)而言,因为城市空间扩展和用地转化是一个具有阶段性、多样性和复杂性的过程,无论处于哪个时段,总受着多重驱动力的共同作用。因此,同一时期的城市空间扩张和用地变化是多重速度、多重模式以及多重形态的有机叠合体,只是由于力与力之间的均衡与偏向性差异导致了某一时期某些城市土地扩张主导特征的凸现,最后在各阶段性合力的共同作用下,形成了现有的城市土地边界和形态(周国华,2006)。通过对全国城市空间扩展的时空特征、土地利用变化及影响

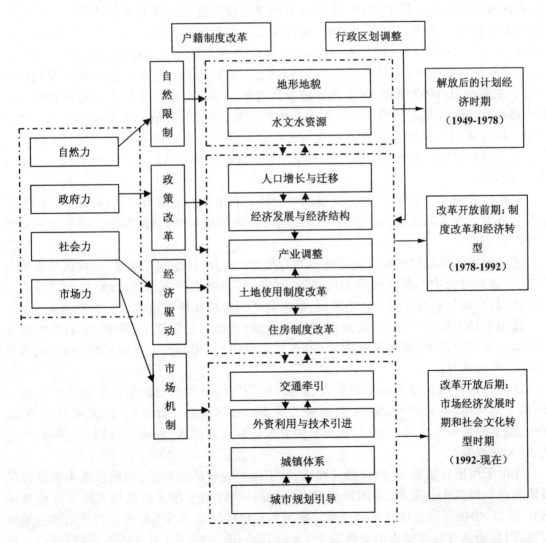

图 12-16　中国城市空间扩展及用地变化机制

因素的分析可知，由于自然地理环境、人口与经济发展、产业结构调整、交通设施建设、城市规划、区域发展战略引导、体制与制度创新等因素的影响，从计划经济到改革开放后，全国大城市空间扩展速度与扩展强度逐步上升，扩张形态逐步转变，用地结构变化逐步有序化。而整个城市空间形态的形成过程中所体现出来的阶段性特征，主要原因就在于不同阶段的主导影响因素不同。经济与人口的增长不断推动着城市土地的增长，其增长速度的阶段差异直接影响城市扩展及土地利用的速度与强度。这种增长随时受到各种规划的引导与限制，只是其引导方向与重点在不断发生改变，而自然条件的限制在任何时候都是无法逾越的，它们都有利于城市土地增长向理性化方向迈进。在经济、规划以及自然条件共同作用的同时，其它相关影响因素在不同的时间段起到了不同的作用（周国华，2006）。

1949—1978 年（解放后的计划经济时期），由于地形地貌、地质水文等自然地理条件的限制和政治、政策的综合影响，使得城市发展以工业为主导，在这种政策、思想的指导下，我国城市在很长一段时期内，城市的发展和建设一直以工业发展为主题，而商业、贸易、服务等行业的作用被忽视和削弱，城市无限蔓延和城市用地结构不合理现象开始滋生和扩展；1978—1992 年，城市人口增长与迁移、经济发展与经济结构转化、产业结构调整、土地使用制度改革、住房制度改革及行政机制的综合影响，对城市空间扩展及内部置换起了主要作用；1992 至现在（市场经济发展时期），城市交通设施的大规模建设促使城市土地沿交通干线呈带状增长的扩张形态极为明显，外资的大量引进和国外先进技术的引用、城市规划的引导及城镇体系规划的有效实施为城市空间的集约式增长提供了动力。以上因素的相互影响、相互作用，并在主导因素的推动下共同造就了现有我国大城市的主要形态。

如充分考虑河谷型城市的概念（杨永春，1999）和中国此类城市现状，可以设想同时期中国河谷盆地型大城市空间扩张与土地结构转型在前述基础上、在理论上还有下列趋势与特征：

①盆地内部的建设用地从宽裕逐步变为紧张。而且，从地貌角度来说，建成区大致从以二、三级阶地为中心的用地类型向滩地（如河漫滩）或更高级别的阶地，以及丘陵或山地推进，甚至部分职能翻越了地形限制，跳出盆地而布局在外围地区；

②由于城市快速扩张、河流分割与地貌限制、历史文化要素、环境容量、自然生态条件和城市规划的影响，城市从单中心（或多中心组团）结构向更大规模的单中心（或多中心组团）模式转变；

③随着部分城市规模的不断扩大，职能的不断转变（如综合化），经济实力的不断增强，限于地形阻隔（地形"压缩"效应显著），城市部分职能的"溢出"（从盆地中跳出）效应增强，尤其是那些传统的工业区，甚至各类开发区和工业园区，还有部分别墅区等高档住宅区、大学城等；

④由于用地日趋紧张，地价提升较快，城市集聚效应依然强烈，即城市资本密度和用地填充过程依然十分强烈，即用地开发强度提高迅速（越来越多的高楼大厦林立就是证据）。所以，中国河谷盆地型城市空间扩张与用地转换过程将不但体现中国城市的一般性特征，而且还具有此类城市的显著特点，即（职能）"溢出"效应（有选择的扩散过程）、（用地）转换过程和集聚效应均因地形阻隔、限制而强化。

本章小结

兰州市的实证研究证实：从计划经济时期到转型期，兰州市空间扩张与土地利用结构变化的影响因素可概括为自然条件、规划管理与发展战略导引、体制环境与政策变化和社会经济条件与历史文化四大因素，城市空间扩张呈下列特征：空间结构和形态经历了由单一外部扩张向外部扩展与内部置换、填充相结合转变的过程，并逐渐合理化和有序化。城市土地扩展在 1949—1959 和 1989—2004 年两个时期为高速增长期；1959—1989 年为波动缓慢增长期。工业仓储用地和特殊用地比重逐渐下降，公共设施用地总体上也呈下降趋势，但居住、对外交通、道路广场等用地比例逐步上升，但与发达国家综合性城市的同类指标相比还有一定距离；转型期，城市土地扩张过程中新增用地效益相对较高，且呈上升趋势，如用地扩展经济弹性指数由 4.29 上升到 5.02；1959 年至今，城市紧凑度指数变化总体上较为均衡，显示了较为均衡的空间填充和密实进程；计划经济时期，用地年均扩展贡献率、用地扩展人口弹性系数相对较高，而用地扩展经济弹性指数相对较低；转型期，用地年均扩展贡献率、用地扩展人口弹性系数相对较低，而用地扩展经济弹性指数相对较高；整体上，城市建设用地主要从农用地转换而来，且转型期城市建设用地存在向滩地、高级别阶地（坪地、台地、山地）扩张的趋势。从土地利用动态度模型分析，1976—2001 年，道路广场开发度高达 19.30%，为同期所有类型用地最高值，年均面积增加达 17.94%，耗减度仅为 1.37%。其次为道路用地，开发度仅次于对外交通用地，年均面积增加 13.38%。2001—2004 年，建成区内公共设施用地开发度从之前的 3.57% 猛跃至 19.39%，位居同时期前列。居住用地面积也得到了有效增长，开发度增幅仅次于公共设施用地，年均面积增加较快，为 9.78%。农业用地消耗较大，耗减度高达 13.66%，大多转化为建设用地，年均面积减少 8.95%。同时，用地扩展弹性系数偏高，远超过 1.12 的合理范围，土地利用效益较低。计划经济时期，城市土地利用的 H 值相对较低，表明成长早期城市单项职能（工业用地）暂时突出。转型期，城市各职能用地类型基本成熟和稳定，信息熵值出现自然升高、收敛和再趋稳定趋势。

兰州市各区土地开发强度空间分布由中心到外围大致呈现逐步降低规律。但是，在其中心区地段单位用地建筑用地率相差不大，仅到外围地区才迅速下降，表明城市中心区土地利用强度在同步增强。行业单位用地建筑占地面积比例、单位用地建筑面积的构成比例与行业建筑年代构成比例（可代表建筑更新水平）显示，住宅建筑在空间上整体推动了兰州市土地利用强度的上升，是城市土地开发与强度提高的核心驱动力，商务、市政、教育、医疗居于其次，而工业建筑因年代构成老化，土地利用强度最小。

总体上，伴随着中国西部城市社会经济转型和空间重构，其土地利用结构和空间分布模式必然发生变化或响应。这种变化可分两部分：一是计划经济使其城市土地利用结构的形成和演化；二是转型期从计划经济的城市土地利用模式向符合市场经济体制的土地利用模式转型。例如，转型期中国河谷盆地型（特）大城市的空间扩张将不可避免，服务业用地比例增大，虽然向心集中趋势显著，但从城市传统中心向外围扩张趋势较为强劲；盆地用地从宽裕逐步变为紧张,向高级阶地和滩地扩张的趋势显著;从单中心或多中心组团城市向更大规模的单中心或多中心组团模式转变;城市部分职能的"溢出"(从盆地中跳出)效应增强;用地开发强度迅速提高等。不过,由于中国的社会经济转型还没有完全完成,中国城市的土地利用结构转型当然还在持续进行中。所以,当前中国(西部)城市的土地利用结构应当是带有计划经济些许特征的(半)市场经济体制下的土地利用结构模式。

第13章　中国(西部)城市CBD的发展

　　19世纪末20世纪初,在部分西方发达国家,工业制造业成为城市主导经济的同时,引发贸易、商业、金融、办公、娱乐等具有新兴复合功能的城市中心区——CBD产生。CBD (central business district)是美国社会学家伯吉斯在研究芝加哥市城市空间结构时提出的概念,习惯上译为中心商务区。CBD是城市发展到一定阶段的产物,是城市商业和商务繁荣的标志。城市研究的一个重要领域是城市CBD空间结构变化和社会发展过程之间的相互关系。

　　1970年代之前,把商业(零售)、商务办公以及其它城市中心区职能一起统一在CBD概念之中,CBD概念含义很宽泛,大致等同于城市中心区(Down-town或CA)。1980年代以来全球经济日趋一体化, 当今少数5、6个全球性城市掌握了世界范围内80%的贸易额。这些全球性城市又被分为两个层次,即全球性层次(一级)与区域性层次(二级)。当它们在全球或区域范围的经济中占有支配地位并产生辐射作用时,这些城市的中央商务区就成为实现经济功能一体化的驱动中枢,它以跨国公司、财政、金融(货币、银行、市场、证券)等机构的高度聚集为主要特征。当今的中央商务区的概念,特指这些城市中与全球一体化直接关联的城市商务中心办公区而言,并非以往几乎等同于历史上自发形成的市中心商业区(方兴,2004)。

　　对于CBD的未来,国外专家大致有消极、中性、积极的三种预测(方兴,2004)。一是J.E.范斯指出二战后尽管大城市的商业结构几乎都在CBD外围增长,但CBD核正在变化而不是灭亡,它将越来越像个办公区而非商店群。他指出综合办公功能有助于维护核内金融亚区的繁荣。并且由于建立了快速交通系统和高效的通讯系统而得以加强。二是爱德华·乌尔曼认为许多活动属于CBD多多少少是因为其最初位置恰好处在CBD内,或可能与功能连接有关,但随着发展,居住、零售贸易、工业和其它服务业会向上移动,这类中心可以靠近机场,因为这对市外来访者和会谈者都方便。三是霍默·霍伊特支持乌尔曼关于CBD内办公功能正在增加的说法。他指出20年代伯吉斯就讨论过CBD的变化,证明CBD的商业额与城市地区总商业额的比例下降了, 这是因为别处的购物区正在增加,尤其是在城市周边和郊区的地区性购物中心正在增加, 这种变化主要是因为汽车的大发展,霍伊特还指出旅馆的开发不会在CBD内或附近进行,霍伊特指出在特大城市CBD内办公建筑被多样化利用,其主要原因是这些城市具有国际或地区中心的重要地位。

　　墨菲认为CBD已失去了在零售方面的相对重要性, 旅馆业是CBD已经丧失的一种商业功能,第二种正在离开市中心的功能是保险办公。墨菲指出CBD最严重的困难是可达性和停车。今天,任何有一定规模的CBD至少有一条步行街。墨菲认为CBD无疑没有衰亡,它是大量投资的聚积地及市政府的重要税收来源。他指出 CBD 既不在死亡也不在衰败,它正在变化。CBD 办公建筑、金融机构及相关服务设施的集中仍提供了在大城市中任何地方都无法复制的商业环境,它是整个城市地区最好的服务位置。W.G.罗塞拉持另一种看法,认为总的说来,CBD 衰退将是压倒性的。当代 CBD 衰退的一个主要原因是私人汽车的普及。另外,更重要的原因是通讯技术的革命。电话改进了必须面对面的要求,对绝大多数私人接触来说,这是可接受的替代品。还有长期以来科学家们尝试用技术使声音加入视觉元素的努力,以及计算机通讯无穷的吸引力,使人认为如今已发展到确实能减少商务出行的时代了。罗塞拉指出,虽然在许多年前,CBD 是政府主要的财政来源,但现在已变成一个赤字地区。

涉及到 CBD 的著名的理论模型主要有同心圆圈层模式、霍默·霍伊特的扇形理论、R.D.麦肯齐和哈里斯和乌尔曼的多核理论(王朝晖,李秋实,2002)。然而,同心圆和扇形理论仅在说明 CBD 与整个城市结构的关系时才会论及 CBD,人们在运用多核理论时只能像分析城市那样来分析市中心。不过,根据中心地理论来理解,CBD 不仅是城市的,而且是区域的专门化零售中心,在该区域中,城市也被作为中心地。在 CBD 外围,次中心分散在其服务区中,这些次中心的数量和次序与城市作为更大区域中的中心地的次序有关,因而也和 CBD 的次序有关(王朝晖,李秋实,2002)。汉斯·卡罗尔将中心地等级的理论应用于瑞士的苏黎士市,他将苏黎士市零售结构分为四个层次:地方商业区(低序位)、邻里商业区(低序位)、地区性商业区(中序位)、CBD(高序位)。布赖恩·贝里也认为城市内部商业模式具有基本的中心地特征。前三种城市结构理论强调了 CBD 的中心性,但对其商业用地功能并未专门甚至根本没有认真地考虑,而中心地理论较全面地提供了一个了解CBD 零售及服务的优势和卓越位置的理论框架(王朝晖,李秋实,2002)。

国外 CBD 的研究和规划起步较早,其 CBD 的规划实践以纽约的曼哈顿、巴黎的拉德方斯和日本的新宿最为著名(罗永泰,张金娟,2004)。

国内对 CBD 的研究起步于 1982—1992 年。早期 CBD 的研究较多停留在对国外和上海市 CBD 的介绍以及国外文献的摘录等方面。楚义芳比较全面地引述了 CBD 的定义、特征和内部结构等概念,以及 CBD 与城市发展的关系。严重敏等初步论述了 CBD 与上海市城市发展的关系。乔继明、周超分别摘译了有关巴黎德拉芳斯和堪培拉 CBD 规划设计的著述。

1993 年以后,CBD 引起了学者乃至政府部门的广泛重视,相关研究也取得了一定的进展。更多的城市以政府为主导提出 CBD 规划构想,如北京、珠海和广州,西安、重庆、武汉等城市也纷纷提出建设自己的 CBD(罗福源,罗寿枚,2004)。这个时期的研究也有其自身的特点,首先,对国外 CBD 研究不求宽泛,而是有重点的逐步深入。李芳等详细介绍了墨菲和万斯的 CBD 定界技术和国外对于 CBD 内部空间结构的研究。叶明则着重阐述了CBD 的起源、特征以及建筑形态等问题。宋启林以美国、英国、法国 CBD 为例重点探讨了CBD 的发展机制。其次,空间结构、CBD 规模、用地规划等 CBD 基础理论研究得到重视。章兴泉探讨了城市 CBD 集中和分散的利弊,孙一飞则分析了功能、地价、环境、技术、行为五个因素对于 CBD 空间结构的影响。周岚指出以规划期末该城市的经济产业发展水平、规划的土地利用布局和商业服务中心体系模式这两个因素来确定城市 CBD 的合理规模。阎小培等通过实地调查,论证了广州市 CBD 土地利用的差异及形成的原因。再次,CBD

个案研究由单一走向丰富。胡兆量等思考了北京市的 CBD 规划问题。丰东升、杨松筠、刘彦随、万向东则分别论述了上海市、武汉市、西安市、湛江市的 CBD 建设与城市发展的关系。最后,开始注重 CBD 与国情的结合。吴明伟等提出在 CBD 建设中需要经济学等多方面专家的参与、加强 CBD 演变过程的研究等五项提议。陈联认为我国的 CBD 建设须作为长期目标、立足于发展过程进行规划(罗福源,罗寿枚,2004)。

1997—2002 年,对 CBD 的研究不断深化(罗福源,罗寿枚,2004)。首先,对国内 CBD 探讨的重点从必要性研究过渡到对规划方案和战略、CBD 内部结构和功能等的分析,如阎小培等综合前人的研究以功能和结构为主线,系统研究了广州市的 CBD 定界、空间结构的现状和形成机制。庄惟敏提出了构建/输配环系统、城市绿化、景观设计等八项思路来应对北京市 CBD 建设中出现的问题。王如渊等对深圳的 CBD 建设现状给出了规划建议。这一阶段对 CBD 空间结构、用地功能和交通规划的研究由单一走向综合,并加强了可操作性研究,同时也引入了一些新的规划思想。陆化普等以北京中国国际贸易中心交通组织设计为实例,指出了大城市 CBD 内大型公建群这一局部空间交通组织设计的思路、程序和方法,并给出了分析结果。缪立新等提出了不同用地形态下 CBD 停车规划的原则和思路。陈永庆介绍了城市副都心的概念并论述了其形成机制。综合国内外的研究,一些学者出版了 CBD 研究的专著,也是本阶段特点的重要体现。李沛、吴明伟、王朝晖等分别从全球性城市 CBD、城市商业中心规划、国外 CBD 研究与规划的介绍等角度全面探索了与 CBD 有关的理论和实践问题(罗福源,罗寿枚,2004)。

2003 年至今是国内 CBD 研究的调整提高阶段。对 CBD 发展现状和发展策略调整的审视成为本时期研究的重点,如李树琼、戴春解析了当前 CBD 建设中不合理的因素,提出必须制止急躁冒进、协调建设与旧城保护的关系。陈伟新通过实证研究,运用宏观经济相关分析方法进行分析和比较。从宏观层面对当前国内 CBD 的不合理现状加以剖析,并提出规划建设的规模和布局的建议。王铁鹏等通过剖析北京 CBD 面临的突出问题探讨了 CBD 的定位、功能设计和发展目标等问题。刘松龄应用城市旅游学原理,提出传统 CBD 转化为 CBD 游憩商业区的策略。

改革开放以来,国内进行了诸多城市 CBD 规划与实践。2002 年 11 月,建设部委托深圳、广州两家城市规划设计单位,在全国范围内对人口 20 万以上的 359 个城市的 CBD 建设情况进行秘密摸底调查。目前,全国有 36 个城市提出和正在实施 CBD 发展计划,这些城市中除了省会城市、直辖市外,还有襄樊、无锡、淮南、温州、晋江、义乌、黄石、绍兴、佛山 9 个地级及县级市在申请建设 CBD。事实上,有些城市甚至不具备发展地区级 CBD 的条件(罗永泰,张金娟,2004)。

实际上,国内外 CBD 发展是有差别的,如表 13-1、13-2 所示。

表 13-1　世界级的城市 CBD 与中国城市 CBD 发展概况比较

	世界级的城市 CBD 发展	中国城市 CBD 发展
产生	口岸城市,市场机制形成为主	首都、东部沿海城市为主,政府统一规划
演进	向更高层次的集聚化、生态化、综合化发展	大部分城市以商业为主功能混合,京、沪、广深等集聚性强,开始专业功能分区,强调综合功能
区位	CBD 与商业中心分化,甚至脱离城市中心区	大多数仍处在与商业功能混合的城市中心区

资料来源:引自张杰.北京 CBD 产业发展模式及对策研究[J].首都经济贸易大学学报,2006(1):28–33。

突变生长——中国（西部）城市转型的多维透视

表 13-2　国内外城市 CBD 概况比较

	国外城市 CBD	国内城市 CBD
用地规模	1.5~3.5 km²	1~6 km²
建筑面积	世界级：1500 万~2500 万 m² 区域级：500 万~1000 万 m²	1000 万 m² 以上
结构	世界级多核结构为主，区域级多为单核结构	单核为主，部分规划为多核（一主一副、一主二副）
功能	跨国公司总部、金融中心、生产服务行业集聚、强调功能综合化	功能综合化
特点	集聚性、易接近性、高可达性、高密度、高地价	与国外相似
交通组织	路网密集、公交为主、形式多样化、立体化交通	交通拥堵、形式较为单一
规划	边建设边规划，市场机制	统一规划、分步实施、起点高
基础设施	比较完善，仍在不断加强	建设滞后，正在加大力度
政府职能	引导与协调为主	主导作用

资料来源：引自张杰.北京 CBD 产业发展模式及对策研究[J].首都经济贸易大学学报,2006(1): 28-33。

　　计划经济时期，中国城市实际上并不存在真正意义上的完整的 CBD，仅具有商业零售、行政等部分职能。改革开放以来，中国城市 CBD 加速形成，在一定程度上反映了城市转型的进程。因此，本章首先利用可以得到的文献资料，对西部城市西安、成都、重庆 CBD 现状进行分析，然后重点分析兰州市的案例。在分析和总结国内外理论研究和规划实践的基础上，通过实地调查得到第一手的资料，运用目前 CBD 研究中最具影响力的墨菲和范斯的 CBI 法对兰州市 CBD 进行定界，然后分析其规模、发展阶段、形成 CBD 的条件，及其演变机制，进而提出兰州市 CBD 的规划方案(张理茜，杨永春，2009；张理茜，2008)。

13.1　成都、重庆、西安三市 CBD 发展概况

1.重庆市 CBD 定界与特征

(1)CBD 区域范围的界定

　　为了界定重庆市 CBD 的范围，弄清 CBD 土地利用和职能结构的现状特点，郑伯红、王忠诚(2002)对以解放碑为中心的 13 条主要道路的沿街建筑，按国际通行的 CBD 功能结构统计分析方法进行逐一分类调查，并根据 CBD 的定义，对调查资料进行处理，统计计算出所调查区域范围内主要街段的 CBD 界定指标——中央商务高度指数 (CBHI) 和中央商务密度指数(CBII)值，认为南北向的街段中，民族路、民权路、八一路、五一路、临江路的 CBHI 和 CBII 值都超过了 CBD 定义的标准，其中八一路的指标为最高，分别达到 6.28 和 89%；东西向的街段中，邹容东路、邹容西路、中华路、民生路、五四路和青年路都有达

到标准,其中邹容西路的值最高,分别达到 6.43 和 94%。这样,重庆市 CBD 的范围是以解放碑为轴心,由临江路、八一路、民生路和民族路等周边街道所包围,面积约 1 km²。

然而,我们认为前述研究中对 CBI 法进行了修正,即墨菲和范斯的 CBI 法是针对一个街区整个的建筑物而言的,是一个面状的概念,而此处的 CBI 法计算的对象则是对线状街道。此项修正的科学性还有待探讨。

(2)重庆市 CBD 职能特征分析

①CBD 发育总体上尚处于以初级职能占主导地位的雏形阶段

按照国际、国内城市 CBD 土地利用分类方法,郑伯红,王忠诚(2002)将重庆市的 CBD 的土地利用按不同功能划分为五大类型:商业用地系统、金融保险用地系统、旅馆娱乐服务业用地系统、行政管理用地系统和以居住、工业仓储等为主的非 CBD 用地系统。根据调查资料统计表明,这五大用地系统之间的比例关系为 23.17:7.55:19.20:16.00:36.08。其中商业、服务业两类用地系统属中央商业职能用地,金融保险、行政管理两类用地系统属于中央事务职能用地(郑伯红,王忠诚,2002)。因此,在重庆市 CBD 区域范围内,中央商业、中央事务、非 CBD 等三大职能的土地利用结构比是 42.37:23.55:36.08。这种结构与国内城市南京、杭州、天津等比较接近,但与国外中心城市(如东京、纽约、伦敦、巴黎等)中央事务占 50% 以上的土地利用结构相比较,差距十分明显。中央商业职能居首要地位,非 CBD 职能占较大比重,说明重庆 CBD 不仅处于以低级职能为主的发展阶段,而且其职能结构发育尚不成熟。较大比重的非 CBD 职能的存在,是今后 CBD 内部职能优化调整的关键所在(郑伯红,王忠诚,2002)。

②各街段商务职能混杂,但单项职能分布相对集中

根据郑伯红、王忠诚(2002)对解放碑地区进行的土地利用调查结果,9 条主要街道的商业、金融保险、服务业、管理机构等职能一应俱全,相互混杂,但就某一街段的职能分布看,又有一定的相对集中趋势,如民族路金融业用地比例达 17.04%,明显高于其它街道,说明民族路为解放碑 CBD 的主要金融街。这里有中国建设银行重庆分行、中国工商银行重庆分行、中国光大银行重庆分行、中国民生银行重庆分行和招商银行重庆分行等 5 家分行,中国银行渝中区支行、华夏银行渝中区支行、太平洋保险公司市区支行等 3 家支行,华夏证券、西南证券、银河证券、国泰君安证券等 4 家,还有中国人寿保险公司重庆分公司等金融、证券和保险公司地区性的总部都营集于此;民权路、中华路、八一路、五四路、青年路等街段都以商业为首要职能,比例高达 45%~68% 不等;邹容东路和邹容西路以服务业为主;临江路行政管理职能相对比较集中。另外,从单项职能在各街段的分布看,也存在相对集中的趋势:从商业职能来看,邹容路、民族路、民权路承担了全部商业职能的 65.34%,是 CBD 的主要商业街;从服务职能看,邹容东路和邹容西路是最集中的街段;从行政管理职能看,政府部门、公司总部、办事处大部分集中在民权路、临江路、中华路和八一路;金融和保险机构主要分布在民族路和邹容东路,分别占全部金融职能的 37.44% 和 29.66%(郑伯红,王忠诚,2002)。

③商务职能在各具体街段上仍存在较明显的分工与组合

郑伯红,王忠诚(2002)将 CBD 内各具体街段分为五种类型:a.商业专项职能型。这类街段有民权路、民族路、邹容西路等;b.服务业专项职能型。主要是青年路和五四路;c.行政管理专项职能型。这类街段包括临江路、中华路、八一路等;d.商业、金融保险综合职能型。

主要有民权路、邹容东路和民族路等；e.金融保险、行政管理综合职能型。民权路和民族路即属此类。综合以上五种类型街段，CBD商务职能的空间结构有以下情况：CBD外围街段商务职能的空间结构单一，而CBD中心街段商务职能结构较复杂，总体上表现出一定的规律性，即主要以商业职能为主；服务业专项职能主要分布在CBD核缘区街段，如五四路、青年路、民权路南段等；综合职能主要分布在CBD硬核区街段，如民族路、民权路、邹容东路、邹容西路等；行政管理职能集中在CBD外边缘的临江路和八一路（郑伯红、王忠诚，2002）。

④CBD内各街段综合商务功能作用强弱不同，各种商务功能作用强度也相差甚大

在CBD区域范围内，邹容东路的综合商务功能作用最强，接下来依次是民族路、民权路、邹容西路、八一路、临江路、五四路、中华路、青年路。对各种商务职能而言，则有以下情况（郑伯红，王忠诚，2002）：a.商业功能强度以民权路为最强，依次为民族路、邹容路、八一路、五四路等。b.金融保险功能强度以民族路为最，邹容东路次之，其余路段的金融保险职能都较弱。c.服务业功能以邹容东路占绝对优势。d.行政管理功能强度依次为临江路、中华路、八一路等。同时某种商务职能在具体街段上虽然是主要职能，但在CBD商务职能分工中并不占主要地位；相反，有些商务职能在具体街段职能中不居前列，但在CBD分工中却有重要意义。

2.西安市CBD模式与特征

（1）线形商业街的CBD模式

目前，西安城内的中心位置是省政府大院，其周围多为行政职能机关和其它附属设施。范围为尚德路、西一路、北大街、西七路所包围的四边形区域。主要商业区域为东大街、解放路、北大街和南大街。位于城市行政中心外围，呈现为空间跨度较大的线形商业街CBD模式有别于西方发达国家城市的CBD（葛公文，2004）。

（2）商业和商务办公功能占优势

葛公文（2004）认为西安主要街道的高档商业和办公业两项指标所占的比重均在45.09%以上，显示西安CBD的职能结构以高档商业和商务办公业为主，克服了过去高档商业普通商业一统天下的局面，较2001年商务性办公业有了明显增加。说明西安CBD的建设由初创期的低能级进入成熟期的高能级阶段。西安旅游业和文化教育事业发达，CBD中的宾馆业、与教育产业相关的眼镜、文化用品零售业的比重较高。

（3）CBD的高度化倾向不明显——CBHI数值较低

西安是历史文化古城，其城墙的建设是我国乃至世界最为完整的，是重点保护的历史文化遗产和重要的旅游资源，因此，为保证城墙在空间视觉上的完整性，市区内不易有过多的高层建筑，尤其是在西安CBD的中心——钟楼附近地区，原则上建筑物的高度不能超过钟楼的尖顶。这样形成了CBD明显的一个特征，即城市中心区的高度化倾向不明显，一般用CBHI来表征CBD地区的高度化程度（葛公文，2004）。美国学者墨菲根据各国CBD发展的实际情况，认为CBD内核地区的CBHI应当高于4。但是西安CBD中主要街道的CBHI的平均值仅为3.6（葛公文，2004）。因此，西安CBD的垂直利用强度极为有限，主要商业区的临街建筑的平均高度还不到4层。不仅没有达到世界的平均水平，而且和我国改革开放后其它城市振兴CBD建设的高度化特征相比更是有显著的差距（葛公文，

条街道的 CBHI 的平均值为 9.3。西安 CBD 垂直开发受到古城保护的限制,出现城市中心区低层化特点, 不仅使西安 CBD 在建筑外观上没有形成明显的 CBD 特点, 更为重要的是,限制了 CBD 的规模扩大,不能满足日益发展的城市经济和城市人口增长对 CBD 功能和容量的需求,在城外建设现代化 Sub-CBD 必然成为西安城市经济发展的现实选择(葛公文,2004)。

需要指出的是,前述对西安 CBD 的研究中,与重庆 CBD 研究中 CBI 法的应用相同,对 CBI 法也进行了修正,即此处的 CBI 法计算的对象是对线状街道。

3.成都市 CBD 的规划理念

(1)CBD 区域规划概述

随着城市的不断扩张、发展以及中心城区面临的重新定位和升级换代,建设 CBD 已经成为了成都市提高城市竞争力的重要战略举措(刘宏梅,2006)。由新加坡雅思柏设计事务所编制的《成都 CBD 概念性、控制性详细规划》已通过国家级专家评审和成都市城市规划委员会最后审批——成都市未来的中央商务区将北起新华大道、南至府南河、东起红星路、西达东城根街,总面积 5.5km²。从《成都市 CBD 规划选址范围控图》上可以看到,整个区域大致像个"人"字形。其中,中央商务区的核心地区 2.45km²,包括了春熙路、红星路、盐市口、骡马市、顺城街等传统主要商务、商业区域。核心区之外的片区是中央商务区的外区,该区域 3.05km²,将有少量的居住区域。成都 CBD 是在对旧城改造的基础上规划而成的, 其中主要包括对三大片区的改造:"盐市口—红星路片区"、"后子门大小红土地庙片区"和"天府广场片区"(刘宏梅,2006)。

(2)CBD 发展的先决条件及规划理念

①先决条件

首先,成都目前在 GDP 增长水平、人均 GDP、人均可支配收入和人均个人资本财产方面都超过全国平均水平,而且经济总体水平高于全国水平(刘宏梅,2006)。其次,在成都 CBD 规划的核心区域骡马市——顺城街区聚集了 60%以上的外资机构,其中世界 500 强及跨国公司 60 余家;40%以上的国内知名企业分公司或办事机构,其中包括 60 多家上市公司;各商业银行省市级分行、证券、保险、信托等金融机构 72 家;各类律师、会计师事务所 54 家。该区域内有高档商务写字楼 28 栋,占全市的 30%以上。区域内三星级以上的宾馆及酒店 14 家,占全市的 30%。该区域具有明显的高盈利性、服务业聚集优势,已经具备商务区的雏形(刘宏梅,2006)。另外,该区域交通发达,有三纵三横 7 条主干道和若干支道,形成了一个快捷、便利的交通网络。骡马市——顺城街区域已经形成巨大的"总部经济"效应,将吸引成都周边乃至全国各地和国外的资金不断流入(刘宏梅,2006)。

②CBD 规划理念

CBD 的整体框架在旧城改造的基础上延续成都市的城市肌理,形成"模块式"的功能结构(刘宏梅,2006)。国际上的 CBD 大多表现为"圈层式"特征,最核心的区域一般是初级零售业区,再向外围一般为二级商业区、商务办公区、娱乐及旅馆区、批发业和仓储业区,公共管理与办公机构往往集中在 CBD 的外围。但就成都 CBD 的规划来看, 由于旧城商业、文化、居住的分散,没有表现出圈层的概念,而是执行了严格的功能分区,将商务中心区、商业中心区、文化博览区和生活配套区分置于 CBD 的不同区域,表现出模块的概念(刘宏梅,2006)。成都 CBD 规划总设计师刘太格先生强调 CBD 作为办公的纯粹性,将居住功能尽量排除在中央商务区以外,以餐饮、酒楼、文化娱乐为主题。这将是一个 24 小时都充满活力的 CBD,更强调成都 CBD 的纯商务概念。同时,抢救老建筑,争取全保留(刘宏梅,2006)。规划考虑凡是区域内能抢救得下来的有价值的老建筑都将全部保留,如大慈寺片区老建筑、北糠市街口的字库在内的众多文物古迹等。同时对区域内宗教建筑进行维护,让它们在焕发昔日光彩的同时统领周边商铺,共同形成一个庙市合一的独特场所。使传统文化和现代建筑通过与城市开放空间对接,展示历史文脉。而且,由于城市辐射力、经济规模和周边城市竞争现状等特征,CBD 的建设目前只能按照一个区域性的CBD 来规划发展(刘宏梅,2006)。成都的 CBD 目前仅是发展初期阶段的一个雏形,它在目前更多的意义是在招商引资方面树立形象和远期目标。从经济实力及辐射范围来看,其规模和兴建标准都不能与国际标准化 CBD 相提并论,因此成都 CBD 应是一个区域型的 CBD。

重视生态环境的建设,体现"以人为本"。摒弃目前城市绿化中"零星分散"的方式,全面采用"化零为整"的集中绿化模式,强调中央商务区内应有大面积的公共绿地,并通过绿化带的连接,形成完整的绿化体系,最终达到除住宅区外,每 300m 半径就有一个绿化公园。区域内还将由建筑围合而成众多面积较小的"庭院式"广场,这些广场将融合中国传统空间设计原理,成为镶嵌在一个个片区中的小"氧吧"(刘宏梅,2006)。同时,建设现代化、立体化的交通体系(刘宏梅,2006)。CBD 片区内将以公共交通为主,合围 CBD 的东城根街、滨江路、红星路、新华大道等将依靠上跨、下穿,形成环绕城市中央商务区的快速通道。自行车的数量将随公共交通的发展减少;远期则以地铁为主,将有 4 条地铁线路穿越。CBD 内部道路也将彻底改造,消灭众多"丁"字路口,使区域内交通东西、南北更顺畅。

成都 CBD 规划体现了五个特点:第一,人文的亲和性,将生态环境和历史文化氛围有机结合,人文景观与自然景观合理配置;第二,建筑的标识性,注意了特征建筑的塑造;第三,交通的便利性,着眼于立体化的交通体系的构筑;第四,功能的完整性,注重不同分区各自的功能特色和相互之间的结合;第五,信息的迅捷性,未来成都的 CBD 将向多功能、全方位、网络化、一站式服务的方向发展。

值得关注的是,成都 CBD 是由企业(成都熊猫商城集团)积极促动为开端,政府逐步介入的开发模式,可以称之为市场启动型模式(杨俊宴,吴明伟,2008)。

13.2 兰州市 CBD 发展与规划

1.定界

国内外 CBD 都具备一些共性特征(张广鸿,刘明,2006):产业特征(常以第三产业为主导,代表了当代先进的现代服务业,如金融、保险、证券、中介、会计等行业)、位置特征(往往是市场经济发生发展到一定阶段时的产物,常存在于国际性的大都市中,代表着该城市景观的繁华程度。在该都市内部,CBD又经常处于交通便捷的黄金地段,通常紧邻城市中心)、总部特征(由于经济全球化的触角正在日益深入地伸向全球资源配置最优的地区,因此现代意义上的CBD往往成为全球资本、金融、证券等机构追逐的对象,从而使其具备了总部特征,即经济控制的功能。跨国性的金融、商贸、保险等公司总部云集,使CBD实质上成为市场经济体制下一个控制经济的枢纽机构)、地价特征(因CBD位于城市的黄金地段,导致其地价、楼价在这个城市中或者一个区域内往往处于高位状态)、建筑特征(传统意义上的CBD往往高楼林立,建筑密集,一般建筑面积总量达上千万平方米。在密集的超高层建筑群中汇集了稠密先进的商务办公设施)、人口特征(人流在办公时间内通常呈现出高密度状态,经常是一座写字楼内聚焦着众多的公司,成千上万的人在里面从事商务活动)、景观特征(竭力塑造生态型、人文型、自然型的混合功能CBD,特点是每个CBD进行城市空间设计都要加以考虑的重要因素,经规划设计建设而成的CBD往往景色优美、生活便利,成为城市的突出景观展示平台,体现着一个城市的现代形象)。

CBD边界的界定,与前述特征密切相关。CBD定界的方法主要有假设的边界法、贸易总额与定界、人口分布和定界、知觉研究与CBD定界、机动车交通流和行人流量、建筑高度与定界、商业指数与定界、以地价数据为基础定界方法、标明边界的设施种类方法、就业模式与定界方法、用地功能和定界方法、中心商务功能连续性的中断方法、中心商务类街区临街面方法、CBI定界法等。墨菲与范斯技术,简称CBI法,这是目前在CBD研究中最具影响力的一项技术,于1954年由美国城市研究学者R.E.墨菲和J.E.范斯提出,他们的研究主要针对美国九个中等规模的城市。运用CBI法需要城市建成区的土地使用地图,地图的范围应超出围绕峰值地价交叉点的被当然的作为CBD的地区范围。另外,该技术需要区分中心商务功能,和尽管在中心区但在特征上不是中心商务功能的用地功能之间的差别。最后的计算是以街区为单元,在中心商务功能用地总量基础上进行,每个街区得出两个指数,CBD就被确认为是由那些符合确定的指数值,属于围绕峰值地价交叉点的连续街区中的一部分,并符合所定原则特征的街区所组成。具体内容与步骤包括中心商务功能的定义、地图绘制过程、计算功能面积、两个重要比率与CBD定界规则等。

CBI定界法是现实合理的,除了小城市和某些大城市外,都较适用。CBI法在1950年发展起来,今天仍有价值,该法是至今提出过的CBD定界方法中最可行、最实际的方法,且使用它能得出真正具有合理可比性的CBD边界。

兰州市的CBD一般指市级商业中心西关什字、南关什字、东方红广场等,但这类范围划分十分模糊,缺乏定量数据支撑。根据建筑高度与CBD定界的方法,先确定以静宁路、庆阳路、中山路为调查边界,此区域也恰好是兰州市地价最高的区域。另外笔者在2005年对兰州市建筑状况的首次调查结果显示静宁路以东、庆阳路以南以及中山路以西的部分住宅占绝大部分,商业功能相对于1–10的调查区明显偏少。笔者对1–10调查区的CBII和CBHI值符合CBI法中CBD的定界标准,再对其区域之外的部分进行测算,而如果1–10区域的两项指标均不符合CBI法中的定界标准,则测算其外围区域对CBD的研究是无意义的。兰州市CBD的定界主要运用CBI法以及建筑高度与CBD定界法。

(1)数据采集

为了界定兰州CBD的地域范围,弄清土地利用和职能结构的现状特点,笔者分别于2005年4–7月和2006年6月对兰州市商业街张掖路周围西起中山路,东至静宁路,南起庆阳路,北至滨河路区域的建筑进行了实地调查,调查的主要内容有区域内所有楼房层数,用于商业用途的层数,以及所有楼层的用途(图 13-1)。资料收集与处理过程:第一、通过调查,查阅文献数据对兰州城区的土地利用情况进行了详查,调查使用的基础图件是兰州市 quickbird 地形图。第二、调查时间分为两个阶段:2005 年 4 月初到 8 月底进行第一次全面调查,2006 年 6 月进行补充调查。第三、在数据整理过程中,主要采用了 CAD 以及 Arc/Info、Arcview 等 GIS 软件包中的空间统计分析技术。

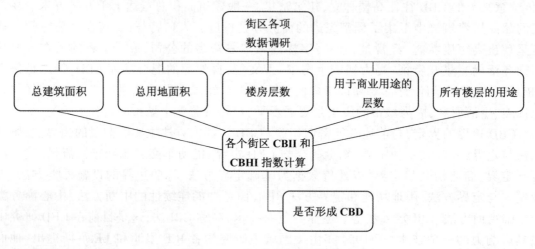

图 13-1 研究方法技术路线图

(2)定界步骤

墨菲等人认为,定界中要用有名称的街道作为街区边界,所以对调查范围,笔者分为十个街区。将每个区域调查的结果输入计算机,然后通过 Arcview 软件,将 quickbird 影像进行处理,分别得到这十个街区每个街区的总楼面面积,底层面积,以及中心商务楼面面积,运用下述公式,计算每个街区的 CBHI 和 CBII 数值(表 13-3)。

CBHI=中心商务楼面面积/底层面积

CBII=中心商务楼面面积/总楼面面积 *100%

表 13-3 调查区域的 CBHI 以及 CBII 数值

地域编号	CBHI	CBII(%)
1	1.80	20.60
2	3.63	37.29
3	2.76	37.70
4	3.71	42.89
5	2.30	31.88
6	4.54	43.58
7	2.22	39.67
8	3.37	40.71
9	1.36	**
10	1.44	20.93

注:** 表示该区域为政府用地,故未测算 CBII 数值。

(3)结果分析与发展阶段判断

表13-3显示,这十个区域的CBII值均大于1,最高值达到4.54,但CBHI值均小于墨菲和范斯界定的50%,最高值为43.58%,甚至有的区域30%都不到,由此我们可得出兰州市还未形成一定规模的CBD的结论。CBII值大于1,仅仅说明该街区的中心商务功能的总楼面面积至少相当于一栋覆盖整个街区的一层建筑的面积,而CBII小于50%,则表示在所有楼面面积中,中心商务功能所占的比例只有50%以下,调查区域内的住宅占到相当大的比例,这在真正的CBD中是不应该出现的现象。

从国外CBD发展所经历的阶段看,大体上有三个阶段(陈及,2005):一是以商业为主要功能的混合阶段。该阶段是商务区发展的雏形阶段,商业活动不可避免地带来附加的商务活动,因而类似金融、法律、会计等活动都是围绕商业活动而提供保障和支持的。二是专业功能分区的综合功能阶段。商务活动有逐渐相对独立化的倾向,即产生逐步摆脱依附于商业活动而独立运营的客观趋势。三是商务功能升级并逐步向综合化、生态化发展阶段。商务功能摆脱对商业活动的依附,完全形成一个独立的服务贸易行业密集的现代办公区。

兰州市虽还没有形成真正意义上的成熟的CBD,但从CBII和CBHI的数值以及以上的分析可以看出,兰州市CBD的发育正处于CBD雏形阶段,还处在较低的水平,调查区内也主要是以商业为主要功能,城市中心商贸区的金融、商贸、文化、娱乐、信息服务功能还未得到充分全面的发展,仅在起步阶段。

2.发展现状

将中国的CBD和国外的CBD进行比较,中国式和美国式CBD最大的不同在于美国人从来没有规划过一个不存在的CBD,甚至CBD根本就不是规划师提出的概念。事实上CBD概念的提出是对现状的追认,而不是一个富于创造力的设想。兰州市虽然没有严格CBI法定义下的CBD,但调查区域可被认为是兰州市CBD的雏形阶段。理所当然,在未来CBD的规划与发展中,这个区域应该是重点。

(1)形成

国际上著名CBD的形成,渊源有三种:一种是自发形成的,如美国的曼哈顿,初期是商业中心,后来逐渐演变成中央商务区;另一种是政府引导形成,如法国的拉德芳斯,当地政府出于保护巴黎老城的目的而将各公司迁出巴黎,在新的地段建成商务区;还有一种是为了分担主要中心区的经济发展压力而建立起来的副中心,如日木新宿的中央商务区。这些CBD的辉煌并非一蹴而就,而是经过精心的规划设计并在发展过程中不断校正逐步建立起来,有的甚至经历了很多波折。同时,国际上也有不少CBD建设失败的例子,如美国的休斯敦CBD,由于其功能设计过于单一,成了白天夺通拥堵、夜晚寂静少人的"鬼城"(徐淳厚,陈艳,2005)。

随着社会主义市场经济体制的建立,产业结构的调整,特别是第三产业的高速发展,兰州市CBD具有极大的上升空间和发展潜力,而且现代物流业、金融保险业、信息产业等生产性服务业的跳跃式发展,将使城市中心区功能得到进一步强化,使城市现代CBD成为城市发展、城市产业结构调整的积极动力。然而,兰州市作为经济并不非常发达的西部城市,如果完全靠市场经济作用下的自发力量形成CBD是不现实的。所以,政府的引导力量就显得尤其关键。政府通过对中央商务区的规划,投入大量资金,进行基础设施建设并引进项目入驻,给 CBD 特殊政策以鼓励其发展。

（2）布局形式及其基本特征

在笔者测算出 CBII 和 CBHI 值,从而得出兰州市并未形成严格定义下 CBD 的结论后,又于 2006 年 6 月进行了该区域内企业以及事务所的详细调查。结果显示(张理茜,杨永春等,2009):调查区域内共有 252 家公司。从成立时间来看,成立最早的是成立于 1950 年代的亚盐化工集团有限公司,成立于 1960 年代的也仅有甘肃省汽车配件公司,成立于 1970 年代的公司有新源置业集团公司一家,成立于 1980 年代的有 4 家公司,成立于 1990 年代的公司有 51 家,成立于 2000 年以后的公司有 110 家,其余 84 家公司由于不愿意提供详细信息或上班时间无人办公而没有获取详细信息。从可得的数据可看出,兰州市的公司多成立于 2000 年以后,1950 至 70 年代仅是初步的发展,基本上没有什么起色,80 年代稍有起色,90 年代的发展较之以前突飞猛进,而 2000 年后更是迅猛发展,但公司绝对数量还是不多。

从公司人数来看,超过 100 人的大公司有 4 家,50~100 人之间的有 11 家,20~50 人之间的有 57 家,小于 20 人的有 97 家。没有跨国公司,也没有国内大型公司总部驻扎。由此可以看出,兰州市还是以小型公司为主。从统计数字来看,这些公司中,公司总部占到调查总数的 67.68%。从公司类型来看,商贸有限公司、通信公司、咨询公司、广告公司、装饰公司、科技公司、建筑公司等都有分布,而且从数量上看没有一定的规律性,没有哪种类型的公司占绝大多数或居主导地位,说明正处在发展的初级阶段,属于"百花齐放",没有明显的主导类型。

从规模、形态、功能等方面来看,此区域的发展还存在一些问题,主要表现在:不同职能用地混杂,并未形成合理的功能分工,居住用地占据了商业区的很大一部分土地。该区域内以商业用地和居住为主的非 CBD 用地系统为主,主要从事商品交换和消费性服务活动,履行 CBD 的初始职能即商贸职能,而商务功能还很不发达,商务公司数量太少,级别也不高,主要集中于南关什字附近,这说明 CBD 功能不完整。目前,还没有形成独立的商务事务区,没有设备先进的涵盖办公、商务、服务等功能为一体的"智能化大楼",缺乏富有特色的文化休闲区。这样的地区缺乏足够的凝聚力和吸引力,不利于吸引外资。再次,该区土地利用趋于饱和,且交通阻塞、环境嘈杂、基础设施陈旧,不符合高级服务业区位选择要求。

从上述雏形 CBD 的现状还可以看出该区域在土地利用,职能结构等方面是存在一些问题的,故更需要合理的规划来引导 CBD 的建设和发展,所以,在现阶段 CBD 雏形的基础上规划建设功能完整的 CBD,统筹安排 CBD 建设是很必要的。

在我国城市 CBD 的职能组合中,大多以中心商业为主,中央商务职能并没有上升到主导地位,究其原因,主要是我国的产业结构尚未形成发展大规模商务的基础。兰州市的情况也是如此,近几年来,兰州市的批发贸易业网点数比较稳定,而零售贸易业网点则发展很快。

3.发展过程与特征

（1）发展过程

现代化的 CBD 与传统商业中心有着千丝万缕的联系,由于传统商业中心与现代 CBD 之间存在着时空延续性,因此华人地理学家曾将 CBD 译成中心商业区(陈瑛,2005)。兰州市的商业中心在这么多年的发展中，几经改变，才形成了目前的格局。

早在汉、唐时代，兰州就是我国通向中亚、南亚、欧洲和非洲举世闻名"丝绸之路"的必经之地和渡口，也是中原农业民族与西北游牧民族进行"茶马互市"的总站，又是西北土著人土特产品的集散中心。1920年代，中外商人纷纷来兰设行经商。到30年代，兰州商业已有京货、杂货、药材、皮货等30余行。抗战后，当局又在兰州设了"西北贸易公司"（今民主西路）兼管内外贸易，其商业网点主要聚集在以中央广场为中心的旧城区（安成谋，1990）。1950年代中期，沿海支持内地建设，繁荣了兰州商业中心区，商业网点随着城市人口的增加，城市规模的不断扩大而相应地扩大，兰州形成了张掖路区、盘旋路区、西站、西固等四个市级商业中心区，一个开放式、多渠道、少环节的商业流通体系已见雏形，多层次的商业网络结构已开始形成（安成谋，1990）（图13-2）。1980年代，兰州市一级商业群主要集中在张掖路，并在该处形成了以张掖路为主的市级商业中心，另外盘旋路、西站、西固中街的市级商业中心也初具规模，二级商业群是区级商业中心，主要有七里河、安宁区的十里店以及三个郊区县商业中心等，构成了商业网络体系（安成谋，1990）。1990年代以来，由于兰州进行了西北地区商贸城建设，新建了目前兰州城区绝大部分有影响的大型综合型商厦、宾馆、饭店、餐厅和市场，由于这些设施主要集中在两大地区：城关区的西关什字—张掖路—酒泉路—南关什字—东方红广场—盘旋路或铁路局—火车站或雁滩

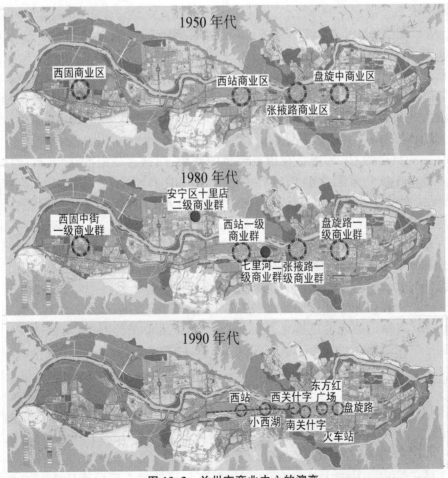

图13-2　兰州市商业中心的演变

一线,西关什字—小西湖—火车西站一线,导致城市商业网络发生了巨大变化:城市商业重心急剧向城关区这个核心区倾斜,城关区商业服务业与其它各区的实力差距显著增强。1990年代中期,由于以南关什字为核心的庆阳路、中山路、酒泉路旧城实施改造和东方红广场的建成,西关什字迅速成为兰州市实力最为强劲的商服中心。同时,东方红广场商服中心也迅速崛起,导致铁路局商服中心实力较快下降。而且,由于雁滩的开发,该地区的各种批发市场迅速发展,以及原来混杂在城关区的工业"退二进三"导致迅速在城关区核心地区外围形成了各类批发市场群。而西固区、安宁区的商业中心虽然也有发展,但越来越处于落后的地位(杨永春,2004)。

(2)发展趋势

兰州市CBD发展可归纳出以下趋势:第一,商业功能趋于弱化,中心商务功能增强。一般的商业用地让位于宾馆、酒店、写字楼等企业性用地。1920—1930年代,其主要功能是商业。到50年代,开放式、多渠道、少环节的商业流通体系已见雏形,多层次的商业网络结构已开始形成,但其主要功能仍然是商业。90年代,由于兰州进行了西北地区商贸城建设,新建了目前兰州城区绝大部分有影响的大型综合型商厦、宾馆、饭店、餐厅和市场,服务业开始发展起来。21世纪,不光商业,服务业保持着良好的发展势头,其中心商务功能也明显增强,雏形CBD区域内出现大量的公司,事务所等机构,使得CBD的功能更加多元化和综合化。

第二,从初期"遍地开花"式的发展,演化为有重点的发展,空间结构上趋于集中。1950—1960年代,兰州的商业在西固、西站、张掖路、盘旋路均有不同程度的发展,同时还有更多的商业网点群。而1990年代以来,商业的发展明显以城关区为重心,发挥了集中优势,而其它的中心逐渐衰落。从增长极理论来看,在CBD发展的初期,此发展模式更有利于有限资本的集中,从而产生更大的效益。

第三,CBD的发展符合经济发展的规律。在全国轰轰烈烈的CBD建设浪潮中,兰州市并没有盲目规划自己的CBD,而是在市场经济的作用下,通过政府的作用,有效的引导其发展。很多城市在规划建设CBD的过程中只关注CBD的硬件设施,把摩天大楼等同于CBD,忽视现代服务业发展和城市经济辐射力是CBD产生的前提,将CBD的发展异化为简单的房地产开发,变成单纯的建造高楼大厦,使CBD的发展变成一个漠视经济规律、劳民伤财的盲目举动。兰州市CBD的发展没有出现类似有些城市中揠苗助长,反而适得其反的结局,而是以适合自己的速度和方式发展着,以初期的商业中心为主,向目前的商务中心为主慢慢转化,以功能的转化带动其形式的转变。

第四,绿地、文化设施用地不断增加,环境日趋生态化、宜人化。伴随着张掖路的更新改造,雏形CBD区域内的环境更加宜人,再加上此区域北临滨河路,黄河风情线优美的环境更是给这个区域增添了不少色彩。

4.空间结构及演变机制

(1)整体空间结构

兰州市商业空间结构分为4个中心。从地域分布看,西固中心位于西固区内,是西固工业区的核心。西站中心位于七里河区,是七里河区的核心。西关--南关什字中心与盘旋路中心位于城关区内,且由于兰州市90年代以来新建的绝大部分有影响的大型综合型商厦、宾馆、饭店、餐厅和市场位于此区内,所以西关--南关什字中心迅速成为实力超群的市级核心。从空间形态、用地结构及城市结构等角度,国内 CBD 的格局形态可解构成核心布局、轴线布局、滨水布局、沿街扩散布局四种基本类型(杨俊宴,吴明伟,2008),兰州市雏形 CBD 的布局模式可大致视为轴线布局与滨水布局相结合的模式,即沿张掖路-酒泉路轴线与黄河沿线滨水布局。

(2)雏形 CBD 内部结构

影响一个城市 CBD 内部结构的因素复杂多样,很难说存在广为认同的固定统一的 CBD 结构模式。然而,从 CBD 内部结构来看,客观上存在三个特殊的点,这三个点的位置及其移动对于了解 CBD 内部结构有重要的意义(王朝晖,李秋实,2002)。第一个"点"是"零售引力中心",这一点的零售业密度指数和高度指数达到了 CBD 内的最高值,它表明 CBD 内的零售业集中分布在这一点的周围;第二个"点"是"办公引力中心",这一点的办公密度指数和高度指数处于最大值,它是 CBD 内办公机构最密集的象征;第三个"点"是 CBD 的"中心点",它是 CBD 的地理中心,在这一点上,中心商务活动设施的密度指数和高度指数达到最大,即服务活动的强度最高。CBD 的中心点有可能同零售引力中心或办公引力中心重合。

①平面结构

在图 13-1 的调查区域中,1 到 10 分区的平面结构基本都是沿街的楼宇为商业或商务用途,而其以内的楼宇用途基本都为住宅。商业或商务用途的分布并无明显的规律可循,无法划分零售引力中心和办公引力中心。在同一栋楼内,存在各种公司机构,公司的类型及规模也无明显的规律。办公空间只能划分出行政办公区,商贸办公与服务、娱乐混合在一起,界限并不明显,大致可归结为以西关什字为中心的商业功能区,以南关什字为中心的商务功能区。内部用地除商业及商务用地外,公共用地,绿地等明显偏少。而张掖路步行街建成后,此状况有明显的改善。在 CBD 内部结构上,CBD 的形成离不开各产业的协调发展,但商务中心应以商务为主。不少城市在建设过程中只进行住房建设的短期投资,过度关注住房开发,使 CBD 变成了居住中心区。另一方面,有些城市在建设 CBD 的过程中只考虑公司利益不顾及公共利益,绿地等公共空间少,导致生态环境的失衡等一系列问题,功能失衡就会使 CBD 失去其生命力。

②垂直结构

由于雏形 CBD 区域内沿街建筑以外的建筑基本都为住宅,故作者在进行第二次补充调查的时候,以 10 个地块沿街的建筑为调查对象,调查其各楼层的具体用途。空间容量的提高是城市土地利用效率最有潜力的领域之一。纯商业用途的土地由于限制,对于空间的利用是不充分的,而旅馆、办公、居住等用途对于空间高度不存在严格的限制,如果将它们与商业用途有机地结合,土地使用强度在空间上就会得到很大的提高。这是综合楼普遍发展的原因。综合楼的常见设计模式是:地下 1~2 层为车库和设备用房;裙楼通常为 5 层,1~3 层为商场,4~5 层为餐饮和娱乐设施;高层部分为写字楼、宾馆客房或公寓(杨俊宴,吴明伟,2008)。兰州市雏形 CBD 区域内临街建筑的底层一般为服饰、珠宝、食品等商业零售业,以及中国移动、中国工商银行等营业厅。2~5 层一般为大型餐饮连锁店、婚纱摄影、KTV、洗浴城、酒吧、美体沙龙等。6 至顶层为各类公司及酒店。分布上没有明显的规律可循,特点是规模小而分布随意集中。

（3）发展演变机制

现代城市 CBD 是市场经济发展到现代化阶段的产物。CBD 的经济增长,主要基于三种机制的作用(周方,聂冲,2007):

①基础性机制。这是构成 CBD 经济活动主体的产业形式。第三产业是 CBD 中的主导产业,其构成的高密度和行业的多样化为 CBD 的经济增长奠定了基础;

②强动力型机制。这是推动 CBD 产业发展的源泉。所谓动力型机制的作用,就是指在一个统一的市场域内(城市域内市场和域外市场)供给与需求的相互促进作用。由于 CBD 中的经济活动频率及商务活动的规模一般要大于其它区段,所以 CBD 供给与需求的相互促进程度也要高于其它区段;

③功能性机制。这是保证 CBD 经济活动的持久活力和长期增长的条件。充分发挥 CBD 四大功能,既可以促使各经济要素的合理流动,又可以增加商品的附加值,加快资金的周转率,提高信息的灵敏度和正确性,从而保持 CBD 的繁荣。在上述三种机制的作用下,面向同一市场的相同或类似活动的集结、服务于同一市场的相关活动的集结、不同功能的集结和不同企业或机构由于依赖同一供应者或服务者的集结,在 CBD 内同时以高强度、高密度的形式出现,进而产生更大的集聚效益和规模效益,并不断提高各经济要素的交流频率,使 CBD 成为所属城市乃至某个国家或世界某个区域经济发展的神经中枢。

兰州市 CBD 是随着市场经济的发展而不断发展和变化的。初始时期是零售业的集聚,逐步形成商业街、购物中心。那些大型百货公司以其货物种类多,档次高而吸引了大批的顾客,使这一地区成为推销商品的最佳市场和获取高额商业利润的良好场所。笔者认为,此阶段兰州市 CBD 的发展主要是以基础性机制为主,第三产业尤其商业成为区域内的主导产业。自 1990 年以来,商贸活动与商务活动空前发展,而此阶段正好是城市快速发展时期,雏形 CBD 在短期内得到了显著发展,这种功能的变化是以商业零售业开始的,然后逐步向商贸、金融、信息等方面拓展,并逐渐形成了商业与商务相结合的西关—南关什字城市中心区,即张掖路周边的雏形 CBD 区域。笔者的调查结果显示,雏形 CBD 区域内的公司多数成立于 1990 年以后。这一时期,强动力型机制起主导作用,经济活动频率及商务活动的规模增加,并大于城市内的其它区域,随着经济的发展,人民生活水平的提高,供给与需求相互促进,从而在强动力型机制的作用下,CBD 取得了稳定快速的发展。而且,这一时期 CBD 的发展重心完全在城关区西关—南关什字中心片区,从以前的分布式发展向集中发展模式转化。随着 CBD 的不断发展,功能性机制将会发生重要的作用,CBD 将充分发挥其四大功能,促使各经济要素的合理流动,并增加商品的附加值,加快资金的周转率,提高信息的灵敏度和正确性,从而加快 CBD 的繁荣增长。

然而,CBD 发展应该是因地制宜、量力而行的。CBD 实际上是一种以第三产业为主体的城市的功能区域,它并不是解决所有城市发展问题的一个万能良方,世界各地的 CBD 都有其自身的功能和特色,包括曼哈顿、法国的拉德芳斯这些著名的 CBD。但是,在这些 CBD 的建设和经营的过程当中也曾出现了一些问题,如法国的拉德芳斯的 CBD,经营了八年之后,出现了财务危机等问题。所以,对 CBD 应进行科学规划和合理设计。由于 CBD 是一个长期的,滚动的发展过程,不能盲目追求短期效应而忽略了长期发展,应在规划过程中突出特色,形成聚集效应。

一般地,CBD 发展是在上述三种机制的共同作用下进行的, 只是不同阶段中主导力量不同。CBD发展要体现以人为本,协调发展的理念。人是CBD的第一要素,所以在CBD的建设经营的过程当中,非常需要的是聚集与吸引,不断地去创造新的人流和人群,需要打下的一个基础就是完善的公共与商业的设施,在一个各种商业设施高度集中,人流、物流和信息流高速流动的相对狭小的区域里边,公共与商业设施是CBD至关重要的一个元素。

5.CBD规划设想

(1)问题与矛盾

建设CBD需要具备一定的条件,如丰富的历史沉淀、技术流、资金流、信息流和物流汇集的中心位置及具有较强的辐射效应、发达的第三产业、GDP千亿元以上的整体经济实力和较高的人均GDP指标、完善的城市基础设施、高素质人才聚集等。CBD的建成需要10年以上的时间、投入数千亿、甚至上万亿元的资金。一些发达国家中心城市的CBD建设也用了30年甚至50年的时间(林跃勤,2004)。从国际上其它城市的发展来看,CBD出现主要有两个条件:一是经济发展到一定水平。大约区域内人均GDP达5000~10000美元的阶段。二是CBD所在城市是区域中无可争议的中心城市。事实上,第二个标准显得更为重要,因为它直接决定CBD的层次。如果是世界城市,那么它的CBD也会是世界级的;如果是国家的中心城市,它的CBD就是国家级的;如果只是一个省的中心城市,那么它的CBD最多也就是省级的,或者干脆就称为市中心。虽然中国许多大城市都计划建设自己的CBD,但它们中的大部分最终只能称为市中心或新城中心,因为它们的影响区域有限。所以,对兰州市来说,结合自己的实际情况,合理确定CBD的级别很重要。

兰州市是否适合建设CBD可从宏观和微观两个方面进行分析。首先,从宏观方面来讲,兰州位于中国陆地版图的几何中心,黄河上游,东接定西市,南靠临夏州,西连青海省,北与武威和白银毗邻,属甘肃省的中部腹地。兰州自古既是西部重镇,政治、经济、文化和交通中心,又是闻名中外的"丝绸之路"要道。兰州位于西陇海——兰新经济带与沿黄河经济带的交汇点,是黄河上游经济开发区的重要支撑点和辐射源,并且作为西北地区商贸中心和西部地区的中心城市,将是国家实施西部大开发战略的重点发展城市。兰州是西北地区的交通通信枢纽和网络中心之一,是5条干线铁路和5条干线国道的交汇点。在西部大开发的大背景下,国家的政策措施有力的向西部倾斜,这对于西部城市来说,既是机遇,也是挑战,只要能抓住机会,兰州市经济一定能够实现高速的发展,从而为CBD的发展创造条件。

微观上来讲,这与城市自身的定位和特点有关。兰州"十一五"规划《纲要》指出,经过五年乃至更长时间的努力,把兰州建成充分展现黄河文化底蕴、具有现代工业特色的西部区域性中心城市,即建成西部地区最大的石油化工、有色冶金新材料基地;西北地区最大的交通、通信枢纽,商贸物流和高原特色蔬菜生产集散中心;建成黄河上游具有独特地域风情、富有个性魅力和生态环境、人居环境优良的西部区域性中心城市。从兰州市的城市定位角度来看,兰州市具有建设CBD的必要性和可行性。作为中国西北重要的经济中心和交通枢纽建设兰州CBD对兰州经济的发展,对西北及周边地区的辐射及带动作用将非常强烈。在市中心张掖路基础上规划建设CBD可以适当的集中兰州的金融,商贸,和其它高附加值的服务产业,形成规模效应,增强城市的经济向心力。然而,根据国家建设部的调研报告显示,建设中央商务区的城市,其国民生产总值最适合的是在1000亿元以上，而兰州市 2005 年的国民生产总值为 567.04 亿元，2009 年仍不到 900 亿元，总人口 2009 年约为 330 万人。此外，建设中央商务区的城市还应具有国际影响力，大量的高等人才，并处于资金、信息和物流的核心位置，而兰州目前虽然不具有国际影响力，但作为位于西部的一个大城市，地理位置有一定的优势。因此，兰州市 CBD 的建设应该因地制宜，量力而行。事实上，CBD 仅仅是中心城市的一个功能区而已，它难以担当撬动城市发展的支点，它没有那么大的作用。一个城市发展到一个水平自然而然会形成一个繁荣区，CBD 很可能应运而生。政府规划不要违背发展趋势，要顺水推舟。而且，CBD 并不应仅仅就是一些高楼大厦的堆积，它应在细小处体现一种商业文明和人文关怀。国外的 CBD，虽然寸土寸金，大型中心广场、主题公园、随处可见的绿地、街心花园、喷水池和座椅等是营造赏心悦目所不可或缺的环境因子。例如，纽约 CBD 边上有一个数千亩的森林公园，巴黎拉德芳斯商务区不仅是优越的商务场所，还有一个 32 万平方米的公园区，中心广场上的喷泉、雕塑、绿地、花园、电视屏幕和方便的购物场所，每年吸引游客达二百多万人前来观光。中国城市的 CBD 中，绿地与公共休闲场所经常被侵占，一些是当初没有规划，还有一些是当初规划好了的花园绿地最后还是变成了高楼。因此，政府不应屈服于开发商的压力，更不能成为政绩工程和经济利益的奴隶。

(2)发展目标

国内所倡导的 CBD，从其规模和建设者的不同，可以区分为五大类(陈莹，王利刚，2005)：第一类，国际性 CBD 也即我们通常所定义的 CBD，如曼哈顿等，是一个国际性的金融、贸易、高级零售、信息、管理、会展中心，而不仅仅是一个城市的经济中枢。第二类，国家级、大地区性 CBD。它是一个国家或大地区的商务集聚地，是地区经济中枢和核心，具有很大的经济辐射作用。第三类，地域性(市、县) CBD。该层次的 CBD 更多的是指地方商业中心概念，它的开放性和辐射面更小，准确的定义应该是较小行政区域的商业商务集中地。第四类，公司层次的 CBD (项目群 CBD)。它的实质是一个房地产开发公司或联盟所精心打造的具有整体观和功能互补性的项目群(集中地)。第五类，涉及面最广的微型 CBD，也可以称为项目 CBD。这个层次的 CBD 提的最多，尤为地产界的企业家们所热衷。

目前兰州城市 CBD 的雏形属于第三类，地域性(市、县) CBD，虽然有一定的辐射作用，但也未能达到大地区级别。而在未来，兰州市借助西部大开发的大背景，结合自身的定位——西部区域性中心城市，故将未来 CBD 的发展定位为大地区性 CBD，即整个西北地区的 CBD 之一。要实现这个目标，必须在提升城市传统 CBD 的基础上，重视打造城市现代 CBD，并以此为契机，大力发展现代物流业和电子商务，积极推行产品标准化和服务标准化，从整体上提高城市的信息化水平。

世界各大都市 CBD 一般有两种开发类型(鲍其隽，2006)：一种主要以办公设施为主。如伦敦道克兰(Dockland)的堪那瑞沃尔夫中心包括了办公空间展示、酒店、零售及娱乐等。有学者认为城市活力来源于多元的复合型的结构，商务区单一结构往往造成大能耗、污染等城市病；而另一种则开发规模较大，具有较强的综合性，除办公职能占绝对高比重外，还有相当数量的服务配套设施、公共设施、公寓，自身职能比较完善，而且往往在一定程度上还起着作为周围地区商业和城市公共生活中心的作用，比如巴黎的拉德芳新城。现在国内的大都市的 CBD 基本上偏向第二种综合类型。兰州市 CBD 的开发也应以第二种类型为主,注重 CBD 功能的综合性,配套相当数量的服务设施及公共设施,使其自身的职能比较完善。

(3)规划设想的思路与方案

①规划设想思路

CBD 的形成与发展模式按照区域原有的发展状态分为两种：新建模式与扩建模式(杜军,2006)。兰州市 CBD 发展要以南关什字和西关什字为中心,进行更新和扩建,使其功能趋于完善。

1980 年代以来,我国的城市中心区普遍出现了多门类第三产业集聚、退二进三过程显著、公共用地与道路用地增加、分化出不同职能中心、商务办公活动明显增加、地域扩张、旧城改造迅速的演化趋势。兰州城市自开始实行土地有偿使用制度,并结合城市中心区的旧城改造以来,以商贸、金融、房地产、信息服务、文化娱乐等为主的门槛较高的商务部门向城市中心区聚集的势头强劲,如 1980 年代末期以来,兰州市以南关什字为中心的核心区用于办公与商务、居住目的的 15 层以上的高楼至少有 30 栋,而且还在继续加强建设。因此,兰州中心商服地域正在逐步转向城市中心商务区。在聚集过程中,促进了城市中心商务区的形成和城市立体化过程。该地域处于东起西关什字萃英门、南到民主西路、东到东方红广场、北到滨河南路之间的区域,未来可能向西扩张到火车西站,向东扩张到天水路。因此,兰州市 CBD 中心正处于逐渐形成的阶段,西关、南关什字是 CBD 的中心(杨永春,2004)。

进入 21 世纪,随着兰州市商业的发展和对外交流的进一步加深,金城关旅游景点的重建、滨河路旅游休憩带建设进一步完善,南关什字中心及其附近地域的改造基本完成,目前正处于激烈的市场整合阶段。总体上,应将中山路规划建设成连接商业中心和滨河观光带的商业繁华通道,再利用西关—南关什字的交通枢纽位置和原有的商业文化氛围(杨永春,2004),兰州市 CBD 的空间发育模式应采用整体发育模式、二元结构模式和飞地模式(陈瑛,2005)三种模式中的整体发育模式,即整个核心 CBD 处于同一个连续的空间中,既无自然障碍,又无其它功能区的隔离,保持空间的连续性和完整性。

②规划设想方案

兰州 CBD 的发育,笔者认为应该是整体发育模式。但是,整体发育模式形成的 CBD 实际上也不是千篇一律的,而是存在着空间内部布局的差异(陈瑛,2005)。墨菲将 CBD 的职能分为三类:中心商业职能、中央事务职能和居住、工业等非 CBD 职能(王朝晖,李秋实,2002)。兰州城市中心区的商业与居住职能占主导地位,生产性职能也占有一定的地位。未来应该进一步迁移生产性职能,弱化居住职能,强化第三产业职能,尤其是金融、保险、办公、信息交换等方面。长远来看,南关什字与西关什字相隔太近,难免职能相近。因此,南关什字与西关什字的整合应是南关什字主要承担金融、保险、公司总部驻地、技术交流、部分商业等高级服务业中心职能,形成以金融、贸易、办公为主的商务区;西关什字主要承担高级商业、游憩、休闲中心职能,形成以商业、餐饮、娱乐等为主的商业区,两者互补,共同担当 CBD 中心职能。因为此次调查结果显示,目前南关什字已集聚了相当一部分办公机构和写字楼,距大部分政府机构所在地的距离也适中;而西关什字距离未来的金城关、白塔山、黄河铁桥很近,主要布局了较多的大型商业楼盘。因此,南关什字与西关什字两大中心应各自略有侧重,共同承担兰州城市 CBD 的职能。

　　未来几年,以张掖路、永昌路、酒泉路、中山路、武都路、甘南路等六条商贸金融街为基础,CBD区域东拓南展,将西关十字、南关十字、东方红广场等不同功能的繁华商业区连为一体,使CBD由菱形扩展为矩形,改变由于历史原因所形成的东西街道繁荣、南北街道萧条,景商分离的局面,逐步形成集购物、观光、休闲、娱乐为一体的中央商务区,使之进一步高级化和特色化(图13-3)。

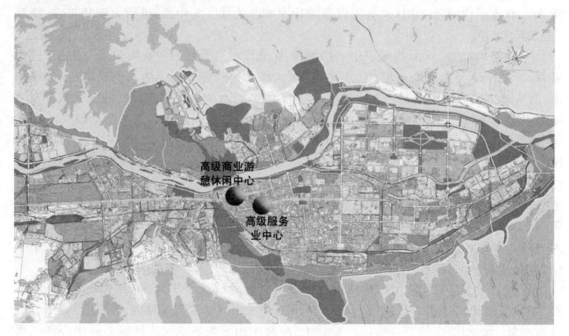

高级商业游
憩休闲中心

高级服务
业中心

图13-3　兰州市CBD规划设想方案

　　纵观CBD的成长发育过程,其实就是内部零售功能与商务办公功能的此消彼长的过程。在CBD发展的初期阶段,零售业依然是CBD的主导功能,在CBD中的比重高于商务办公功能。随后,伴随着CBD的不断成熟和发展,商务办公功能明显地出现向CBD集中化的趋势,这必然引起CBD功能内涵的巨大变化。随着CBD内部商务功能比重的不断提高,现代大城市CBD大多进入了以商务办公功能为主的新阶段。

　　CBD地区服务业高度集中,消费者摩肩接踵,所以应该提高土地利用的集约化程度,地下商业街是CBD土地立体利用的重要内涵。世界上已经有许多城市拥有规模巨大的地下商业街,使之成为CBD功能垂直空间扩散的主要途径[13]。张掖路地下商业街也是兰州市所做的探索,张掖路的选择、设计、定位,是从历史、文化、经济、商业布局等诸多方面来综合考虑的。在兰州,能把商业和历史文化有机融合起来的街市只有张掖路一条,这一点也是任何一个城市商业街所不能或缺的。步行街的建设,不单单是起到一个聚合人流的作用,更应该看到张掖路强大的通道效应,它的开通,有机地将西关商业板块和南关商业板块联合了起来,使城关区的聚客能力大大提高了。一般来说,城市周边商业网点的建设,就像一道"闸门",容易形成"城市中空化"。兰州也曾有明显的例子,百盛、华联出现之后,使原为商业中心之一的铁路局商圈就明显萎缩了。步行街的建设,提高了自身的商业吸引力。

　　经过全新规划和整修的张掖路商业步行街属于西关什字高级商业中心范围,目前已经形成了以张掖路为核心,辐射至周围的中山路、永昌路、大众巷、陇西路、通渭路、武都路,形成向四周扩展的步行街"非"字形道路网络区域。张掖路开街后,很快将进行张掖路比邻街巷的大规模改造,大众巷和陇西路已经列入首批改造之列,目前正在进行详细规划设计。

张掖路周围现有的交通体系不尽合理,如庆阳路不允许停车、通渭路单向交通、北滨河路不允许左拐弯等,限制了交通流量。但CBD区域应该有高效的交通网络系统,交通水平高低,直接制约和影响着CBD在高度集聚状态下的有效工作。CBD的开发,往往需要交通系统建设为先导。一个成功的中央商务区必须在其发展的初始阶段就处理好交通网络的设计和规划。国内外的发展经验表明,中央商务区的道路系统应该密集,且不宜过宽,规划时应充分考虑不同道路系统连接,如公路和地铁的换乘等。公共空间与步行系统的联通将有助于聚集该地块的商气。交通组织以分等级和到达式交通设计理念为原则,尽量减少主要道路交叉口数量,弱化过境交通流量。

(4)对策与建议

第一,加强政府的宏观引导,建设有特色的兰州CBD。兰州市在目前CBD只处在初级阶段,只是一个雏形的情况下,其建设应该以政府引导为主,发挥政府宏观调控的作用。

第二,在CBD建设中完善基础设施建设。在一个各种商务设施高度集中,人流、物流、资金流、信息流高速流动的相对狭小的区域,公共设施在CBD中是至关重要的。因此,加强基础设施建设,是关键环节,而改善交通条件是当务之急。不过,目前已经投入使用的张掖路步行街还是有比较完善的基础设施。

第三,注意小型商业服务设施的配套建设。CBD的经营成功与否,很大程度上取决于CBD里的商业活动成功与否。从兰州市情况来看,在CBD雏形区域里,大型商业服务设施并不是太少。如果再重复建设"千店一面"的大型商业设施,进行低层次的重复,势必加深CBD里原有的商店竞争,使商场倒闭率攀升。

第四,在CBD建设中,尽量不破坏规划区域原有的普通居民楼的布局。以纽约曼哈顿的发展经验看,中央商务区的办公和居住并非矛盾,在更大的意义上,两者是密不可分的。在曼哈顿周边分布着大小不一、按人群划分的若干居住区,居住在这里的人们在相当大的程度上支撑着整个中央商务区的经济发展,也就意味着良好的CBD商务区发展需要与拥有高舒适度的居住区域相结合。不能因为CBD的建设将原有的居民楼统统推倒,居民统统搬走,尽管在很多情况下这种做法不可避免。然而这是有深刻教训的。纽约华尔街地区当年在修建CBD时,就将原来的居民统统搬迁走,取而代之的是摩天写字楼和数量有限的高级公寓楼,破坏了下城地区原来的人文风貌。

第五,加大对CBD的宣传及招商引资的力度,吸引高素质人才。建立CBD非常关键的环节是加大宣传力度,要让构建CBD的设想尽人皆知。CBD的建设需要巨额资金,政府投资力度有限,因此,应该制定相关优惠政策,通过多种途径,全方位开展招商引资。同时,建立高效率管理机构,吸引高素质人才。

第六,建议搬迁省政府。省政府地处滨河路旅行带与南关什字高级商务中心的交汇处,将省政府搬迁走,从而恢复明清时代的格局,成为新的旅游景点,有效的衔接滨河路观光旅行带与南关什字高级商务中心。

13.3　西部城市 CBD 发展的理论设想

　　根据国外大城市 CBD 发展的一般规律，在初期发展阶段呈单中心状态，而且常常伴随分散与无序的发展。CBD 的形成是经济发展的一个结果。在发达国家，一个 CBD 的自然形成，至少需要 20-30 年的时间。引渡到中国，CBD 概念则成为了一种城市发展的策略，最初的 CBD 建设成为城市之间互相较劲的砝码。上世纪九十年代初，北京、上海、广州等三个中国内地最大的城市几乎同时提出了发展 CBD 的战略。更严重的是，很多地方领导只看到 CBD 的硬件设施，把摩天大楼等同于 CBD，CBD 异化为简单的房地产开发，变成单纯的建造高楼大厦。中国大部分城市的 CBD 规划超越了自身的发展能力、不符合经济发展的需要。还有一些城市将开发新城区和 CBD 混同起来，作出十分宏大的规划，前景堪忧。目前符合建立 CBD 条件的内地城市只有上海、北京和深圳三个。我国绝大多数城市仍处于从制造业向服务业发展的阶段，现代高端服务业尚未发展起来。在这种基础上发展起来的 CBD，功能很容易失衡。CBD 既然是商务中心，就应以商务为主。

　　中心商务区是城市最核心的服务功能区。一般而言，中心商业区（Central Retailing District, CRD）是中心商务区形成与发展的先导。随着城市的发展，商务功能进一步增强，城市中心区将面临功能上的替换和空间上的迁移。特别是旧城改造和 CBD 建设迅速发展的我国大城市中，这方面的问题显得尤为突出。这需要在土地利用、投资主体、融资机制、商业功能和规模等级关系的变化、空间功能和景观及其与边缘区商业的互动关系等方面做进一步的研究。探讨我国社会经济背景条件下中心商务区的发展演替过程和动力机制，并与西方国家城市中心区的兴盛、衰退和绅士化过程及机制进行对比研究（王慧，田萍萍等，2007）。

1.建设 CBD 需具备的条件

　　我国城市 CBD 的发展历程比较短暂，基本上是改革开放以后的事情。从总体来看，我国的城市，不论是大城市还是超级城市，中心商务区只存在于自然形成的城市中心区，而且在性质上大多属于传统 CBD 的初级阶段。20 世纪 90 年代中期以来，随着我国经济逐步与世界融为一体，建设国际性城市的呼声此起彼伏，作为国际性城市重要标志的 CBD 开始受到广泛的关注（郑锋，2002）。目前，社会各界对 CBD 还存在着诸多的争议。一派希望按严格的 CBD 概念操作，即很多城市 CBD 的建设属超越经济发展的超前行为，按中国城市历史和现状，只发展北京、上海两个有资格建设 CBD 的城市，其它城市则限制 CBD 提法，不要将中央商务区和商业中心区、新城区建设和老城区改造相提并论。另一派的看法是，不要拘泥 CBD 概念，中国可以大力发展 CBD，只是要将 CBD 分为三六九等，即不同级别的 CBD。因为 CBD 既有全球级的、国际级的、也有区域级的（张广鸿，刘明，2006）。

　　笔者认同后一种观点，如果按照严格的 CBD 概念操作的话，西部城市就没有建设 CBD 的必要和基础。现代中央商务区一般可根据其辐射范围分为世界性和区域性两种，其中区域性的中央商务区还可根据其影响范围再行细分。世界性的中央商务区往往也是世界的金融和经济中心,如美国的纽约、法国的巴黎、日本的东京等。我国的上海和北京目前来说还停留在区域层面上,其世界影响力还有待提高。国内一些其它城市,如广州、杭州、深圳、重庆、郑州等目前还属于国内区域性的范畴。一个中央商务区从国内区域性发展到国际区域性乃至世界性主要取决于该中央商务区的影响和辐射能力。成功打造一个中央商务区是一个较为漫长的发展过程,需要很多条件,西部城市建设CBD需要具备如下前提条件(林琳,2007):

(1)必须取得政府的鼎力支持

中央商务区作为城市功能发展的必然,没有政府的强力支持是不可能的。中外中央商务区的发展历史都充分的证明了这一点。政府的支持主要在三个方面:首先,主导CBD的规划,单纯的市场力量是无法完成这一任务的;其次,进行大量基础设施建设和引进政府项目入驻,这需要大量的政府资金投入;三是给中央商务区特殊的鼓励政策。

通常讨论的一些国外中央商务区都是具有世界影响力的,它们得到的支持往往不仅来自当地的政府,还来自本国的中央政府,有的还是中央政府的直接支持,如新加坡就采取了一系列的国家支持政策。在国内,中央商务区因其在国家经济中的地位不同受到政府支持的力量也有所不同。上海和北京的中央商务区发展就直接或间接地得到中央政府的支持,被赋予一些特殊政策。其它二线城市打造的中央商务区往往只能以当地政府为主导进行,一些地方的中央商务区发展甚至受到国家宏观政策的限制,其力度和影响力可想而知。

上述分析都显示了政府支持对CBD建设的重要性。很难想象,上海陆家嘴中央商务区如果没有获得作为唯一开放外资金融机构的地区的特殊政策将会是什么情形。更何况其中的一些特殊政策是中央直接赋予的。上海中央商务区的建设也靠一些政府项目的带动,如政府投资的上海国际会议中心、艺术博物馆等项目。广州中央商务区的发展经历就更为明显地体现了政府的重要带动作用。广州中央商务区历经近10年沉寂后,于2003年进行了大规模调整,伴随着七个政府项目和一些新政策的制定、实施,焕发了新的活力,显示出一个繁荣的前景。北京对其中央商务区的金融功能也赋予了一些特殊政策。杭州的中央商务区在启动阶段就由政府项目先行带动,目前杭州市政府也在尽可能加大力度从多方面给予杭州钱江新城(中央商务区)支持。所有这些都表明,一个成功的中央商务区首先应获得政府支持。作为西部城市,在没有沿海城市优越的地理位置和交通条件,经济发展的基础也不如东部城市强劲的情况下,政府的支撑是其发展最基本的保障。如果没有政府的支持,CBD的规划和建设只能有如空中楼阁。

(2)有强有力的地方经济作支撑

国内外专家一致认为,发展总部经济和现代服务业是地方政府打造中央商务区的主因。一个地区的经济发展程度、产业结构和生产要素集聚以及市场化程度直接决定了中央商务区发展的成败。政府可以花巨资建设一个中央商务区,但这只是一个有形的外壳,它更需要一个与该中央商务区定位相当的经济基础和市场规模,这是中央商务区的内核,是中央商务区成败的关键。国内外不乏因定位失当,没有相应经济支撑而失败的案例。世界著名的中央商务区的发展历程告诉我们,只有当地经济强盛的中央商务区才能发展得很好,如纽约、巴黎、香港和东京等无不是世界上经济最发达的区域。没有强有力的地方经济支撑,要打造一个中央商务区是不可能的。因为打造一个中央商务区的首要因素是充足的资金,世界上的贫困地区尚无一个中央商务区的成功案例。杭州中央商务区的发展情况显示,单就中央商务区的基础设施建设就需地方经济投入 10 亿美元的资金。一个 500 万平方米规模的商务建筑群则需社会更多资金的集中投入。杭州市政府提出要按"政府主导,企业主体,市场化运作"的模式打造钱江新城,把中央商务区的打造建立在杭州市现有经济基础之上,并与未来的经济发展前景有机结合。

在国家西部大开发政策的支持下,西部的城市都不同程度的有了经济的发展和飞跃,但与东部相比,还是很有差距。地方经济作为 CBD 发展的有力支撑,在 CBD 的建设中起着不可忽视的作用,没有经济的发展作为坚实的后盾,CBD 的发展根本无从谈起。所以,经济的发展程度决定了 CBD 的发展。西部省会城市中,人民的购买力相对非省会城市较高,但购买力较高只能代表商业处于比较发达的阶段,CBD 的发展涵盖商业及商务,单纯商业的发展不能代表 CBD 的发展。

(3)在 CBD 规划中,谨慎做好功能区分

对于中央商务区来说,如何聚集人气和商气将直接决定它的成败。根据城市自身的经济容量来综合运用土地和进行适当的功能区块划分是中央商务区成功的又一重要因素。上个世纪海外的一些大都市为了保护生活环境和提高城市形象都对城市进行了功能划分。然而,新近的研究表明,过于明显的功能区分将容易导致交通拥堵和降低生活效率。所以,综合运用土地资源,科学划分中央商务区的功能区域有助于提升商业效率。以上海、北京、杭州为例,上海作为一个当然的亚洲金融中心,必然是所有国际商业领域来华发展的首选进驻之地,这一部分已占其写字楼容量的 43%;北京则有 50%左右的写字楼因其首都的地位而得到消化吸收;杭州 CBD 的商务办公所占比例较高,因其周边已形成高端住宅群,故住宅在 CBD 内的比重较小。作为最适宜居住的城市(根据联合国 2002年的评选结果),其商业地位虽然无法与上海相比,但杭州作为经济最为活跃的浙江省省会,是长三角的经济、金融发展次中心,未来办公需求量有比较大的市场支撑。此外,与上海不同,杭州钱江新城将是整个城市的写字楼主要增量来源,其对城市商务功能的集聚和城市形象的再造作用将不容低估。

与广大的东部城市相比,西部城市是 CBD 中的后发者,具有一定的后发优势,可借鉴前者的经验与教训,在其规划阶段就做好功能分区,避免出现任其自由发展而导致分区混乱无序的状况。

(4)有高效的交通网络作为 CBD 发展的基础

交通水平高低,直接制约和影响着 CBD 在高度集聚状态下的有效工作。因此,大规模的 CBD 开发,尤其是 CBD 新区开发建设,往往需要以大规模的交通系统建设为先导。一个成功的中央商务区必须在其发展的初始阶段就处理好交通网络的设计和规划。纽约曼哈顿在扩展过程中,为拥挤的市中心区分担压力,规划机构加强了交通运输网的建设,如把地铁和其它铁路交通的出入口与新建办公机构相连接,同时把人行道和商店设置在地下,并与地铁出入口直接相连。据统计,目前日本东京新宿中央商务区的日间活动人口已超过 30 多万人。新宿被建成一个交通枢纽,共有 9 条地铁线路由此经过,日客流量超过300 万人,预计随着新超高建筑的完成和 12 号地铁环线等交通线路的建成使用,新宿的日客流量将超过 400 万人。法国巴黎的拉德芳斯区成为欧洲最大的公交换乘中心,RER高速地铁、地铁 1 号线、14 号高速公路、2 号地铁等在此交汇。拉德芳斯区交通系统行人

与车流彻底分开,互不干扰,这种做法在世界是仅有的。

国内外的发展经验表明,中央商务区的道路系统应该密集,且不宜过宽,规划时应充分考虑不同道路系统的连接,如公路和地铁的换乘等。公共空间与步行系统的联通将有助于聚集该地块的商气。杭州钱江新城在总结其它地区发展经验的基础上,对中央商务区的交通也给予了充分的关注。交通组织以分等级和到达式交通设计理念为原则,尽量减少主要道路交叉口数量,弱化过境交通流量。从世界知名中央商务区的发展经历来看,一个中央商务区的发展通常需要20-30年左右的不懈努力才能形成较好的商业氛围。如何平衡当地的经济实力和建设规模、市场潜力以及建设速度,将是国内中央商务区建设先驱们需要长期思考的一个问题。广州中央商务区在发展过程中所遇到的建设困难和问题就给了我们一个很好的思考案例。广州原规划在不到8年的时间内完成中央商务区的建设,而事实上在10年后仍未能形成真正的城市商务中心。当然,一个城市中央商务区的发展远不止以上几个方面所能涵盖。它还需要取决于很多其它因素,如国家的对外开放程度、市场化程度以及政府的效率和廉洁程度等,而这些是一个国家和地区社会、经济、人文等方面的实力和要素在城市建设和发展过程中的综合体现。

2.CBD 的发展模式选择

(1)定位

CBD 的定位是 CBD 决策中智力最密集的环节。根据中国区域经济发展的格局和城市群的发展趋势,可以认为:北京、上海、香港的 CBD 可定位于国家或跨国家级水平上,沈阳、武汉、重庆和西安的 CBD 分别是区域商务的主中心,广州和深圳、南京和杭州、天津和大连的 CBD 分别是珠三角、长三角和环渤海地区商务的副中心(张广鸿,刘明,2006)。产业的发展,尤其是第三产业的发展催生了 CBD 的出现,而非 CBD 的产生催生了第三产业的出现,虽然 CBD 建设在一定程度上能促进产业的发展尤其是第三产业的发展。西部城市 CBD 应是区域商务的中心。从影响范围上来讲,它们的影响范围是以它们为中心的区域。西部地区,除了各省会城市外,其余城市不具备建设 CBD 的基础和需求。而各省会城市应以全省为其经济辐射范围,构建区域级的 CBD。

(2)区位选择

CBD 总是在城市的一定空间区位中孕育的,其作为一种特定的城市功能区域,受特定因素的制约,空间区位具有一定的规律性,即 CBD 对区位条件的要求有三个:一是地理中心性,二是交通通达性,三是景观标志性(张广鸿,刘明,2006)。

作为发展中国家欠发达地区的大型都市,西部城市 CBD 的建设不宜与本文发达国家的国际都市,特别是纽约、伦敦、东京和巴黎这类所谓的"世界城市"简单模拟。一方面,这些城市已经占据了世界城市体系的顶尖位置,大量巨型跨国集团和金融证券机构的总部云集在这里,成为全球经济活动的中心;另一方面,这些城市在经历长期市场经济的发育之后,城市最初的 CBD 已爆满,20世纪中后期都陆续采取了脱开传统中心向外跳跃的办法拓展新的 CBD(张广鸿,刘明,2006)。因此,中国西部城市 CBD 区位应选择在已具备一定商业和商务基础,拥有一定 CBD 雏形的区域,依托其良好的基础,加大各方面投资的力度,促进其向更高级方向发展。以重庆市 CBD 的区位选择为例,《重庆市城市总体规划》确定渝中组团为市中心,从地理条件看,渝中区的优势主要体现在:渝中区是城市的几何中心,又是经济、政治和文化活动中心。从交通条件看,渝中区处在相对居中的位置,是重庆市的水陆客运交通枢纽。从景观特征来看,渝中半岛是最能体现重庆城市风貌的地区,其地貌特征以及与此相适应的建筑群,是展示"山城、江城"特色最充分的地区。

(3)结构

CBD 的建设既是城市功能提升和重组的重要契机,也必须立足于城市性质、功能的客观状况,不能脱离和超越城市发展的需要和可能。CBD 不是空中楼阁,它应以城市发展的现实和前景为依托,与城市的发展融为一体,服务和推动城市功能的强化、提升和城市现代化建设的进程(张广鸿,刘明,2006)。CBD 的扩展和城市扩展的方式一致,有近域和广域两种,近域式表现为原有单中心 CBD 规模的增加,广域式则表现为副中心或多中心的出现。目前全球性城市的 CBD 多是网络形式,而区域性中心城市多是单中心的(张广鸿,刘明,2006)。

西部城市的 CBD 处于发展的初期,点多面广的空间结构不适合产业的集聚,也不利于资金的集中利用,故单中心的结构更适合于发展初期的 CBD。在现在 CBD 的基础上,强调基础设施的建设,优化硬件环境,集中各方面的力量,使 CBD 向更优的方向发展。但CBD 未来的发展,呈现出一定的多中心化趋势,如西安,重庆的 CBD。虽然在 CBD 发展的初期,笔者提倡发展单中心的 CBD 以集聚产业,集中利用资金,但单中心的发展模式容易形成交通等问题,从这个角度来讲,多中心的发展,有利于交通的组织和疏导,尤其是带状城市,城市狭长,交通的有效组织和疏导就显得极其重要。

CBD 在建设时首先是重视生态环境,生态概念的引入设计,包括一些绿色广场,清洁的水体和明媚的阳光,都改变了人们心目中对传统 CBD 钢筋混凝土的记忆。重视信息时代建筑与城市规划观念的转变,将 CBD 规划为一个信息港,充分考虑到宽带的设置、信息功能的布局,办公单元也应划分得尽量细致,以适应网络时代的办公特点。重视人性空间的塑造,突出以人为本的主题。功能混合作为一个重要的规划思想,相当多的用地要进行功能混合,叫做模糊功能区。把公共交通和步行系统作为建设规划的重点,CBD 的交通,因为考虑 70% 的公共交通,所以把大量的空间不是留给小汽车,而是留给步行的人群。最后,还要强调弹性设计和灵活性,因为 CBD 建设中心是十年以上的建设中心,在这十年中,城市的建设动态发生了很大的变化,所以应该留下一定的弹性空间。另外,在 CBD 的规划中,也应该突出本地历史人文特色,建设舒适的工作生活环境,并着力凸显现代服务业集聚效应,注重旅游功能的开发,还要积极筹划未来,树立危机意识。

(4)新概念 CBD

传统的 CBD 大多形成于 1980 年代以前,信息基础设施和智能化水平比较落后,已经越来越不能适应当今经济全球化、经济和社会信息化、金融贸易现代化的新格局。在此背景下,革新传统 CBD、建立适应信息时代特征的全新中央商务区管理模式,就成为一个世界性和时代性的新课题。在知识经济时代和信息技术日新月异的今天,生态及可持续发展理念渐入人心,对生活情趣、休闲娱乐的追求成为人们的时尚,在此背景下,传统 CBD只有秉承信息、生态、游憩和系统等理念,方为最佳出路。因此,如何促使传统 CBD 建设的模式创新,就成为现代城市经济和城市地理研究的崭新课题之一(张仁开,张洛锋,2005)。新概念 CBD 是传统 CBD 的创新模式,它是在经济全球化、信息化、科技化的时代背景下,随着知识经济、消费经济时代的来临,由传统 CBD 不断发展演变而来的,主要包括如下四

种类型(张仁开,张洛锋,2005):

E-CBD:在网络信息时代,传统 CBD 的一个最为重要的创新模式就是数字元元化和电子化,即创建 E-CBD。E-CBD 是英文 Electronic Central Business District 的缩写形式,通常翻译为"电子化国际商务中心",它是知识经济和网络经济时代国际金融贸易中心区的创新模式,是指在经济全球化和信息经济背景下,以电子数据交换(EDI)、电子商务(EB)、电子金融(EF)等信息技术为基础支撑,以电子货币(EM)为主要媒介,以国别人文为地缘标志,具有实体 E-CBD 和虚体 E-CBD 双重结构,面向世界的现代化金融贸易中心区。E-CBD 是在传统 CBD 的基础上发展起来的,是对传统 CBD 的创新和扬弃,与传统 CBD 相比,E-CBD 具有五大典型特征:一是功能齐全,E-CBD 一般有集约交易、资源配置、教育培训、文化扩散、开发创新、发展标志和经济辐射等七大基本功能。二是结构复杂。E-CBD 则具有实体 CBD 和虚拟 CBD 的双核结构。三是视野宽广。E-CBD 具有全球眼光和世界视野,它从一开始就面向整个世界,具有典型的全球性特点,是全球化金融贸易网络中的一个接口和路径结点。世界各个 E-CBD 之间都是相互联系在一起的,呈现"你中有我,我中有你"的格局。四是安全性能好。E-CBD 从规划之初就将动态安全保障纳入了建设之中,使之成为其总体框架的有机内涵,因而具有更好的动态平衡性能。五是带动效应强。E-CBD 比 CBD 更能在经济全球化背景下较好地运用自身比较优势,在世界范围内实现包括资金、人力、技术、物质和环境等各种资源在内的生产要素的优化配置,因而能最大限度地开发和提升生产力,促使"智力资本"转变为现实生产力以及"技术优势"转化为"产业优势",从而促进生产力大幅度发展。在 E-CBD 的规划和建设中,要加强信息网络规划、建设运营与管理服务,重视宽带网和信息中心的布局,推进电信网、计算机网和卫星电视网的三网合一,大力发展电子商务和电子政务,适应网络时代的办公要求。

生态 CBD:随着后现代社会的日益来临,绿色、生态、可持续发展的观念逐渐成为人类普遍接受的理念。针对传统 CBD 高楼林立,绿化很少的弊端。现代 CBD 在规划建设时就应立足生态优先,四季栽种,永葆绿色盎然,水体和阳光随处可见,实现现代商务与自然生态的良好融合,大力打造生态绿色 CBD。生态 CBD 或绿色 CBD 与传统 CBD 相比,有本质的差别,主要表现在如下几个方面:①和谐性。生态 CBD 的和谐性,不仅反映在人与自然关系上,更重要的是反映在人与人关系上。绿色 CBD 不是一个用自然绿色点缀而僵死的人居环境,而是营造满足人类自身进化需求、文化气息浓郁、富有生机与活力的生态环境。文化是绿色 CBD 最重要的功能,文化个性和文化魅力是绿色 CBD 的灵魂。这种和谐性是绿色 CBD 的核心。②高效性。生态 CBD 一改现代城市 CBD "高能耗"、"非循环"的运行机制,提高一切资源的利用效率,物尽其用,地尽其利,人尽其才,各施其能,各得其所,物质、能量得到多层次分级利用,废弃物循环再生,各行业、各部门之间的共生关系协调。③持续性。生态 CBD 是以可持续发展思想为指导的,兼顾不同时间、空间,合理配置资源,公平地满足现代与后代在发展和环境方面的需要,不因眼前的利益而用"掠夺"的方式促进城市暂时的"繁荣",保证其发展的健康、持续、协调。④整体性。生态 CBD 不是单单追求环境优美或自身的繁荣,而是兼顾社会、经济和环境三者的整体效益,在整体协调的新秩序下寻求发展。绿色 CBD 建设不仅重视经济发展与生态环境协调,更注重对人类生活质量的提高。⑤区域性。城乡之间是相互联系、相互制约的,只有平衡协调发展的区域才有可能发展成平衡协调的生态 CBD。因此,生态 CBD 是建立在区域平衡基础之上发展起来的,表现出明显的区域特征。在建设生态CBD过程中,除要特别注重生态环境的保护和建设外,还必须突出以人为本的理念。区内应注重人性空间的塑造,体现以人为本的主题,充足的绿化带公共空间,使人与自然更加贴近。能够考虑吸取国外的经验教训,注意公共活动空间的规划,建有绿化带和步行道,组成绿化系统,使人与自然更加贴近。

RBD:游憩商业区(Recreational Business District,简称RBD),指城市内具有旅游吸引物、吸引大量旅游者的零售商业区。大多传统CBD结构单调、功能单一,难以集聚人气,如有些CBD过分突出金融、办公等功能,而忽视了住宅等功能,往往造成白天人山人海、夜晚却死气沉沉的巨大反差。因此,传统CBD的另外一个创新模式,就是建设高度复合功能的CBD。区内不但能完成各种商务活动,而且能进行娱乐、购物、健身,具有浓厚文化氛围的人性化的小区,由单纯的商业中心向综合文化和经济全能中心过渡。从目前来看,建设RBD、突出CBD的游憩功能和休闲功能,是比较可行的一种选择。这是因为传统CBD在长期发展中树立了丰满的形象,成为最能代表城市历史、文化的地区,在游客心目中有一定地位,有吸引游客前来休闲购物的可能;传统CBD是城市长期发展的产物,其内部或附近存在着大量代表城市文化传统和气息的建筑物、地标、景点等,这些同样可以吸引游客;传统CBD的零售商业和餐饮服务业本身就有相当大的比例是专门为游客服务的;各城市为了改善城市环境,通过广场、绿化带、景观带的建设,增加了CBD及其附近的游憩场所和设施,使其更显人性化,成为聚集人气的有效手段。根据国外的实践,RBD是城市内自然形成的空间,是为增加目前商业区吸引力而设计的空间,因此,RBD与城市商业区有密切的联系。RBD与传统CBD其实关系密切。RBD的人性化、特色化以及对游憩环境的重视正好是解除传统CBD发展困境的利器,传统CBD建设使RBD成为其发展的新导向。两者转变的关键则在于如何增加传统CBD的特色游憩项目,有以下三个途径:第一,与区域历史、旅游资源相结合,通过重新建设和挖掘传统CBD周围的特色地段,并在这些地段中建设专门出售特色商品、美食的店铺或场所,用便捷的交通与传统CBD相联系,使之成为吸引游客的新焦点。使传统CBD跳出原来的沿街发展的格局,并得以延伸和扩大,从而成为街区形式,以有效地克服高地租、高消费的缺陷。第二,尽可能与城市景观区、景观轴线、水体相结合,通过广场、道路等把景观内容引入到CBD,增加区内的景观元素。第三,主题公园化,用一个鲜明的主题把传统CBD包装起来,能极好地展示其个性,成为吸引游客的手段。所应用的主题应该是与区域的历史与传统文化相一致,在商业区内或边缘设立主题游乐项目和商店,建筑采用同一风格的立面装饰,街头设立与该主题相呼应的小品、地标等。

CBD系统(或称系统CBD):包括核心CBD和若干个Sub-CBD,两者共同构成一个完整的系统。CBD系统就是由原来的单中心结构进入到多中心结构。CBD系统的发展,就是核心CBD和Sub-CBD的共同协调发展。只有两者的共同发展,才能带动整个CBD系统的健康发展。核心CBD是CBD发展的高级阶段,以中央商务为主要职能;而Sub-CBD是CBD发展的较低阶段,以中心商业职能为主要职能。当CBD系统内存在不只一个Sub-CBD时,有的Sub-CBD也可以以中央商务为核心职能。CBD系统的形成是由于经济发展以及CBD的职能调整,从而使核心CBD不可能完成CBD的所有职能,因而出现Sub-CBD来疏解和互补核心CBD的功能。CBD系统是在CBD的基础上发展起来的,是由于CBD的功能不能满足经济发展需要时而产生的。Sub-CBD是对核心CBD的功能补充,因而在 CBD 系统内可以实现功能分区。Sub-CBD 与核心 CBD 之间以及 Sub-CBD 之间的互补式发展会极大地带动整个 CBD 系统的发展,从而推动经济的快速发展。

总之,中国都市特有的自然风貌和文化传统为 CBD 的个性化创造了条件。当地自然风景、历史胜地、产业和繁华都市的相互交融、相得益彰;当地传统和多样化的外来文明激励兼容地形成独具特色的文化。作为发展中国家,中国都市 CBD 刚刚起步,作为引领都市经济发展的核心区域,需要通过学习实现创新。CBD 不仅是商务区,还应是重要的创新区。CBD 竞争、开放、交流、变革文化以及优秀人才的密集及其交往的便利,为学习型 CBD 创造了软硬环境。实际上中央商务区成为一个"商品流-资金流-信息流-人才流"的汇聚中心。如果这些因素不具备,那么不管有多少高楼大厦,也只能说是具备了商务区的外部条件,而远没有满足中央商务区发展的内在要求。虽然目前我国西部的 CBD 建设仍处于摸索发展阶段,不过综观下来,仍是不乏自己的特色。西部城市可在 CBD 规划建设过程中,结合提出的新概念 CBD 的模式,注重生态理念,注重电子商务的发展。如何使 CBD 名副其实而非徒有其表,是需要建设者和规划者们充分考虑和有长远眼光的。如何平衡当地的经济实力和建设规模,市场潜力以及建设速度,是中央商务区建设需要思考的问题。

本章小结

中国西部城市 CBD 的案例分析结果表明,随着中国社会城市快速发展,其空间转型与重构的重要现象就是中央商务区的形成和发展。转型期城市 CBD 建设在一定程度上体现了在市场经济体制下城市服务业职能的快速恢复和发展。

根据调查和分析,兰州市目前还不存在墨菲和范斯定义的 CBD,充其量也只是处于雏形 CBD 的状态,规划和引导很重要。兰州市的 CBD 应以整体发育模式为主,南关什字与西关什字两大中心各自略有侧重,共同承担兰州城市 CBD 的职能。未来几年中,以张掖路、永昌路、酒泉路、中山路、武都路、甘南路等六条商贸金融街为基础,CBD 区域东拓南展,将西关十字、南关十字、东方红广场等不同功能的繁华商业区连为一体,使兰州中央商务区由菱形状扩展为矩形状,改变由于历史原因所形成的东西街道繁荣、南北街道萧条、景商分离的局面,逐步形成集购物、观光、休闲、娱乐为一体的中央商务区,向更高等级的 CBD 方向发展。

客观地说,CBD 建设是需要一定的时间,其长短和该城市的经济发展水平,政策环境,投资力度,对周边的辐射能力等因素有密切的关系。西部城市 CBD 的规划与建设应切实以经济发展状况为基础,以资源等承载力为前提,因地制宜的进行综合考虑,不能盲目的规划建设和贪大求洋。

第 14 章 中国(西部)城市居住空间

居住区是城市空间结构最基本的组成部分之一。城市居住区空间结构是指各个社会群体居住在城市空间中的具体地理区位、不同社会群体居住区之间形成的相互影响、相互制约、相互作用的多层次性的空间等级关系,以及该空间关系所反映出的社会等级关系(黄志宏,2006)。居住形态是指由城市住宅所组成的社区模式(荆子洋等,2003)。在工业化以前,由于居住单位无法脱离生产场所,居住和工作单元并没有出现明显的地域分异现象。在工业化以后,居住单位开始脱离工厂而相聚成区形成专门化的居住区。近半个多世纪以来,国内外学者对城市居住空间结构的研究非常关注,并取得了大量的研究成果。工业革命后,城市居住空间研究进展很快。国外城市居住区的研究,主流方向是从社会学角度,个人社会阶层影响下的居住区空间分异研究。这些研究成果主要是从非物质要素来分析城市的居住空间,比如城市居住区空间结构分异的研究、从社会阶层的分化来分析城市居住区地理空间上的分布、引入西方的居住空间模式对中国进行分析等。

关于城市居住空间研究产生了一些重要的学派。最早的学派就是生态学派(刘旺,张文忠,2004;孔德新,1998;黄志宏,2006),如 1920 年代的芝加哥学派(Chicago School)的北美城市空间结构的同心圆模式、H·怀特 1939 年提出的扇形模式、哈里斯(Haris)与乌尔曼(Ullman)1945 年提出的多核心模式。在上述理论和模型研究基础上,许多学者进一步发展了该学派。Simmons 在 1965 年采用了社会阶层 (socialrank)、城市化和居住隔离(segregation)等指标进一步分析了 3 种模型。他认为:就社会阶层来看,高收入居住区和低收入居住区呈扇形分布;从城市化角度来看,不同家庭构成的居住区呈同心圆分布;而从种族隔离来看居住区,则呈随机分布。进行类似的研究学者还有 Johnston(1969)、Morgan(1975)等。但总的来看,基本是从不同的视角或者研究方法来验证 3 种模型的可行性,或者说明其存在的问题。

从研究方法来看,1960 年代以前,主要是以定性描述为主,分析和解释城市居住空间的形成和演变。1960 年代以后,随着相关学科研究方法的革新,定量研究得到了广泛的应用。其中因子生态分析和主成分分析等多变量统计方法在居住空间的结构和分异研究中使用最为普遍。如 R.A.Murdie (1969)采用演绎分析方法对加拿大多伦多的居住空间结构进行了实证研究,B.T.Robson (1969)运用归纳法对英国城市桑德兰进行了归纳研究,森川洋(1975)和 Davies (1984)使用因子分析法分别对日本和英国城市居住空间的分化等进行了研究。

另一个影响很大的学派是新古典经济学派。1960 年代的新古典主义城市经济从微观层次上对城市居住空间结构的形成提供了明晰的解释。其代表人物是土地经济学家阿朗索(W.Alonso,1964)。米尔斯(1967)和穆特(1969)建立了与阿朗索模型相关的一类住宅区位模型,其偏好集合中用住房替换了土地。住房的生产需要土地和其他非土地的投入,从而家庭对土地就具有一种派生需求,这一需求取决于家庭对住房的偏好和住房生产函数的特征。穆特和米尔斯对密度和资本－土地比率(建筑物的高度)递减性的原因有着深刻的表述。穆特－米尔斯模型扩展到研究下面的情况:城市空间结构是动态变化的,且住房资本是耐用的。阿纳斯(Anas,1978)构造了一个动态的阿朗索－穆特模型,用人口、收入和运输成本的时间序列来描述城市的历史。惠顾(1978)又从两方面扩展了上述模型,一方面是引入了开发商的完全预期,另一方面是允许资本折扣。M.T凯德沃雷德尔建立了一个由各级中心并存、环形与放射状道路并存的空间框架,提出了土地价值变化的规律。另外,A·M·Vaorhees 于 1955 年由万有引力定律出发建立了一个基本引力模型,依据就业中心的吸引力来预测住宅的位置;I·S 劳瑞于 1969 年在考虑就业、交通费用等因素的基础上建立了劳瑞模型;A·G 威尔森又将住宅类型与居民的收人水平考虑进来建立了 A·G 威尔森模型。新古典住宅区位模型在一定程度上解释了城市居住空间的形成,但有不少学者对其提出了批评。认为新古典经济学派的模型是建立在严格的前提假设条件基础上,与现实相差甚远;住房市场长期供需平衡的假设与住房的持久性和私有住房的高交易成本相矛盾;通勤成本可能不是住宅区位的首要决定因素。因此,后来不少学者对新古典模型提出了修正,如 M·White(1977),J·Madden (1980),D·H·Weinberg et at.(1981)等。随着计算机仿真技术的发展,新古典经济学模型扩展为远比上述各个模型所涉及变量更多的居住区位决策的动态模型,即总价格模型(Kain et al.,1985),在既定的住房市场状况下,住户的住宅区位由价格最小化决定。

城市居住空间的行为学派也作出了很大的贡献。居住区位的行为视角的研究可以追溯到 W·Kirk(1963)和 D·Lowenthal (1961)的关于决策过程的区位行为分析。W·Kirk 提出现象环境(phenomenal environment)和行为环境(behavioral environment),前者是自然现实的外部世界,后者被定义为感知环境(perceived environment)。W·Kirk 认为在住宅区位选择的过程中,应加强人的行为(感性过程)与现象环境(决策过程)之间关系的研究。家庭生命周期学说对居民行为的影响。Wolpert (1965)认为迁移是人类适应外部环境的感知变化,提出地点效用(place utility)和行动空间(action space)两个概念。布朗和摩尔(Brown and Mwre,1970)利用 Wolpert 地点效用和行动空间的概念,构建了迁居行为模型(Yeates and Garner,1981,图 14-1)。他们将迁居过程看作两个阶段——寻找新住宅的决策和迁居决策。这一模式的问世引发了大量的迁居研究(Bassett and Short,1980)。其中,罗伯逊(Robson,1975)对布朗和摩尔的迁居模式进行了完善。W·Michelson (1977)对多伦多迁居住户的研究是行为学派一个实证研究。迁居是居住机会和居民的住房需求之间相互作用的结果。综合各方面,克拉克(Clark,1983)对迁居原因进行了系统的分类。他首先将迁居的原因分为自发型和强制型两类,前者指住户为了改善居住环境、适应生活方式等方面变化而导致的主动迁居,具体又可分为调整型和引导型两种;后者指住房破坏、住房被占、离婚、家庭成员死亡等原因引起的被动迁居。迁居研究主要是针对北美和英国城市的私人住房市场。其结论可以概括为三点,如主要探讨迁居行为与家庭生命周期之间的关系等(Short,1978)。

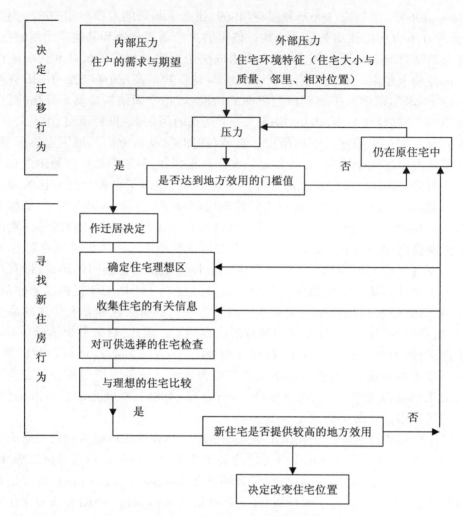

图 14-1　布朗与摩尔的住房选择模式

　　行为学派在分析居民住房选择行为过程中,过分重视个人的行为,而忽视团体对个休行为的影响,对个人感知与环境的关系的研究过于简单,常常受到其他学派的批评。行为学派后来逐渐增加对个人行为与社会约束之间的关系的研究,并衍生出人文主义方法。

　　最为激进的是马克思主义学派。1970 年代,西方学者应用马克思主义的历史唯物主义的观点分析研究城市住宅问题,认为住房是一种商品,是一定形态资本的利润来源之一;住房是工人必须消费品之一,是劳动力再生产的一个方面;住房供给与资本主义生产方式相联系。住房市场是社会阶级冲突的场所,居住空间的分异与阶级划分、消费方式和社会关系交织在一起。马克思主义学派的代表是 Castells 和 Harvey(1974)。Castells 认为:城市系统是阶级实践和阶级冲突的场所,阶级关系是城市系统的结构矛盾在实践层面上的表现;住房是城市系统的主要消费元素,而住房的区位则是各种社会力量斗争的结果,需要分析社会政治关系,才能解释城市居住空间的形成原因。考斯托以法国的敦刻尔克进行了实例研究(Gastells and Godard, 1974)。Harvey (1974)起初是应用马克思的地租理论来研究城市住宅区位的。Harvey 认为马克思提出的地租这一概念掩盖了资本主义社会阶级关系的内在矛盾,他自己提出了"阶级垄断地租(class monopoly rent)",阶级垄断地租的产生是因为存在一个资源拥有阶级。哈维将其地租分析方法和金融机构的地位结合在一起来分析现代资本主义城市社会居住空间分异。后来哈维又发展了这一观点,进一步提出了资本三级循环的研究框架(Harvey,1978)。初级循环是生产资本,第二级循环是固定资本和消费基金,第三级用于科学技术和劳动力方面的投资。住房是固定资产投资和劳动力再生产的一个组成部分。哈维认为城市住房市场的形成演变过程,涉及到第二、三级资本循环的节奏及其与初级循环的关系;住宅成为社会资源重新分配的一种重要工具,住户的居住空间分异成为划分社会阶层最为有效和最为普遍的形式。哈维以美国的巴尔的摩的住房市场与金融资本的关系作了实例研究。

以后的学者应用马克思主义理论,对资本主义社会的土地市场、住宅的占有形态及其居住空间分异、住房政策等问题进行了比较研究,认识到不同资本主义社会之间的变异性。Dickens(1985)等比较瑞典和英国在住房建设的差异,M·Bait(1988)等研究了欧洲国家和美国的住房市场。

影响力越来越大的是制度学派。制度学派的研究重点是城市住房供给和分配的制度结构,有两个不同的起源,以研究美国城市为代表的区位冲突学派和以研究英国城市为代表的城市管理学派(即城市的经理学说)。区位冲突学派关注权力、冲突和空间之间的关系,由北美学者弗蒙(Form,1954)最先研究,也即是区位政治学。区位政治学认为土地利用的变化不是在自由而没有组织的土地市场中由无数个体决策的结果,而是由有着不同目标、不同权力及影响力程度的各个利益集团之间冲突的结果。空间不只是由政府/市场所分配的一种有价值的东西,而且具有权力资源的特征,空间资源的分配过程直接反映城市政治过程(Young,1975)。从总体来说,城市居住空间结构是由不同利益集团、组织(发展商、地主、房地产机构、金融机构、邻里组织)和地方政府之间的冲突形成的。区位冲突学派的分析较好的反映了政府干预较少的美国城市现实,多应用于美国城市研究。

城市管理学派(城市经理学说)源于对社会福利占有较大比重的欧洲国家城市住房市场运行过程的研究。住房市场可以按照住户、住房及其位置特征分成许多相互联系的亚市场。Rex and Moore(1967)是城市管理学派的早期代表。在对伯明翰内城住房短缺的研究中,他们将伯吉斯同心圆模式的要素和韦伯社会分异理论相结合,提出了住房阶级(Housing Classes)的概念,划分出六个带有空间特征的住房阶级:①已还清抵押贷款的自有住房者,②尚未还清抵押贷款的自有住房者(新郊区),③租住公共住房者(内城),④租住私人住房者(内城),⑤短期贷款购房被迫向外出租房间者(老郊区),⑥租住个别房间者(内城)。这些住房阶级的划分主要依据住户获得住房的不同可能性,一方面由住户的收入、职业和种族地位决定,另一方面由住房市场的分配规则决定,核心是基于收入差异在住房市场上展开的竞争。雷克斯和摩尔提出的住房阶级概念,将住户特征和住房特征结合在一起,从一个全新的角度研究城市的居住空间分异。

Pahl(1975)在前人研究的基础上,对城市管理学派的研究成果做了全面的分析和总结,奠定了城市管理学说研究的基础。他认为:对不同类型住户获得住房的可能性的研究,核心是对各种社会和空间限制因素及其相互作用的分析,而分析这些限制性因素的关键是对住房资源的供给和分配者在决策过程中所遵循的规则、目标、行为方式的研究。正因为是这些人对住户所能获得的住房及其空间区位起着决定性的作用,帕尔将他们称为城市管理者(urban managers),主要包括:①土地市场,如私人土地所有者与租赁者;②

建筑市场,如房地产开发商和建筑商;③资金市场,如向住宅市场提供生产和消费贷款的金融机构;④交易市场,如房地产经纪人等;⑤地方政府机构,如公共住房的管理者和规划者。

现将国外有关城市居住空间研究的主要代表学派、理论基础、主要研究领域和代表人物列表 14-1:

表 14-1　城市居住空间研究的主要学派

学派	理论基础	研究重点	代表学者
生态学派	人类生态学	居住结果的空间模型	伯吉斯(1925),霍伊特(1939)
新古典学派	新古典经济学	效用最大化	阿朗索(1964)
		消费者区位优选	穆斯(1969)
行为学派	行为理论	住宅区位的选择和决策行为	布朗和摩尔(1970)
马克思主义学派	历史唯物主义	住宅区位与社会力量之间的相互作用	考斯托(1972),哈维(1973)
制度学派	韦伯社会学		
区位冲突学派		住宅区位与权力集团的冲突	弗蒙(1954)
城市管理学派		住房供给与分配的制约因素	帕尔(1975)

资料来源:刘旺、张文忠,2004

新城市主义在城市居住空间研究中也拥有不可忽视的影响力。战后西方国家被郊区无序蔓延、交通问题、贫民窟等问题困扰,美国尤其突出。因此,西方的规划界和建筑界开始寻求新的城市发展方向,希望能够解决种种"城市病"。于是,新城市主义在这样的背景下呼之欲出。国外新城市主义出现在 1980 年代以美国为主的西方建筑界。1993 年 10 月,第一界"新城市主义大会"的召开标志着新城市主义的诞生;1994 年,建筑师 Peter Katz 组织支持新城市主义的建筑师和规划师出版《新城市主义——走向社区建筑》;1996 年,第四界新城市主义大会签署了新城市主义宪章。新城市主义主要寻求从城市设计上来解决当前城市面临的问题, 通过社区的模式来实现目标;1980 年, 新城市主义的代表人物 Andres Duany 与 Elizabeth Plater-Zyberk 夫妇提出 TND 模式;1990 年,Peter Calthorpe 在改进"步行口袋"模式提出的 TOD 模式。国内对新城市主义的研究主要是集中在引进国外的学术成果为主,有些开放商打着"新城市主义"的旗号提高楼盘的销售,而不是真正运用新城市主义的设计理念进行居住区开发。李晓慧(2003)的硕士论文比较系统的对新城市主义进行了研究。杨德昭(2006)从住宅小区到新社区进行了广泛的研究,对住宅小区的消逝及新社区(新城市主义理念)的兴起进行了肯定。

1978 年改革开放以来,我国城市化进程明显加快,城市住房制度不断变革,城市住宅投资开发力度明显加大,居住空间变化加快,并开始出现分异现象。尤其自 1998 年下半年开始,全国城镇停止住房实物分配,实行住房分配货币化,更加剧了大城市住宅空间分异的进程。国内关于居住区的研究主要集中在以下几方面:

第一,关于迁居问题的研究。

自布朗和摩尔建立的迁居模型以来,国内对迁居的研究主要在北京、上海、深圳、广州等城市,在引用西方的理论的基础上运用行为地理学等方法取得了较大的成果。周春山(1996)在对比国内外人口迁居特征、原因比较分析后认为:第一,目前我国大城市人口迁居呈短距离、蔓延式向外扩散,有别于西方国家以汽车为交通工具人口向郊区远距离扩散的郊区化;第二,中国的人口迁居以被动的迁居为主,其中以单位分房占重要地位;第三,单位分房中以户主的工作年限、职务、职称为主要依据,因而住户社会地位的变化引起的迁居在中国较普遍;第四,影响人口迁居的因素在改革前后发生很大变化。近几年来柴彦威等运用行为地理学、时间地理学的方法对一些大城市进行了迁居研究。柴彦威等(2000)认为影响迁居的因素主要有迁居的主体、居民的出行方式、住房制度、户籍制度和土地利用制度等。翁桂兰等(2003)研究天津市民的迁居意向得出:居民主观评价、居民与迁居目的地的联系、工作地和居住地分离而产生的问题等都直接影响其迁居意向。史中华等(2000)研究深圳居民迁居问题显示:在条件允许情况下(经济条件、政策条件等),深圳市民将仍然以向市中心方向迁居为主。田文祝(1999)、冯建(2004)对北京市迁居问题进行了较深入的研究。

第二,居住空间结构及其分异研究。

关于居住空间结构的研究文献相对较多,主要集中在以下几个方面:一是关于城市居住空间扩张的历史过程、现状特征、演变趋势等方面的实证研究(刘旺等,2004)。张文忠等(2002)认为北京的居住空间呈圈层式扩展,沿交通线呈放射状扩展。冯建(2004)对北京城市社会区进行了分析研究。周春山(2005)运用因子生态分析总结出广州市建成区的住房空间结构呈向东拉长的同心椭圆圈层的模式。吴骏莲等(2005)基于南昌市第五次人口普查资料运用因子生态分析方法对南昌市社会区进行了分析。二是关于居住社会空间地域结构及其分异机制研究(刘旺等,2004)。以吴启焰(2001)的《大城市居住空间分异研究的理论与实践》及黄志宏(2006)《城市居住区空间结构模式的演变》对居住区空间分异研究最为深入,对国内在居住空间分异研究起到了推动的作用。黄吉乔(2001)在分析上海市中心城区居住空间结构后认为上海的居住空间呈以下几种分异:以高档住宅为主的城市中心区;以中高档住宅为主的过渡带;以中低档住宅为主的城市外围地带;以现代居住园区为主的城市边缘带。姜巍(2003)做过关于乌鲁木齐的居住空间分异研究。万勇等(2003)对中国城市居住空间分异做了一个阐述。80年代后期,我国城市规划和地理学者开始运用因子生态分析方法对上海和广州进行了实证研究,研究发现我国主导城市社会空间分异的主要因素(人口密度、文化职业和家庭)与美国城市社会空间分异的三个解释变量(社会经济地位、家庭和种族)不尽相同。近年来由于我国社会转型和住房制度改革,加剧了城市居住社会空间分异的程度,并开始引发社会问题和矛盾,地理学者对这一现象进行了充分的关注,涌现了大量的研究成果,研究成果主要集中在居住社会空间极化及其分异机制,以及由此引发的社会问题等方面(刘旺等,2004)。其中,以王兴中等学者所著《中国城市社会空间结构》最具有代表性,该书以西安市为例,对西安市居住社会空间形态与结构、居住社会空间分异的动力机制以及居住迁移与居住社会空间的关系进行了深入细致的研究和探讨(刘旺等,2004),他认为居住分异的动力机制有:土地利用进一步分化与人们活动系统的分离;收入层次、家庭类型及其种族与少数民族的分离;人们选择住宅的行为与生活方式行为;政府对城市的管理与调控。

第三,住宅郊区化的研究。

郊区化(suburbanization)就是城市在经历了中心区绝对集中、相对集中和相对分散以后的一个绝对分散的阶段,它表现为人口、工业、商业先后从城市中心区向郊区迁移,中心区人口出现绝对数量的下降(周一星,孟延春,1997)。20世纪90年代以来,我国的一些主要大城市北京、上海、广州、沈阳、大连等不同程度地进入了郊区化阶段(周一星,孟延春,1997)。郊区化的研究主要是从居住郊区化、工业郊区化和商业郊区化几方面进行。

目前中国大城市居住空间郊区化表现为城市中心区居住人口的逐渐减少、城市边缘及郊区大量农田转变为居住用地,致使城市建成区范围不断增加。归纳起来,城市郊区低廉的地价是居住空间向郊区扩展的主要原因。关于住宅郊区化的研究主要集中在以下几个方面:一是中西方住宅郊区化的对比研究,以及我国住宅郊区化基本特征与发展趋势的实证研究。二是住宅郊区化与房地产开发相互关系研究。三是城市人口迁居与住宅郊区化的相互关系研究(刘旺等,2004)。柴彦威等(1996)、周一星等认为西方国家的居住郊区化是一种经济发展到较高程度后出现的自发的居住的郊区化;中国的居住郊区化主要是政府、单位组织,居民被动接受的郊区化过程。田文祝(1999)、冯建等(2004)对北京都市区居住空间格局的变化与郊区化发展进行了深入的研究。陈文娟等(1996)对广州市居住郊区化建设进行了初步的探讨。张春花等(2005)在对比大连市1983、1993、2002年城市居住空间分布,从定性和定量两方面探讨了居住郊区化的特点和规律。周敏(1997)对杭州市城市郊区化进行了研究。黄吉乔(2001)对上海市中心城区的居住空间结构的分析研究认为其郊区化趋势日趋明显。

第四,居住区规划布局问题研究。

居住区布局与规划的研究主要以城市规划学界的研究为代表,他们从住宅区布局与规划的原则、住宅区与其他都市功能区的关系、住宅区的形态和小区内部规划等角度进行研究。总的来看,主要是侧重于规划技术手段的研究。19世纪空想社会主义解决居住问题是新协和村、"田园城市"设计;到20世纪初,明日城市方案;1920–30年代,邻里单位规划;1930–40年代,城市社区与管理分区规划;1950–70年代,社区的更新,社区开发计划;1970年代以来,城市社会区域形态、社会、生活环境与管理的综合规划;1990年代出现TND和TOD的社区开发模式。

第五,居住区位的微观选址问题研究。

近年来,看到许多研究城市住宅区布局理论的文献,主要侧重城市住宅区位的形成因素及其机制分析。董昕(2001)关于城市住宅区位研究指出在市场机制下影响住宅区位的因素有自然条件、地价、就业区、中小学及医院等城市公共设施的位置和交通运输条件,城市规划的指导以及社会聚集经济等。张文忠(2001)对居住住宅区位选择进行因子分析后认为,房价的高低、住宅区位的交通通达性、环境条件、居民自身的社会、经济、文化等特征对居住择居有较大影响。张文忠等人近年来在北京居民个人住房选择行为的影响因素及微观机理的定量研究、居民个人社会属性特征与住房消费行为和空间偏好等取得了较丰硕的成果。

上述研究工作在中国主要集中在东部发达城市,如北京、广州、上海等,对西部地区尤其是西北落后地区城市居住空间结构研究很少。城市居住区的发展出现居住分异现象,"城中村"、贫民窟里犯罪率增加,旧城旧村改造中的拆迁补偿问题引发一系列社会问题等。在城市居住区发展布局上,存在居住空间扩展以及扩展的方向问题等。如果居住空间发展合理,将能扩大居住容量,减少居住问题(贫民窟、城中村等),改善居住环境等。

鉴于居住区变迁是城市转型的主要空间表征和内容之一,本章以兰州市为例分析中国西部城市居住区空间及其演化(伍俊辉、杨永春等,2007)。选择兰州城市建成区所在的黄河河谷盆地为研究对象,范围为东经103°31′~104°00′,北纬36°00′~36°10′,行政区域包括城关区、安宁区、西固区、七里河区处于兰州东、西两大盆地内的地区,也包括了已经开发的坪地、台地和极少部分的山地(山地公园),总面积227.98 km²,建成区面积138.48 km²,总人口约180万人(伍俊辉、杨永春等,2007)。实际调查使用的基础图件是兰州市quick bird影像图,室外调查在2005年3—8月完成,数据处理在2005年9月—2006年1月间完成。

14.1 兰州市居住区空间分布

文中把城市分成3个组团,即城关—七里河组团、西固组团、安宁组团(后文同)。

1. 改革开放前

兰州市1960年以前的居住区主要分布在旧城区(盘旋路到文化宫,西固城—天鹅湖),1960—1970年代居住地域空间扩张迅速(见彩色插页,前图12-5,12-7)。

城关—七里河组团1960年以前的居住区主要分布在南关什字、盘旋路口、天水路什字和五泉山所围合区域,即东方红广场、兰州大学、皋兰路、静宁南路、金昌南路等区域;定西南路、火车站东路、平凉路、定西东路围合,即华联超市、东方红影院所在的区域;天水路什字到长城宾馆,定西路与定西北路所围合的小片区域;外贸厅—八一宾馆片区;省地震局到省医院,南昌路以南,东岗路以北,科技街、渭源路、省电台等所在的区域;南关什字、省政府、解放门、安定门、双城门所围合,城关区政府、酒泉路、兰州剧院等所在区域;文化宫片区;公交总公司—小西湖—义务商贸城片区;安西路口、七里河区政府、兰州西站、毛纺厂、市一医院所围合,友谊宾馆、长征剧院等区域;七里河南街、兰西铁路医院、省博物馆所在区域。1960年代,增加了定西东路、嘉峪关西路、嘉峪关北路、东岗东路所围合的区域,如东部批发市场、兰新市场、省中医学院等区域,五里铺到气象局一带,兰州二热、排洪南路所在的大部分区域,以及广场东口、省委、静宁路口所围合,包括广场北路、金昌北路等区域。1970年代居住区增加了文化宫片区,人民剧院、胜利宾馆、永昌路口等所在的三角区,甘肃联大—女子职业学校片区,民航医院,拱星墩市场片区,女子职业分校—甘肃劳动宾馆片区,行政学院、皮革厂、甸子街一带,草场街、十中、兰州黄河旱漆厂所在的带状区域,红旗机械厂—甘工大片区,兰州军区总医院片区,省中医院—市一医院片区,省轻纺工业学校,秀川新村,以及省博物馆片区居住区功能被置换。

西固组团1960年以前的居住区主要分布在陈官营一带,兰锦家属区、玉门街什字、甘阀厂、西固北街和沿西固中路一带,康乐路、西固中路、玉门街、西固路所围合的含西固乡的大部分区域,兰化技校—兰化化肥厂片区,天鹅湖到兰炼医院、西固商厦、山丹北街一带。1960年代，增加了深沟堡、省商业学校一带区域。1970年代，增加了水上公园—深沟桥片区，兰州石油化工学校、西固公园、西固区政府所在的区域等。

安宁组团1950—1960年代的居住区主要包括西北师大等高校以及万里厂的家属区等。1970年代增加了培黎广场—省经济管理干部学院片区，甘肃政法学院—长新路片区，刘家堡—费家营带状区域，以及万里厂片区（包括万里西村、万里东村）等。

2.改革开放后

改革开放以来是兰州市居住区变化最大和规模扩张最大时期（见彩色插页，前图12-5,12-7）。而且，城市1990年代新增居住区中村民私宅占了相当的比例，主要分布在雁滩、安宁、七里河、西固区的郊区村落中，建筑高度以2层左右为主。同时，各组团中心区的居住用地有所减少。

城关—七里河组团1980年代居住区在1970年代的基础上增加了鸭嘴滩、雁宁路、天水北路以西、黄河以南的片区，雁滩家具市场、雁滩中学、兰州中医谷伤科医院、建材市场、张苏滩粮油批发市场、雁滩小区等所在的区域，雁南路以南—南河以北—建材市场片区，科技街以北—定西东路以西—渭源路以东—省图书馆—东湖宾馆片区，兰州大学一分部家属区，庆阳宾馆、七三四七厂、拱星墩市场、省果品仓库片区，八一宾馆、黄河饭店等所在区域，广场东口到盘旋路、东岗西路以北、南昌路以南片区，兰州饭店、金城宾馆、西北宾馆一带和静宁路到南关、国际大酒店区域，通渭路以西、西关什字以东和工人俱乐部、中山宾馆一带片区，上西园、下西园、省邮电学校、兰州中医康复医院片区，土门墩—西部糖酒市场的沿西津路的带状区域。同时，盘旋路到解放门一带的居住用地面积持续在减少。1990年以来，居住区新增加了新港城、天庆花园居住区、雁滩工业城、丝绸市场、西部丝绸商贸城、刘家滩片区（主要是雁滩乡的村民自己盖的房子，俗称"炮楼"），伏龙坪、华林坪、交通技工学校、省工商学校片区（这片也主要是村民自己盖的房子），富星家具广场沿着北滨路到兰空气象学校一带片区，兰州工业学校、五一五医院、武警医院、市三医院片区，安定医院、中心坪片区，以及金港城、马滩的部分居住区。

西固组团居住区1980年代新增加了西固中街、玉门街以南，寺儿沟以东，山丹北街以北，兰炼技工学校以西的大部分区域。陈官营—省商业学校和西部市场一片居住用地面积在减少。1990年以来，增加了范家坪、广家坪、小坪子等居住片区（主要是村民的私宅），以及临洮街一带的居住区（私宅）。

安宁组团居住区1980年代新增加了黄河市场居住片区。1990年以来，又新增了十里店乡、孔家崖乡、吊场乡的大部分居住区（这片大部分就是村民的私宅）。

14.2 兰州市居住空间演变

1950年以来，城关—七里河组团的扩展速度远大于其它两个组团。到2005年，城关—七里河组团的居住用地已达到26km²，而西固、安宁两组团分别仅有6.5km²和4.5km²。从扩展的速度来看，城关—七里河组团未来仍然是兰州市居住用地的主要区域（图14-2）。

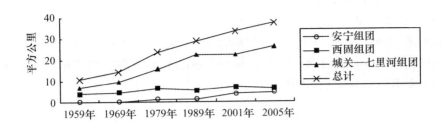

图 14-2　各组团居住空间扩展情况

1.改革开放前居住区的演变

(1)1960 年代居住区扩展

1960 年代进行了较小幅度的扩展,10 年间仅增加了 3.55km² 的居住用地。城关—七里河组团主要是在离中心 6km 以内的区域扩展,西固组团是在离西固城 5km 以内的区域扩展力度较大,安宁组团几乎没有扩展。

城关—七里河组团向东离中心 1km(增加了 0.47km² 的用地)及 4~5km 的区域内(增加了 1.0km² 的用地)扩展速度较快,主要包括定西东路以东、南河以南、焦家湾路以西,即东部市场、西北商贸城、省干部医疗保健院等所在的区域。东南方向距中心 4km 左右的区域增加的用地面积较多,大概有 0.3km²,主要分布在酒泉路到平凉路之间。向西的方向上,共增加了 0.35km² 的居住用地,在各圈层分布上分布较均匀。向北的方向上,居住用地基本没有变化,仅增加了 0.001km² 的用地,主要分布在广场以北、滨河路以南的大部分区域(图14-3,14-4)。西固组团在向北距中心 1km 的区域扩展的速度较快,大概增加了 0.27km² 的用地面积,即西固路与合水路相交的区域(图 14-3,14-5)。安宁组团在 60 年代基本没有增加居住用地,在向东及东南方向上也就增加了不到 0.006km² 的用地(图 14-3,14-6)。

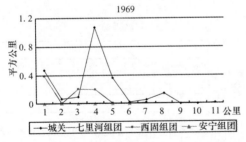

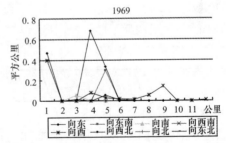

图 14-3 1960 年代各组团居住用地扩展情况　图 14-4 1960 年代城关组团向各方向扩展情况

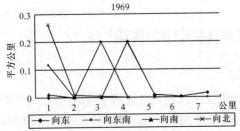

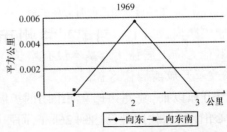

图 14-5 1960 年代西固组团向各方向扩展　图 14-6 1960 年代安宁组团向各方向扩展

(2)1970年代居住区扩展

1970年代兰州市居住区进行了较大规模的扩展(图14-7)。城关—七里河组团在离中心10km以内的区域具有大规模扩展,共增加了6.20km²的居住用地;西固和安宁组团主要是在离中心5km的范围内进行扩展建设(图14-8),其中西固组团增加了2.0 km²的用地,安宁组团增加了1.2km²的用地。

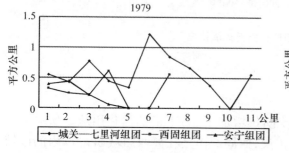

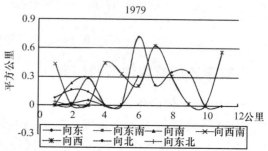

图14-7　1970年代各组团居住用地扩展　　　图14-8　1970年代城关组团向各方向扩展

城关—七里河组团1970年代在各个方向上都有扩展。其中东/西两个方向最为明显,分别增加了1.7km²/2.5km²的居住用地。向东主要是在离中心5~10km的区域内进行扩展建设,在离中心5km以内的区域居住用地基本没有增加。向西在离中心3~9km区域内进行扩展建设即主要在敦煌路以东,比如秀川—西部欢乐园。在南/北方向上,主要是在离中心4km以内的区域进行扩展建设,增加了0.5km²/0.4km²的居住用地。其他方向上扩展的速度较小(图14-7,14-8)。

西固组团向东离中心2~4km的区域内居住用地增长较快,即合水路以东沿着福利东路,增加了1.34km²的用地;在东南方向上离中心1~3km的区域内,用地面积增加了0.44 km²;在向南1km的区域内用地面积增加了0.1km²;在其他方向基本没有变化(图14-7,14-9)。

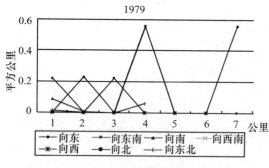

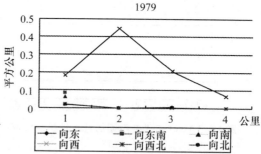

图14-9　1970年代西固组团向各方向扩展　　图14-10　1970年代安宁组团向各方向扩展

安宁组团向西离中心5km以内沿安宁路的区域扩展力度较大,增加了0.9km²的居住用地。其他方向上居住用地基本没有增长(图14-7,14-10)。

(3)改革开放前居住区扩展

改革开放以前,兰州市的居住区主要分布在黄河以南的区域,以盘旋路—西站、西固城为核心沿东岗路、西津路、西固路呈带状分布;黄河向北的区域分布较少,没有形成一定规模的居住区,仅零散的分布在一些企事业单位的家属区。兰州市的居住空间扩展表现出沿两条轴线(黄河和东西向的交通干道:东岗路、西津路和西固路)扩展的模式。

城关—七里河组团:1970年以前主要是在离中心4km以内的区域进行居住区建设,到1979年扩展到离中心8km的区域内。从扩展的方向来看,60年代主要是向东/西方向扩展;从1970年开始向多方向扩展,到1979年在正南/北方向分布了大量的居住区(图14-11)。

西固组团:在1979年前基本都是在离中心5km以内的区域进行建设,离中心2km以内的区域建设明显比外围区域的力度要大,向外平缓的扩展,主要是向东南/南扩展(图14-12)。

安宁组团:在1970年以前居住用地基本没变,到1979年在离中心4km以内的区域开发了大量的居住区,其中在1~2km的区域内的增长幅度最大,增加了1km²的居住用地。从扩展的方向上来看,主要是向西扩展(图14-13)。

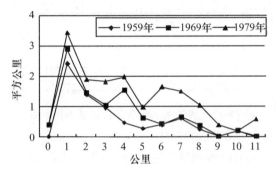

图14-11 城关—七里河改革开放前居住用地

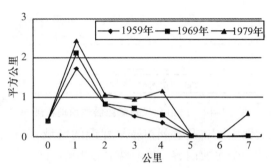

图14-12 西固改革开放前居住用地

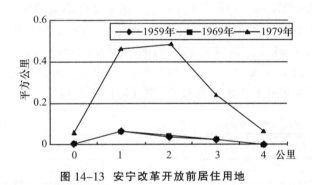

图14-13 安宁改革开放前居住用地

2.改革开放以后

(1)1980年代居住区扩展

1980年开始,1950年代的居住区开始报废(砖混结构的楼房使用年限一般是30年左右),兰州市的居住区扩展表现为内城改造和向外扩展两种方式。城关—七里河组团仍然是以向外扩展为主,10年间增加了6.57 km²的居住用地,扩展力度较大的是在离中心2~6km的区域内;西固组团则以旧居住区改造为主,居住用地面积减少1.2 km²;安宁组团在这一时期的变化不大,仅增加了0.02 km²(图14-14)。

城关—七里河组团在离中心1km的区域内主要是对旧居住区的改造,居住用地有一定的减少,减少 0.4 km² 的居住用地,主要分布在盘旋路到解放门的大部分区域;向东离中心 10km 的区域内居住区的扩展速度很快,增加了 4.26 km² 的用地,主要分布在东部及雁滩的部分地区(雁滩路以南的区域);在东南方向上,离中心 6km 以内的区域扩展力度也较大,增加了 1.83 km² 的用地;向西离中心 4km 以内的区域即小西湖、西站、敦煌路片区的扩展速度也较快,但是到离中心 5~9km 的区域内居住用地则在减少;向北在离中心 1~2km 区域内进行扩展,增加了 0.20 km² 的居住用地,主要分布在沿着佛慈大街向北;在向其他方向上的变化不太明显(图 14-14,14-15)。

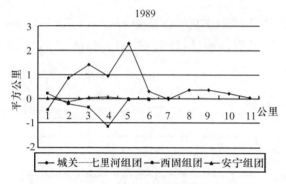

图 14-14　1980 年代各组团居住用地扩展

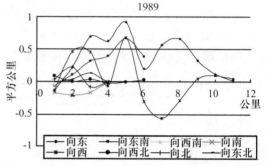

图 14-15　1980 年代城关组团向各方向扩展

西固区也是兰州市较早建设的区域,对旧居住区的改造成为 1980 年代西固居住区建设的一个主要内容。向东离中心 1~4km 区域内居住用地面积呈下降趋势,减少了 1.4 km² 的居住用地,分布在陈官营——省商业学校和西部市场一带;向南的 1km 区域内增加了 0.5km² 的居住用地,分布在天鹅湖——玉门街片区;其他方向上变化不太明显(图 14-14,14-16)。

安宁组团在 80 年代没有太大力度的扩展建设,仅沿安宁路建设了小部分区域。向西的方向上,在离中心 1~3km 的区域内居住用地减少,减少 0.3 km² 的居住用地,主要分布在甘肃政法大学、兰州交通大学等一带;到离中心 3~6km 区域内居住用地开始增加,增加 0.12 km² 的用地;其他方向上变化幅度较小(图 14-14,14-17)。

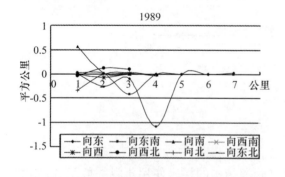

图 14-16　1980 年代西固组团向各方向扩展

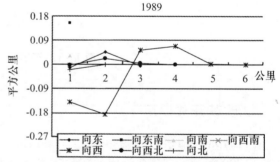

图 14-17　1980 年代安宁组团向各方向扩展

(2)1990—2001 年居住区演变

城关——七里河组团:内城区(离中心 5km 以内的区域)居住用地面积大幅度减少,减少 3.1 km² 的居住用地;向外(离中心 5km 以外的区域)扩展比较明显,增加了 3 km² 的居住用地。在东/西方向用地面积变化显著,向东离中心 3km 的区域内,居住用地面积减少

0.85 km²,以外的区域面积增加 0.55 km²。向西在 5km 以内的区域居住用地减少 1.67 km²,以外的区域增加 2.92 km² 的用地。东南方向离中心 7km 以内的区域居住用地面积都在减少,减少 1.70 km² 的用地面积。西北方向呈缓慢增长趋势,增加了 0.47 km² 的居住用地。正南/北方向的变化幅度不大,仅增加了不到 0.1 km² 的用地(图 14-18,14-19)。

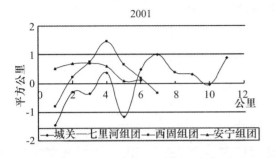
图 14-18 1990—2001 年各组团居住用地扩展

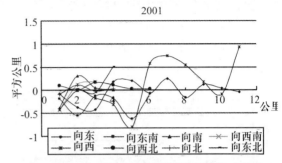
图 14-19 1990—2001 年城关组团居住用地扩展

西固的居住区大部分是在 1980 年代建设。西固组团的中心区居住用地面积减少了 1.12 km²,主要分布在西固城—天鹅湖片区;在 2~6km 区域内用地面积增加了 3.3 km²(图 14-18)。西固组团在东/东南方向用地变化显著:向东离中心 3km 的区域内居住面积减少 0.7 km²,以外的区域用地面积增加 0.78 km²。东南方向用地面积在 2~5km 范围增长较多,增加了 1.67 km²,以外区域仅增加 0.08 km²。向西以较低速度向外蔓延,共增加 0.76 km² 的用地。西北方向居住用地面积减少 0.26 km²(图 14-20)。

安宁组团是以居住用地面积的增加为主,在离中心 5km 以内的区域的用地面积增加 2.64 km²,主要沿着安宁路向西扩展(图 14-18)。向西方向上居住用地变化显著,在离中心 1~4km 区域内的扩展速度较快,增加了 2.22 km² 的居住用地,往外扩展的力度明显减少,仅增加 0.2 km² 的用地。其他方向变化不明显(图 14-21)。

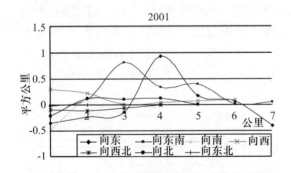
图 14-20 1990—2001 年西固组团居住用地扩展

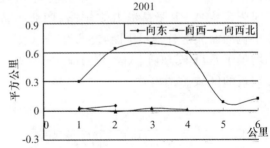
图 14-21 1990—2001 年安宁组团居住用地扩展

(3)2001—2005 居住区的演变

2001 年后,居住用地总面积呈上升趋势,从 2001 年的 33km² 增加到 2005 年的 37km²。城关—七里河组团离中心 5km 以内的区域呈增长的趋势,增加了 7.16 km² 的用地,外围区域减少 3.10 km² 用地(图 14-22)。安宁和西固组团也有类似的变化趋势(图 14-22)。

城关—七里河组团向东 5km 以内的区域居住用地增加,主要是雁滩片区(图 14-23),

建设了较多的居住小区,如望河丽景、欣月湖、鸿运润园、新港城(后几期工程)、御景花园等,东岗镇的飞天家园、宝盛家园等以及旧城改造后的中环广场、保利大厦、金城名苑、华阳大厦、万盛花园、亚太大厦、旺盛大厦等,增加了 2.32 km²;5km 以外的区域减少 1.70 km² 的居住用地。向西 6km 区域内用地也呈增长的趋势,增加了 2.15 km²,比如阳光家园、华亮家园、明仁花苑等居住条件较好的居住小区的建设;以外区域减少 1.45 km² 的用地。东南方向 3km 以内的区域用地增长,增加了 0.86 km²。向南也呈增长趋势,增加了 1.1 km²,主要在 3km 以内的区域。其他几个方向上居住用地的变化趋势不明显。

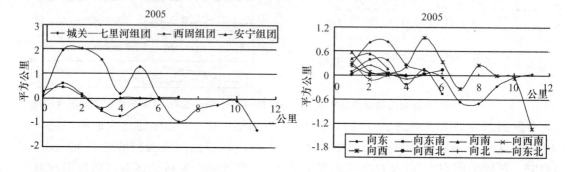

图 14-22　2001—2005 年各组团居住用地扩展　　图 14-23　2001—2005 年城关组团居住用地扩展

西固组团在西及西北方向上,离中心 1km 的区域内用地在减少,分别减少 0.37 km²/0.07 km²。向东方向上,离中心 4km 圈层内居住用地减少 0.50 km²;其他圈层呈增长的趋势,但是增加的用地较少,仅增加 0.23 km²。向北居住用地面积增加 0.44 km²。东北方向上增加 0.27 km²。东南方向在离中心 2km 的区域内,用地面积增加 0.14 km²;以外的区域用地面积减少 1.30 km²。向南 2km 区域内增加了 0.40 km² 的用地面积(图 14-24)。

安宁组团扩展的区域很小,10 年共增加了 0.42 km² 的居住用地,主要分布在培黎广场以南,沿北滨河路的小片区,如实创现代城、黄河水岸·颐园等小区。对旧居住区的改造相对强度大些,主要是沿着安宁路,西北师范大学、兰州交通大学、甘肃政法大学等企事业单位的家属区建设(图 14-25)。安宁组团向东及西北方向上用地有较小幅度的增长,分别增加了 0.11 km²/0.14 km² 的用地。向西则减少了 0.46 km² 的居住用地,主要分布在离中心较近的区域。

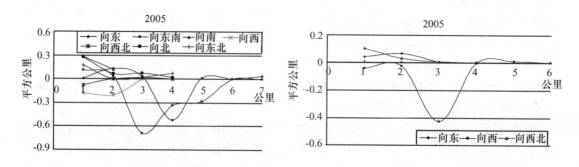

图 14-24　2001—2005 年西固组团居住用地扩展　　图 14-25　2001—2005 年安宁组团居住用地扩展

(4)1980—2005 居住区的演变

在改革开放的 20 多年来,城市用地不断向外扩展。从改革开放初期到 1995 年,兰州市居住用地进行了大规模扩张,基本上覆盖了盆地内的大部分区域,居住用地呈现出明显的粗放式扩展。各乡、村都建设了大量的 1~4 层的住宅(主要是用于出租给外地来兰州务工的人员),这类住宅主要分布在城关区的雁滩(我们调查中发现,雁滩现存的 2~7 层住宅,大部分都是雁滩乡的村民自筹资金建设,这些楼间距一般都是 1~3 米,俗称"握手楼",无消防通道,居住条件非常差,一般都共用厨卫设施)、七里河区上下西园、华林坪一带;安宁区刘家堡、费家营以及黄河市场等区域。1990 年代后期开始,兰州市面临城市用地紧张的压力,居住用地由粗放型向集约型使用方式转变,开始对大量的私宅进行整顿(如 2005 年由兰州大学人文地理研究所承担对雁滩"城中村"进行改造的专题研究)。例如,1995 年以来,雁滩建设了大量的居住小区,这类居住小区内的居住环境非常好,具有完善的物业管理、大量的绿化面积等。七里河区、安宁区的用地压力相对较小,因此对村民自建房没有进行大规模的整顿。西固区外来人口相对较少,居住压力也较小,自 1990年代以来都没有进行大规模的居住区建设。

城关—七里河组团:城关—七里河组团是兰州市民居住的主要区域。自 1980 以来,居住用地主要是在离中心 10km 以内的区域,1989 年比改革开放以前用地增加了 6.57km²,增加的幅度很大;2001 年比 1989 年没有增加太多的居住区用地;2005 年居住用地又有一定的增加,在离中心 4km 以内的区域增长比较明显,向外有小幅度的减少(图 14-26)。

西固组团:1980 年以后,西固区的居住用地主要分布在离中心 7km 以内的区域,用地面积的变化不明显,1989 年为 5.4km²,2001 年为 7.2km², 增加了不到 2km² 的用地面积;2005 年为 6.6km², 减少 0.6km² 的用地面积,且又回到了离中心 2km 以内的区域进行建设,2000 年以后建设的居住区主要分布在西固城—天鹅湖以及福利路一带(图 14-27)。

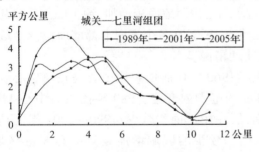

图 14-26　城关—七里河改革开放后居住用地

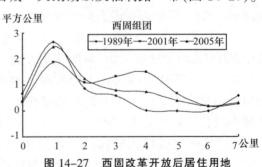

图 14-27　西固改革开放后居住用地

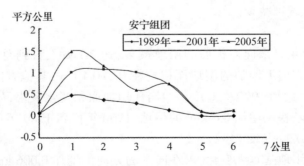

图 14-28　安宁改革开放后居住用地

安宁组团：1979—1989 年居住用地面积没有太大变化，都是 1.3 km² 左右；2001 年为 4.1 km²，增加了近 3km²；到 2005 年安宁区居住用地的总面积没有变化，只是用地的区域发生了一定的变化，2001 年居住区主要分布在离中心 4km 以内的区域，到 2005 年则回到了离中心 3km 以内的区域，中心区及离中心 1km 的区域内增长幅度较大，呈现出向中心集聚的趋势（图 14-28）。

总之，改革开放后是对旧居住区的改建（市中心主要是从单纯的居住楼转变成集商住办公为一体的楼盘建设）和沿河沿主要交通干道的扩展相结合的居住模式。2001 年后，兰州市居住区建设呈现出集聚与扩散并存的居住空间演变模式。

3.总体变化

（1）城关—七里河组团

城关—七里河组团自 1950 年代以来，扩展的最多的是在东/西两个方向，共达 14km²；其他方向上扩展较少，基本都在 0.4 km² 到 1.4 km² 之间。1970—1990 年间，居住用地扩展速度最快，20 年共增加 13 km² 的用地；1960 年代及 2001 年到 2005 年共增加了 7.8 km²；1990 年到 2002 年则减少 0.5 km² 的用地（表 14-2）。

1960 年代居住用地在各方向都增加。主要在东/西两个方向，在中心/东南方向增加 0.4/0.3 km²，其他方向上的变化不明显。1970 年代居住用地在各方向都增加，且增加的速度较快，共增加 6.2 km²。1970 年代仍然主要以东/西方向为主，南/东南/西南/北几个方向上，增加 0.4~0.5 km² 左右，其他方向变化不显著。1980 年代居住用地的总体增加速度较快，增加 6.9 km²，但是在这一时期有些方向上开始减少。向东/东南/西是 1980 年代居住用地扩展的主方向，增加用地面积 4.4 /1.8/0.6km²；南/西南方向用地面积减少；其他几个方向上变化不大。1990—2002 年居住用地总体呈下降，减少 0.5 km²。东/东南/西南/中心居住用地面积都减少，其中以东南方向幅度最大；东北/西北居住用地面积增加，约 1 km²；其他几个方向的变化不显著。2002—2005 年居住用地变化较快，且在各个方向上都增加，共 4.3 km²。其中东/南/北增加速度最快，其他几个方向上速度稍慢。

综上，各年代各圈层在不同方向上的变化：1960 年代居住用地主要是在离中心 6km 的范围内变化；1970 年代则扩展到离中心 9km 的范围内变化；1980 年代在离中心 11km 区域内变化，其中，在离中心 1km 左右的范围，居住用地面积减少；1990—2001 年也是在离中心 11km 的区域内变化，但是居住用地面积较少的区域增加到离中心 5km 区域；2001—2005 年仍然是在离中心 11km 的区域内变化，但是在离中心 6km 区域内居住用地面积增加，以外的区域则减少。

（2）安宁组团

安宁组团 1950 年以来向西扩展的用地最多，达 2.7 km²，占到总增加面积的 60%；中心/东/南/东南/西北方向上增加的用地面积均在 0.2~0.4 km²；其他方向上基本没有增加多少居住用地。1970 年代和 1990—2001 年间居住用地面积变化最快，分别增加 1.2/2.8 km²；2001—2005 年变化较快，增加 0.4 km² 的用地；1960 年代和 1980 年代居住用地基本无变化，仅增加 0.006 /0.02km²（表 14-2）。

1960 年代居住用地基本无变化，仅在向东的方向上增加 0.006 km² 的用地。1970 年代大部分方向上居住用地面积增加。以向西扩展为主，增加 0.9 km²；中心/东/西/南北/东南/

西北增加用地面积均在 0.1 km² 以下；东北/西南没有变化。1980 年代在各个方向上用地面积有增有减，但是总体变化幅度很小，10 年间共增加了 0.02 km² 用地。西/西北/西南方向上用地面积减少，其中西方向上幅度最大，减少 0.2 km²；东/中心/南/北/东北/东南方向上用地面积增加均在 0.2km² 以下。1990—2001 年在各方向上均增加或无变化，共增加面积 2.8 km²。向西增加面积最多，达 2.4 km²；东南方向上增加面积 0.1 km²；其他方向上增加的面积均在 0.1 km² 以下。2001—2005 年总体呈上升的趋势，但在个别方向面积减少。向西居住用地面积减少 0.5 km²；其他方向均增加，但增加的幅度不大，均在 0.3 km² 以下。

表 14-2　各组团不同年代各方向上居住用地面积的变化值

组团	方向	1969 年增加值（km²）	1979 年增加值（km²）	1989 年增加值（km²）	2001 年增加值（km²）	2005 年增加值（km²）	总计（km²）
城关—七里河组团	中心	0.397	0.000	0.153	−0.218	0.117	0.449
	东(11)	1.896	1.701	4.415	−0.514	0.785	8.284
	南(4)	0.060	0.519	−0.538	0.006	1.107	1.152
	西(11)	0.757	2.515	0.571	1.028	0.880	5.751
	北(4)	0.001	0.384	0.191	0.040	0.357	0.973
	东南(6)	0.299	0.597	1.833	−1.693	0.338	1.375
	东北(5)	0.019	0.041	0.169	0.497	0.293	1.019
	西南(3)	0.001	0.431	−0.047	−0.122	0.230	0.493
	西北(6)	0.073	0.000	0.131	0.475	0.204	0.883
	合计	3.504	6.189	6.878	−0.503	4.310	20.379
安宁组团	中心	0.000	0.055	0.006	0.000	0.270	0.331
	东(3)	0.006	0.029	0.029	0.071	0.117	0.251
	南(1)	0.000	0.063	0.031	0.014	0.269	0.378
	西(6)	0.000	0.902	−0.199	2.432	−0.469	2.665
	北(2)	0.000	0.019	−0.019	0.035	0.026	0.061
	东南(1)	0.000	0.085	0.154	0.115	0.007	0.361
	东北(0)	0.000	0.000	0.000	0.000	0.000	0.000
	西南(1)	0.000	0.000	−0.003	0.043	0.064	0.104
	西北(4)	0.000	0.026	0.025	0.047	0.145	0.243
	合计	0.006	1.178	0.025	2.757	0.429	4.395
西固组团	中心	0.000	0.000	0.274	−0.326	0.066	0.015
	东(7)	0.231	1.342	−1.403	0.070	−0.279	−0.039
	南(3)	0.012	0.096	0.583	−0.338	0.406	0.758
	西(6)	0.000	0.003	−0.066	0.762	−0.373	0.327
	北(5)	0.278	0.000	−0.328	0.165	0.438	0.553
	东南(7)	0.320	0.442	−0.379	1.726	−1.159	0.949
	东北(4)	0.000	0.071	−0.028	0.020	0.268	0.330
	西南(1)	0.000	0.001	−0.001	0.025	0.001	0.027
	西北(4)	0.000	0.000	0.178	−0.266	−0.047	−0.135
	合计	0.841	1.955	−1.170	1.839	−0.680	2.785

综上，各年代各圈层在不同方向上的变化：1960年代居住用地主要是在离中心2km的范围内变化；1970年代在离中心4km的范围内变化；1980年代在离中心5km区域内变化，在离中心2km左右的范围，居住用地面积减少；1990—2001年也是在离中心6km的区域内变化，居住用地面积仅在中心减少，其他区域均增加；2001—2005年仍然是在离中心6km的区域内变化，在向西方向的3km以内的区域居住用地面积减少，其他方向上的区域增加。

（3）西固组团

西固组团自1950年以来，居住用地面积增加最快的是南/东南方向，分别增加0.8/0.9 km²；其次是西/东北/北，分别增加0.3/0.3/0.5 km²；东/西北方向上居住用地面积分别减少0.04/0.14 km²；其他方向上变化幅度较小，均在0.05 km²以下。1970年代和1990—2001年居住用地面积增加幅度最大，分别为2.0/1.8 km²；1960年代增长幅度较小，为0.8 km²；1980年代和2001—2005年居住用地面积则减少，分别为1.2/0.7 km²（表14-2）。

1960年代居住用地面积在东/南/北/东南几个方向上增加，增加的速度基本一致，分别为0.2/0.01/0.3/0.3 km²；其他几个方向上无变化。1970年代在东/东南方向上增加较多，分别为1.3/0.4 km²；南/西/东北/西南四个方向上增加幅度小，均在0.1 km²以下；其他两个方向上无变化。1980年代在各方向上用地面积以减少为主。东/北/东南三个方向上减少幅度较大，分别为1.4/0.3/0.4 km²；西/东北/西南方向上减少幅度小，均在0.06km²以下；中心/南/西北用地面积增加，分别为0.3/0.6/0.2 km²。1990—2001年总体增加，但是在各方向上有增有减。中心/西北/南方向上用地面积减少，分别为0.3/0.3/0.3 km²；其他几个方向用地面积均增加，其中西/东南增加最多，分别为0.8/1.7 km²，其余增加幅度较小。2001—2005年在各方向上有增有减，总体减少。东南/东/西/西北方向上减少分别为1.2/0.3/0.4/0.1km²；中心/南/北/东北/西南居住用地面积增加，分别为0.07/0.4/0.4/0.3/0.001 km²。

综上，各年代各圈层在不同方向上的变化：1960年代居住用地主要是在离中心4km的范围内变化；1970年代在离中心7km的范围内变化；1980年代在离中心7km区域内变化，在离中心1km左右的各方向上以及在离中心6km向东的区域，居住用地面积减少；1990—2001年也是在离中心7km的区域内变化，居住用地面积在离中心3km的区域内减少，其他区域均增加；2001—2005年仍然是在离中心7km的区域内变化，在东南方向3~5km以内的区域居住用地面积减少明显。

（4）总体变化

1950年以来，兰州市居住用地向东/西方向扩展，增加的面积共17.2 km²，占总增加面积的63%；西南/西北方向上增加的最少，均在1 km²以下；其他几个方向上增加面积在1~3 km²之间。1970年代增加的用地面积最大，为9.3 km²；其次1980年代为5.8 km²；其他年代增加的面积基本在4 km²左右。从1980年代开始，在有些方向上居住用地面积开始减少。其中减少最明显的在1990—2001年之间，中心/东/南/西南都有减少。1990—2005年在各方向上在各组团靠近中心区域居住用地增加（表14-3）。

表 14-3　兰州市不同年代各方向上居住用地面积的变化值 307

方向	1969 年增加值(km²)	1979 年增加值(km²)	1989 年增加值(km²)	2001 年增加值(km²)	2005 年增加值(km²)	合计(km²)
中心	0.397	0.055	0.434	−0.544	0.454	0.795
东	2.133	3.072	3.040	−0.372	0.623	8.496
南	0.071	0.678	0.076	−0.319	1.782	2.288
西	0.757	3.421	0.306	4.222	0.038	8.744
北	0.280	0.403	−0.156	0.239	0.820	1.587
东南	0.619	1.124	1.608	0.148	−0.814	2.685
东北	0.019	0.112	0.141	0.517	0.560	1.349
西南	0.001	0.432	−0.051	−0.053	0.295	0.624
西北	0.073	0.026	0.335	0.257	0.301	0.991
合计	4.351	9.323	5.734	4.093	4.059	27.560

14.3　居住空间结构

利用不同年代用于居住用地的面积来生成兰州市居住空间结构。首先,提取出用于居住的建筑物,在网格中进行处理,网格大小是 100m*100m,有效格子(格子内具有居住用地)总共达 13000 多个,对每个格子进行计算得出不同年代的居住用地面积(利用对影像图数字化的面积)的比例;然后对格子进行赋值,把格子赋给占最大比例的建筑年代,如某一个格子内 1990 年代建设的面积占到了格子内总用于居住建设的 0.6,这时我们就把这个格子赋予 1990 年代建设, 得出一张居住空间结构图。利用同样的方法对网格为 1km*1km 的数据进行处理,得出另一张居住空间结构图。然后对两张图进行叠加处理得出居住空间结构图(图 14-29,见彩图插页)

兰州市居住空间结构呈现出多核心的组团式结构:(1) 以盘旋路到西站为核心,东岗路、西津路为轴,形成的城关—七里河居住带;(2)以西固城—天鹅湖为核心,西固路、福利路为轴,形成的西固居住带;(3)以培黎广场为核心,安宁路为轴线,形成的安宁居住带。

1.城关—七里河居住带

Ⅰ:改革开放以前建成的居住区。主要分布以盘旋路、广场东口、天水南路、平凉路、民主路所围合的梯形区域以及焦家湾、拱星墩有保留了小部分的居住区, 位于兰州市城关—七里河居住带的最内层。

Ⅱ:改革开放后到 1989 年建成的居住区。主要分布在南河以南、定西东路以西、平凉路以东的大部分区域,南关什字、中山林、安定门、双城门所围合梯形区域,金昌南路以东、民主西路以南、和政路以西、火车站西路以北的大部分区域,东岗镇保留了小部分区域,沿盐场路、佛慈大街的部分区域,文化宫以西、小西湖以东的区域,主要是位于第二圈层。

Ⅲ:1990 年代以来的商品房集中区。1990 年代建设的住宅用地占到了兰州市居住用地的一半以上,换言之,兰州市的现存的居住区主要是在这一时期完成(当然这包括了许多村民的自建房, 这类房屋主要是在 1992 年后建设, 用地大概占到了同期居住用地的50%以上)。主要分布在雁滩(即南河以北的区域)的大部分区域,平凉路以西的大部分区域,西站以西有零散的分布,盐场路以北的区域。主要位于第三圈层。

Ⅳ:21 世纪以来的现代化居住区。主要分布在城关区的雁滩,结合对村民自建房的改造,建设了许多现代化的居住区,如新港城、天庆花园、望河丽景、欣月湖、鸿运润园等;东岗镇也开发建设了许多居住区,如飞天家园、宝盛家园等;旧城区内零星的分布了一些商住楼,或是规模较小的居住区,如一只船北街的金色家园等;小西湖到西站一带也分布了较多的现代化的居住区,如阳光家园、华亮家园、明仁花苑等,主要位于圈层结构的外层。

城关—七里河居住扩展带是一种不规则的圈层结构分布, 主要是以改革开放以前的居住区为核心,向东西方向呈不太规则的椭圆形扩展。

2.西固居住扩展带

Ⅰ:改革开放以前建成的居住区。西固区相对保留了较多改革开放以前的居住区,主要分布在西固城到天鹅湖、福利西路的一小片区域和西柳沟以东、化工路以西、西固西路以北、化工街以南的区域。

Ⅱ:改革开放后到 1989 年建成的居住区。主要分布在西固商厦、兰炼医院、先锋路、兰州石油化工学校、西固公园所在的长方形区域,合水路与西固路交叉的什字沿着合水路到西固城一带。

Ⅲ:1990 年代以来的商品房集中区。主要分布合水路以西、西固城站以东、西固西路以南、铁路以北的大部分区域;陈官营、深沟桥等其他区域分布居住区基本都是村民的自建 1–3 层的砖结构的房子。

Ⅳ:21 世纪以来的现代化居住区。主要分布在以玉门街什字为核心,向西到合水路、向南到福利路、向东到兰锦家属区的区域,如亚太新村、芙瑞花园、永盛苑、温馨花园等小区。

西固居住扩展带没有形成像城关—七里河居住带那样的扩展模式,它的居住区主要分布在西固路以南的区域,在东西方向上呈带状。

3.安宁居住扩展带

Ⅰ:改革开放以前建成的居住区。改革开放以前的居住区沿着安宁路零散分布,主要分布在兰州师范学校、兰州机床厂、万里西村一带,省委党校、兰州市桃林文化中心等小部分区域。

Ⅱ:改革开放后到 1989 年建成的居住区。主要分布在长新路以东、省经济管理干部学院、兰空医院片区,以及零散分布在费家营、万里厂家属院等。

Ⅲ:1990 年代以来的商品房集中区。主要分布在安宁东路、西路以南、黄河以北的大部分区域和安宁东路、西路以北的外围区域,安宁区现存的 1990 年代的居住区大部分是安宁区村民的自建房,极少部分为一些企事业单位(如高校)的个别家属楼。

Ⅳ:21世纪以来的现代化居住区。主要分布在长新路以西、万新路以东、安宁西路以北的区域,省党校东侧的实创现代城。

从各居住区的扩展来看也没有圈层或是扇形分布, 相对较随意地零散分布在以安宁东路、西路为轴线的带状区域。

14.4　居住区的空间分异

1.计划经济时期

(1)居住区主要以单位的模式兴建

由于实施生产与生活不分离的原则,居住区随着生产地的扩散而就近布局,规模随着单位规模的差异而变化。在调查中, 我们发现各单位的居住区基本上布局于单位内部, “一个单位一个住宅区”至今在兰州城市依然非常普遍。因此,在兰州城市用地扩展过程中,各职能单位,尤其是工业企业等,先形成单位制飞地,然后其职工居住区才会建设,一般主要是一厂一区的模式(图14-2)。

(2)老城区的居住区规模小而破碎,新城区的居住区大多规模较大而集中

城关区是兰州市的城市中心区和人口密集区, 也是老城区所在地。不但存在大量的民居,而且,单位大多规模较小。因此,居住区显得相对密集和较为零乱。而新建区域由于大多是工业区,工厂规模较大,住宅区显得规模较大而集中。例如1950-1980年,随着西固、安宁、七里河、盐场堡、东岗等工业组团或工业区的大中型企业的建设,各单位根据自己的需要逐步建设了自己的住宅区,形成了遍布河谷盆地的单位制住宅区。而且,整个兰州市几乎只有在西固区的西固城,兰炼、兰化等单位修建了大型的联合居住区。这一居住区内有住宅楼近百栋,在整个福利区占有绝对比例,形成了相对较为密集、连片的居住区。而且,居住小区内配套设施齐全,各种公共设施齐备,实现了各种基本设施与基础设施的集约利用。

(3)居住区基本上散布于兰州黄河谷地

由于兰州是典型的新兴工业城市,工业化过程一直是兰州市城市发展的推动因素,主导了城市用地发展速度、方向以及用地结构的变化。由于工业区往往以工业企业在老城区边缘或者新设立的工业区为先导进行建设,由飞地逐渐成为新区,单位住宅区也随之建设。加之兰州河谷盆地地形狭长,各组团与工业区、工业点极为分散,导致兰州城市居住区逐渐散布于河谷中。由于1950年代兰州市是我国的重点建设城市,1960—1970年代又是三线建设的城市之一,因此,各工业区迅速形成,仅仅30年的时间,安宁、七里河、西固、东岗等工业区相继形成,形成了居住区整体分布相对分散,局部集中,遍布于河谷盆地之中的格局。由于河谷地形的影响,很多单位居住区一般是沿路或者背靠山体而建,所以出现了河谷城市所特有的,建筑层次比较分明的山城居住区模式,这一点类似于重庆山城的建筑风格。

(4)居住区条件与风格差异很小，贫富分化小，形成了单位制的"社区文化心理"

根据调查，1953年以前，兰州城市居住区主要集中在城关区的南关什字老城区一带，主要以民居的形式存在，并体现了市场经济环境的特征，富人和穷人的居住区在空间上有一定的分化。在1950—1980年代，兰州市对城市居住空间的营造主要是改革内城区居住环境以及在城市边缘区新建工人新村。由于这一时期实行的是中央集权制计划经济模式，单位的住宅建设没有显示出太大的主动性。城市的整体居住空间被分化成一个个以单位为基本居住单元的"单位制"居住空间。在这种单位制居住空间内，传统城市居住空间的社会阶级结构已经消失，在单位内部基本上不存在由经济地位或收入差异所导致的居住分异现象，一个单位内部的职工住房条件基本上相似。如果说单位内部居住稍有分异，那就是因社会分工不同的等级居住差异。根据调查，这些住宅楼一般以多层单元式住宅为基础(3~6层为主)，布局很规则，配备了相对完备的公共服务设施。这种单位制居住区内部差异小，住户同属一个单位，居住条件、生活习惯、收入水平大抵相似，彼此容易相互认同，排外气氛较浓，形成了大概一致的文化氛围和社区文化。这些居民对本单位的居住区比较容易产生一种归属感，稳定感和安全感。在改建旧的居住区的过程中，很多住户尤其是老年人不愿意迁出就证明了这一点。

值得注意的是，虽然居住区整体上差异小，但是由于城关区的工业企业较少，又是各种行政机关、事业单位的集中地，所以该地的居住区不仅在数量上多于其他各区，而且住宅楼的质量也稍好于其它地区，建筑样式也呈现多样化特征(也与以前部分旧建筑的继续使用有关)。而且，根据调查结果，虽然建筑样式和格局差异小，但就居住条件而言，各单位的权利阶层等仍然获得了较好楼层、区位、朝向和较大的面积，并且基本上总是能够优先获得住房。这是一般居民不能做到的。同时，根据掌握的权利大小和在经济中影响力的大小，部分单位总是处于较好的居住区位和拥有较多的住房供给。这也是一般单位做不到的。

2.改革开放以来

(1)"单位配给制"仍然是兰州城市居住区建设的主导模式

1950年代兰州城市居用地占城市总用地面积的20.41%，2001年代已经达到了23.62%以上。城市居住用地获得了较快的增长。但是，调查结果显示，迄今兰州城市的大部分单位仍然在各自单位用地内部建设零散的住宅楼或者开辟新的住宅区，尤其是郊区的单位更是如此。因此，虽然兰州城市大众居住区得到了一定程度的发展，但是，由于所占比例小，并没有改变城市"单位配给制"的总体格局。

(2)大众居住区得到了较快发展

1980、1990年代，商品房的开发建设形成一股热潮。兰州市大众居住区占地面积逐步增多，总占地面积约有529ha，约占居住总面积的19.9%。这种住宅小区具有下列特征：①从空间布局分析，大众居住区主要分布在城关区和七里河的西站附近，或者集中分布在原老城区的东西两侧。具体范围大致是火车西站附近及其以东，铁路以北，东岗以西，黄河以南的地区。这些地区具有距离市中心以及医院、学校、行政机关适中，又靠近黄河和沿山麓的特点，普遍生态环境和人文环境较好；②大众居住区零散地分布在前述地区。从调查中得知，由于房地产开发商所能获得的用地主要有农地、旧城改造后部分地段以及部分企业破产后拍卖的土地,很难打破原有单位制的格局。因此,大众居住区只能散布在前述地区;③大众居住区的开发类型。根据调查所得兰州城市2000—2002年的新建楼盘分布的所示,该类住宅区主要有两种类型:一是在旧城区内部的大力改建。这种类型的大众居住区主要集中在七里河的西站、城关区的西关什字到东方红广场西口、东岗附近;另一种类型是属于新区开发,主要位于城关区的雁滩等地。还有零星住宅楼分布于兰州市的城关区和七里河区。无论是旧城改造还是新区开发,分布于西固区和安宁区的大众居住区几乎没有。调查结果显示,即使在西固和安宁区建设新型的大众居住区,人们也因为种种原因不愿意到那里去买房;④不同价格、不同面积、不同设计风格与风貌等追求差异的住宅小区迅速发展,多元化趋势显著,尤其是近年来这种趋势更为强烈。从楼盘的起价与类型上来看,西站附近的楼房一般起价仅为1500元/m²,西关什字到广场西口以及到东岗附近这一带的楼房一般起价是2000元/m²。雁滩新建居住区的楼房起价分两种情况,一种是起价较低1500元/m²,另一种就是起价高达2000元/m²以上的别墅区、高级居住区。比如新港城、天庆花园、国泰花园别墅等。尽管如此,雁滩的楼房尤其是新港城、天庆花园、天庆嘉园、国泰花园别墅等高档住宅还是全部售出,无一空置。这就说明人们买房子的区位选择倾向于城关区而不是西固等其它各区,而且这种居住分异越来越明显。这些住宅小区基础设施配套齐全,绿化率高,物业管理好,各类公共设施方便等,有的还属于智能化小区。在本次调查中知道,一些被调查者都提到较好的居住小区中的典型代表是天庆花园、天庆嘉园、新港城、金港城等。

(3)居住条件异化程度扩大,居住区分异趋势强化

在调查中得知,兰州城市居住区分异过程已经强化,具体表现在以下几个方面:①城市居住区整体上出现了分异。调查中可以明显感到大众居住区的居住人群大多较为富有。这是因为兰州城市一般的大众居住区的价格(1500–3000元/m²)相对一般居民而言偏高,从而出现了居住阶层的极化分异。而且,大众居住区设计新颖,基础设施完善,景观令人耳目一新,而旧居住区往往陈旧、单调、失修。同时,收入高、条件好的单位的住宅区虽然可能仍然属于单位制模式,但是其建设和设计基本与时代同步,要么开发建设本单位的原有住宅区,加高楼层等,要么就是出资集体购买商品楼。这些单位有些位于较好的城市区位。而且职工在购房时一般拥有不同程度的单位补贴(例如一些单位的职工没有负担土地价格部分等),如行政单位、效益好的企业等。另一方面,受整个大环境的影响,很多工业企业尤其是国有大中型企业不景气,甚至停产、倒闭。这些单位对住宅区的建设投资很少,居住区由于多年的使用,又没有资金维护和翻新,出现了污水横流、垃圾遍地、房屋年久失修等衰败迹象。如果不加以整治,可能会出现类似西方城市的"贫民窟"。因此,如果没有很好的相关政策,将会出现城市整体上的居住区的空间分化和整合;②居住区内部的空间分化,即各个单位内部居住区的内部分异。随着市场经济的引入,住房要求是否得到满足跟个人的综合能力(经济收入、社会关系、职位等)有关。单位内的居住分异表现为以下两种形式:第一,在单位内部的住宅区内,虽然单位的分房机制有差异,但基本上是综合能力强、职位高的人优先选择了单位内条件较好的住宅区、住宅楼、楼层和区位。没有能力改善居住条件的人仍然住在旧的住宅区和住宅楼;第二,如果单位在外面新建住宅区,或者单位在外面集体购买区位条件较好的住房。一般说来,综合能力强的职工或单位内的年轻人会到大众居住区购房,而老年人因为对本单位的归属认同感很强,所

以不愿意离开单位。还有的情况是以上两种情况并存。在本次调查中,兰州大学就是一个典型的案例。兰州大学在兰州市的居住区共有3个:本部家属区、一分部家属区和二分部家属区。在本部的居住区内,大部分的居民楼是1950—1960年代建的,住宅楼很陈旧,急需翻建。新建的高层住宅有2栋,楼内住户主要是有高级职称的教师或者是在学校担任政治职务的领导。一分部的住宅全部是新建的,楼层高,住宅楼条件好,而在一分部买房子的住户几乎清一色的是年轻而且经济实力强的老师。二分部的住户是属于二者之间的情况。

(4)大众居住区的兴起

由于大众居住区具有多元化趋向,迎合了部分"富裕单位"和少数富裕社会阶层需要环境优美、住房面积较大的愿望,导致了部分居住用地的近郊化(由于干旱区总体环境的限制,河谷盆地区依然是兰州市基础设施、生活设施、文化设施最为完善的地方,因此,中、高档住宅区仍然在河谷盆地内部建设,尤其是靠近黄河、绿化较好的山体附近),从而引起城市居住用地的空间分异变化。从类型上来看,西站、东岗以及雁滩等地段的房子绝大多数是单纯的住宅楼。西关什字到广场西口一带的楼盘大都是商住两用楼,比如位于张掖路上的民基大厦、中广大厦,位于庆阳路上的兴隆大厦、东方数码大厦等。这些楼盘下面作为商场、写字楼,上面是价格不菲的住宅。兰州城市居住区虽然具有初步的住宅郊区化倾向,但并没有东部沿海大城市那么显著,呈现出向城市中心区和近郊区的双向集聚过程。而且是以向城市中心区的集聚为主,郊区化趋势只有一定程度的表现。同时,由于郊区的住宅价格差异显著,使郊区成为居住分异明显的区域。虽然随着人们生活水平的提高,居民对居住条件的要求也越来越高,居住用地面积呈现增加态势,但是,由于兰州居民收入提高幅度并不高,甚至很多阶层呈现下降趋势,以及住宅区的各种管理问题和价格刚性,兰州居民住房需求的大趋势依然没有动摇,单位制的影响依然很大,住宅郊区化过程将较为缓慢。

3.城市居住区的空间分异展望

改革开放以来,由于市场经济体制逐渐深入人心,社会贫富差距继续拉大,各种制度改革深入进行,已经具有类似西方城市居住区分化的条件和基础。因此,随着中国城市社会阶层分化的继续深入发展,我国城市居住区必将出现以下分化趋势:一是城市居住区的空间分化趋势将强化,可能出现"富人区"、"中间阶层人群"和"贫民窟"的分化结果,且很多破产企业的家属区有可能形成"贫民窟";二是同一单位住宅区内部也将出现分化,如有钱人、有权人居住的住宅楼、楼层或者住宅区。部分居住区和住宅楼开始破败,出现了景观相异的现象。因为目前国内单位普遍采用下列公式分配房屋的选择次序:

$$住房挑选次序=领导职位*i_1+职称或贡献大小*i_2+工龄*i_3+$$
$$学历*i_4+其它政策性鼓励*i_5$$

其中,i_i表示权重。

虽然权重各有不同,鼓励性措施也有差异,但是,权利阶层、技术阶层、富人阶层等总是能够优先获得条件较好的住房。这些都将促进居住区和住宅区内部的分化和整合;三是由于单位制度不可能很快消失,因此,大众居住区和单位制居住区将共存相当一段时间,其相互转换取决于各城市发展的速度和单位的生存力,以及国家的有关政策。而这些将深刻影响整个城市的居住区的空间布局和分化过程。同时,由于土地利用制度的惯性,住宅郊区化过程事实上得到了促进。旧城区和郊区住宅建设将同步进行,郊区化和城市中心区的集聚同时得到强化。城市居住区分化将在未来同一的政策下归于一体化分化过程和整合。程度不同的居住区分化过程将逐渐明朗化和统一化。居住区的分化将切实体现社会分化的程度和结果。

14.5 居民迁居意向

兰州城市目前虽已进入快速城市化阶段,并开始由快速集聚发展阶段进入到有机集聚和有机扩散发展阶段。但就城市整体实力来看,城市空间的扩张只能伴随着工业及部分住宅郊区化的过程,尚未出现类似于西方国家的大规模郊区化过程。因此兰州市居住区的变迁仍局限于市区。

1.迁移性特征

从迁居率即至少发生过一次迁居的住户占调查住户的比率、户均迁居次数来分析兰州市民的迁移性特征及其地域差异。总体上看,兰州市居民的迁居率为71.2%,也就是说平均十户家庭中有七户家庭进行过至少一次搬迁。在发生迁居的家庭中,只进行过一次搬迁的住户占到61.2%,户均迁居次数为1.1次,可见主要以一次搬迁为主。与其他已经经过实证的城市的迁居率相比,兰州市的迁居率较高,但这远远不能说明兰州市民自主迁移性的高低,它与经济活跃、流动性大、迁移性高的现代化大都市的高迁居率是完全不一样的。从后面迁居原因的分析中我们可以看出兰州市民迁居率较高的原因(表14-4)。

表 14-4 兰州市不同属性特征市民的迁居率

	属性特征	合计	迁居户数	迁居率
家庭结构	一代家庭	20	15	0.75
	二代家庭	108	76	0.70
	三代以上	35	25	0.71
经济状况	高收入家庭(>4000)	13	10	0.77
	中收入家庭(1000~4000)	115	87	0.76
	低收入家庭(<1000)	35	19	0.54
年龄结构	21~30	40	24	0.60
	31~40	47	26	0.55
	41~50	45	39	0.87
	51以上	31	27	0.87
教育程度	大专以上	77	55	0.71
	高中至中专	60	39	0.65
	初中及以下	26	22	0.85

续表 14-4

	属性特征	合计	迁居户数	迁居率
工作单位	国有企业	60	46	0.77
	私营企业（包括合资等）	29	19	0.65
	商服业单位	16	10	0.62
	个体	16	9	0.56
	事业（科研卫生政府部门等）	40	30	0.75
	无业	2	2	1

资料来源：2004 年 2—4 月的实地调查结果。

调查表明，兰州市民迁居以短距离和区内迁居为主要特点。在有效的 184 次迁居问卷中，仅有 26 次迁居是跨组团迁居的，即占 14%。在迁移方向性上，通过对迁移性强的雁滩新型住宅区和西固工业区住户的迁居链分析可知，各次迁居之间的方向联系很不明显。而且，通过对雁滩新型住宅区住户的迁出地的分析，发现城市中心区是其住户的主要流出地。这是中心区建设商务区，进行旧城改造以及一些企业外迁导致人口外迁的空间反映。

2.影响居住选择的因素分析

我们在 2005 年 10 月对兰州市居民择居行为进行了全面的调查（共发放问卷 500 份，收回 390 份，有效问卷 292 份），调查结果如下（表 14-5）：居民的决策行为受到对居住环境、位置等的认知程度。根据我们的调查可知影响兰州市居民居住区位选择的因素，其中交通的便利程度、住房的价格、子女的教育和住房的位置为最重要的几个因素，占到 30%以上的人都将其作为考虑因素，其中又以价格占有最大比例，超过 50%。小区的基础配套设施（医院、商业网点等）、物业管理、自然环境、安全性、与工作单位的距离等也成为兰州市居民择居的主要考虑因素。

表 14-5 兰州市影响居民居住区位选择的因素统计结果

影响因素	样本选中数	比重(%)
交通的便利程度	107	36.6
住房的价格	151	51.7
住房的位置	100	34.2
小区的基础配套设施（医院、商业网点等）	51	17.5
小区的物业管理	52	17.8
子女的教育的考虑	121	41.4
与您工作单位的距离	43	14.7
小区的自然环境	47	16.1
小区的居住群体	25	8.6
住房的户型设计	44	15.1
小区的安全	53	18.2
小区的规划与设计	11	3.8
房地产开发的品牌	4	1.4
其它	1	0.3

资料来源：2005 年实地调查结果。选项有重复。

3.迁居原因特征及其变化

迁居原因可分为两大类,即主动迁居和被动迁居。被动迁居主要是指迁居者虽有改善居住状况和居住环境的要求,但由于各种客观条件的限制,自己选择迁居的能力较差,只有在旧城改造或单位分房时才能发生迁居的情况。主动迁居是指迁居者在迁居过程中具有相当的择居能力,通过买房、租房、调房等发生迁居的情况。这里值得一提的是,兰州市民调房行为比较多,但基本上属于单位内部调房,故调查统计中归于被动迁居。兰州市民迁居原因随时间变化如下图14-30。

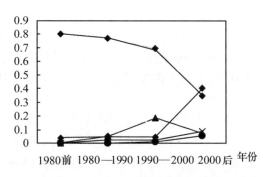 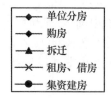

图14-30　兰州市民迁居原因

由图14-30可知,①在2000年前,单位的住房福利分配是兰州市民获取住房的主要方式,但由于经济体制的转变,住房市场的逐渐放开,这一阶段单位分房所占的比例一直在小幅度的减少。在2000年取消福利分房后,单位分房的比例较大幅度的降低,可见,今后居民获得住房的机会将由市场来决定,而不再完全的依赖于单位。即使是单位建房分房,也将引入市场机制。②由拆迁引起的迁居行为在一定程度上能反映城市旧城改造的强度。从图14-30可以看出,1990—2000年兰州市在道路改建过程中对旧城改造有所加强。③2000年后,居民迁居的原因趋于多样化。随着住房市场的发展,不但购房者将大大增加,而且各种获得住房的方式都将得到发展,可以预见今后兰州市的住房市场将向多元化发展。

4.迁居影响因素分析

土地使用制度和住房制度:1980年代以来实行的城市土地有偿使用制度促使城市空间结构发生了变化,进而影响了居民的迁居行为。①城市中心区商务区聚集形成,并向立体化发展。随着旧城改造的进程,中心区大量平房被拆,大量多功能型的高层住宅拔地而起。调查中,一部分中心区的迁居户就是因为拆迁而由平房住入楼房。②处于城市近郊、甚至远郊的新型住宅小区发展迅速。雁滩新型住宅小区就是一个很好的例子。③推动了城市中心区内部企业的外迁和城郊卫星城镇的形成。雁滩最初也是因为一些企业的外迁,并在那里兴建了住宅区,最后吸引了房地产商的大片开发。随着城郊卫星城镇榆中等的发展,并且居民对榆中也比较看好(从迁居意向中可以看出),相信今后城市空间用地形态和城市空间模式的转化将是促进兰州市民郊区化的一大动因。我国城市中的住房,长期以来被当作是社会福利的一部分,使居民的迁居行为很大程度上依赖所处的单位。

西固区居民的迁居行为是单位分房制度下的一个典型案例。在上述的迁居率分析中可以看到，西固区居民的迁居率仅次于雁滩新型住宅区，并且户均迁居次数高于雁滩。在调查中了解到，兰炼、兰化职工迁居一般有这样一个规律：先是居住在厂前，由于当时住房短缺，大部分职工居住的房子都是共用厨房、浴室的。后来由于结婚、孩子上学等原因，原有住房不能满足他们的需求，产生了一定的迁居压力水平。于是，他们向单位提出申请换房，单位根据职工的工龄、职称等来考虑其迁居。所以说，在西固区，居民调换房是很频繁的。虽然说这种住房制度是出于"居者有其屋"的良好目的，但是仍然存在着很大的弊端，不但严重限制了居民迁居的自由性，而且由此引起的分配不公、财政包袱等等都将阻碍城市居住空间的发展。

城市经济水平和居民收入水平：经济发展和居民收入水平的不断提高引起居民居住需求的变化，从而影响迁居。兰州市民的迁居率虽然高，但大部分是被动迁居。自由迁居将直接受制于居民的收入水平，即使是单位分房之类的被动迁居，也受制于居民所在单位的经济效益乃至整个城市的经济水平。

出行方式和交通状况：在调查中发现，兰州市民的出行方式基本上是依赖于公交车和自行车，还有一部分依赖于厂车。再加上在兰州市特有的城市形态下，通行能力受到很大的限制。这导致了居民的迁居行为大都发生在区内。随着近几年交通状况的改善，调查中也有不少西固居民迁至中心区，以及七里河居民迁至安宁的。

城市规划与建设：城市规划与建设是影响城市居民迁居的宏观因素，城市旧城改造、CBD 建设、城市用地功能的调整都会导致居民的迁居。中心区建设的加强将进一步导致因拆迁而发生的迁居行为。新区的开发也将引导一部分居民搬迁，比如雁滩、马滩等。卫星城镇、远郊区的发展也是居民居住郊区化的潜在动因。

迁居主体本身和社会、文化因素：不同的迁居主体会根据自身的具体情况来决定自己的迁居。在对问卷中"迁居选址中，您将考虑哪些因素"这一问题（多选）的回答中，联合家庭和核心家庭人口多，工作学习出行量大，一般把上下班方便和子女上学方便因素放在重要地位；老年家庭更注重环境、就医因素；单身和夫妻家庭家务拖累少，把娱乐放在重要地位。大家比较一致的都把环境和交通放在比较重要的地位。城市居民的社会文化传统和习惯对其迁居也会造成一定的影响，上述的"社区文化心理"就是一例。

5.市民对现有居住情况满意程度的调查分析

居民对现有居住情况的满意程度是迁居的潜在动力。在有效回答的 163 份问卷中，居民对现有居住情况表示满意的占 62%，不满意的仅为 38%。在问答式调查中，我们发现，表示满意的居民其中有一部分是有比较安于现状的情绪在里头。这一现象使得兰州市民的迁居愿望都不是很强烈。行为主义认为居民的迁居需求是内外压力作用的结果。内部压力与外部压力共同形成一定的迁居压力水平，当这个压力水平达到一定的门槛值时，居民就会因忍受不了压力而采取各种对应措施，其中之一就是选择新的住房进行迁居。但如果迁居条件不成熟，居民只能积极采取措施改变现有住房和环境，或者降低对住房的期望标准而消极适应现有居住状况。在对居住现状的具体情况的调查中，各区不同住宅的居民对所在的居住情况有不同的评价。其中，中心区及其外围混合居住区的旧住宅区的居民对住房本身（包括住房面积、建筑质量等）和小区各种设施均表示不满意，认为只能"楼看楼"，但是有两方面得到大家一致的认同：交通和地段。西固区居民对现有居住区最不满意的就是环境问题，大多数住房也偏旧。安宁区居民对安宁的认同很一致：文化氛围好，环境也较优雅，但是缺少比较新型的住宅小区。与其他地方相比，雁滩片区的居民对居住状况的满意程度远远高于其他地方，那里不但有清新的空气，优雅的环境，而且又没有远离中心区的感觉，交通状况比较好，新建的小区各种设施都很齐全。但也有居民提出，雁滩属于刚开发的新区，其他方面的环境如人文环境都亟待加强。

6.居民的迁居意向

迁居计划分析：在对问卷中"您将在几年内迁居"这一问的回答中，居民的选择结果如下（表14-6）：

表 14-6　兰州市民迁居计划年限

计划年限	<1年	1~3年	3~5年	5~10年	>10年
人数	5	31	31	32	64
比例	0.03	0.19	0.19	0.20	0.39

决定大于10年迁居的居民基本上是属于无意迁居的人群，可见兰州市民的迁居愿望不是很强烈。基于调查，我认为原因大致有二：一类居民是由于无法改变现状而消极适应现有居住状况，这从另一侧面可以了解到兰州市民自由择居能力仍然比较弱。另一类居民是由于"居住社会心理"的影响，对现有居住区所形成的社交、邻里及亲属关系有依赖心理，这在老人中尤为明显。在对"您期待您的家庭年收入达到多少时，您将决定购房迁居"这一问的回答中，大家的期望值差别很大，但平均下来大概有10万左右，这与现阶段兰州市民的收入水平还有很大的差距。同样，在"哪些情况下，您将决定迁居"这一问题（多选）中，有58.9%的人选了收入增加，27.6%的人选房价下降，25.8%的人选旧房拆迁，17.2%的人选单位调整，28.8%的人选家庭调整。可见，收入水平是限制兰州市民自由择居的主要因素。

迁居理想居所的空间特征：在条件允许下，居民对于理想居所的选择首先考虑的是通达性和环境。并且不同地区的居民有不同的空间偏爱。从总体上，居民比较追求优雅的环境，雁滩、安宁和远郊共占了大半以上。可见，虽然兰州市郊区化的进程不明显，但是居民郊区化的意向比较明显。在理想居所的选择上，不同地区居民间存在着比较大的差别①。

可以确认：①各地区居民对现在居住的地区都有比较强的认同感，A,C,E居民所选理想居所占比例最高的均是他们现在所居住的地方。尤其是安宁高教区和雁滩新型住宅区的居民在这方面表现的很明显。安宁区居民选择安宁的达到了65%，雁滩片的选择雁滩的也达到了50%。尽管西固一直被认为是不适合居住的地方，但处于西固区的居民仍有选择西固的，这就是一定的"社区文化心理"在起作用了。还有一个重要原因，是兰州市其狭长的地形和尚未发展好的交通在一定程度上限制了居民的长距离迁居。②居民理想居所的选择在一定程度上取决于居民的"心理区位差"。雁滩可以说是大部分市民青睐的地方，但在样本中安宁区的却没有一个选择雁滩。究其原因，我认为雁滩和安宁的环境区

①图中：A表示城市中心区，B表示中心区外围混合居住区，C表示安宁高教区，D表示西固工业区，E表示雁滩新型住宅区。远郊包括榆中、永靖、什川等，以榆中为主。

位差在居民的心中是安宁处于高势能。反过来,雁滩居民对于安宁亦是一样,当然安宁较差于雁滩的是新型住宅区的建设以及与中心区的通达性。由于西固的环境一直是居民头疼的问题,对优雅环境的强烈愿望使得他们选择远郊的比例达到了42.3%。③虽然说繁华的中心区与环境优雅的雁滩、安宁、远郊相比,有些处于弱势,但是,城市中心区仍是各区居民所向往的地方。但是一旦某些地方既能满足居民对环境的需求,又能让他们享受到中心区的便利,他们也会乐不思蜀的。比如雁滩,大部分居民都从中心区及其附近地方迁入,但他们回迁的愿望很小。

7.居民的通勤方式

通勤是指居民在居住地和就业地(或称工作地)之间的空间移动现象。城市居民出行在空间上的分布与城市土地利用空间布局及土地利用混合发展程度密切相关。城市居民通勤方式及空间不仅受到城市交通网的影响和制约,而且受到城市内部空间结构的影响。西方发达国家对通勤的研究多集中于通勤与郊区化、长距离通勤与逆城市化等方面。兰州市区居民通勤空间不同于平原城市的圈层式分布,而是具有很强的东西流向性,这也是兰州市城市道路网络主交通流的方向,在通勤的高峰期很容易导致交通阻塞。

兰州市民选择步行的居民占较大比例,除步行外西固区居民多选择自行车,其它三区居民则选择公交车为主要通勤工具(图14–31)①。数据显示,核心区选择步行和坐公交车上班的市民占到被调查人数的73.24%,这主要是因为兰州市职住分离现象并不明显,尚处于工业化中后期阶段。尤其在城市核心区,虽然办公、商业职能发展迅速,但早期住宅仍然分布在城市的各个角落。而兰州市近几年虽然出现了企业的郊区化现象,但总体来说仍处于集聚发展阶段,城市核心区仍然是房地产开发的首选之地。对于大多数居住地距离工作地并不远的居住在公交系统发达的城市核心区的居民来说,步行和公交车必然成为其通勤方式的首选。雁滩和安宁与核心区情况相同,选择步行和乘坐公交车的市民居多,但原因却差别很大。雁滩新型住宅区内居民多在核心区工作,由于黄河四十里风情线的建设使黄河沿岸道路环境大为改善,因此距离工作地不太远的居民多选择步行,还可以达到锻炼身体的目的。而有些近几年开发的大型居住小区由于距离中心区较远,且有专门线路的公交车通往当地,所以居民多选择乘坐公交车上班。而对于安宁区,居民大多在离家不远的高校或企业上班,因此选择步行的居民较多。

①在兰州市随机抽取了200名市民进行了问卷调查,剔除无效问卷后,有效问卷125份。调查区域按照不同区域特征及其自身特点分为4类:①城市核心区。城关区除雁滩以外区域与七里河区,这一区域是全市最繁华的地域和交通枢纽地带,主要沿五里铺--盘旋路--东方红广场--南关十字--西关十字--文化宫--小西湖--西站--三滩(秀川)一线发展成为兰州市的带状行政、办公、商业、信息等的都市型服务业长廊。此处单位大多规模较小,居住区相对密集且较为零乱。随着旧城区内部的大力改造,近年兴建了不少高层楼盘;②雁滩新型住宅区。雁滩是国家计委正式批准的兰州市高新技术产业开发东区。现在雁滩已开发出大量成片的新型居住区,这些小区基础设施配套齐全,绿化率高,物业管理好,各类公共设施都很方便。但也存在一些尚未开发的原有居民的自建住房,整个区域缺乏整体的规划和布局。调查主要集中在本区的新型住宅区进行;③ 安宁高教区。是兰州市的文化教育、电子仪表和高新技术产业功能区和万亩桃园城市绿色功能区,迄今还没有很多的居住区开发出来。问卷调查主要集中在区域内较为繁华的培黎广场及高校附近的居住区内;④西固工业区。此区集中了兰州市的两大石油化工集团及其它配套及相关企业,居民多集中于单位制住宅区内,居住区相对密集、连片,并且各种公共设施齐备。针对不同区域和居民属性,本文用excel软件对回收的问卷进行统计分析,得到兰州市市民通勤方式及距离特征,从而对兰州市内部空间结构进行了相关的研究和分析。

西固区拥有大型化工企业，建国初期即形成了区内职住分离的布局模式。单位制的生活区位于厂区南侧,另外一些职工则选择居住在繁华的城市核心区。因此住在厂区附近的居民多选择步行或自行车上下班,而由于兰州市东西狭长、地形特殊,为方便居住在核心区的职工,企业安排了班车接送职工上下班。因此在西固区选择公交车作为通勤交通工具的人较少。

另外,我们可以看到,相对于一些将摩托车作为主要交通工具的东部城市,兰州市选择摩托车作为通勤工具的居民所占比例极小。这主要是由于兰州市地形狭长,交通流向性较强。一方面使城市公交线路简洁方便,另一方面繁忙拥挤的机动车道降低了骑乘摩托车的安全性。

随着通勤距离增长,兰州市民的通勤方式由步行向公交车再向通勤车过渡。由图14-31可看出,通勤距离在 2 km 以内的市民有绝大多数选择步行上班,而通勤距离在 2~10 km 之间的市民则选择乘坐公交车,且随着距离的增加步行比例下降,乘坐公交车及通勤车的样本比例升高。当通勤距离增至 20 km 时,选择公交车和通勤车的市民各占 50 %,而当通勤距离达到 30 km 甚至更多时,市民全部选择乘坐通勤车,而这些样本个体全部都是居住在城市核心区而在西固工业区工作的市民。

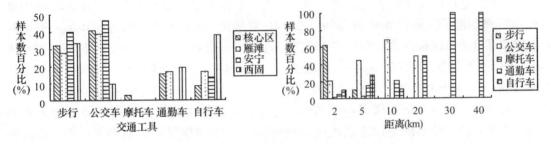

图 14-31　兰州市不同地区市民的通勤方式

另外, 在调查中还有一个现象就是兰州市民拥有私家车的数量很少。所有被调查对象中只有一人拥有私家车,且由于居住在工作单位附近的家属区,因此通勤方式仍以步行为主,私家车只是在节假日全家出行时才被使用。这一方面是由于调查的随机性和局限性,很少涉及到家庭收入较高且以私家车为主要通勤工具的居民,另一方面也说明兰州市仍是一个西部地区的欠发达城市,私家车还未走上大众消费的舞台,因此也就还未成为市区居民的主要通勤工具,短期内不会成为影响高峰期市区交通的主要问题。

兰州市民以短距离通勤为主,男性居民平均通勤距离大于女性居民。兰州市民通勤空间以短距离通勤为主,雁滩和安宁所有样本通勤距离均在 10 km 以内,西固区居民通勤距离小于 30 km,只有核心区个别居民通勤距离大于 30 km,这些居民均居住在兰州市最繁华的城关区,而工作地点在西固区,即每天往返于城市东西端(图14-32)。兰州市民的平均通勤距离为 4.04 km,女性居民平均通勤距离为 3.53 km,男性居民这一数据略大于女性居民,为 4.61 km。这与兰州市带状组团式城市空间格局关系很大,居民居住地与工作地点多位于同一个区内,统计数据也显示,四个区域中居住地与工作地位于不同区内的居民数只占到样本总数的10.4%,而其中又有大多居住地与工作地位于相邻区域内,通勤距离并未因此而增大。通勤距离较大且跨区的居民仅占总样本数的2.4%。

低收入者通勤距离较短,白领与蓝领通勤距离相差不大。根据兰州市实际情况,将调查对象按家庭月收入的多少分为四个等级，家庭月收入小于 1000 元为低收入家庭，1000~2000 元为中低收入，2000~3000 元为中高收入，大于 3000 元为高收入家庭。统计结果显示，低收入家庭被调查居民的通勤距离明显低于其他收入等级家庭的被调查成员，通勤距离不超过 10km。这主要是因为被调查的低收入对象多为企业下岗职工，迫于生计他们只有选择在住所附近或社区内的小卖部、洗衣店等服务性行业工作。

按工作性质将调查对象分为白领和蓝领。其中白领包括技术人员、机关团体企事业单位负责人和办事人员等以脑力劳动为主的工作人员。蓝领包括商业人员、服务业人员、生产运输业人员等非脑力劳动者。将通勤距离按 0~2、0~5、0~10、0~20、0~30、0~40km 统计累计样本数，发现在每一距离值内，白领人数与蓝领人数相差很少，最大差值为 3 人。虽然本次研究分别选取不同功能的地域作为调查范围，但仍出现上述结果，主要是由于兰州城市职能空间体系模糊，分工不够明确所致。目前兰州市带状多中心组团式城市格局已基本形成，各个组团也有向分工明确、各具特色的方向发展的趋势，但这一过程并不明显。

33~40 岁居民通勤距离最远，40 岁以上居民随年龄增加通勤距离缩短。23~30 岁居民最大通勤距离为 30km，且在 0~2、2~5、5~10、10~20、20~30km 这五个距离段内人数分布基本均匀，这主要是因为年轻人身体条件较好，且大多没有家庭负担，因此在择业时较少受到通勤距离的制约。通勤距离最远的是 33~40 岁居民，最大通勤距离可达 40km，但主要通勤距离集中在 10km 以内。前面已经提到，通勤距离达到 40km 的居民是那些居住在核心区，工作在西固区的居民。这一方面取决于通勤费用的支付问题，另一方面处于这个年龄段的居民正处于上有老下有小的阶段，居住在核心区的逐渐年迈的父母需要子女的照顾，年幼的儿女正在上幼儿园或小学，因此他们选择居住在核心区以便于照顾老人和小孩。40 岁以上居民随年龄增加通勤距离逐渐缩短。40~50 岁居民最大通勤距离为 20km，50 岁以上居民为 5km(图 14-33)。

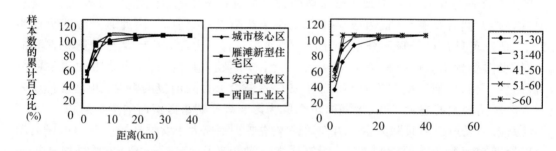

图 14-32 兰州市不同地区市民的通勤距离　　　图 14-33 兰州是不同年龄居民的通勤距离

将居民按受教育程度的不同分为高等、中等、初等三个等级。其中初中及初中以下文化程度为初等教育水平，高中及中专为中等教育水平，大专及以上为高等教育水平。从表 14-7 可看出，居民最大通勤距离随其受教育程度的升高在不断增大。受教育水平为初等的居民最大通勤距离为 10km，中等教育水平居民为 30km，而高等教育水平居民则达到 40km。

但我们也看到，兰州市民无论受教育程度如何，通勤距离都主要集中在 5km 范围内。对于仅受过初等教育的居民，他们大多为城市低收入者，而根据前文的分析，低收入者多为下岗再就业者,他们多在居住区附近的小型私有服务机构工作,通勤距离较短。而受过高等教育的居民多为高收入者,高收入者多为白领工作人员或商服业机构负责人,他们在求职时选择范围较大,对远距离通勤的支付能力也较强。但他们中的大多数仍选择在距离居住地较近的范围内工作,一方面是由于早期的住房政策造成的,另一方面是居民为了躲避市区较强的交通流向性给通勤带来的压力,因此不愿意长距离通勤。只有24.24%的受过高等教育的居民为了追求更好的工作环境和生活质量选择了长距离通勤。

表 14-7 兰州是不同教育水平居民的通勤距离

受教育程度 ＼ 距离	0~2km (%)	0~5km (%)	0~10km (%)	0~20km (%)	0~30km (%)	0~40km (%)
初等教育水平	33.33	77.78	100	100	100	100
中等教育水平	46	84	94	98	100	100
高等教育水平	50	75.76	93.94	96.97	98.48	100

14.6 城市居住区空间分异机制

1.计划经济时期

1949 年到改革开放前,我国城市的居民住房是以"国家配给制"为主要特征。城镇居民个人无权自由选择或购买住房,房屋属于国家所有,由国家统一分配。而且,国家配给是以单位为单元进行分配。单位是我国城市居民生活的最基本组织,是指给城市居民提供各种就业机会的企事业单位及有关政府和公共机关等。"单位制"居住空间是计划体制下城市大规划与单位内小规划的空间表征和组织结果。单位制居住区的形成跟我国的经济制度,住房制度有关,是在一种历史背景下的必然选择。决定居住区在城市的宏观布局与单位的空间布局有关。而单位的空间布局与国家政策、城市规划(城市功能分区)、河谷地形、单位自身的性质与规模等主要因素有关。单位在城市的区位、被批准的住房供给面积、单位与单位之间居住区的相互位置关系等事实上基本决定了城市居住区的空间分布与特征,也部分体现了我国城市空间结构布局的基本特征与风貌。

计划经济时期,土地使用制度实行无偿划拨,单位制土地利用形成了事实上的"单位土地所有",缺少地价机制的约束,单位对这些土地有绝对的使用权和处理权,影响了城市居住区的空间分异:首先,依据城市的性质、职能以及城市规模而设计的城市规划是对整个城市布局的一个宏观指导;其次,城市规划的引导作用影响着城市功能区的空间分布,城市各个功能区又决定着企业的选址,功能区的分布一旦确定,各个单位尤其是工业企业等单位的选址范围基本上就确定下来。单位一旦建成,单位居住区也相应地固定下来。单位的性质不同或者效益不同是影响居住区分异的另一个重要因素。由于用于城市建设和居住的投资都是由国家统一划拨,单位及个人没有太大的自主权,尽管在"单位"居住空间内存在一定的等级分化,但是在整个城市空间尺度上,只能形成由众多"单位"

制居住组团(空间)相互组合而成相对平等、均一的蜂巢式社会居住空间结构;再者,由于住房供给是由国家控制下的单位配给,单位具有分配住房的权利。单位根据国家政策制订的分房政策确定了住房分配的次序和配给(图14-34)。由于供给普遍小于需求(无偿配给制,需求应该很大),住房处于短缺状态。从表面上分析,由于住房建设的差异化程度较小,居住区差异较小。但是,调查结果显示,由于住房建设总是有差异,如住房面积、区位、楼层、朝向、供给小于需求等,居民获得住房的顺序和选择的自由度就非常重要。根据调查结果,无论处于国家政策,还是单位的分房政策,权利阶层、技术阶层、为国家和单位作过不同贡献(劳动模范、军人、革命军属、突出贡献者)的职工总是优先获得了选择的机会。虽然文革期间较为混乱,但职工地位与职位、贡献大小、技术水平级别、工龄等因素是职工获得住房的主要因素。所以,虽然居住区表面上总体上差异小,但是,内部的机制依然导致了微观而具体的分化。这种分化一般在宏观空间上难以体现,而在微观空间上较为显著;最后,城市人口的密集区当然能够影响,甚至决定了居住区的空间集聚过程和密度,也形成了城市居住区的宏观布局密度差异。

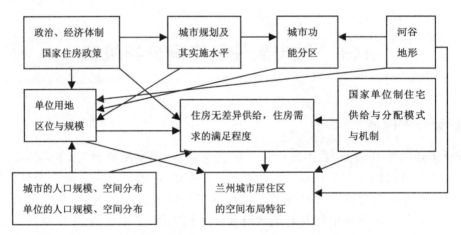

图14-34 计划经济时期兰州城市居住区的空间分异机制

2.改革开放以来

(1)国家政策变化与单位供给制的变化

城市住房制度的改革使原有住宅分配制度解体,市场主体的空间博弈促进了住宅用地的空间扩张,福利化分房向住房分配的货币化转变,推动了住房供需的市场化,从而引发了住宅市场供给者、需求者与管理者的价值取向的变动(刘红萍等,2005)。国家从1985年开始推行住房商品化改革,到1998年原有的住房补贴已经完全被货币补贴代替。城市中单位宿舍大院将逐步消亡,居民的居住分异将更多地体现收入的差异而非单位福利的差异(刘红萍等,2005)。居民需求量的变化影响了城市空间扩展的量。同时由于住房分为廉租房、经济适用房、商品房三类,三类住房房价不同,对区位的需求自然也不尽相同,故而对城市居住空间的结构变化也有所影响(刘红萍等,2005)。

供给主体的市场化,一方面是各房地产开发商从自身经济利益最大化出发,遵循住宅空间分布的结节性与均质性以迎合住宅需求主体长期抑制的需求潜能与偏好差异;另一方面,在土地市场不健全的前提下,开发商可以通过多种渠道获得城郊低价位的土地进行开发,从而直接影响城市住宅用地空间结构,开发商已成为当前城市住宅用地空间扩张的主导力量(刘红萍等,2005)。例如,兰州市地处河谷盆地内,受地形条件所迫,限制了城市南北方向上的扩张,而只能沿着河谷盆地方向发展。雁滩、马滩、营门滩等滩地成为高新技术开发区、高级居住区、别墅区、工业园区的首选用地。这些用地如果成为居住用地,往往距离城市中心并不太远(杨永春等,2005)。新区开发不仅为迁出的人口提供就业机会,打乱原有旧城区或近郊的工作—居住"单位制"空间单元。而且通过提供形成不同社会经济阶层的就业机会,使兰州城市雁滩等近郊区成为在市中心区以外的居住分异最明显的区域(吴启焰等,1999;闫小培等,2001;杨永春,2005)。对土地管理者而言,在增量土地开发巨大的经济利益与旧城改造巨大的经济成本与社会成本面前,必将使其尽量避开存量土地的改造而倾向于增量土地开发,从而为住宅用地的空间扩张提供了政策支持(刘红萍等,2005)。而郊区由于用地价格低,政策条件宽松,且可以成片开发,往往得到开发商的青睐,实际上促进了我国城市的住宅郊区化(杨永春,2005)。

这样,改革开放后的20年,由于实行市场经济体制和机制,我国首先形成了住房的"单位配给制"模式。建房和购房的主体是集团,基本按照个人级别或参加工作时间的长短进行分配。之后,随着我国城镇住房制度改革的推进,城市居民长期享受的福利性住房实物配给制度已经由房屋货币化和商品化体系所替代,标志着以单位为主体的集团建房和购房时代的基本结束,进入了以居民个人为主体购房的发展阶段。单位制住房供给机制的变化影响着居住区的空间分异。单位逐步停止住房的无偿供给,单位提供的房屋价格和市场价格越来越接近,导致单位住房与市场住房价格的无差异化。居民可以在整个城市根据房屋的市场价格、结构和面积、区位条件、自然人文环境、教育医疗购物的方便程度等因素选择自己的住房(图14-35)。

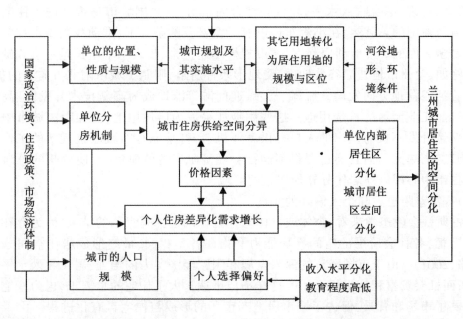

图14-35 改革开放以来兰州城市居住区空间分异机制

(2)居住用地的供给

土地使用制度改革促进了城市产业的空间转移,并带动了人口的空间转移和住宅用地的空间扩张(刘红萍等,2005)。根据 Alonso 竞标地租理论,在市场条件下,根据供需关系,各产业按支付地价高低的能力自动调整其空间布局。以市中心为出发点,遵循商业—住宅—工业—住宅的产业空间分布梯度规律,从而推动住宅的郊区化。1988 年国家通过了"土地的使用权可以依照法律的规定转让"的宪法修正案,同年国务院颁布了《中华人民共和国城镇国有土地使用权出让和转让的暂行条例》。1987 年以来,城市土地由无偿使用变为有偿使用,城市土地使用引入市场机制,各城市相继开展了土地分等定级与基准地价评估工作。繁华的城市核心区段的地价可能是近郊或远郊地价的 10 倍以至 100 倍以上。地价的区位差异导致原来的城市土地利用结构按照市场法则进行了大幅度的调整。这主要表现为两个方面:①通过空间置换等途径,位于城市中心区的工业、仓库纷纷外迁,被收益率更高的商业、金融、写字楼等所替代。从前面居住区的扩展可知,从 1980 年代开始城关区盘旋路到西关什字一带住宅明显的减少, 出现城市用地的功能转换;到 2005 年,兰州市主要的中心(广场—西关什字,西固城一带,西站一带等)的居住区建设面积大大减少。产业的变动相应地带动了人口和住宅的空间迁移。②在市中心高地价的压力之下所进行的危旧房屋改造,迫使住宅用地向外扩张,近郊区以其低廉的地价与方便的交通而成为市中心人口的导入地。

　　一般地,单位的破产与搬迁、公共用地用途的转换、以及郊区农业用地是大众居住区的主要用地来源。如果没有政府的强力干预、一定的经济基础和较快的经济发展速度,一般很难大规模成片改造旧城区和开发新城区。由于单位用地转换一般是零散的,因此旧城区的大众居住区往往是散乱的,而且社会经济关系复杂,价格高。而郊区由于用地价格低,政策条件宽松,且可以成片开发,往往得到开发商的青睐,实际上促进了我国城市的住宅郊区化。因此,虽然我国少数居民购买了车辆,郊区自然环境好,但是与医疗、购物、文化、管理、心理、综合收入水平、教育等综合因素对比,我国城市是否已进入住宅郊区化阶段是值得商榷的。显然,在小汽车还没有完全普及的条件下,推动我国城市住宅郊区化的因素是多方面的。土地利用制度、城市规模迅速扩张、收入水平增长是不可或缺的主要因素。例如,兰州市地处河谷盆地内,受地形条件所迫,限制了城市南北方向上的扩张,而只能沿着河谷盆地方向发展。雁滩、马滩、迎门滩等滩地成为高新技术开发区、高级居住区、别墅区、工业园区的首选用地。这些用地如果成为居住用地,往往距离城市中心并不太远。新区开发不仅为迁出的人口提供就业机会,打乱原有旧城区或近郊的工作—居住"单位制"空间单元。而且通过提供不同社会经济阶层的就业机会,使兰州的雁滩等近郊区成为在市中心区以外居住分异最明显的区域。

　　(3)贫富差距拉大和个人偏好的实现

　　从古典社会生态学来看,个体或群体居住区位的选择是竞争的结果,因为存在不同可进入型门槛,各社会阶层的空间择居能力和指向各不相同,最终形成居住空间分异格局(吴启焰,2001)。由于市场经济的深入发展和国家经济实力的增强,居民收入水平相应得到提高,而社会贫富程度也拉大了。这样不但迅速扩大了住宅的总需求,也为住宅差异化发展提供了市场和背景,促进了城市房地产市场的形成与住宅自有化进程。由于受房地产市场供求关系的影响。居住区规划必须在市场调查的前提下进行,并及时反馈市场的信息。住房供给的多样性应该迎合住户需求的多层次性。不同的居住区和住宅类型,反映了不同类型的市场需要和消费水平及经济地位。例如可根据不同的经济收入水平,分为别墅居住区、高级居住区、中档居住区、居住商务区和普通居住区等。居住区区位受到地价的影响,地价又会影响到住宅楼的楼价。区位条件好的住宅楼价高。随着居民根据自己的经济条件而选择不同地段的住宅,由此导致居住的空间分异。即使单位提供的住房,由于现时期实行的是商品房供应,也会受制于单位选择居住区的区位和单位经济效益。调查结果显示,单位经济效益直接影响单位职工的经济状况,进而影响职工的购房选择。受中国传统文化的影响,部分城市市民总是有某种忧患意识,单位经济效益好的职工在买房子时,即使没有足够的现金也会通过银行贷款等方式,选择区位条件好的房子。而经济效益差的单位的职工买房子就会有顾忌(杨永春,孟彩红,2005)。

人口素质,即教育和知识层次的差异,也是引起居住空间结构分异的因素之一。调查结果显示:人口素质通常与受教育程度相关。一般来说,受教育程度越高,综合素质也越高,收入也较高。他们对住宅的追求较一般市民而言也较高。有一些被调查者不仅要考虑居住环境的优劣,其中特别强调了居住区内的绿地面积多少,而且在选择住房时会考虑到其它条件,比如子女的就近入托问题、上学问题、治安状况等。例如兰州城市的金港城、天庆花园、新港城等花园小区,由于距离市中心适中、自然环境好、建筑设计新颖,虽然价格较高,却吸引了城市中高档收入的人群购买。而西固区由于大气污染非常严重,该区的居民选择购房地点时都倾向于其它各区,由此导致西固区的房价明显低于其它各区,居住区的住户大都属于低收入阶层,出现了因地形、经济条件差异、环境问题影响的明显的居住空间分异。

根据我们对兰州市居民向往居住区位的调查结果显示:一半以上的被调查者愿意居住在城关区,四分之一的人愿意选择在安宁区居住(表14-8)。不同区域的居民的居住偏好差异,其中城关区九成以上的居民愿意在本区居住,仅有很少的居民愿意在安宁区和榆中县(兰州市新城区规划范围包括榆中县)居住,没有人愿意居住在七里河区和西固区;安宁区七成以上的居民选择安宁区,不到两成的人向往城关区;七里河区有四成的人愿意居住在七里河区,而将近一半的人愿意居住在城关区;西固区有三成的人愿意居住在西固,将近一半的人向往在城关区居住。因此,中心区城关区仍然是大多数市民向往居住的地带,对自己现居住的区域也有较多的偏好。

表14-8 兰州市2005年不同区域居民的居住偏好

	城关(%)	雁滩(%)	七里河(%)	安宁(%)	西固(%)	榆中(%)
城关	90.24	6.10	0	2.4390244	0	3.66
安宁区	15.71	1.43	8.57	72.85714	0	1.43
七里河	45.65	4.35	41.30	15.21739	0	2.17
西固	41.49	6.38	5.32	12.76596	37.23	1.06
总计	50.00	5.48	11.30	26.02	13.70	4.10

资料来源:2005年实地调查结果。

(4)城市人口剧增和家庭分化的影响

城市人口的快速增长导致了住宅需求不断扩大。1950年兰州城市总人口为42.06万人,而1970年仅市区人口为97.98万人,1990年为150.67万人,2001年为193.23万人。居住水平和居住要求的提高,尤其是人均居住面积的提高,加快了城市居住用地的开发,进一步强化了居住空间的分异。同时,传统的几代同堂的大家庭逐渐被以夫妻为中心的小家庭所替代,这种家庭人口构成的变化使得住宅的需求量相应增加,从而对居住区需求和演化也有一定影响。

(5)城市发展思路与规划思想的变化

城市规划引导并制约着城市的扩展。城市规划主要是通过政府的决策行为来改变土地利用的空间分布方式,对土地利用变化起着导向作用。城市规划作为政府的空间政策是其宏观调控的手段之一,以保证城市建设的整体效益的最大化。规划对城市开发的控制和引导都是对城市空间扩展的促进和对用地结构的优化。尽管规划对某些具体地块的控制不一定得到落实,但大多数规划的结构意图还是得到体现的。城市规划毕竟是一项政府行为,尽管受到市场经济下城市建设投资主体多元化的冲击,但大量的城市基础设施还是由政府按规划兴建的。故而规划对城市空间扩展的推动和引导是不言而喻的(刘红萍等,2005)。

目前, 国内各城市都制订了新的城市发展规划。这些规划不同程度地引进了新的理念和方法手段,例如加大旧城改造力度,改善基础设施水平,树立"以人为本"的理念,扩大居住用地比例、提高建筑设计水平等。这些规划有利于打破原有居住区空间结构,形成新的居住区空间结构。例如,改革开放以来,为了吸引外资和内资,各个城市都大力发展了各类开发区,如郊区高级住宅区和高新技术开发区等。兰州市受地形条件的限制,高新技术开发区主要集中在雁滩等地。通过旧城改造,新建的居住区集中于西站、城关区的中心西关什字到东方红广场西口及东岗附近。兴建城市 CBD 中心,城市中心的居民大量向外迁置,低收入居民无力回迁,造成居住的社会分异日益明显,部分冲击或者打破了原来的"单位制"居住区。

再如交通通道与居住空间扩展也关系密切。交通与城市住宅空间分布具有相互联系和相互制约的关系, 城市住宅空间的分布形态直接影响着交通线路的走向和交通流量;反之,交通线路的布局和分布格局也改变了城市居民住宅空间结构的重组和居民住宅区位的再选择行为。交通通道的建设,可以提升原住宅区的可达性,促进沿线地价的升值,比如新港城居住小区,在 2001 年小区开发初期,没有公交线路直接通往此区,交通十分的不便,那时住房价格仅 1200 元/m² 左右,以低价格销售都十分困难,可是一年后雁滩做为住宅开发的重点区域,政府新建了许多道路,如雁北路、雁西路等,还建设公交车调度站,也有更多的公交线路经过此,不到一年时间住房价格跃升为 2400 元/m² 左右,到现在(2005)价格已经到 2980~3150 元/m²。交通通道为新住宅区开发和建设提供潜在的利益保障,主要交通干线两侧、高速公路出入口和轨道交通站点周边地区就成为住宅区开发的最佳区位,因此,住宅的空间分布与交通干线的布局具有密切的关系。兰州市是典型的呈带状分布的城市,城市沿着主要交通干道和黄河河道而建设。我们从居住区的分布可以很容易的发现:兰州市的居住区沿东岗东西路、西津东西路、西固东西路和安宁东西路以及黄河建设,呈明显的带状分布。

本章小结

  兰州的案例分析表明,中国西部城市居住区自新中国成立以来就不断地在规模不断扩大的过程中发生变迁。而且,这种变迁显然与中国社会、经济的发展水平和管理制度密切相关,也与城市所处地方的自然地貌条件、发展阶段、城市空间扩张与重构等因素有关。经济发展、制度变革、社会阶层分化等是影响中国西部城市居住空间结构、居民迁居的最为重要的社会经济因素。

  从中国整体趋势来看,居民住房制度大致经历了"国家配给制"、"单位配给制"、货币化和商品化制度3个阶段。目前已进入了以居民个人为主体购房的第三个阶段。由于社会贫富差距的扩大和市场机制的影响,原有的单位制居住模式发生了不同程度的变化。无论是城市总体的居住区空间结构和单位制住宅区的内部都出现了分化和整合。商品性、多元化的大众住宅区得到了较快发展,并迎合了部分"富裕单位"和少数富裕社会阶层的需求,间接促进了部分居住用地的近郊化。未来兰州城市居住区的空间分化趋势将强化,可能出现"富人区"、"中间阶层人群"和"贫民窟"的分化结果。同一单位住宅区内部也将持续分化。商品性大众居住区和单位制居住区将共存相当一段时间,其相互转换取决于各城市发展的速度和单位的生存力,甚至国家的有关政策。而这些将深刻影响整个城市的居住区的空间布局和分化过程。旧城区和郊区住宅建设将同步进行,城市居住区分化未来将在统一的政策下归于一体化的分化和整合,居住区的分化将切实体现社会分化的程度和结果。同时,虽然中国城市也出现了类似于西方城市的居住区"郊区化"现象,但主要是向城市中心区和郊区的双向集聚。居住区分异一方面将有利于原有城市形态的突破与新形态的重新生成,使城市中心区和边缘区土地利用类型通过置换重新焕发活力;另一方面,它又会导致类似西方城市的社会矛盾,希望引起有关部门的高度警惕。至于兰州市本身,由于地形的限制,大众居住区,尤其是高级住宅区将集中布局在距离城市中心适中,环境优美的临河、靠山之地,或者跳出河谷盆地限制,在外围选择区位好、交通方便、环境优美的地方选址建设。

第15章 中国(西部)城市
制造业空间分析

随着经济全球化的推进和区域一体化的发展，地区专业化和产业集聚作为全球或区域范围内产业结构优化配置的表现，已经成为了一种世界性的经济现象。这些经济活动在空间上的表现形式也因为其对城市发展的深远影响而越来越受到地理学家和经济学家的关注。因此，制造业的空间分布和迁移是经济地理学、城市地理学的一个重要研究课题，引起了学者的广泛关注。对经济活动空间分布特征的研究和解释一直以来都是经济学家和地理学家的核心任务之一。

在市场经济条件下，新古典贸易理论、新贸易理论以及新经济地理模型可以解释产业地理集中与分布的形成机制(Brulhart，1998)。传统贸易理论强调自然资源、地理环境、技术、劳动力等外生资源禀赋对产业区位的影响(Ohlin，1933)。新贸易理论引入规模报酬递增、不完全竞争市场、产品差异化等因素，认为规模经济和市场规模效应导致产业地理集中(Krugman，1980)。新经济地理模型则将一些传统地理因素如产业区位等完全内生化，当成是产业地理集聚的原始动力，进而突出强调交通成本与规模经济等纯经济地理因素的作用，认为纯经济因素的权衡是产业地理集聚的根本原因(Krugman，1991；Fujita et al.，1999)。

目前，国外很多研究致力于对产业地理集中的特征进行分析与总结。研究结果表明：总体而言，制造业在空间上趋于集中(Maurel，Sedillot，1999)；低技术产业在空间上更为集中(Krugman，1991；Braunerhjelm，Johansson，2003)；不同行业因行业性质的不同呈现出不同的集中特征，如采掘业集中于资源优势地，造船业靠近沿海，一些传统产业如纺织业、皮革业的空间集中分布则源于历史上形成的区域专业化(Maurel，Sedillot，1999)。

关于产业空间分布、地区专业化和产业集聚的理论研究由来已久，最早可以追溯到18世纪古典政治经济学创始人亚当·斯密的绝对优势理论。根据研究视角的不同，大致可以分为以下三部分：(1)基于劳动地域分工视角的贸易和分工理论，其中主要代表理论有亚当·斯密的绝对优势理论、大卫·李嘉图的比较成本说、约翰·穆勒的相互需求论、赫克歇尔–俄林的要素禀赋理论等；(2) 基于企业区位选择这一微观视角的企业区位理论，其中主要代表理论有马歇尔的产业区理论、韦伯的工业区位理论、胡弗的区位理论等；(3) 基于产业空间分布规律和机制视角的产业集聚和扩散理论，主要代表理论有胡弗的聚集经济理论、增长极理论、"扩散效应"和"回波效应"、新经济地理学等。

工业区位选址主要考虑不同区位的企业运输成本，对工业企业的最佳区位考虑不仅涉及到其他成本要素，还包括收益要素，形成了由总成本曲面和总收益曲面构成的利润空间界面,利润空间界面表示企业可以赢利的空间区域范围,而不只是最大利润的某一区位(图15-1)。这种模式对空间结构的重大意义:(1)该理论涉及到城市全面性的土地配置问题,是城市土地空间规划的基础;(2)根据各类活动对市中心距离要求及所愿意承担的最高限度租金的相互关系来确定这些活动的位置,根据这一理论,商业由于靠近市中心而具有较高支付地租的能力,用地也靠近市中心,随后依次为事务所、工业、居住、农业,土地使用所带来的不同功能是导致城市空间结构发展的基本力量;(3)该理论以资源配置的市场模式为出发点,从形态学的意义上探讨了城市活动的空间分布特征和城市动态发展过程。

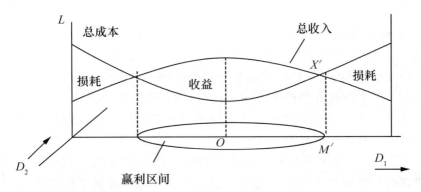

图 15-1 利润空间界面

改革开放20多年,随着经济全球化的推进和区域一体化的发展,我国的经济得到了迅猛的发展,而伴随着经济发展和技术进步出现的产业地理集中与集聚现象,也越来越受到我国地理学家和经济学家的关注。吴学花和杨蕙馨(2004)利用年度数据,对中国制造业的地理集聚特征进行了分析,研究表明:中国部分制造业已显现出较强的集中性,且主要集中在东部沿海省市,但一些规模经济和范围经济性强、在国外具有显著集聚特征的行业的集聚性还比较低。Bai(2004),Fan(2003)等利用连续时间序列数据,对改革开放以来我国制造业变化趋势进行了研究,结果表明,大多数产业的地理分布越来越集中,而劳动密集型的产业集中程度和趋势更为明显。梁琦(2004),林理升(2006)等从新经济地理理论视角出发,试图解释中国制造业地理集中的影响因素,包括运输成本,收益递增,外部性,地方市场需求,产品差异化,市场关联度和贸易成本等。结合中国特色的制度转型视角进行的研究(Bai,2004;贺灿飞,2006)表明,相对于外部经济等纯经济因素,我国的产业地理集中更多的受制度和政策因素以及历史格局的影响。

一般来说,中国城市工业区从地域上可划分为3个地带:(1)市中心区街坊工厂为主的旧工业地带;(2)包围旧城区由大、中型工业企业构成的混合工业地带;(3)新兴的郊区工业地带(顾朝林,1999)。王爱民等(2007)对广州市工业用地空间演变的实证研究发现:广州市工业用地的布局有着明显的行政中心、道路交通和河流水面指向性;在时间演变上,1996—2000年工业用地扩展主要发生在中心5区周围,而2000—2004年间的工业用地拓展以近郊为主;受大都市中心区产业扩散迁移和产业集聚的双重影响,目前在市中心区外围形成了一个工业用地高度密集地带。冯健(2002)从城市郊区化的角度对杭州城市工业的空间扩散与郊区化进行了研究,在总结出杭州城市工业地域结构演化模型与郊区化趋势的同时,分析了其动力机制,认为早期工业郊区化动力源于传统工业体制的改革,而90年代后的环境保护政策与土地有偿使用制度是城市工业用地外迁的最显著的动力,同时企业自身发展需求也促进了工业用地的郊区化,而城市规划和开发引导也是重要动力之一。

企业区位研究是从微观角度理解城市结构变动的重要视角。现有的城市制造业空间结构,在某种程度上可以看成是所有制造业企业依据利益最大化原则选址于效益最高的区位的结果。由此,制造业企业的空间分布特征、影响因素与机制研究,特定类型的企业如外资、高新技术企业的区位选择机制及空间布局特征,以及不同类型企业的影响因素分析等都成为国内外学者的研究议题。吕卫国,陈雯(2009)从城市空间重构的角度,对南京市制造业企业的空间集聚与扩散特征以及影响因素进行了分析。结果表明,由于土地有偿使用、城市外围交通改善、政府"退二进三"的规划管理、城市开发区建设等因素的作用,南京制造业企业明显的郊区化扩散与集聚,新的集聚区位主要是沿高速公路、沿江和环绕核心区的城市近郊区。目前,我国基于城市内部企业数据进行的更深层次的制造业地理研究不多。更多的研究都是集中在对外资企业(贺灿飞,2007)、"三资"企业(孟晓晨,2003)、高新技术企业(宋秀坤,2004)、污染密集型企业(夏友富,1999)等特定类型企业的区位选择影响要素和行为机制上。

但是,这些研究多是基于国家年度统计数据或是5年一次的经济普查数据而进行的省区层面的制造业地理集中或集聚的分析。由于微观企业数据获取难度大,目前国内关于城市内部制造业分布特征及其空间结构的研究多是基于城市土地利用类型的分布与转换为角度进行的工业用地转型及其影响因素、驱动力和形成机制分析,基于单个企业区位选择视角的城市内部产业地理集中与集聚研究甚少,并主要集中在特定类型的企业的区位选择研究,如外资企业、高新技术企业等。而且,实证案例主要侧重对东部发达城市制造业的研究,重点放在省区制造业地理集中与集聚实证研究(贺灿飞,2009;贺灿飞,谢秀珍,2006;张同升、梁进社,宋金平,2005)、城市工业空间布局结构和城市化、郊区化互动关系研究(葛立成,2004;冯建,2002;吕卫国,陈雯,2009)以及从不同视角对制造业空间演变机制进行分析(曾刚,2001;贺灿飞,梁进社,张华,2005;Ellison G,Glaeser E,1997;楚波,梁进社,2007)上。然而,随着经济全球化的推进和区域一体化的发展,地区专业化和产业集聚作为全球或区域范围内产业结构优化配置的表现,已经成为了一种世界性的经济现象。纵观当今世界经济活动的空间格局就会发现,产业集聚显著的地区,无一不是经济最具活力、最具竞争力和发展最快的地区。因此,相关或相同产业的空间集聚仍然是当今世界经济发展过程中的一个突出特征。实证研究表明,经济活动的空间集聚可以优化产业结构,提高区域竞争力,在一定范围内,产业集中度与经济绩效呈明显的正相关关系(文玫,2004)。特别是随着地域分工和经济全球化的日益深入,空间集聚已经成为区域产业组织的重要形式,正在成为经济发展的主流,并且作为区域经济发展的优势条件,受到越来越多的关注。而集聚与扩散作为现代产业经济活动在空间结构上的基本规律,对城市的发展以及空间结构的演进影响深远。如何结合制造业的地理集聚和扩散特征对城市空间结构与格局进行研究显得尤为重要。

理论上,由产业区位视角和土地利用视角转向企业区位选择视角。城市制造业的空间现状分布是长期历史积累的结果,从现象上可以说是制造业企业选址及其历史变迁积累作用的后果,但企业选址当然也蕴含了对不同时期政治经济结构和情势的变迁,例如中国经济的转型、政府政策变化以及城市空间结构演变的响应和反馈的结果，而企业区位选择正是从微观角度理解这一变动过程的重要视角。方法上，由传统的衡量集中的统计指标转向基于企业区位模型的集聚指数，考虑产业组织对产业地理集中的影响，区分产业地理集中与集聚；数据上，由传统的产业-区域数据转向了企业-区位数据。

鉴于中国西部城市制造业的空间布局，尤其是从行业结构和微观结构上对制造业空间变化特征及其布局模式的研究甚少，本章将以成都和兰州市为例，分析转型期中国西部城市制造业的空间分布趋势与规律，从制造业区位选择角度理解转型期中国城市空间转型。

15.1 成都市制造业空间分布变化

1.研究区域及数据来源

根据成都市经济社会发展与城市建设的布局规划，成都市域土地面积12390km²，共有19个区(或市或县)，可被分为3个圈层：第一圈层为中心城区，即外环路绕城高速公路以内的地区，包括五城区全部及龙泉驿、新都、温江、郫县部分区域；第二圈层为都市近郊区，包括外环路以外的龙泉、新都、温江、青白江、双流、郫县等区县；第三圈层为远郊区，包括其余8个县市区域。需要说明的是，本文将高新区划为城市中心区，将新都、龙泉、温江、郫县划到近郊区，其余8个区县为远郊区不变。

本文主要采用了2000、2002、2007年《成都工业统计年鉴》、《2004年成都经济普查》、《成都第四次人口基本普查》等相关统计资料，并于2009年11—12月在成都市进行了为期2个月的实地访谈式调查，访谈对象主要是官员、企业领导和企业职工。

2.制造业空间重组及其布局模式

(1)过程与趋势

计划经济时期，成都市按照功能分区的规划思想进行规划建设，在城市中心区建设了大量工厂，形成工业、居住、行政混杂的格局，形成了典型的计划经济模式的制造业空间布局。"一五"和"二五"时期，在"精密仪器、机械制造及轻工业城市"的发展目标以及1956年"变消费城市为生产性城市"的方针引导下，成华、锦江的城市东郊集聚了大批大型电子、机械、冶金、化工企业，导致了大量制造业企业在中心区集中，城市形态发生了根本性转变。"三线"建设时期，"一线"地区的一些重要企业迅速内迁成都，不但在成华区成立了四川齿轮厂等企业，而且在双流、温江等地投资新建、扩建、改建了成都飞机公司、成都发动机公司等大中型骨干军工企业，促进了制造业在城市中心区(主要是成华区)的进一步集聚和城市近郊区的发展。因此，计划经济时期，成都市中心区制造业发展水平一直比郊区高，增速也较高(表15-1)。然而，改革开放以来，此趋势发生了逆转(表15-1)：中心区制造业的所占比重自1978年的70%以上快速震荡下降到2007年的42%左右；近郊区制造业增长快速，虽然1993年开始震荡徘徊，但2004年后又出现一个小幅增长阶段；远郊区制造业在1978年处于较低水平，1980—2001年大致增加了1倍左右后便趋于稳定，与近郊区发展趋势相当,但从 2002 年开始,其与中心区、近郊区相比呈现相反态势,即所占比重开始下降,且幅度逐年增加。总体而言,改革开放后成都市制造业总产值(增加值)比重在中心区有所下降而在郊区不断上升,但只有近郊区制造业总产值(增加值)比重基本保持增长水平,远郊区则呈现先增加后稳定再下降的态势。这是由于改革开放后在一系列政策指导以及开放的市场经济调节下,大型制造业企业逐步向城市郊区转移,2005 年以后成都市政府在产业结构布局方面作出新的调整,在中心城区发展现代服务业和高新技术产业,近郊区发展现代制造业,远郊区加速发展特色农业、涉农工业和生态旅游,进一步加强近郊区制造业的发展,相反远郊制造业比重有略微下降,制造业总体空间布局模式逐渐由紧凑型向松散型转变,并伴随着一定程度地震荡重组过程。

表 15-1 1949—2007 年成都市制造业总产值及其比例

年份	全市工业总产值(万元)	中心区		近郊区		远郊区	
		万元	%	万元	%	万元	%
1949	9733	4183	0.430	1726	0.177	3824	0.393
1957	37624	17228	0.458	7693	0.204	12703	0.338
1965	99514	67804	0.681	15635	0.157	16075	0.162
1978	430284	311062	0.723	59459	0.138	59763	0.139
1980	544015	375150	0.690	85112	0.156	83753	0.154
1985	973572	593876	0.610	177457	0.182	202239	0.208
1990	2012797	916165	0.455	594147	0.295	502485	0.250
1991	2428067	1137751	0.469	697581	0.287	592735	0.244
1992	2736355	921779	0.337	998316	0.365	816260	0.298
1993	4218591	1457846	0.346	1529112	0.362	1231633	0.292
1994	6122260	2152284	0.352	2350249	0.384	1619727	0.265
1995	7388470	2584254	0.350	2596793	0.351	2207423	0.299
1996	9368535	3902370	0.417	2852087	0.304	2614078	0.279
1997	11016783	4788284	0.435	3273919	0.297	2954580	0.268
1998	12195700	5163578	0.423	3663001	0.300	3369121	0.276
1999	13208027	5401790	0.409	4101188	0.311	3705049	0.281
2000	14082648	5101346	0.362	4836371	0.343	4144931	0.294
2001	14887638	5270224	0.354	5285111.5	0.355	4332302.7	0.291
2002	4238688	1935215	0.457	1271083	0.300	1032390	0.244
2003	4926753	2238675	0.454	1487412	0.302	1200666	0.244
2004	6095983	2756489	0.452	1848782	0.303	1490712	0.245
2005	7573472	3396847	0.449	2488747	0.329	1687878	0.223
2006	9236700	4158517	0.414	2846770	0.431	2231413	0.155
2007	11734147	5218943	0.428	3697043	0.419	2818161	0.153

资料来源:1949—2001 年数据根据《2002 年成都市工业统计年鉴》整理而来,2002—2007 年数据根据《2007 年成都市工业统计年鉴》整理而来。由于统计口径不同,2002 年以前数据采用制造业总产值比重,2002 年以后数据采用制造业增加值比重。

(2)重组过程的两个阶段

总体来看,转型期制造业的空间重组可大致分为两个阶段:

①1978—2000年,制造业企业向郊区外迁迅速,中心区总产值及其比例逐渐下降,而郊区增长较快。

1980年代初期,由于计划经济时期国防建设的要求,成都市制造业空间布局呈现整体空间布局分散,青白江、武侯、成华三区较为集中的局面。1980年代后期,中国采取市场经济体制改革,经济集聚效应、土地有偿使用政策和级差地租(随着土地有偿使用制度的逐步建立,根据《成都市区2009年国有土地汇总表》,市区工业用地成本比市郊高出5倍以上,市中心区单位土地面积产出较低的传统工业企业的土地置换的压力空前增加。从市中心到市郊,成都市工业区位在单位用地产值上呈现出明显的圈层结构特征,级差地租已成为影响成都市工业布局的重要因子)逐渐成为企业选址的重要因素。而且,城市政府对那些污染性或搬迁成本较低的企业,往往在环境保护的政策指导下迫使其逐步向郊区或周边中小城市转移;对污染性较小,以市场为导向又不易搬迁的企业,如劳动密集型为主的都市型工业等,往往促使其依托自然资源就地整合。因此,政府通过政策导向,利用城市开发、产业布局和土地利用的干预而大幅度调整制造业的空间布局结构,如成都市"十一五"计划明确指出:全市产业要按梯度分布、分类聚集,对中心城实行"退二进三",将污染严重的产业和一般工业向外转移,在二圈层集中发展以工业为主的第二产业,并进一步形成三大工业区。这样,在政府各项政策的有力推动下,城市制造业不同行业开始调整自身区位,由中心区向郊区的外迁进程较为迅速。同时,快速发展的乡镇工业、大量外迁的企业和新建企业在城市郊区形成了规模不等的工业区,并促进一些郊区(小)城镇的快速发展。因此,1990-2000年成都市制造业呈现出增加值比重大幅增长和产量集中度增加的双重特征,在空间上逐渐向成都近郊区集中,其中新都、郫县、温江、双流增长态势最为明显(图15-2)。

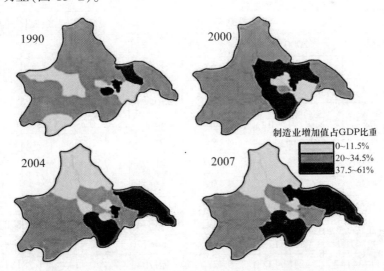

图15-2 1990—2007年成都市制造业空间布局变化

②2000—2007年制造业在中心区与近郊区同时集聚趋势明显

一方面,因为布局于城市中心区的成都高新技术产业开发区快速发展,以及在制造业向郊区扩散的同时,一些无污染、科技含量高的企业向中心区的集聚("重返城市"趋向),给城市中心区制造业发展注入了新的活力,导致中心区制造业产值增加快速,所占比例略有提高。另一方面,为提高城市核心区的金融、商务、信息等产业的集聚度,提高土地使用效率和改善城市整体功能,市政府通过规划手段,进一步加大了中心区"退二进三"的土地功能置换的政策力度,例如市政府对市区东郊工业结构进行大幅度调整,大批东郊大中型企业向近郊区如龙泉驿、温江、双流等地搬迁,促使城市近郊区企业大量增加;大量近郊区工业园区的建设以及各种优惠政策的实施,也吸引了大量国内外企业来投资建厂和众多制造业企业向郊区迁移,如新都工业园区、双流航空港开发区、龙泉成都经济技术开发区、温江海峡高科技园区、郫县高新西区、青白江重化工业基地以及小城镇乡镇企业工业小区。这样,在城市政府的宏观政策和地区间差异化的基础设施水平以及优惠政策的引导下,从城市中心向外围大体形成了单位土地面积工业生产产出效率逐渐降低、劳动密集程度和劳动力科技含量逐渐减少、资本密集程度逐渐增加、对成都市总体经济规模贡献率逐渐加大、对周围环境影响逐渐增强的制造业空间布局圈层结构和空间迁移模式。

采用制造业就业贡献率和企业个数比重(反映各区域制造业整体规模)、制造业增加值占国内生产总值比重(反映制造业集中程度)两个指标分析城市空间分布特征,可以发现:

a.制造业空间发展不均衡,呈现明显圈层特点。2000年就业贡献率大于平均值5%的区县有9个,占到区县总数1/2,仅中心区就占6位,近郊区3位(表15-2)。2007年就业贡献率大于均值5.1%的区县缩小为7个,占区县总数1/3,中心区减少为3位,近郊区占4位。因此,2000年后近郊区制造业整体规模有所上升,中心区比例下降较快,远郊区7个区县就业贡献率虽然有小幅增长,但始终低于平均值,地位较低。

表 15-2　成都市各区县制造业就业贡献率和企业比重

地区	类型	就业贡献率(%)				企业比重(%)			
	年份	2000 年		2007 年		2000 年		2007 年	
城市中心区	锦江区	7.7		2.0		4.3		1.1	
	青羊区	6.7		4.7		4.9		2.9	
	金牛区	5.7	48.8	4.6	35.4	6.3	33.5	5.3	33.3
	武侯区	8.4		8.8		4.9		9.1	
	成华区	15.8		5.7		8.9		4.7	
	高新区	4.6		9.6		4.2		10.2	
城市近郊区	龙泉驿区	5.2		7.7		4.2		5.2	
	青白江区	6.0		7.7		3.2		3.9	
	双流县	8.2	33.0	8.0	40.6	7.7	36.3	11.2	43.1
	温江区	3.4		4.9		5.2		7.4	
	郫县	3.6		4.1		6.6		6.7	
	新都区	6.6		8.1		9.4		8.7	

地区	类型	就业贡献率(%)		企业比重(%)	
	年份	2000 年	2007 年	2000 年	2007 年
城市远郊区	大邑县	2.5	3.2	3.8	2.7
	浦江县	0.8	1.1	2.3	1.4
	新津县	2.2	3.2	2.9	3.9
	都江堰市	3.2	3.0	5.3	3.8
	彭州市	3.1	4.4	4.3	3.3
	邛崃市	1.3	3.2	4.9	3.5
	崇州市	2.9	3.5	3.8	3.2
	金堂县	2.3	2.3	2.9	2.8
		18.2	24.2	30.2	24.6

资料来源:成都市统计局,《成都工业统计年鉴》(2000-2007)。

b.制造业市域空间尺度上的不均衡性表现为两个方面:一是 2000 年以来制造业整体上呈现由"中心强郊区弱"逐渐转为"中心弱郊区强"的态势,各圈层之间制造业规模差异逐渐拉大。二是各圈层内部区域制造业空间差异较大,即 2000 年中心、近郊、远郊区就业贡献率级差(最大值与最小值之差)分别为 10.1%、4.8%和 2.4%,而 2007 年分别为 7.6%、3.3%和 3.6%,各圈层内部区域制造业规模存在较大差异。这说明城市制造业空间布局的非均衡性不但表现为圈层之间的不平衡,而且圈层内部不均衡也较为强烈。同时,2000—2007 年城市中心区就业贡献率与郊区就业贡献率差距逐渐增大(郊区与中心区就业贡献率之差由 2.4%上升到 29.4%),而圈层内部区域就业贡献率差异大体上呈现缩小趋势,即城市中心区和近郊区就业贡献率离散度降低,内部差异逐渐减小,远郊区内部差异有所增加但增幅很小,这表明城市制造业空间分布的各圈层之间的不均衡性较其内部更为显著。从空间发展方向分析(图 15-2),2000—2004 年制造业出现了明显的空间迁移倾向,即由 2000 年的"类圈形"布局逐步转变为以新都工业园区、青白江重化工基地为中心的东北轴向和以双流航空港开发区、新津工业园区为中心的西南轴向发展;2004—2007 年,制造业地域空间分布集中度基本呈现平稳态势,东北、西南两个轴向的发展得到进一步加强。

(3)重组后的空间布局模式

大致而言,为顺应对外开放和经济全球化的发展趋势,成都市制造业空间发展依托原有大型工业制造业基地,综合协调资源、环境、交通等要素,整合产业用地,在空间上集聚具有密切联系的相关产业,力图形成产业集群和实现集聚效应与规模效应,并顺应交通网络的发展趋势,沿主要交通干线形成大型制造业基地,初步呈现以轴为脉络、以圈层为梯度、以组团为载体的"六轴三圈多组团"的空间布局模式,如成都市总体规划(1995—2020)明确指出:"根据市域社会经济发展战略和生产力布局,以中心城为核心依托交通干线集聚发展的点轴型放射状城镇体系空间布局"。因此,成都市制造业空间发展模式在区域层面是一种以成都为中心,沿六条主要交通轴线延伸的点轴式发展模式,即依托成灌路的犀浦—红光—郫筒—安德—都江堰市城镇发展轴,依托成温邛高等级公路、成大路的文家—涌泉—柳城—崇州市—晋原—邛崃市城镇发展轴,依托成雅高速路、川藏路(机场专用路)的双流航空港开发区—东升—五津城镇发展轴,依托成渝高速路、老成渝路、成龙路的大面-龙泉城镇发展轴,依托成绵高速路、川陕高等级公路、宝成铁路的天回—桂湖—大弯城镇发展轴,依托人民南路、元华路、成仁路的石羊—华阳城镇发展轴。也就是说,区域性交通网络建设引起了整个城市空间可达性的变化,进而引起生产活动的重新区位选择,并表现在整个城市土地空间格局的变化,如占地面积大、对环境要求高的部分资源密集型产业沿交通轴线向外延伸,形成沿线布局的"工业经济走廊",而对市场反应速度依赖较大的高新技术产业沿交通轴线大致集聚在二环线的技术开发区内。同时,在都市区形成向南沿人民南路南延线的石羊-华阳高新技术发展走廊,向东沿老成渝路形成的洪河-龙泉工业发展走廊,两条产业发展走廊。

在市域空间尺度,制造业空间布局主要体现了下列特点:①制造业逐渐向郊区集中,各行业在圈层内部空间优化重组。从制造业空间分布来看,生产总值比重在中心区逐渐减少,郊区尤其是近郊区逐年增加,其中近郊区所占比重最大,其次为中心区,再次为远郊区;从空间结构来看,大体呈现出二圈层内以劳动密集型的轻工业为主、二三圈层之间以技术密集型高新技术产业为主、三圈层以外的远郊地区以资本密集型的重化工业为主的空间格局。②依托交通轴向,形成点状集聚。成都市目前的交通体系有成渝、成宝、成昆、成达4条铁路干线以及8条经过成都或以成都为起点的国道主干线和国道干线,双流国际机场已成为西南地区最大的航空港枢纽和客货集散地。由于对原材料输入及制成品输出的需要,制造业对交通的依赖程度很高,制造业的空间布局形态随着交通发展对城市空间格局整体影响而变化,逐渐出现了沿交通轴线形成一系列的聚集核心的形态。③依托现有产业基础就地重组,形成块状经济。成都市拥有大量历史上形成的制造业产业用地,在产业结构优化整合的推动下,利用原有资源优势,将与之相关联、在空间上分散的产业合并,形成具有块状经济特点的企业群。如在高新区形成的高新技术产业片区,在龙泉驿经济技术开发区形成的汽车产业片区以及彭州石化战略基地形成的石油化工片区等。④产业集聚,按门分类形成专业园区。政府和规划部门,通过规划手段,在空间上积极引导各类产业在空间上向一定地域聚集,形成专业园区,形成规模经济。截止2002年末,成都市拥有各种工业开发区116个,其中国家级2个、部省级25个、市级2个、区(市)县级52个、乡(镇)级35个,此外各区(市)县还有大大小小的一些工业点。⑤依靠劳动力密集程度和劳动力科技含量大小,出现不同产业地域类型。高新技术产业多向拥有高校和科研机构等智力资源丰富地区集中,形成高科技产业基地,如位于中心区和近郊区高校附近的高新技术产业开发区、成都经济技术开发区等以电子通信、生物医药、汽车及配套零部件为主的产业园区;劳动密集型产业则主要分布在劳动力科技含量低、就业压力大的地区,如成都饮料制造业主要集中在武侯、温江、郫县等以近郊为主的地区。

3.制造业行业空间分布特征

通过测度成都市制造业内部行业在空间分布上的集中与分散、空间差异程度来研究制造业行业的空间分布特征,即判定制造业各行业类型在空间上的总体集中与分散程度、各地区制造业专业化程度,并进而判断制造业空间分布特点及其变化模式,总结制造业区位选择规律。

(1)测量方法

区位基尼系数(Gr)——测量产业集中与分散程度

$$Q_{ir}=\frac{V_{ir}}{V_i} \tag{1}$$

$$G_r=2\sum_{i=1}^{n}\left(\frac{V_{ir}}{V_{nr}}*\sum_{k=1}^{i}\frac{V_k}{V_n}\right)-1 \tag{2}$$

区位基尼系数测量行业在地区间的分配均衡程度,是分析产业发展不平衡性的一个量化工具,区位基尼系数接近1,说明该行业的空间集中度高于其他行业的集中度,地区之间产业发展不平衡,该产业在某些地区有形成产业集聚的可能;区位基尼系数接近0,说明该行业的空间分布与整个行业空间分布相匹配。

区位熵(LQ_{ij})——测量相对专业化程度

$$LQ_{ij}=\frac{\dfrac{E_{ij}}{\sum\limits_{j=1}^{n}E_{ij}}}{\dfrac{\sum\limits_{i=1}^{n}E_{ij}}{\sum\limits_{i=1}^{n}\sum\limits_{j=1}^{n}E_{ij}}}(i,j=1,2,3\cdots\cdots n) \tag{3}$$

区位熵又称专门化率,是衡量某一区域要素的空间分布情况的指标,反映某一产业部门的专业化程度,以及某一区域在高层次区域的地位和作用等方面。

(2)制造业内部行业空间分布特征

通过上述指标的计算,可以看出成都市制造业内部行业空间分布特征:

①制造业内部各行业比较集中

一般认为,空间基尼系数小于0.2,表示该产业在空间上高度分散,0.2~0.3表示比较分散,0.3~0.4表示相对分散,0.4~0.5表示相对集中,0.5~0.6以上表示比较集中,0.6以上表示高度集中。从表15-3来看,成都市制造业中多数内部行业处于相对集中阶段,Gr大于0.4的行业有21个,占总行业数的75%。2000年最为集中的产业是化学纤维制造业和武器装备制造业,基尼系数高于0.8,属于高度集中,接下来依次是文教体育用品、烟草、黑色金属冶炼及压延、造纸、皮革毛皮及其制造业、石油加工及冶炼业、电子及通信设备,食品加工、木材加工、饮料制造业、医药制造业等也较为集中。这类高新技术产业、受地方政府保护较强的传统型产业以及具有地方比较优势的产业集中度较高,主要集中在城市中心区与城市近郊区。在空间上最为分散的产业包括金属制造业、自来水的生产和供应、电力、燃气及水的生产与供应、家具制造业、电器机械及器材、服装及其他纤维制造业,区位基尼系数均小于0.4,很显然依赖地方性原材料或市场的产业以及受地方保护较弱产业空间上分布比较分散。

表 15-3　成都市 2000 年制造业内部行业 Gr 值

行业	Gr	行业	Gr
化学纤维制造业	0.85	医药制造业	0.50
武器弹药制造业电器机械及器材制造业	0.83	纺织业	0.48
文教体育用品制造业	0.78	橡胶制造业	0.46
烟草制造业	0.76	非金属矿物制造业	0.45
黑色金属冶炼及压延制造业	0.70	交通运输制造业	0.43
造纸及造纸业	0.68	煤气的生产与供应业	0.42
皮革、毛皮、羽绒及其制造业	0.63	印刷业	0.41
石油加工及炼焦业	0.59	自来水的生产和供应业	0.37
电子及通信设备制造业	0.58	电力、燃气及水的生产与供应	0.37
仪器仪表及文化、办公用机械制造业	0.57	家具制造业	0.37
食品加工业	0.56	电气机械及器材制造业	0.37
木材加工及竹、藤、棕、草制造业	0.55	服装及其他纤维制造业	0.32
饮料制造业	0.53	金属制造业	0.21
化学原料及化学制品制造业	0.52	塑料制造业	0.04

资料来源：成都市统计局，《成都工业统计年鉴》(2000—2007)。

②制造业不同内部行业空间分布特征差异较大

本文选取电子及通信设备制造业、医药制造业、非金属矿物制造业、服装及其他纤维制造业、食品加工业、塑料制品业六个行业，分别代表全球化水平较高的产业、技术密集型产业、能源导向性产业、劳动密集型产业以及地方保护较强产业和较弱产业的产业类型。通过计算 2000 和 2007 年区位熵，比较不同类型制造业的空间变化特征及其空间分布规律差异。

电子通讯设备制造业属于外资比重较高产业、产品出口导向的典型产业。其地理集中水平较高，Gr 值达到 0.58，在 2000 年初期产业区位很大程度上取决于政府计划，因此这类产业在各区县区位熵差异不大，随着经济全球化发展，国际市场和外资驱动这些产业向技术人才、政策优惠的地方集聚，大量企业向龙泉驿、新都、成华以及高新区转移，2007 年高新区区位熵高达 6.2 成为成都电子及通信设备制造业优势最强的地区（图 15-3）。整体而言，成都市电子与通信制造业有向高新和中心五城区集中趋势，同时作为一种技术密集型产业，要求较便捷的信息获取以及与企业总部的密切联系，主要分布在靠近中心区南部的高新、武侯两区以及近郊东北部的龙泉驿、新都，"中心集中"态势逐渐加强。

医药制造业和电子通信制造业一样同属于技术密集型产业。由于对技术要求较高，逐渐向科研机构和技术人才汇集地区，如高新、温江、金牛区具有较高的集聚度，同时由于各个开发区的新建，以及围绕电子、医药、机械等产业进行招商引资，提供了大量的优惠政策，促进此类产业向各区域分散并在开发区内集聚布局(图 15-4)。又因为医药产业作为成都市的传统优势产业，在诸多具有历史优势的地区也有快速发展。形成了不同于电子通信制造业，由"中心散布"向"离心集中"转变的布局特点。

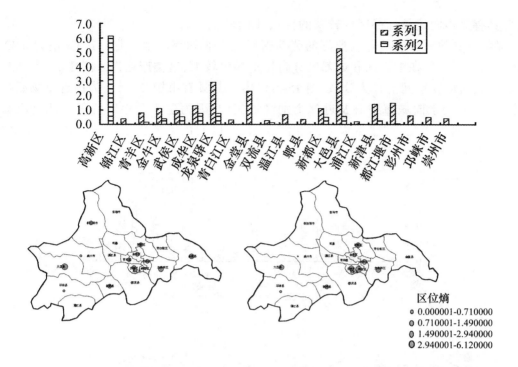

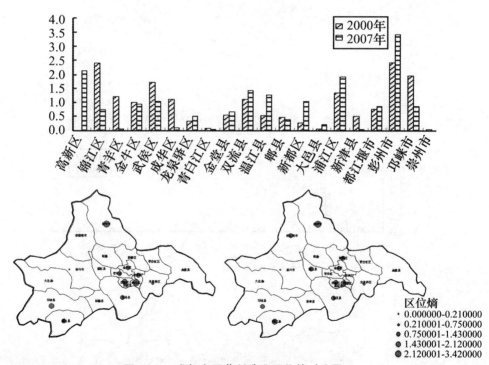

图 15-4 成都市医药制造业区位熵对比图

由于产品受限于资源产地,非金属矿物制造业这类产业必须集中于原料产地,如都江堰、邛崃、彭州、崇州等成都西北地区具有明显的资源比较优势;另一方面这类产业多占地面积大,土地投入产出效率低,所以多集聚在土地价格低廉的郊区,并随着交通环境的改善沿道路网逐步向城市远郊区扩散。此类产业由原来的分散布局向沿交通"轴线"延伸,并具有逐步向比较优势区域转移的特点(图15-5)。

　　服装及其他纤维制造业为典型的劳动密集型产业和都市型产业,其 Gr 值为 0.32 集中度较低。近年来在中心区和近郊区分布比重相对较大,这类产业进入门槛低,劳动技能要求不高,所以在空间上较为分散(图15-6)。由于其具有市场导向性,为接近市场源减少成本,近年来趋于向城市中心及近郊个别区域集中,因为位于金牛区的荷花池是成都市最大的服装批发市场,并接近火车站和汽车站,所以向该区的集中明显增强,逐渐由"离心散布"转为"中心散布"。

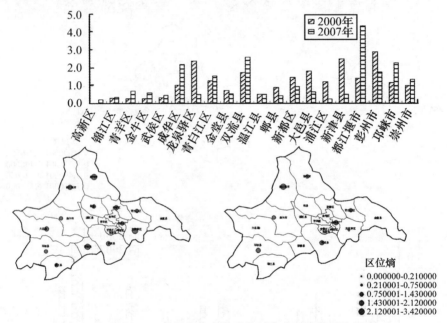

图 15-5　成都市非金属矿物制造业区位熵对比图

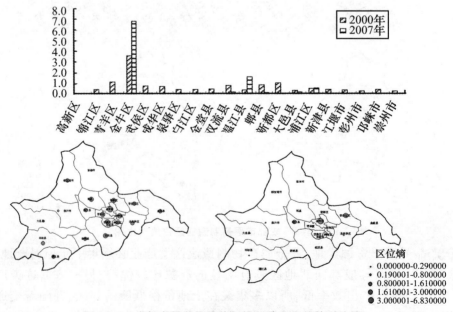

图 15-6　成都市服装及其他纤维制造业区位熵对比图

　　最后两类产业分别为成都地方保护最强和最弱的产业，总体上看前者的地理集中水平远高于后者。食品加工业作为传统保护产业，同时也是成都市的支柱产业之一，其 Gr 值为 0.56 属于中度集中产业，在近几年的区位布局中没有出现明显变化，众多区县区位熵相当，并且有向郊区尤其是远郊集中趋势，其中浦江、新津、邛崃、崇州、郫县、金堂、双流为其重点发展区域。始终具有"周围集中"布局特点(图 15-7)。

　　塑料制造业则经历了一个强烈空间重组过程，尽管地理集中指数仅有 0.04，浦江、新津、武侯、金牛、郫县等区县已经失去了比较优势，但龙泉驿和崇州等郊县成为其重要产业区位，塑料制造业在市场驱动和环境保护要求下逐渐向真正具有比较优势的地区集中，由"离心散布"向"离心集中"转变趋势(图 15-8)。

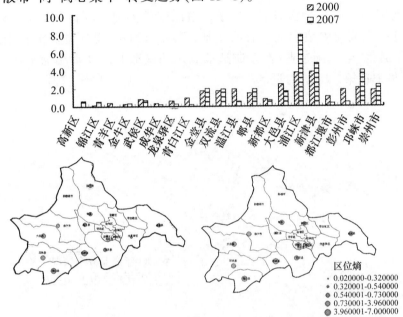

图 15-7　成都市食品加工业区位商对比图

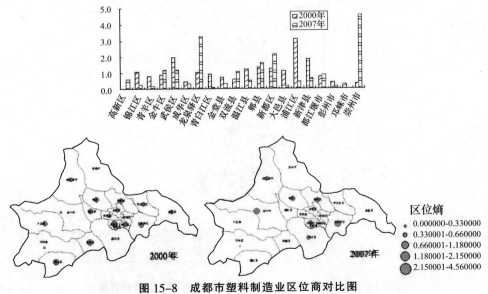

图 15-8　成都市塑料制造业区位商对比图

综上所述,成都市制造业内部行业空间变化特征可概括为:①部分劳动密集型如服装及纤维、皮革、皮毛、羽毛等制造业中多数企业以便民生活,解决城市中心就业压力,接近市场为原则逐渐向二环内转移,并在市域范围内成不规则散点状分布,少数企业由于历史原因,在远郊个别优势区县集聚(图15-9);②具有高附加值和高土地产出效率的高新技术产业、无污染都市型产业,如仪器仪表及文化、办公用机械、文教体育用品制造业以及医药制造业,呈现一定的离心集中态势,电子通信制造业因为要求较便捷的信息获取以及与企业总部的紧密联系,主要在高新、金牛、武侯区内,以高校科研机构为"技术扩散源"成点状集中布局,并伴随着熟练技术人员和专业人员向这些地区的汇集,逐渐发展为以专业园区为特征的"面状布局"(图15-10);③资源密集型和受地方保护较弱产业逐渐向都市边缘地区甚至以外地区迁移,充分利用比较优势向不同区域转移,形成"离散分布"格局,并且在小范围内集中趋势有所增加(图15-11);④受地方保护较强产业和主导产业包括电子通信、电气制造业(汽车制造业)、医药制造业以及食品加工业,集聚程度逐渐增加,主要集中在第二圈层附近。

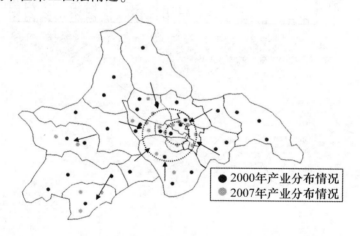

图15-9 成都市以劳动密集型为主的传统都市型产业区位迁移

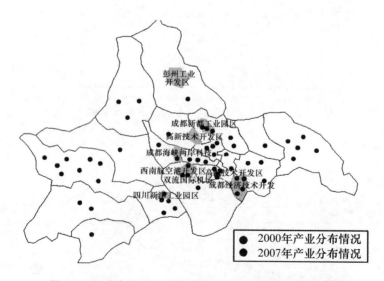

图15-10 成都市以高新技术为主的都市型产业区位迁移

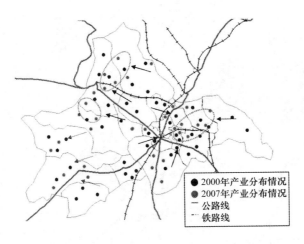

图 15-11　成都市资源密集型产业区位迁移

15.2　企业视角的兰州市制造业的地理集中与集聚

采用兰州市 2008 年所有制造业企业数据,以行政区划中乡镇、街道为空间单元,对兰州市制造业企业空间分布、地区专业化程度与产业集聚进行了研究（姚康,杨永春,2010）。本文所采用的基础数据是兰州市 2008 年制造业企业资料（包含了 2008 年 7—9 月的实地访谈调查资料）。

1.市域制造业企业空间分布

兰州是黄河上游最大的工业城市,也是西部最重要的原材料工业基地,作为新中国成立后重点布点建设的老工业基地之一,经过几十年特别是改革开放以来的建设与发展,工业化水平迅速提高,初步形成了以石油化工、有色冶金、机械电子、医药、建材等为主,门类较为齐全的工业体系。

2008 年,兰州市共有不同类型的制造业企业 6434 家,分散分布在全市范围内的 115 个[①]乡镇(街道),企业行业类型共涉及 29 个两位数行业代码和 158 个三位数行业代码。下面从制造业企业的空间分布特征、行业结构特征、企业规模特征三方面,对全市的制造业企业空间结构进行分析。

(1)总量分布特征

根据各空间单位制造业就业人数的不同,将兰州市的乡镇(街道)划分为六个等级,从而得出兰州市 2008 年制造业就业人数空间分布图(图 15-12)。

图 15-12 显示,兰州市制造业企业就业人数空间分布极不均衡,呈现出明显的空间特征。

高度密集分布于城区。城区的制造业就业人数高达 48.8 万,占全市制造业就业总人

---

①由于缺乏更新的区划边界图,红古区和榆中县依旧按照旧版行政区划进行界定和相关分析。

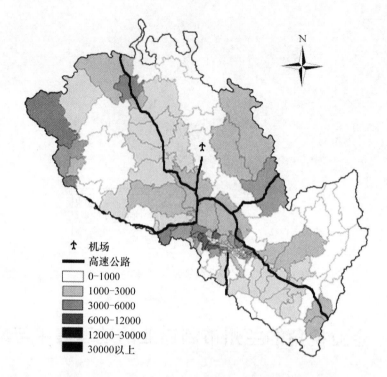

图 15-12　2008 年兰州市制造业企业就业空间分布图

数的 71.4%。在就业人数规模等级中,处于一级即就业人数规模大于 3 万人的空间单元共有 4 个,包括西固城街道 66461 人、安宁西路街道 54796 人、土门墩街道 53662 人以及陈坪街道 32757 人,均分布在城区。而位于规模等级中第二级的空间单元共有 11 个,其中 7 个分布在城区。

高速公路、铁路沿线分布趋势显著。除高度密集于城区外,全市制造业企业就业分布还明显集聚于高速公路和铁路沿线。如图 15-12 所示,高速公路途经的乡镇街道,其制造业就业规模明显高于其它地区。

集中分布于开发区所属乡镇(街道)。兰州市目前有省级以上开发区 6 个。其中国家级开发区 2 个,包括兰州高新技术产业开发区和兰州经济技术开发区,省级开发区 4 个,包括兰州连海经济开发区、兰州西固新城工业园、兰州九州经济开发区、兰州榆中和平工业园区。如表 15-4 所示,6 个开发区共涉及到 14 个空间单元,共集聚了 185356 个制造业就业人数,占全市制造业就业总数的 27%。

表 15-4　2008 年兰州市制造业就业人数在各开发区的分布状况

开发区名称	所涉及空间单元	制造业就业人数	所处等级
兰州高新技术产业开发区	雁南街道	5848	四级
	雁北街道	7111	三级
	秀川街道	15121	二级
兰州市经济技术开发区	安宁西路街道	54796	一级
	安宁堡街道	3241	四级
	沙井驿街道	22582	二级

开发区名称	所涉及空间单元	制造业就业人数	所处等级
兰州连海经济开发区	连城镇	17629	二级
	河桥镇	11567	三级
	窑街镇	5055	四级
	海石湾镇	14640	二级
兰州九州经济开发区	靖远路街道	5433	四级
兰州西固新城工业园区	东川乡	7632	三级
	新城镇	12040	二级
兰州榆中和平工业园区	和平镇	2661	五级

（2）行业分布特征

2008年，兰州市制造业企业共涉及29个两位数行业类型，按企业数和就业人数分别计算的行业结构显示，企业数高度集中于非金属矿物制品业（15.9%）、化学原料及化学制品制造业（10.3%）、金属制品业（9.1%）、普通机械制造业（7.8%）、交通运输设备制造业（7%）等。而相对于企业数而言，就业人数的集中度稍低，主要集中于非金属矿物制品业（13.6%）、化学原料及化学制品制造业（11.3%）、专用设计制造业（8.9%）、石油加工及炼焦业（7.3%）、普通机械制造业（6.8%）。

兰州市制造业企业分布在包括乡镇和街道在内的共115个空间单元内。根据各行业在兰州市的分布特征，将这些行业划分为6种类型（图15-13）。

较为均衡分布在全市范围内。这一类行业在空间分布上没有明显的地域倾向。属于这一类的行业有普通机械制造业、塑料制品业等。这一类型的行业多是进入门槛低，且市场需求广泛的行业。

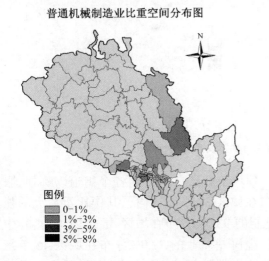

（1）均衡分布于市域范围

（2）均衡分布于各个街道

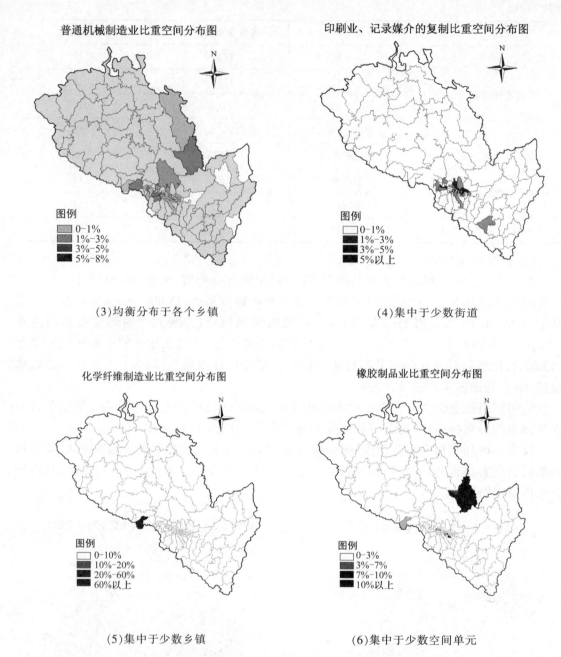

(3)均衡分布于各个乡镇   (4)集中于少数街道

(5)集中于少数乡镇   (6)集中于少数空间单元

图 15-13 根据空间分布特征划分的不同类型的行业

　　较为均衡分布在各个街道,即集中于城区,且均衡分布在城区的各个街道。例如,服装及其他纤维制品制造业就业人数的 94% 分布在城区 38 个街道内, 其中比重最大的盐场路街道也仅占 17.6%;印刷业、记录媒介的复制的 93.3% 分布在城区 45 个街道内,其中所占比重最大的白银路街道也仅占到 12.1%; 金属制品业的 77.9% 分布在城区 46 个街道,其中比重最大的仅占 12.2%;食品制造业就业人数的 72.9% 分布在城区,其中比重最大的拱星墩街道仅占 12.6%。显然,这一类型的行业属于典型的城市型工业,一方面,它们服务于日常的城市生活,要接近中心城市这一市场;另一方面它们的厂房占地面积普遍较小,甚至十几平米的面积就足够运作了。

较为均衡分布在各个乡镇,即集中于县域,且均衡分布在县域的各个乡镇。例如,非金属矿物制品业在所有乡镇中的比重高达81%,且广泛的分布在63个乡镇中,在乡镇中比重最大的海石湾镇也仅占到12.9%;造纸及纸制品业就业人数的64%分布在乡镇,其中比重最大的金崖也仅占到14.6%。这一类型的行业跟城市型工业正好相反,它们一般污染比较大,不适宜在城区发展。同时,它们所采用的原料一般都普遍存在于各个乡镇,获取相对简单,不用像资源型产业一样需要靠近特定的资源地。

集中于少数街道。这种类型的行业最多,例如电气机械及器材制造业(安宁西路街道57.8%,龚家湾街道12.7%);电子及通信设备制造业(安宁西路街道39.4%,嘉峪关街道15.9%,东岗西路街道13.8%);纺织业(西固城街道46.4%,陈坪街道23%);家具制造业(土门墩22%,西园20%);交通运输设备制造业(西站街道26.7%,安宁西路街道25%);皮革、毛皮、羽绒及其制品业(火车站街道32.5%,草场街道26.5%);石油加工及炼焦业(西固城街道72.7%,陈坪街道13.6%);食品加工业(盐场路街道44.3%,秀川街道9.7%);医药制造业(盐场路街道56.1%,安宁西路街道9%);仪器仪表及文化、办公用机械制造业(土门墩街道32.1%,安宁西路街道32%);饮料制造业(秀川街道47%,西站街道30.2%);专用设备制造业(土门墩街道52.1%)等。这一类行业在特定街道的集中说明它们在某种程度上已经形成了产业的地理集聚。这种集聚多数是源于城区这一经济、行政、人口中心区位的优势形成的,也有可能是历史原因造成的,如西固城街道和陈坪街道的石油加工及炼焦业是计划经济时期国家大型企业布点的结果。

集中于少数乡镇。例如黑色金属冶炼及压延加工业(连城40.3%);化学纤维制造业(新城镇98.5%);其他制造业(东川镇62.8%);有色金属冶炼及压延加工业(河桥36.5%);烟草加工业(金崖38.3%)。这一类型的行业多是资源型产业,资源的稀缺性和固有性决定了它们在区位上必须接近资源地。

集中分布于少数空间单元,这里是指行业集中分布的空间单元是由街道和乡镇共同构成的。例如,橡胶制品业(石洞29.2%,火车站27%);化学原料及化学制品制造业(新城镇23.5%,西固城街道10.7%,西柳沟街道9.5%)。这一类型产业在特定空间单元的集中多是由历史原因或大型企业区位选择造成的。

(3)企业规模的空间分布特征

根据2003年国家统计局设官司颁布的《统计上大中小型企业划分办法(暂行)》,把兰州市制造业企业依据职工人数划分为大型、中型和小型三类,即职工人数超过2000人的为大型企业,介于300~2000人的为中型企业,不足300的为小型企业,从而得出兰州市2008年制造业大型、中型、小型企业的就业规模空间分布图(图15-14)。

图15-14(1)显示,大型企业在空间分布上,明显集中在城区西部(西固区大部分街道、安宁区的沙井驿街道、安宁西路街道、七里河区的秀川街道等)及邻近这一地带的近郊乡镇(新城镇、东川镇等)。这些大型企业多数是国有企业,它们的空间分布是建立在计划经济时期国家宏观布局的基础上,如安宁西路的长风厂、兰飞厂,陈坪街道的三叶公司,另外,也有些是改革开放后在城市规划的指引下企业重新选址后搬迁的结果,如兰州铝厂迁至西固区的河口乡。

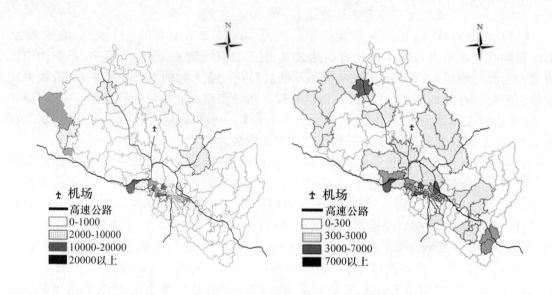

(1)大型企业就业规模空间分布　　　　　(2)中型企业就业规模空间分布

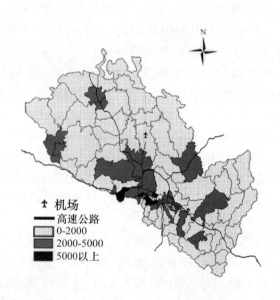

(3)小型企业就业规模空间分布

图 15-14　2008 年兰州市大、中、小型企业就业规模空间分布图

图 15-14(2)显示,中型企业在空间分布上较大型企业更为广泛,说明规模介于 300~2000 之间的企业在兰州相对更多。从空间分布上看,它们也是集中于城区和近城郊区。另外,还分散分布在某些乡镇。

图 15-14(3)显示,小型企业在兰州的分布最为广泛,除了较为集中在城区和近城郊区外,还有明显的沿高速公路分布的迹象。

2.城区制造业企业空间分布

(1)总量分布特征

根据各街道职工人数总规模的不同,把兰州市的街道划分为五个等级,从而得出兰州市 2008 年制造业职工规模空间分布图(图 15-15)。兰州城区制造业企业的空间分布极不均衡,在空间上由内到外呈现出明显的层次性,依次可划分以下三个地带:

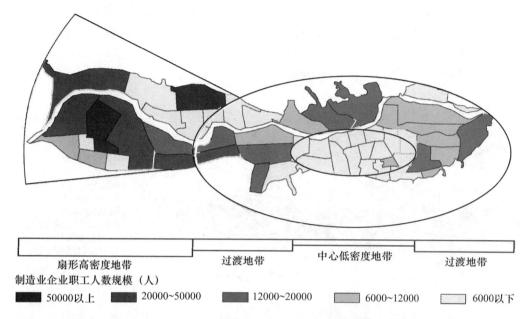

图 15-15 2008 年兰州市城区制造业企业就业空间分布图

中心低密度地带。各街道职工人数规模小,位于等级规模中的四、五级,街道的总职工人数基本少于 6000 人,范围包括建兰路、西湖、西园、伏龙坪、临夏路、张掖路、白银路、酒泉路、广武门、皋兰路、渭源路、五泉、东岗西路、铁路东村、铁路西村、火车站、团结新村 17个街道。这些街道的范围大致相当于目前的城市中心区,是全市最繁华的地带。在计划经济时期曾布局过一些大型工业企业,但是随着"退二进三"产业政策以及土地有偿使用制度的实施,这些工业企业都逐步迁出城区(如兰州五一机器厂搬迁至大砂沟左家湾),或是就地进行了商业化改造(如兰州柴油机厂重组成兰海商贸有限责任公司)。目前这一地带的工业企业多是 80 年代以后进入的小企业。

过渡地带。由包围中心低密度地带的 16 个街道组成,包括培黎、十里店、敦煌路、西站、龚家湾、晏家坪、靖远路、草场街、盐场路、青白石、雁北、雁南、拱星墩、嘉峪关、焦家湾和东岗街道,职工人数规模等级差异较大,从三级、四级到五级不等,但总体来看,职工规模普遍高于中心低密度地带。这一地带的工业兴起于解放后,是在"变消费城市为生产城市"建设方针的指导下,由城市围绕旧城区布局的工业区(如盐场堡医药工业区)演变而来的。但是,随着城市空间的进一步扩张以及城市经济的不断改革,这一地带的工业企业也大量倒闭或外迁(如兰州钢铁厂被酒钢公司兼并后,向外围迁移到榆中县)。

扇形高密度地带。由混合地带外围、沿着河谷往西方向、呈扇形分布的 15 个街道组成,包括秀川、土门墩、孔家崖、银滩、刘家堡、安宁堡、沙井驿、安宁西路、西柳沟、临洮街、四季青、西固城、福利路、先锋路和陈坪街道。街道职工人数规模明显大于前面两个地带，以一、二级为主，属于制造业高度密集区。这一地带是计划经济时期国家重点项目和大型企业(如兰炼、兰化等)分布的地带，具有扎实的工业基础，因此在改革开放后吸引了部分工业企业的入驻。同时，这一地区的部分大型重污染企业在城市规划的引导下也逐步迁出河谷盆地，如兰州铝厂迁至西固区的河口乡。

(2)行业类型分布特征

根据各空间单位内不同行业企业的职工人数所占比例的差别，将街道划分为不同的类型。即如果空间单位内比重最大的行业类型所占比例超过40%，则将该街道划分为该行业类型；如果空间单位内比重第一和第二的行业类型所占比例超过60%，则将该街道划分为这两种行业类型；否则划分为混杂型(图15-16)。

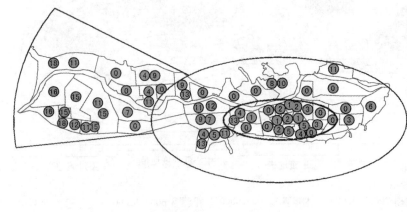

图例
0 混杂型
1 印刷业、记录媒介的复制
2 服装及其他纤维制品制造业
3 电子及通信设备制造业
4 电气机械及器材制造业
5 金属制品业
6 黑色金属冶炼及压延加工业
7 饮料制造业
8 医药制造业
9 交通运输设备制造业
10 食品加工业
11 普通机械制造业
12 塑料制品业
13 专用设备制造业
14 非金属矿物制品业
15 石油加工及冶炼业
16 化学原料及化学制品制造业
17 纺织业
18 有色金属冶炼及压延加工业

重化工业基地　　混合工业地带　　城市型工业地带　　混合工业地带

图15-16　2008年兰州市城区制造业行业类型空间分布图

从图15-16可以看出，制造业的行业空间分布呈现出一定的规律。位于市中心的空间单元行业类型多为印刷业、记录媒介的复制、服装及其他纤维制品制造业、电子及通信设备制造业等城市型工业；包围城市型工业地带的是混合型工业地带，在这一地带行业类型比较复杂，除了在城市规划引导下的一系列专门化工业区，包括盐场堡医药、食品生产工业区、西站普通机械和专用设备工业区外，其他空间单元基本为混合型工业；在混合工业地带外围，沿着河谷向西呈扇形分布着兰州市的重化工业基地，包括西固石油加工及冶炼业、化学原料及化学制品制造业石化工业基地、沙井驿有色金属冶炼及压延加工业、非金属矿物制品业基地以及安宁西路电气机械及器材制造业、电子及通信设备制造业基地，这些重化工基地都是"一五"、"二五"时期兰州市作为国家重点建设城市之一部署的，距离市中心有一定距离。

(3)企业规模的空间分布特征

根据2003年国家统计局设官司颁布的《统计上大中小型企业划分办法(暂行)》，把兰州市城区制造业企业依据职工人数划分为大型、中型和小型三类，即职工人数超过2000人的为大型企业，介于300~2000人的为中型企业，不足300的为小型企业，从而得出兰州市城区2008年制造业企业规模空间分布图(图15-17)。同时，根据上述空间规律把兰州市城区划分三个地带,从职工规模和企业数量两个方面对各地带中不同规模企业的分布状况进行比较,从而得出图 15-18、图 15-19。

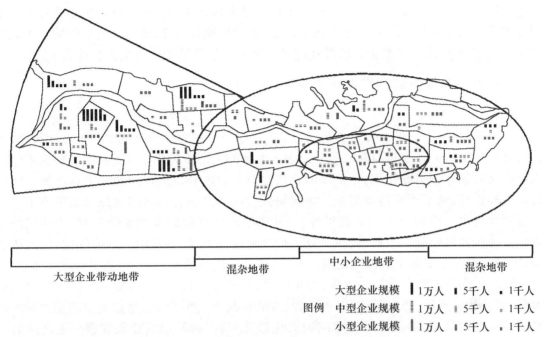

图 15-17　2008 年兰州市城区制造业企业规模空间分布图

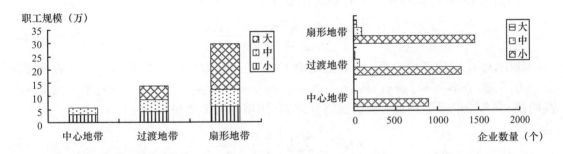

图 15-18 各地带不同规模企业的职工数量　　图 15-19 各地带不同规模企业的企业数量

按企业职工规模划分的大、中、小型企业在空间分布呈现出一定的规律。从内到外依次可以划分为以下三个地带(空间范围分别对应于中心地带、过渡地带、扇形地带)。

市中心中小企业地带。这一地带不存在大型企业,数量份额为 95.2%的小型企业的职工人数比重也达 53.8%,说明在该地带,无论从企业数量还是职工数量来看,都是以小型企业为主。改革开放以来,随着土地有偿使用制度的建立以及政府对城市实施"退二进三"土地空间置换的规划,原处于城市核心区的制造业,特别是占地大、土地产出效率较低的制造业纷纷迁至外围,取而代之的是产出效率较大的第三产业以及少量占地少、规模小的城市型工业。

混杂地带。这一地带各种规模的企业齐全,且所占比重相当,大、中、小型企业数量比重分别为 1.1%、5.2%、93.7%,职工人数比重分别为 37%、32.8%、30.2%。但各种规模的企业在地带内部的分布却极其不均匀。可以看出,大型企业集中分布在国家规划引导下的产业园区以及传统工业区内(雁滩、西站、盐场堡),而在这几个工业区以外的其它位置,只有少量中小企业分布。

大型企业带动地带。这一地带,集聚了城市绝大部分大型企业,同时,中小企业也多于中心地带和混合地带。从扇形地带内部来看,数量份额仅为2.3%的大型企业的职工人数比重高达57.6%(部分大型企业已外迁的情况下),可见该地带是以大型企业为主。

3.基于行业视角的制造业地理集中与集聚

(1)测算方法

近年来,产业地理集中研究已经成为了经济学家和地理学家共同关注的重要领域,他们在进行理论研究和创新的同时更是发表了大量的实证研究成果。这些实证研究不仅对当地经济发展起到指导作用,更重要的是通过对合适的衡量地理产业集中程度的方法和指数的探索,推动了产业地理集中与集聚研究方法的进步。目前国内外已经形成了很多衡量产业地理集中的方法和系数指标,一些衡量产业总体的地理集中程度,一些试图控制产业内企业规模分布的影响,对产业地理集聚进行测量;一些缺乏理论依据,仅仅依靠统计参数,另一些是基于区位理论提出的,一些基于连续的空间,一些基于行政单元。

测量产业地理集中的方法很多,如集中系数、变差系数、差异系数、赫芬代尔系数、赫希曼-赫芬代尔系数、胡弗系数、锡尔系数、基尼系数等。鉴于其它系数更多的侧重对产业空间分布的测量,而对经济活动之间的对比涉及不够,而基尼系数能够将产业之间的空间分布进行对比分析,本章将采用基尼系数来测量兰州市制造业的地理集中程度,进而分析兰州市制造业的地理格局。计算公式如下:

$$AG_i = \frac{1}{2N^2\mu} \sum_{j=1} \sum_{k=1} \left| \frac{x_{ij}}{X_i} - \frac{x_{ik}}{X_i} \right| \tag{4}$$

其中,x_{ij} 或 x_{ik} 为产业 i 在 j 或 k 空间单元的就业数或增加值等;X_i 为产业 i 的全国总量;μ 为产业 i 在各乡镇(街道)的均值;N 为空间单元的数量。为计算方便,本文根据洛伦茨曲线,将各空间单元产业 i 从低到高排序后,使用近似公式进行计算:

$$AG_i = \frac{2}{N} \sum_{j=1}^{N} \left(j \times \frac{x_{ij}}{X_i} \right) - \frac{N+1}{N} \tag{5}$$

(2)县区和乡镇尺度的两位数制造业地理集中与集聚

①测算结果

为了考察两位数制造业的地理格局,笔者计算了两位数制造业在县区级和乡镇级尺度的基尼系数(表15-5)。

表15-5　两位数(代码)制造业县区和乡镇街道级的基尼系数及其排序

产业名称	县区	排序	乡镇	排序
化学纤维制造业	0.87311	1	0.99094	1
皮革、毛皮、羽绒及其制品业	0.8628	2	0.95637	7
石油加工及炼焦业	0.86274	3	0.97846	2
烟草加工业	0.78358	4	0.97573	3
纺织业	0.78172	5	0.95626	8

产业名称	县区	排序	乡镇	排序
饮料制造业	0.77907	6	0.95351	9
医药制造业	0.76589	7	0.94	12
电子及通信设备制造业	0.7372	8	0.95648	6
其他制造业	0.72917	9	0.94374	10
专用设备制造业	0.71937	10	0.8948	18
电气机械及器材制造业	0.70985	11	0.93956	13
印刷业、记录媒介的复制	0.69852	12	0.78934	25
服装及其他纤维制品制造业	0.68337	13	0.85542	22
文教体育用品制造业	0.6733	14	0.94299	11
橡胶制品业	0.659	15	0.93716	14
食品加工业	0.63511	16	0.88416	19
家具制造业	0.6319	17	0.87953	20
仪器仪表及文化、办公用机械制造业	0.62967	18	0.9594	5
有色金属冶炼及压延加工业	0.6292	19	0.96617	4
化学原料及化学制品制造业	0.62522	20	0.85697	21
交通运输设备制造业	0.61013	21	0.90864	17
木材加工及竹、藤、棕、草制品业	0.58165	22	0.91147	16
黑色金属冶炼及压延加工业	0.5807	23	0.92443	15
塑料制品业	0.50793	24	0.81809	24
食品制造业	0.49201	25	0.75729	28
普通机械制造业	0.48467	26	0.77951	26
金属制品业	0.47926	27	0.75751	27
非金属矿物制品业	0.35199	28	0.75108	29
造纸及纸制品业	0.34815	29	0.83215	23

　　所有两位数产业乡镇级基尼系数显著大于县区级基尼系数，说明产业在乡镇级层次更为集中。在县区级层次，最为分散的是造纸及纸制品业(0.34815)、非金属矿物制品业(0.35199)、金属制品业(0.47926)、普通机械制造业(0.48467)以及食品制造业(0.49201)等。最为集中的是化学纤维制造业(0.87)、皮革、毛皮、羽绒及其制品业(0.86)、石油加工及炼焦业(0.86)、烟草加工业(0.78)、纺织业(0.78)、饮料制造业(0.78)、医药制造业(0.77)、电子及通信设备制造业(0.74)等。在乡镇街道级层次，兰州市制造业显然更为集中，大多数产业集中在少数空间单元。最为集中的是化学纤维制造业(0.99)、石油加工及炼焦业(0.98)、烟草加工业(0.96)、有色金属冶炼及压延加工业(0.97)、仪器仪表及文化、办公用机械制造业(0.96)、电子及通信设备制造业(0.96)等。最为分散的有非金属矿物制品业

（0.75）、食品制造业（0.76）、金属制品业（0.76）、普通机械制造业（0.78）以及印刷业、记录媒介的复制（0.79）等。

②特征分析

将两位数县区级基尼系数与乡镇级基尼系数相结合考察兰州市的制造业分为四种类型：集中—集中、集中—分散、分散—集中以及分散-分散。图15-20分别以县区级基尼系数和乡镇级基尼系数作为坐标绘制，发现两位数制造业的地理特征差异显著。在四种类型中，数量最多的是分散-集中型行业，包括有色金属冶炼及压延加工业、仪表仪器及文化、办公用机械制造业、电子及通信设备制造业、纺织业、烟草加工业、饮料制造业、医药制造业、橡胶制品业、电气机械及器材制造业、交通运输设备制造业、黑色金属冶炼及压延加工业、文教体育用品制造业等，这些行业的县区级基尼系数不高，但是乡镇级基尼系数很高，说明这类产业的企业在县区层次的分布较均衡，但集中在这些县区内的某些乡镇单元内。分散-分散型的行业也较多，包括食品加工业、塑料制品业、普通机械制造业、金属制品业、非金属矿物制品业、食品制造业、印刷业、记录媒介的复制、服装及其他纤维制品制造业、化学原料及化学制品制造业、造纸及纸制品业等，这些行业无论是县区级的基尼系数还是乡镇级的基尼系数都相对较低，这说明这些行业的地理集中度低，较为分散的分布在各个县区的各个乡镇。集中—集中型的行业包括化学纤维制造业，石油加工及炼焦业，皮革、毛皮、羽绒及其制品业等，这类行业的县区级基尼系数和乡镇级基尼系数都很高，说明它们高度集中在某个或某几个基本空间单元内，即个别乡镇或街道内，如石油加工及炼焦业就业人数的72.7%都分布在西固区的西固城街道。由于乡镇级基尼系数普遍大于县区级基尼系数，兰州市制造业不存在上文分类中的集中-分散型行业。

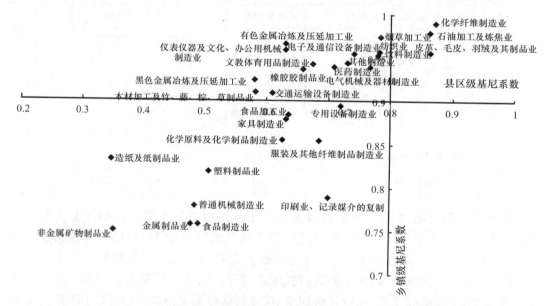

图15-20　2008年兰州市两位数制造业县区与乡镇级基尼系数对应关系

（3）县区和乡镇尺度的三位数制造业地理集中与集聚

①测算结果

鉴于两位数产业掩盖了许多中类和小类产业的差异，本文在两位数制造业的基础上进一步分析了三位数制造业的地理格局。三位数制造业基尼系数计算结果显示，兰州市三位数制造业在空间上非常集中。在县区层面，117个行业中只有8个三位数行业的基尼系数小于0.5，同时有33个行业的基尼系数超过了0.8；在乡镇层面，基尼系数的测算结果更高，只有16个行业的基尼系数小于0.9。表15-6列出了县区和乡镇层面最集中和最分散的三位数制造业及对应的基尼系数。如表所示，在最为集中的产业中，有9个产业在县区级和乡镇层面都列在前20位，包括制糖业、发酵制品业、卷烟制造业、羽毛（绒）及制品业、玩具制造业、渔具及渔具材料制造业、橡胶靴鞋制造业、摩托车制造业、自行车制造业。而在最为分散的20个行业中，也有10个产业在县区级和乡镇层面都列在前20位，包括塑料板、管、棒材制造业，其他食品制造业，金属加工机械制造业，建筑用金属制品业，软饮料制造业，铸锻件制造业，水泥制品和石棉水泥制品业，砖瓦、石灰和轻质建筑材料制造业，调味品制造业，纸制品业。

表15-6　县区和乡镇层面最集中和最分散的三位数制造业及对应的基尼系数

行业类型	行业代码	县区	排序	行业类型	行业代码	乡镇
县区层次最为集中的20个三位数产业				乡镇层次最为集中的20个三位数产业		
制糖业	133	0.875	1	制糖业	133	0.99145
发酵制品业	144	0.875	2	发酵制品业	144	0.99145
卷烟制造业	162	0.875	3	卷烟制造业	162	0.99145
制革业	191	0.875	4	羽毛（绒）及制品业	195	0.99145
毛皮鞣制及制品业	193	0.875	5	乐器及其他文娱用品制造业	243	0.99145
羽毛（绒）及制品业	195	0.875	6	游艺器材制造业	245	0.99145
乐器及其他文娱用品制造业	243	0.875	7	渔具及渔具材料制造业	285	0.99145
玩具制造业	244	0.875	8	橡胶靴鞋制造业	296	0.99145
游艺器材制造业	245	0.875	9	摩托车制造业	373	0.99145
其他类未包括的文教体育用品制造业	249	0.875	10	雷达制造业	412	0.99145
纤维素纤维制造业	281	0.875	11	电子测量仪器制造业	423	0.99145
渔具及渔具材料制造业	285	0.875	12	其他仪器仪表制造业	429	0.99145
橡胶靴鞋制造业	296	0.875	13	制革业	191	0.99138
铸铁管制造业	342	0.875	14	合成纤维制造业	282	0.9913
摩托车制造业	373	0.875	15	塑料鞋制造业	306	0.99085
自行车制造业	374	0.875	16	日用电器制造业	406	0.99029
船舶制造业	376	0.875	17	航空航天器制造业	377	0.99024
其他交通运输设备制造业	379	0.875	18	玩具制造业	244	0.9899
雷达制造业	412	0.875	19	自行车制造业	374	0.9899
日用电子器具制造业	417	0.875	20	仪器仪表及文化、办公用机械修理业	428	0.98956

突变生长——中国(西部)城市转型的多维透视

行业类型	行业代码	县区	排序	行业类型	行业代码	乡镇
县区层次最为分散的 20 个三位数产业				乡镇层次最为分散的 20 个三位数产业		
塑料板、管、棒材制造业	302	0.59897	1	水泥制造业	311	0.90866
木制品业	203	0.59004	2	木制家具制造业	211	0.90312
医疗器械制造业	365	0.57847	3	塑料包装箱及容器制造业	305	0.90038
糕点、糖果制造业	141	0.5741	4	输配电及控制设备制造业	402	0.90038
其他食品制造业	149	0.55383	5	金属加工机械制造业	352	0.89333
金属加工机械制造业	352	0.53779	6	交通运输设备修理业	378	0.89203
集装箱和金属包装物品制造业	344	0.5376	7	软饮料制造业	152	0.88845
其他类未包括的非金属矿物制品业	319	0.52555	8	塑料板、管、棒材制造业	302	0.88744
制鞋业	183	0.51735	9	服装制造业	181	0.88404
其他通用零部件制造业	356	0.51592	10	塑料丝、绳及编织品制造业	303	0.8838
塑料丝、绳及编织品制造业	303	0.50998	11	其他食品制造业	149	0.8805
泡沫塑料及人造革、合成革制造业	304	0.50473	12	其他金属制品业	349	0.87873
粮食及饲料加工业	131	0.49231	13	调味品制造业	145	0.87399
建筑用金属制品业	346	0.49094	14	铸锻件制造业	357	0.87191
软饮料制造业	152	0.48828	15	糕点、糖果制造业	141	0.86347
铸锻件制造业	357	0.48169	16	水泥制品和石棉水泥制品业	312	0.85641
水泥制品和石棉水泥制品业	312	0.47273	17	纸制品业	223	0.82966
砖瓦、石灰和轻质建筑材料制造业	313	0.45044	18	印刷业	231	0.78934
调味品制造业	145	0.40913	19	砖瓦、石灰和轻质建筑材料制造业	313	0.77272
制品业	223	0.26239	20	建筑用金属制品业	346	0.76288

②特征分析

将三位数县区级基尼系数与乡镇级基尼系数相结合（图15-21）进行分析发现，县区级与乡镇级基尼系数都高的行业有明显的共性，即产业需要特殊资源或中间产品投入，需要集中在某些具有特殊资源的区位，或者产品具有特殊的用途，产业规模效应显著，需要集中在市场可达性好的区位。县区级基尼系数和乡镇级基尼系数都低的行业也具有明显的共性，即市场准入门槛低，对技术和资本要求不高或者是具有典型的市场导向性，不适合长距离运输或运输成本较高如水泥制品业，同时也多以民营、股份制企业为主体的行业。

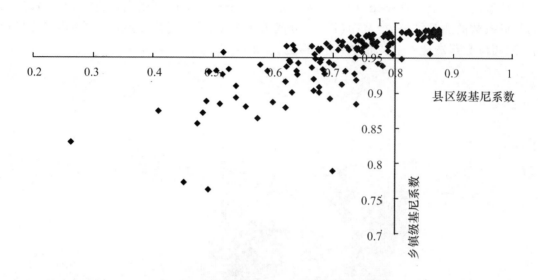

图15-21 2008年兰州市三位数制造业县区与乡镇级基尼系数对应关系

4.制造业地区专业化分析

（1）测算方法

地区专业化是指某一地区专门进行某类产业或某种产品的生产，它是产业结构优化配置的表现，也是劳动地域分工不断深化的结果。研究表明，随着工业化进程的推进，地区专业化作为生产专业化的空间表现形式，其趋势越来越显著。由于数据限制，目前国内关于地区专业化的实证研究大多是基于国家层面或者是省区层面的产业数据进行的。本文将从乡镇（街道）视角出发，采用2008年兰州市制造业企业数据，对兰州市两位数制造业的地区专业化特征进行分析。

现有文献中有多种方法可以测量产业地区专业化程度，如赫芬代尔系数、赫希曼-赫芬代尔系数、胡弗区位化系数、熵指数、锡尔系数和基尼系数等，计算了上述系数后，发现计算结果高度相关。因此本节采用广为人知的基尼系数来测量兰州市制造业的地区专业化程度，取值范围为0到1，数值越高，代表某乡镇或街道地区专业化程度越高。地区专业化程度的基尼系数计算公式如下：

$$AG_i = \frac{1}{2N^2\mu} \sum_j \sum_k \left| \frac{x_{ij}}{X_i} - \frac{x_{ik}}{X_i} \right| \tag{6}$$

其中,x_{ij} 或 x_{ik} 为为空间单元 i 在 j 或 k 产业的就业数或增加值;X_i 为空间单元 i 的所有行业总量;μ 为空间单元 i 在各行业的均值;N 为行业的数量。为计算方便,本文根据洛伦茨曲线,将各产业在空间单元 i 从低到高排序后,使用近似公式进行计算:

$$AG_i = \frac{2}{N}\sum_{j=1}^{N}\left(j \times \frac{x_{ij}}{X_i}\right) - \frac{N+1}{N} \tag{7}$$

(2)总体特征

为了考察两位数制造业的地区专业化特征,笔者计算了各乡镇(街道)两位数制造业的基尼系数。总体而言,基于乡镇(街道)视角测算的基尼系数结果相当高,各乡镇(街道)基尼系数的平均值为0.8616,最高的为苦水镇0.9655,最低的雁南街道也达到了0.639。根据基尼系数的测算结果,把乡镇(街道)分成五个等级,从而得出2008年兰州市各乡镇(街道)的两位数制造业专业化指数(图15-22,表15-7)。

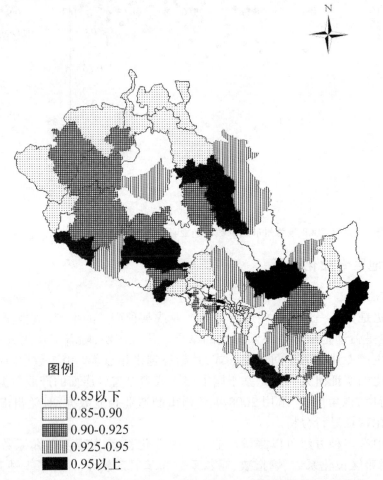

图例

- 0.85以下
- 0.85-0.90
- 0.90-0.925
- 0.925-0.95
- 0.95以上

图15-22　2008年兰州市各乡镇(街道)两位数制造业专业化指数

兰州市两位数制造业专业化水平的空间分布极其不均衡,其分布规律也不甚明显。理论上,经济发展水平越高,制造业越发达的地区,其专业化水平也越高。而图15-22并不能反映这一规律;相反,一些制造业水平明显低下的乡镇,其基尼系数的值都相当高,甚至高于市区的街道。

表 15-7　2008 年兰州市各乡镇(街道)专业化程度及企业数

乡镇(街道)	指数	企业数	乡镇(街道)	指数	企业数	乡镇(街道)	指数	企业数
中连川乡	0.966	2	河口乡	0.903	42	城关镇永登	0.791	106
马坡乡	0.966	12	中堡镇	0.900	80	来紫堡乡	0.786	33
海石湾镇	0.954	86	临夏路街道	0.923	67	柳泉乡	0.785	38
新城镇	0.953	83	四季青街道	0.920	50	龙泉寺镇	0.782	29
红古镇	0.950	36	秀川街道	0.915	160	柳树乡	0.781	48
西岔镇	0.950	51	西固城街道	0.906	103	树屏镇	0.757	43
铁路东村街道	0.966	18	先锋路街道	0.903	16	石洞镇	0.741	83
秦川镇	0.966	27	金沟乡	0.899	22	八里镇	0.734	136
苦水镇	0.966	156	河桥镇	0.896	73	城关镇榆中	0.720	72
什川镇	0.960	20	西果园镇	0.895	80	和平镇	0.718	73
龚家湾街道	0.959	68	上川镇	0.894	35	高崖镇	0.704	9
敦煌路街道	0.956	68	连城镇	0.893	45	贡井乡	0.689	3
银滩路街道	0.955	21	坪城乡	0.892	3	窑街镇	0.673	48
临洮街街道	0.954	78	湖滩乡	0.882	5	晏家坪街道	0.848	30
三角城乡	0.948	44	小康营乡	0.880	39	东岗西路街道	0.847	65
连塔乡	0.947	43	清水驿乡	0.880	17	雁北街道	0.846	130
青城镇	0.944	9	新营乡	0.878	9	东岗街道	0.845	115
黑石乡	0.942	26	兰山乡	0.875	2	白银路街道	0.836	50
忠和镇	0.937	40	武胜驿镇	0.874	23	铁路西村街道	0.833	26
龙泉乡	0.937	1	东川镇	0.871	62	张掖路街道	0.827	44
大同镇	0.936	39	上花岔乡	0.864	2	安宁西路街道	0.812	198
黄峪乡	0.935	7	银山乡	0.862	23	陈坪街道	0.810	272
花庄镇	0.935	18	中心乡	0.857	38	焦家湾街道	0.807	85
阿干镇	0.932	13	达川乡	0.853	31	刘家堡街道	0.803	68
培黎街道	0.944	57	十里店街道	0.894	70	渭源路街道	0.799	68
皋兰路街道	0.942	67	伏龙坪街道	0.893	33	西园街道	0.799	103
五泉街道	0.932	33	团结新村街道	0.889	40	盐场路街道	0.793	92
广武门街道	0.931	50	嘉峪关街道	0.884	53	西柳沟街道	0.767	170
青白石街道	0.929	5	土门墩街道	0.884	270	酒泉路街道	0.760	51
通远乡	0.922	10	靖远路街道	0.875	79	草场街道	0.759	171
彭家坪镇	0.920	105	拱星墩街道	0.873	136	火车站街道	0.752	129
金崖镇	0.918	67	沙井驿站街道	0.867	81	福利路街道	0.747	34
民乐乡	0.912	29	建兰路街道	0.859	58	西湖街道	0.743	69
甘草店镇	0.912	34	定远镇	0.836	45	孔家崖街道	0.716	17
夏官营镇	0.909	34	魏岭乡	0.809	5	安宁堡街道	0.705	67
中川镇	0.907	19	平安镇	0.807	12	西站街道	0.674	60
红城镇	0.903	30	水阜乡	0.794	1	雁南街道	0.639	183

　　笔者认为,这是由于兰州市制造业的整体发展水平较低,制造业企业和就业也多集中于基础较好且发育相对完善的市区;而在各乡镇,受历史因素以及自然条件等的限制,制造业发展更是缓慢,制造业企业和就业的分布非常稀疏。而本章的研究是基于乡镇(街道)这一微观空间视角进行的,同时介于基尼系数计算方法仅仅是就乡镇(街道)内产业的专业化程度的测量,因而,对于某些企业数目相当少的乡镇(街道)来说,其结果显然会高,例如中连川乡仅有制造业企业2个,仅涉及1个两位数制造业行业,其基尼系数测算结果高达0.9655,但这并不一定就代表该乡镇(街道)的专业化水平就一定高。

　　(3)行业特征

　　在基尼系数测算的基础上,本章进一步就各乡镇(街道)的行业构成进行了分析(表15-8)。

表15-8　2008年兰州市各乡镇(街道)规模最大的四类产业

等级	乡镇(街道)	两位数制造业比重最大的四个行业类型
1	临洮街街道	化学原料及化学制品制造业、专用设备制造业、金属制品业、黑色金属冶炼及压延加工业
	龚家湾街道	专用设备制造业、电气机械及器材制造业、普通机械制造业、非金属矿物制品业
	敦煌路街道	普通机械制造业、专用设备制造业、橡胶制品业、金属制品业
	银滩路街道	普通机械制造业、电气机械及器材制造业、食品制造业、非金属矿物制品业
	苦水镇	化学原料及化学制品制造业、非金属矿物制品业、黑色金属冶炼及压延加工业、普通机械制造业
	海石湾镇	非金属矿物制品业、化学原料及化学制品制造业、专用设备制造业、印刷业、记录媒介的复制
	新城镇	化学原料及化学制品制造业、化学纤维制造业、金属制品业、非金属矿物制品业
	西岔镇	黑色金属冶炼及压延加工业、非金属矿物制品业、其他制造业、塑料制品业
	红古镇	黑色金属冶炼及压延加工业、造纸及纸制品业、化学原料及化学制品制造业、非金属矿物制品业
	秦川镇	非金属矿物制品业、皮革、毛皮、羽绒及其制品业、普通机械制造业、黑色金属冶炼及压延加工业
2	皋兰路街道	普通机械制造业、橡胶制品业、印刷业、记录媒介的复制、食品制造业
	广武门街道	服装及其他纤维制品制造业、印刷业、记录媒介的复制、其他制造业、电子及通信设备制造业
	培黎街道	交通运输设备制造业、专用设备制造业、非金属矿物制品业、金属制品业
	三角城乡	非金属矿物制品业、造纸及纸制品业、食品加工业、塑料制品业
	连塔乡	非金属矿物制品业、金属制品业、专用设备制造业、医药制造业
	忠和镇	普通机械制造业、非金属矿物制品业、专用设备制造业、化学原料及化学制品制造业
	大同镇	非金属矿物制品业、黑色金属冶炼及压延加工业、化学原料及化学制品制造业、金属制品业
	五泉街道	金属制品业、化学原料及化学制品制造业、医药制造业、食品制造业
	黑石乡	黑色金属冶炼及压延加工业、普通机械制造业、非金属矿物制品业、石油加工及炼焦业

等级	乡镇(街道)	两位数制造业比重最大的四个行业类型
3	秀川街道	饮料制造业、普通机械制造业、食品加工业、金属制品业
	西固城街道	石油加工及炼焦业、纺织业、化学原料及化学制品制造业、普通机械制造业
	临夏路街道	专用设备制造业、医药制造业、其他制造业、食品制造业
	四季青街道	石油加工及炼焦业、纺织业、金属制品业、塑料制品业
	彭家坪镇	化学原料及化学制品制造业、普通机械制造业、非金属矿物制品业、专用设备制造业
	中堡镇	非金属矿物制品业、化学原料及化学制品制造业、黑色金属冶炼及压延加工业、塑料制品业
	金崖镇	塑料制品业、造纸及纸制品业、烟草加工业、普通机械制造业
	河口乡	化学原料及化学制品制造业、非金属矿物制品业、塑料制品业、金属制品业
	甘草店镇	非金属矿物制品业、造纸及纸制品业、化学原料及化学制品制造业、塑料制品业
	夏官营镇	化学原料及化学制品制造业、非金属矿物制品业、烟草加工业、其他制造业
	红城镇	非金属矿物制品业、普通机械制造业、金属制品业、纺织业
	民乐乡	非金属矿物制品业、服装及其他纤维制品制造业、食品制造业、食品加工业
4	土门墩街道	专用设备制造业、仪器仪表及文化、办公用机械制造业、普通机械制造业、金属制品业
	拱星墩街道	化学原料及化学制品制造业、交通运输设备制造业、食品制造业、电气机械及器材制造业
	沙井驿站街道	有色金属冶炼及压延加工业、非金属矿物制品业、金属制品业、交通运输设备制造业
	靖远路街道	专用设备制造业、塑料制品业、电子及通信设备制造业、金属制品业
	十里店街道	非金属矿物制品业、金属制品业、专用设备制造业、化学原料及化学制品制造业
	建兰路街道	电气机械及器材制造业、专用设备制造业、食品加工业、交通运输设备制造业
	嘉峪关街道	电子及通信设备制造业、交通运输设备制造业、专用设备制造业、金属制品业
	团结新村街道	印刷业、记录媒介的复制、专用设备制造业、普通机械制造业、电子及通信设备制造业
	伏龙坪街道	皮革、毛皮、羽绒及其制品业、造纸及纸制品业、金属制品业、印刷业、记录媒介的复制
	西果园镇	食品加工业、金属制品业、非金属矿物制品业、塑料制品业
	河桥镇	有色金属冶炼及压延加工业、非金属矿物制品业、黑色金属冶炼及压延加工业、化学原料及化学制品制造业
	东川镇	普通机械制造业、造纸及纸制品业、非金属矿物制品业、其他制造业
	连城镇	黑色金属冶炼及压延加工业、非金属矿物制品业、普通机械制造业、塑料制品业
	小康营乡	非金属矿物制品业、造纸及纸制品业、化学原料及化学制品制造业、家具制造业
	中心乡	非金属矿物制品业、石油加工及炼焦业、造纸及纸制品业、金属制品业
	上川镇	非金属矿物制品业、黑色金属冶炼及压延加工业、普通机械制造业、化学原料及化学制品制造业
	达川乡	化学原料及化学制品制造业、非金属矿物制品业、黑色金属冶炼及压延加工业、普通机械制造业
	武胜驿镇	非金属矿物制品业、黑色金属冶炼及压延加工业、化学原料及化学制品制造业、服装及其他纤维制品制造业
	银山乡	非金属矿物制品业、黑色金属冶炼及压延加工业、造纸及纸制品业、化学原料及化学制品制造业
	金沟乡	食品加工业、塑料制品业、石油加工及炼焦业、黑色金属冶炼及压延加工业

突变生长——中国(西部)城市转型的多维透视

等级	乡镇(街道)	两位数制造业比重最大的四个行业类型
5	陈坪街道	非金属矿物制品业、石油加工及炼焦业、纺织业、塑料制品业
	安宁西路街道	电气机械及器材制造业、交通运输设备制造业、电子及通信设备制造业、仪器仪表及文化、办公用机械制造业
	雁南街道	电子及通信设备制造业、化学原料及化学制品制造业、食品制造业、印刷业、记录媒介的复制
	草场街街道	交通运输设备制造业、金属制品业、普通机械制造业、电气机械及器材制造业
	西柳沟街道	化学原料及化学制品制造业、非金属矿物制品业、石油加工及炼焦业、纺织业
	雁北街道	普通机械制造业、其他制造业、有色金属冶炼及压延加工业、金属制品业
	火车站街道	金属制品业、交通运输设备制造业、橡胶制品业、专用设备制造业
	东岗街道	黑色金属冶炼及压延加工业、交通运输设备制造业、纺织业、金属制品业
	盐场路街道	医药制造业、食品加工业、服装及其他纤维制品制造业、化学原料及化学制品制造业
	焦家湾街道	化学原料及化学制品制造业、普通机械制造业、金属制品业、专用设备制造业
	西湖街道	印刷业、记录媒介的复制、塑料制品业、交通运输设备制造业、化学原料及化学制品制造业
	刘家堡街道	专用设备制造业、仪器仪表及文化、办公用机械制造业、金属制品业、普通机械制造业
	渭源路街道	化学原料及化学制品制造业、交通运输设备制造业、医药制造业、印刷业、记录媒介的复制
	安宁堡街道	非金属矿物制品业、专用设备制造业、服装及其他纤维制品制造业、化学原料及化学制品制造业
	东岗西路街道	电子及通信设备制造业、专用设备制造业、其他制造业、医药制造业
	西站街道	交通运输设备制造业、饮料制造业、普通机械制造业、服装及其他纤维制品制造业
	酒泉路街道	服装及其他纤维制品制造业、烟草加工业、非金属矿物制品业、金属制品业
	白银路街道	印刷业、记录媒介的复制、服装及其他纤维制品制造业、橡胶制品业、交通运输设备制造业
	张掖路街道	服装及其他纤维制品制造业、其他制造业、印刷业、记录媒介的复制、化学原料及化学制品制造业
	福利路街道	有色金属冶炼及压延加工业、塑料制品业、印刷业、记录媒介的复制、普通机械制造业
	晏家坪街道	金属制品业、普通机械制造业、印刷业、记录媒介的复制、专用设备制造业
	铁路西村街道	电气机械及器材制造业、金属制品业、交通运输设备制造业、印刷业、记录媒介的复制
	八里镇	普通机械制造业、金属制品业、非金属矿物制品业、电气机械及器材制造业
	永登县城关镇	非金属矿物制品业、专用设备制造业、化学原料及化学制品制造业、塑料制品业
	西园街道	塑料制品业、电子及通信设备制造业、家具制造业、食品制造业
	石洞镇	普通机械制造业、橡胶制品业、黑色金属冶炼及压延加工业、非金属矿物制品业
	和平镇	非金属矿物制品业、金属制品业、化学原料及化学制品制造业、家具制造业
	榆中县城关镇	专用设备制造业、非金属矿物制品业、普通机械制造业、塑料制品业
	柳树乡	非金属矿物制品业、普通机械制造业、黑色金属冶炼及压延加工业、金属制品业
	窑街镇	非金属矿物制品业、黑色金属冶炼及压延加工业、金属制品业、造纸及纸制品业
	定远镇	非金属矿物制品业、金属制品业、普通机械制造业、塑料制品业
	树屏镇	非金属矿物制品业、化学原料及化学制品制造业、有色金属冶炼及压延加工业、普通机械制造业
	柳泉乡	化学原料及化学制品制造业、黑色金属冶炼及压延加工业、有色金属冶炼及压延加工业、金属制品业
	来紫堡乡	黑色金属冶炼及压延加工业、金属制品业、造纸及纸制品业、普通机械制造业
	龙泉寺镇	非金属矿物制品业、食品加工业、食品制造业、饮料制造业

结果表明,虽然反映专业化水平的基尼系数测算结果都很高,但是兰州市各乡镇(街道)制造业中的某些行业的趋同现象也很显著。趋同现象最显著的是非金属矿物制品业,在所有乡镇(街道)规模最大的四类行业中,它重复出现了 64 次;其次是化学原料及化学制品制造业,出现了 46 次;接下来是金属制品业 42 次,普通机械制造业 38 次,黑色金属冶炼及压延加工业 26 次,食品加工业 25 次,专用设备制造业 24 次,食品制造业 21 次,塑料制品业 20 次等。而其它行业如木材加工及竹、藤、棕、草制品业,化学纤维制造业,仪器仪表及文化、办公用机械制造业,烟草加工业,橡胶制品业,家具制造业,有色金属冶炼及压延加工业,纺织业,石油加工及炼焦业等则显示出相对明显的专业化分工趋势。

5.基于区位熵的制造业产业集群辨识

1990 年代以来,产业集群已经成为了经济地理学、区域经济学以及企业管理研究的热点。产业集群的概念源于波特对国家竞争优势的研究,他定义产业集群为互相关联的一群产业,强调这些产业倾向于在特定地理空间集中。理论上,相关产业的空间集中是一种必然趋势和内在需求,因为产业集群中的企业通过与其他相关企业的分工协作获得竞争优势和成本优势,从而提升其产品市场竞争力。企业内部规模经济、区位化经济和城市化经济等是产业集群的驱动力,产业之间的技术与市场联系是产业集群形成的必要条件。

产业集群不仅在学术界兴起了一股潮流,也正在深刻影响着区域发展与区域政策的制定,已经逐渐成为企业和政府认识经济的新思维方式以及促进经济和科技发展的政策工具。产业集群与产业竞争力直接关联,更提供了一种介于企业与区域之间的组织形式,可以将基础与非基础产业部门纳入区域经济发展战略,深受决策者青睐。许多地方的经济政策也逐渐从传统的扶持个别产业转向培育产业集群。基于集群的产业政策突出了区域产业结构的相互关联性和依赖性,整合了区域各种资源优势,更有利于提高区域竞争力。

目前,对于区域产业集群辨识方法的研究还处在探讨阶段,主要以定性研究为主,定量研究很少。然而,产业集群的辨识是制定基于集群的区域经济发展政策的关键。而"产业认知法"、"IPM"法等定性研究或定性定量相结合的辨识方法都过分依赖于研究人员的经验和知识,主观臆断性强,且有可能被区域内占主导地位的企业所误导而偏移真实性,因此,有必要在产业集群的辨识上引入科学的定量方法。

本章利用 2008 年兰州市制造业企业数据,通过区位熵分析的方法,识别兰州市典型的两位数制造业产业集群,并分析这些产业集群的特征,为政府制定相关产业政策提供支持和依据。

(1)辨识标准

意大利的产业集群非常发达,意大利政府在产业集群的统计方面作了一些有益的尝试,并且建立了相应的统计标准。其按产业集群思路发展的地方生产体系和产业区的规定是一个逐步调整、由严格到弹性的过程(张建华,张淑静,2006)。2002 年,威尼托大区通过的第 23 号法案规定产业区应同时具有两个特征:①某一生产体系中有联系的企业高度集中;②是一个能在支持地方经济活动中发挥作用的组织机构的总和。并提出产业区的具体标志是:企业数不少于 80 家、员工不应少于 250 人。同时,该法案将企业制定的产业区（地方生产体系）标准过于严格，后来在 1993 年的工作部法令和 1997 年的法律中都对其进行了修正（顾强，2005）。

在法国，学者 Laine（2000）用给定职业区内具有相似活动的企业层面的数据来辨认地方生产系统，制定了四个标准：①企业数目：至少 5 家企业有同样活动，且在被辨认的就业区里，至少 3 家有不少于 5 个的雇员；②就业数目：至少有 100 位雇员与同一活动有关；③密度标准：每公里厂商的密度至少两倍于法国的平均水平；④专业化标准：LQ 系数必须大于 1。

不难发现上述几种辨识产业集群的标准都着重易于量化的指标，如企业数、员工数、企业密度以及区位熵等。目前，国内还没有将几种指标放在一起作为标准来辨识产业集群的研究。本研究根据现有的数据，以乡镇、街道作为产业集群的地理边界，用就业区位熵、企业数、就业总数三个指标作为判断产业集群的标准。但是到底区位熵以及企业数的门槛值是什么？区位熵是辨识产业集群的重要标准，一般认为区位熵大于某个门槛值就意味着某个产业在这个区域比较重要，有一定的专业化水平，这些产业通常可能构成产业集群。采用区位熵判断区域内产业集群要确定到底 LQ 应该多大才可以形成产业集群。实际上到目前为止，并没有公认的数值门槛，有一些研究以区位熵大于 1 为标准（倪鹏飞等，2005），还有一些研究以区位熵超过 3 作为门槛值（Martin and Sunley，2003）。

区位熵的计算公式为：

$$LQ_{ij} = \frac{\dfrac{E_{ij}}{\sum\limits_{j} E_{ij}}}{\dfrac{\sum\limits_{i} E_{ij}}{\sum\limits_{i}\sum\limits_{j} E_{ij}}} \tag{8}$$

其中 E_{ij} 是兰州市乡镇（街道）i 产业 j 的就业总数。

企业数是指兰州市乡镇（街道）i 产业 j 的企业总数，企业数的门槛值也没有定论。本研究需要给出区位熵、企业数和就业总数的门槛值。表 15–9 显示了区位熵和企业数以及就业总数的一些统计值。结果表明，就业区位熵的值普遍比我们预想的要高。如果单以区位熵大于 1 作为产业集群识别标准，那么兰州市就有 611 个两位数产业集群，区位熵大于或等于 5 的有 187 个，大于等于 10 的有 80 个。如果单以企业数为识别集群的标准，以 10 家企业为门槛值，那么兰州市有 165 个产业集群；以 20 家为门槛值，数量迅速的减少为 51 家；以 30 家为门槛值时，就只有 19 个了。如果单以就业数为识别集群的标准，以 10 家企业为门槛值，那么兰州市有 165 个产业集群；以 20 家为门槛值，数量迅速的减少为 51 家；以 30 家为门槛值时，就只有 19 个了。门槛值的设定具有较强的主观性，任何一个标准都不可能完美，本研究的目的是尝试利用微观企业数据辨识典型分析微观空间尺度（乡镇、街道级别）的制造业产业集群，因此选取以下辨识标准：①基于两位数产业统计的集群分析以大于等于 10 家企业为企业数目标准，基于三位数产业统计的集群分析以大于等于 5 家企业为企业数目标准；②就业总数大于等于 3000；③专业化标准：LQ 系数必须大于 3。

表 15-9　基于两位数产业统计的区位熵、企业数和就业数情况

区位熵	共计	比例	企业数	共计	比例	就业数	共计	比例
≥1	611	18.01%	≥10	165	4.86%	≥1000	135	3.97%
≥3	296	8.72%	≥20	51	1.5%	≥2000	67	1.97%
≥5	187	5.51%	≥30	19	0.56%	≥3000	49	1.44%
≥10	80	2.36%	≥40	8	0.24%	≥4000	35	1.03%
≥20	36	1.06%	≥50	4	0.12%	≥5000	27	0.8%

注:2008 年兰州市涉及 29 个两位数制造业产业,一共 117 个街道/乡/镇,所以比例=共计/(29×117)。

(2)辨识结果

以两位数产业就业区位熵大于等于 3、企业数大于等于 10 以及就业人数大于等于 3000 作为辨识标准,兰州市一共识别了 19 个产业集群,分布在城市的 15 个乡镇(街道)中,一共涉及 11 个两位数产业门类(表 15-10)。分布最多的行业是化学原料及化学制品制造业 5 个,其次是石油加工及炼焦业、非金属矿物制品业、交通运输设备制造业、普通机械制造业各 2 个。集群最多的乡镇(街道)是安宁西路街道、陈坪街道、彭家坪镇。

表 15-10　以两位数产业划分辨识的兰州市产业集群

街道	行业
安宁西路街道	电气机械及器材制造业、交通运输设备制造业
陈坪街道	石油加工及炼焦业、塑料制品业
敦煌路街道	普通机械制造业
海石湾镇	非金属矿物制品业
苦水镇	化学原料及化学制品制造业
连城镇	黑色金属冶炼及压延加工业
临洮街街道	化学原料及化学制品制造业
彭家坪镇	化学原料及化学制品制造业、普通机械制造业
土门墩街道	专用设备制造业
西固城街道	石油加工及炼焦业
西柳沟街道	化学原料及化学制品制造业
西站街道	交通运输设备制造业
新城镇	化学原料及化学制品制造业
盐场路街道	医药制造业、食品加工业

(3)产业集群的空间分布特征

区位熵方法的辨识结果表明,兰州市共有 19 个两位数制造业产业集群,分布在 15 个乡镇(街道)。空间上看,集群的分布明显集中于城区和近城郊区,19 个集群中的 16 个密集在城关区、安宁区、七里河区和西固区四个区(图 15-23,表 15-11)。通过对产业集群的空间分布及其行业类型的分析发现,两位数制造业产业集群与兰州市的几个传统工业区

(西固石化工业区、七里河机械、交通设备工业区、安宁机电、仪表工业区、城关盐场堡医药工业区等)的吻合度很高。集群数最多的是西固区,共有 6 个集群,且集群明显是以石化类产业集群为主;其次是七里河区,共有 5 个集群,集群以机械设备类行业为特征;城关区的医药集群是在大型医药企业——兰州佛慈制药有限公司的带动作用下形成。

此外,兰州市的制造业产业集群还呈现出集中于开发区所属乡镇(街道)的特征。如连城的黑色金属冶炼及压延加工业、海石湾的非金属矿物制品业、新城镇的化学原料及化学制品制造业等。

◆ 产业集群

图 15-23 2008 年兰州市典型制造业产业集群空间分布图

表 15-11 两位数制造业集群在兰州市域的空间分布

所处县区	集群数量	集群类型
城关区	2	医药制造业、食品加工业
七里河区	5	交通运输设备制造业、化学原料及化学制品制造业、普通机械制造业(2)、专用设备制造业
安宁区	2	电气机械及器材制造业、交通运输设备制造业
西固区	6	化学原料及化学制品制造业(3)、石油加工及炼焦业(2)、塑料制品业
红古区	1	非金属矿物制品业
永登县	2	化学原料及化学制品制造业、黑色金属冶炼及压延加工业

(4)产业集群的企业规模结构特征

根据各集群中企业规模结构的不同，大致可以将兰州市的两位数制造业集群划分为以下三种：

①中小企业型。最典型的是苦水镇的化学原料及化学制品制造业集群(图15-24)，该集群一共有136家企业，就业总数为3010，平均每个企业的就业数为22.1个，企业规模最大的只有241人，最少的为1人。集群中企业间的规模相差小。

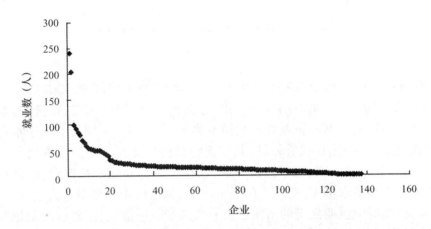

图15-24　2008年苦水镇化学原料及化学制品制造业集群企业规模构成

②少数几家大型企业主导型。属于这一类的集群占多数，这是由于兰州市的工业格局大体是在大型国有工业企业项目的基础上奠定的。比较典型的是海石湾镇的非金属矿物制品业(图15-25)，该集群一共有65家企业，就业总数为12986，平均每个企业的就业数为199.7个，企业规模最大的两家企业就业数分别是7244个、3858个，规模在第三位的企业就业数就只有214个了，与前两家企业存在显著的差距。

③企业规模均衡型，即集群内的大型、中型、小型企业分布相对均衡。比较典型的是西柳沟街道的化学原料及化学制品制造业(图15-26)，该集群一共有41家企业，就业总数为7996，平均每个企业的就业数为195个，企业规模最大的企业就业数是2468个，就业数1000以上的有2家，500到1000的企业有3家，200到500的有4家。

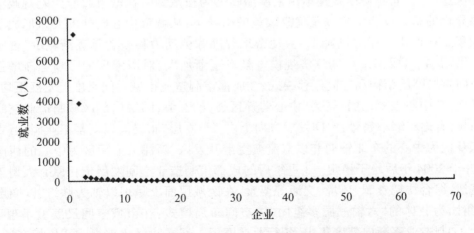

图15-25　2008年海石湾镇非金属矿物制品业集群企业规模构成

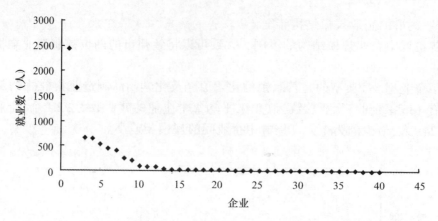

图 15-26　2008 年西柳沟街道化学原料及化学制品制造业集群企业规模构成

　　受集群本身的行业特性、集群的发展阶段、企业的经济类型（国有、私营等）等因素的影响，不同的产业集群其内部的企业规模结构不尽相同。首先，不同产业由于本身的生产方式、要素投入、技术特征等存在着差异，其产业组织显然也会不同。如重化产业等由于投资大，工序复杂，技术要求高，规模经济显著，往往单个企业规模都很大；而像非金属制品业等，对技术和资本要求都不高，进入门槛低，一般都是以中小型企业为主。其次，随着发展阶段的变化，集群中企业规模的结构也会有所差异。一般地，在集群的初始期企业规模结构会以大量中小型企业为主；到了成长期，一些发展势头好的企业会逐渐拉开与其它企业的距离而成为集群的核心力量；到了成熟期，就可能是由一家或者几家大型企业主导集群的发展了。另外，国有企业份额为主的集群，企业规模也偏大；而私营企业多的集群，多是以中小型企业为主。

本章小结

　　成都市的案例研究结果表明：1.转型期成都市制造业空间结构由中心区向郊区，主要是近郊区迁移，空间布局模式逐渐由紧凑型转变为松散型。在城市政府的宏观政策和地区间差异化的基础设施水平以及优惠政策的引导下，从城市中心向外围大体形成了单位土地面积工业产出效率逐渐降低、劳动密集程度和劳动力科技含量逐渐减少、资本密集程度逐渐增加、对成都市总体经济规模贡献率逐渐加大、对周围环境影响逐渐增强的制造业空间布局圈层结构和空间迁移模式。2.成都市制造业市域空间尺度上发展不均衡，圈层间呈现由"中心强郊区弱"转为"中心弱郊区强"的态势；圈层内部区域制造业空间差异比较明显，有逐年缩小趋势；空间发展方向上由"类圈层"布局向以新都工业园区、青白江重化工基地为中心的东北轴向和以双流航空港开发区、新津工业园区为中心的西南轴向发展，并于 2004 年后趋于稳定。3.重组后的成都市制造业空间发展依托原有大型工业制造业基地，综合协调资源、环境、交通等要素，在区域层面上呈现以轴为脉络、以圈层为梯度、以组团为载体的"六轴三圈多组团"的空间布局模式；在市域空间尺度上呈现以下 5个特点：①制造业逐渐向郊区集中，各行业在圈层内部空间优化重组。②依托交通轴向，逐渐出现了沿交通轴线形成一系列的聚集核心的形态。③依托现有产业基础就地重组，形成块状经济。④产业集聚，按门分类形成专业园区。⑤依靠劳动力密集程度和劳动力科技含量大小，出现不同产业地域类型。4.就制造业的行业空间分布而言，高新技术产业、受地方保护较强传统型产业集中度最高，主要集中在城市中心区与城市近郊区；相反依赖地方性原材料或市场的产业以及受地方保护较弱产业在空间上比较分散。同时制造业不同行业空间分布的差异性较大，其空间变化特征可概括为：①部分劳动密集型产业以解决就业压力，接近市场为原则逐渐向二环内转移，并在市域范围内形成不规则"散点状布局"；②具有高附加值和高土地产出效率的高新技术产业、无污染都市型产业呈现一定的离心集中态势，部分对劳动力科技含量要求较高的产业，以高校科研机构为"技术扩散源"成点状集中布局，并逐渐发展为专业产业园区的"面状布局"；③资源密集型和受地方保护较弱产业逐渐向城市边缘地区甚至以外地区迁移，充分利用比较优势向不同区域转移，形成"离散分布"格局。

兰州市的案例分析结果表明：1.市域层面的分析表明，兰州市制造业企业的空间分布具有明显的特征。从总量分布上看，呈现出明显的空间特征：(1)高度密集于城区；(2)高速公路、铁路沿线分布趋势显著；(3)集中分布于开发区所属乡镇、街道。从行业结构来看，2008年兰州市制造业企业高度集中于非金属矿物制品业、化学原料及化学制品制造业、普通机械制造业等行业。而基于两位数行业的空间分布特征，可以将兰州市制造业分为以下六类：(1)较为均衡分布在全市范围内；(2)较为均衡分布在各个街道；(3)较为均衡分布在各个乡镇；(4)集中于少数街道；(5)集中于少数乡镇；(6)集中分布于少数空间单元。从企业规模分布来看，大型企业在空间分布上，明显集中在城区西部扇形地带及邻近这一地带的近郊乡镇，中型企业在空间分布上较大型企业更为广泛，除了集中于城区和近城郊区外，还分散分布在某些乡镇，而小型企业在兰州的分布最为广泛，且有明显的沿高速公路分布的迹象。2.城区层面的分析表明，兰州城区制造业企业的空间结构由内到外呈现明显的圈层分布特征。可以从三个层次来看。首先，作为第一层次的总量分布上呈圈层结构，由中心低密度地带、中间过渡地带、扇形高密度地带构成；其次，第二层次是行业类型分布，从市中心到外依次是城市型工业地带、混合工业地带和重化工地带；第三层次是企业规模的空间分布，从市中心到外依次是中小企业地带、混杂地带、大型企业带动地带。上述三个层次在空间上互相重叠，构成了兰州市城区内部的制造业空间结构。3.基于行业视角的制造业地理集中与集聚分析表明，无论是两位数还是三位数的兰州市制造业的地理集中度都相当高，同时乡镇级层次的基尼系数显著大于县区层面，这表明兰州市制造业企业在乡镇级的集中程度大于县区层面的。县区级和乡镇级基尼系数都高的行业具有明显的共性即产业需要特殊资源或中间产品投入，需要集中在某些具有特殊资源的区位，或者产品具有特殊的用途，产业规模效应显著，需要集中在市场可达性好的区位；而县区级基尼系数和乡镇级基尼系数都低的行业也具有明显的共性，即市场准入门槛低，对技术和资本要求不高或者是具有典型的市场导向性，不适合长距离运输或运输成本较高如水泥制品业，同时也多以民营、股份制企业为主体的行业。4.基于乡镇(街道)视角的制造业地区专业化分析表明，以乡镇(街道)为空间单元进行的反映专业化水平的基尼系数测算结果都很高，特别是木材加工及竹、藤、棕、草制品业，化学纤维制造业，仪器仪表及文化、办公用机械制造业，烟草加工业，橡胶制品业，家具制造业，有色金属冶炼及压延加工业,纺织业,石油加工及炼焦业等显示出相对明显的专业化分工趋势。此外,兰州市各乡镇(街道)的制造业中的某些行业趋同现象很显著,趋同现象最显著的是非金属矿物制品业,其次是化学原料及化学制品制造业、金属制品业、普通机械制造业、黑色金属冶炼及压延加工业、食品加工业、专用设备制造业、食品制造业、塑料制品业等。5.用区位熵分析方法对兰州市的产业集群进行了辨识,并对集群的空间特征和企业规模结构特征进行了分析。结果表明:以两位数产业就业区位熵大于等于 3、企业数大于等于 10 以及就业人数大于等于 3000 作为辨识标准,兰州市一共识别了 19 个产业集群,分布在城市的 15 个乡镇(街道)中,一共涉及 11 个两位数产业门类。兰州市的两位数制造业集群分为三种类型:(1)中小企业型;(2)少数几家大型企业主导型;(3)企业规模均衡型。

两个案例明显证实了以下结论:1、中国西部大城市的污染型、占地大、效益差、资源型的制造业企业外迁趋势十分显著,这实际上是改革开放以来中国城市"退二进三"的土地利用政策一脉相承的结果,也是中国西部大城市工业郊区化的动力之一,并在推动城市空间扩张的前提下促进了城市的空间重构;2、在外迁和重组的过程中,制造业总体上表现出空间指向规律,如沿主要交通轴线和开发区布局。而且,制造业在城市不同的乡镇(区)利用市场机制逐步形成各自的特色或集群,即不同类型制造业的区位选择具有各自的空间倾向性。

第 5 篇　中国（西部）城市的文化与建筑转型

伴随着快速的社会经济转型,以及剧烈的空间重构,城市的文化特色,以及作为文化载体和表达形式的建筑群必然发生深刻变化和响应。随着建筑空间布局、风格、色彩、特色的变化,与道路、桥梁、商业文化等其它因素一起,它们将随之逐步改变城市的文化特色。虽然,部分城市也尽力在公园设计、旅游景观,甚至部分建筑和桥梁等设计中体现和表达所谓的"城市特色",但是这些"努力"并不能改变城市整体风格的变化和趋势,甚至有可能形成"古代文化"与"现代文化"难以融合的"两张皮",这个问题将是转型期城市特色和风格形成的核心问题之一,即中国(西部)城市在现代化和工业化进程中,到底应建成什么样的文化特色和风格的城市景观和风貌? 虽然,学术界在改革开放不久就开始讨论和思考这个问题,但是在汹涌澎湃的社会转型和经济大潮中,当大家还没有彻底得到"结论"的时候,中国的城市就已经"旧貌换新颜"了。实际上,计划经济时期,中国城市风貌就已变成了具有当时政治、经济系统所要求的城市文化的特色和风貌了。改革开放以来,随着西方设计思想、先进技术和价值观的引入,中国(西部)城市风格和文化特色开始经历了痛苦的转折和探索。严格地讲,我们好像走向了所谓"现代化的文化和风格",不过,也想体现和蕴含中国文化的元素和底蕴!

本篇将试图回答下列问题:

1.中国(西部)城市的文化特色如何形成和演变,转型期又如何发生变化。

2.转型期,中国(西部)城市建筑如何更新,其文化特色是什么。

3.转型期,中国(西部)城市建筑在空间上如何分布、结构如何。

4.转型期,中国(西部)城市建筑色彩如何发生变化,具有什么样的特征。

总体上,中国西部(特)大城市虽也可能具有西部地域特有文化和自然条件的优越性,但是其现代化和城市化进程中的关于城市风格和文化特色的问题并没有得到很好的解决,这其实与中国城市发展内在规律的限制性,以及规划和管理的模式密切相关。为了明晰或理解这些问题,本篇讨论中国(西部)城市的文化特色问题(第16章)、建筑空间分布与结构(第17章)、建筑更新(第18章),以及建筑色彩演变问题(第19章)。

第16章 中国(西部)城市的文化特色

　　一个城市特色的塑造显然是当地历史渊源深厚的地方文明与外来文化高度融合后共同作用的结果。一个城市的特色必然带有当地的文化特征,而地方文化特色与当地所处的文明类型和历史渊源息息相关。诚然,城市的开放性和流动性使之很容易受到外来文化的影响,但是从历史角度分析,外来文化与当地文化融合后,也就逐渐成为新的地方文化了。不过,这个地方文化的特征可能不同程度地带有外来文化的一些根基和特色。那么中国西部是一个自然地貌条件独特、历史发展悠久、民族文化多样化的区域,城市的文化特色又是如何呢?影响因素又如何?有何特征?本章以兰州市为例,来初步讨论这个问题。

　　甘肃有深厚的黄河文化、始祖文化、三国文化、丝路文化、民族文化等文化积淀,而兰州地处中国内陆的甘肃腹地和黄河上游的黄河之畔,历史上深受以关陇文化为根基的黄河文明的控制和影响,也同时受到草原游牧文化、藏文化和其它少数民族文化的影响(兰州市志编纂委员会,1997;鲜肖威,1982;1983)。从都市区(圈)的角度理解,兰州城市拥有独特而深厚的历史文化:位于黄河中、上游,远古时期这里是稀疏的草原,为原始人类生存提供了天然适宜的环境(杨永春,2004)。因此,这里是我国历史上古代文化发展较早的地区之一,是形成中华民族灿烂文化的重要发祥地。根据考古发现,远在旧石器时代我们的先民就在这块地方生息、繁衍,留下了一些著名的新石器时代的文化遗址,如有受仰韶文化影响而发展起来的,以洮河、大夏河和湟水中下游为中心,处于母系氏族公社阶段的齐家文化,以及进入原始社会末期或奴隶社会早期的辛店、寺洼和卡窑文化(兰州市志编纂委员会,1997)。然而,从某种意义上讲,兰州地区的黄河文明是不同民族文化融合和共同演化的结果,与黄河中下游地区的文化特征有一定的差异。同时,近现代时期兰州也不同程度的受到了中国现代化进程、俄罗斯文化和西方发达国家文化的影响,最终形成了目前以黄河文化、丝路文化、伊斯兰文化、藏传佛教文化、现代西方文化为汇萃之地的城市特色和文化底蕴(杨永春,2004)。因此,其独特的多民族文化体系国内罕有,孕育了城市独特的文化气质,产生了众多的文化产品。例如,兰州市地方文化形成虽然主要受到了黄河文明的分支——关陇文化的影响,但同时也受到草原游牧文化、藏文化的影响。因为地方文化对城市形态与结构、文化习俗、建筑风格、居民性格等都有影响,兰州城市特色就带有了浓郁的黄河文明以及其它文明作用的轨迹与特征,其城市特色建设也应慎重考虑文化基础的"灵魂"性作用和导向。

　　改革开放以来,中国经济高速发展,世界通讯更加发达,特别是 internet 和卫星通讯的发展,西方社会的"高科技"风格,结构主义,新现代主义等建筑必然会对兰州的建筑风格产生影响,但如何在保护历史传统文化的同时加以运用,是一个值得我们认真思考的问题。客观地说,城市建筑特色和风格受到了自然环境、经济水平、社会文化、政治构架、科学技术的发达程度、设计水平与建造能力等诸多因素的影响。这些影响因素是我们发展地方特色的建筑风格,体现地域建筑文化,创造独特建筑风格和良好城市形象的基础和条件。西方建筑的出现对于一个包容性强的华夏民族来说不能说是纯粹的坏事,大部分中国传统建筑的拆除对于当代中国经济发展和人口增长等现实来说是一种必然,更不可能有足够的木材来建造大量的殿堂和庭院。就从建筑材料来说,传统的建筑材料(木材)的大量使用已经成为往事,那么,传统的"不求长存"(罗哲文,王振复,2001)的建筑哲学也已成为过去。显然,如何更好的保护历史建筑,如何将西方建筑融入中国传统建筑文化中,如何在城市规划中实现城市建筑单体间的协调性、街区过渡的流畅性,以体现民族文化和地方文化特色显得尤为重要。

16.1　城市特色的自然地理环境

中国西北地区深居内陆,干旱大陆性气候,山地与盆地相间分布的地表结构是其主要景观特征,自然生态环境脆弱;大多数河流发源于周围山地,向盆地内部汇集,构成向心水系;黄土高原切割较为破碎;水资源是城市空间分布的主要限制性因素之一。兰州河谷盆地是在大面积间歇性上升运动影响下,由构造运动及黄河冲积而形成的一连串河谷盆地中的陇西红色盆地中的一部分,也是甘肃中部黄河、洮河、大夏河、湟水、庄浪河、宛川河等汇集之处。这些河流所形成的沟谷在切割很深的黄土高原往往是古今重要的天然交通线路,如溯庄浪河谷越乌鞘岭至河西走廊,溯洮河越鸟鼠山至渭河流域,溯湟水而达青海,沿黄河而下银川河套等,尤其是溯庄浪河谷越乌鞘岭至河西走廊,沿洮河、渭河东去关中平原的线路更为重要,因为汉、唐两代,作为我国政治、经济、文化中心的关中地区与西部地区(主要指现在的新、青、藏、宁和甘肃西部等地)的主要交通线是由以上四条路线组成的著名的"丝绸之路",兰州就处在这四条路线的交叉点上(鲜肖威,1982)。故此,自从渡口在兰州金城关兴建以后,兰州遂成为黄河上游最重要的渡口,联系河东与河西的纽带,为内地通青海、西藏、新疆、宁夏、内蒙西部的咽喉。例如,兰州的安危与河西新疆、青海、西藏以及河套银川等地的得失、甚至国家安全息息相关(杨永春,2004),"控河为险,隔阂羌戎,自汉以来,河西雄郡,金城为最。岂非以介戎夏之间,居襟喉之地,河西陇右安危之机,常以金城为消息哉。"(兰州市志编纂委员会,1997) 兰州聚落就在渡口和交通中心的基础上迅速形成和发展起来(鲜肖威,1982;1983)。同时,兰州的气候宜人(中温带大陆性气候,日照时间充足,夏无酷暑,冬无严寒),盛产白兰瓜、黄河蜜瓜、软儿梨、白粉桃等瓜果,百合、玫瑰油产量居全国之首,以"瓜果城"名扬四海,素有"观景下杭州、品瓜上兰州"之誉(兰州市志编纂委员会,1997)。这样,兰州独特的地理位置与地貌特征使其具有特殊的文化生长与发育之自然地理基础。

16.2　厚重开放的文化环境

　　兰州地处蒙新高原、青藏高原和黄土高原的交汇处,必然成为汉族与西北各少数民族间交往的主要地区,以及中原农耕文化、草原游牧文化、藏文化的主要融合地区和关陇文化的主要形成区域之一(鲜肖威,1982;杨永春,2003)。由于兰州历史上是四方荟萃之地,也是中原王朝着力经营的统治基地和西北地区的政治、军事重镇,人员交流和迁徙频繁,形成了兰州城市民风厚重和开放的文化特色。秦汉以来,汉族戍边人口多有迁徙到此,逐步成为地方"土著"人口。最近的一次,是 1950—1970s 兰州城市接纳了大量的沿海地区的城市人口,是真正的"移民之城"。

　　这样,兰州城市发展必然带有下列特色:

　　1.汉族文化自秦汉以来虽然主导了城市文化的形成,但是因为兰州一直是汉文化和各少数民族文化(如汉、回、羌、匈奴等不同时期的相关各民族)的融合和汇集之地,城市文化必然不同程度地带有少数民族文化的特征。故此,兰州城市发展肯定带有多民族文化背景下的黄河文明的本质特征。

　　一方面,兰州当地"土著"居民性格纯朴、民风厚重,并无排外民风,即地方民众很容易与外来人口接触、相处和融合,如城市中的少数民族与汉民族大致也能和睦相处,形成了浓郁的地方风情(杨永春,2004)。例如,兰州市目前虽是一座现代化的工业城市,但也是一座历史文化名城,民俗风情多彩多姿,如连城鲁土司衙门、黄河古渡和铁桥、五泉山庙会、安宁堡桃花会、皋兰闹元宵与打春牛、水车与皮筏、太平鼓和太平歌,以及雕刻葫芦、黄河石、水烟、白兰瓜等,让人流连忘返。因此,兰州当地人或城市居民相比而言本质上较为"开放",能够接纳各地的思想和风俗,是一个"开放之都"。例如,现代的兰州人之饮食、服饰、文化等都较为现代化。

　　另一方面,毕竟地处西部,消息闭塞,经济落后,当地乡民主动创业精神有所欠缺,也有甘肃农村的"懒汉"之说。不过,这也与环境的封闭性密不可分,如在近代,兰州被描述为:"盖甘省全境皆山,偶得一盆地,即建城市,山性使人塞,遂至相习成风,以一县为一交通单位,非有大事,则足不出境"。兰州交通运输最初主要依赖皮筏水运和骆驼大车,近现代时期虽是西北陆上交通枢纽和西北民族贸易中心之一,但依然在西方资本主义贸易链条中处于被边缘化的位置。

　　2.不同民族地区各类商品的集散地,甚至部分商品的加工地,多民族特色显著。

　　西北的游牧民族与中原汉族间的贸易古已有之,最初大多是以物物交易的方式进行。后来,以马易茶的由商人经营的"茶马互市"在西北开始了,明清两代还实行了对"茶马互市"的政府专断贸易,制定了一套严格的"茶法"(鲜肖威,1982;1983)。清初,兰州为西北"茶马互市"的总站。醉瓜、冬瓜梨、百合等很早就驰名国内,使兰州享有"瓜果城"之称。体现畜牧文化的皮毛是西北传统的特产,与此相关的毛织业也是西北古老的手工业,兰州毛织业远在秦汉就开始了,显然是西北羊毛的集散地与加工地了(鲜肖威,1982)。这样,作为西北各族的贸易中心的兰州为城市的多民族特色提供了相应的条件和背景。

3.作为多民族聚居地,不同民族特色的住宅、宗教建筑和民族习惯成为城市的一大特色,民族文化的多样性强,如饮食(如回民饮食中的牛肉面、手抓羊肉、烤羊肉等)、服饰、商品等。例如,兰州地区信仰伊斯兰教的人较多,伊斯兰教建筑颇多。伊斯兰教建筑的基本组成是清真寺(礼拜堂)大殿、邦克楼(召唤教民礼拜的高楼)、大门、二门、讲经堂、水房、阿訇办公室及住宅等其他一些附属建筑。虽然兰州因为是国家力量控制争夺的战略要地,历史上战争频繁,民族文化建筑时有损毁,但是代表各少数民族文化特色的"软"文化特征却一直顽强的流传下来,融入到兰州城市地方文化中。

这样,干旱、高原的气候条件以及各类文化体系的融合不但影响了居民的饮食和文化,也深刻地影响了当地人民的性格。兰州城市居民普遍具有豪爽、豁达、好酒等西北民众的性格特点,民风十分淳朴:地处西北,地接中亚草原,东连历史文化积淀深厚的中原,兼容了中原人的朴实厚道和中亚人的热情好客。还有闻名的饮食文化,典型的如兰州清汤牛肉面,牛肉面俗称"牛肉拉面",是兰州最具特色的大众化经济小吃。如今,兰州市的每条街巷,无论大小,至少都有一两家牛肉面馆。黄河岸边的古城兰州,永远有那股牛肉面的清香弥漫在大街小巷。"兰州人三天不来个牛大碗就心火难捺"。听起来有点夸张,不过,牛肉面确实已成为兰州人生活中不可或缺的一部分。其它闻名的饮食还有灰豆子、百岁鸡、临夏唐汪手抓羊肉、酿皮子、臊子面、浆水面、油炒粉、高三酱肉等,这些都是不同民族饮食文化融合的结果。

16.3　物质环境的城市特色

兰州地处黄土高原,气候干旱,黄河穿流而过,导致城市就有下列黄河文明之特色:

1.黄河及其支流所形成的河谷盆地型城市的特点显著,即:水流谷中,山绕城市,黄土荒凉,干燥萧瑟(杨永春,2003;2004)。然而,市区却是典型的山水城市:地处黄土高原葫芦状河谷盆地,夹于两山之间,黄河穿城而过。1949年以来,在国家强力支持下,兰州城市建成区扩张迅速,河谷盆地型城市特征日趋显著,山水城市建设初见成效,形成了主要沿黄湟谷地松散布局的若干城市组团群和扇型卫星城镇体系组成的,城市紧凑度很低的带状多中心组团结构形态(杨永春,2003)。如果将"地处河谷,谷中有水,外围有山"的自然地理条件与当地黄河文化特色有机的结合起来,一个体现多民族文化背景的黄河文明和现代西方文化的山地城市将呼之欲出。例如,现代兰州市中心景观设计的主导思想为中轴线,设计时充分考虑了城南皋兰山巍峨雄伟,城中黄河蜿蜒东流的自然景观以及古丝绸之路的历史文化。南北向以皋兰山的三台阁,经铁路局广场、中心广场、人民公园、宽敞的滨河路到黄河边的望河楼,形成有韵律、有层次的中轴线。城南的皋兰山,途径五泉山公园、伏龙坪等,连绵起伏,形成了以三台阁为龙头,伏龙坪为龙尾的富有诗情画意的城市景观。沿黄河南北则构思了以体现丝绸之路古道主旋律的滨河路、敦煌研究院、甘肃画院、水上服务中心等建筑以及平沙落雁、丝绸古道、搏浪等雕塑、白塔远眺、儿童公园、中山桥、白云观等游览点,构成了多彩多姿的画廊。

2.汉唐以来,汉族文化一直居于城市规划和建设指导思想的核心。

古代兰州呈现出与中国传统城市中一般府州城和县城空间结构基本形式相对一致的布局特征与格局,体现了"方城直街、城外延厢,以形寓意、礼乐谐和"(杨永春,2004)的格局,有相对规整和发育良好的城市外部形态,城市基础布局框架呈现格网型棋盘状街道网,礼制严谨、井然有序、空间立体显著的城市整体布局特征,追求山环水绕的形象境界,形胜和风水思想影响深刻,城市一般在周围山地建有寺庙和一些纪念性建筑等,如白塔寺。

3.建筑风格及其演变

(1)新中国成立以前

古时兰州城市的建筑材料皆取自当地,土坯、砖瓦、石料等来自黄土或当地山地,建筑色彩和结构具有强烈的地方特色,更不用说郊区的黄土窑洞了(向发敏,杨永春等,2007)。因此,兰州历来就是多民族杂居的城市,不同的民族有各自的宗教信仰,在建筑艺术上也体现了多民族文化的特色。明、清两代是兰州市内祠庙建设的鼎盛时期(沈福熙,1994)。同时由于汉族中有许多道教徒,回族、维吾尔族和东乡族基本都是信仰伊斯兰教,所以,兰州存在一定的道教建筑,而伊斯兰教建筑成为兰州的特色建筑之一。民国时期,兰州有寺庙祠80余处,其绝大多数为明清时期建造,建造或补修者仅为极少部分。但是,由于连年战争,其寺庙部分毁于战火,部分因部队机关居住或由市民占住而导致寺庙祠等财产损坏较为严重。

民国以前,甚至在新中国成立前,具有传统多民族文化特色的土木结构的土坯建筑风格是兰州民居建筑的特色。同时,兰州作为军事要塞,同中国其他古代城市一样,曾经都有作为防御工事的城墙,拥有我国传统文化特色的城门和城楼。

(2)现代时期—新中国成立后

1949年后,建筑文化作为上层建筑表现的一种形式,在其发展的各个历史阶段,都多多少少地被贴上了政治标签,这导致代表少数民族文化、地方特色文化的建筑几乎消失殆尽,各类现代建筑如雨后春笋般崛起,现代化城市面貌快速形成了。1949-1976年期间中国城市建筑经历了复古风,但也借鉴了原苏联的建筑风格(图16-1)——"方盒子"建筑潮流,和所谓的"新风貌"特点,破坏了大量的传统风格的建筑,这些都是在计划经济体制下政府的统一方针政策的控制下发生的(向发敏,杨永春,等2007)。

图16-1　兰州大学图书馆正面

根据我们的实地调查结果,从建筑年代而言,在层数大于5层,1980年以后建的楼房占65%;楼层数在5-10层之间的建筑所占比例达到40%,且与住宅楼相对应。也就是说,被调查样本中5-10层的楼房主要是被用于居住,他们在风格上犹如"兵营"式陈列,无论哪个立面都是单调乏味的矩形图示,而且在门窗上的几何表现形式还是矩形。对1980—2000年所建楼房从外观和风格上进行对比可以发现,这20年所建楼房90%以上的几何构图都是矩形。在样本中,1980—1985年所建楼房244幢(大于5层),楼层数大于10层的仅4幢,而且最高层是16层,1985—1990年共建楼房1028幢,超过10层的有37幢,而且最高层是22层,1992年有24层的楼房,到1999年最高层是31层。

然而,兰州市区楼房在继续向高层建筑和超高层建筑发展,其风格就是与本地文化特色无关的无归属的建筑风格。例如,现静宁路上建于道光27年(公元1847年)的玉佛寺,几经迁改,现占地仅800 m²,1990年代中期曾经因四周修建高楼,而砸毁庙堂,使寺院建筑倾斜而重修。其风格遵从中国化的佛教建筑风格,原本应该是清幽古雅,宁静祥和之地,但现实是庙前车水马龙,其他三面都是高达20多层的商用或住宅楼。其他如五泉山、白塔山等公园同样如此,从一个豪华的现代都市到清幽古刹的过渡总是显得那么生硬,不协调。在这方面,日本的建设经验值得我们借鉴。在日本的住宅建筑中,木结构的一层或二层的和式住宅比较多。而现代办公楼以欧美式建筑居多,这样既解决了他们现代化发展的商业需求,同时也照顾了他们在建筑上的民族心态(日本的城市建筑风格,1997)。

4.重型工业化的城市面貌特征显著

兰州作为一个重工业城市,工业占兰州各行业比重非常大,而兰州的工业主要以石化工业为主,而这些行业大部分分布在兰州西部的西固工业区。西固工业区表现出来的城市景观主要以工厂为主,整个西固区的北部,西北部占西固区总面积4/5的地区为工业用地,其南部主要是工人家属区。从高空或者地图上可以看出,各种油罐、烟囱矗立在西固区的各个角落,可以让人十分清楚地感受到一个重工业城市的工业区是如此庞大,如此壮观。

16.4　建筑文化特色的影响因素分析

现在的兰州市与中国其他城市一样,高楼林立,被保留的历史建筑微乎其微。兰州南北两山为山顶建筑提供了空间,三台阁、白塔寺无疑丰富了兰州城的轮廓线,但南北两山上零星的"方盒子"和别墅在一定程度上打断了轮廓线的连续性。这样,兰州城市建筑风格同中国其它城市建筑的发展趋势类似,主要体现了当代国际建筑发展趋势的影响。由于传统建筑保护缺乏明确的目标和有效的方法,致使许多具有中国传统文化内涵的建筑遭到空前破坏。新生的建筑在形式上模仿西方现代建筑,但是与现代主义风格、国际主义和后现代主义建筑风格相比又有一定的差距,形成了建筑设计和建设的多种风格的"大杂烩风格"。在兰州快速发展的过程中,形成具有现代建筑技术和传统文化特色的多民族文化的河谷型城市建筑风格。

1.自然环境与建筑风格和文化

兰州地处黄土高原和深居我国内陆。民国以前,甚至在新中国成立前,兰州的建筑风格受西方建筑风格的影响很小,具有传统多民族文化特色的土木结构的土坯建筑风格是兰州民居建筑的特色。

从微观自然环境的角度分析,兰州市区被群山环抱,黄河从西向东穿城而过,具有带状盆地河谷型城市的典型特征。南北两山与市区高差大约四、五百米。在经济不发达的历史时期,这些自然条件就决定了兰州的建筑以土坯建筑和窑洞建筑为主,因为黄土和木材成为最易于获取的建筑材料,疏松的黄土和山势以及稀少的降雨量为窑洞建筑提供了重要自然条件。土坯建筑是以木柱为支撑,土坯和泥填充于柱头间形成墙体,内外再抹草泥,具有一定坡度的屋顶也用草泥涂抹。这些建筑只在门窗上有所修饰,或在屋角增加砖柱;窑洞建筑同土坯一样,以黄土为材料,窗棂门扇的做法与土坯无异,因此其风格也应属于土坯建筑风格(沈福熙,1994)。

兰州属温带半干旱大陆性气候,市区年均气温在9℃左右,多年平均降水量360毫米,全年日照时数平均2446小时。一月多年平均气温为零下6.7℃,七月多年平均气温为22.6℃。所以,兰州市区可以说是冬季寒冷夏季清凉,降雨集中于7、8、9月。从气候的影响来说,土坯建筑正适合兰州的气候特征,这种土坯建筑与中国传统木结构建筑不同之处在于,木材只是建筑的骨架,土坯才是建筑的血肉,草泥做皮肤,这有利于冬季取暖安装火炉烟囱,减少火灾;兰州夏季清凉,所以不需要在墙体上开凿太多的窗户,正好避免了土坯建筑难开窗的这一缺点。降雨稀少,更是有利于利用山坡地形修建生土建筑。土坯建筑不仅适合兰州的自然环境,在经济上也是廉价的。

2.经济因素与建筑风格和建筑文化

建筑过程不仅是有效利用自然条件,更需要一定的经济支撑。土坯建筑不仅适合兰州的自然环境,在经济上也是廉价的。兰州黄河段两岸黄土层较厚,获取便易,不需购买,秸秆经济,这为土坯建筑提供了平台和便宜的材料。所以,从经济的角度而言,在民国混乱年代及其以前,土坯建筑居多成为理所当然。1949年后,原苏联的建筑风格在一定程度上影响了兰州市的建筑风格,例如兰州大学大礼堂(2004年遗憾地被拆毁)就是在1950—1960年代由原苏联专家指导建设的。文化大革命初期,国家经济发展停滞不前,建筑投资显然不足,兰州出现了造价低的生土建筑(兰州市地方志编纂委员会,1998)。改革开放后,兰州市的经济快速发展,建设投资主体多元化,多渠道的资金来源使兰州市的面貌快速变化,不断壮大的经济基础为高层建筑和超高层建筑不断拔地而起创造了坚实的条件,西方国家的建筑风格开始强有力地影响兰州城市的建筑设计风格和建筑文化。

3.政治军事因素与建筑风格和建筑文化

从军事角度而言,兰州历来是兵家必争之地。在明代,兰州已是西北的政治、军事中心之一。清代,鉴于兰州能够兼顾控制河西和宁夏,又便于取得内地的支援,就近控制新疆而被定为甘肃省会(鲜肖威,1982;1983)。兰州作为军事要塞,同中国其他古代城市一样,曾经都有作为防御工事的城墙,拥有我国传统文化特色的城门和城楼。

　　直到明朝初年,为了防御外来侵略和农民起义,曾兴起大规模的筑城高潮。这也适应当时火炮技术下的防御要求。明清时代的城市一般都有规划。在中国,特别是封建社会,城市是封建统治的政治,军事和经济,文化据点,他们按照封建统治阶级的意图规划,并服从于他们的需要,即除了民居以外,大多建筑是在统治阶级的意志下建成的,中央政府对城市各种建筑都有严格的规定(同济大学城市规划教研室,1989)。从现有资料来看,民国前兰州的官衙、王府、城楼及某些宗教祭祀建筑都遵从明清时代对城市严格的规定,砖木结构居多。现在的甘肃省人民政府(肃王府)、城隍庙及城楼(已毁),从尺度、进深、出挑及椽梁均遵从严格的定制约束。

　　整个民国时期的中国社会是一个动乱的年代,社会正发生着剧烈变革,外来文化、科技、宗教涌入。政治因素对兰州的建筑风格影响不大。

　　新中国成立后,建筑文化作为上层建筑表现的一种形式,在其发展的各个历史阶段,都多多少少地被贴上了政治标签。1949—1976 年期间,中国城市建筑经历了复古风,也借鉴了原苏联的建筑风格——"方盒子"建筑潮流,和所谓的"新风貌"特点,破坏了大量的传统风格的建筑,这些都是在计划经济体制下政府的统一方针政策的控制下发生的。

　　1949—1955 年期间建成的甘肃省人民政府办公楼,兰州铁路局及铁一院办公建筑群,建工部兰州工程总公司办公楼,西北民族学院礼堂、教学楼及宿舍。它们都是复古风下的产物。这些建筑主体大多 3~5 层,砖混木结构,传统的大屋顶,十字交叉的木结构屋顶,采用绿色琉璃瓦,檐端或脊角有吻兽装饰,这种简单大方的处理方式区分了黄色琉璃瓦的宫殿建筑和宗教建筑。1955—1958 年建成的兰州饭店,友谊饭店,兰州大学旧文科楼、物理楼、化学楼,大众市场,省委办公楼,耿家庄邮电大楼是在政府于 1955 年提出"反复古主义""反铺张浪费"口号下,建筑要求经济性的背景下出现的。这一时段的特点是,砖混结构,平挑檐上大屋顶消失,多为平顶,横向铺开,形成砖块状陈列。1958—1966 年期间所谓的"新风貌"其实是"反复古主义""反铺张浪费"的延续,在风格上基本没有什么变化,只是框架结构的建筑增多了。这一时期的建筑有甘肃省博物馆等(兰州市地方志编纂委员会,1999)。

　　1960—1970 年代的建设总方针是"适用,经济,在可能条件下注意美观"。在文革期间,中国传统大屋顶古典建筑风格被认为是封建的;具有西方柱式、窗形和花饰的建筑构图被认为是修正主义或资本主义的东西,矩形块、矩形窗、矩形体量建筑被不断复制,导致简洁的"方盒子"建筑模式的盛行,拆毁了大量的城市传统建筑。

　　1978 年全国第一次城市住宅建设工作会议后,按"统一规划、统一投资、统一设计、统一施工、统一分配、统一管理"的方式组织住宅建设,以适应大规模的住宅需求。直到 1985年"统建办"与"开发办"改为"兰州市城市建设综合开发总公司"后,兰州市的房地产开发公司才逐渐多起来(兰州市地方志编纂委员会,1999)。

　　改革开放以来,兰州市的经济快速发展,建设投资主体多元化,多渠道的资金来源使兰州市的面貌快速变化,不断壮大的经济基础为高层建筑和超高层建筑不断拔地而起创造了坚实的条件,西方国家的建筑风格开始强有力地影响兰州城市的建筑设计风格和建筑文化。

4. 宗教文化因素与建筑风格和建筑文化

兰州历来就是多民族杂居的城市,不同的民族有各自的宗教信仰,在建筑艺术上也体现了多民族文化的特色。兰州市因地处西北,历来是多民族聚集地,少数民族中以回族居多(邓明,1998)。由于他们多与汉族散杂居,直到现在乃至将来散杂居居住格局发展仍是主要趋势。所以他们在民族民居上的特色不是很突出,但由于他们的宗教信仰,伊斯兰教建筑可以说是回族对于兰州建筑风格的最大贡献(虎有泽,冯瑞,2001)。虽然还有很多其他少数民族聚于兰州,但他们对兰州市建筑风格影响不是很大或多被汉族同化,以致于建筑风格也同汉族一样。

中华人民共和国成立初期,寺庙祠被列为公产,得到较好的保护。截止1956年,市内共有寺庙祠109座。"一五"期间,由于修建铁路和大规模兴建城市,寺庙祠产亦有拆除。1958年私房改造期间,对寺庙内空闲房产纳入改造范围,有的改造为民办工厂,有的改为民宅或做它用。"文化大革命"期间,由于破"四旧"、立"四新",宗教活动停止,寺庙处于无人管理状态,寺庙祠堂破坏较为严重。中共十一届三中全会以后,党和政府逐步落实宗教政策,对1957年"反封建"没收和1958年私改的3000余间宗教财产予以落实,归还了产权。同时,对寺庙等古建筑加强保护,着力恢复年久失修、濒临倾圮的重点寺庙(兰州市地方志编纂委员会,1999)。

五泉山寺庙群显示了当地的建筑文化,其经历了由释到道,再添加儒的过程。最迟到元代佛教已进入五泉山,建皇庆寺,明洪武五年(1372年)敕建,改名为五泉寺(邓明,1998)。此后,五泉山的建筑屡毁屡建,中华人民共和国成立后,人民政府将其辟为公园,又多次进行了修葺和新建。

山上太昊宫,自下向上共建四台殿宇:一台为三楹砖门,均有题额,中为"高山仰止",右为"奋上兴下",左为"继往开来";二台为秦子祠,主祀孔子弟子秦祖,配祀景清等十三人;三台为壤驷子祠,石作子祠,主祀孔子弟子壤驷赤,石作蜀,分别配祀赵充国等十一人,张轨等十一人;四台为伏羲殿,主祀太昊伏羲氏,配祀女娲氏,黄帝轩辕氏。并将上祀四十二名乡贤的事迹编为语体文小传,楷书于各殿外墙之上。这样安排的思路是,表彰上古至清代以来的陇上圣贤豪杰,以鼓舞激励民众见贤思齐,弘扬儒家文化(邓明,1998)。

刘尔忻巧用白话文为五泉山建筑物撰书一百三十多幅楹联,用苍劲浑厚的隶书题写,阐扬深邃的儒家思想,构成五泉山颇具特色的人文景观(邓明,1998)。

白塔山寺庙群有古建筑白塔寺、云月寺、罗汉殿、三星殿、三宫殿、迎旭阁、文昌宫等。白塔寺位于白塔山顶,耸入云表,颇似文笔,黄河在下有如砚池。其意蕴是:企盼兰州贤俊辈出,文笔点砚,蓝天为纸,挥写韩(愈)潮苏(轼)海般的大文章。明正统十三年(1448年),太监刘永诚在山顶创建白塔禅院。刘永诚一直握有兵权,战功显赫,战伐频繁,杀戮过多,在边塞重镇兰州建白塔禅院,意念在赎罪祈福,保护地方安宁。复经嘉靖二十七年(1548年)、万历二十年(1592年)重修,在塔院最北建地藏菩萨殿,山下建玉泉阁,一反中国名山在山顶建玉皇殿以应苍天,山脚筑地藏寺以接地气的传统仪轨,意在体现《周易》"地天泰"的奥义。《周易》的泰卦是下乾上坤,乾为天,坤为地,天在下,地在上,这种卦象,象征通泰,能使天地阴阳交和,万物生养畅通,保一方百姓平安。其后又在塔院与玉皇阁之间,就山势顺次建十座庙宇,供奉十殿阎罗,统称十王殿,进一步强化了化灾、祈福的理念。白塔山既有儒家建筑、佛教和道教建筑,其文化内涵,则是佛、道、儒和平相处(兰州市地方志编纂委员会,1998)。

明清以来的宗教建筑还有庄严寺、普照寺、嘉福寺、城隍庙、白衣寺、铁柱宫、白云观、直天观等。他们或是佛教或是道教的建筑,但又多受传统儒家思想影响。

兰州地区信仰伊斯兰教的人较多,伊斯兰教建筑颇多。伊斯兰教建筑的基本组成是清真寺(礼拜堂)大殿、邦克楼(召唤教民礼拜的高楼)、大门、二门、讲经堂、水房、阿訇办公室及住宅等其他一些附属建筑。元代,伊斯兰教得到了统治者的提倡与认可,其他的少数民族也因此改信伊斯兰教,教徒遍及我国东南沿海、华北、西北、云南等省。清朝是中国伊斯兰教建筑发展高潮中的鼎盛期,这时的兰州伊斯兰教建筑主要有:解放路清真寺及桥门街清真寺。鸦片战争至解放前夕,我国的伊斯兰教建筑在发展中出现了衰退现象。这段时期,由于新疆的战乱相对较少,伊斯兰教建筑有了一定的发展,西北诸省有一些宗教上层人物,修建了大量的规模宏大的道堂,组成了宏大的建筑群(罗哲文,王振复,2001)。所以伊斯兰教建筑在西北地区获得了进一步的发展,可称为我国伊斯兰教建筑衰落中的发展。建国后颁布的民族宗教政策和有关文物保护政策,使我国的伊斯兰教建筑不仅得以完好的保存而且将放射出灿烂的光芒。

5.历史文化因素与建筑风格和建筑文化

丝绸之路原本是自汉唐以来与西方社会进行商业往来的通道,但同时也是中外经济、文化交流的重要通道,由清朝初年开始,兰州便成为西北"茶马互市"的总站(兰州市地方志编纂委员会,1998)。外来商人带来的不只是商品。同样,在清代来兰州的茶商带来的也不仅仅是茶叶,还有不同于兰州本土的文化观念,包括建筑风格和建筑文化。所以,历史上的商业贸易成为潜在的影响因素,白塔山的罗汉殿,五泉山的千佛阁,他们都是干阑式建筑,这种建筑本是我国南方地区最早的一种建筑形式,其主要特点是建筑下部架空,以防水、兽侵害并有利于通风。

《斯文·赫定素描集》一书中描述"兰州是一座有悠久历史的城镇,有古老的城墙、城门和城楼,虽然不及西宁给人印象深刻,但它却原始新奇,风景如画。在这里我曾画过城郊、寺庙、殿堂,以及右手指挥着长髯威武的武神。"

被赫定称作"武神"的是在中国有着"仁、义、德、智、勇"美誉的关公,在全国各地都有供奉关羽的关帝庙,被民间称为"武帝"或"真武大帝",兰州也不例外。1897年光绪时期的兰州,供奉关羽的庙宇,在当时的兰州城墙外西北角,称"武庙",与当时的龙王庙遥遥相对。这些庙宇并不纯粹属于某一教派,只是人类面对自然的强大力量和自身对现实无能为力的时候的一种精神寄托的实体,人们会有规律地或路过时来这些庙宇祭拜。应该说,这些建筑是传统习俗的活动场所,但他们在被戴上封建、迷信的帽子后就被人为的"消灭"了。

6.现代国际建筑文化的输入模仿与建筑风格和文化

在西方社会现代建筑大致经历了现代主义风格(20世纪初-50年代)和国际主义风格(1950—1970年代)和后现代主义建筑风格,之后又有"高科技"风格、结构主义、新现代主义等(王受之,1999)。

1949年以前,现代主义建筑在中国有一定的影响,但却没有多少实际的发展。之后,兰州同全国其他城市一样,大多数不重要的建筑都是平屋顶,方盒子,可以说不具备什么风格。1980年代后,兰州建筑在形式上模仿西方现代主义建筑和后现代主义建筑的风格,但并不理解这两种风格内涵,如现代主义的代表中大多希望改变建筑设计和服务的对象，那就是为广大劳苦大众提供基本的设计服务，功能至上，体现的理念是民主(democracy)、精英主义(elitism),还有理想主义和乌托邦主义(idealism)(王受之,1999)。二者之间的国际主义风格同时也对兰州的建筑产生着影响,但总体而言,始终停留在形式上的模仿,很少有在结合中国传统、文化的基础上加以发展。

兰州市区处于南北两山中的狭长地带,山顶与市区高差达500m之多,所以在原本并不开阔之地建高层或超高层会更加阻碍人们的视线,让人有远离大自然的感觉,这是与我们的文化背景背道而驰的。西方社会在面对自然界自古以来都是采取对立和抗衡的心态,所以西方建筑表达的是永恒的意念和与自然抗衡的力度(罗哲文,王振复,2001)。在我国的建筑文化中,从未有过如西方的视房屋为永恒、不朽之纪念物的思想,与自然抗衡的观念比较淡薄。在先人眼中,建筑也如其他日用之物一般,需要不断更新,进行新陈代谢,要与自然保持和谐与协调(罗哲文,王振复,2001)。所以,兰州市区楼房再继续向高层建筑和超高层建筑发展,其风格就是与本地文化特色无关的无归属的建筑风格,而且不同用途的楼房并无明显的风格差异。这一方面是因为兰州市地处狭长的河谷盆地中,土地资源有限;另一方面也与城市规划和城市管理者在对高层建筑控制和风格要求上缺乏明确的目标有关。

16.5　转型期城市景观特色塑造的部分尝试

转型期,城市政府已经深刻地意识到城市特色塑造的重要性及其文化内涵的重要性,故此在城市规划与建设中进行了诸多努力和尝试。

1.恢复和重建若干历史文化建筑

中华人民共和国成立初期,寺庙祠被列为公产,得到较好的保护。截止1956年,市内共有寺庙祠109座,但后来损毁较为严重。中共十—届三中全会以后,党和政府逐步落实宗教政策,对1957年"反封建"没收和1958年私改的3000余间宗教财产予以落实,归还了产权。同时,对寺庙等古建筑加强保护,着力恢复年久失修、濒临倾圮的重点寺庙(兰州市地方志编纂委员会,1999),如五泉山寺庙群(显示了当地的建筑文化,其经历了由释到道,再添加儒的过程)、白塔山寺庙群(有古建筑白塔寺、云月寺、罗汉殿、三星殿、三宫殿、迎旭阁、文昌宫等。白塔寺位于白塔山顶,耸入云表,颇似文笔,黄河在下有如砚池)(图16-2)、庄严寺、普照寺、嘉福寺、城隍庙、白衣寺、铁柱宫、白云观、直天观等。他们或是佛教或是道教的建筑,但又多受传统儒家思想影响。

图 16-2　兰州白塔寺

2.重视多民族文化特征背景下的黄河文化形象的塑造

在城市建设和设计中,力图彰显黄河文明特色,如自然文化的象征——黄河母亲像和兰州水车。同时,也尽力突出多民族文化特色,如通过西关十字清真寺广场的规划与建设体现城市的伊斯兰文化。

处于兰州老城区滨河南路上的黄河母亲像,象征着黄河水对中华民族的孕育,对兰州城市的抚育。表达了兰州人们对待黄河就像对待自己母亲一样的敬爱,也反映出雕塑家们表达自己情感的别具匠心(图 16-3)。位于兰州滨河路的水车也是兰州灿烂历史文化的象征之一,表现了兰州人民高超的智慧与技艺。该模型位于兰州百里风情线上,是非常具有代表意义的城市景观之一。

图 16-3　兰州城区黄河母亲像和滨河路上的水车全景

位于兰州西关十字附近的清真寺是兰州最大的清真寺。其位于城市的交通枢纽,气势宏伟,是兰州少数民族文化特色的象征之一(图 16-4)。近几年,市政府在规划中,逐步拆迁和迁移西关十字的公共交通总站和附近的商户,逐步在建设一个特色鲜明,连接东西的清真寺广场,并将之与西关十字城市商业中心和张掖路步行街建设相衔接,突出城市的文化特色。

图16-4　兰州最大清真寺全景

3.黄河两岸休闲景观带————十里黄河风情线的建设

作为河谷型城市的兰州，黄河是兰州市最重要的特色景观带之一。黄河从城市中心穿过,两岸是城市的两条重要交通干道,即滨河南路和滨河北路。城市政府沿黄河两岸修建了大量公园、雕塑和绿地,供游人休闲和观赏山河景色,是名副其实的休闲景观带(图16-5)。

图16-5　兰州城市的滨河景观

本章小结

从文化特色的角度看,兰州城市不但拥有传统黄河文明的特征,而且还拥有多民族文化融合的幸运和机缘。历史上,无论是城市文化的"软"、"硬"两个层面都渗透了多民族文化背景的黄河文明的本质特征。然而,欠发达国家或地区在过去50年里对城市建筑物的破坏程度比历史上其它任何一个时期都严重。现存很少的遗迹的历史文化意义在逐步减弱,同时也与当代文化脱节。兰州也不例外,在历史建筑的保护,对传统建筑的重视程度上,对少数民族的建筑及宗教建筑的包容程度明显不足。这些特别体现在城市规划中,不是在规划过程中的忽视就是规划实施的出轨,导致城市建筑风格杂乱无章,破坏旧城市的文脉,割断历史面貌。反应在城市面貌上就是,街区与街区间,建筑单体与建筑单体间过渡生硬。

中国建筑特别重视群体组合的美。群体组合常取中轴对称的严谨构图方式,但有些类型如园林、某些山林寺观和某些民居则采用了自由式组合。不管哪种构图方式,都十分重视对中和、平易、含蓄而深沉的美学习惯,而与欧洲等其他建筑体系突出建筑个体的放射外向性格、体形体量的强烈对比等有明显差异。西方现代建筑是基于其发展历程而不断形成,它有其自身独特的历史文化基础,这是区别于其他任何地方建筑风格的根本所在。所以,对于西方社会任何建筑风格在形式上的照搬照抄都是对社会历史传统的抛弃,对本土风格的践踏,是与当地人文环境规律背道而驰的。目前,兰州的建筑风格发展趋势是:功能构造和形式上、风格上都在趋同化,无论是商业还是私人的,既是市内的趋同也是国际国内的趋同。重视地方民族特色的"地方主义"也依然在世界各地得到强化,但由于地方风格,民族风格往往与现代的功能需求,现代建筑的构造具有一定的矛盾,广泛的推广存在一定的问题。如兰州在建筑风格上,不能拒绝过去的经验和传统,既要吸纳现代国际建筑风格,又要更好的保护和修缮历史建筑。这要求政府部门放弃好大喜功、形式主义、官僚主义的行为和管理模式,尽快制订和采纳更为科学的城市规划方案,使城市发展和管理更加稳健和可持续化。在采用现代建筑技术、文化思想的基础上,尽可能地保护历史、文化遗产,融入地方特色,规划建设具有多民族文化特色的西部河谷盆地型大都市。

从现代城市规划和建设管理的角度看,兰州城市基于文化层面的城市特色还存在两大关键问题:一是城市宏观层面的景观结构仍然缺乏将自然生态环境与人工景观完美结合的方法和控制手段,尤其是缺乏文化层面的特色或内涵,导致城市建筑空间景观效果几乎难以控制和把握。如果在空中俯瞰很多"谷地"城市,则是一片高低不平,色彩混乱,没有规律和良好的视觉效果,即如何将山、水、建筑、文化较为完美的结合在一起,仍然是一个值得深入研究的课题。笔者建议尽力形成一个生态城市的自然、文化框架,即以黄河百里风情、文化、休闲带为中轴,以南北两山为两翼,构成山水文化城市的骨架,贯彻"带状组团分布,分区平衡发展"的基本战略,形成典型的带状山水文化城市的功能空间结构框架。公园、广场、雕塑等力图突出兰州多民族文化特色和丝绸之路历史文化特色,形成具有特色的十里黄河风情景观带和生态廊道。二是传统建筑文化如何与现代建筑文化相互融合依然是一大难题。例如,兰州城市在过去50年里对城市传统建筑物的"破坏"程度比历史上其它任何一个时期都严重,虽然转型期强化了对传统历史建筑的保护,但是由于城市明显以现代建筑为绝对主流,而其历史文化意义很弱,对少数民族建筑及宗教建筑的包容程度明显不足,而后者又与当代的所谓现代文化脱节,这不但导致了城市建筑风格杂乱无章,也破坏了旧城文脉。

总之,任何一个城市的特色都是在"兼收并蓄"和"扬弃"方式的过程中形成的,其外表的物质环境也必然蕴含和融入了历史或现代的某种统一或多元的文化根基和特色,而后者也是在历史长河中不断形成和变化的。那么,如何在变化迅速的转型期内塑造具有地方特色文化之魂的城市特色依然是中国城市面临的一个核心问题。

第17章 中国(西部)城市建筑空间分布与结构

近10~20年来,城市建筑领域的研究工作主要集中在建筑文化与风貌、建筑环境、(生态化、高科技化、人文化、后现代化)建筑设计、(单体或小尺度的)建筑空间(组合)等。在建筑设计领域,P.克莱芒等国内外学者主要探讨了建筑设计的概念、战略、理念、类型、规划等相关内容(P.克莱芒,2001;孙少玲,1998;翟国强,2006;冷红,郭恩章,2005;阿尔贝托·阿莱西,2005;张杰,邓翔宇,袁路平,2004);在城市文化与风貌研究领域,学者们主要研究了城市建筑与空间(赵玥笙,2003)、城市建筑文化的特征(刘松茯,2002;张伟,2005)、影响因素(刘建,2001;王鸿烈,2004)和地域特点(王未,邵龙,2003)、建筑特色与风貌(陈苏柳,刘生军,徐苏宁,2006;向欣然,1997)、城市形态(蒋阳,2004)等相关内容,而且研究了城市建筑的(空间)环境(王彦辉,2001)与我国城市的传统景观特质(王紫雯,王媛,2004),以及"日常生活空间"(张杰,吕杰,2003)等。同时,关于城市建筑(持续)发展问题也做了一定程度的研究,如海参崴城市及建筑空间结构的发展变化(叶连娜·叶雷什耶娃,瓦列里·摩尔,2005),中国现代城市行政中心建筑的演变(张洛先,徐永利,2004),哈尔滨西方建筑的发展轨迹(刘松茯,2002),提出了"零识别城市/建筑"的设想(朱文一,2003),以及城市持续发展的策略(王修信,1999),包括建筑设计的犯罪防控效应(王发曾,2006)等。最后,陈基伟、何春阳等学者还研究了高分辨率遥感影像建筑容积率和信息及基于压缩数据维的城市建筑用地遥感信息的提取方法等。这些城市建筑领域的研究工作对于整个城市建筑空间分布的规律几乎没有涉及,仅涉及中小尺度空间的建筑空间分布问题(陈基伟,韩雪培,2005;何春阳,曹鑫,史培军等,2004;徐涵秋,2005)。

虽然城市建筑大尺度的空间分布显然与城市功能区分布、建筑年代、经济基础、土地利用结构等因素相关,但国内外建筑视角的研究工作则主要侧重于建筑的设计、组合、功能、更新、分布等,鲜有从建筑空间分布视角研究城市的宏观功能变化。然而,地理学视角的研究工作主要集中在二维平面的角度,而建筑学则更侧重建筑个体的自身设计及其与周围环境的融合,以及建筑群的局部性的空间组织,两者都缺乏建筑视角的城市宏观尺度的空间分布规律及其形成机制的研究工作。实际上,国内外对建筑在整个城市宏观空间尺度上的分布规律的研究十分罕见。而且,改革开放以来,我国城市在快速转型中实现了空间结构调整,土地利用结构发生了很大变化,这必然从城市的建筑构成与空间分布中显示出来。随着中国城市容积率的迅速提高和城市功能由计划经济向市场经济转型过程中基于CBD建设、旧城改造、土地使用政策驱动的"退二进三"和工业企业外迁以及开发区和城市新区的大规模建设等新趋势下的重新分区和融合,城市空间利用的立体化趋势以及建筑设计与功能的综合化趋势都会导致中国城市建筑宏观空间布局的新变化(杨永春,杨晓娟等,2008)。随着城市空间转型的加速,城市建筑的空间格局必然会发生显著的变化。因建筑现象不但能够体现空间的功能特征和演变趋势,而且还能反映经济基础和背景,以及投资积累与更新状态,大尺度空间城市建筑空间分布的研究能显示投资状态和空间结构特征。所以,有必要利用遥感技术和 GIS 手段,采用大范围的实地调查手段获取原始资料,对城市建筑大尺度空间的分布规律进行研究,以揭示与其相关的问题。

本章以兰州市为例,利用高精度卫星影像和大规模实地调查方法获取相关数据,采用 GIS 手段和数理统计方法处理数据,探讨中国西部城市建筑的空间分布与结构(杨永春,2007;2010)。研究的空间范围为兰州城区所在的河谷盆地区,即东经 103°31′~104°00′,北纬 36°00′~36°10′,包括了已经开发的坪地与台地。

兰州市属于典型的狭长河谷盆地型城市,也是一个多中心城市。因此,在空间统计分析中,分别以西关十字(传统市级中心)、西固城(传统区级中心)、培黎广场(传统区级中心)作为城关—七里河(城关区和七里河区)、西固区、安宁区的中心,并各以前述中心为圆心,依次向外,每间隔 1 km 运用同心圆(圈层)方式进行相关数据统计(后文中 1 km、2 km……分别代表距离中心的 0~1 km、1~2 km……)。同时,统计了各中心区、混合区、老工业区、新开发区的相关数据(各相关职能区范围的划分主要参考了相关研究成果,尤其是城市空间相关职能区的扩张过程与边界,以及兰州市第一、二、三版城市规划中的界定。其中,城关—七里河中心区范围西到小西湖立交桥,东到(东方红)广场西口,北以黄河为界,南到白银路—民主路;城关—七里河混合区范围东到五里铺,西到西站,北以黄河为界,南到铁路线;城关—七里河的老工业区范围东到东岗的出口(研究区边界),西到秀川(七里河边界),北到山脚,南到山脚(研究区边界),既包括了盐场堡、东岗、七里河的老工业区,也包括了所谓新开发的雁滩区。由于雁滩是近 16 年来无序开发的结果,并不是按照规划统一开发的新开发区,高新区只是后来占了一小部分,是城市规划严格限制了 30 余年后,逐渐被侵蚀和占用的,因此,可理解为城市空间的蔓延式扩张。所以,将其开发较早的西边的一部分划入混合区统计(如滩尖子等地),而将剩余的大部分划入了老工业区的统计范围内,因为其发展实质上是与东岗工业区的改造、再开发相互关联的。西固区中心区范围大致以西固城为中心的方圆 1 km 的范围;老工业区包括了几乎所有厂区和居住区的范围,即西到西柳沟,东到深沟桥,北以黄河为界,南到山脚线;新开发区实际上就是深沟桥到西固与七里河交界的地方的区域,南北分别以黄河和铁路线为界。安宁中心区范围大致以培黎广场为中心的方圆 1 km 的范围;老工业区包括了几乎所有厂区和居住区的范围,即西到崔家庄,东到区边界,南以黄河为界,北到山脚线;新开发区实际上包括了经济技术开发区,以及部分乡镇企业的地区。西到西沙大桥,东到崔家庄,北依黄河,南以山脚线为界)。

本章主要以现存建筑论述城市建筑的空间分布与结构状态,虽然缺乏相应历史时期的资料,但由于新中国成立以来我国城市的建筑共性特征很强,加之兰州市经济发展较为缓慢,建筑拆迁远不及沿海城市,各时期建筑保存较多,所以兰州市现存建筑依然可在一定程度上反映各时期的建筑特点(图 17-1,见彩色插图),最终能在一定程度上体现城市建筑的演变趋势。

17.1　建筑构成与空间分布

1.建筑类型构成与空间分布

（1）建筑容积率

从中心到外围，兰州市城关—七里河的建筑容积率出现了波动降低趋势（图17-2），容积率从1~2km的8.85和7.00，迅速降到3~4 km的4.96、4.39，再上升到5~6km的4.50、4.82，7~9km又下降到3.65、3.09、3.06，10~11km进一步下降到2.50和2.54，最后在12km上升到3.45。安宁区的建筑容积率从1km的4.32下降到2~5km处的3.92、3.75、3.57、3.30，进一步降到6~7km的2.77和2.10。西固区的建筑容积率从1km的4.55下降到2~6km的3.88、2.78、2.06、1.96、2.10，最后进一步下降到7~8km的1.89和1.67。而且，观察图17-3（见彩色插图）可得出如下结论：(1)各组团的现状建筑容积率大致呈现由中心到外围的逐步降低趋势；(2)低容积率建筑"插花"分布在高容积率地区的现象比比皆是。例如，城关—七里河、西固区的中心区出现了一些容积率是1~1.7的斑块，它们大都是工业企业或其它国营企事业单位，其建筑年代通常大都是1990年以前的。

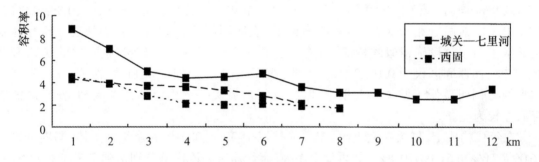

图17-2　兰州市2005年各区建筑容积率由中心到外围的变化趋势

（2）建筑构成与分布

从同类用途建筑的年代结构分析（图17-1），兰州市1980年以来的建筑占78.3%/86.7%，1960—1970年为13.5%/9.6%，1960年以前仅占8.2%/3.7%，建筑年代构成明显较新，且1950年以前的建筑已是凤毛麟角。1960年以前的现存建筑主要是工业建筑（73.4%/64.6%），居于其次的是住宅建筑（15.3%/21.6%），商务、教育、市政、其它类型建筑分别仅占4.65%/4.8%、3.03%/6.4%、0.7%/0.46%、2.62%/1.74%，主要分布在西固、城关—七里河；1960—1969年，工业建筑（62.9%/65.3%）依然是主导类型，主要分布在西固（52.7%/40.4%）和城关—七里河（7.5%/5.5%），而住宅建筑（24.2%/22.0%）主要分布在城关—七里河（18.2%/15.4%）和西固区（5.0%/5.3%）。商务、教育、市政、其它等类建筑分别占9.59%/9.66%、0.83%/0.82%、1.57%/1.24%、0.91%/0.98%；1970年代，工业建筑（41.3%/28.94%）和住宅建筑（41.7%/55.6%）几乎是平分秋色。城关—七里河、西固和安宁的工业建筑各占10.9%/7.54%、14.6%/11.1%、15.8%/10.3%，住宅建筑各占20.7%/33.5%、12.7%/15.8%、8.3%/6.3%。商务、教育、市政、医疗、其它等类建筑分别占 9.11%/8.2%、3.47%/2.61%、2.98%/2.84%、1.08%/0.73%、0.34%/0.38%；1980—1989 年，住宅建筑（56.3%/70.7%）居于绝对主导地位，城关—七里河、西固、安宁各占 46.4%/58.9%、5.5%/7.1%和 4.4%/4.7%。工业建筑（19.5%/10.4%）主要分布在城关—七里河（10.5%/5.8%）和西固区（7.8%/3.8%），而商务建筑（13.84%/11.1%）主要分布在城关—七里河（12.73%/10.35%）。市政、教育、医疗和其它等建筑类型各占 3.99%/2.46%、4.12%/3.34%、0.73%/0.73%和 1.52%/1.27%；1990—2005 年主要为住宅建筑（75.7%/80.6%），城关—七里河、西固和安宁各占 49.3%/58.9%、16.2%/11.8%和 10.2%/9.0%。商务建筑（9.79%/9.12%）主要分布在城关—七里河（7.90%/8.11%），工业建筑（8.2%/3.63%）主要分布在城关—七里河（5.4%/2.31%）和西固区（1.9%/0.81%）。市政、教育、医疗、其它等建筑类型分别占 1.01%/0.86%、3.31%/3.53%、0.44%/0.49%、1.55%/1.77%。因此，兰州市 1970 年以前的现存建筑主要以工业建筑为主，住宅建筑为辅。

城关—七里河、安宁住宅建筑分别占 66.9%/76.3%和 66.4%/72.6%，西固区仅为 45.0%/57.3%。与此相反，西固区的工业建筑为 44.4%/32.8%，城关—七里河、安宁仅分别为 14.2%/6.1%和 18.8%/11.7%，这既显示了西固区很强的工业性质，也反映了四区都很强的住区特征。城关—七里河的商务建筑占 12.8%/11.1%，安宁、西固分别占 3.4%/2.8%和 7.5%/6.4%，充分显示了组团多中心城市的商务服务功能，尤其是城关—七里河作为市级商务服务中心的功能特征。安宁区是兰州市较为集中的大学分布区，而且大学校区分布相对集中，因此其教育建筑比例达到了 9.3%/11.0%，而城关—七里河、西固区仅分别为 2.5%/2.4%和 2.8%/2.9%。同时，城关—七里河、安宁、西固的市政建筑分别占 0.7%/1.3%、0.8%/0.9%和 0.1%/0.3%，前两者相差无几，后者明显偏低，表明西固区市政设施较为缺乏。医疗建筑也显示了与市政设施相似的特征，城关—七里河、安宁的医疗建筑分别占 0.6%/0.7%和 0.8%/0.7%，而西固区仅为 0.1%/0.1%。因此，西固区作为工业区，其市政、医疗、住宅等建筑类型的比例明显低于城关—七里河和安宁区，而城关—七里河的商务活动、安宁区的教育服务较为显著。

在年代构成上，城关—七里河、安宁显然以 1990—2005 年的建筑为主体，同期分别占 56.0%/67.0%和 61.1%/70.9%，如再加上 1980 年代建筑，该比例分别达到了 87.9%/92.4%和 78.1%/86.5%。1970 年以前各时期的建筑比例均小于 8%。然而，西固区各时期（1960 年以前、1960 年代、1970 年代、1980 年代、1990—2005 年，后文同）建筑分别为 17.8%/9.5%、16.4%/15.8%、10.3%/10.8%、15.5%/15.4%和 40.0%/48.5%，显示了年代构成较为混杂和陈旧的特点。

城关—七里河商务建筑主要以 1980 年以来为主，除了 11km 处为 45.15%/39.72%，其余地段在 89.80%/88.75%~100%之间。1990—2005 年在 26.78%/21.93%~90.40%/90.64%之间，1、8~9km 处分别高达 70.77%/88.88%、71.85%/75.29%和 90.40%/90.64%，其余地段大致在 30%/20%~60%/70%之间；西固区商务建筑主要以 1960—1970 年和 1990 年以前的建筑为主，在 68.71%/76.07%~100%之间。其中，1990—2005 年在 10.42%/10.13%~100%/100%之间；安宁区 1990—2005 年商务建筑为 29.38%/42.11%~100%，其中，1~3km 在 45.44%/59.68%~63.69%/54.64%之间。1980 年代商务建筑占 6.21%/1.54%~48.93%/42.44%。

城关—七里河 1980 年以来的市政建筑占 80.87%/80.42%~100%。其中，1990—2005 年在 8.82%/7.52%~100%之间；西固区的市政建筑都是 1960 年以来的，且主要以 1960—1989 年为主。1990—2005 年市政建筑仅在 2~3km、5km 存在，分别为 7.43%/6.08%、8.57%/5.46%和

19.81%/31.27%。1980年代市政建筑1km为58.32%/37.48%，其余地段在4.79%/5.02%~24.01%/26.16%之间；安宁区市政建筑都是1970年以来的。在1km，1980年代建筑占78%以上，1990—2005年占20%左右。在2~5km，1990—2005年建筑大致在60%~90%之间，其余地段1970—1980年代的市政建筑大致在10%~30%左右。

城关—七里河的医疗建筑都是1970年代以来的。1km处，1970—1980年代各占30%和70%。2~7km处，1990—2005年医疗建筑大致占40%以上，1970—1980年代各占20%和30%。8km全为1970年代；西固区1990—2005年医疗建筑仅分布在1~2km处，分别为83.42%/75.11%和100%。1980年代仅在1、3km分布，分别占16.58%/24.89%和100%；安宁区1990—2005年医疗建筑仅在1~2km、5~6km处有，分别为100%、45.67%/54.02%、58.81%/61.40%和100%。1980年代仅分布在2km处，为54.33%/45.98%。1970年代仅在4~5km分布，分别为100%和41.19%/38.60%。

兰州市的教育建筑各区都以1980年以来为主。其中，城关—七里河1980年以来教育建筑在各圈层占75.18%/76.95%~100%，1990—2005年为20.59%/20.36%~77.34%/75.98%，6~7、9km均大于70%；西固区教育建筑1990—2005年为19.75%/49.96%~46.86%/68.59%，1980年代在44.86%/26.37%~62.80%/35.14%之间；安宁区1980年以来教育建筑在79.62%/86.15%~92.55/96.31%之间。其中，1990—2005年为40.26%/0.25%~66.09%/25.11%。

(3) 各圈层城市建筑构成与分布

兰州市1990—2005年的建筑也占有绝对数量和空间优势（图17-4）。城关—七里河1990—2005年的建筑1~9km处在47.92%/64.42%（2km，距各组团中心1~2km范围，后文同）~63.98%/76.22%（5km）（括号中的数字为括号前数据出现的空间位置，以下同）之间，10~12km在27.45%/35.01%（11km）~42.98%/39.17%（10km）之间，1980年代稳定在18.94%/18.05%（8 km）~44.81%/31.10%（2 km），1980—2005年在63.01%/65.61%（11 km）~98.37%/99.05%（1 km）之间，各圈层都显示了很新的年代构成。除了1970年代建筑11~12km处分别为26.09%/24.63%和14.07%/8.92%，以及1960年以前建筑在8km、10km处分别为11.96%/8.77%和10.83%/9.11%外，1980年以前的建筑在其余地段均在10%以下，主要在1%~5%之间。

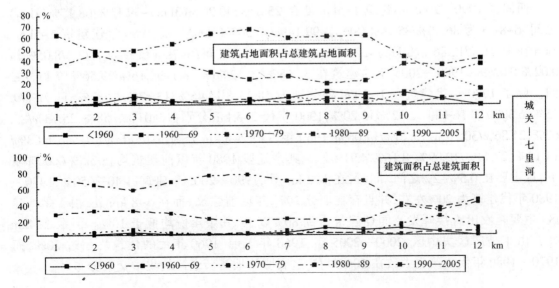

突变生长——中国（西部）城市转型的多维透视

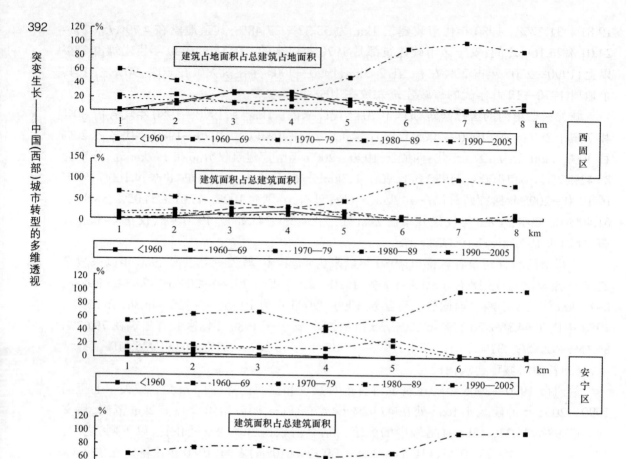

图 17-4　兰州市分年代建筑占地面积、建筑面积占住宅该类型面积比例随中心距离的变化曲线

　　西固区 1990—2005 年建筑 1~5km 处在 25.27%/40.20%（3km）~59.11%/68.15%（1km）之间，6~8km 为 86.50%/85.14%（8km）~99.14%/99.54%（7km）。而 1980 年代建筑 1~5km、8km 在 10.16%/12.86%（8 km）~22.47%/21.08%（2 km）之间，6~7km 仅各为 7.82%/8.05% 和 0.02%/0.02%。1980—2005 年的建筑在 35.68%/50.52%（3 km）~99.16%/99.56%（7 km）之间。除了 1970 年代建筑在 1~5 km 处分别为 18.25%/13.46%、13.37%/12.87%、11.91%/9.75%、6.30%/10.16% 和 12.32%/12.20%，1960 年代 2~5 km 分别占 9.01%/5.58%、25.73%/25.62%、21.86%/30.16%、15.26%/17.06%，1960 年以前 2~5 km 分别占 12.86%/5.44%、26.68%/14.12%、27.44%/19.09%、8.16%/4.91% 外，其余地段 1980 年以前建筑均在 3.5%/2.00% 以下，且主要在 0.5%~2% 之间。同时，在 1~2 km 处，1990—2005 年建筑占 40%~50%，1970—1980 年代建筑为 20% 左右，并且存在部分 1970 年以前建筑。而在 5~8 km 处，由于是新建区（主要是农田直接开发），同期建筑占到 80% 以上，其余年份均低于 10%。但在 2~4km 处，由于是厂区集中区，2000—2005 年、1960 年以前、1960 年代的建筑均超过 20%，而 1970—1980 年代建筑也大致在 10% 左右，这表明该地是新老建筑集中交叉分布区。

安宁区 1990—2005 年建筑 1~5 km 在 44.21%/58.25%(4 km)~66.04%/63.58%(1 km)之间，6~7km 超过了 96%。1980 年代建筑 1~5 km 在 13.04%/12.17%(4 km)~25.62%/24.69%(1 km)之间，6km 仅占 2.91%/3.78%。1980—2005 年建筑在 57.25%/70.42%(4 km)~100%(6 km)之间。1970 年代 1~5 km 在 10.36%/4.67%(2 km)~39.19%/26.14%(4 km)之间，7 km 为 2.17%/2.07%。1960 年代建筑仅分布在 1~5 km 处，在 0.40%/0.12%(5 km)~3.39%/1.77%(2 km)之间。1960 年以前的建筑仅分布在 1~4 km 处，在 1.99%/1.99%(4 km)~5.77%/3.20%(1 km)之间。因此，在 1~5km 处，该区 2000—2005 年建筑在 40~60% 之间，1980 年代在 20% 左右，1970 年代在 10% 左右，1970 年以前在 10% 以下。6~7 km 处，由于是经济技术开发区，2000—2005 年的建筑超过了 97%。

城关—七里河、安宁区的住宅建筑分别占各自建筑的 66.9%/76.3% 和 66.4%/72.6%，西固区仅占 45.0%/57.3%。与此相反，西固区工业建筑占 44.4%/32.8%，城关—七里河、安宁仅分别占 14.2%/6.1% 和 18.8%/11.7%，这既显示了西固区很强的工业性质，也反映了四区都很强的居住区特征。城关—七里河的商务建筑占 12.8%/11.1%，安宁、西固分别占 3.4%/2.8% 和 7.5%/6.4%，组团多中心空间特征显著，尤其反映了城关—七里河的市级商务中心功能。安宁区的大学校区分布相对集中，教育建筑高达 9.3%/11.0%，而城关—七里河、西固仅分别有 2.5%/2.4%、2.8%/2.9%。城关—七里河、安宁、西固的市政建筑分别占 0.7%/1.3%、0.8%/0.9% 和 0.1%/0.3%，前两者相差无几，后者明显偏低，表明西固区市政设施较为缺乏。与市政建筑类似，城关—七里河、安宁的医疗建筑分别占 0.6%/0.7% 和 0.8%/0.7%，西固区仅为 0.1%/0.1%。因此，西固区作为工业区，市政、医疗、住宅等类建筑比例明显偏低，而城关—七里河的商务活动、安宁区的教育服务功能较为显著(表 17-1)。

表 17-1 兰州市各类型建筑占所有用途建筑比例

	城关—七里河区						西固区						安宁区					
	50	60	70	80	90	全区	50	60	70	80	90	全区	50	60	70	80	90	全区
	建筑用地面积						建筑用地面积						建筑用地面积					
住宅	8.8	18.2	20.7	46.4	49.3	41.2	4.1	5.0	12.7	5.5	16.2	11.5	2.4	1.0	8.3	4.4	10.2	7.3
工业	20.7	7.5	10.9	10.5	5.4	8.5	52.7	53.3	14.6	7.8	1.9	11.7	0.3	2.1	15.8	1.2	0.9	2.1
商务	4.05	0.44	3.02	12.73	7.90	8.02	0.60	9.14	5.43	0.69	1.48	1.97		0.01	0.66	0.42	0.41	0.37
市政	0.70	0.03	0.51	3.70	0.84	1.52		1.54	2.27	0.23	0.02	0.36			0.20	0.06	0.15	0.13
教育	1.63	0.44	1.13	1.84	1.66	1.59	0.12	0.18	1.74	1.32	0.45	0.73	1.28	0.21	0.60	0.96	1.20	1.04
医疗			0.97	0.55	0.34	0.39				0.03	0.02	0.02			0.11	0.15	0.08	0.09
其它	2.62	0.36	0.34	1.35	1.54	1.42				0.10		0.03		0.55		0.07	0.01	0.06
	建筑面积						建筑面积						建筑面积					
住宅	13.4	15.4	33.5	58.9	59.8	54.6	4.8	5.3	15.8	7.1	11.8	10.4	3.4	1.3	6.3	4.7	9.0	7.4
工业	24.2	5.5	7.54	5.8	2.31	4.4	40.4	58.1	11.1	3.8	0.81	5.8	0.4	1.7	10.3	0.8	0.51	1.2
商务	4.10	0.63	3.83	10.35	8.11	7.94	0.70	9.02	3.94	0.41	0.72	1.16		0.01	0.43	0.34	0.29	0.29
市政	0.46	0.01	0.53	2.22	0.73	1.02		1.23	2.19	0.17	0.03	0.23			0.12	0.07	0.10	0.09
教育	3.97	0.47	1.13	1.79	1.78	1.78	0.07	0.21	1.19	0.66	0.48	0.53	2.36	0.14	0.29	0.89	1.27	1.12
医疗			1.35	0.60	0.41	0.47				0.03	0.02	0.02			0.13	0.10	0.06	0.07
其它	1.74	0.54	0.33	1.05	1.76	1.47				0.18		0.04		0.44		0.04	0.01	0.03

注：表中 50、60、70、80、90 分别代表 1960 年以前、1960 年代、1970 年代、1980 年代、1990—2005 年。

总之，1960 年以前，城关—七里河住宅建筑仅占 23.1%/28.0%，工业建筑却占 54.5%/50.5%，商务建筑也有 11.3%/8.6%。安宁区以住宅建筑（59.5%/32.2%）、教育建筑（55.3%/38.8%）为主，而西固区绝对以工业建筑（91.7%/87.9%）为主，住宅建筑仅为 7.1%/10.4%；1960 年代，城关—七里河住宅建筑占 67.4%/68.3%，工业建筑为 26.2%/24.3%。安宁区以住宅（25.0%/36.9%）、工业建筑（54.5%/47.0%）为主，西固区仍然绝对以工业建筑（77.2%/78.6%）为主，住宅建筑仅为 8.2%/7.2%，商务建筑增加到 13.4%/12.2%；1970 年代，城关—七里河住宅建筑为 55.5%/69.6%，工业建筑减少为 29.8%/15.6%。安宁区以住宅（32.9%/35.9%）、工业建筑（61.7%/58.8%）为主，西固区仍然以工业建筑（39.7%/32.5%）为主，住宅建筑、商务建筑也分别增加到 37.2%/46.3% 和 14.8%/11.5%；1980 年代，城关—七里河住宅建筑占 62.2%/73.0%，工业建筑减少到 15.6%/7.2%，商务建筑则增加到 16.9%/12.8%。安宁区以住宅（60.8%/68.3%）、工业建筑（16.5%/10.9%）为主，教育建筑增加到 13.2%/12.8%。而西固区仍然以工业建筑为主，但减少为 49.8%/30.9%，住宅建筑增加到 32.5%/57.2%，商务建筑减少为 4.4%/3.5%；1990—2005 年，城关—七里河住宅建筑占 72.5%/79.8%，工业建筑进一步减少为 8.1%/3.1%，商务建筑为 11.2%/11.1%。安宁区则以住宅建筑（78.9%/80.0%）为主，工业建筑快速减少到 6.8%/4.8%，教育建筑也减少到 9.8%/11.2%。西固区则明显以住宅建筑（80.2%/85.1%）为主，工业建筑也快速缩减为 9.5%/5.9%，商务建筑仅占 7.4%/5.2%。因此，在 1980 年以前，住宅、工业建筑是各区建筑的主流类型。其中，西固区的工业建筑类型居于绝对地位。1980 年后，住宅建筑显然为绝对主体，商务建筑也增加较快，工业建筑快速降低。城关—七里河、西固区的住宅建筑一直处于稳定增加状态，而安宁区为先下降、再增加的趋势。与此相对应，城关—七里河、西固区的工业建筑一直处于快速下降状态，而安宁区则为先增加、再减少趋势。安宁区的教育建筑先快速减少、后逐渐增加。其余建筑类型虽然略有波动，但其比例较小且比较稳定。由此可以肯定，兰州市 1970 年以前的现存建筑主要以工业建筑为主，住宅建筑为辅。1970 年代时两者的比例基本接近。1980 年以后，明显以住宅建筑为核心，工业建筑比例大幅度降低，而商务、教育、市政、医疗等类建筑比例均有不同程度增加。而且，年代较老的住宅建筑主要为"城中村"民居住宅。

（4）城市功能区建筑构成与分布

城关—七里河、西固、安宁区的中心区以 1980 年以来的建筑为主，其所占比例均超过了 78%。其中，1990—2005 年分别占 49.2%/62.2%、59.2%/68.1%、53.0%/63.6%，都超过了 49%。但是，西固、安宁中心区 1970 年代建筑比例较高，分别达到了 18.2%/13.5% 和 13.3%/6.4%。城关—七里河、西固区中心区 1960 年以前、1960 年代分别小于 6%，安宁中心区均超过了 8%。城关—七里河的混合区以 1980—2005 年的建筑为主，1980 年代、1990—2005 年分别占 28.4%/21.7% 和 60.9%/72.0%，两者之和超过了 89%，显示了比其中心区还新的建筑年代构成，而其它时期比例基本相当，都不超过 5%。城关—七里河和安宁的老工业区的建筑年代构成显示了相似特点，即以 1980 年以来的建筑为主体，比例之和超过了 76%/85%。其中，城关—七里河和安宁的老工业区 1990—2005 年的建筑分别占 49.6%/54.9% 和 58.9%/70.3%。而西固的老工业区建筑的年代较为陈旧，年代分布也相对比较均匀，比例最小的 1970 年代为 11.0%/11.3%，比例最高的 1990—2005 年为 33.6%/44.0%。西固和安宁新开发区建筑年代特点鲜明，明显以 1990 年以来的建筑为主体，分别为 94.7%/90.0% 和 97.5%/97.0%，其余年代主要是"城中村"或少量乡镇企业的建筑。

2.各类建筑年代构成与空间分布

兰州市住宅、工业、商务、市政、教育、医疗、其它等类建筑分别占相应总面积的60%/72.3%（"/"前数字为建筑占地面积比例,后为建筑面积比例,以下同）、22.20%/11.3%、10.36%/9.39%、2.00%/1.34%、3.35%/3.43%、0.5%/0.56%和1.50%/1.50%。其中,住宅、工业、商务三类建筑之和为92.56%/92.99%,明显是城市建筑的核心类型。而且,住宅建筑容积率最高,工业、市政等类建筑容积率较低。而且,兰州市1980—2005年、1960—1979年、1960年以前的现存建筑分别占78.3%/86.7%、13.5%/9.6%和8.2%/3.7%,1950年以前的建筑已凤毛麟角,年代构成明显较新。其中,城关—七里河、安宁区1990—2005年的建筑分别占56.0%/67.0%和61.1%/70.9%,1980年以来的建筑分别占87.9%/92.4%和78.1%/86.5%,其余各时期建筑所占比例均小于8%。然而,西固区1990—2005年建筑仅占40.0%/48.5%,其它年代分别为17.8%/9.5%、16.4%/15.8%、10.3%/10.8%和15.5%/15.4%,相差并不大,显示了年代构成较为混杂和陈旧的特点。

宏观上,住宅、商务建筑分布均衡而广泛。

改革开放以来,随着房地产市场私人资本的进入,商品房市场日益火爆。调查结果显示:住宅建筑在各圈层都显示了绝对数量优势和最为均衡的空间分布。除了城关—七里河8~9、11km的住宅建筑分别占49.46%/63.03%、56.84%/69.51%、45.36%/52.41%,西固区2~5km分别占59.66%/77.66%、28.86%/45.76%、24.84%/24.24%和47.22%/47.26%,安宁区1、4km分别占58.31%/60.63%和51.68%/66.63%外,其余地段住宅建筑均高于60%/60%,甚至达到了90.55%/88.82%。城关—七里河住宅建筑1~7km稳定在80%左右,8~12km也保持在60~80%。同时,随着城市服务功能提升和强化,商务建筑在地域上表现为更加分散和相对集中（商务中心强化）。城关—七里河商务建筑各地段在5.64%/9.60%~18.41%/12.70%之间,2~6km分别为15.61%/14.63%、12.15%/12.57%、13.23%/8.40%、18.41%/12.70%和10.17%/10.06%（相对集中）,8~9km分别为12.65%/10.40%和14.60%/10.18%,其余地段为5.64%/9.60%~9.97%/8.42%,分布较为均衡;西固区商务建筑分布非常不均衡,1、5、7~8km分别占23.81%/17.12%、11.51%/12.15%、25.24%/20.93%和14.06%/0.32%,2~4、6km分别占6.88%/4.64%、2.85%/2.84%、7.47%/8.56%和1.72%/3.25%（厂房集中区）;安宁区商务建筑比例各处较为接近,在2.60%/9.60%~5.38%/12.70%之间。其中,3~6km分别占4.35%/3.29%、3.05%/3.45%、3.51%/2.64%和3.12%/2.25%,分布非常均衡。因此,商务建筑在城关—七里河大致稳定在10~20%,由内向外大致均衡分布,仅在11~12km处突然降低;西固区在1~2、6~8km为10~20%,3~5km低于10%;安宁区各地段均低于10%,由内向外大致均衡分布。

兰州市1980年以来的住宅建筑占90.3%/93.3%（1990—2005年占66.0%/71.2%）,1970年以前的住宅建筑仅占4.6%/2.3%。城关—七里河各圈层1980年以来的住宅建筑所占比例在86.19%/92.64%~98.38%/99.05%之间。1990—2005年1~9km占53.54%/64.97%~72.09%/80.82%,10~12km占40.93%/45.47%~49.80%/57.98%（"城中村"居多）。1km、4~9km在61.78%/70.63%~72.09%/80.82%之间,其余地段为40.93%/45.47%~54.25%/59.88%,高出了约20%,表明此区域住宅建筑更新最快,而2~4km、10~12km住宅建筑更新速度相对较为缓慢。除了1960年代在9km和1970年代在2~3km的住宅建筑占6%~10%,1980年

以前住宅建筑在其余地段大都低于 5%;西固区 1990—2005 年住宅建筑在 58.99/62.89%~98.75%/99.36%之间。其中,1~2km 分别为 66.30%/71.28%和 58.99%/62.89,3~8km 在 74.10%/77.66%~98.75%/99.36%之间,6~7km 超过了 97%。1980 以来的住宅建筑所占比例在 78.88%/83.36%~98.77%/99.38%之间,显示了很新的建筑年代。1970 年代住宅建筑仅在 1~5km 存在,1~2、5km 建筑占 12.14%/11.74%~15.72%/12.62%,其余地段和其余年代的住宅建筑大致占 1%~5%。总的来说,西固区由内向外住宅建筑越来越新;安宁区 1990—2005 年住宅建筑 2~5km 分别占 67.26%/77.18%、80.56%/84.70%、69.91%/76.08%、73.02%/75.82%,6~7 km 超过了 97%。1980 年以来的住宅建筑占 76.83%/87.33%~100%,1970 年代仅在 1~5km 存在(1~2、4~5km 分别占 19.18%/9.00%、11.96%/5.58%、9.64%/6.39%和 8.74%/7.80%),其余地段和 1970 年以前的住宅建筑大致占 4%以下。总的来说,安宁区由内向外住宅建筑也是越来越新。因此,在空间上,城关—七里河 1~10km,西固、安宁两区距城市中心 6km 以外地区因是新区开发,住宅建筑更新较快。

(1)住宅建筑

兰州市 1980 年以来的住宅建筑占 90.3%/93.3%,1990—2005 年为 66.0%/71.2%,1970 年以前仅有 4.6%/2.3%,显示了最新的年代构成。而且,城关—七里河、西固、安宁 1990—2005 年的住宅建筑分别占该区的 62.7%/70.1%、73.9%/72.2%和 72.8%/78.1%,1980 年代也分别占 29.2%/24.4%、12.4%/15.4%和 15.5%/14.6%,即 1980 年以来各区均超过了 86%。与此同时,住宅建筑在各圈层的空间分布显示了数量的绝对优势,最为现代的建筑年代,空间分布也最为均衡(图 17-5)。除了城关—七里河在 8~9 km、11 km 处的住宅建筑分别占 49.46%/63.03%、56.84%/69.51%、45.36%/52.41%,西固区在 2~5km 处分别占 59.66%/77.66%、28.86%/45.76%、24.84%/24.24%和 47.22%/47.26%,安宁区在 1km 和 4km 处分别占 58.31%/60.63%和 51.68%/66.63%外,其余地段住宅建筑均高于 60%,甚至达到了 90.55%/88.82%。而且,城关和七里河住宅建筑在 1~7 km 稳定在 80%左右,8~12 km 也保持在 60~80%,显示了很高的空间占有比例和均衡分布态势。

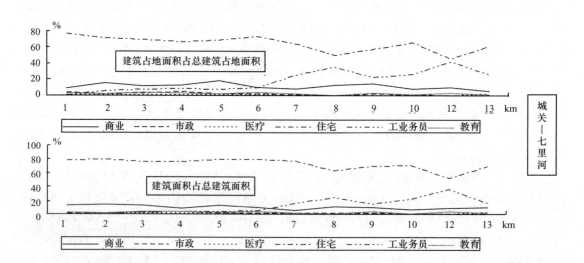

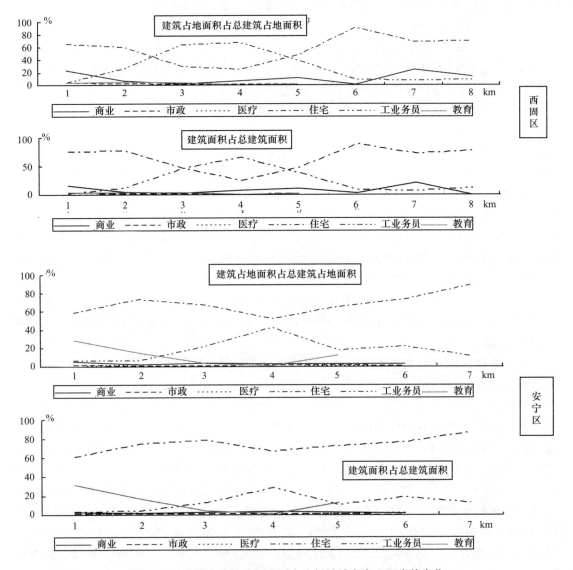

图17-5 兰州市建筑分行业所占比例随城市中心距离的变化

图17-6显示,城关—七里河各圈层主要以1980年以来的住宅建筑为主,在43.33%/49.18%(11 km)～74.66%/77.75%(1 km)之间。其中,1990—2005年住宅建筑在22.59%/30.39%(11 km)～51.59%/63.46%(6 km)之间。1～9 km在34.76%/48.45%(8 km)～51.59%/63.46%(6 km)之间,只是10～12 km在22.59%/30.39%(11 km)～31.59%/29.98%(10 km)之间("城中村"居多)。1980年代住宅建筑在10.43%/12.99%(9 km)～33.82%/36.27%(12 km)之间,而1～4 km、10～12 km的比例在20.74%/18.79%(11 km)～33.82%/36.27%(12 km)之间,5～9 km在10.43%/18.69%(9 km)～15.80%/52.26%(5 km)之间。1990—2005年的住宅建筑1～9 km大致是1980年代的2～3倍,但在10～12 km处的比例大致相当,而其余年代的住宅建筑均占5%以下。西固区1990—2005年的住宅建筑所占比例在19.91%/18.61%(4 km)～88.15%/86.98%(6 km)之间。1～2 km住宅建筑分别占43.21%/53.69%和35.20%/48.84%,3～5 km在19.91%/18.61%(4 km)～38.04%/36.83%(5 km)之间,6～8 km超过了

60%/70%。1980 年代住宅建筑比例在 0.02%/0.02%(7 km)~11.87%/15.90%(2 km)之间,1~2 km 分别为 10.44%/10.90%和 11.87%/15.90%,3~5 km 和 8 km 在 2.31%/4.62%(5 km)~5.77%/4.32%(8 km)之间,6~7 km 处在 0.7%/1%以下。1980 以来的住宅建筑比例在 22.47%/21.28%(4 km)~88.83%/87.93%(6 km)之间。1970 年代住宅建筑仅在 1~5 km 存在,且在 1~2 km、5 km 处在 5.85%/5.29%(5 km)~10.25%/9.50%(1 km)之间,其余地段大致在 0.5~3%之间。安宁区 1990—2005 年的住宅建筑比例在 28.01%/34.48%(1 km)~88.28%/87.44%(7 km)之间,2~5 km 分别占 49.22%/57.36%、54.02%/66.27%、36.13%/50.69%和 47.40%/54.95%,6~7 km 超过了 70%。1980 年代住宅建筑比例 1~5 km 在 7.00%/8.24%(4 km)~16.79%/18.47%(1km)之间,6 km 为 1.95%/3.09%。1980 以来住宅建筑比例在 43.13%/58.93%(4 km)~88.28%/87.44%(7 km)之间。1970 年代住宅建筑仅在 1~5 km 存在,且在 1~2 km 和 4~5 km 分别为 11.18%/5.46%、8.75%/4.15%、4.98%/4.26%、5.67%/5.65%,1970 年代的其余地段,以及 1970 年以前的住宅建筑比例大致在 2.8%/2%以下。总体而言,城关—七里河居于绝对优势的 1990—2005 年的住宅建筑比例由内向外的趋势是大致降低,而 1980 年代的趋势则是先下降,再上升,其余各时期则是大致均衡,建筑年代由内向外大致逐渐变旧。而西固、安宁两区由内向外的住宅建筑则越来越年轻,1990—2005 年的住宅建筑比例大致处于上升态势,其余时期的比例由内向外则大致降低,显示了和城关—七里河相反的景观。

就各功能区的年代构成而言,兰州市住宅建筑除西固、安宁的中心区在 1980—2005 年为 80%左右外,其余各功能区同期比例均接近或超过 90%。其中,城关—七里河、西固、安宁的中心区 1990—2005 年住宅建筑分别为 54.5%/63.3%、66.3%/71.2%和 48.8%/56.8%,城关—七里河混合区占 68.1%/76.2%,城关—七里河、西固、安宁的老工业区分别为 57.2%/61.1%、69.9%/69.6%和 72.3%/79.0%,西固、安宁的新开发区分别占 95.0%/96.8%、98.7%/97.7%。然而,西固和安宁两区中心区 1970 年代的住宅建筑竟分别有 15.7%/12.6%和 19.2%/9.0%,显示了更新缓慢的特征。同时,就各功能区同时期住宅建筑的空间分布而言,城关—七里河的住宅建筑主要分布在混合区和中心区,混合区在 1960 年以前、1960—1969 年、1970—1979 年、1980—1989 年、1990—2005 年分别占该区同期住宅建筑的 44.3%/32.9%、63.9%/61.0%、38.3%/32.7%、49.2%/43.0%和 62.5%/58.0%,总比例为 57.4%/53.2%,而中心区相应数据分别为 48.7%/62.3%、14.2%/25.0%、53.5%/57.2%、38.6%/48.5%和 27.7%/36.1%,总比例为 31.9%/40.0%。城关—七里河的老工业区除了 1960 年代的住宅建筑达到 21.9%/14.0%外,其余时期仅在 10%左右。相反,西固、安宁两区的住宅建筑主要分布在老工业区,并显示了很高的份额。其中,西固区的老工业区各时期住宅建筑分别占该区同期的 97.3%/95.0%、83.0%/91.0%、88.0%/87.0%、88.6%/90.4%和 72.7%/78.8%,总比例为 76.9%/81.8%。安宁区相应数据分别为 96.9%/96.4%、75.2%/67.6%、83.6%/85.4%、86.1%/82.6%和 84.2%/87.9%,总比例达到了 84.7%/87.1%。但与此同时,两区新开发区的住宅建筑显著以 1990—2005 年为主,分别达到了 21.7%/12.4%、11.1%/6.3%,整体比例分别高达 16.9%/9.2%和 8.2%/5.0%,这说明新开发区也逐渐成为住宅的集中之地。而西固、安宁两区中心区的住宅建筑比例仅为 6.2%/9.0%和 7.1%/7.9%,且主要以 1960—1980 年代的住宅建筑为主。

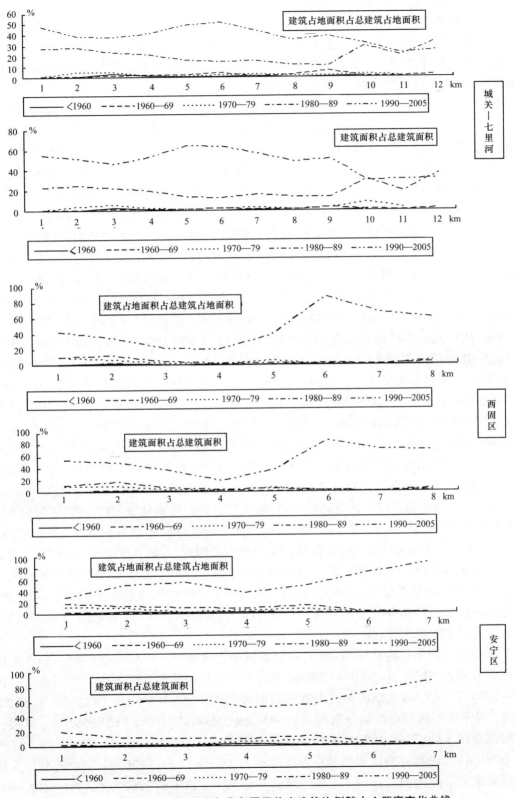

图 17-6　兰州市分年代各圈层住宅建筑比例随中心距离变化曲线

(2)商务建筑

兰州市商务建筑在空间上分布也最为普遍。城关—七里河、安宁区商务建筑都以1980年以来为主,其比例都超过了86%,1950—1960年代的建筑比例小于5%。然而,西固区商务建筑主要以1960—1970年代和1990—2005年为主,分别为28.9%/30.1%、20.3%/19.4%和39.3%/39.8%。

在圈层分布上,城关—七里河的商务建筑在各地段的所占比例在5.64%/9.60%(12 km)~18.41%/12.70%(18km)之间。其中,2~6 km的商务建筑分别占15.61%/14.63%、12.15%/12.57%、13.23%/8.40%、18.41%/12.70%和10.17%/10.06%,8~9 km的商务建筑分别占12.65%/10.40%和14.60%/10.18%,其余地段商务建筑所占比例都在5.64%/9.60%(12 km)~9.97%/8.42%(11 km)之间。显然,该区商务空间分布较为均衡。就年代而言,该区1990—2005年商务建筑在2.67%/1.85%(11km)~13.20%/9.22%(9km)之间,8~9km分别为9.09%/7.83%和13.20%/9.22%,其余地段在2.67%/1.85%(11km)~6.57%/11.40%(1km)之间。1980年代的商务建筑在1.20%/0.82%(9km)~9.30%/4.74%(5km)之间,2~5km在5.66%/4.79%(3 km)~9.30%/4.74%(5km)之间,其余地段在1.20%/0.82%(9km)~4.00%/2.60%(6km)之间。除了1960年以前的商务建筑11 km处为4.96%/3.06%外,1980年以前的商务建筑在0.01%/0.01%(6km)~0.76%/0.47%(10km)之间。但是,西固区的商务建筑分布非常不均衡,1km、5km、7~8km分别占23.81%/17.12%、11.51%/12.15%、25.24%/20.93%和14.06%/0.32%,2~4km、6km却分别为6.88%/4.64%、2.85%/2.84%、7.47%/8.56%和1.72%/3.25%,中心区和新开发区的商务建筑比例较高。同时,该区1990~2005年的商务建筑比例在0.39%/0.23%(3 km)~25.24%/20.93%(7 km)之间,1km、7~8km分别占13.61%/12.19%、25.24%/20.93%和13.76%/14.99%,2~6km在0.39%/0.23%(3 km)~3.33%/2.87%(2 km)之间。1980年代在1km处,1970年代在1km、5km处,1960年代在4~5km处的商务建筑比例分别为7.45%/4.10%、2.75%/0.84%、5.90%/6.30%、6.24%/7.22%和2.69%/3.22%,其余地段1990年以前的商务建筑比例在0.04%/0.04%(4 km)~1.34%/0.68%(2 km)之间,是比较低的。安宁区虽然在新开发区缺乏商务建筑,但在其它各处空间分布大致均衡,比例较为接近,在2.60%/9.60%(2km)~5.38%/12.70%(1km)之间。其中,3~6km的商务建筑分别占4.35%/3.29%、3.05%/3.45%、3.51%/2.64%和3.12%/2.25%。同时,安宁区的商务建筑主要为1970—2005年期间所建,主要分布在1~6km处。其中,1990—2005年的商务建筑比例在1.03%/1.11%(5 km)~3.12%/2.25%(6 km)之间,1980年代在0.19%/0.05%(4km)~1.72%/1.12%(5km)之间,1970年代在0.12%/0.13%(2km)~1.64%/0.72%(1km)之间,1960年代仅分布在3km(0.07%/0.02%)处。

就各功能区的年代构成而言,城关—七里河中心区1980—1989年、1990—2005年的商务建筑分别占50.3%/30.7%和41.2%/63.7%,其它年份的总和低于10%。西固区中心区1970—1980年代、1990—2005年的商务建筑则分别占11.5%/4.9%、31.3%/23.9%和57.2%/71.2%,安宁中心区相应数据分别为30.5%/21.2%、24.0%/19.1%和45.5%/59.7%。城关—七里河混合区1980年代、1990—2005商务建筑分别占41.3%/30.7%、52.6%/65.5%,老工业区1980年代、1990—2005年的相应数据分别占14.3%/13.3%和76.3%/77.4%,显示了较为年轻的建筑年代。然而,西固区老工业区商务建筑主要集中在1960年代(39.6%/40.3%)、1970年代(25.0%/22.9%)、1990—2005年(25.3%/28.4%)三个时期,安宁老工业区商务建筑主要集中在 1970 年代(10.6%/7.2%)、1980 年代(30.7%/28.9%)、1990—2005 年(58.1%/63.7%)三个时期,年代相对较为陈旧。西固区新开发区 1970 年代和 1990—2005 年的商务建筑分别占 4.0%/18.8% 和 95.3%/80.0%,而安宁新开发区的商务建筑全为 1990—2005 年时期所建。

城关—七里河、西固、安宁的商务建筑主要分布在混合区和老工业区。城关—七里河混合区各时期商务建筑分别占该区同期同类建筑的 53.4%/35.1%、42.5%/41.2%、44.9%/33.5%、58.4%/47.6% 和 59.3%/45.9%,整体占 58.2%/45.8%。其次,中心区的相应数据分别为 22.7%/35.1%、57.5%/58.8%、53.8%/66.2%、37.9%/49.65% 和 24.8%/46.7%,整体占 31.0%/48.0%。老工业区的商务建筑占到 10.8%/6.2%,其中 1960 年以前、1990—2005 年的商务建筑分别占 23.9%/29.8%、15.9%/7.4%,其余时期比例甚低。西固和安宁两区商务建筑主要分布在老工业区里。西固区老工业区各时期的商务建筑分别占该区同期同类建筑的 100%/100%、100%/100%、89.8%/88.6%、53.5%/47.4% 和 47.1%/53.3%,整体比例为 72.9%/74.8%,安宁老工业区 1960—2005 年的相应数据分别为 100%/100%、69.5%/71.9%、89.3%/92.0%、84.3%/86.0%,整体占 83.9%/86.4%。同时,西固区中心区 1970—2005 年各时期的商务建筑分别占该区同期同类建筑的 7.5%/4.6%、45.5%/51.7% 和 19.2%/32.6%,安宁中心区的相应数据为 30.5%/28.1%、10.7%/8.0% 和 10.1%/10.7%,西固、安宁中心区商务建筑的整体比例仅分别为 13.2%/18.2%、12.8%/11.5%,显然与区级中心地位不相称。西固区新开发区商务建筑显然以 1990—2005 年的建筑为主,其比例达到了 33.7%/14.1%,明显以商务开发为主,而安宁新开发区则以工业建筑为主,商务建筑比例仅为 3.3%/2.1%,且以 1990—2005 年的商务建筑为主。

因此,商务建筑在城关—七里河所占比例最高,大致稳定在 10~20%。西固区次之,其比例在 1~2 km、6~8 km 处在 10~20% 之间,而在 3~5 km 处则低于 10%。安宁区商务建筑所占比例最小,各地段均低于 10%。而且,城关—七里河商务建筑由内向外大致均衡分布,但在 11~12 km 处突然降低,年代最新。西固区商务建筑比例由内向外则是两头高,中间低,年代也是两头年轻,中间老。安宁区商务建筑比例由内向外则是大致均衡分布,其年代结构大致在 1~5km 较为均衡,6km 处最为年轻。

(3)工业建筑

工业建筑向外围迁移过程中的全域分散化。兰州市各时期工业建筑分别占同类建筑的 26.8%/21.4%、17.6%/22.4%、13.6%/14.6%、22.7%/20.8%、19.3%/20.8%,在所有建筑类型中更新速度最慢。而且,城关—七里河工业建筑年代由中心向外围越来越老,西固、安宁两区却呈现相反趋势。改革开放以来,经过近 30 多年的土地利用空间结构调整,尤其是大规模的"退二进三"过程,兰州市工业建筑空间分布仍然较为均衡而广泛(仅城关—七里河 1km 范围内没有分布。城关—七里河 2~6km 为 5.96%/1.62%~9.20%/4.02%,7~12km 占 25.28%/15.30%~41.66%/35.75%,8km、11km 分别占 35.01%/24.03% 和 41.66%/35.75%,其余地段都在 25% 左右),由内向外逐步增加,表明该区虽然是城市中心(城)区,工业分布迄今仍十分广泛。作为重化工业基地的西固区工业建筑 1km、6~8km 分别占 3.03%/1.75%、7.73%/7.93%、6.50%/6.86% 和 7.90%/11.47%,2~5km 分别占 25.89%/11.53%、63.39%/46.53%、66.65%/65.90% 和 38.61%/37.08%(该区工业建筑分布的核心地区);安宁区工业建筑布局明显分为两大区域,一是 1~2km 分别占 6.22%/3.15% 和 6.66%/4.35%,二是 3~

7km 分别占 22.05%/12.61%、42.23%/28.13%、17.91%/10.91%、21.93%/18.50% 和 11.72%/ 12.56%，工业建筑分布较为均匀（图 17-7）。

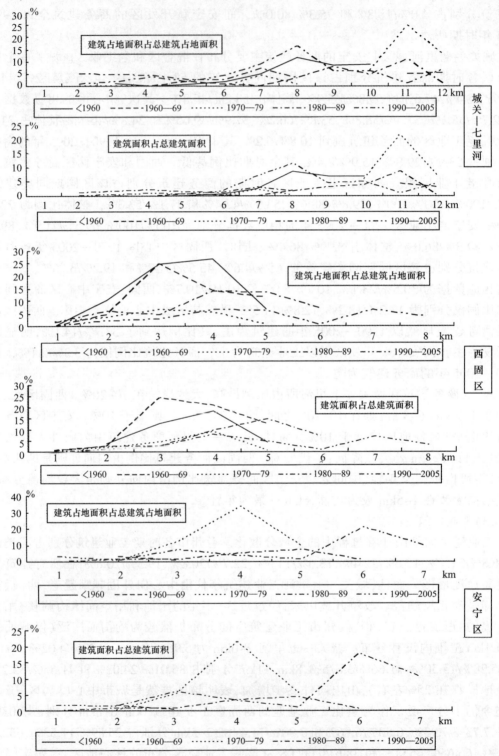

图 17-7　兰州市各圈层工业建筑比例随中心距离变化曲线

就各功能区的年代构成而言，其工业建筑除城关—七里河中心区外普遍相对陈旧。城关—七里河中心区 1980 年代和 1990—2005 年的工业建筑分别占 68.8%/71.3% 和 20.7%/20.6%，其余年份的总和也就 10% 左右。而西固区中心区 1970~1980 年代分别为 54.0%/32.5% 和 40.4%/26.4%，安宁中心区 1960 年以前、1990—2005 年分别为 48.0%/43.9% 和 50.8%/53.1%，差异较大。城关—七里河混合区 1960 年以前、1980 年代、1990—2005 年的工业建筑分别为 20.1%/20.8%、26.2%/26.6% 和 40.9%/41.3%，显示了较为年轻的建筑年代。但城关—七里河的老工业区的工业建筑在 1960 年以前、1970 年代、1980 年代、1990—2005 年分别占 25.3%/28.2%、24.2%/25.9%、25.1%/18.9%、20.8%/22.3%，相对较为陈旧。西固区老工业区各时期的工业建筑分别占 37.3%/26.7%、28.92%/39.7%、9.2%/11.1%、16.6%/14.0% 和 8.0%/8.5%，明显集中在 1970 年之前和 1980 年代两个时期。安宁老工业区 1960—2005 年各时期分别占 6.8%/6.1%、60.3%/54.3%、16.1%/15.6%、16.8%/24.0%，主要集中在 1970 年代。新开发区的工业建筑就更加对比鲜明，西固的新开发区 1980—1989 年、1990—2005 年分别为 68.6%/65.8% 和 31.4%/34.2%（包含部分原有的工业企业），而安宁新开发区 1990~2005 年的相应比例则达到了 91.0%/92.2%。

工业建筑是兰州市空间分布最为广泛的建筑类型之一。除了城关—七里河在 1 km 处没有分布工业建筑外，其余各地段均有分布。而且，城关—七里河工业建筑比例由内向外显示了增加态势，而年代大致则变的越来越陈旧。而西固、安宁两区由内向外的工业建筑比例则是两头低，中间高，年代却呈现出年轻化的趋势。

城关—七里河 2~6km 的工业建筑在 5.96%/1.62%~9.20%/4.02% 之间，7~12km 在 25.28%/15.30%~41.66%/35.75% 之间。其中，8km 和 11km 处分别占 35.01%/24.03% 和 41.66%/35.75%，其余地段都在 25% 左右，表明该区虽然是兰州市的中心（城）区，工业分布迄今依然十分广泛。图 17-7 显示，城关—七里河 1990—2005 年的工业建筑在 0.84%/0.29%（2km）~16.36%/11.52%（8km）之间。其中，2~5km 在 0.84%/0.29%（2km）~3.51%/0.96%（4km）之间，6~10 km、12 km 在 4.38%/1.61%（6 km）~16.36%/11.52%（8 km）之间，11km 仅占 1.13%/0.89%。1980 年代同类建筑比例在 0.70%/0.52%（12km）~11.04%/8.77%（11km）之间，1970 年代的 2~6km、8~9km 小于 0.6%/0.4%，7km、10~12km 在 4.33%/2.34%（7km）~24.54%/21.70%（11km）之间。1960 年代工业建筑 2~7km 小于 2%/0.7%，8km、11~12km 在 3.26%/1.83%（8km）~5.28%/3.08%（12km）之间。1960 年以前的工业建筑仅存在于 3~10 km 处，3~6km 小于 2%/1%，4~10km 在 4.77%/2.78%（7km）~11.79%/7.16%（10km）之间。

作为重化工业区，西固区工业建筑比例肯定高，在 1km、6~8km 处分别占 3.03%/1.75%、7.73%/7.93%、6.50%/6.86% 和 7.90%/11.47%，2~5km 处分别占 25.89%/11.53%、63.39%/46.53%、66.65%/65.90% 和 38.61%/37.08%，明显是该区工业建筑分布的主要地段。西固区 1990—2005 年的工业建筑 1~3km、6km 处在 0.13%/0.06%（1km）~2.70%/2.46%（3km）之间，4~5 km、7~8 km 在 3.75%/3.22%（8km）~6.72%/7.72%（4km）之间。1980 年代同类建筑比例在 1.23%/0.46%（1 km）~13.71%/9.70%（4km）之间，4~5 km 分别为 13.71%/9.70%、13.42%/14.74%。1960—70 年代的工业建筑分布在 1~5 km 处。其中，1970 年代 1km、5km 分别为 1.64%/0.57% 和 0.56%/0.60%，2~4km 在 3.48%/1.93%（2km）~6.71%/4.51%（3km）之间。1960 年代 1~2km 分别为 0.04%/0.66% 和 4.32%/2.51%，3~5km 在 11.38%/12.62%（5 km）~24.79%/24.34%（3km）之间。1960 年以前的工业建筑仅存在于 2~5km 处，分别为 10.27%

/3.69%、24.76%/12.80%、26.78%/18.57%和7.04%/4.29%。因此,1km主要分布1970—1980年代的工业建筑,而2~5km则以1970年以前的工业建筑为主,1970—1980年代的工业建筑为次(兰炼、兰化厂区所在地)。

安宁区工业建筑分布明显分为两大区域,一是1~2km处分别占6.22%/3.15%和6.66%/4.35%,二是3~7km处分别占22.05%/12.61%、42.23%/28.13%、17.91%/10.91%、21.93%/18.50%和11.72%/12.56%,因此这是一个工业建筑分布较为均匀的城区。该区1990—2005年的工业建筑1~2km、4~5km在1.31%/1.56%(2 km)~3.43%/3.13%(4 km)之间,3km、6~7km分别占7.23%/5.93%、20.97%/17.81%和9.55%/10.49%。1980年代仅分布在1~6km处,1~3km、6km在0.07%/0.55%(1km)~1.54%/0.88%(3 km)之间,4~5 km分别为5.22%/3.45%和7.12%/4.28%。1970年代的2km、5km、7km分别为0.68%/0.18%、9.24%/5.65%和2.17%/2.07%,3~4km分别为12.45%/5.36%和33.58%/21.55%。1960年代的工业建筑仅分布在2km(3.31%/1.74%)和3km(0.83%/0.44%)处,1960年以前的工业建筑仅存在于1 km(2.99%/1.38%)处。

就各功能区同时期工业建筑的空间分布而言,城关—七里河、西固、安宁主要分布在各自的混合区和老工业区。城关—七里河混合区各时期的工业建筑分别占该区同期同类建筑的63.6%/63.9%、79.8%/75.7%、38.4%/35.3%、51.2%/55.9%和76.6%/76.9%,总比例达到62.5%/63.7%,这说明工业建筑的主体分布在混合区内,而老工业区的相应数据分别为29.8%/32.5%、19.5%/22.8%、60.1%/62.8%、18.3%/14.9%和14.6%/15.6%,总比例为23.3%/23.9%,显然是仅次于混合区的工业建筑分布区。然而,其中心区工业建筑仍然占14.2%/12.4%,其中1980年代为30.5%/29.2%,土地利用结构调整任务依然艰巨。西固和安宁两区的工业建筑主要分布在老工业区。其中,西固区老工业区工业建筑各时期分别占该区同期同类建筑的100%/100%、100%/99.6%、98.3%/98.9%、93.9%/91.7%、92.5%/93.3%,整体占98.2%/97.9%,安宁老工业区在1960—2005年各时期的相应数据分别为100%/100%、99.3%/99.3%、98.6%/98.4%、68.8%/75.5%,整体占91.2%/91.2%。与此同时,两区新开发区的工业建筑在1990—2005年所占比例较高,分别达到了7.4%/6.6%和25.1%/19.8%,但整体比例仅为1.6%/1.7%和6.1%/6.2%,说明新开发区虽然也逐渐成为工业集中地之一,但发展效果还很不理想。西固、安宁两区中心区的工业建筑仅为0.2%/0.4%和2.7%/2.6%,且安宁中心区还包含了该区1960年以前的所有工业建筑,1990~2005年的工业建筑竟还占有了6.1%/4.7%。

(4)市政、教育、医疗建筑

鉴于我国城市的市政、教育、医疗等类建筑的公共性和规划控制较为严格,从理论上说,其空间分布应较为均衡,其圈层空间分布规律有力地证明了这一点。城关—七里河区除医疗建筑在10km处空缺外,其余地段均有分布。其中,市政建筑在1~7km、9km处在1.29%/0.75%(7km)~4.89%/4.89%(4km)之间,10~12km和8km处在0.38%/0.31%(12 km)~0.60%/0.48%(10km)之间,这说明市政建筑密度由内向外大致是降低的。医疗建筑在0.05%/0.04%(8km)~2.23%/2.05%(12km)之间,仅在4km、12km处超过了1%,分别为1.15%/1.53%和2.23%/2.05%,其余地段比例均小于1%,其密度由内向外先逐渐降低,在外围突然提高。教育建筑在0.44%/0.53%(8km)~3.78%/3.58%(3km)之间。其中,1~7km、9km、11km处在1.92%/1.47%(7km)~3.43%/3.77%(6km)之间,其余地方在0.44%/0.53%(8km)~

0.76%/0.55%(12km)之间,其密度由内向外大致逐渐降低。西固区的市政、医疗、教育建筑仅分别分布在1~5km、1~3km、1~5km处。其中,市政建筑1~5km分别为3.67%/2.61%、1.91%/1.54%、1.32%/0.94%、0.78%/0.78%、1.71%/2.04%,医疗建筑1~3km分别为0.38%/0.28%、0.13%/0.22%和0.09%/0.09%,教育建筑1~5km分别为3.93%/2.92%、5.10%/3.71%、3.49%/3.82%、0.25%/0.53%和0.95%/1.47%,其密度由内向外大致逐渐降低。安宁区的市政、医疗、教育建筑仅分别分布在1~6km、1~2km和4~6km,以及1~5km处。其中,市政建筑1~6km分别为1.32%/0.96%、0.98%/0.79%、1.00%/0.89%、1.72%/0.97%、1.38%/0.92%和0.49%/0.40%,仅在6km处偏低,其它地段相差不大。医疗建筑在1~2km处分别为0.22%/0.10%和2.21%/1.57%,在4~6km处分别为0.26%/0.23%、0.44%/0.65%和0.01%/1.64%,其密度由内向外大致逐渐降低。教育建筑所占比例1~5km分别为28.56%/31.79%、14.32%/16.66%、3.50%/3.88%、1.05%/0.59%和11.84%/12.42%,很好的体现了高等教育学校分布的位置。

就各功能区同期的空间分布而言,城关—七里河的中心区、混合区和老工业区市政建筑占该区同期同类建筑的33.1%/35.6%、61.1%/59.7%和5.8%/4.7%,教育建筑分别占36.7%/37.8%、54.8%/56.0%、8.5%/6.2%,医疗建筑分别占33.6%/29.9%、61.1%/66.2%、5.3%/3.9%,相对于其建成区面积和住宅空间分布来讲,此类建筑的空间分布相当均衡。而西固、安宁两区的此类建筑主要分布在老工业区。其中,西固的老工业区的市政、教育、医疗等建筑分别占该区同期同类建筑的88.8%/85.9%、86.2%/86.9%和78.3%/84.0%,安宁的相应数据分别为89.4%/88.1%、75.4%/72.6%、97.7%/92.2%,都几乎集中了所有时期的大部分建筑。而新开发区的此类公共设施极其薄弱,其所占比例除西固区新开发区的教育设施较高外,其余类型建筑要么没有,要么所占比例极低。其余的此类建筑分布在中心区内,相对于中心区的土地面积而言,其分布还是较为集中的。

就各功能区的年代构成而言,城关—七里河中心区1980年代、1990—2005年市政建筑分别占59.5%/49.3%和29.3%/43.8%,教育建筑分别占34.1%/28.3%和43.6%/51.2%,医疗建筑分别占56.3%/44.5%和36.7%/47.6%。其混合区1980年代、1990—2005年市政建筑分别占64.2%/46.7%和31.4%/49.4%,教育建筑分别占27.2%/19.0%和60.8%/72.3%,医疗建筑分别占26.0%/22.3%和52.2%/59.9%。因此,该区中心区、混合区的市政、教育、医疗建筑的年代构成很相似,其1980—2005年的各类建筑比例均大致在76%~88%之间,建筑都较新。安宁中心区的市政、教育建筑都是1980年代和1990—2005年所建,市政建筑分别占78.7%/79.6%和21.3%/20.4%,教育建筑分别为22.5%/14.8%和66.0%/79.1%,医疗建筑则全为1990—2005年期间所建。西固区的此类建筑在中心区较为陈旧,其市政建筑仅有1970年代(41.7%/62.5%)和1980年代(58.3%/37.5%),教育建筑仅有1970年代(53.1%/31.4%)和1990—2005年(46.9%/68.6%),医疗建筑仅有1980年代(16.6%/24.9%)和1990—2005年(83.4%/75.1%)。城关—七里河的老工业区的市政建筑仅有1980年代(83.4%/84.2%)和1990—2005年(16.6%/15.8%),教育建筑仅有1970年代(5.9%/6.4%)、1980年代(29.9%/24.0%)和1990—2005年(64.2%/69.6%),医疗建筑仅有1970年代(48.7%/54.3%)、1980年代(31.8%/17.8%)和1990~2005年(19.5%/27.9%),教育、医疗建筑显然比该区中心区的建筑要陈旧。安宁老工业区的市政建筑仅有1970年代(12.5%/9.2%)、1980年代(14.0%/10.8%)和1990—2005年(73.5%/80.0%),教育建筑分布在所有年代,各时期分别占10.9%/9.3%、0.9%/0.2%、

5.1%/1.5%、24.4%/19.2%、58.7%/69.8%。医疗建筑仅有 1970 年代（9.7%/11.8%）、1980 年代（46.2%/36.5%）和 1990—2005 年（44.1%/51.7%）。西固区老工业区的市政建筑 1960—2005 年各时期分别为 30.2%/24.2%、47.2%/53.5%、13.8%/13.0%、9.0%/9.3%，教育建筑分布在所有年代，各时期分别为 1.6%/0.5%、1.8%/1.8%、16.7%/11.8%、54.7%/32.2% 和 25.1%/53.7%，医疗建筑仅有 1980 年代（36.8%/27.6%）和 1990—2005 年（63.2%/72.4%）。新开发区的市政、教育、医疗等类型建筑一般都是 1990—2005 年之间所建。

就圈层分布而言，城关—七里河市政建筑基本上处于 4.2%/1.6% 以下，且以 1980 年以来的建筑为主，1980 年以前同类建筑仅在 2~5km 存在。1990—2005 年，市政建筑比例在 0.06%/0.08%（8km）~1.58%/0.87%（6 km）之间，其中 3km、6km 分别为 1.15%/1.00% 和 1.58%/0.87%，其余地段都在 0.87%/1.50% 以下。1980 年代在 0.38%/0.30%（11km）~4.12%/1.57%（4km）之间，其中 1~4km 分别为 3.19%/0.86%、1.60%/0.53%、1.41%/0.71% 和 4.12%/1.57%，其余地段均小于 0.90%/1.20%。1970 年代建筑在 0.03%/0.03%（4km）~0.17%/0.15%（5km）之间，1960 年代仅分布在 6km（0.03%/0.01%）处，1960 年以前的市政建筑在 0.01%/0.01%（4km）~0.27%/0.06%（3km）之间。西固区市政建筑仅在 1~5km 存在，且都是 1960 年以来的建筑。1990—2005 年的市政建筑仅在 2~3km、5km 存在，分别为 0.14%/0.09%、0.11%/0.05% 和 0.34%/0.64%。1980 年代的市政建筑 1km 为 2.14%/0.98%，其余地段比例在 0.06%/0.05%（3km）~0.36%/0.24%（2km）之间。1970 年代市政建筑仅在 1~3km 处分布，其比例在 1.01%/1.63%（2km）~1.53%/1.01%（1km）之间。1960 年代的市政建筑仅分布在 2km、4~5km 处，分别为 0.40%/0.20%、0.58%/0.56% 和 1.19%/1.21%。安宁区的市政建筑仅在 1~6km 存在，且都是 1970 年以来的建筑。1990—2005 年市政建筑在 0.28%/0.20%（1km）~1.53%/0.86%（4km）之间，其中在 2~3km、5~6km 在 0.49%/0.40%（6km）~0.80%/0.57%（5km）之间。1980 年代市政建筑 1km 为 1.04%/0.76%，其余地段在 0.12%/0.07%（3km）~0.23%/0.14%（5km）之间。1970 年代市政建筑仅分布在 2~3km、5km 处，分别为 0.05%/0.02%、0.27%/0.14% 和 0.35%/0.21%。因此，城关—七里河的市政建筑比例由内向外大致缓慢降低，建筑年代在空间上全面年轻化，而西固区市政建筑比例由内向外分布均衡，年代则逐渐变老。安宁区的市政建筑比例由内向外大致也是均衡分布，年代结构却呈现现代化趋势。

兰州市的医疗建筑都是 1970 年以来的建筑，各地段比例都低于 1.35%/1.53%。城关—七里河 1990—2005 年医疗建筑仅分布在 2~7km、9km、11~12km 处，其比例在 0.05%/0.09%（9 km）~0.60%/0.73%（5 km）之间。1980 年代医疗建筑仅在 1~7km、9km、12km 处分布，比例在 0.01%/0.01%（9 km）~0.81%/0.47%（12 km）之间。1970 年代仅在 1km、3~6km、8km、12km 分布，比例在 0.05%/0.04%（8 km）~1.31%/1.52%（12 km）之间。西固区 1990~2005 年的医疗建筑仅分布在 1~2km 处，分别为 0.31%/0.21% 和 0.13%/0.22%。1980 年代医疗建筑仅在 1km、3km 处，分别为 0.06%/0.07% 和 0.09%/0.09%。安宁区 1990—2005 年的医疗建筑仅在 1~2km、5~6km 处有，比例在 0.01%/1.64%（6km）~1.01%/0.85%（2km）之间。1980 年代的医疗建筑仅在 2km 处，占 1.20%/0.72%。1970 年代的医疗建筑仅分布在 4~5km 处，分别占 0.26%/0.23% 和 0.18%/1.25%。因此，城关—七里河医疗建筑比例由内向外大致缓慢降低，建筑年代在空间上全面年轻化。西固、安宁两区医疗建筑属于点状空间分布模式，均是 1970 年代以来的建筑。

兰州市教育建筑所占比例都低于 2.60%,只有安宁区的 1~2km 和 5km 因高校集中,教育建筑的比例在 10~20% 之间。教育建筑在城关~七里河分布广泛,只是 1980 年以前的教育建筑仅分布在 2~9km 地段。1990—2005 年的教育建筑在 0.10%/0.08%(10km)~2.53%/3.00%(6km)之间,其中 8km、10km、12km 处均小于 0.40%。1980 年代教育建筑比例在 0.12%/0.08%(8km)~1.57%/1.24%(11km)之间,其中 5~10km、12km 处均小于 0.61%。1970 年代的同类建筑仅分布在 2~9km 处,比例在 0.04%/0.03%(5km)~0.27%/0.17%(3km)之间,而 1960 年代的教育建筑仅分布在 2~4km、6km 处,比例在 0.02%/0.01%(2km)~0.15%/0.07%(4km)之间。1960 年以前的教育建筑分布在 2~7km 处,比例在 0.05%/0.04%(7km)~0.57%/0.59%(3km)之间。西固区 1990—2005 年的教育建筑在 0.11%/0.27%(4km)~1.84%/2.00%(1km)之间,1980 年代在 0.14%/0.26%(4km)~3.20%/1.30%(2km)之间。1970 年代的教育建筑仅分布在 1~3km、5km 处,在 0.01%/0.01%(5km)~2.09%/0.92%(1km)之间。1960 年代的教育建筑仅在 2km(0.19%/0.14%)处有,1960 年以前仅分布在 3km(0.13%/0.05%)处。安宁区 1990~2005 年的教育建筑在 0.53%/0.25%(4km)~18.88%/25.11%(1km)之间,其中在 2km 处为 9.21%/12.43%。1980 年代的教育建筑在 0.44%/0.32%(4km)~6.43%/4.72%(1km)之间,5km 为 4.20%/3.99%。而 1970 年代的教育建筑仅在 1~2km、4~5km 处分布,在 0.08%/0.02%(4km)~0.81%/0.40%(5km)之间。1960 年代的教育建筑仅在 1km(0.68%/0.39%)、5km(0.40%/0.12%)处分布,而 1960 年以前的同类建筑仅在 1~3km 处分布,分别为 2.11%/1.35%、2.17%/2.12% 和 0.55%/0.33%。所以,城关—七里河的教育建筑比例由内向外大致均衡分布,建筑年代在空间上都呈现出年轻化趋势,而西固、安宁两区的教育建筑比例由内向外大致逐步降低,年代逐步变新。

(5)建筑用途类型的空间组合特征

运用景观生态学的方法,计算了 100m*100m 网格单元建筑用途(分为住宅、商务、工业、教育、医疗、市政、农用地、其它等类,不包含水域)的景观多样性指数、景观优势度指数和景观均匀度指数[①]。图 17-7、图 17-8(见彩页插图)显示,兰州市各区建筑用途的景观多样性(建筑用途组成的复杂性)从中心到边缘大致存在降低趋势,组团特征显著。图 17-7 显示,兰州市各区建筑用途的景观优势度从中心到边缘大致存在上升趋势,组团特征依然显著,这表明从中心到外围城市用地类型的复杂程度逐步降低。但是,在城市中心区,依然"插花"分布着用途较为单一的地块。同时在外围,也插花分布着用途组成多样化的

---

①注:多样性指数 H 是基于信息论基础之上,用来度量系统结构组成复杂程度的,常用的包括以下两种:一是 Shannon-Weavear 多样性指数,计算公式为 $H=\sum_{k=1}^{n} P_k \ln(P_k)$,二是 Simpson 多样性指数,计算公式为 $H'=1-\sum P_k^2$(P_k 是缀块类型 k 在景观中出现的概率,通常以该类型占有的栅格细胞数或像元栅格细胞总数的比例来估算,本文 P_k 指建筑用途类型 k 在所有建筑建筑中出现的概率,用该类型建筑占地面积与所有类型建筑占地面积的比例来计算)。多样性指数的大小取决于缀块类型的多少(丰富度)和各缀块类型在面积上分布的均匀程度。对于给定的 n,当各缀块的面积比例相同时,H 达到最大值。通常,随着 H 的增加,景观结构组成的复杂性也趋于增加;景观优势度指数 D 是多样性指数的最大值与实际计算值之差,计算公式为 $D=H_{max}=\sum_{k=1}^{m} P_k \ln(P_k)$,通常,较大的 D 值对应于一个或数个占主导地位的景观(本文指建筑用途);景观均匀度指数 E 反映景观中各缀块在面积上分布的不均匀程度,计算公式为 $E=\frac{H}{H_{max}}=[\sum_{k=1}^{n} P_k \ln(P_k)]/\ln(n)$,通常以多样性和其最大值的比来表示。当 E 趋于 1 时,景观缀块分布的均匀程度趋于最大(本文指建筑用途占地空间分布)。

地块(往往是新开发地域或单位用地)。兰州市各区建筑用途的景观均匀度从中心到边缘大致存在下降趋势,组团特征显著,这表明从中心到外围城市用地类型均匀程度逐步降低。但是,在城市中心区,依然"插花"分布着均匀度低的地块(主要为各类控制性较强的单位用地)。同时在外围,也插花分布着建筑用途均匀度较高的地块(往往是新开发地域或单位用地)。因此,建筑用途的景观多样性指数、景观优势度指数和景观均匀度指数都显示了建筑用途复杂程度、多样性和均匀性由各组团中心到外围都大致逐步降低,并显示很强的组团分布特征。同时,"插花"分布现象也较为显著(图 17-8 至图 17-11,见彩页插图)。

(6)插花分布与"单位制度"

建筑用途组合的复杂程度各组团由中心到外围都是逐步减弱的,但存在不同程度空间分布的波动性,尤其是建筑用途的景观多样性指数、景观优势度指数和景观均匀度指数的"插花"分布现象较为显著(图 17-8 至图 17-11);与此类似,各组团的现状建筑容积率大致呈现由中心到外围的逐步降低趋势,但波动性依然较为显著,如低容积率建筑"插花"分布在高容积率地区的现象比比皆是,如城关—七里河、西固的中心区出现了一些容积率是 1~1.7 的斑块,它们大都是工业企业或其它国营企事业单位,其建筑年代通常大都是 1990 年以前的。这些现象实际上与单位的性质和空间分布关系密切。

在计划经济体制下,土地供给是计划供给的。各行业能得到多少土地与计划期间的发展目标以及各行业所掌握权利或者与权利阶层关系密切的程度相关。因此,处于发展目标范围内的行业,掌握(或能影响)相关权利(或权利部门)越大的行业将能获得更多的建设用地,并能选择更好的区位。反之亦然。而且,一旦将土地分配出去,该行业或单位也无权进行交易。如果不使用,只能交还给政府。土地使用的内在刚性必然导致土地使用权变更与土地用途方向变更较为困难,形成了各单位利用各自权利或影响对土地面积和区位、资金、土地用途等进行博弈的内在机制:"能力强"的企业能获得好区位、大面积用地、相对充裕资金和土地用途限制小;反之亦然。如果各行业或单位在城市空间上的分布只遵循计划部门执行国家相关政策或依据自己的判断,那么不同性质或行业的单位在城市空间布局的差异将直接影响资本密度空间分布和建筑用途构成。经转型期 30 余年的快速经济发展,尤其是市场经济体制的不断深入和完善,各行业或单位所分得的用地已不同程度地被开发或使用了。鉴于不同单位性质和单位领导喜好,各单位开发用地的方式、模式等有所差别,如部分单位采取了沿边建设模式,部分单位选择了中心开花而边缘为空地,有的是两者皆有。有的单位开发密度大,有的相对较小。近 20 多年来,除了少部分单位如高校、军队、政府机关等获得无偿土地外,其余单位已很难再无偿获得土地了。即使能得到,也大都是在城市边缘地带或新开发区。由于很难获得新的土地,而我国近 30 年来又处于经济高速发展时期,资金实力逐渐雄厚,各单位普遍进行了新的规划,采取了加大土地开发强度的政策,拆旧换新,增加建筑密度等。这些单位资本密度上升速度和强度是该单位拥有的土地面积、资金量和领导开发意愿的函数,而效益好的单位在城市中的空间分布非均衡性较强,导致在计划经济模式下产生的建筑空间分布格局发生了很大变化,如处于城市中心区的单位,由于土地紧缺,也普遍意识到了土地的商务价值,因此,在单位提高土地集约度的同时,实施了沿单位四周的"沿边"开发策略,即在单位边缘开发商住混合楼,大致 1~4 层用于商服出租,4 层以上用于居住或办公。同时,我国城市普遍实行了土地有偿使用政策和收回—拍卖的市场经济体制的土地管理政策。这种政策不但体现了市场导向,而且体现了城市规划约束,即购得土地的单位或公司必须按照规划限制的用途方向和容积率指标,在核定年限内开发和利用。但是,由于此类用地空间分布上的非均衡性(旧城改造、道路拓宽、工业企业倒闭、新开发区居多),加之各单位拥有的资金能力差异(尤其是一些效益逐年下滑的国有企事业单位)而导致各单位之间开发强度、资本密度、建筑用途转换速度等的差异,最终使中国城市建筑容积率、用途组合的空间分布出现了不同程度的波动性,突出表现为前述的"插花"分布现象。

17.2　宏观建筑分布的量化模型

1.理论模型设想与证明

假设城市外部形态为理想状态下的圆形,R 为圆半径,r 为任意一点到城市中心(广义而言,城市中心可指市级中心或区级中心,如分区的中心、组团中心等)的距离,且 $0<r\leqslant R$;n 为以 x 为半径的圆内区域的城市建筑总数;ρ 为城市建筑密度(单位用地面积的建筑数目),如果城市建筑空间分布均匀,那么 ρ 将为一定值,则:

$$n=\rho\pi r^2 \tag{1}$$

两边同时取对数,可得到:

$$\log n=2\log r+\log\rho\pi$$

令 $\log n=y$,$\log r=x$,则上式可转化为符合 $y=ax+b$ 的线性方程:

$$y=2x+\log\rho\pi \tag{2}$$

在其它假设条件不变的前提下,如果城市的整体形态为扇形,设 λ 为扇形的角度,采用前述同样的方法和逻辑,不难证明,该扇形城市的建筑数目的空间分布同样符合如下的线性方程:

$$y=2x+\log\rho\pi+\log(\lambda/360) \tag{3}$$

若保持不变,那么 $\log(\lambda/360)$ 将为一常数,也就是说,仅常数项 b 发生了变化。

同理,在其它假设条件不变的前提下,在某一城市中,如果城市功能区的分布为扇形模式,也就是说,不同建筑类型的空间分布为扇形模式(假设某一建筑类型很少或者不混杂其它类型的建筑),那么可得到下列公式:

$$n=\sum(\lambda i/360)\rho\pi r^2$$

利用前述的方法和逻辑推理,可得到:

$$y=2x+\log\sum(\pi\rho\lambda/360) \tag{4}$$

显然,常数项 b 值与不同建筑类型所在扇形的角度和其建筑密度有关。

因此,在前述假设前提下,离城市中心一定范围内的建筑总数与该距离的函数关系的对数形式为直线方程。而且,如果 ρ 和 λ 为定值,那么 $\log\rho\pi$ 或 $\log(\lambda/360)$ 均为常数。反之,在同一城市中,如果 ρ 在城市中的不同空间区域发生变化,则该城市的 $\log\rho\pi$ 也将发生相应的变化。该直线的斜率 α 大于0，理论上为一常数2，但现实城市则既不是完全理想状态下的圆形，也还存在多中心形态，以及城市内部还有河流、绿地、山丘等，建筑的宏观空间分布也不存在理想的在整个空间的均匀分布，即可能在特定地域均匀分布，这些都会影响曲线的斜率。因此，在 ρ 一定的前提下，α 值越大，建筑分布的空间形态就越接近圆形或标准的扇形，空间分布就越匀称。而且，b 值越大，ρ 值也将变大，反之亦然。

实际上，中国城市在计划经济时期形成了蜂巢式的单位空间配置模式，而且生产地和居住地采取了"就近平衡布局"的方针和策略。人口就业和居住的空间布局模式直接导致了商业和服务业用地（包括商业、教育、医疗、市政等各类相关服务），也同样采取了空间均衡的布局模式，城市中心也照常存在（限于收入水平和日常用品的"凭票"供应以及社会导向，城市中心的服务职能大为弱化）。这样，中国城市不同用地类型空间分布实际上是"混杂"的，在宏观上并不存在非常明晰的用地功能的区划或分工(zoning)，与西方国家自《雅典宪章》以来坚持执行的用地功能严格分工的政策恰好相反。因此，中国城市各类建筑的空间分布即使建筑密度并不相同，但是只要其相应的用地比例大致相等，也会导致城市不同地区建筑密度大致相等。另外，就不同建筑类型而言，由于规划设计和执行较为严格和死板，以及经济条件的限制，虽然是制造业、住宅和服务业建筑的密度存在空间差异，但是差异并不大。故中国城市计划经济时期城市建筑的空间分布大致符合均衡原则，其 ρ 在宏观上差别并不大，可以视为一定值。而且，计划经济时期的中国城市空间扩展方式虽然也出现了轴线扩张方式，但更多或最终也形成了同心圆的"摊大饼"形态（顾朝林，甄峰，张京祥，2003），即城市形态更加接近圆形。这样，计划经济时期的中国城市建筑宏观空间分布模式基本接近前述的理论模型的假设条件，符合前述的线性理论模型。

改革开放以来，中国城市主要有以下变化：

(1)城市新区建设迅速，旧区也在大规模的蔓延式扩张和同时进行更新。在此过程中，制造业大规模地向城市外围或新区迁移，一定程度的住区郊区化，以及一些城市的大型购物和批发中心等部分商业设施的郊区化，从而导致了不同规模的郊区化进程（冯健，2003；杨永春，杨晓娟，2009）。与此同时，城市核心区和老城区经过更新后，如"城中村"改造、大规模商品房建设、CBD建设等，"退二进三"的进程显著，这在一定程度上打破原计划经济时期用地格局，体现了用地功能的"分区"趋势（杨永春，杨晓娟，2009）。这样，居住用地、商业用地随着城市空间的扩张和国家用地供给的强烈限制性，虽然城市建筑单体面积因为高层化而提高，但城市建筑密度仍然在初步提高，即 b 值变大。至于斜率，如果城市处于强烈的轴向扩张或星形形态，则处于降低状态；反之，如果填充状态为主导，则斜率为相应上升。与此同时，如果城市用地向外围扩张迅速，则城市单体建筑距城市中心的平均距离具有外移趋势，尤其是制造业建筑最为显著。

(2)中国经济经30余年的发展，尤其是市场经济体制的不断深入和完善，虽然与计划经济时期相比发生了很大变化，但传统单位制度依然影响颇深，如各单位的规划与建设、单位制社（居住）区建设依然保持了很强的独立性和计划经济时期运行的惯性。伴随着中国经济近30年来处于高速增长期，各单位不但所分得的用地已不同程度地被开发或使用了，而且还普遍制订和实施了新的规划，采取了加大土地开发强度的政策（如拆旧换新，增加建筑密度等），不同程度地提高了建筑密度或容积率（杨永春，伍俊辉等，2009）。然而，各单位的经济收益和规模的差异以及对国家政策理解和执行的步调并不一致，导致了各单位建筑密度在空间上的差异性——"插花"分布现象十分显著(杨永春,李欣珏,2009)。那么,如果不考虑城市大规模的新区建设的影响,假设各单位宏观上建筑更新的幅度大致相等,那么经过一段时间的积累,整个城市就将出现从中心到外围的整体性建筑更新的结果,即从城市中心到外围的一定距离内,建筑年龄的平均值将大致相当,此种结果当然与我国城市的单位制度十分相关。而且,由于单位土地用途调整的难度较大,如果宏观上单位用地依然占据主导位置,那么城市用地分区过程将受到一定程度的限制,其不同用途建筑的空间分布将依然带有计划经济时期的烙印或结构化特征。

2.兰州市的实证分析

采用了西关十字为城市中心进行计算,而各组团在计算中分别采用前述的区级中心进行计算。单体建筑距城市中心的距离是采用该建筑投影到地面的几何中心到对应的城市中心的直线距离。实证部分的数据处理遵循了理论模型所要求的取对数等步骤,根据处理结果进行曲线模拟。下文图7-12中为兰州市每隔100米所有建筑的平均年龄。

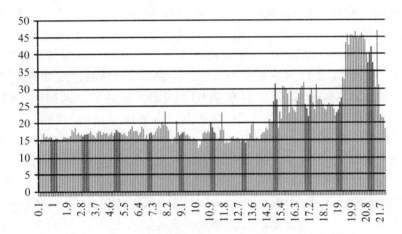

图17-12 兰州市每隔100米所有建筑的平均年龄

(1)计算结果及其分析

①计划经济(1949—1978年)与转型期(1979—2004年)的比较

计划经济时期,因重化工和石油机械工业等布局于兰州,现代工业在河谷盆地的宏观布局模式与特征基本确定了兰州市的空间框架和脉络。1950s末期,城市主要沿黄河谷地东西向伸展,西固组团(以石化工业为主)、七里河组团(以机械、铁路枢纽、轻纺工业为主)和城关组团(综合性)形成,多中心组团空间结构形态基本形成。之后,尤其是三线建设期间,进一步发展了安宁区的机电、仪表与电子工业区、城关区盐场堡的医药工业区、城关区东岗的钢铁、仓储工业区等,进一步充实和完善了城市空间的骨架和脉络,空间扩展方式为扩张与填充过程并行,文革期间尤其如此。显然,工业用地增长一直是城市扩张与土地结构转换的主导推动力(杨永春,2004;杨永春,孟彩红等,2005)。

转型期,城市职能从典型的工业城市加速向综合性(工业)城市演变,城市部分职能(如传统工业)"溢出"(从盆地中跳出)进程加快,城市土地利用结构随之发生了急剧转型。1980s,城市发展缓慢,空间扩展主要以填充方式为主。1990年至今,随着国家级的雁滩高新技术开发区(城关—七里河的东北部)、省级的安宁经济技术开发区(1993年,安宁的西部）、三滩城市副中心（2000年后，安宁的南部和七里河区的西北部）的先后规划和建设，旧城改造、基础设施建设力度等加大，修建、改建了若干主干道和几个主要广场（如城关—七里河区的滨河路、庆阳路、中山路、东方红广场等），"城中村"改造、"退二进三"、土地出让招标政策的实施，住房制度改革和商品房市场的形成，西部商贸城和"工业强市"战略的先后执行，导致城市空间以外延式扩张与填充过程同步进行，城市土地利用结构发生了很大变化，一批工业企业倒闭（如兰州柴油机厂倒闭后用地转为商贸用地）或迁出河谷盆地（如兰州钢铁厂被酒钢公司兼并后，向外围迁移到榆中县之宛川河谷；吉利汽车公司选址在中川空港循环经济园区），东岗工业区实际上逐步变为居住用地和服务用地（如物流城等）。1980—2001年，在农用地面积大为减少的前提下，工业用地面积增加值占同期建成区面积增加值的比例仅为6%左右，而居住用地的相应数值高达31%以上，即随着城市规模的扩大和城市从新兴工业城市转化为综合性工业城市，强化了服务业设施建设所引致的交通、商业、居住、文教等用地类型需求激增后的必然结果，也是限制规模较大工业企业进入，一批工业企业倒闭或向外围迁移扩散后的城市规划与发展模式转变管制和引导的结果。而且，由于盆地内用地有限，新增建设用地不得不向黄河两边的滩地和两侧山地（年代愈久的高级别阶地），以及组团之间隔离作用的农用地或所谓"空地"扩张（或横向填充），如2000—2004年，伴随着西部大开发战略的实施以及住房制度的改革，开发区和房地产业获得了前所未有的发展，尤其是雁滩等黄河滩地成功开发了大量的商业住宅区（杨永春，2004；杨永春，孟彩红等，2005）。城市扩展处于加速期（年均扩展速度高达374.47hm²/年）和精明增长期，道路广场、对外交通占地面积比例增长幅度较大，其比例之和高达16%，为历史最高峰。以居住用地、文教卫生、商业用地类型为核心，滩地开发达到高峰。这表明，1970年后，城市开始进入填充过程，转型期更为显著。而且，城市用地高速扩展的重点区域主要在黄河以南的几个组团内，东西向扩展速度大大超过了南北向，且主要延交通线向滩地、农用地拓展，同时还伴随着不同程度的内部有效置换，城市空间扩张和土地扩展模式由单一的外部空间扩展向外部空间扩展与内部填充、密实相结合的方向演变，逐渐合理化、有序化，也经历了由围绕城市中心体，以斑块状、圈层状向组团式、轴线状，以及渐进式或破碎式扩展方式的转变（杨永春，杨晓娟等，2009）。1976—1989年，整个城市是在原有城区基础上见缝插针式的扩张，建设用地年均扩展速度仅为170hm²/年，用地增长类型也主要以道路广场用地（占整个新增城市用地的23.92%）和居住用地（占整个新增城市用地的18.89%）为主。1989—2004年属于高速增长期，为城市建设用地扩张速度最快的时期，建成区从1989年的10153hm²以年均374.47hm²的速度向外扩展。旧城区改造力度逐步增大，居住、对外交通、道路广场、公共设施等用地类型面积快速增加。其中，居住用地和公共设施用地在新增建设用地中所占比重最大（分别为64%和44%），增长速度也最快（杨永春，杨晓娟等，2009）。

城市用地结构的变迁，必然要从建筑结构的变化中体现出来（表17-2）：一是现存建筑中，转型期建设的建筑已占有绝对主导地位，除西固区大致在50%以外，兰州市及其其余各组团的各类建筑转型期所占比例已大致超过了80%，甚至达到了90%以上；二是住宅建筑建设和更新最为迅速，其次为服务业建筑，最慢的为制造业建筑，尤以西固区最为典型。而且，住宅建筑的建设在转型期主要集中在1990s；三是建筑更新方式是在整个城市空间尺度范围内进行的，例如经过30余年的积累，自内向外的建筑平均年龄基本接近,只是城市边缘区的建筑年龄变化较大,且较为陈旧,这说明城市建筑已达到了同步更新的状态,例如兰州市和城关—七里河转型期所建建筑离城市中心的平均距离都小于计划经济时期的,而安宁组团和西固组团因为空间扩张较快,出现了相反的结果;四是就制造业建筑现存建筑平均距离的变迁表明:1990—1999 年,因为雁滩开发区(距离城市中心近)和安宁经济技术开发区(距离安宁区级和市级中心均较远)等原因,导致兰州市和城关—七里河组团出现了制造业的近域扩张,而西固和安宁则为远距离的扩散。而在1979—1989 年和 2000 年以后,兰州市、城关—七里河组团、安宁组团的制造业建筑都出现了远距离的扩张,只有西固区因其在原有地段上的扩张导致其距离相对较近 (表 17-2)。然而,住宅建筑的平均距离改革开放以来则逐步在向外迁移,这表明住宅建设存在向外推移的趋势。

表 17-2　兰州市不同时期现存建筑比例及其距城市中心的平均距离

		1949—1978 年		1979—1989 年		1990—1999 年		2000—1909 年	
		%	km	%	km	%	km	%	km
兰州市	所有建筑	11.34	13.0401	13.97	7.7090	66.25	7.1718	8.44	7.5134
	服务业建筑	14.20	8.8192	20.29	7.3720	44.97	5.9491	20.55	6.9861
	住宅建筑	6.39	11.8422	11.26	6.1465	75.11	7.2371	7.23	7.1062
	制造业建筑	44.07	15.7476	26.88	12.7196	24.74	8.1066	4.31	15.2244
城关—七里河组团	所有建筑	6.21	5.1043	16.24	4.3960	68.11	4.5189	9.43	4.4632
	服务业建筑	11.39	4.5586	19.87	4.3546	48.36	3.7697	20.37	4.7259
	住宅建筑	4.33	4.7224	14.47	4.1178	73.13	4.6203	8.06	4.2962
	制造业建筑	19.68	6.9804	31.93	6.1613	45.93	4.1598	2.46	6.7806
安宁组团	所有建筑	5.24	2.9695	5.66	4.6260	83.83	3.7757	5.26	3.5881
	服务业建筑	11.55	2.0963	19.37	1.8661	39.91	2.4221	29.17	3.4375
	住宅建筑	2.82	3.0605	2.80	1.9378	90.86	3.7804	3.52	2.5078
	制造业建筑	33.30	3.1029	34.11	8.8231	21.96	5.3963	10.63	8.7702
西固组团	所有建筑	51.33	2.2021	21.67	2.4894	16.25	3.1186	10.76	3.0492
	服务业建筑	29.22	3.3879	23.23	2.0168	33.03	2.9882	14.52	4.0854
	住宅建筑	45.34	2.1208	21.72	2.2867	15.32	2.7235	17.62	2.9449
	制造业建筑	63.97	2.0756	21.10	2.8476	11.55	3.7109	3.37	2.0701

因此,从以上城市空间结构演变的趋势中,我们可得到以下结论:①如前所述,城市无论是扩张,还是旧城更新,在转型期都在加速进行,这必然导致转型期的各类建筑在整个河谷盆地范围内迅速占据主导地位,如兰州市计划经济时期的建筑仅占 11.34%。这样,理论上转型期的(各类)建筑在河谷盆地内的值(b 值)应是上升的,其上升幅度的大小与不同类型建筑扩张的速度有关。实际上,测算结果表明:无论是兰州市,还是各组团的建筑,包括不同用途的建筑的 b 值的确有非常显著的提高(表 17-3,17-4),尤其是城市中心所在的城关—七里河组团和制造业用途的建筑最为典型和显著,其 b 值大致都提高了 2~4.8 左右,前者是因为城市旧城更新和新城建设都非常突出,后者是如前所述的因为宏观上整个河谷盆地的大量制造企业的外迁和置换所致。

表 17-3　兰州市计划经济和市场经济时期建筑空间分布的函数关系式

			a	b	方程式	R^2
兰州市		计划经济	1.325	−1.921	$y=1.325x-1.921$	0.968
		转型期	1.471	−1.090	$y=1.471x-1.090$	0.973
城关—七里河组团		计划经济	1.649	−3.077	$y=1.649x-3.077$	0.975
		转型期	1.422	−0.931	$y=1.422x-0.931$	0.962
安宁组团		计划经济	1.146	−1.335	$y=1.146x-1.335$	0.995
		转型期	1.217	−0.444	$y=1.217x-0.444$	0.924
西固组团		计划经济	1.985	−3.398	$y=1.985x-3.398$	0.843
		转型期	1.666	−2.519	$y=1.666x-2.519$	0.900

表 17-4　兰州市计划经济和市场经济时期不同行业建筑空间分布的函数关系式

			a	b	方程式	R^2
兰州市	服务业建筑	计划经济	1.144	−1.802	$y=1.144x-1.802$	0.921
		转型期	1.041	−0.462	$y=1.041x-0.462$	0.928
	住宅建筑	计划经济	1.185	−1.637	$y=1.185x-1.637$	0.930
		转型期	1.380	−0.877	$y=1.380x-0.877$	0.959
	制造业建筑	计划经济	2.254	−6.353	$y=2.254x-6.353$	0.977
		转型期	1.200	−1.575	$y=1.200x-1.575$	0.886
城关—七里河组团	服务业建筑	计划经济	1.510	−3.081	$y=1.510x-3.081$	0.967
		转型期	1.251	−1.167	$y=1.251x-1.167$	0.973
	住宅建筑	计划经济	1.699	−3.456	$y=1.699x-3.456$	0.966
		转型期	1.338	−0.736	$y=1.338x-0.736$	0.940
	制造业建筑	计划经济	2.285	−6.508	$y=2.285x-6.508$	0.950
		转型期	1.603	−3.010	$y=1.603x-3.010$	0.840
安宁组团	服务业建筑	计划经济	0.832	−1.032	$y=0.832x-1.032$	0.951
		转型期	0.929	−0.564	$y=0.929x-0.564$	0.898
	住宅建筑	计划经济	1.026	−1.234	$y=1.026x-1.234$	0.937
		转型期	1.294	−0.751	$y=1.294x-0.751$	0.930
	制造业建筑	计划经济	1.679	−3.643	$y=1.679x-3.643$	0.934
		转型期	0.997	−1.290	$y=0.997x-1.290$	0.935
西固组团	服务业建筑	计划经济	1.547	−3.288	$y=1.547x-3.288$	0.920
		转型期	1.596	−2.961	$y=1.596x-2.961$	0.840
	住宅建筑	计划经济	1.983	−3.809	$y=1.983x-3.809$	0.896
		转型期	1.805	−3.294	$y=1.805x-3.294$	0.931
	制造业建筑	计划经济	2.240	−4.457	$y=2.240x-4.457$	0.804
		转型期	1.521	−2.544	$y=1.521x-2.544$	0.880

②兰州市和安宁区类似,整个形态目前类似矩形。转型期,兰州市实际上是在整个河谷盆地的蔓延式扩张,如雁滩、三滩等的开发,而且还以居住用地的扩张为主,属于轴线式扩张,因此,理论上整个兰州市的建筑及其居住用途的建筑的 a 值应是上升的,且幅度不会太大(因为其整体形态很难快速向圆型和扇形演进)。实际上也确实如此,如兰州市建筑的 a 值由计划经济时期的 1.325 上升到转型期的 1.471,住宅建筑由 1.185 相应上升

到 1.380。安宁组团在计划时期大体上接近矩形形态,转型期虽然在西端设立了经济技术开发区(轴线向西延伸),但是随着距离区级中心较近的三滩城市副中心的大力建设,以及轴线整体上向两侧,尤其是南侧(黄河一端)的蔓延式扩张,整个形态实质上更加接近了圆形,且以居住用地的扩张为主,这样,理论上两者的 a 值由计划经济到转型期应提高,实际测算结果也证实了这一推断:安宁组团建筑的 a 值由计划经济时期的 1.146 上升到转型期的 1.217,住宅建筑由 1.026 相应上升到 1.294。另外,安宁组团的服务业建筑虽然有沿安宁路扩张的趋势,但是三滩城市副中心和西滨河路的开通导致了服务业建筑的空间分布更加趋于圆形,这导致了安宁组团的服务类建筑的 a 值由计划经济时期的 0.832上升到转型期的 0.929。同时,西固组团因为是重化工业区,其服务业建筑的分布一直是以西固巷为中心进行布局。转型期,其服务业建筑更加以传统中心为核心向外围扩张,使其更加趋近于圆形,这样,其 a 值由计划经济时期的 1.547 上升到转型期的 1.596。

③兰州市转型期的服务业建筑与计划经济时期相比沿着东西轴线更加分散化,致使其 a 值由计划经济时期的 1.144 下降到转型期的 1.041。城关—七里河因在转型期主要沿东西向外围扩张和填充,导致其建筑(包括不同类型建筑)的 a 值均在下降。西固组团外部形态最为接近圆形,但是因为其工业布局主要在该区的北侧(以西固路为界,北侧为厂区,南侧为生活区),转型期其住宅建筑主要向南侧蔓延式扩展,这样,其建筑,包括住宅建筑的 a 值都在降低,如住宅建筑的 a 值由计划经济时期的 1.983 略微下降到转型期的1.805(表 17–3 和表 17–4)。

④转型期,制造业的大规模外迁和置换引致了制造业建筑与计划经济时期相比更加移向轴线的两端,而河谷盆地中心地带的制造业越来越少,规模也越来越小,这导致兰州市及其各组团制造业建筑的 a 值都无一例外的下降了。

⑤整体而言,西固组团更加接近圆形,安宁组团则接近轴线型,而城关—七里河组团和兰州市接近不规则的扇形(相比而言,城关—七里河组团比兰州市更加接近扇形)。这样,就外部形态更加接近圆形而言,由高到低的排序依次是西固组团、城关—七里河组团、兰州市、安宁组团,理论上其 a 值也应该是依次降低的。事实上,测算结果基本上也证实了这个推理,仅有西固区的制造业 a 值略低于城关—七里河组团,城关—七里河组团转型期住宅建筑的 a 值略低于兰州市的住宅建筑。其实,这也不难理解:一是西固区的工业主要布局于西固路,也就是区级中心的北端(而居住用地则是围绕区级中心在南端布局),并不是标准的圆形;而城关—七里河的工业布局则相对更加接近扇型,这样西固区的制造业 a 值略低于城关—七里河组团。二是转型期,兰州市的住宅建筑更加紧凑化,而城关—七里河则更加向东西两侧延伸,其 a 值略低于兰州市是可以理解的。

(2)2004 与 2009 年的比较

2004—2009 年,兰州市及其各组团在原有空间格局上主要是进行旧城更新、填充和小规模的蔓延式扩张进程。其建筑空间分布格局出现了以下变化(表 17-5,17-6):①无论是兰州市及其各组团,还是不同用途类型的建筑,接近圆形的西固组团的 a 值最大,接近扇形的兰州市和城关—七里河组团次之,而更接近线性的安宁组团的 a 值最小,非常符合a 值能表征城市外部形态的结论。

②2004 年与 2009 年相比较,后者的 a 值无论是兰州市,还是其各组团都在上升,这说明整个城市的建筑在河谷盆地内部依然处于扩张状态。而且,无论是兰州市,还是其各

组团的 b 值都在下降,这说明单位面积的建筑数目处于降低趋势。

表 17-5　兰州市建筑空间分布的函数关系式

		a	b	方程式	R^2
兰州市	2004 年	1.503	−1.184	$y=1.503x-1.184$	0.975
	2009 年	1.509	−1.198	$y=1.509x-1.198$	0.977
城关—七里河组团	2004 年	1.483	−1.117	$y=1.483x-1.117$	0.972
	2009 年	1.492	−1.142	$y=1.492x-1.142$	0.973
安宁组团	2004 年	1.198	−0.379	$y=1.198x-0.379$	0.942
	2009 年	1.214	−0.404	$y=1.214x-0.404$	0.930
西固组团	2004 年	1.757	−2.438	$y=1.757x-2.438$	0.859
	2009 年	1.762	−2.450	$y=1.762x-2.450$	0.860

③从行业角度分析,兰州市及其各组团 2004 年和 2009 年住宅建筑的 a 值最大,制造业建筑次之,而服务业建筑最小。这表明住宅建筑在河谷盆地的空间分布最为广泛,更加接近于圆形,而制造业次之,服务性建筑相对最为集中。兰州市整体上,制造业的 b 值最高,住宅建筑次之,而服务业建筑最大,这相应表明城市制造业的建筑密度最小,住宅建筑次之,而服务业的建筑最为集中。城关—七里河组团 b 值则是住宅建筑最高、服务业建筑次之,制造业建筑最低,这表明该区住宅建筑最为集中和密集,制造业建筑密度最低。安宁组团的服务业建筑的 b 值最大,住宅建筑次之,制造业最低,这表明该区域的制造业建筑密度最小,而服务业建筑最为密集。西固组团的制造业建筑的 b 值最大,服务业建筑次之,住宅建筑最低,这表明该区域的制造业建筑密度最高,而住宅建筑最小。

④2004 年与 2009 年相比较,有如下规律:兰州市的制造业建筑,城关—七里河组团的服务业建筑、制造业建筑,安宁组团的制造业建筑的 2009 年 a 值略小于 2004 年,而 b 值则是 2009 年略大于 2004 的相应值。也就是说,这些建筑的空间分布在 2009 年还不如 2004 年更加接近圆形,意味着这些建筑主要向东西长轴方向扩散;与此相反,其余建筑类型的 2009 年 a 值略大于 2004 年,而 b 值则是 2009 年略小于 2004 的相应值,也就是说,这些建筑的空间分布在 2009 年比 2004 年更加接近圆形,建筑密度却变得略小于 2004 年。

表 17-6　兰州市不同行业建筑空间分布的函数关系式

			a	b	方程式	R^2
兰州市	服务业建筑	2004 年	1.045	−0.446	$y=1.045x-0.446$	0.927
		2009 年	1.046	−0.437	$y=1.046x-0.437$	0.928
	住宅建筑	2004 年	1.399	−0.932	$y=1.399x-0.932$	0.96
		2009 年	1.412	−0.970	$y=1.412x-0.970$	0.962
	制造业建筑	2004 年	1.375	−2.156	$y=1.375x-2.156$	0.945
		2009 年	1.374	−2.151	$y=1.374x-2.151$	0.947
城关—七里河组团	服务业建筑	2004 年	1.275	−1.222	$y=1.275x-1.222$	0.974
		2009 年	1.274	−1.208	$y=1.274x-1.208$	0.975
	住宅建筑	2004 年	1.347	−0.758	$y=1.347x-0.758$	0.942
		2009 年	1.349	−0.762	$y=1.349x-0.762$	0.942
	制造业建筑	2004 年	1.654	−3.157	$y=1.654x-3.157$	0.883
		2009 年	1.653	−3.155	$y=1.653x-3.155$	0.883

			a	b	方程式	R^2
安宁组团	服务业建筑	2004 年	0.916	−0.464	$y=0.916x-0.464$	0.903
		2009 年	0.923	−0.482	$y=0.923x-0.482$	0.907
	住宅建筑	2004 年	1.267	−0.698	$y=1.267x-0.698$	0.949
		2009 年	1.285	−0.703	$y=1.285x-0.703$	0.934
	制造业建筑	2004 年	1.037	−1.170	$y=1.037x-1.170$	0.885
		2009 年	1.030	−1.136	$y=1.030x-1.136$	0.886
西固组团	服务业建筑	2004 年	1.597	−2.853	$y=1.597x-2.853$	0.888
		2009 年	1.605	−2.874	$y=1.605x-2.874$	0.889
	住宅建筑	2004 年	1.844	−3.098	$y=1.844x-3.098$	0.911
		2009 年	1.850	−3.115	$y=1.850x-3.115$	0.912
	制造业建筑	2004 年	1.7500	−2.736	$y=1.7500x-2.736$	0.790
		2009 年	1.7549	−2.737	$y=1.7549x-2.737$	0.790

本章小结

兰州市的现状建筑构成与空间分布明显具有下列特点：

(1)住宅建筑在各区各圈层几乎都居于优势地位(西固的 3~5 km 例外)，住宅、工业、商务三类建筑明显是城市主导的建筑类型，三者比例之和竟然超过了 92%。而且，住宅建筑容积率显然最高，工业建筑容积率最低。同时，兰州市在各(功能)区、各圈层 1970 年以前的现存建筑主要以工业建筑为主，住宅建筑为辅。70 年代时两者的比例基本接近。1980年后，明显以住宅建筑为核心，工业建筑比例大幅度降低，商务、教育、市政、医疗等建筑类型的比例均有不同程度增加。而且，年代较老的住宅建筑实际上主要为"城中村"的民居。

(2)各用途的建筑年代在各(功能)区、各圈层都有年轻化趋势，如城关-七里河、安宁1990—2005 年的建筑比例分别为 56.0%/67.0%和 61.1%/70.9%。从各类型建筑的年代构成来看，住宅建筑在各圈层的空间分布不但都显示了数量的绝对优势，而且建筑年代最为年轻，空间分布也最为均衡。而工业建筑更新最为缓慢，空间分布也相对不均衡。教育建筑、商务建筑、市政建筑、医疗建筑则居于住宅建筑与工业建筑之间，前三者在空间分布上相对均衡，而后者的空间分布非均衡特征显著。由于建筑类型更新速度的差异，作为石化工业基地的西固区的各类建筑均比城关—七里河、安宁显得陈旧一些。

(3)从功能区角度分析，城关—七里河、西固、安宁中心区建筑年代构成虽然有差异，但基本趋势一致，即主要以 1980 年以来的建筑为主。但城关—七里河的混合区建筑比相应城市中心区还稍微新一点，老工业区则比中心区、混合区相对陈旧。安宁老工业区的建筑年代构成与其中心区大致相当，而西固的老工业区的建筑年代比其中心区陈旧很多。毋庸置疑，西固和安宁两区的新开发区的建筑明显以 1990 年以来的建筑为主体，当然也存在少量的"城中村"建筑或少量乡镇企业建筑。

(4)从圈层分布的角度分析,城关—七里河的住宅建筑比例由内向外的趋势是大致降低,工业建筑比例却处于增加态势,但两者的年代则由内向外越来越旧。然而,城关—七里河商务建筑、市政建筑、教育建筑、医疗建筑的比例由内向外大致分别显示了均衡分布(11~12 km 处突然降低)、均衡分布、缓慢降低的规律,其建筑年代构成在空间上较为相似,年轻化趋势显著。西固、安宁两区则显示了与城关—七里河区不同的空间分布规律。西固、安宁两区住宅建筑由内向外基本上越来越年轻,1990—2005 年的住宅建筑比例大致处于上升态势,其余时期的比例则大致降低。而两区的工业建筑由内向外的比例则是两头低、中间高,年代也同样呈现年轻化趋势。但是,西固区的商务建筑比例由内向外则是两头高,中间低,年代也是两头年轻,中间陈旧。安宁区的商务建筑比例由内向外则是大致均衡分布,其年代结构大致在 1-5 km 呈现较为均衡态势,在 6 km 处最为现代化。西固区的市政建筑比例由内向外分布均衡,年代则逐渐陈旧;安宁区的市政建筑比例由内向外大致是均衡分布,年代结构呈现现代化趋势。西固、安宁两区的教育建筑比例由内向外大致逐步降低,年代则逐渐现代化。西固、安宁两区的医疗建筑则是点状空间分布模式,均是 1970 年以来的建筑。

转型期兰州市建筑空间分布与组合特征显著:

(1)住宅、工业、商务三类建筑明显是兰州市建筑的核心类型。而且,住宅建筑容积率最高,工业、市政等类建筑容积率较低。

(2)兰州市建筑的整体、全面、快速的更新特征十分显著。兰州市 1970 年以前的现存建筑主要以工业建筑为主,住宅建筑为辅。1970 年代时两者的比例基本接近。1980 年以后,明显以住宅建筑为核心,工业建筑比例大幅度降低,商务、教育、市政、医疗等类建筑比例均有不同程度增加,且年代较老的住宅建筑主要为"城中村"民居。

(3)建筑密度(或资本密度、建筑高度)在市场经济环境下从城市中心到外围大致在空间上是递减的,转型期兰州城市资本空间密度由中心到外围确实呈现较为快速的波动下降趋势。同时,兰州市各区土地利用强度空间变化基本呈现了由中心到外围下降的规律。

(4)建筑用途空间组合、建筑容积率由中心到外围的空间波动性较为显著,尤其是低容积率建筑"插花"分布在高容积率地区的现象比比皆是,这些现象实际上与单位性质、空间分布,尤其在转型期的发展密切相关。总之,住宅、工业建筑更新与空间分化是城市建筑更新、建筑用途空间分化与组合及其变迁的核心动力因素。而且,工作、居住用地的空间分化过程并不十分强烈,工作—居住邻近布局特征依然十分显著,即单位制模式的影响依旧强烈和深刻。

兰州市不同用途类型、不同区位的建筑都显示了全面快速更新的趋势,1950 年以前的建筑已是凤毛麟角了,现主要以 1980 年以来的建筑为主体。而且,呈现出住宅建筑比例全方位增加,工业建筑比例逐步减少,其它类型建筑比例也缓慢增加的趋势。值得注意的是,城市中心区、混合区的工业建筑也在同步更新。城关—七里河最符合同心圆的空间布局模式,而西固、安宁则由于地形限制与历史的原因,出现了与城关—七里河两区不同的布局特征。由于拆迁难度的增大,城市中心区建筑更新速度与混合区、老工业区几乎相当。

在城市为理想状态下的圆形和城市建筑空间分布均匀等假设条件下, 离城市中心距离与建筑数目关系经变换后为线性方程 $y=ax+b$。其中，a 表示城市建筑空间分布的形态指数，其值越大，表明城市建筑分布形态越接近圆形或标准的扇形；$b=\log\rho\pi$ 或 $b=\log\rho\pi+\log(\lambda/360)$，代表城市建筑密度，即单位用地面积上所有的建筑总数。当 b 值增加时，建筑密度也相应提高。

　　兰州市的实证分析很好的证明了前述理论结果：①无论是兰州市及其各组团，还是不同用途类型的建筑，接近圆形的西固组团的 a 值最大，接近扇形的兰州市和城关—七里河组团次之，而更接近线性的安宁组团的 a 值最小，非常符合 a 值能表征城市外部形态的结论。②转型期，城市无论是扩张，还是旧城更新都在加速进行，这必然导致转型期的各类建筑在整个河谷盆地范围内迅速占据主导地位，因此理论上转型期的（各类）建筑在河谷盆地内的值（b 值）应上升，实际测算结果也很好的证明了这一推论：无论是兰州市，还是各组团的建筑，包括不同用途的建筑的 b 值的确有非常显著的提高。同时，因为大规模制造业的外迁和置换，现存的计划经济时期的制造业依然在原有的地段上，而转型期的制造业建筑相比则更加移向轴线的两端，河谷盆地中心地带的制造业是越来越少，规模越来越小，这导致兰州市及其各组团制造业建筑的 a 值都无一例外的下降了，实际情况也是如此。③2004 年与 2009 年相比较，后者的 a 值不仅是兰州市，而且各组团都在上升，这说明整个城市的建筑在河谷盆地内部依然处于扩张状态。而且，无论是兰州市，还是其各组团的 b 值都在下降，这说明单位面积的建筑数目处于降低趋势。④从行业角度分析，兰州市及其各组团 2004 年和 2009 年住宅建筑的 a 值最大，制造业建筑次之，而服务业建筑最小。这表明住宅建筑在河谷盆地的空间分布最为广泛，更加接近于圆形，而制造业次之，服务性建筑相对最为集中。

第18章 中国(西部)城市的建筑更新

国内外学者对城市更新研究较早,取得了较为丰硕的成果。这些研究涉及到城市更新的概念、动力与条件、更新模式、历史文化保护、空间重组、社会网络重建、影响因素、相关问题与相关对策(如拆迁问题)等(张军,殷青,2006;孙晖,孙志刚,2005;程大林,张京祥,2004;于涛方,彭震,方澜,2001)。同时,近年来城市建筑更新主要从新现代主义研究城市建筑发展(郑东军,黄华,2006),建筑的"有机更新"理论(高平,2006),以及建筑更新的传统、演变与思考(郭勇,白德石,1999;林家奕,李文红,姜文艺,2004)等角度进行探讨。将建筑更新、城市更新与城市空间结构演变相结合的研究成果并不多,从建筑更新视角对我国城市更新进行研究的成果也颇为罕见,主要是此类工作原始数据获得非常繁琐和工作量巨大。然而,建筑更新视角的城市更新研究可使我们明晰城市更新是否有效和合理、文化传承和城市地域景观特色、各行业建筑的更新方式与特点、城市更新的特点与方式,以及不同土地利用用途、不同地价对城市建筑更新的影响与内部关系等,也可以帮助我们理解目前我国城市建筑视角的城市更新中的管理问题与矛盾,更好地管理与规划我国城市建设。因此,有必要立足于宏观角度,以兰州市为例,从建筑更新的视角,探讨城市更新问题,并将之与城市空间结构优化问题相关联,为相关问题的解决提供依据。

本章首先从理论上对建筑更新和城市更新的内在关系与相互作用、建筑更新的影响因素与方式、城市更新模式与中国城市更新特点进行了探讨,然后利用高精度卫星影像和大规模实地调查方法获取原始数据,采用 GIS 手段和数理统计方法,利用建筑占地面积比例与建筑更新指数(BRI)指标,以兰州市为例做了实证研究(杨永春,张理茜等,2009)。选择兰州市建成区所在的黄河河谷盆地为研究对象, 范围为东经 103°31′~104°00′, 北纬 36°00′~36°10′,包括了已开发的部分坪地与台地(杨永春,张理茜等,2009)。

18.1 建筑更新与城市更新的内在关联和相互作用

1.内在关联

广义的建筑更新应主要包括以下几种情形:(1)拆毁重建;(2)对已处于崩溃边缘的建筑进行大修使其重新投入使用(虽然没有拆毁,但是大修的成本也是较为昂贵的);(3)在建筑还远离废弃阶段时,对其进行大规模成本较高的改造(如增加楼层),或对建筑内部格局进行实质性更改或大规模处理,以改变其使用用途等。然而,城市更新不仅包括建筑更新,还包括基础设施、城市景观、生态系统与社会文化系统等领域的更新。因此,城市更新肯定包括相应空间尺度的建筑更新,而建筑更新却不一定必然对应着相应的城市更新,例如建筑更新可能时刻都在城市中进行,但是,我们却很难说这都是在城市更新。但是,如果建筑更新达到一定空间规模,如在一定时间段内集中在某一地域上,很可能就演变成城市更新了,两者是相互关联的。就广义的城市更新而言,任何建筑更新也意味着城市更新;反之,短期城市更新并不一定意味着建筑更新,而长期必然伴随着建筑更新。

2.相互作用

(1)建筑更新的影响要素

建筑更新时机取决于下列因素:①建筑是否在经济学上已达到建筑自身设计使用效益;②建筑是否实现了与其相关的土地价值。建筑及其相关土地价值的实现是相互联结的,如建筑容积率、建筑设计用途与其相关土地利用方向、价值是否匹配等,这肯定会影响建筑的更新时机,也与建筑自身所处区位密切有关。土地升值和用途转换快的城市区位对建筑设计的要求就越高;③文化传承、社区价值和旅游价值;④使用用途转换,这与建筑自身设计可转换度(用途适应性强)有关,包括拆迁与重建、增加层数或大规模为适应用途而改变内部格局的装修等;⑤规划管理因素,如新景观设计需求、旧城改造、"城中村"改造、新区开发、开发区建设等;⑥自然灾害影响;⑦大型基础设施建设等造成被动式拆迁;⑧建筑自身质量问题;⑨经济要素,如经济实力、经济发展阶段、城市发展阶段等。因此,建筑更新的动力可分为已达到设计年限后的自我更新,不能满足新用途需要(如内部易变更性差或变更成本过高导致建筑自身最终不能满足社会需求),区域性土地整理和开发,基础设施升级使原有建筑设计不能与新发展环境相互协调,以及地震等灾害破坏导致建筑被动更新等。实际上,这些因素相互交织和相互影响,整个城市建筑更新的水平、速度、方式和效益取决于它们的有机耦合结果(图18-1)。

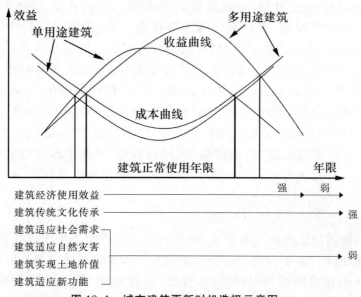

图18-1 城市建筑更新时机选择示意图

(2)基本理论模式

单体建筑更新方式可分为拆旧建新和实质性改(扩)建两种,而一个地域上的建筑更新可分为拆旧建新、旧建筑实质性改建,以及前述两种方式相结合等三种方式。然而,从宏观角度分析,城市建筑更新模式大致可分为建筑群体整体性快速更新(突变式)和零散散落式缓慢更新(渐进式)两种方式。一般地,前者往往与大规模空间整治或土地开发相关,主要原因有:①大规模旧城或"城中村"改造,如区域性基础设施老化后的改造等;②规模较大的土地用途转换,而原来的建筑群落难以适应新用途需要;③成片的建筑建造年限大致相同,已逼近或超过了建筑设计使用年限;④城市发展迅速,经济实力提高很快,土地价值升值快,居民需求提升和结构性转变迅速,(政府)规划管理需求等导致建筑更新的快速出现;⑤大规模灾害后的重建等。如果不包括新区开发,建筑更新实际上包括了再开发过程或建筑升级与用途转换,以及适应人类需求转变的过程。而后者往往是在城市建筑建造年代不同期和种类、结构有差异的条件下,建筑已老化的不堪使用或难以满足新用途要求,或与周围建筑、规划控制难以协调等背景下采用的更新方式。此方法往往是零散和循序渐进的,空间上呈现散落式,也是一种正常的建筑更新方式。

那么,如何确定建筑更新的最佳模式与时机呢?从建筑使用效率和利用率角度分析,没有达到建筑设计寿命而进行的任何理由的拆毁和重建都是建筑使用低效率的表现,除非建筑确实不能满足用途改变的需要(图18-2)。从区域层面分析,当旧城改造或土地用途改变时,这里的绝大部分建筑在拆迁时都已达到了设计使用年限,或者虽没有达到设计使用年限,但已难以有效利用(改造成本较高),或难以改造不能满足新用途时,建筑大规模拆迁在经济学上才是合理而具有高效率的(不考虑传统文化传承与保护等问题)。因此,如果城市经济与社会发展迅速,城市性质与功能转换较快,土地空间功能布局调整快速,城市化水平提高快,尤其是居民需求发生实质性改变,设计超前的多功能建筑将会是一种合理选择。从理论上说,如果能预测某地域上建筑更新的较为准确的年代,那么就可以大致确定该地某类建筑某用途的大概年限,在设计上可为未来建筑更新做相应的准备。因此,建筑(设计)使用年限(与成本对应)应与投入资金效益、社会需求、文化传承、土地价值实现、自然灾害周期、土地利用需求变化相一致,这是一个需要综合考虑的大问题。如果一个城市已进入到相对稳定的发展时期,那么该城市建筑更新应以渐进式缓慢更新方式为主导,且主要以旧建筑的实质性改建为核心方式,如目前西方发达国家城市就是如此。反之,因城市社会经济发展快,城市空间结构调整迅速,土地升值快,社会需求结构变化剧烈,就会必然引致原有旧建筑群落无论从设计、规模、风格、用途等各方面与新的发展环境与社会需求产生难以弥补的差距,尤其是整个城市社会拥有越来越雄厚的经济能力,会形成一股强烈的"以旧换新"的冲动力量,倾向于以突变式的建筑群体整体性快速更新为主导,且主要以拆旧建新为核心方式的建筑更新模式,如(目前的)中国等一些发展中国家的城市就是如此。

(3)中国城市建筑更新的特点与模式

1950年代,我国城市规模普遍较小,但建筑设计与质量还是比较高。1960—1970年代是城市发展较快时期,由于当时"先生产,后生活"的指导方针以及当时较为混乱的规划管理,建筑设计和建设档次普遍落后,人性化、文化功能、景观功能、中高级生活服务功能、信息化等普遍没有受到足够重视,且很多建筑的质量没有达到设计要求。改革开放以

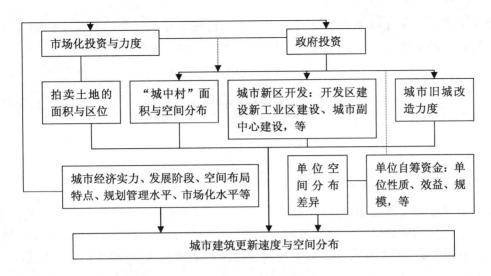

图18-2 我国城市更新与建筑更新的相互作用机制

来,我国城市的建筑环境发生了巨大变化:1)城市经济发展迅速,建筑更新的现实经济基础越来越厚实;2)城市空间扩张迅速,空间功能调整加快,如规模较大的"退二进三",第三产业用地大量增加,基础设施更新加快等导致原有建筑改变用途的需求大规模增加,建筑更新压力逐步增强;3)城市化水平不断提高,人口剧增,不同规模、档次需求的住房压力急剧增大,房地产市场快速膨胀,住宅建筑更新速度加快。无论是市场化住宅,还是单位内部的住宅建设,我国城市形成了全面的住宅建设热潮,尤其是市场化的房地产开发大大推动了城市的建筑更新水平,巨大的住房需求也进一步推动了各单位住房的更新速度;4)城市土地管理采用有偿使用制度,土地管理逐渐严格,市场化作用机制强化,土地升值迅速,导致原有建筑设计,如容积率等难以实现土地价值,加速了建筑更新;5)经过30余年的使用,旧城设施日益老化,不堪重负,原有的质量较差的1960–1970年代建筑与新建筑群设计风格与景观冲突日益加深,导致政府进行大规模旧城改造。与此同时,"城中村"问题日益严重,政府随后加大了拆迁和"城中村"改造力度,促进了建筑更新和空间整合。同时,各类开发区建设也促使原有郊区或旧城地段的建筑更新进程;6)由于市民对规划参与程度低,规划管理部门对文化传承问题缺乏足够重视,尤其是"文化大革命"和1980年以来政府政绩观念的影响,大量承载着传统文化特点的建筑被损坏或拆毁,又缺乏大手笔的规划理念指导,导致城市建筑进行了全方位更新,形成了新的城市建筑文化,与原有的文化特点大相径庭;7)唐山等遭受地震等自然灾害的城市被迫进行了大规模的建筑更新;8)由于单位制在我国城市依然影响巨大,单位效益好坏与单位建筑更新速度几乎成正比。单位内部进行了从住宅、办公楼到车库的全方位的建筑更新。反之,那些经济效益差的单位,建筑更新速度就很慢,如兰州市部分大型骨干工业企业;9)从投资来源角度分析,需要政府投资的市政、教育、科研等类建筑在那些经济实力强的城市更新较快;反之亦然。

因此,我国城市由于社会经济发展速度快,投资又缺乏严格管理,规划管理还存在一些问题,以及一些历史遗留问题的影响,普遍采取了(突变式)建筑群体整体性快速更新和以拆旧建新为主导的更新模式(图18-2),迅速形成了新的建筑景观格局和建筑文化,强烈冲击了原有的文化体系，使具有地域特色的传统文化和社会网络几乎荡然无存，新的文化与社会网络体系形成又要耗费时日，这显然是令人十分遗憾的事情。

18.2 兰州市的实证分析

1.技术方法——建筑更新指数

由于调查统计大致以 10 年为单位进行，在同一评价空间单元，又如何进行建筑更新水平的界定呢？如果对每个年代取相同的权重，必然难以反映其建筑的更新水平。因此，为了对比分析的方便，笔者设计了如下的建筑更新指数表示式(针对建筑现状数据)：

$$BRI = \sum_{i=1}^{5} (S_i/S*W_i) \tag{1}$$

其中，BRI(Building Renewal Index)—城市建筑更新指数；S_i—不同时期某类用途建筑(基座)的占地面积与评价单元中建筑(基座)占地总面积的比值，或者不同时期某类用途建筑(基座)的占地面积与评价单元中同类建筑(基座)占地总面积的比值；S—评价空间单元的建筑(基座)占地总面积；W_i—年代修正系数；i—不同年代。在本书中，根据建筑的新旧程度，1950 年代及其以前、1960 年代、1970 年代、1980 年代、1990—2005 年的 W 值分别取 40、30、20、10 和 1，主要表示此年代的建筑离最新年代的年代差距，以此来区分建筑的更新水平。BRI 值的取值区间为 1~40。1 表示评价单元内的所有建筑已全部更新到最新(本文认定为 1990—2005 年)，BRI 值在 1~6、6~13、13~20、20~30、30~40 分别表示建筑更新度最高(以 1990 年以来建筑为主体)、较高(以 1980 年以来建筑为主体)、中等(以 1970 年以来建筑为主体)、较低(以 1960—1970 年代建筑为主体)和最低(以 1950—1960 年代建筑为主体)。

2.结果分析

(1)建筑更新概况

兰州市 1980 年以来的建筑占地面积占兰州市建筑占地总面积的 78.3%(建筑占地面积比例，后文同)，60—70 年代占 13.5%，60 年以前仅占 8.2%，建筑更新指数(BRI 值，后文同)为 12.61，建筑年代较新。城关—七里河、安宁区显然以 1990—2005 年的建筑为主体，分别占 56.0% 和 61.1%，1980—2005 年分别占 87.9% 和 78.1%，50—60 年代小于 8%。但是，西固区 1990—2005 年的建筑仅占 40.0%/48.5%，60 年以前、60—80 年代各时期分别占 17.8%、16.4%、10.3% 和 15.5%。因此，城关区-七里河、安宁和西固区的 BRI 值分别为 7.37、7.50 和 16.05，前两者非常接近，后者超过了它们 1 倍多，建筑年代明显较老。因此，兰州市仅城关—七里河区建筑更新水平(BRI)由中心的 4.60 波动上升到 10 左右，在 2~4km、4~7km、8~9km 出现了较缓的波峰和波谷，其建筑更新空间上是大致均匀而同步的。而西固和安宁两区出现了大致相似的趋势。西固区 2~5km 和 5~9km 分别出现了明显的波峰和波谷，而安宁区大致在 3~5km 和 5~8km 分别出现了波峰和波谷，说明在距西固和安宁两区中心的大致 2~5km 范围内建筑更新较为缓慢,5~9km 范围内建筑更新又显著加快了(图 18-3)。

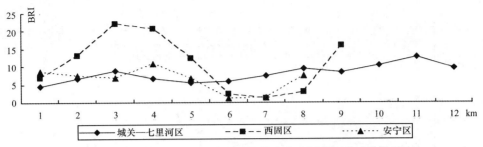

图 18-3　兰州市 2005 年建筑更新指数由中心到外围的变化趋势

(2)分用途的建筑更新

①商业建筑

城关—七里河商业建筑 BRI 值在市中心和 8~10km、12km 出现了 3~5 的低值,建筑更新显然较快,而 4km、11km 出现了分别为 9.79 和 23.48 的波峰,建筑更新较为缓慢(图 18-4)。同时,商业建筑分方向 BRI 曲线表明(图 18-5),除了北方的 3~5km,东南方向的 6~7km,西方的 11km 外,其余方向的 BRI 值虽然出现了若干周期性波动,但是大都在 1~10 之间变动。

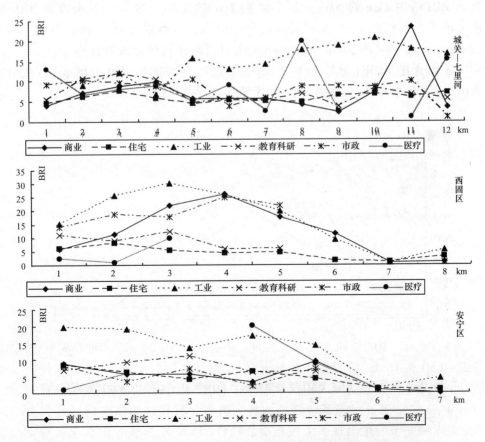

图 18-4　兰州市各区 2005 年不同用途建筑更新指数由中心到外围的变化趋势

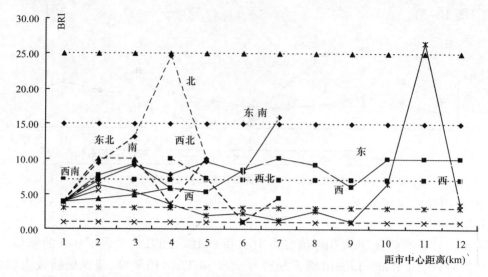

图 18-5　兰州市城关—七里河 2005 年商业建筑更新指数由中心到外围分方向变化趋势

西固区商业建筑的 BRI 曲线呈现倒"U"字型,距市中心 4km(主要为厂区)出现了 26.17 的峰值(图 18-4)。同时,商业建筑分方向 BRI 曲线表明(图 18-6):除了东北方向、南方外的 BRI 值由 1km 的 6.01 分别下降到 2km 的 1 和 3.28 外,其余方向 BRI 值在 1~4km 都出现了不同程度上升,2km 或 4km 是峰值点,只有东方从 4~7km 出现了较为快速下降,2~6km 处几乎所有方向的 BRI 值都超过了 15,建筑更新较为缓慢。

安宁区商业建筑 BRI 值均在 1~9.52 之间变动,分方向的 BRI 曲线表明:在南方向的 2km 处出现了 20 的高值,其余各方向 BRI 值均在 1~10 之间变动。

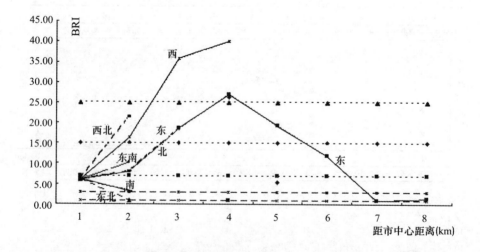

图 18-6 兰州市西固区 2005 年商业建筑更新指数由中心到外围分方向变化趋势

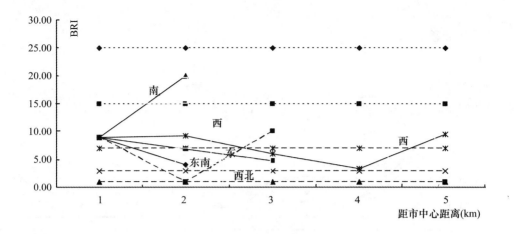

图 18-7　兰州市安宁区 2005 年商业建筑更新指数由中心到外围分方向变化趋势

②住宅建筑

城关–七里河住宅建筑 BRI 值从中心到外围在 4.40~7.46 之间,更新空间分布较为均衡且年代很轻。同时,分方向 BRI 曲线表明(图 18-8):除了东南方、南方的 3km,东南方的 4~6km,西南方的 2km,西方的 9~12km 外,其余方向 BRI 值虽出现了周期性波动,但大都在 1~7 之间波动,建筑更新速度确实很快。

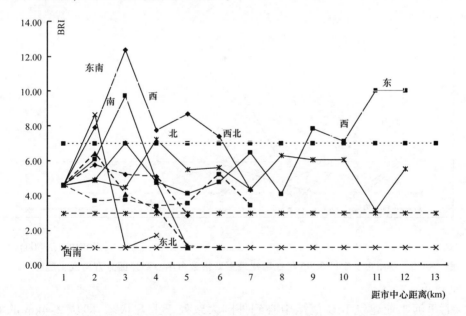

图 18-8　兰州市城关—七里河 2005 年住宅建筑更新指数由中心到外围分方向变化趋势

西固区由内向外的住宅建筑越来越新,BRI 值从中心到外围在 1.36~8.13 之间,较为平稳,各方向 BRI 值在 1~14.68 之间变动(图 18-9),在东北、东南、南方的 2km 处,东北方的 5km,以及西北、东方 3~4km 的 BRI 值在 7~10.26 之间,其余 BRI 值都小于 7,住宅建筑更新在该区不均衡。

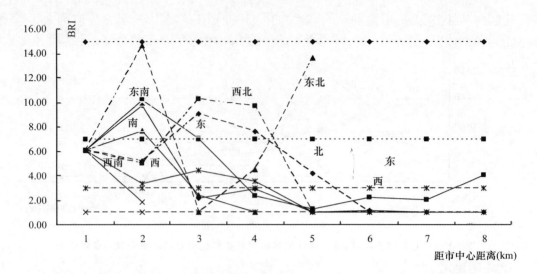

图 18-9　兰州市西固区 2005 年住宅建筑更新指数由中心到外围分方向变化趋势

安宁区住宅建筑由内向外也是越来越新,BRI 值在 1~9.52 之间变动, 分方向的 BRI 曲线表明:除了西南、南方的 2km 和东方的 4km 的 BRI 值较高外,其余数值均在 1~10 之间,且都在震荡中不同程度地下降。

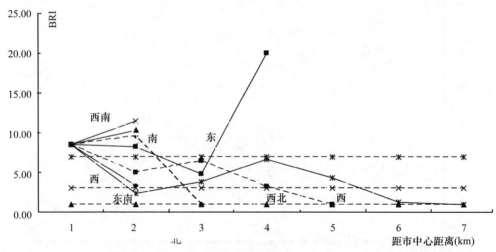

图 18-10　兰州市安宁区 2005 年住宅建筑更新指数由中心到外围分方向变化趋势

③工业建筑

城关-七里河工业建筑 BRI 值从中心到外围大致处于上升状态,即从 2~4km 的 6.66~8.94 上升到 5~7km、13~16km 和 8~12km 的 17~20 左右,建筑更新水平不断降低。而且,分方向的 BRI 曲线表明(图 18-11):除了西方和西北方向,其余方向都在 3km、5~6km 处出现了波峰,东方也在 8~9km 处出现了波峰,而西方的周期正好和前述方向相反,大致在 4~5km、9km 处出现了波谷。

西固区工业建筑 BRI 从中心到外围大致处于上升、下降、上升的波动状态,即从 1km 的 15.30 上升到 3km 的 30.21,再下降到 7km 的 1,然后上升到 8km 的 5.72,建筑更新水平波动很大。分方向的工业建筑 BRI 值在 1~39.95 之间变动(图 18-12),曲线波动非常剧烈。除西南和北方 2km，向东的 7km，向北的 6km 的 BRI 值是 1 外，其余方向都大于 15，在 2~5km 处的 BRI 值甚至在 25~40 之间变动，说明此地的工业建筑更新缓慢，而且是非均衡的。

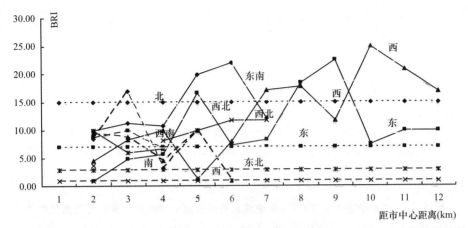

图 18-11　兰州市城关—七里河 2005 年工业建筑更新指数由中心到外围分方向变化趋势

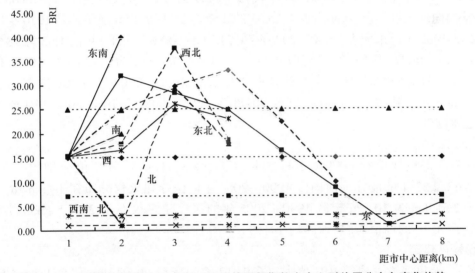

图 18-12　兰州市西固区 2005 年工业建筑更新指数由中心到外围分方向变化趋势

安宁区工业建筑 BRI 值从中心到外围大致处于下降状态，并在 1.39~19.83 之间变动。分方向 BRI 曲线表明：在东南、西北方向的 2km 处出现了 20 以上的峰值，在西方、南方、北方、东方出现了 10 以下的波谷。除了西方 6km 出现了 BRI 值为 1.39 的波谷外，其余各方向的 BRI 值均在 10~20 之间变动（图 18-13）。

④市政建筑

城关—七里河市政建筑 BRI 值大致在 1~12 之间变动，并都在 3km 和 6~11km 处出现了 BRI 值分别为 8.15 和 8-10 左右的波峰。西固区市政建筑都是 1960 年以来的建筑，且主要以 1960—1989 年的建筑为主。1990—2005 年仅在 2~3km、5km 存在，分别为 7.43%、8.57% 和 19.81%。80 年代 1km 为 58.32%，其余在 4.79%~24.01% 之间。70 年代市政建筑仅分布在 1~3km，在 41.68%~86.64% 之间，而 60 年代 2km、4~5km 分别为 20.99%、

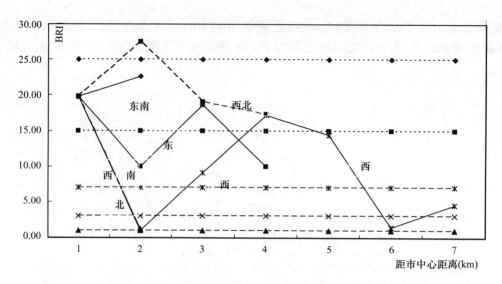

图 18-13　兰州市安宁区 2005 年工业建筑更新指数由中心到外围分方向变化趋势

74.24% 和 69.39%。因此，该区市政建筑 1km1970—1980 年代几乎各占 40% 和 60%，2~3km1970 年代占 50% 以上，4~5km60 年代占 70% 以上，BRI 值大致在 14.17~25.03 之间变动，并从内向外大致上升，4km 出现了 25.03 的波峰。安宁区的市政建筑都是 1970 年以来的，且主要以 1980 年以来为主，1990—2005 年在 21.34%~100% 之间，80 年代 1km 为 78.66%，其余在 11.11%~16.77% 之间。70 年代仅在 2~3km、5km 分布，分别为 5.37%、26.65% 和 25.05%。因此，该区 1km 处 80 年代的市政建筑占 78% 以上，1990—2005 年占 20% 左右；2~5km 处 1990—2005 年大致占 60%~90%，其余 70-80 年代建筑大致占 10%~30%，BRI 值均在 1~9.52 之间变动。

⑤医疗建筑

城关—七里河医疗建筑在 2km、5km、7km、9km、11km 处 BRI 值分别出现了 6.49、5.02、2.62、2.52、1 的波谷。西固区 1990—2005 年的医疗建筑仅分布在 1~2km 处,其 BRI 值小于 2.5,3km 为 10。安宁区 1990—2005 年的医疗建筑仅在 1~2km、5~6km 处有,4km 处出现了 20.10 的峰值,其它地段均小于 9。

⑥教育建筑

城关–七里河教育建筑 BRI 值大致在 1~12 之间变动,并在 3km 和 6~11km 处出现了 BRI 值分别为 8.15 和 8~10 左右的波峰。西固区教育建筑的 BRI 值大致在 1~12.52 之间变动,1~5km 的 BRI 值在 6.01~12.52 之间,8km 的 BRI 值为 1,1km、3km 出现了 11.10、12.52 的峰值。安宁区教育建筑 3km 出现了 11.13 的峰值,其余 BRI 值均小于 9.30。

⑦各用途建筑更新的对比分析

图 18-14 显示,兰州市住宅建筑更新指数最低,仅为 5.69,且城关—七里河、西固区和安宁区同类建筑的 BRI 值分别为 5.80、5.57、5.23;工业建筑更新指数在各行业中最高,为 21.19,且城关—七里河、西固区和安宁区同类建筑 BRI 值分别高达 14.96、26.81、15.17。其它如商业、教育、市政、医疗等类建筑更新指数在 7.47~9.45 之间变动。值得注意的是,西固区除医疗建筑 BRI 值低于其它区域,教育建筑 BRI 值略高于其它区域外,其它类型建筑 BRI 值均不同程度高于其它区,如工业、市政建筑 BRI 值大约是其它区的 1 倍左右,甚

至更高。无论从用途来看，还是从空间角度看，住宅建筑更新无疑最快，其次是商业、市政、教育、医疗，工业建筑排在末尾。

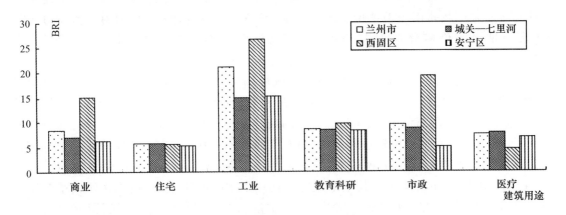

图 18-14　兰州市各区 2005 年各行业建筑更新指数对比

（3）建筑更新与城市更新的特点与原因

兰州城市建筑更新的主要特点：①拆毁重建为绝对主导方式，其它方式主要用在厂房改建为商业用途，或者沿街一些住房向商业用途转变；②几乎所有地域、所有用途的建筑更新都在同步进行。其中，住宅建筑更新最快，工业建筑最慢，其它类型建筑居于其间；③建筑更新速度空间分布波动较大，整体上从中心到外围大致减慢。

基于建筑特点的兰州城市更新有下列特点：①以突变式建筑群体整体快速更新为核心方式；②因为建筑类型更新速度的差异，以住宅、商务为核心的区域（如老城区）更新最快，以老厂区厂房为核心的区域更新最慢；③以高新技术开发区为代表的新开发地区更新快；④新改拓建道路和黄河风情线（1980 年以来开始建设）两侧地区更新较快；⑤商品房集中区更新快；⑥拥有权力、垄断行业以及效益好企业的家属区更新相对较快，而部分老工业企业住宅区更新最慢（尤其是那些濒临破产的企业）。因此，虽然总体上从城市中心到外围更新水平逐步降低，但是波动依然较大，更新水平高或低的"插花"分布现象十分明显。

主要包括下列原因：①人口因素。兰州市拥有较高的人口增长率，其人口从 1950 年的约 10 万人上升到 1978 年的 128.48 万人，2005 年兰州市仅户籍人口为 311.74 万人[①]，快速的人口增长必然促使城市更新；②经济因素与需求因素。兰州市人均 GDP 水平一直处于快速增长状态，1949 年人均 GDP 为 47 元/人，1978 年为 1067 元/人，2000 年为 10645 元/人，2005 年为 18296 元/人，快速的经济增长意味着社会需求结构的巨大变化和升级过程，刺激着住宅等建筑类型短期内的快速更新，因为原有的各类建筑多少都存在着设计陈旧、面积过小、结构落后、容积率过小、（住宅）私密性差、人性化与生态化水平低等各种问题。例如，改革开放以前，居民的住宅需求被极大地压制；后来，居民收入不断提高（需求能力和购买力提高），家庭不断小型化，被压制后的反弹、原有建筑质量相对较差，住房结构设计落后等因素都促进了住宅建筑的更新。而且，各单位为解决住房问题，尤其是在

①转引自：兰州市统计局.兰州市统计公报（内部资料），2005。

福利改革之前的突击建房都大规模地促进了住宅建筑的更新。而且,住宅建设市场对私人资本放开和完全市场化极大地的释放了市场机制作用;③改革开放以来,兰州市地价节节攀升。根据国土资源部《城市地价监测数据采集操作指南》中提供的计算城市土地平均价格的方法,采用兰州市土地估价所提供的地价资料,经笔者计算,从 2000 年到 2005 年,兰州市土地平均价格分别为 1237.99 元/m²、1255.96 元/m²、1294.14 元/m²、1328.74 元/m²、1342 元/m² 和 1342 元/m²,攀高的地价与原有区域性建筑设计标准产生了巨大的矛盾,如过低的容积率无法承载高地价,必然刺激区域性的建筑更新;④近 60 年来,兰州市建成区面积增长较快。1978 年和 2005 年市区建成区面积分别为 91km² 和 113.58km²。城市的快速扩张导致城市内部土地利用空间功能的快速调整,如城市中心区的扩张,城市工业的外迁等。这种过程由于在较短时间内完成,导致原有 1950—1970 年代的建筑根本难以适应,从而产生大规模建筑更新需求;⑤政府拥有了越来越大的财力对公共建筑进行更新。80 年代中期,兰州市建筑及其基础设施已使用了 10~35 年左右。由于文化大革命期间的政策导向和设计风格,此时期的建筑风格、质量、人性化设计、可利用面积等都与新的发展环境产生了越来越大的矛盾,直接导致了规模较大的旧城改造。兰州市旧城改造自 80 年代中期开始,以中山路、庆阳路拓宽为先导,进行了大规模基础设施更新,最终引致了城市核心区建筑大规模更新。随后,城市诸多街巷也进行了拓宽和改造,道路系统整治工程继续推动了此类型的建筑更新。而且,随着雁滩新区、九洲开发区、三滩城市副中心、安宁经济技术开发区的建设,直接推动了这些区域的建筑更新。同时,由于城市空间的快速扩张,"城中村"问题日益严重。根据市政府规划,"城中村"改造也将会导致当地的建筑更新。同时,兰州市还进行了黄河风情线建设与滨河河堤及其基础设施的建设,推动了黄河两岸土地升值和建筑更新。由于医疗、市政、教育科研建筑几乎都是政府拨款建设,其更新速度与城市经济发展速度和政府财政状况有关,而兰州市虽然经济发展较快,但在西部地区也不是名列前茅,这些类型建筑更新速度与住宅相比较为缓慢。而且,很多商业建筑都是旧建筑改造后使用,其更新速度也慢于住宅建筑;⑥改革开放以来,兰州市大中工业企业效益总体上一直较差,很多企业已破产或到了破产边缘,导致了城市工业建筑更新缓慢。

本章小结

城市更新必然带动一定空间的建筑更新,而只有一定空间尺度规模的建筑更新才能形成或导致城市更新。建筑更新与达到设计年限后的自我更新,用途改变,区域性土地开发与环境变化,基础设施升级,城市更新,灾害破坏等因素有关。单体建筑更新方式可分为拆旧建新和实质性的改(扩)建两种,而城市建筑更新模式大致可分为建筑群体整体性快速更新(突变式)和零散散落式缓慢更新(渐进式)两种方式。前者往往与土地大规模整治和开发相关联,地域上也是联片的,其与大规模旧城改造或"城中村"改造、规模较大的土地用途转换、成片的建筑老化、土地价值升值快、居民需求提升和结构性转变迅速、(政府)规划管理需求转变、大规模灾害后的重建等因素有关。

　　兰州市建筑更新的主要特点以拆毁重建为绝对主导方式，几乎所有地域、所有用途的建筑都同步进行更新，建筑更新速度空间分布波动较大，整体上从中心到外围大致减慢。而基于建筑特点的兰州市更新有下列特点：一是采用了突变式建筑群体整体快速更新为核心方式；二是因为建筑类型更新速度的差异，以住宅、商务为核心的区域（如老城区）更新最快，以老厂区厂房为核心的区域更新最慢；三是以高新技术开发区为代表的新开发地区更新快；四是新改拓建道路和黄河风情线（1980年以来开始建设）两侧地区更新较快；五是商品房集中区更新快；六是拥有权力、垄断行业以及效益好企业的家属区更新相对较快，而部分老工业企业住宅区更新最慢（尤其是那些濒临破产的企业）；七是虽然总体上从城市中心到外围更新水平逐步降低，但是波动依然较大，更新水平高或低的"插花"分布现象十分显著。

　　兰州城市更新显然与人口因素、经济因素与需求因素、地价上升、空间功能调整、政府财力迅速增加、开发区建设、旧城与"城中村"改造、大规模基础设施建设、大面积的1980年前的建筑设计水平与建造质量差、各单位发展速度差异等因素有关。以旧城改造、大面积商品房开发和各类开发区为标志推动了兰州城市更新和建筑更新水平。住宅、工业建筑分别是更新最快、最慢的建筑类型，其余类型居于其间，这也直接导致石化工业基地的西固区的建筑更新和城市更新水平最低。从各方面的影响因素来看，兰州市由于社会经济发展速度太快，投资又缺乏严格的管理，规划管理还存在一些问题，以及一些历史遗留问题的影响，普遍采取了突变式的建筑群体整体性快速更新为主导，而且主要以拆旧建新为核心方式的建筑更新模式，迅速形成了新的建筑景观格局和建筑文化，但也冲击了原有文化体系，导致具有地域特色的传统文化和社会网络几乎荡然无存。因此，兰州城市建筑更新与城市更新的经济性与合理性、文化传承与景观特色、建筑设计的预见性（建筑结构的适应性、寿命的长短是否合理）、合理的更新速度、城市特色培养等问题都值得进一步研究和探讨。

第19章 中国(西部)城市建筑色彩演变

"城市建筑色彩是指一个城市范围内的所有建筑的色彩,它涉及城市生活的方方面面,涵盖了历史、气候、植被、建筑、产物、文化等诸多因素,包括居住建筑的色彩、商业建筑的色彩、办公建筑的色彩、景观建筑的色彩、文化建筑的色彩等,它是一个集中的、完整的建筑色彩体系"(焦燕,2001),因此,城市建筑色彩研究应包括单体建筑色彩和城市总体建筑色彩两部分内容,后者显然受单体建筑色彩组合特征与布局规律的影响,而前者在一定发展阶段将受到建筑色彩的区域性特征和城市建筑文化体系的约束,如各类相关规划等。

国外学者对建筑色彩的关注比较早,研究成果也较为丰厚(托伯特·哈姆林著,邹德侬译,1982;焦燕,1998;2001)。例如,德国建筑师哈罗德·马其诺(Harald Machnow)和沃尔夫冈·雷斯(Wolfgang Reuss)按不同的历史年代对柏林建筑色彩进行了较为深入的研究,归纳了不同时期柏林建筑色彩的特征及规律。维雷娜·申德勒(Verena M.Schindler)对欧洲建筑色彩运用不同方法的研究等等。日本学者对东京(Koto Ward)区域采用分区办法进行了色彩调查,目的是探索一种科学的城市色彩规划方法,力图创造和谐的城市景观,并充分发挥地方特色。而且,他们还对色彩污染问题进行了研究。1920年代以来,国外就已开始进行城市建筑色彩规划,如意大利都灵和日本大阪先后将色彩纳入到城市景观环境的治理改善的管理体系中。法国巴黎的建筑屋面以黑色为主,墙面以淡茶色为基调,而日本京都以古建筑色彩为参照,规定沿街建筑以淡茶色为基调等等。

1949年以来,我国城市建筑色彩的混乱程度逐步加深,传统特色保护与现代建筑色彩体系之间的矛盾日益尖锐,引起了学术界较为广泛的重视和忧虑,对此问题进行了一定程度的研究。焦燕(2001)研究了建筑色彩的作用,认为建筑色彩具有装饰、标识和情感三大作用,以及城市色彩表现的自然、历史、区域、审美等四大规律。我国学者还研究了我国古代建筑的色彩特征,并以北京、重庆、武汉、宜昌、宁波、哈尔滨、大连、温州等城市为例试图说明我国城市建筑色彩的演化规律,并阐明了我国城市当代建筑色彩存在文化传承性差、视觉污染等若干问题,最后以武汉、北京等城市为例研究了我国城市建筑色彩的规划控制,并提出了规划方案。1990年代末,我国的许多城市开始寻找有标志性的城市建设色彩,北京提出了复合灰、哈尔滨提出米黄色和白色等(张士新,2005;钟旭东,屈云东,2006;罗文媛,赵明耀,1997;张玉英,姜兴革,徐伟,2000;杨莉,梅晓冰,1998)。同时,我国学者还研究医院这个特殊用途建筑的色彩(徐冲,张世政,2001)。

总的来看,此类研究主要以定性为主,定量化研究成果少,且对我国城市建筑演化的内在机制缺乏较为深入的研究。由于我国城市近60年来经历了巨大变革,出现了不同程度的"色彩污染"等诸多不协调现象,对原有文化传承提出了严峻挑战,城市建筑明显受到了社会、经济发展规律及其发展政策的深刻影响,其发展演化过程与规律既遵循建筑色彩演化的内在基本规律,又受到宏观发展环境的控制,因此,中国城市建筑色彩演化自身存在基本规律,有必要采用定量手段,以兰州市为例对中国西部城市建筑色彩演化规律与机制进行较为系统的研究。鉴于建筑色彩的设计与规划涉及到历史、文化、宗教、心理、经济基础、色彩配置与协调、视觉原理、自然环境、职业差异、空间尺度等等诸多要素,作者并不能提供所谓科学的指导性方案或意见,只是针对我国城市建筑色彩演化的自身内在规律与机制进行探讨。选择兰州市建成区所在的黄河河谷盆地为研究对象,范围为东经 103°31′~104°00′,北纬 36°00′~36°10′,包括了已经开发的坪地与台地(杨永春,向发敏,伍俊辉,2007)。基础资料均来自于作者的实地调查,统计分析中主要考虑建筑的整体色彩(杨永春,向发敏,伍俊辉,2007)。

19.1 传统建筑色彩不断萎缩
新建筑色彩体系加速形成

1.总体特征

调查统计结果显示,兰州市 1950 年以前的传统建筑已凤毛麟角,其色彩体系对城市建筑色彩的贡献已微不足道。如果以 2000 年为分界线,将 1950—1999 之间所建建筑称为传统建筑, 而将 2000 年以后的建筑称为现代建筑 (建筑色彩特征和类型发生了显著变化, 后文同), 那么兰州市传统建筑的主体色彩——砖红色建筑的比例依然占到了 86.28%,居于次席的白色建筑比例仅占 8.75%,但是两者之和竟然达到了 95.03%。其余 12 种色彩建筑数目之和只有 4.97%,其中黄色、红色分别为 1.83%、1.03%,其它色彩建筑数目所占比例均小于 1%。但是整个城市砖红色、砖青色、蓝玻璃色、绿玻璃色、水泥色等以建筑原材料色彩为外部色彩的建筑占同期建筑总数的比例(图 19-1)在 2000 年后下降了 2/3 左右,这说明 2000 年以后,需要色彩材料对建筑外部装饰的新色彩体系(涂料、瓷砖等)已占据了城市建筑市场的主流。

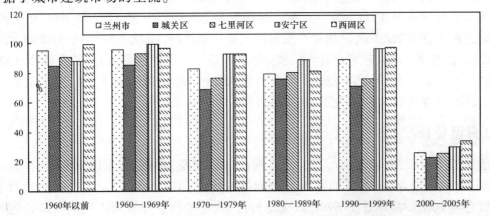

图 19-1 兰州市不同时期以建筑材料色彩为外部色彩的建筑比例

从拥有同一色彩类型的建筑数目的年代变化角度分析（图19-2），1990—1999年期间，除蓝玻璃色以外的其余色彩类型的建筑数目占各自色彩建筑总数的比例都在50%~60%以上。80年代与90年代的各色彩的建筑数目之和所占比例均超过了70%以上，说明这两个年代的建筑是城市建筑的主体，但是砖青色建筑例外，仅占60.71%。如果再加上2000年以后的建筑，绝大多数色彩的这个比例都在90%以上。而且，蓝玻璃、绿玻璃、水泥、砖青等色彩的建筑数目比例都在1960—1970年代到1990年处于快速增长状态，而在2000年以后就消失了，这说明这几种色彩在新世纪城市建筑设计中已经被淘汰。而橘黄、蓝色、粉红、红黄组合色(两种色彩同时在同一建筑中使用。后文同)、黄色、白色、巧克力等色彩依然是21世纪的主选建筑色彩。而处于绝对优势的砖红色建筑，在90年代达到82.34%后，在21世纪仅占0.54%。

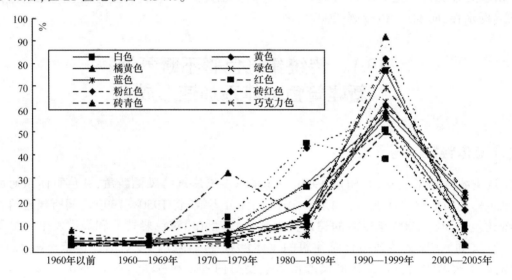

图19-2　兰州市同类色彩建筑在不同年代所占的比例

从建筑色彩在各自年代所占比例的角度分析，砖红色建筑在2000年以前的各时期均拥有绝对优势，超过了78%，整个城市实际上是一座由砖红色建筑组成的景观。与1950—60年代相比，1970—1990年代，随着砖红色建筑数目所占比例的下降，白色、黄色、橘黄色、红色、粉红色、巧克力色、蓝玻璃色、水泥色等色彩的建筑均有不同幅度的增加。而21世纪所完成的建筑中，白色、砖红色、黄色建筑所占比例分别为35.44%、25.10%、15.71%。三种色彩之和超过了76.25%，显然是兰州市的主要色彩选择。其次是粉红色(8.04%)、红色(5.27%)以及蓝色(4.85%)，三者总计18.16%，是属于第二层次的色彩系列。其余橘黄(1.88%)、绿色(1.72%)、红黄组合色(1.72%)、巧克力色(0.26%)的比例均小于2%，而蓝玻璃、绿玻璃、水泥色、砖青色则完全消失了(图19-3)。

2.分区特征

虽然兰州市城关(城市中心区)、七里河(工业、交通、居住、商贸区)、安宁(科教、工业区)、西固(石化工业区)四区的性质和功能各不相同，但是建筑色彩具有明显的相似性，即砖红色建筑比例都超过了69%，其次是白色、黄色和红色建筑所占比例较高，其余色彩建筑所占比例大都低于1%。尽管如此，四区之间也存在明显差异。

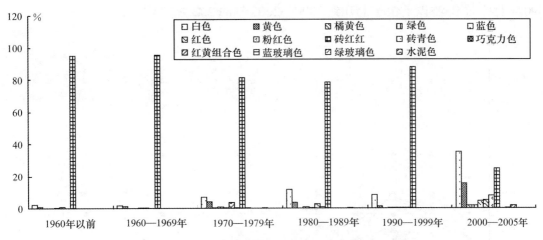

图 19-3　兰州市不同类型色彩在同一时期所占比例

　　安宁、西固两区砖红色建筑的比例分别达到了 94.33% 和 95.62%，而城关、七里河两区砖红色建筑的比例却分别只有 69.28% 和 73.95%。安宁、西固两区白色建筑比例分别仅有 3.32% 和 2.64%，城关、七里河两区白色建筑的比例却分别达到了 20.37% 和 15.92%。因此，砖红色建筑和白色建筑比例之和在安宁和西固两区均超过了 97.5%，在城关和七里河均超过了 89.6%。黄色建筑、红色建筑、粉红色建筑在城关区的比例分别为 3.49%、2.58% 和 1.32%，在七里河区的比例分别达到了 4.37%、1.47% 和 1.32%。其余色彩建筑的比例在四区都很低，不超过 1.11%，大都在 0.01% 和 0.5% 之间变动（图 19-4）。这说明功能差异所造成的行业建筑类型差异也对城市建筑色彩演化造成了一定影响。

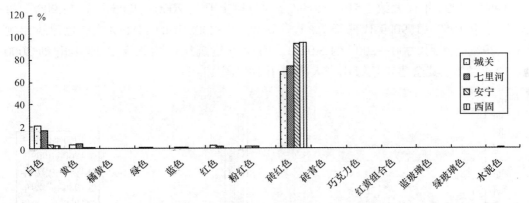

图 19-4　兰州市分区建筑色彩所占比例

　　从色彩演化角度分析（图 19-5），城关区砖红色建筑所占比例由 1950—1960 年代的 84% 左右下降到 1970—1990 年代的 66%~75% 之间，再急剧下降到 21.79%。而与此同时，白色建筑的比例却由 1950—1960 年代的 6.61% 和 5.07%，分别上升到 1970—1980 年代的 11.57% 和 14.23%，再上升到 90 年代的 22.22% 和 2000—2005 年 38.42%。黄色建筑比例也由 1950—1990 年代的大致 2.6%~7.87% 急剧上升到 2000—2005 年的 16.64%。粉红色建筑也由 1950—1990 年代大致 1% 上升到 2000—2005 年之间的 6.95%。红色建筑比例由 3.86% 上升到 70 年代 8.91% 后，又下降到 2000—2005 的 3.47%，基本处于相对稳定状态。其余建筑色彩的比例大都低于 1%。另人惊讶的是，红黄组合色的建筑比例由 1950—

1990 年代大致 0.4% 以下快速上升到 2000—2005 年的 2.42%。

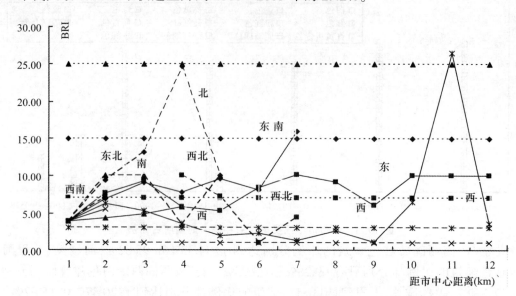

图 19-5　兰州市城关区同类建筑色彩在不同时期所占比例

七里河区砖红色建筑所占比例由 1950—1960 年代的 90.80% 和 92.95% 下降到 1970—1990 年代的 76.32%、79.03% 和 74.04%，再急剧下降到 2000—2005 年的 24.87%。而与此同时，白色建筑比例由 1950—1960 年代的 1.15% 和 1.54%，上升到 70—80 年代的 10.53% 和 11.13%，再上升到 90 年代的 17.25% 和 2000—2005 年的 32.62%。黄色建筑比例也由 1950—1990 年代大致 3.51%~8.05% 之间急剧上升到 2000—2005 年的 13.90%。粉红色建筑也由 1950—1990 年代低于 1% 上升到 2000—2005 年的 11.23%。红色建筑比例由低于 2.29% 上升到 2000—2005 的 8.02%。而蓝色建筑比例由低于 2.2% 上升到 2000—2005 的 4.28%。其余建筑色彩比例大都低于 1%(图 19-6)。

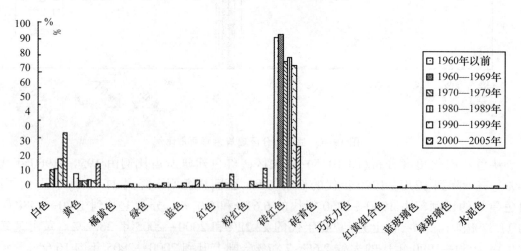

图 19-6　兰州市七里河区同类建筑色彩在不同时期所占比例

安宁区砖红色建筑所占比例由 1950—1990 年代的 87.36%~99.17%，急剧下降到 2000—2005 年 28.89%。但是，白色建筑比例由 1950—1960 年代的 7.47% 和 0.47%，70—

80 年代的 4.00% 和 5.89%，90 年代的 2.64%，快速上升到 2000—2005 年 40.83%。黄色建筑比例也由 1950—1990 年代大致 0.12%~2.98% 之间急剧上升到 2000—2005 年的 17.78%。粉红色建筑、红色建筑、蓝色建筑的比例也由 1950—1990 年代分别低于 0.23%、1.73%、1.16% 上升到 2000—2005 年之间的 3.06%、5.28% 和 3.33%。其余建筑色彩的比例大都低于 0.5%（图 19-7）。

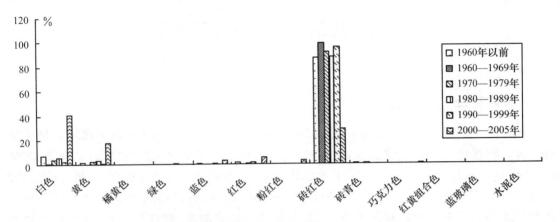

图 19-7　兰州市安宁区同类建筑色彩在不同时期所占比例

西固区砖红色建筑所占比例由 1950—1990 年代的 80.65%~99.45%，急剧下降到 2000—2005 年 33.19%。然而，白色建筑比例由 1950—1960 年代的 0.32% 和 2.28%，70 和 80 年代的 3.26% 和 9.68%，90 年代的 2.34% 上升到 2000—2005 年 19.40%。黄色建筑比例也由 1950—90 年代的大致 0.09%~3.61% 之间急剧上升到 2000—2005 年的 11.64%。粉红色建筑由 1980—1990 年代低于 1.58% 和 0.13% 上升到 2000—2005 年的 15.09%。红色建筑比例由低于 1.72% 上升到 2000—2005 年的 8.19%。而蓝色建筑比例由低于 0.32% 上升到 2000—2005 年的 6.47%。其余建筑色彩的比例大都低于 0.5%（图 19-8）。

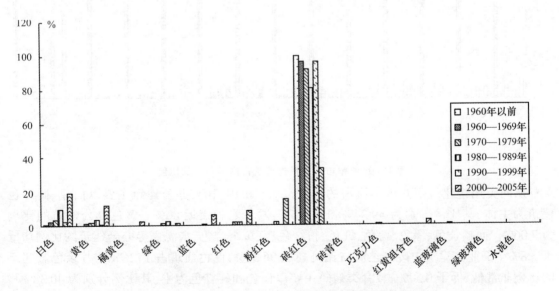

图 19-8　兰州市西固区同类建筑色彩在不同时期所占比例

总之，兰州市以地方建筑材料色彩——砖红色、砖青色为主的传统建筑色彩迅速向以白色、红色、黄色、蓝色、橘黄、粉红为主的色彩体系演化，而且是冷、暖色调体系并存，这与当代中国城市建筑一般都采用白色、灰色，以及高明度、低彩度的暖色调的现实既有一致的地方，也有不同的方面，但却同样使城市原有的地域文化特色及个性形态不复存在。

19.2　建筑用途与色彩演化

1.总体特征

从不同建筑用途在同一色彩的数量分布比例角度分析（图19-9），住宅建筑占据了绝对优势。除绿玻璃色住宅建筑仅占42.86%，白色和蓝色住宅建筑分别为66.39%、61.55%外，其余比例都超过了70%。如果不考虑住宅建筑，在白色建筑中，办公、商业、教育三种用途建筑所占比例较高，分别为13.30%、8.89%和5.37%；黄色建筑主要以办公(7.59%)、教育(7.43%)、商业(4.9%)建筑为主；橘黄色建筑主要为商业、教育和办公类型；绿色建筑主要为教育、办公类型；蓝色建筑主要为办公、教育、商业和市政类型；红色建筑主要为办公、教育、工业、商业和市政类型；粉红色建筑主要为办公、教育和商业类型；砖红色建筑主要为工业类型；砖青色为办公、教育和商业类型；巧克力色建筑仅有教育和市政两种类型；红黄组合色建筑有办公、科研和商业三种类型；蓝玻璃色建筑是办公、工业、市政和科研类型；绿玻璃色建筑仅有商业类型；水泥色建筑主要有办公、教育和商业类型。

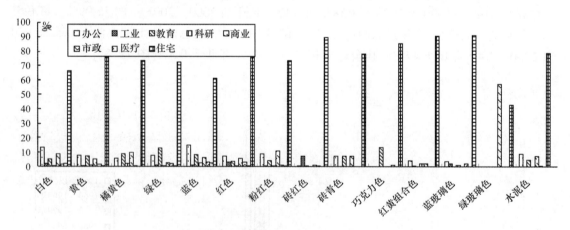

图19-9　兰州市不同用途建筑占同类色彩的比例

从同类用途建筑不同色彩所占的比例来看（图19-10），办公建筑主要以白色、砖红色建筑为主体，其比例分别为59.34%和20.35%，两者之和接近80%。黄色办公建筑的比例为7.06%。而橘黄色、绿色、蓝色、红色、粉红色、红黄组合色、水泥色等办公建筑的比例均低于3.8%。工业类建筑中砖红色所占比例高达96.37%，白色建筑占了2.78%，其余色彩建筑的比例非常低，低于0.50%。教育类建筑主要以白色和砖红色为主，其比例分别为40.38%和32.20%。黄色建筑的比例为11.64%，其它色彩的建筑比例均低于4%。科研类建筑的色彩也主要以白色(37.50%)和砖红色(35.33%)为主,黄色建筑和蓝色建筑的比例分别为9.78%和6.52%,其余色彩建筑均低于4%。商业类建筑主要以砖红色和白色为主,其比例分别为46.19%和39.54%,黄色、红色和粉红色等商业建筑所占比例分别为4.55%、3.52%和2.39%,其余色彩建筑的比例均低于1.5%。市政类建筑的色彩主要为砖红色(74.77%)、白色(14.12%)、黄色(3.59%)和红色(3.59%),其余色彩建筑的比例都低于1.75%。医疗类建筑的主体色彩为白色和砖红色,其比例分别为66.41%和19.47%,其次为黄色和蓝色,比例分别为5.34%和4.58%,绿色、红色与粉红色建筑的比例均低于2%。住宅类建筑的色彩类型最为广泛,主要色彩是砖红色和白色,比例分别为88.76%和6.86%。黄色建筑占1.64%,其余色彩建筑的比例都低于1%。

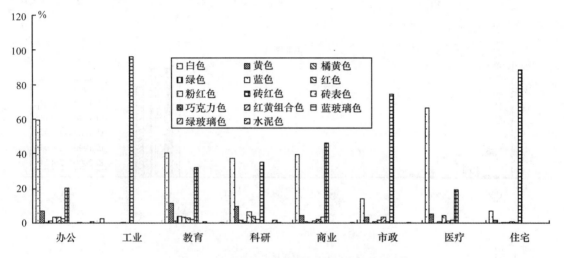

图19-10　兰州市同类用途建筑色彩的比例结构

2.不同用途建筑的色彩组合

兰州市办公建筑色彩主要由砖红色、白色、黄色、蓝色、红色、粉红色、绿色等组成。砖红色在1950—1970年期间是城市建筑色彩的主体,占建筑总数的74%以上,但到1970—1990年,该比例就下降到38%左右,1990年后,进一步下降到8%以下。与此同时,白色建筑由1950—1960年代的6%左右上升到90年代的77%以上,后又下降到2000—2005年的55%左右,成为兰州市办公建筑的主流色彩,与砖红色一起组成了城市办公建筑色彩的主体。橘黄色、绿色、粉红色在60年代后逐步被采用,但是其所占比例不超过5%。而水泥色在1970—1999年期间被采用,最近5年已被摈弃。蓝色建筑虽然略有起伏,但是,其所占比例基本稳定(图19-11)。

2000—2005年与以前相比,虽然兰州市砖红色工业建筑比例下降了约19%,其比例依然超过了81%。与此同时,白色工业建筑比例从1960—1980年代的不足3%上升到90年代的9.24%以上和2000—2005年的15%以上。显然,砖红色和白色是工业建筑的绝对主流色彩。兰州市住宅类建筑的色彩最为丰富(图19-11),主要由砖红色、白色、红色、黄色、粉红色和蓝色等组成。在50年代,砖红色是城市住宅建筑的绝对主体色彩,占94.71%,而白色、黄色和红色住宅建筑所占比例分别为1.79%、1.94%和1.12%,蓝色和砖青色建筑各占0.15%,粉红色和红黄组合色各占0.07%。60年代,砖红色住宅建筑比例依然占到了

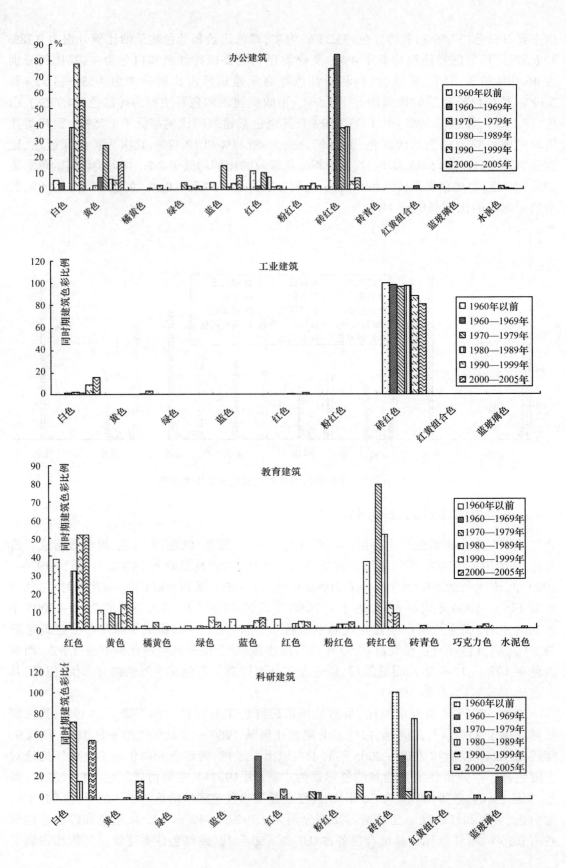

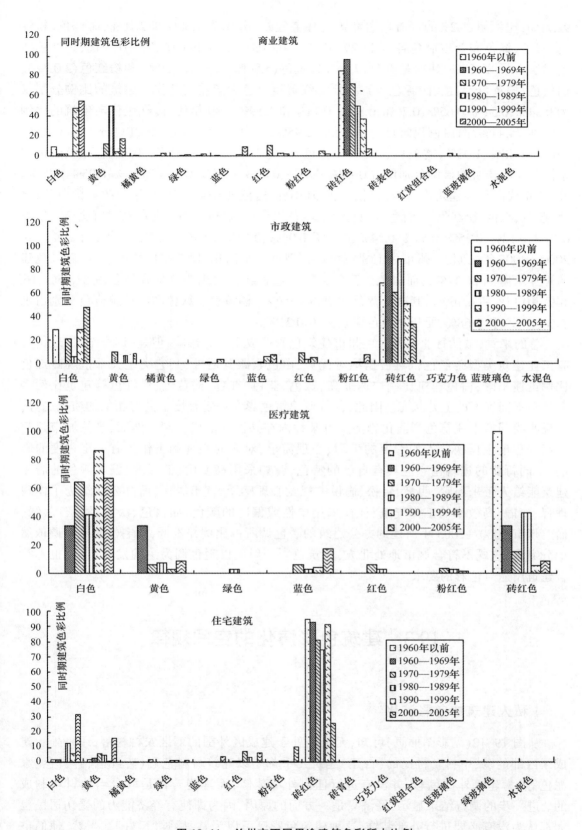

图 19-11 兰州市不同用途建筑色彩所占比例

92.71%,比例超过 2%的仅有白色和黄色住宅建筑,分别为 2.00%和 2.78%,而红色、粉红色、蓝色、绿色和蓝玻璃色各占 1.22%、0.09%、0.61%、0.35%和 0.07%。70 年代,砖红色住宅建筑占了 80.65%,其次是红色(7.24%)、黄色(5.84%)、绿色(1.30%)和粉红色(3.03%),而白色、橘黄色、蓝色、砖青色、巧克力色、红黄组合色和蓝玻璃色住宅建筑的比例分别仅为 0.54%、0.54%、0.65%、0.76%、0.32%、0.11%和 1.19%。80 年代,砖红色住宅建筑的比例下降到 74.44%,而白色建筑迅速上升到 12.95%,黄色、红色、绿色、粉红色分别占 4.78%、3.62%、1.48%、1.03%,橘黄色、蓝色、砖青色、巧克力色、红黄组合色、蓝玻璃、绿玻璃色和水泥色住宅建筑的比例分别仅占 0.19%、0.53%、0.05%、0.10%、0.07%、0.60%、0.05%、0.09%。在 90 年代的住宅建筑中,砖红色依然占 91.01%,白色占 6.08%,黄色占 1.07%,橘黄色、绿色、蓝色、红色、粉红色、砖青色、巧克力色、红黄组合色、蓝玻璃和水泥色的建筑比例分别占 0.10%、0.18%、0.25%、0.54%、0.34%、0.01%、0.07%、0.13%、0.04%、0.17%,均小于 1%。在 2000—2005 年之间,兰州市住宅建筑色彩类型进一步简化,比例趋向均衡化,如砖红色建筑迅速下降到 26.11%,而白色、黄色、粉红色和红色建筑快速攀升到各占 31.65%、16.14%、10.11%和 6.46%。其次是蓝色建筑占 4.07%,橘黄色、绿色和红黄组合色分别占 1.89%、1.68%和 1.68%,而巧克力色建筑仅占 0.21%。

总的来看,虽然行业差异对兰州市建筑色彩造成了一定影响,但是,调查结果显示,只有工业建筑类型砖红色依然占据绝对优势,白色紧跟其后外,其它类型大都呈现砖红色比例迅速下降,白色建筑比例快速提高,黄色、蓝色、红色、橘黄色、粉红色等建筑比例多数处于不同程度的上升状态。因此,各行业建筑色彩在一定程度上具有相似的演化趋势,这说明我国城市建筑色彩演化趋势具有某种内在共性和形成机制。然而,既然城市建筑从某种程度上反映着人们一定的生理、心理需求,对人的心理和工作具有一定程度的影响,不同行业的建筑色彩应具有自己的特色,譬如采用高明度、低彩度、偏暖颜色的居住建筑能给人带来温暖、明亮、轻松、愉悦的视觉心理感受,宜于居住,而办公建筑为了体现理智、冷静、高效率的工作气氛,往往采用中性或偏冷的颜色,如白色、淡蓝、浅灰、灰绿,而兰州市 2000—2005 年所建的办公建筑的暖色调所占比例并不低,住宅建筑冷色调依然十分突出,这既不符合城市地处北方,建筑色彩一般应以暖色调为主的发展趋势,也不符合建筑用途对色彩的要求。

19.3　建筑色彩演化的空间规律

1.私人建筑的色彩演化

从图 19-12(见彩图插页)可知,无论是处于建成区外围的郊区农村村落,还是处于建成区内部的"城中村",村民的(自建)建筑几乎都是以建筑材料色彩(砖红色、砖青色、水泥色等)为建筑外部色彩,并没有进行任何外部装修,而这些砖瓦是取自当地材料制成的。进一步的调查结果显示,经济只是一方面的原因,因为即使有经济能力的受访居民也大都认为没有必要进行外部装饰,这种建筑色彩已习以为常,感觉"挺好"。当然,他们也认为如果收入特别"宽裕",也可能进行建筑外部色彩的转换,其色彩也主要取决于目前各种建筑装饰材料的价格,对色彩选择的主观倾向性并不是特别明显。虽然如此,白色、红色、粉红色系列还是得到了村民的青睐。所以,经济基础和材料价格显然是根本性因素,而村民实际上对于色彩选择还是具有某种倾向性,只是他们在现实生活中还没有认真考虑这个问题。

2.建筑更新速度与城市色彩景观转换

显而易见(图19-13①,见彩色插图),兰州市建筑更新速度愈快的地方(尤其是商业区、城市核心区),其建筑色彩景观愈丰富多彩,因为这些地方建筑用途多样,建造年代短,容易采用最新的(流行的)建筑外部色彩。因此,城关区的西关十字和南关十字一带、七里河区的西关十字到西站的地区、安宁区以安宁路和以经济技术开发区为核心的地区、西固区的西固巷一带因为拆迁频繁、建筑类型和用途多样,建筑色彩组合极为多样化。而在他们外围的地区,主要由工业企业、居住区和郊区农村组成,建筑色彩却依然以砖红色等传统色彩为主,这显然与大量企业不景气,企业内部建筑更新速度慢,现存建筑主要以1960—1990年代的建筑为主有关。而城关区的雁滩是1990年逐步开发的新区,建筑色彩("城中村"例外)极为现代化。所以,城市建筑色彩演化趋势显然与城市建筑更新的速度极为相关,更新速度越快,建筑色彩越现代化和多样化,传统色彩景观消失速度越快,即传统保护与现代化过程的冲突越激烈。

值得注意的是,因为1990年代以来市中心区新建建筑体量明显增大,楼层高,导致该区域的视角效果发生了明显的变化,与所统计的某一建筑色彩比例有很大不同,如白色色调在市中心区的视觉效果就很强,且与砖红色的老建筑组成了视角效果很强的城市景观。

3.色彩空间组合规律

显而易见,兰州市建筑更新速度愈快的地方(尤其是商业区、城市核心区),其建筑色彩景观愈丰富多彩,因为这些地方建筑用途多样,建造年代短,容易采用最新的(流行的)建筑外部色彩。因此,城关区的西关十字和南关十字一带、七里河区的西关十字到西站的地区、安宁区以安宁路和以经济技术开发区为核心的地区、西固区的西固巷一带因为拆迁频繁、建筑类型和用途多样,建筑色彩组合极为多样化。而在他们外围的地区,主要由工业企业、居住区和郊区农村组成,建筑色彩却依然以砖红色等传统色彩为主,这显然与大量企业不景气,企业内部建筑更新速度慢,现存建筑主要以1960—1990年代的建筑为主有关。而城关区的雁滩是1990年逐步开发的新区,建筑色彩("城中村"例外)极为现代化。所以,城市建筑色彩演化趋势显然与城市建筑更新的速度极为相关,更新速度越快,建筑色彩越现代化和多样化,传统色彩景观消失速度越快,即传统保护与现代化过程的冲突越激烈。

值得注意的是,因为1990年代以来市中心区新建建筑体量明显增大,楼层高,导致该

---

①注:$SHDI=-\sum_{i=1}^{M}[P_k\ln(P_k)]$,其中$P_i$表示某一色彩类型建筑占地面积占评价单元(500m*500m网格单元)的比例。M表示色彩类型总数。当色彩类型增加或各类型建筑占地面积占评价单元面积比例趋于相似时,$SHDI$的值也相应增加。

区域的视角效果发生了明显的变化，与所统计的某一建筑色彩比例有很大不同，如白色色调在市中心区的视觉效果就很强，且与砖红色的老建筑组成了视角效果很强的城市景观。

4.单位制建筑色彩演化特点

在调查中，我们发现凡是效益好（包括行政管理）的单位，其建筑更新的速度较快，建筑色彩也较为张扬，色彩材料也较为高档。无论是政府机关、高校、医院，还是工业企业（如兰州卷烟厂的新厂内的建筑群），其建筑设计都倾向提高档次，色彩在一定程度上也追求醒目，这肯定与经费管理约束性差、政绩等因素有关。但是，令人惊奇的是单位内部建筑色彩设计也大都同样缺乏协调，存在不同程度的色彩混乱现象，可见在规划中并没有认真解决这个问题，如甘肃省政府地处明代肃王府内，大门是典型的古建筑，里面也有1950—1970年代的传统建筑，但是，90年代后的新建筑却几乎没有考虑与历史文化、传统建筑的有机协调。

5.城市建筑色彩的整体空间效果

无论是单位内部建筑色彩体系，行业建筑的色彩选择，还是城市建筑色彩的整体宏观效果，存在一定程度的不协调现象和缺乏特点等问题。建成区内传统建筑色彩与现代建筑色彩相互混杂，对比度非常强烈的冷暖色调并存，同一种建筑几种色彩混用，少部分建筑色彩异常醒目（例如，以白色浅色调为基调的天水南路的北段，突然出现色调醒目，饱和度高的黄楼；以白色浅色调为基调的庆阳路的中段，突然出现色调醒目，饱和度高的红楼，即容易出现色彩纠纷或色彩污染，采用集中在高彩度色域的饱和的大红、粉红、翠绿、明黄等色彩的建筑竟然不在少数）等问题，令人感觉很不舒服。如果站在皋兰山顶向下俯视，整个城市就是一片花花绿绿、高楼林立的水泥世界，与地处半干旱区黄土高原河谷盆地的自然条件很不协调。

19.4　城市建筑色彩的决策者

根据我们的调查结果，假设不考虑建设成本和色彩材料选择的限制，在城市单体建筑的设计中，由于很少采用居民广泛参与的讨论决策方式，建筑色彩设计实际上是极少数人决定的，大致可分为以下三类情形。第一类是单位内部的建筑设计。这些单位在向设计部门提交设计任务时，根据自己行业的建筑类型或生产要求提出色彩要求，或者只是简单的提出色彩要求（宏观性意向），或者根本没有具体的要求，等设计完成后，再根据规划者的设计方案提出修改意见或表示认可。一般地，（生产）行业限制显著的企业建筑色彩一般较为固定；其它单位或者没有行业限制的各单位并没有比较正规和具体的单位内部规划的限制。各单位主管领导往往根据自己或分管领导的意愿就能确定所设计建筑的色彩。但是，一部分单位的领导也在一定程度上考虑了自己单位一些建筑的历史特点（例如，兰州大学图书馆扩建时的设计充分考虑和保留了原苏联的欧式风格；处于天水南路黄楼在拆除重盖后为了保持传统，与原有名称一致，建筑色彩保留了原来的深黄色调），现代建筑色彩的设计潮流等内容。但是,这些考虑往往具有一定的随意性,且由于主管人员更替,单位整体建筑色彩设计的主导思想缺乏连贯性,这就出现了单位内部建筑色彩的混乱现象。因此,单位内部建筑色彩设计往往与行业限制,或者主管领导的素质与观念相关;第二类是市场供给的建筑类型。此类建筑目前以市场化的房地产开发居多。这类建筑虽然购买者也具有一定的潜在影响力,但是被动的和潜在的,而房地产开发商和设计人员具有最后的主导权,尤其是当供给小于需求,或者需求方力量弱小,或者并不十分关注建筑色彩时(需求处于低级阶段),此类建筑房地产商具有最终决策权。但是,他们的建筑色彩设计理念也深受开发潮流、市场需求(需求者)、规划设计人员建议等各方面因素的影响;第三类是住户自己建筑的房屋。此类房屋以原"城中村"居民为主体,建筑色彩完全取决于住户自己的意愿。

19.5　中国西部城市建筑色彩演化的基本原理与内在机制

1.一般性原理

(1)建筑色彩的技术决定律

一般地,如果不考虑建筑色彩选用后的建设成本,人类所能选用的建筑色彩类型显然受到与建筑色彩新材料开发的相关技术能力与发展水平的影响。建筑色彩的丰富程度明显与先进建筑材料技术所提供的多样化的色彩材料种类成正比。技术因素至少能从三个方面决定人类的建筑色彩:一是能够提供多少种类的色彩,二是在多大规模和层次上向市场供给所提供的各种色彩材料(非经济原因),三是是否拥有大规模运输建筑材料的技术手段和运输能力。前者影响了建筑色彩潜在的组合程度,后两者直接影响了某类建筑色彩的组合程度与普及程度。因此,从最广泛的意义分析,人类建筑色彩选择的自由度是技术能力与水平的函数,也是决定建筑色彩选择自由度的根本力量。它既是限制性因素(所能开发和持续有效利用色彩种类总是有限度的),也是非限制性因素(通过技术手段,开发和利用新的色彩类型)。在一定历史时期,可以说人类的建筑色彩选择的自由度是极其有限的(古代城市建筑色彩的所谓区域性特色、历史特色等其实都是由此因素造成的)。但从长远来看,人类建筑色彩选择的自由度可能是增加的(目前的发展趋势可以证明)。

(2)建筑色彩的经济基础决定律(限制性因素一)

在一定的技术水平下,从一般意义上的经济原理分析,建筑色彩选择自由度与经济成本成反比,与经济能力成正比。而且,各种建筑色彩建设的方式所需要的施工时间具有差异(如涂料、瓷砖等),这本身也是一种成本。因此,建筑色彩成本既包括建筑色彩材料的自身成本,又包括施工时间成本(施工的难易程度、工期长短、是否容易损坏与以后的维修成本等),建筑色彩选择自由度实际上与色彩材料本身价格和施工时间成反比。一般地,建筑采用原材料自身色彩将是最节约成本的,如砖体色、水泥色、玻璃色等,可以不进行色彩的进一步处理。所以,建筑材料色彩类型越多,成本越低,质量越好,施工时间越短,城市经济越发达,城市单体建筑的色彩越丰富多彩。城市单体建筑色彩将可能随着经济能力的提高由建筑材料的原体色彩向高档、豪华色彩类型演化。

(3)建筑色彩的人文选择律(限制性因素二)

建筑色彩决策者自身肯定受到时代约束、需求约束、经济约束、文化修养约束、规划约束等。这种约束将决定这个群体的建筑色彩选择的倾向性和特色,因此,城市建筑色彩的人文选择律至少应体现在以下几个方面:第一,城市居民需求选择。由于居民文化水平、收入水平、欣赏水平等的提高,居民对城市建筑色彩的选择最终将通过自己所建建筑,通过价格、批评等影响市场化(住宅)建筑,通过参与式的规划方法影响城市规划人员等手段达到居民需求最终抉择城市建筑色彩的效果。其影响程度取决于居民前述几种方式所采纳的程度与实践组织能力和过程;第二,历史文化要素。一个城市经过较长历史时期的发展,将会形成自己的建筑色彩风格,且这种风格往往已深入到城市居民的意念、日常文化生活和感情中,也会逐渐被规划管理部门认可,被规划人员接纳,逐渐形成一种强化这种色彩景观的保护性力量,这也是建筑文化传承的一部分内在机制力量;第三,外部干预与学习要素。在城市发展中,无论是外部力量的强行进入(如殖民地城市),还是规划设计人员(包括建筑开发商等)的主动学习,都会导致一种新的城市色彩体系的逐步或迅速出现,这将会打破原有城市色彩体系的平衡。但是,无论如何,经过长时期演化,城市色彩将逐步趋向一种新的平衡,一种新的传统;第四,城市规划的干预。城市规划对于城市色彩的控制性干预肯定会影响城市的色彩演化趋向。只不过这种控制是否合理,强度和范围是否科学,手段是否高明。一般地,城市规划管制越少,需求越多样化,城市建筑色彩将越丰富多样或五花八门。

(4)城市建筑色彩的单体建筑决定律

显然,某一时刻城市建筑色彩与城市现有建筑的年代组成结构、空间分布特点、不同时期建筑色彩的特点、城市建筑的更新速度等因素相关(前文实证部分已证实了这一点)。当然,具有一定特点的城市建筑色彩的特点与风貌将会通过城市规划、主管领导观念、设计人员理念等途径影响以后单体建筑的色彩设计趋向,可能使整个城市的建筑色彩设计更加协调,景观更加秀丽和人性化。因此,城市单体建筑色彩设计与城市建筑色彩是相互影响和制约的。一般而言,单体建筑色彩的宏观效应只有通过科学规划和管制才能取得。但是,经济发展水平、设计理念、色彩选择的技术自由度、主观人员的观念、需求的导向,以及城市建筑色彩整体特征与文化积淀所引致的规划管制等因素是城市建筑色彩形成的主要影响因素与基本条件。

(5)全球化进程中城市建筑色彩趋同律与差异律

随着人类经济水平的提高、全球化进程加速和信息传输能力的增强,不同地域人类的相互学习能力日益增强。而且,人类自身需求和审美能力可能具有某种共性,加之色彩材料技术的相对有限性、经济能力的增强和运输能力的全球化,很可能导致建筑色彩选择与设计的趋同性,最终导致全球各地城市建筑色彩的趋同性(中国各地城市近 20 年就是如此)。但是,鉴于人文选择律的存在,全球化进程中的一些城市建筑色彩也同样存在差异律,即它们仍然保存或显示了自己的色彩个性,体现了当地的历史文化特色等,如当今欧洲的一些城市。因此,全球化进程中城市建筑色彩的趋同律与差异律是存在的,关键是人文选择律的作用强度和干预机制是否合理。

2.一般性机制

根据前述定律，人类进行建筑色彩种类设计与选择的自由度随着技术与经济的进步将逐步提高。但是，这种自由度将受到人文选择因素不同程度的约束，根据文化差异、制度差异、历史发展轨迹的不同而出现不同的演化路径（图19-14）。

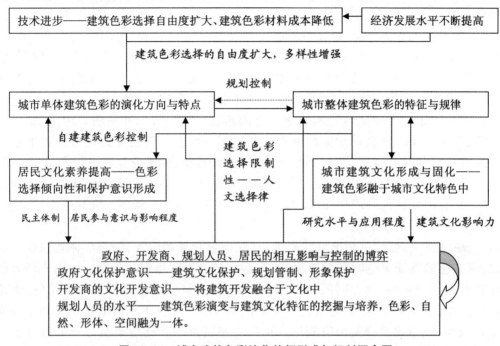

图19-14　城市建筑色彩演化特征形成与机制概念图

工业革命前，世界建筑色彩材料发展水平总体上较为落后，其使用成本也相对高昂，这一时期的城市建筑色彩绝大多数都是建筑材料的色彩。而这些建筑材料大都取自于当地，远距离大规模扩散因为经济成本和运输问题难以成功，导致城市建筑色彩的区域性特征较为强烈，例如北京民间住宅所用的砖、瓦、灰、沙、石基本上采自北京四郊，其所用砖瓦是附近窑厂所烧制，当时的烧制技术最普遍的就是烧制青砖青瓦，此种颜色自然也就成为当时北京广大民居的基本颜色了。同时，由于石质、木质、砖质、土窑等部分建筑经久耐用，经历年代久远（如曼彻斯特现存的部分石质建筑超过了300~400年），已逐步融入到当地的文化中，形成当地特色的建筑文化，与建筑设计风格、形体特征、空间布局相适应，地方风格相当突出。如古希腊和罗马的一些城市，由于当地或附近盛产石材，城市建筑大多由灰白色或黄褐色的大理石及花岗岩砌成，建筑外表裸露，仅在局部壁画或雕刻装饰部分施有红、蓝、黄、绿、黑等颜色，形成单一的城市色彩风格；而同时期的两河流域，由于缺乏良好的木材，用土坯建造房屋，为了保护土坯墙，人们还发明了琉璃作为重要的饰面材料，琉璃色彩丰富、色泽鲜艳，公元前6世纪前半叶建设起来的新巴比伦城，大量使用琉璃砖贴面，因此形成辉煌、华丽的城市色彩风格，其建筑色彩取决于当地主要建筑材料的色彩，如石头、砖体、粘土的色彩，整个城市也就突现了这种风格。因此，这种风格的形成在相当程度上与建筑色彩材料选择自由度低有关。即使有部分新型材料，也会因为经济成本高，运输能力低而难以推广，自然就形成了具有当地建筑色彩特征的城市建筑色彩景观特色,故此阶段自然环境是形成城市特色的基本因素。

工业革命后,经济发展水平迅速提高,运输技术与能力也日新月异。而且,建筑新材料的开发也十分迅速,使得建筑设计师、规划人员、城市居民对于建筑色彩选择的自由度极大地增加了。建筑材料全球化运输的可能性也使得同一类建筑材料同时出现在全球各地城市的可能性大大增加了。这就有可能出现下列几种情形或问题:第一,一座城市中可能出现各种各样的色彩类型,如果没有合理的控制,肯定会出现色彩的混乱和视觉污染;第二,传统色彩文化与新的色彩需求的矛盾与冲突,即传统(保护)与现代的冲突;第三,如果某几类色彩材料非常廉价,同时得到很多城市建筑的使用,可能会出现"千城同色"的局面,虽然其空间组合和使用频率会有差别。虽然历史上这些问题在全球各地部分城市不同程度的出现过,但是,中国城市经过近60年的快速发展,建筑色彩问题已十分严重,远比西方发达国家的城市建筑色彩缺乏文化内涵、协调性、特色和品质。因为,整个西方发达国家,尤其是历史悠久的国家的城市建筑色彩并没有因为色彩选择自由度的迅速扩大而变成我国目前花花绿绿、色彩类型多样、随机任意组合,缺乏层次、美感、协调性和特色的城市建筑色彩景观,而是依然保持了原有文化(色彩)特色,又合理地融合了现代色彩类型的、具有传统特色与现代需求较为完美结合的城市色彩景观。究其原因,主要有下列几点:

第一,单体建筑拆迁、更新速度的影响。从城市色彩景观出发,如果单体建筑保存时间越久,其原有色彩特征保存时间相对越长(重新装修的可能也存在)。但是,由于西方国家单体建筑普遍质量较高,保存时间相对较长。而且,大量城市建筑都是私有化的,无论是出于经济角度,还是文化角度,建筑色彩持续性都很强。而我国城市的建筑在新中国成立到改革开放前,城市建筑都是公有制的。而公有制就意味着这些建筑色彩的设计实际上处于少数人的控制中。同时,出于经济基础薄弱以及"先生产、后生活"和"破四旧"等政策倾向,大量古建筑被无情拆除,代之以大量几乎没有外部装饰的砖体、水泥色彩的建筑色彩体系。快速的城市化进程和空间扩张更是推动了整个城市建筑色彩体系的突变性发展。改革开放后,建筑色彩材料更是日新月异,加之向国外学习在一定程度上具有盲目倾向,使得城市建筑色彩缺乏合理控制,色彩使用更加随意,在区域上更是缺乏协调和控制,导致传统特色被加速破坏,而现代色彩体系又缺乏内涵和协调性,出现了所谓色彩的"视觉污染"和城市建筑文化特色的加速丧失。

第二,规划控制体系的影响。在西方发达国家,由于其人口相对较少,人口素质高,快速城市化后的建筑高潮后已处于相对稳定的状态。大量私人建筑,尤其是住宅很少大量使用多种类型的建筑色彩材料,大都使用当地建筑材料的原色彩(欧洲国家大都如此,曼城的大量建筑依然是砖体的红色)。同时,由于研究水平普遍较高,规划管理机构对于城市建筑色彩的认知和导向普遍较为合理。在公有制建筑的设计与建设中,首先保护了大量的古建筑,保存了原有的风貌。其次,在新建筑的设计中,普遍注意了与区域性城市色彩特征协调。最后,由于民众的文化素质高,规划的民主程度高,民众的参与性强,对建筑色彩的异质突变的约束性强,导致城市的色彩体系普遍处于持续稳定发展状态。而反观我国,首先是问题已经出现很久,虽然有识之士也在呼吁,但是,由于体制和机制问题,研究水平不高,决策层很不重视这个问题,在我国城市中几乎没有科学的色彩管制与控制性规划。其次,目前,决定我国建筑色彩的群体主要是单位的相关管理人员和规划人员。

无论是公共建筑,还是单位内部建筑,民众几乎没有发言权。就是市场化较高的住宅建筑色彩,民众也只是接受者。如我国城市建筑50年代曾一度盛行的清水红砖墙,60年代的灰面墙,80年代白色瓷砖贴面的普及等,50多年来没有可行的宏观性建筑色彩规划。城市又处于快速更新与扩张时期,新的建筑色彩材料开发较为迅速,经济基础日益雄厚(建筑设计与材料采用也存在盲目浪费的现象,缺乏有力监督机制),使得色彩决策者拥有随心所欲的巨大权利,造成了我国城市建筑色彩设计与建设问题愈发突出。加之,很多规划人员和开发商正处于不断学习和成熟的发展阶段,规划审批机构也没有合理的标准去衡量,城市建筑色彩问题在我国城市逐步成为普遍现象。

因此,在色彩选择自由度不断扩大的背景下,西方国家由于其内在的控制机制实现了城市传统特色和现代色彩技术的有机结合。而中国城市缺乏深入的研究成果支撑,管理机构没有及时重视此问题,建筑色彩的人文选择和约束机制很差,使我们失去了一次将中国传统建筑文化与现代色彩技术相结合的机会,出现了令人遗憾的局面,即缺乏传统的色彩特征,又没有形成区域性色彩体系,城市整体建筑色彩缺乏协调和特点。值得注意的是,目前,随着交通和运输条件的迅猛发展,建筑材料的地域局限正逐步减少。另外,先进的科学技术所带来的广泛的文化交流,使得一些建筑形式能够在很短的时间内取得全球范围内的认同,在一定程度上造成了城市建筑色彩的全球化倾向。

3.城市色彩景观演变的机制

显然,经济发展水平、设计理念、色彩选择的技术自由度、主管人员的观念、需求的导向,以及城市建筑色彩整体特征与文化积淀所引致的规划管制等因素是我国城市建筑色彩形成的主要影响因素(图19-15)。近20年来,我国城市经济发展水平迅速提高,强大的经济基础为我国建筑色彩的多样化提供了雄厚基础。而且,我国建筑色彩材料技术发展日新月异,和国际建筑材料市场紧密联结,使我国单体建筑色彩选择的自由度大大拓宽。但是,由于我国城市建设规模大,速度太快,规划水平低,管理模式落后,建筑色彩最终决定权实际上掌握在各级领导与规划人员手里,绝大部分城市居民对建筑色彩并没有多少影响力(影响力是潜在和缓慢的)。

因此,在我国城市建筑色彩的选择中,城市居民,具有传统文化特征的建筑色彩体系和来自国外,甚至随心所欲选择形成的新的建筑色彩体系的冲突日益尖锐。由于研究水平滞后和规划管理松散,随着材料技术的进步和经济能力的快速提高,我国城市的色彩体系和特征将可能越来越混乱,各城市色彩体系逐渐同一化,形成了建筑色彩万花筒的局面,这将导致传统建筑色彩特色消失或在城市中形成各种各样的"城中色彩孤岛",而新的色彩体系因缺乏文化内在魅力和传承性而出现物质与文化的分离现象,造成难以弥补的巨大损失。然而,建筑色彩材料选择自由度扩大也是有限度的,如当代城市建筑基本都采用面砖或涂料作为饰面材料,共同的材料带来颜色的可选范围相似,极大地削弱了建筑色彩的可选择性。而且,信息技术的快速进步也加速了文化交流,促使流行的建筑风格迅速普及,加之人类在共同拥有的领域内存在相通的色彩意识,也造成了色彩选择中的趋同倾向,加速削弱了城市地域特色,城市色彩面貌同一化趋势加快。

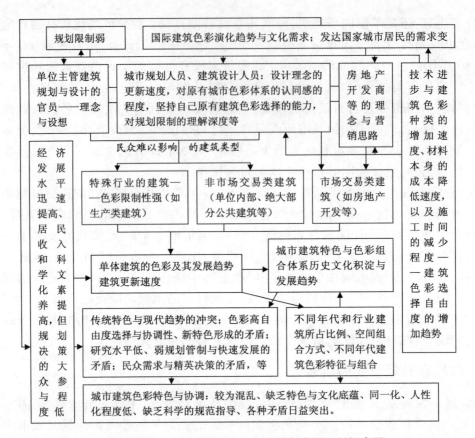

图 19-15　我国城市建筑色彩演化与发展机制概念图

本章小结

兰州市建筑色彩演化的规律表明,随着经济基础的日益雄厚,以建筑材料色彩为外部色彩的建筑比例日益急剧下降,而以涂料、瓷砖等进行外部装修的建筑比例快速增加。虽然行业差异对兰州市建筑色彩造成了一定影响,但只有工业建筑类型砖红色依然占据绝对优势,白色紧跟其后外,其它类型大都呈现砖红色比例迅速下降,白色建筑比例快速提高,黄色、蓝色、红色、橘黄色、粉红色等建筑比例多数处于不同程度的上升状态。因此,各行业建筑色彩在一定程度上具有相似的演化趋势,这说明兰州市建筑色彩演化趋势具有某种内在共性和形成机制。实际上,各单位决定建筑色彩的力量就是单位主管人员与规划人员。而面向市场的建筑色彩虽然也是开发商和规划人员占主导作用,但需求的影响力将逐渐缓慢扩大。兰州市以地方建筑材料色彩——砖红色、砖青色为主的传统建筑色彩迅速向以白色、红色、黄色、蓝色、橘黄、粉红为主的色彩体系演化,而且是冷、暖色调体系并存,这与当代中国城市建筑一般都采用白色、灰色,以及高明度、低彩度的暖色调(梁晶,卢菁,2004)的现实既有一致的地方,也有不同的方面,但却同样使城市的地域文化特色及个性形态不复存在。如2000—2005年所建的办公建筑的暖色调所占比例并不低,住宅建筑冷色调依然十分突出,这也不符合城市地处北方,建筑色彩一般应以暖色调为主的发展趋势。而且,兰州市由于城市拆迁的区位限制性,各个时期、各类型建筑组成了城市建筑色彩的主体,建筑的年代组合和类型组合特征影响了城市目前特有的现状色彩景观。

显然,城市建筑色彩存在建筑色彩的技术决定律、经济基础决定律、人文选择律、单体建筑决定律、(全球化进程中的)趋同律与差异律。人类进行建筑色彩种类设计与选择的自由度随着技术与经济的进步将逐步提高。但是,这种自由度将受到人文选择因素不同程度的约束,根据文化差异、制度差异、历史发展轨迹的不同而出现不同的演化路径。经济发展水平、设计理念、色彩选择的技术自由度、主管人员观念、需求导向,以及城市建筑色彩整体特征与文化积淀所引致的规划管制等因素是我国城市建筑色彩形成的主要影响因素与基本条件。近20年来,我国城市经济发展水平迅速提高,强大的经济基础为我国建筑色彩的多样化提供了雄厚的基础。而且,我国建筑色彩材料技术日新月异,和国际建筑材料市场紧密联结,使我国单体建筑色彩选择的自由度大大拓宽。但是,由于我国城市建设规模大,速度太快,规划水平低,管理模式落后,建筑色彩最终决定权实际上掌握在各级领导与规划人员手里,绝大部分城市居民对建筑色彩并没有多少影响力。因此,在我国城市建筑色彩的选择中,城市居民,具有传统文化特征的建筑色彩体系和来自国外,甚至随心所欲选择形成的新的建筑色彩体系的冲突日益尖锐。由于研究水平滞后和规划管理松散,随着材料技术的进步和经济能力的快速提高,我国城市的色彩体系和特征将可能越来越混乱,各城市色彩体系逐渐同一化,形成了建筑色彩万花筒的局面,而新的色彩体系因缺乏文化内在魅力和传承性而出现物质与文化的分离现象,造成难以弥补的巨大损失。所以,由于城市建筑色彩存在其内在的演化机制,尤其是我国城市建设领域一直没有统一的色彩语言,对建筑色彩也没有明确的规范要求,也没有专业机构来指导和监督城市建筑色彩的规划,使我国城市建筑色彩整体上呈现无秩序发展状态(梁晶,卢菁,2004)。虽然近年来,在城市规划和建筑形式上各地已逐步认识到整体与局部的关系,但对城市的色彩规划未能引起足够重视,出现了单体建筑色彩亮丽、突出,但整个城市的建筑缺乏色彩的联系与呼应,而形成与整个城市色彩不相协调的局面(逯海勇,胡海燕,2004)。因此,应有层次和步骤地把握整体特色化的色彩基调和局部丰富的色彩风格,逐步促成多样和谐的城市"色彩—形态"景观结构,协调现代化发展趋势与传统地域文化特色的冲突,按照"整体协调、多样统一",沿城市主干道、城市功能片区,考虑居住体、交通体、办公体、产业体、商贸体、文娱体、院校体、标志体等八大类可控的建筑色彩类型,划分的风貌协调区、整体控制区、引导发展区、景观控制区等城市建筑色彩控制区,若干大型城市色彩景观结点和城市色彩界面控制带,并分别提出指导性的城市建筑色彩管理内容,对城市建筑色彩逐步予以控制和协调,形成各城市应有的建筑色彩特色(尹思谨,2003),如北京市将城市建设的主色调定为灰色,威海市更将城市建筑的主体色彩浪漫化地定位为"蓝天、白云、碧海、红瓦"等。因此,设计师必须具有对城市形象负责的自觉意识,为整个城市形象而慎重选择外立面色彩及材料,必须与所处的地域文化相协调,必须与建筑的主体风格相统一。如我国福建、广东以及国外的新加坡、澳州等地的城市色彩都倾向于明快灿烂的颜色,而我国江南一带的建筑色彩为了与当地气候相适应,多为白色调,显露出秀丽、清雅之感,体现了建筑色彩的含蓄之美。而我国北方城市的建筑则因阳光灿烂及豪放的山水形势,故建筑色彩多偏于明快、鲜艳(逯海勇,胡海燕,2004)。哈尔滨等寒冷地区城市的建筑色彩宜选用暖色调的调合色为基调,在明度上以淡雅、明快的浅色为宜,以一种大面积的色彩为主导色,另配小面积的调配色(杨莉,梅晓冰,1998)。但无论是艳丽还是朴素,建筑色彩与建筑特色必须从城市文化入手,把建筑色彩选择提升到城市形象的高度上去考虑(梁晶,卢菁,2004),保护或形成新的城市地域文化特色和城市个性。

第 **6** 篇 中国（西部）城市的生态景观系统转型

城市是以人类为主体的自然—社会—经济复合生态系统,城市景观是深受人类活动影响的景观类型,同时城市生态系统也深深地刻上了人类影响的烙印,随着人类社会日益城市化,未来的景观将越来越强烈地受到人类经济、社会活动的改造。我国经济制度转型,社会、经济、文化迅速发展,工业化和城市化进程加快,社会阶层分化加快,文化需求多样化和文化类型多元化,市场机制作用进一步深化,生态环境恶化趋势显著。城市景观的研究对于认识并解决由于城市化加速和城市发展过程中出现的一系列问题,如人口膨胀、资源紧缺、城市布局调整、环境污染等,具有重要意义 。当前,以发展中国家为主体的城市化浪潮不断掀起,城市化所伴生的大规模土地利用/覆盖变化已经成为一种典型的人地系统相互作用过程。从景观角度看,城市化过程伴随着一系列自然景观被人工景观所取代,景观格局的这种时空演变潜在着重要的自然与社会文化方面的生态过程。转型期,中国西部城市发展迅速,社会经济系统和空间组织发生了深刻的变化,有必要选择西部河谷盆地型城市——兰州为典型案例,通过遥感定量方法获取城市内部各种景观信息,揭示城市化过程中各种城市景观的时空演变格局特征。

第 20 章　兰州城市生态景观系统变化

　　综合中外学者近年来就城市景观所作的理论和实证研究可以看出，城市发展中许多生态与环境问题，均与不合理的城市景观结构布局有关。因此，城市景观格局、动态和城市化过程的关系研究已经成为生态学研究的一个热点问题(曾辉,2003)。城市景观生态学在较小尺度上对城市这一人类活动中心进行研究探讨，为认识和解决当代城市问题开辟了新思路(李秀珍,肖笃宁,1995)。城市景观格局研究起步较晚，直到 1980 年代末期，才陆续运用土地利用现状图、卫星航片、遥感影像对城市景观格局进行研究。这些研究主要集中在城市景观格局特征及动态变化、城市景观格局变化的生态环境影响、城市景观生态调控和建设以及城市景观格局动态变化的驱动机制等方面。目前，城市景观格局研究已成为城市景观生态学研究的一个热点问题(Macdonald K A,1998;杨士弘,1999)。

　　由于对景观定义的理解不同，目前国内外不同专业背景的学者基于不同的研究目的，采用了不同的分类方法。例如，肖笃宁认为景观分类应该明确景观单元的等级，体现景观的空间分异和组合，反映控制景观形成过程的主要因子，应按照人类影响强度进行分类(肖笃宁,钟林生,1998)。韩荡以深圳市为例，对城市景观生态分类进行了研究，从我国传统城市景观分类出发，在分析城市景观生态特征的基础上，指出理想的城市景观生态分类应当从人地关系出发，充分反映景观中的人类活动方式、人类活动对景观的"干扰"程度以及景观的抗"干扰"能力(韩荡,2003)。彭建等基于研究发现，土地利用的分类对景观格局指数、景观格局都具有显著的影响(彭建,王仰麟,张源等,2006)。目前，景观分类的理论和方法的研究，主要是针对大、中尺度的分类，而小尺度的景观生态分类的理论和方法的研究尚不成熟。在景观生态分类方法确定的基础上，景观生态分类的原则、单位、系统、指标、术语尚待规范和统一。

　　尺度性是生态系统的自然属性。景观格局发生在不同的尺度，而尺度又影响格局的研究。因此，尺度问题是景观生态学的核心问题之一。如何确立合适的观察尺度以及景观格局的尺度效应问题，是当前景观生态学研究的热点，国内外许多学者在这方面开展了大量的工作(曾辉,郭庆华,刘晓东等,1998;Jerry A Griffith et al,2000;Stephen J Walsh et al,1998;国庆喜,肖少英,2004;Wu J,2004)。Matthew Luck 和 Jianguo Wu 以美国亚利桑那州凤凰城为例，以遥感影像为信息源，分析了城市景观格局与空间幅度大小的关系，得出随着空间幅度和粒度的变化，景观指数也会相应的变化，因此，在使用这些指数时必须明确指出分析尺度(Mathew Luck et al,2002);吕一河,傅伯杰研究了生态学中的尺度及尺度转换方法(吕一河,傅伯杰,2001);赵文武,傅伯杰谈到了尺度推绎研究中的几点基本问题(赵文武,傅伯杰,陈利顶,2002 年);申卫军进行了空间粒度变化对景观格局分析的影响(申卫军,邬建国,林永标等,2003);谈文琦认为空间自相关与自相似性是城市景观的基本特征,具有明显的尺度依赖性,因此研究了城市景观空间自相关与自相似性的尺度特征(谈文琦,徐建华,岳文泽等,2005);岳文泽进行了不同尺度下城市景观综合指数的空间变异特征研究(岳文泽,徐建华,徐丽华等,2005);朱明对上海市景观格局梯度分析的空间幅度效应进行了研究(朱明,徐建刚,李建龙等,2006);龚建周进行了广州市土地覆被格局异质性的尺度与等级特征的研究(龚建周,夏北成,李楠,2006)。

目前城市景观格局动态变化,主要是以土地利用图、航片和高分辨率卫片为基础数据源,在地理信息系统和遥感软件的支持下,利用景观指数和景观变化模型进行景观动态研究。比较有代表性的有:Batty M 在介绍细胞自动机模型原理的基础上,详细探讨了细胞自动机模型与城市格局形成的机理(Batty M,1997);Raul Romero-calcerrada 以三期遥感影像为数据源,研究了西班牙 Encinares 城市景观格局变化并解释了变化的原因(Raul Romero-calcerrada,2004);谢志霄在国内最早开展了城市景观生态方面的研究,运用景观格局指数和马尔柯夫模型对沈阳西郊景观格局进行了分析和预测,取得了较好的效果(谢志霄,肖笃宁,1996);高峻、宋永昌则以上海西南城乡交错带 3 个时相的航空遥感图像为主要信息源,在 ARCINFO 软件的支持下,建立景观数据库,运用景观格局指数对 1984 到 1994 年上海西南城乡交错带的景观特征及其动态变化进行研究。分析表明,1984—1989 年和 1989—1994 年两个时期各种景观的结构特征有明显的差异,景观格局常常受到经济政策的影响,不合理的景观格局是城市生态问题产生的症结所在(高峻,宋永昌,2003);此外,傅伯杰、曾辉、田光进、张秋菊、王永军等人也对城市景观格局动态变化进行了大量的研究(陈利顶,傅伯杰,1996;曾辉,姜传明,2000;田光进,张增样,2002;张秋菊,傅伯杰,陈利顶,2003;王永军,李团胜,刘康等,2005)。

近年来,景观格局变化所带来的生态环境影响成为大家关注的热点。景观格局变化对生态环境的影响极为深刻,不仅改变了景观空间结构,影响景观中能量分配和物质循环,而且不和谐的土地利用造成土地退化、非点源污染和海水入侵等严重的生态环境问题,对社会和经济产生严重的影响。景观格局变化的生态影响研究主要集中在景观格局变化对区域土壤、气候、水环境和生物等方面的影响。如 Yu-Pin Lin 以台湾长化县为例,分析了城市土壤中 Cd、Cr、Cu、Hg、Ni、Pb 和 Zn 几种重金属离子与城市化、城市景观指数之间的关系(Yu-Pin Lin,2002)。周志翔对武钢厂区绿地景观类型的空间结构及滞尘效应进行了研究(周志翔,2002)。景观生态学者非常重视城市景观格局变化对城市森林、湿地和公园等自然空间的影响研究。Pirnat.J 研究了高速公路的建设对城市森林斑块的影响,指出高速公路严重影响和切断了城市森林斑块和乡村斑块之间的连接,降低了斑块之间的连接度(Pirnat.J,2000)。Esteban(2001)以西班牙 Madrid 与芬兰 Oulu 和 Rovaniemi 的城市公园为案例,研究表明景观格局破碎化对鸟类保护的危害很大,应该提高城市林地的连接度,以确保鸟类在繁殖季节获取足够的食物。并探讨了城市鸟类保护的景观生态措施,指出生态学中的生境岛理论是城市鸟类保护和管理的基本指导方针(Esteban,2001)。UllaM.mortberg 在瑞典首都 Stockholm 的城市乡村选取 51 个 2~700hm^2 大小不等的森林样地,以 5 种留鸟为观察对象,分析了城市和乡村不同栖息地中 5 种鸟类的繁殖率。研究表明城市化导致鸟类生境破碎化,并对鸟类的繁殖及其他生理生态具有严重的影响(UllaM.mo rtberg,1999)。Mark hostetler 以北美多个城市为例,分析了鸟类种类数量与斑块空间尺度和林冠覆盖率之间的关系，指出斑块面积与鸟类种类数有直接的关系（Mark hostetler，2001）。此外，李团胜、张涛、刘洪杰、周志翔、陈彩虹等也进行了有意义的研究（李团胜，程水英，2002；张涛，李惠敏，2002；刘洪杰，苏建忠，2003；周志翔，邵天一，唐万鹏，2004；陈彩虹，姚士谋，陈爽，2005）。

  景观生态学是一门应用性很强的学科，在资源保护、区域规划、土地利用和自然保护区建设等领域应用很广。尤其在城市景观生态调控和建设方面具有很强的应用价值，国内外学者进行了大量的案例研究。宗跃光以北京市区为例，研究了大都市空间扩展的廊道效应与景观结构优化，认为由于存在城市中心梯度场和廊道效应梯度场，在单纯经济利益驱动下，城市本质上存在摊大饼倾向，这将严重破坏城市合理景观结构与生态平衡。作者运用廊道效应理论，研究人工廊道与自然廊道相互作用过程，结合北京市区不同时期的空间扩展格局，分析城市景观8个方位的廊道扩展量、扩展速度及变化趋势，提出将自然廊道体系纳入北京大都市区规划，形成人工廊道与自然廊道相间分布的星状分布的集团式景观格局，以有效阻止建成区摊大饼过程（宗跃光，1998）。C.Y.Jim以南京市为例，提出了南京市城市绿地空间的景观生态规划，指出南京城市绿色空间应该在三个尺度上进行规划，并提出了具体的措施（C.Y.Jim et al，2002）。Cook E.A（1991）在总结城市生态规划研究的基础上，提出了一个新的城市规划模式——城市生态网络模式，并进行了介绍和分析（Cook E.A，1991）。周华荣对乌鲁木齐进行了景观生态功能区划及生态调控研究（周华荣，2001）。马严、李团胜、张惠远、王利民等也进行了相关的研究（马严，2003；李团胜，1998；张惠远，倪晋仁，2001；王利民，2003）。

  景观格局变化的驱动机制对于揭示景观格局变化的原因、基本过程、内部机制、预测未来变化方向以及制定相应的管理对策具有重要意义。目前，关于景观格局变化的驱动机制研究主要是通过大量的案例分析及其比较来进行，还没有形成较系统的方法。但景观格局变化的驱动因子仍具有一定的时空规律，较大的时空尺度上，地貌与气候等自然因子和人口、文化与区域社会经济环境等人文驱动因子对景观格局变化起主导作用，而在中小时空尺度上，植被与土壤和技术革新等因子起主导作用。傅伯杰将引起景观格局变化的驱动因子归纳为自然与人文因子两类（傅伯杰，1995）：（1）自然驱动因子，气候、水文、生物和土壤等被认为是主要的自然驱动力；（2）人文驱动因子，包括人口变化、技术进步、政治经济体制的变革、文化和价值观念改变等因子。

  关于景观格局变化的驱动机制研究比较典型的有：Daiyuan Pan（1993）采用典型相关分析了加拿大魁北克 Haut-Saint-Laurent 地区 1958-1993 年间景观格局变化同自然驱动力（土壤类型）间的相关关系（Daiyuan Pan，1993）。张明（2000）利用榆林地区 1:45 万土地利用现状图，选取分维数、形状指数、景观优势度、多样性指数及破碎度等景观空间格局特征指标，在 GIS 软件的支持下进行图形数据处理和空间数据的分析，结合大型统计软件 SPSS 实现景观空间格局特征的计算和分析。同时对诱发该区域景观生态演化的因素进行了定量诊断，并对区域生态环境的景观过程进行了探讨（张明，2000）。陈利顶以我国黄河三角洲地区东营市为研究区域，通过选取景观多样性、优势度、景观破碎度和景观分离度作为评价指标，分析了该区人类活动和景观结构之间的关系。研究表明人类活动对景观格局具有显著的影响，随着人类活动的加强，景观多样性降低，人类活动的强度与景观的破碎度成正比关系（陈利顶，傅伯杰，1996）。曾辉等以深圳市龙华地区为例，对快速城市化景观的空间结构特征及其成因进行了研究。分析表明研究区内的地形条件差异是景观空间分布格局成因的背景性因素，而快速城市化过程中人类活动强烈改造作用,是导致景观结构发生显著差异的根本性影响（曾辉,江子瀛,2000）。

景观生态规划(landscape ecological planning)是景观生态学研究的一个重要内容,它是景观生态学重要的实践领域,也是景观管理的一种重要手段(傅伯杰,陈利顶,马克明,王仰麟等,2001)。在当今世界经济快速发展过程中,城市景观的变化对城市和乡村居民有着深刻的社会和生态影响,因此城市地区的环境质量和长期可居住性也是当前规划师关注较多的问题(Ong B.L.,2003),因而景观生态规划也将更多的目光对准了城市景观的研究。在国外,关于城市的结构、功能及其调控的研究是景观生态学研究中十分活跃的领域。大量当前的工作集中在城市内自然斑块、现存绿地的保护、新的公园及其他形式绿地景观的创建以及绿色网络的建设等方面(Thompson C.W.,2002)。主要方式包括：创造自然保护区,以保护河流系统和宽阔的道路景观为区域提供新鲜的饮用水、休闲机会以及限制城市核心区的向外扩张；重建整个区域范围内的城市公园、公共广场和自然生态系统,以改善城市环境质量,为城市居民提供接近公园的平等机会,也为城市吸引更多的商业机会和居住者；为大城市地区设计和管理绿色通道系统,以连接城市、郊区和保护地,并赋予其生气；保护和重建环境要素,如城市河流、湖泊等水生生态系统等(Flores A. et al,1998)。在国内, 由于我国大多数城市正处于人口增长和经济快速发展的城市化初期阶段,城市景观的扩张不可避免。对此,国内许多相关学科的学者、城市园林和城市规划等部门积极的将景观生态学的理论与思想融入到规划领域中,努力寻找适合中国国情的景观生态规划方法。以肖笃宁、俞孔坚等人(肖笃宁,高峻,石铁矛,2001;俞孔坚,1996;李秀珍,肖笃宁,1995)为代表的许多学者在这方面做了大量的工作,为景观生态学及景观生态规划在我国的发展和应用做出了突出贡献。成果大多集中在基础研究以及城市园林、绿地的规划设计方面,近年来也出现了兰州、焦作等一些城市的景观生态规划实例研究(李团胜,肖笃宁,1999;金晓斌,周寅康,张希,2004;王炜,方创琳,李宏伟,2005)。

在研究内容上来看,与国内相比,国外学者对城市景观的研究重点有所不同,他们研究的问题更深入、更详细,注重的是细节研究：如学者(Grant R. Jones et al,1999)强调城市景观的将来发展应该与土地利用结合在一起；学者(A.G.Bunn et al,2000)专门研究城市景观的连通性问题；(Marc Antrop,2004)研究城市中的生态工业园问题；(Petr Sklenieka et al,2002)等研究的是城市交通方式与城市景观的关系,强调交通方式的改变是城市景观改变的一个重要因素；(Thomas Crow et al,2006)则研究城市景观异质性问题,强调景观异质性、多样性是城市景观重建的量化标准；(Hualou Long et al,2007)研究城市景观的结构对人的影响, 他认为人为的社会经济发展和土地利用变化会对城市景观产生影响,反过来,经过改造的城市景观也会影响人的行为决策。

目前,关于景观格局空间变化的定量分析方法主要有景观格局指数比较法、景观格局分析模型和景观动态格局模型。景观格局指数是高度浓缩的景观格局信息,是反映景观结构和空间配置特征的量化指标。其分为三个水平：斑块水平指数、景观类型水平指数及景观水平指数。通过比较景观格局指数在时间维上的变化,是目前景观格局变化研究的主要方法之一。发展能够反映生态过程的景观格局指数,或将景观格局变化与其所引起的生态过程变化相结合进行研究,会使景观格局指数比较法更有理论与实践意义,这应该是景观格局指数比较法发展的方向。景观格局分析模型有空间自相关、趋势面、波谱和半方差分析以及地统计学、小波和空隙度分析等(傅伯杰,陈利顶,马克明,王仰麟等,2001;肖笃宁,李秀珍,高峻等,2003;邬建国,2000),这些模型都是基于统计学或统计模型建立的,在分析过程中必须进行显著性检验和误差分析,才能使分析结果具有说服力。景观格局的最大特征之一就是空间自相关,空间自相关被称作是地理学第一定律。空间自相关与自相似性是城市景观的基本特征。空间自相关分析的目的是确定某一变量是否在空间上相关,其相关程度如何,地统计学是以区域化变量理论为基础发展起来的,是一系列检测、模拟和估计变量在空间上的相关关系和格局的统计方法;波谱分析可用来分析一维或二维空间数据中反复出现的斑块格局及其尺度特征, 波谱分析对小尺度格局敏感,而对大尺度结构特征却不很有效;小波分析是一种能将时间上或空间上的格局与不同尺度以及具体时空位置相联系的分析方法。小波分析在揭示空间格局的多尺度和等级结构具有一定的优势,但在应用中还有问题值得研究;空隙度分析是一种多尺度,用来分析景观格局"质地"的方法,它同时提供多尺度空间信息,适合于检测景观的等级结构、自相似性、随机性以及聚集性等重要特征。这些模型有各自的特点和优点,但都是受各种因素或条件的影响,具有显著的不确定性特征。

景观动态模型是研究景观格局和过程在时间和空间上的整体动态,它有助于建立景观结构、功能和过程之间的相互关系,是预测景观未来变化的有效工具。其中马尔柯夫链模型是一种常用的景观空间动态模型,采用转移矩阵来模拟景观从一种类型转变为另一种类型的动态规律(傅伯杰,陈利顶,马克明,王仰麟等,2001;肖笃宁,李秀珍,高峻等,2003)。马尔柯夫链是一种特殊的随机运动过程,它反映的是系统由 T 时刻向 T+1 时刻状态转化的一系列过程。这种转化要求 T+1 时刻的状态只与 T 时刻的状态有关,这一点用于景观格局动态变化的分析预测是合适的。成功运用马氏模型的关键在于转移概率的确定。以景观中的基质、斑块与廊道的相互转换概率为元素构建的转移矩阵模型。细胞自动机模型(Cellular Automation Model)是由许多邻近的简单细胞单元组成的栅格网,其中每个细胞可以具有有限种状态,邻近的细胞按照某些确定规则相互影响导致空间格局的变化,而这些局部变化还可以繁衍扩大,乃至产生景观水平的复杂空间结构。细胞自动机模型的最大优点在于可以把局部小尺度上观测的数据结合到邻域转化规则中,然后通过计算机模拟来研究大尺度上的动态特征,从而使其成为研究空间格局和过程相互作用的一种有效途径(布仁仓,胡远满,常禹等,2005)。自 20 世纪 90 年代起,细胞自动机模型已广泛应用到景观格局和生态过程研究中,如 Molofsky(1994)应用细胞自动机模拟了种群动态及其空间格局,Clarke K.C 与 White R 分别运用细胞自动机模型模拟了城市的发展过程,这些尝试很有启发性。GIS 与遥感技术在景观生态学研究中的广泛采用,为应用细胞自动机模拟景观格局动态带来极大方便。模拟景观格局动态有助于把握未来景观格局变化方向,尤其是对较大时空尺度景观格局动态的定量预测预报,将为景观规划与管理、资源使用与保护提供科学的指导。

综上所述,按照景观生态学的发展及其主要研究内容和方法进行文献综述后发现:景观生态学是目前生态学领域发展最为活跃的学科。城市景观是景观生态学一直关注的重点领域,但由于强烈的人为色彩导致城市景观格局——生态学过程的研究范式具有一定局限性。城市景观问题是目前普遍关注的问题,相关的研究成果具有重要的实践价值。因此,通过景观格局分析,成功的将景观生态学的研究范式引入城市景观研究中,具有重要的理论和实践意义。

同时,我国城市景观研究与国外的研究相比,由于起步较晚,在深度和广度上还存在一定差距。概括起来主要存在以下问题:(1)研究技术手段相对落后。遥感和地理信息系统技术在景观生态研究中没有得到充分应用,地理信息系统技术的强大空间分析和表现能力没有在景观生态研究中发挥应有的作用;(2)城市群落及生态系统研究基础仍显不足。如边际效应在土地利用演替、生物生产力、生物多样性等方面的表现;干扰对群落组成、结构及景观演替或稳定性以及人口迁移的影响等,这使得在景观生态研究中难以阐明景观结构与功能之间的关系,进行深入研究;(3)研究方法尚待完善和普及。由于我国城市中人为活动频繁,新城以及开发区的建设,景观破碎化严重等特点,还没有一套能够完全反映城市景观结构特征,并与景观功能相联系的景观分析指标和标准分析方法;(4)我国城市景观的生态学效应以及格局研究案例和成果有限。与自然景观中的生物群落生态系统研究相比,应用景观生态学原理和方法所做的实际研究工作还十分有限;(5)城市景观生态模型研究有待加强。由于基础研究不足,城市景观生态建模困难,模型预测能力不强,可靠性差,在阐述景观结构与功能的变化,揭示景观过程与生态之间的关系方面,仍显苍白无力。随着全球变化和可持续发展问题的提出,城市景观的生态性研究以及布局方面的要求越来越迫切。

虽然许多学者从不同角度开展了大量的研究和探索(肖笃宁,1996;李团胜,1998;沈清基,1998)如目前对城市景观格局及其生态环境的现状成果多,但还存在以下不足:第一,大多文献,尤其是在景观生态学研究之初,大多学者关注的是技术手段的改进,即使涉及到城市景观的研究,大多也是以城市所在的区域范围为研究对象,专门针对城市景观的研究是最近几年才开始出现的;第二,就国内而言,到目前为止在已经发表的研究成果中,绝大多数都集中在东部沿海或者珠江三角洲等发达地区,中部或西部的研究还不多见。

本章以兰州市为例,利用高精度遥感卫片,借助 GIS 手段,对其城市景观进行系统的研究, 即通过研究兰州 1976 年到 2004 年之间的城市景观格局特征、扩展进程与演变机制,探讨转型期兰州城市景观格局演变和生态学过程间的联系与互动。在对兰州整个城市景观进行分析的基础上,又将城市内部差异较大的区域分为三个景观分区,对兰州市城市景观从横向和纵向两个方面进行了细致研究,不仅整个城市景观时间序列之间的差异,而且城市内部各个区之间的细微差别都可以反映出来,这种做法在国内城市景观研究中还不多见,因为学术界的研究范围往往主要集中在大范围城市地区(包括近郊区等大量的农业景观)。

需要强调的一点是:目前大多文献对城市景观格局的探讨是从普遍分析得出的一般性结论,城市景观格局基本框架往往取决于地形、地貌或特殊气候条件等自然因素,人类活动对其影响主要体现在景观格局随城市发展的变化中,自然条件不同的城市,其景观格局必然会显示其地域特征,如黄河谷地的兰州市和山城重庆市的景观格局在形成基础和变化过程等方面都存在显著的区别。深入研究这类城市景观变化的过程,分析景观格局变化的驱动机制,才能了解城市景观动态的规律,在此基础上运用生态学原理加以科学调控,实现城市景观健康持续的发展。

本章选择兰州城市建成区所在的黄河河谷盆地为研究对象,范围为东经103°31′~104°00′,北纬36°00′~36°10′,也包括了部分坪地、台地和极少部分的山地(山地公园)(孟彩红,2008;杨永春,2009)。兰州黄河河谷盆地东起桑园峡,西至西柳沟,长37.5 km,南北宽2~10 km,黄河从西而东蜿蜒流过。南面有皋兰山、龙首山、五泉山等,北面有白塔山、五一山、仁寿山等,东面有将军岭,西面有虎头崖,属于典型的河谷盆地城市。城市中心区海拔约1520 m,皋兰山顶海拔2129 m,北面的九州台海拔2067 m,相对高差超过600 m(牛慧恩,1999)。兰州河谷盆地由河漫滩、阶地组成。其中黄河阶地可分为七级。一级阶地主要分布在雁滩、均家滩、马滩、崔家大滩、迎门滩等,这些滩地高出河面5m左右,冲积厚度6~20m,以砾卵石为主,上覆较薄的漫滩相沙土层,总面积约3650 hm²,地形平坦。二级阶地高出河面10~35m,地形平坦,是城市建成区的主要所在地,总面积约8192 hm²。三级阶地仅在五泉山、盐场堡零星见及,冲积物很薄。四级阶地也称为坪地,在盆地南岸甚为发育,高出河面60~90m,部分阶面有冲沟切割,自东向西有桃树坪、华林坪、晏家坪、彭家坪、范家坪、柳沟大坪等,东西长近30km,宽度1~8km,总面积约3900 hm²,地形较为平坦,地质条件和用水条件都较差。五级阶地只有零星分布。六、七级阶地已破坏为丘陵状,主要为两侧山地,基本不属于研究区范畴。

20.1　研究方法与数据处理

本次研究的主要资料有兰州市1976年兰州土地利用现状图,1978年总体规划图以及2004年的QUICK BIRD卫星遥感图片,卫星图片拍摄时相为夏季,时间是2004年6月27日,0.61米分辨率,比较清晰,反映地物信息基本与实际相符。数据处理方法是:利用2004年高分辨率的卫星像片和1976年的兰州土地利用现状资料,室内进行的工作主要是将研究区内各类建筑基底所占用地边界,以及城市道路、河流等相关内容数字化,在Erdas中进行数据的处理,结合地形图等资料在ArcViewGIS平台上进行影像解译、矢量数据的编辑,判读复核,并结合野外调查数据进行实地验证;大规模的野外调查工作于2005年4—9月份进行,并且将相关调查数据按照相应编号输入计算机,进行统计分析、成图等工作(2005.7—2006.5)。整个数据收集与处理工作历时近2年。

通过以上工作获得兰州市城市不同时段的景观现状,然后运用景观生态学的原理和方法分析。即基于GIS和景观格局分析软件FRAGSTATS,应用景观空间格局分析方法,计算表征城市景观格局特征的相关指数(邬建国,2000)。具体过程如图20-1所示。

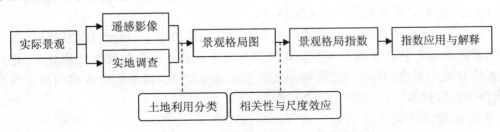

图20-1　景观格局指数计算与应用的基本过程

景观格局数量研究主要采用景观格局指数和空间统计方法。城市景观格局分析定量研究斑块在景观中的分布规律,目的在于从表观上无序的景观中发现潜在的有意义的有序的规律。景观指数作为景观空间分析方法,能够高度浓缩景观格局信息,反映其结构组成和空间配置某些方面特征的简单定量指标。这些特征信息能够很好地反映城市化进程中人类活动及对策对景观要素的影响,从而为科学衡量城市结构的合理与否提供定量化依据(傅伯杰,陈利顶,马克明,王仰麟等,2001;田光进,张增祥,张国平等,2002)。景观格局特征可以从三个层次上分析:即(1)单个斑块(individual patch);(2)由若干单个斑块组成的斑块类型 (patch type or class);(3) 包括若干斑块类型的整个景观镶嵌体(landscape mosaic)。因此景观格局指数也可相应地分为斑块水平指数(patch-level index)、斑块类型水平指数(class-level index)以及景观水平指数(landscape-level index)。国内外学者在这三个层次上已经提出了许多定量指标 (刘贵利,2001;O'Neill R V,Krummel J R,Gardner R H,et al.,1988;傅伯杰,1995;Monica G Turner, Rober H Gardner,1990;LI H,Reynolds J F,1993;Olsen E R, Ramsey R D, winn D s,1993;Hulshoff R M,1995;伍业刚, 李哈滨,1992)。例如现在著名的景观统计软件 Fragstats,在上述三个层次上计算的景观指数常用的就有 58 种。斑块指数本身对了解整个景观的结构往往并不具有很大的解释价值,但是作为计算其他景观指数的基础有时提供的信息是很有用的。斑块水平指数包括与单个斑块面积、形状、边界特征以及距其他斑块远近有关的一系列简单指数。在斑块类型水平上,因为同一类型常常包括许多斑块,所以可相应地计算一些统计学指标(如斑块的平均面积、平均形状指数、面积和形状指数标准差)。此外,与斑块密度和空间相对位置有关的指数对描述和理解景观中不同类型斑块的格局特征很重要,例如斑块密度 (单位面积的斑块数目)、边界密度(单位面积的斑块边界数量)、斑块镶嵌体形状指数、平均最近邻体指数等。在景观水平上,除了以上各种斑块类型水平指数外,还可以计算各种多样性指数(如 Shannon-Weaver 多样性指数、Simpson 多样性指数、均匀度指数等)和聚集度指数。

在参考有关文献的基础上,结合本研究区特点,经过比较分析,笔者选用如下景观指数和空间统计指标对兰州城市景观格局进行定量描述:斑块所占景观面积比例(PLAND),斑块密度(PD),斑块个数(PN),边界密度(ED),香农多样性指数(SHDI),香农均匀度指数(SHEI),最大斑块指数(LPI),平均斑块面积(MPS),景观形状指数(LSI),平均斑块形状指数 (MSI),散布与并列指数(IJI)和蔓延度指数(CONTAG)(邬建国,2000;卢玲,2000)。景观格局指数的计算公式以及生态学意义介绍如下:

(1)斑块所占景观面积比例(PLAND)

单位:百分比,范围:$0 < PLAND <= 100$,公式描述:PLAND 等于某一斑块类型的总面积占整个景观面积的百分比。其值趋于 0 时,说明景观中此斑块类型变得十分稀少;其值等于 100 时,说明整个景观只由一类斑块组成。

生态意义:PLAND 度量的是景观的组分,其在斑块级别上与斑块相似度指标(LSIM)的意义相同。由于它计算的是某一斑块类型占整个景观的面积的相对比例,因而是帮助我们确定景观中基底(Matrix)或优势景观元素的依据之一;也是决定景观中的生物多样性、优势种和数量等生态系统指标的重要因素。

(2)斑块密度(PD)

$$PD=\frac{N}{A}$$

单位:(1/100hm²),即每平方千米的斑块数。A为研究区的总面积,而不是所有景观类型的面积之和。斑块密度反映斑块的破碎化程度,同时也反映景观空间异质性程度。PD愈大,破碎化程度愈高,空间异质性程度也愈大。

(3)斑块个数(PN)

范围:$PN>=1$,PN在类型级别上等于景观中某一斑块类型的斑块总个数;在景观级别上等于景观中所有的斑块总数。

生态意义:PN反映景观的空间格局,经常被用来描述整个景观的异质性,其值的大小与景观的破碎度也有很好的正相关性,一般规律是PN大,破碎度高;PN小,破碎度低。PN对许多生态过程都有影响,如可以决定景观中各种物种及其次生种的空间分布特征;改变物种间相互作用和协同共生的稳定性。而且,PN对景观中各种干扰的蔓延程度有重要的影响,如某类斑块数目多且比较分散时,则对某些干扰的蔓延(虫灾、火灾等)有抑制作用。

(4)边界密度(ED)

$$ED=\frac{E}{A}$$

边界密度指景观中所有斑块边界总长度除以景观总面积,即单位面积的边缘长度。范围:$ED>=0$,无上限。这个指标反映景观的破碎程度,边缘密度的大小直接影响边缘效应及物种组成。

(5)散布与并列指数(IJI)

$$IJI=\frac{-\sum_{i=1}^{m}\sum_{k=1+l}^{m}\left[\left(\frac{e_{ik}}{E}\right)\times\ln\left(\frac{e_{ik}}{E}\right)\right]}{\ln\{0.5[m(m-1)]\}}$$

其中,E为斑块边缘总长度,e_{ik}为景观类型i和景观类型k直接的斑块边缘总长度,m是斑块类型总数,IJI取值范围为:$0<IJI<=100$。

公式描述:IJI在拼块类型级别上等于与某拼块类型i相邻的各拼块类型的邻接边长除以拼块i的总边长再乘以该值的自然对数之后的和的负值,除以拼块类型数减1的自然对数,最后转化为百分比的形式;IJI在景观级别上计算各个拼块类型间的总体散布与并列状况。IJI取值小时表明拼块类型i仅与少数几种其他类型相邻接;$IJI=100$表明各拼块间比邻的边长是均等的,即各拼块间的比邻概率是均等的。

生态意义:IJI是描述景观空间格局最重要的指标之一。可以描述景观分离度,其取值越小,说明与该景观类型相邻的其他类型越少,当$IJI=100$时,说明该类型与其他所有类型完全等量相邻,为基质斑块。IJI对那些受到某种自然条件严重制约的生态系统的分布特征反映显著,如山区的各种生态系统严重受到垂直地带性的作用,其分布多呈环状,IJI值一般较低;而干旱区中的许多过渡植被类型受制于水的分布与多寡,彼此邻近,IJI值一般较高。

(6)香农多样性指数($SHDI$)

$$SHDI=-\sum_{k=1}^{n}P_k\ln(P_k)$$

式中,P_k是斑块类型k在景观中出现的概率(通常以该类型占有的栅格细胞数或像元数占景观栅格细胞总数的比例来估算),n是景观中斑块类型的总数。范围:$SHDI>=0$,无上限。$SHDI=0$表明整个景观仅由一个斑块组成;$SHDI$增大,说明斑块类型增加或各斑块类型在景观中呈均衡化趋势分布。

生态意义:$SHDI$是一种基于信息理论的测量指数,在生态学中应用很广泛。该指标能反映景观异质性,特别对景观中各斑块类型非均衡分布状况较为敏感,即强调稀有斑块类型对信息的贡献,这也是与其他多样性指数不同之处。在比较和分析不同景观或同一景观不同时期的多样性与异质性变化时,$SHDI$也是一个敏感指标。如在一个景观系统中,土地利用越丰富,破碎化程度越高,其不定性的信息含量也越大,计算出的$SHDI$值也就越高。景观生态学中的多样性与生态学中的物种多样性有紧密的联系,但并不是简单的正比关系,研究发现在一个景观中二者的关系一般呈正态分布。

(7)香农均匀度指数($SHEI$)

$$SHEI=\frac{H}{H_{\max}}=\frac{-\sum_{k=1}^{n}P_k\ln(P_k)}{\ln(n)}$$

公式描述:式中,P_k表示景观类型k所占面积的比例,m表示景观类型的数。$SHEI$等于香农多样性指数除以给定景观丰度下的最大可能多样性(各斑块类型均等分布)。$SHEI=0$表明景观仅由一种斑块组成,无多样性;$SHEI=1$表明各斑块类型均匀分布,有最大多样性。

生态意义:$SHEI$与$SHDI$指数一样也是我们比较不同景观或同一景观不同时期多样性变化的一个有力手段。而且,$SHEI$与优势度指标(Dominance)之间可以相互转换(即evenness=1-dominance),即$SHEI$值较小时优势度一般较高,可以反映出景观受到一种或少数几种优势斑块类型所支配;$SHEI$趋近1时优势度低,说明景观中没有明显的优势类型且各斑块类型在景观中均匀分布。

(8)最大斑块指数(LPI)

$$LPI=\frac{\max(a_1\cdots a_n)}{A}\times100\%$$

景观中最大斑块的面积除以景观的总面积,再乘以100(转化成百分比)。范围:$0<LPI<=100$。

生态意义:有助于确定景观的模地或优势类型等。其值的大小决定着景观中的优势种、内部种的丰度等生态特征;其值的变化可以改变干扰的强度和频率,反映人类活动的方向和强弱。

(9)平均斑块面积(MPS)

$$MPS=\frac{A}{N}$$

MPS在斑块级别上等于某一斑块类型的总面积除以该类型的斑块数目;在景观级别上等于景观总面积除以各个类型的斑块总数。单位:hm^2,范围:$MPS>0$,无上限。

生态意义:MPS 代表一种平均状况。在景观结构分析中反映两方面的意义：景观中 MPS 值的分布区间对图像或地图的范围以及对景观中最小斑块粒径的选取有制约作用；另一方面 MPS 可以指征景观的破碎程度,如我们认为在景观级别上一个具有较小MPS 值的景观比一个具有较大 MPS 值的景观更破碎,同样在斑块级别上,一个具有较小MPS 值的斑块类型比一个具有较大 MPS 值的斑块类型更破碎。研究发现 MPS 值的变化能反馈更丰富的景观生态信息,它是反映景观异质性的关键。

(10)景观形状指数(LSI)

$$LSI = \frac{0.25E}{\sqrt{A}}$$

景观中所有斑块边界的总长度除以景观总面积的平方根，再乘以正方形校正常数。取值范围:$LSI \geq 1$,无上限。

生态意义：斑块形状指数在描述斑块和斑块的空间格局方面，具有明确的生态学意义,可以作为反映一定尺度上斑块和景观复杂程度的定量指标,斑块形状指数越小,斑块的形状越规则,简单;斑块形状指数越大,斑块的形状越不规则,越复杂。

(11)平均斑块形状指数 (MSI)

$$MSI = \frac{\sum_{i=1}^{m} \sum_{j=1}^{n} \left(\frac{0.25P_{ij}}{\sqrt{a_{ij}}} \right)}{N}$$

景观中每一斑块的周长除以面积的平方根,再乘以正方形校正常数,然后对所有斑块加和,再除以斑块总数。取值范围:$MSI \geq 1$,当斑块的形状偏离正方形时,MSI 增大。

生态意义:MSI 是度量景观空间格局复杂性的重要指标之一,并对许多生态过程都有影响。如斑块的形状影响动物的迁移、觅食等活动,影响植物的种植与生产效率;对于自然斑块或自然景观的形状分析还有另一个很显著的生态意义,即常说的边缘效应。

(12)蔓延度指数($CONTAG$)

$$CONTAG = \left[1 + \sum_{i=1}^{m} \sum_{j=1}^{m} \frac{P_{ij}\ln(P_{ij})}{2\ln(m)} \right] (100)$$

单位:百分比,范围:$0 < CONTAG \leq 100$

公式描述:$CONTAG$ 等于景观中各斑块类型所占景观面积乘以各斑块类型之间相邻的格网单元数目占总相邻的格网单元数目的比例，乘以该值的自然对数之后的各斑块类型之和， 除以 2 倍的斑块类型总数的自然对数, 其值加 1 后再转化为百分比的形式。理论上,$CONTAG$ 值较小时表明景观中存在许多小斑块;趋于 100 时表明景观中有连通度极高的优势斑块类型存在。应该指出的是,该指标只能运行在 FRAGSTATS 软件的栅格版本中。

生态意义:$CONTAG$ 指标描述的是景观里不同斑块类型的团聚程度或延展趋势。由于该指标包含空间信息,是描述景观格局的最重要的指数之一。一般来说,高蔓延值说明景观中的某种优势斑块类型形成了良好的连接性;反之则表明景观是具有多种要素的密集格局,景观的破碎化程度较高。而且研究发现蔓延度和优势度这两个指标的最大值出现在同一个景观样区。该指标在景观生态学和生态学中运用十分广泛,如 Graham 等曾用蔓延度指标进行生态风险评估;Musick 和 Grover 用它来量测图像的纹理等。

20.2 景观格局现状与演变分析

1.景观结构分类与景观格局指数选取

（1）分类依据与原则

景观格局定量分析必须在景观分类的基础上进行，景观结构分类的目的是研究景观空间格局的过程及其演化。关于城市景观分类，目前存在不同的分类体系。景观分类的主要依据是景观的组成结构、过程、功能、变化等特征，但对于各类特征在类型划分中的作用却可以有多种理解。通常，景观的组成与结构特征包括各个景观要素（如嵌块体、廊道）的类型、大小、形状、数量、相互之间的联系、空间格局以及景观的总体结构等;景观的过程特征是指发育中的自然过程、人类作用、景观要素之间的流、动植物的迁移;景观功能特征是指廊道的连通/障碍作用、狭道的瓶颈效应、嵌块体之间的相互作用、基质连接度、栅栏效应等;而景观的变化特征则是指景观随时间的变化、总体趋势、稳定性、持久性、抗性、恢复力、异质性及其出生机制等。总之，景观异质性是区分不同景观类型的最重要的指标，景观生态过程则是把组成景观的各种要素结合在一起的重要机制，生态过程发生的范围与过程无疑是确定景观边界的最重要的依据（刘茂松，张明娟，2004）。

同时，景观分类应该按照一定的原则进行（周华荣，1999），结合兰州市实际情况，现确定分类原则如下：

①功能主导原则:以人为干扰产生的景观功能为分类时的首要因素;

②主要用途原则:对于具有多种功能的景观以其主要用途为划分依据，将功能相似的适当归并为同一景观类型;

③空间分异原则:体现景观的空间分异与组合，不同景观之间既相互独立又相互联系;

④地方特色原则:体现和突出兰州市特色。

（2）兰州市景观结构分类

常见的景观生态分类方法大多用于区域即大尺度和中尺度的景观分析中，而较少应用于中小尺度，尤其是在城市景观生态研究中。在景观生态学的传统景观分类研究中，将城市笼统的概括为建设景观、文化景观、人工景观或称其城市景观（肖笃宁，钟林生，1998;郭晋平，张芸香，2004;肖笃宁，钟林生，1999）。而实际上，城市景观也是由多个具有异质性的景观单元所组成，每个景观单元具备相对的独立性，并且能完成一定的功能。这些人工和自然景观单元镶嵌组合并相互作用，形成了具有一定空间结构的城市景观（李团胜，肖笃宁，2002），由于人为干扰在景观形成过程中起主导作用，城市景观更多的体现了经济、文化功能，其生态功能相对较弱。在特定地区，景观更是具有独特性。因此，基于传统景观生态学的分类方法并不完全适用于城市景观。对于城市景观如何分类，目前尚无较为权威的结论。

表 20-1　基于景观生态学理论的城市景观分类　　　　　　469

分类		人类主要活动方式	人的活动强度/对景观的"干扰"程度	景观的抗"干扰"能力
一级分类	二级分类			
建设景观	生产性景观	工业生产	人类活动强度大,	最大
	消费服务性景观	消费和文教体卫娱	基本无负面"干扰"	
	居住景观	服务活动		
	办公景观	城市人口居住		
	交通市政景观	公务与商务		
		联系与交通		
旅游休闲景观		审美与休闲	人类活动强度较大,负面"干扰"较小	大
农业景观	耕地	蔬菜与粮食生产	人类活动强度小,	小
	果园	水果生产	负面"干扰"小	
	鱼塘	渔业生产		
	牧场	畜牧业生产		
环境景观		享受环境服务	人类活动强度最小,负面"干扰"大	最小
水体景观		资源利用与环境享受	人类活动强度大,负面"干扰"最大	最小

　　从景观生态学角度看,城市景观具有以人为主体、很大的不稳定性、较低的景观多样性、较高的破碎性和梯度变化性等特点(肖笃宁,李秀珍,高峻等,2003;韩荡,2003)。韩荡在对深圳城市景观进行研究时,在考虑人的活动方式的同时,强调城市建设活动对景观的"干扰"程度(环境影响)以及景观的抗"干扰"能力,将城市景观划分为建设景观、旅游休闲景观、农业景观、环境景观和水体景观等五大类(表20-1)(韩荡,2003)。李团胜等在对沈阳市城市景观研究中,将沈阳城市景观分为15类:居住景观、特殊景观、办公文化景观、商业服务景观、工业景观、高速公路、道路、郊区农业景观、水体、市政设施、绿地、仓储景观、铁路、历史景观、郊区居民点(李团胜,肖笃宁,2002)。

　　参考前人的分类方法,依据建设部(90)建标字第322号颁布的国家标准GBJ137-90《城市用地分类与规划建设用地标准》(中华人民共和国建设部,1991),结合兰州市实际情况,将城市用地划分为七大类:

　　①居住用地:主要指城市人口居住的建筑与用地,如居住小区和成片的居民点,包括街区内小型的商品批发、零售与居住混合在一起的商住综合区;

　　②公共用地:包括市政公用和公共设施用地,主要指城市用地分类中的公共设施用地、市政公用设施用地和机关企事业单位的办公场所、科研院所、文化、教育、体育、卫生等用地;

　　③工业和仓储用地:主要指城市中的工厂和仓储用地,包括其附属设施等;

　　④道路广场用地:主要指城市用地中的对内、对外交通用地和车站等用地,包括城市道路和广场中的建筑物、构筑物、绿化、水体等;

　　⑤水域:主要指河流、湖泊、沟渠等,包括滩涂;

　　⑥农田:主要指研究区范围内的耕地、菜地和果园,包括研究区内未被征用的农业抛

荒地和耕地果园间在图上难以表示的沟渠及灌溉设施等;

⑦其他用地:除上述用地外的各种用地,主要包括已被征用并开始开发,在图上尚不明确景观类型的用地。

其中最为活跃并对城市发展及空间格局变化产生重要影响的主要有居住用地、公共设施及工业用地等(黄亚平,2002)。兰州市区边缘存在一些农田,对农田景观要素也进行了详细分析,以了解城市在内部充实和外部扩展时对农田的占用和影响(孙娟,夏汉平,2005;张利权,甄彧,2005)。

(3)景观格局指数的确定

对景观格局的分析,包括了对景观斑块的性质、景观的空间异质性和景观的空间结构等方面的分析。由于本文研究重点是景观的整体空间结构特征,为突出整体性而不是仅针对景观的某一特性的专门研究,在选取指标时遵循了以下原则:

①主导性:选择能明确反映景观整体特征的指标;

②实用性:选择可操作性强,对所要解决问题具有较好说服力的指标;

③因地制宜原则:从研究区域的实际情况出发,尽量选择能突出本区域景观特色的指标;

④全面性:选择足够的能完整、准确反映研究对象特性的指标。

依据上述原则确定的景观格局指数如下:斑块所占景观面积比例(PLAND),斑块密度(PD),斑块个数(PN),边界密度(ED),香农多样性指数(SHDI),香农均匀度指数(SHEI),最大斑块指数(LPI),平均斑块面积(MPS),景观形状指数(LSI),平均斑块形状指数(MSI),散布与并列指数(IJI)和蔓延度指数(CONTAG)(邬建国,2000;卢玲,2000)。指数的计算公式以及生态学意义介绍见第一章。

2.城市景观格局现状分析

(1)1976年城市景观格局分析

结合兰州市实际情况和城市用地分类,借助GIS软件对图像进行解译,最终形成1976年城市景观分类图20-2(见彩页插图)。

①景观斑块类型特征分析

由Fragstats计算结果整理得到1976年城市景观类型特征表20-2。

表20-2 1976年兰州城市景观斑块类型特征表

景观类型	CA	PLAND	PN	MPS	LPI	ED	LSI	PD
农业用地	11168.08	56.07	282	39.60	8.49	55.49	26.14	1.42
居住用地	2172.56	10.91	1020	2.13	0.19	38.28	40.89	5.12
工业用地	2778.54	13.95	462	6.01	0.87	27.30	25.79	2.32
道路广场	722.20	3.63	12	60.18	2.72	26.67	49.42	0.06
公共用地	1231.54	6.18	275	4.48	0.32	15.07	21.38	0.09
水域	1284.67	6.45	17	75.57	2.51	10.04	13.94	1.38
其他用地	561.25	2.82	38	14.77	0.82	3.72	7.81	0.19

景观类型斑块特征分析:景观构成是反映城市景观结构的重要指标,表20-2为研究区1976年城市景观构成,1976年划分的景观类型有7个。斑块数最多的是城市居住景观,有1020个;其次是工业景观和农业景观,分别为462个和282个(图20-3)。研究区内

景观总面积为19918.82hm²,其中景观类型面积最大的是农业景观为11168.08 hm²,占研究区景观总面积的56.07%,远远大于其他景观要素的面积,可以认为是景观的基质,其次依次为工业景观、城市居住景观、水域景观、公共用地景观、道路广场景观,最小的是其他用地景观。平均斑块面积以水体景观最大,为75.57hm²,其次为道路交通景观和农业景观,居住景观平均斑块面积最小,为2.13hm²(表20-2)。最大斑块指数LPI的统计中,农业用地景观最大,其次是道路广场景观和水域。边界密度农业用地也是位居第一,其次是居住用地景观和工业用地景观,最小的是其他用地。景观类型形状指数道路广场景观最高为49.42,其次是居住用地和农业用地景观。

景观构成反映出城市是人类主要生境之一。从绝对面积看,在1976年,兰州城市化的水平还不高,城市周围的农用地很多处于未开发状态,因而农业景观的面积居于首位,另一方面也说明兰州市的外向度还有待进一步提高(图20-3和图20-4);就平均面积而言,水体景观平均面积最大,主要是受黄河水域的影响,在图形处理过程中,参考前人经验以及有关规定,将黄河水域整体作为一个斑块,这样就使得水体斑块数明显减少,因而出现了最大的平均斑块面积(图20-5)。而从居住景观看,出现了斑块数最多,而平均斑块面积最小的情况,这也符合兰州当时的实际情况,兰州是一个河谷盆地型城市,城市受到地形影响沿黄河两岸分布,东西狭长,南北最窄处不到2公里,由于地形地质条件的限制使得兰州住宅用地的选址相对于其他平原城市而言,有较严格的限制,不可能出现大面积的组团分布,只能沿着河谷东西延伸,且居住用地的分布又受到南北向道路或者其他用地的分割,分布比较零散,集中连片的住宅区很少,故此在景观类型斑块特征表中出现比较特殊的表现形式(图20-6)。

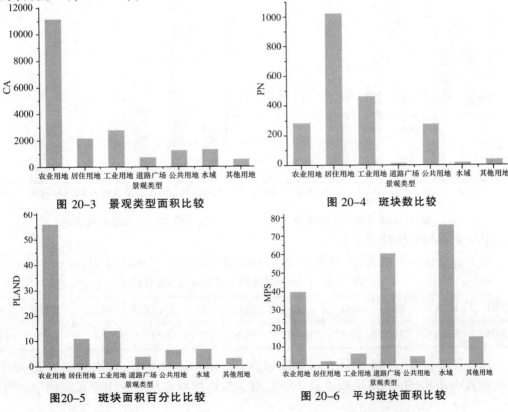

图 20-3 景观类型面积比较

图 20-4 斑块数比较

图20-5 斑块面积百分比比较

图 20-6 平均斑块面积比较

在景观类型中，农业用地景观的最大斑块指数和边界密度都是最大的（图20-7,图20-8),说明其在城市景观格局中处于优势类型,是城市景观中的优势种,而且1976年人们对农业用地的干扰不大,开发强度稍弱;边界密度居第二位的是居住用地(图20-9),这个指标反映景观的破碎程度,边缘密度的大小直接影响边缘效应及物种组成,这说明这两种类型的用地破碎度较高。道路广场景观的LSI远大于其他景观,其次是居住用地景观(图20-10)。因为形状指数是通过计算某一斑块形状与相同面积的圆或者正方形之间的偏离程度来测量其形状复杂程度的,斑块形状越复杂越扁长,其形状指数越大,因此,道路广场的LSI值最高。城市居住用地景观的斑块密度占有绝对优势,其次是工业用地景观和农业用地景观,斑块密度最小的是道路广场。

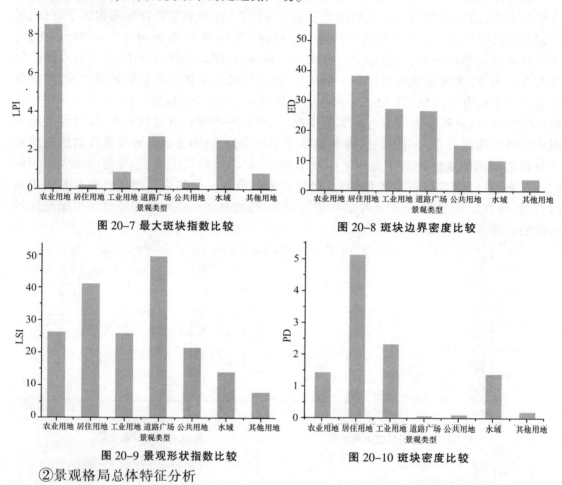

图 20-7 最大斑块指数比较　　　　　　图 20-8 斑块边界密度比较

图 20-9 景观形状指数比较　　　　　　图 20-10 斑块密度比较

②景观格局总体特征分析

由 Fragstats 计算结果,整理得出 1976 年兰州城市景观总体特征表 20-3。

表 20-3　1976 年兰州城市景观格局总体特征

MSI	MPS	PN	PD	LPI	ED	LSI	CONT	SHDI	SHEI	IJI
1.03	9.46	2106	10.57	8.49	134.6	47.49	61.94	1.41	0.72	83.42

总体特征来看,1976 年研究区范围以内,在 5m×5m 粒度下,斑块总数为 2106 个,平均斑块大小是 9.46hm²,斑块密度是 10.57。最大斑块指数亦是农业用地景观的最大斑块指

数,为 8.49;蔓延度指数是 61.94;香农多样性指数与均匀度指数分别是 1.41 和 0.72,散布与并列指数为 83.42。

(2)2004 年城市景观格局分析

结合兰州市实际情况和城市用地分类,借助 GIS 软件对图像进行解译,最终形成 2004 年城市景观分类图 20-11(见彩色插页)。

①景观斑块类型特征分析

表 20-4 为兰州市 2004 年城市景观构成,具体分析如下:为了方便各年份之间对比分析,2004 年划分的景观类型仍然划分为 7 个。

表 20-4　2004 年兰州城市景观斑块类型特征表

景观类型	CA	PLAND	PN	MPS	LPI	ED	LSI	PD
农业用地	7567.10	34.21	608	12.45	1.83	69.51	45.12	2.86
居住用地	4498.90	20.34	523	8.60	0.54	49.38	34.58	2.46
工业用地	4178.46	18.89	276	15.14	1.61	27.36	21.18	1.30
道路广场	1276.55	5.77	610	2.09	2.04	66.09	86.82	2.87
公共用地	2856.46	12.91	171	16.70	0.81	16.90	16.34	0.81
水域	1424.21	6.44	82	17.37	6.80	12.97	16.14	0.39
其他用地	320.33	1.45	55	5.82	0.23	3.60	9.45	0.26

由表 20-4 可知,斑块数最多的是道路广场景观,有 610 个;其次是农业用地景观和居住用地景观,分别为 608 个和 523 个(图 20-13)。研究区内景观总面积为 22122hm²,其中景观类型面积最大的仍是农业景观,占研究区景观总面积的 34.21%,其次依次为城市居住景观、工业用地景观、公共用地景观、水域景观、道路广场景观,最小的是其他用地景观为 1.45%。平均斑块面积最大的是水域景观,为 17.37hm²,其次是公共用地景观、工业用地景观、农业用地景观、居住景观,其他用地和道路广场景观的平均斑块面积较小,分别为 5.82hm² 和 2.09hm²(表 20-4)。水域景观的最大斑块指数 LPI 最大,为 6.80,其次是道路广场和农业用地景观,最小的是其他用地为 0.23。边界密度农业用地位居第一,其次是道路广场和居住用地景观,最小的是其他用地 3.60。道路广场景观的形状指数值最高为 86.82,而且具有绝对优势,说明 2004 年道路广场的分布建设更复杂,其次是农业用地景观和居住景观。

从绝对面积和景观类型所占的百分比看,在 2004 年,占有优势的仍然是农业用地,这一趋势相对于 1976 年没有变化,但是其优势已经不明显,说明在最近的几年内,城市发展迅速,由于受到地形条件的限制及区位优势因素的影响,城市用地增加除部分在原有建设用地基础上改造外,大部分通过改变农用地的使用性质获得,从而加大了对农业用地的开发强度(图 20-12 和图 20-14);就平均面积而言,最大的是水域,其次为公共用地和工业用地,2004 年总体趋势是,各个用地类型之间,斑块平均面积差别变小,数值分布上处于两个区间,大于 10 hm² 的是:水域、公共用地、工业用地和农业用地,位于 10 hm² 以下的是:居住用地、其他用地和道路广场用地(图 20-15)。道路广场的斑块密度最大,其次是农业用地景观和居住景观,其中道路广场和农业景观的密度都有一个非常明显的增加,说明从 1976 年到 2004 年的这几年中,这两种用地类型发生了比较剧烈的变动。

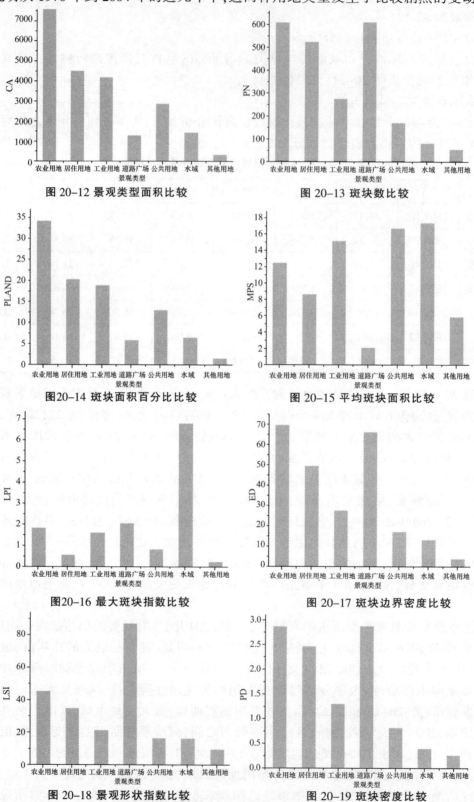

图 20-12 景观类型面积比较

图 20-13 斑块数比较

图20-14 斑块面积百分比比较

图 20-15 平均斑块面积比较

图20-16 最大斑块指数比较

图 20-17 斑块边界密度比较

图20-18 景观形状指数比较

图 20-19 斑块密度比较

②景观格局总体特征分析

由 Fragstats 计算结果,整理得出 2004 年兰州城市景观总体特征。

表 20-5　2004 年兰州城市景观格局总体特征

MSI	MPS	PN	PD	LPI	ED	LSI	CONT	SHDI	SHEI	IJI
1.61	8.08	2325	12.38	6.80	193.1	66.16	53.66	1.73	0.89	62.65

根据表 20-5 显示,2004 年兰州市城市景观的总体特征如下:在研究区范围以内,5m×5m 粒度下,斑块总数为 2325 个,平均斑块大小是 8.08hm²,斑块密度是 12.38。最大斑块指数是水域景观的最大斑块指数,为 6.80,蔓延度指数是 53.66,香农多样性指数与均匀度指数分别是 1.738 和 0.89,散布与并列指数为 62.65。

3.景观格局动态变化分析

任何空间尺度上的景观及其结构都会随着时间的推移而不断的发生变化。变化的原因在于外界的干扰作用,这些干扰作用往往是综合性的,它包括自然环境、各种生物以及人类社会之间复杂的相互作用,其结果是景观系统内景观元素的稳定性和景观的空间结构发生不同程度的变化。景观格局的显著变化具有 3 种典型类型(肖笃宁,赵羿,孙中伟等,1990;李锋,1997):

①某新景观元素变成基质,取代了原来的基质;

②几种景观元素的比例发生了变化;

③一种新型的景观元素在景观系统中出现,或原有的景观元素消失。

由于经济的快速增长、城市用地的迅速扩张和城市人口的快速集聚,兰州城市景观结构演变特征是自然景观、半自然半人工景观不断的减少,而人工营造出来的城市景观迅速增加。受地形地貌、水文地质等的限制,本研究区的人类生产活动已经成为促进本地区景观面貌改变的最活跃力量,尤其是在本文所研究的这个时间尺度上,政治、经济和社会决策对这里的景观变化起着立竿见影的决定性作用。对研究区进行景观变化研究,不仅有利于深入了解研究区城市景观结构与自然、生态过程和社会活动之间的关系,也有利于确定人类的各种干扰活动导致城市景观改变的强度和方向,从而为研究区可持续发展提供重要的科学依据。

本研究采用两个层次分析:从斑块类型水平上和景观总体水平上进行动态演变的分析研究。对研究区的景观结构变化特征和规律进行定性和定量研究。首先从斑块类型水平上看,分以下几个方面进行分析:

(1)景观类型级别上的变化分析

景观类型的斑块面积和斑块数是描述景观单元的重要参数之一,斑块数和面积反映各种生态过程的可能性;而斑块的平均面积用于描述景观破碎度;所以,斑块数、斑块面积、斑块密度、边界密度都能够在一定意义上揭示景观破碎化的程度,下面就以变化比较明显的几种景观类型来予以说明。

①农业用地景观

从 1976 年到 2004 年,农业用地的面积逐渐缩小,斑块数越来越多,农业用地的平均斑块面积从 1976 年的 39.60 hm²,降到 2004 年的 12.45 hm²,农业用地景观的平均斑块面积变小,另外其最大斑块指数在 2004 年有明显下降,而斑块密度却有增加,说明人们加强了对农业用地的开发力度,其破碎度有明显变大的趋势。斑块的形状指数越来越大,其斑块形状越来越不规则,变的更复杂了。

②居住用地景观

2004 年的居住用地面积,仅次于农业用地景观,居于第二位,这和 1976 年工业用地居第二位不同(图 20-20)。从图 20-21 可看出,三个年份的居住用地景观的斑块数虽然有起伏,但是从总体趋势来看,居住用地的斑块数相对于其他用地类型来说,处于较高的水平上。居住景观的平均斑块面积从 1976 年的 2.13 hm² 增加到 2004 年的 8.6 hm²,有了比较明显的增长,这种变化和最近几年大规模的居住区开发建设有直接的关系。最大斑块指数相对于其他用地类型来说,居住用地是最小的。边界密度和斑块密度都有所下降,综合以上各种指数说明,相对于 1976 年,2004 年居住用地的破碎度不仅没有增大反而有变小的趋势。

③工业用地景观

从景观类型面积所占的百分比来看,1976 年到 2004 年,工业用地面积有所增加,然后趋于稳定。斑块数有所下降,因此工业景观的平均斑块面积呈增加状态。工业用地景观的最大斑块指数、边界密度、形状指数以及斑块密度都是变小的趋势。这也符合当时的实际情况,2004 年前后,兰州市的城市性质发生了很大改变:由原来的以工业为主的省会城市,转变为西北地区重要的工业城市和商贸、科技区域中心,是西部地区重要的交通、通信枢纽。所以城市发展的宏观战略和投资者的开发投资重点也会变化,开始对工业用地的开发使用有所限制,加之有一些工业企业破产及部分工业搬迁到兰州城区以外,其用地由工业用地转换为其他的用地类型。通过上述分析说明兰州市的工业用地景观的破碎度也在变小,分布更趋于科学合理。

④公共用地景观

公共用地景观的面积是稳定上升的,从 1976 年的 1231.54hm² 增加到 2004 年的 2856.46hm²,根据前面所述的景观分类标准,公共用地景观面积的增加是由于兰州市在这一时期加强了对公共基础设施和市政公用设施的投入与建设,另外就是一些大专院校的扩建和机关企事业单位办公场所的增加。斑块数变小,平均斑块面积变大,边界密度和斑块形状指数都有增加,不过变化的幅度不像农业景观和居住景观那么明显。

⑤水域景观

兰州市水域面积中黄河占到了 98%,所以整个水域的变化主要是指黄河的变化。先看面积的变化,1976 年的水域景观是 1284.67hm²,2004 年增加到 1424.21hm²。水域景观的面积之所以发生这种波动,是因为黄河水道在 1976 年前由于市政设施建设相对滞后,部分沿河道(泄洪道)居住的居民将生活垃圾倾倒在河道边,生活污水没有经过任何处理直接排放到河道,导致部分河道淤塞,淤塞后由于相对周边高程较低,成为更大范围的生活垃圾处理地;一些滩地被侵占,导致水域面积减少。自 1998 年以后经过疏通河道等整理工作,比如雁滩南河道的疏通治理等,水域面积又得以增加。经过上述过程,兰州水域景观的斑块数、边界密度和斑块密度都有增加,相应的,平均斑块面积在变小,景观的破碎程度变大。

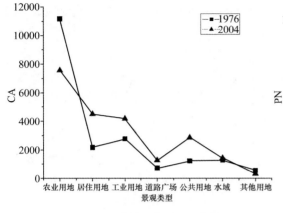

图 20-20 不同景观类型 CA 比较

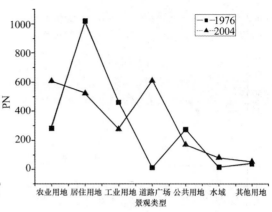

图 20-21 不同景观类型 PN 比较

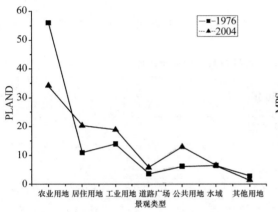

图 20-22 不同景观类型 PLAND 比较

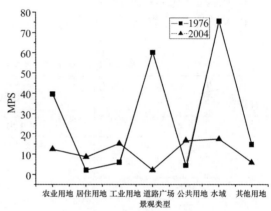

图 20-23 不同景观类型 MPS 比较

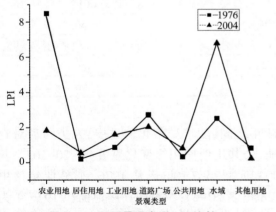

图 20-24 不同景观类型 LPI 比较

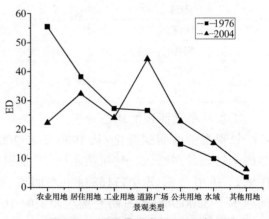

图 20-25 不同景观类型 ED 比较

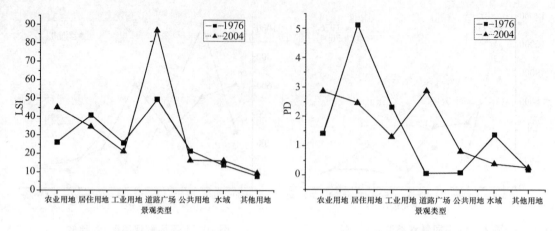

图 20-26 不同景观类型 LSI 比较   图 20-27 不同景观类型 PD 比较

(2)景观级别上的变化分析

由 Fragstats 计算结果，整理得出 1976 年和 2004 年兰州城市景观总体特征对照表 20-6。

表 20-6 1976 年和 2004 年城市景观总体特征对照表

景观指数 \ 年份	1976 年	2004 年
TA	19918.82	22122
PN	2106	2325
PD	10.57	12.38
MPS	9.46	8.08
ED	134.6	193.1
LPI	8.49	6.80
LSI	47.49	66.16
MSI	1.03	1.61
CONTTA	61.94	53.66
SHDI	1.41	1.73
SHEI	0.72	0.89
IJI	83.42	62.65

①景观单元面积的动态分析

景观类型的面积变化：从 1976 年到 2004 年之间，随着城市化的进展，人类活动对自然的干扰日益加剧，农田、居住用地、工业用地、公共用地面积等变化显著(图 20-20)。其中农田 1976 年面积为 11168.08hm²，而到 2004 降为 7567.10hm²，从 1976 到 2004 年这中间减少了 3600.98hm²，占研究区总面积的 16.28%(表 20-6)；城市居住用地面积 1976 年为 2172.56hm²，而 2004 年突增到了 4498.90hm²，1976 年到 2004 年之间增加了 2326.34hm²，相对于 1976 年增幅达到 107.08%；1976 年工业用地面积为 2778.54hm²，而到 2004 年工业用地面积增加到 4178.46 hm²，工业用地方面从 1976 年到 2004 年增加的幅度比较大；公共用地面积从 1976 年的 1231.54hm² 增加到 2004 年的 2856.46hm²。以上统计数据表明，兰州城市化进程的加快,城市用地的取得是以侵占农业用地为代价的,主要是农业用地和城市建设用地之间的转化,而且农业用地转移的主要方向是居住用地、工业用地、公共用地等。

②景观斑块数目变化分析

从1976年到2004年之间地景观斑块数目的变化来看:1976年兰州市景观斑块总数为2106个,2004年斑块总数增加到2325个(表20-6)。具体各景观类型的斑块数目变化可以从图20-21看出来,斑块数目起伏比较大的有农业景观,城市居住景观和道路广场景观,其中道路广场景观的斑块数目一直呈上升状态,2004年各景观类型的斑块数相对于1976年,几乎都呈现出增加的态势。水域景观和其他用地景观的斑块数目比较稳定,变化不大。

③城市景观破碎化动态分析

由表20-6可以看出,从1976年到2004年兰州市土地利用景观斑块数目由2106块增加到2325块,斑块密度从1976年的10.57增加到2004年的12.38,而斑块平均面积从1976年的9.46 hm²降低到2004年的8.08hm²,以上指标反映了景观的破碎度增加。原因是农业用地的面积大量减少,其平均斑块面积减小,农业用地转化为城市建设用地。整个景观的平均形状指数增大,平均斑块形状指数(MSI)也呈现出逐渐增大的趋势,变化方向和景观形状指数是一致的,都有变大的趋势,表示斑块的形状趋于复杂,城市土地开发利用的无序性更明显。符合理论上的两者具有很好的正相关关系,这也证明了计算结果的准确性。2004年城市景观的边界密度增加,说明景观中的斑块趋于破碎化,而蔓延度减少,表明景观是具有多种要素的密集格局,同样说明景观的破碎化程度变大,同时说明景观中斑块类型在空间上的分布出现均衡化,景观中的某一类或某几类元素的优势度增高而且具有更好的连通性,而基质斑块的优势却越来越弱。散布与并列指数变小,说明与该景观类型相邻的其他类型减少。

④城市景观多样性动态分析

景观多样性是指景观中斑块体的复杂性,斑块体类型的齐全程度或多样化状况。量度景观多样性的指标为景观多样性指数,其大小反映了景观元素的多少和各景观元素所占比例。

表20-6显示,香农多样性指数和香农均匀性指数都增大,说明景观异质程度上升,景观类型有向多元化方向发展的趋势,即香农多样性指数SHDI值越高,景观系统中的土地利用就越丰富,破碎化程度越高,其不定性的信息含量也越大。兰州景观多样性指数变化较大,SHDI、SHEI指数值1976—2004年间都有上升,这说明景观结构在多样性方面维持较好,人为干扰没有造成景观构成要素的大量消失,只是造成要素之间再分配,这种再分配的变化还不能反映在景观多样性的动态变化上。

(3)与其他部分城市的对比分析

通过上面的分析,对兰州城市景观格局现状以及从1976年到2004年的演变趋势有了一个大致的了解,那么由此产生两个问题:第一,城市景观格局的演变是否存在一定的规律?或者说表征城市景观格局演变的某些景观格局指数,其变化趋势是否存在一定的规律性?第二,表征本研究区域城市景观格局演变的景观格局指数,其变化趋势是否和其他城市的变化趋势具有一致性呢?下面就对这两个问题进行讨论。

　　在完成本论文的过程中,作者查阅了大量的相关文献发现两点:第一,借助遥感图片和 GIS 手段研究城市景观的相关文献并不是很多, 大多数文献的研究范围都比较大,而且研究的景观类型区还是以自然景观为主,比如森林、草地、河流、湿地等等;第二,因为景观分类和景观指数的选取迄今为止还没有一个统一的标准,由此导致的是,即使是对同一个地区的研究,根据研究目的的不同,不同的研究者采用的景观分类和选取的景观指数也不完全相同。由于以上两点,想从以前的研究文献中选取合适的指数进行对比并不是一件容易的事。因此,作者在所看到的相关研究文献中,选取了几个比较有代表性的指数进行比较研究,整理出下表 20-7、表 20-8 和表 20-9。

表 20-7　国内外部分城市 PD 变化趋势比较

日本霞浦		大兴区		曲周县		Madison		北京市		开封市		Queensland	
Year	PD	Year	PD	Year	PD	Year	PD	Year	PD	year	PD	Year	PD
1979	4.93	1986	0.54	1986	0.67	1980	16.7	1984	2.61	1988	0.72	1973	12.3
1990	5.52	1996	0.60	1996	1.03	1990	17.0	1997	2.67	2002	0.81	1997	15.1
1996	5.95	2000	0.74	2000	1.38	2000	17.4	2002	2.75				

表 20-8 国内外部分城市 MPS 变化趋势比较

日本霞浦		大兴区		曲周县		Madison		北京市		开封市	
Year	MPS	Year	MPS	Year	MPS	Year	MPS	Year	MPS	year	MPS
1979	20	1986	18.17	1986	146.3	1985	6.24	1984	58.24	1988	9.17
1990	18	1996	13.29	1996	96.0	1997	6.21	1997	55.24	2002	4.78
1996	17	2000	12.68	2000	71.6	2004	6.01	2002	52.78		

表 20-9 国内外部分城市 SHDI 变化趋势比较

日本霞浦		大兴区		曲周县		贵港市		北京市		开封市	
Year	SHDI	Year	SHDI	Year	SHDI	Year	SHDI	Year	SHDI	year	SHDI
1979	1.80	1986	0.75	1986	0.31	1985	1.86	1984	1.52	1988	2.02
1990	1.84	1996	0.95	1996	0.42	1997	1.90	1997	1.60	2002	2.03
1996	1.87	2000	1.09	2000	0.46	2004	2.14	2002	1.60		

　　表 20-7、20-8 和表 20-9 中, 指数 PD 和 MPS 表征景观破碎度,SHDI 表征多样性指数。表 20-7 显示,尽管各个城市的研究时段不相同,斑块密度的绝对值有所差别,但其变化趋势却非常一致,都是随着时间一直呈现增加的趋势,而且增加幅度不完全相同。另外,就斑块的平均面积而言,同样存在上述变化相似性,只不过是随着时间变化,呈现出减少趋势,减少幅度各有差异(表 20-8)。这两个指标共同说明随着开发程度的加大,城市景观总体呈现出破碎度加大趋势。类似的兰州城市景观的 PD 和 MPS 值也呈现相似趋势,即:1976 年和 2004 年的城市景观 PD 值分别是 10.57 和 12.38;1976 年和 2004 年的城市景观 MPS 值分别是 9.46 和 8.08。这两个指数变化趋势和其他城市的变化规律很吻合。再看多样性指数,SHDI 随着时间的变化处于增加趋势(表 20-9),而且增加的幅度都非常缓慢,如兰州城市景观的 SHDI 值 1976 年是 1.41,2004 年的 SHDI 值是 1.73,同样和其他

4.景观格局指数对尺度的响应

尺度是生态系统的自然属性,是空间地理现象普遍存在的问题,由于地理空间现象的复杂性及人们认知的有限性,对于尺度效应的理解仍然有待深入。因此,尺度问题仍然是当前生态学、地理学研究中的热点问题。以景观生态学指数来描述景观特征时就表现为景观指数随尺度变化而变化,并表现出相应的变异规律。因此研究尺度问题就成为景观生态学的热点问题,近年在景观尺度方面的研究报道已经逐步增多,众多学者对于尺度问题进行了研究探讨(Jianguo Wu,2000 and 2004;Santiago Saura,2004;申卫军,邬建国,林永标等,2003;赵文武,傅伯杰,陈利顶,2003;龚建周,夏北成,李楠等,2006;Michael C.,2004)。研究发现,尺度的效应还与区域有关,因此在进行城市景观生态学研究时就需要探讨尺度及其变异效应,通过尺度的研究来探讨对景观格局指数的影响,为区域生态环境规划提供基础和景观设计的依据。

广义地说,尺度包括幅度、粒度、空间范围、比例尺等,其中,幅度和粒度对景观特征的影响作用显著,且有空间和时间之分。空间粒度对应于最大分辨率或像元大小,即指空间最小可辨识单元所代表的特征长度、面积或体积(如样方、像元);时间粒度指某一现象或事件发生的(或取样的)频率或时间间隔(Lam N S N. and Quattrochi D A,1992;Jenerette G D and Wu J,2000;Schneider D C,2001)。幅度是指研究对象在空间和时间上的持续范围,也就是说,整个研究区域范围即最大空间幅度,整个研究时间范围即最大时间幅度(邬建国,2000;肖笃宁,1999)。当用空间数据对空间地理现象或过程进行度量与评价时,尺度成为最重要的影响因素。但是对其影响的规律仍知之不多,有待研究的问题很多,特别是进行区域景观分析时先探讨其粒度效应特征具有理论和实际意义,本研究主要探讨空间粒度对景观格局分析的影响,所以本文中的尺度效应具体是指粒度效应。

(1)景观指数选取与计算结果

虽然分析斑块类型水平格局指数的粒度效应也具有一定的实际意义,因为斑块类型通常与土地利用类型、生态系统类型等相对应,但景观水平上的指数对于粒度的变化响应更明显,也就是景观水平上的指数更容易受粒度的影响,所以本研究中仅仅分析了景观水平的格局指数随粒度变化的效应。结合兰州实际,本文经选择列出以下有代表意义的数据,从景观面积、密度、形状、分布和多样性等几个方面,选取 11 个景观指数(表 20-10、表 20-11)。

表 20-10　1976 年不同粒度下的景观格局指数特征

景观指数　　　粒度	5m	10m
50m	100m	PN
2197	2089	1624
1043	PD	11.03
10.49	8.16	5.23
LPI	8.49	9.97
16.87	20.58	ED

景观指数 ╲ 粒度	5m	10m
135.41	132.05	98.30
72.51	LSI	47.77
46.59	34.64	25.54
MPS	9.07	9.54
12.26	19.11	FRAC_MN
1.10	1.09	1.05
1.03	SHAPE_MN	1.69
1.66	1.34	1.23
CONT	0.80	0.72
0.28	0.20	SHDI
1.644	1.632	1.624
1.603	MSI	1.072
1.073	1.073	1.075

表 20-11　2004 年不同粒度下的景观格局指数特征

景观指数 ╲ 粒度	5m	10m
50m	100m	PN
2331	2207	2056
1331	PD	12.41
11.75	10.94	7.07
LPI	6.66	8.64
11.83	12.22	ED
193.11	178.04	117.73
86.35	LSI	66.16
60.99	40.29	29.56
MPS	8.06	8.51
9.14	14.14	FRAC_MN
1.103	1.099	1.048
1.034	SHAPE_MN	1.79
1.76	1.34	1.24
CONT	0.72	0.55
0.23	0.18	SHDI
1.760	1.741	1.733
1.713	MSI	1.617
1.617	1.618	1.619

(2)计算结果分析

因为 1976 年和 2004 的景观指数随粒度的变化趋势基本上一致，为了更直观的看出景观指数随粒度的升降以及变化趋势的剧烈程度，以 1976 年的指数变化特征（表 20-10）为例生成图形如下：

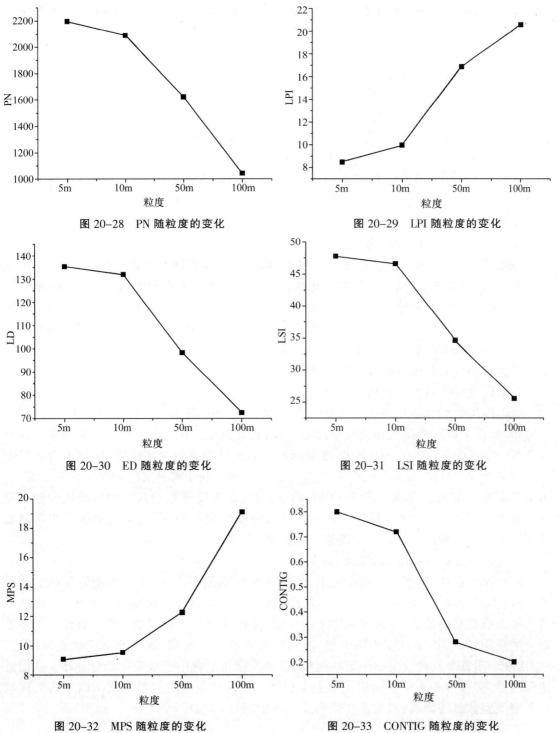

图 20-28　PN 随粒度的变化

图 20-29　LPI 随粒度的变化

图 20-30　ED 随粒度的变化

图 20-31　LSI 随粒度的变化

图 20-32　MPS 随粒度的变化

图 20-33　CONTIG 随粒度的变化

本研究中所分析的 12 种指数涉及 4 类：①面积、密度或边界指数(PN、PD、ED、LSI、LPI、MPS)；②形状指数(MSI、FRAC_MN、SHAPE_MN)；③聚集度指数(CONT)；④多样性指数(SHDI)。

①面积、密度或边界指数对粒度变化的响应

由表 20-10、表 20-11 以及图 20-28~图 20-33 可知,随着粒度的增加,第一类景观指数对粒度的变化都表现出很强的敏感性,即对尺度变化具有明显的依赖性。斑块数和斑块密度呈指数形式下降,边界密度和景观形状指数也都表现出持续下降的特征,这是因为栅格单元逐渐合并的同时,斑块形状变得越来越简单、规则。对于边界密度而言,在粒度增大时,重采样过程对于景观中的小面积斑块具有强烈的过滤作用,许多形状复杂的小斑块被合并为大斑块,从而降低了景观边界密度。随着栅格单元逐渐聚合,最大斑块指数以及平均斑块面积持续增加。且斑块粒度增加越多,斑块面积增加的跨度越大。一般而言,当粒度增加时,尺度的过滤作用使小斑块消失或合并,即一些小的斑块由于面积小于粒度必然消失,在景观总面积不变的前提下,斑块总数逐渐减小必然导致斑块密度逐渐减小;同时,这些小斑块被一些面积较大的斑块"吞噬",并聚合成更大的斑块,导致平均斑块面积持续上升。

②形状指数对粒度变化的响应

由表 20-10、表 20-11 可见,平均分维数(FRAC_MN)总体变化范围很小,但是在稍微大的粒度时,其变化相对较大,且其变化的程度随着粒度变大有加剧的趋势。平均形状指数(SHAPE_MN)的变化规律与平均分维数的变化规律类似,从粒度 10m 到 50m 时,变化强度开始加大。平均斑块形状指数则随着粒度加大变化趋势不明显,略有上升,同样在粒度从 10m 到 50m 时,变化趋势比较明显。说明平均斑块形状指数对粒度变化不敏感,不如第一类景观指数对尺度的依赖性那么大。

③聚集度指数对粒度变化的响应

聚集度指数 CONT 只适用于景观水平。由表 20-10、表 20-11 和图 20-33 可见,随着粒度增加,聚集度指数呈现出持续下降的特征,它对粒度变化比较敏感。粒度增加尽管可以改变斑块的形状,融合小的斑块,逐渐降低不同土地类型的聚集程度,但却不会使其发生急剧的变化。从生态学意义来讲,聚集度指数下降不利于物种之间的物质和能量流动,对生态系统群落的长期稳定来说是不利的。此外,聚集度指数受到结构组成成分的丰富度和其空间配置双重影响,尽管空间配置随着粒度变化不易预测,但是由于斑块丰富度的下降导致了聚集度指数出现逐渐缩小的趋势。

④多样性指数对粒度的变化的响应

随着粒度的增加,多样性指数略有下降,但变化幅度不大,这是因为随研究粒度的增加,斑块不断合并,一些小的斑块会逐渐消失,在大斑块吞噬小斑块的过程中,必然伴随着一些景观类型的消失,导致斑块丰富度下降,多样性指数出现轻微下降。假设一下粒度划分的极限情况,如果粒度无限增加,增大到接近研究区面积,那么相对于研究区而言,SHDI=0 表明整个景观仅由一个斑块组成,斑块类型在景观中呈极端化趋势分布。从信息论角度看,多样性能表明空间信息的丢失程度。受各种景观类型所占比例以及研究区域中景观类型数量的影响,对粒度变化的反应不敏感。

20.3 城市景观格局分区研究

应用景观生态学中的尺度研究方法,对兰州城市景观进行区域划分,将研究区域划分为3个景观区进行分析,以增加城市景观生态研究实例,补充与完善景观生态学理论与方法。城市景观区的分化是由城市的地域分化而产生的。城市的区域分化,是城市发展过程中一种重要的运动形式,在城市形成之初,就存在住宅、作坊、店铺等,他们是城市的基本组成单位——城市细胞,并随着城市内部的商品经济活动的更加丰富而进一步扩大和分化,细胞与细胞之间相互依赖,密切联系,形成城市的地域空间组织,并使城市内部逐渐出现各种功能区域。随着城市的发展,城市组织不断扩大,同时也在不断分化,导致城市在更大范围进行适当的功能分区,城市就是在不断的地域分化过程中逐渐扩大地盘的。

我们采用尺度分析方法进行景观分区,其基本思路是尺度分析——确定各区基质——判定各区功能。具体的说是应用 GIS 技术,来生成不同尺度下的景观图,随着尺度的增大,大斑块越来越大,小斑块逐渐消失,这样,就可明确地确定基质。基质是景观中面积较大,连接度高的景观类型。其他斑块类型镶嵌在基质之中。不同的基质中,景观类型的组合不同,不同的基质间差异较明显,以此来划分出一定的景观区。在划分景观分区的过程中,遵循的原则依据有下面几个:

(1)景观特征与生态功能

景观生态类型的结构特征、景观空间格局特征反映了区域景观生态的质量状况及特殊生态功能,因此,区域景观特征、生态功能差异与土地利用现状相结合是二级特殊生态功能区划分的主要依据,同时参考地表景观相似性与差异性相结合,景观格局的空间异质性是决定景观功能不同的重要影响因素,同时也是景观分区的重要参考指标。景观是气候、地貌、土壤等自然环境与人为活动的综合反映,相似的景观结构也具有相似的自然环境和人为活动,因此,景观分区时要尽量满足区内差异小,区间差异大,最后确定亚区界限。

(2)土地利用与覆盖特征

土地利用方式反映了人类活动对自然景观的改造程度,土地覆盖是改造活动的直接后果。特殊生态功能一方面要反映自然景观生态系统在自然环境和人类社会中的作用与生态服务功能;另一方面也应反映稳定的半自然景观、人工景观生态系统在生态意义上的生态服务功能。所以,土地利用与覆盖现状特征也是景观生态功能区划的重要依据。

(3)经济发展与行政区划

特殊生态功能区划分的目的是为区域自然资源的合理利用、社会经济发展以及保护环境服务的,因此,适当考虑区域经济发展水平与行政区划也是分区的依据之一。

按照上述分区依据,考虑到兰州实际情况:兰州市典型的河谷盆地型城市,地形地貌的限制,使得兰州在长期的城市历史演变过程中,分为几个大的组团,而且每个组团所承担的功能分区各有不同,所以组团之间的景观格局差别较大,很有分区研究的必要性,为

便于比较,将兰州和七里河区划分为一个景观区进行研究,其次是西固景观区和安宁景观区。从城市功能分区上来讲,总体描述如下:

城关、七里河中心景观区:是兰州的政治、经济和文化中心,发展重点主要安排行政办公、金融商贸、文化教育、科技信息、体育娱乐、生活居住等建设项目,突出行政经济中心之主要职能。省府领导机关、军事领导机关、高等学校、科学研究机关、大企业的领导机构、铁路枢纽指挥机构、市级领导机关、文化、卫生领导机关、商业领导机构等均集中在这个区内。这些机构以及相应的公共建筑公用设施、住宅建筑,已经成群成片地建筑起来。

安宁景观区:指黄河以北、徐家湾以西至沙井驿地区的狭长地带范围。安宁组团总体上是兰州市的文化教育、高新产业、新型建材、电子仪表、生活居住的功能区。

西固景观区:工业集中布局区域,保持现有"兰炼"、"兰化"热电厂,水厂外,还有三大合成材料及烷基苯工程为主体的石化工业区之功能。主要发展石化工业、后序产品加工、电力工业及城市公用设施等,结合五号滩的开发利用发展新型催化剂、添加剂、润滑材料及涂料等精细化工和电力工业建设项目。

1.1976 年三个区的景观格局分析

根据以上功能分区,结合功能分区应尽可能与行政区相一致的原则,利用 GIS 技术,得到兰州城市景观区分区界线及景观类型。

(1)1976 年三个景观分区的斑块特征分析

为方便对比分析,本章所研究的三个区的景观类型划分与计算采用的景观指数,与前面 20.2 部分所述相同。根据兰州实际情况和景观分类图,利用 Fragstats 软件计算得出 1976 年三个区的景观斑块类型特征表(表 20-12~表 20-14),并根据特征指数表生成曲线图(图 20-34~图 20-41)。

表 20-12　1976 年西固区景观斑块类型特征表

景观类型	CA	PLAND	PN	PD	LPI	ED	LSI	MPS
农业用地	1940.39	45.26	52	1.21	10.56	41.41	10.38	37.32
居住用地	438.81	10.24	183	4.27	0.60	33.20	17.50	2.40
工业用地	1081.45	25.23	158	3.69	2.47	46.84	15.72	6.84
道路广场	159.67	3.72	4	0.08	3.62	26.02	22.71	39.92
公共用地	286.86	6.69	76	1.77	1.38	19.44	12.67	3.77
水域	280.70	6.55	8	0.19	5.23	13.89	7.57	35.09
其他用地	99.30	2.32	7	0.16	0.81	3.65	4.04	14.19

表 20-13　1976 年安宁区景观斑块类型特征表

景观类型	CA	PLAND	PN	PD	LPI	ED	LSI	MPS
农业用地	3299.55	73.74	45	1.01	36.39	61.97	12.53	73.32
居住用地	268.26	6.00	139	3.11	0.35	21.09	14.94	1.93
工业用地	353.54	7.90	52	1.16	2.29	12.45	7.69	6.80

景观类型	CA	PLAND	PN	PD	LPI	ED	LSI	MPS
道路广场	78.53	1.76	6	0.13	1.56	12.96	16.96	13.09
公共用地	162.63	3.63	18	0.40	0.98	5.17	4.70	9.03
水域	302.82	6.77	3	0.07	8.09	13.62	7.25	100.94
其他用地	9.17	0.20	2	0.04	0.13	0.47	1.79	4.58

表 20-14　1976 年城关七里河区景观斑块类型特征表

景观类型	CA	PLAND	PN	PD	LPI	ED	LSI	MPS
农业用地	5869.86	52.69	186	1.67	5.63	19.69	20.43	31.56
居住用地	1467.49	13.17	694	6.23	0.33	18.37	33.83	2.11
工业用地	1345.01	12.07	264	2.37	1.53	12.80	19.21	5.09
道路广场	483.06	4.34	12	0.11	3.38	20.92	40.47	40.25
公共用地	820.93	7.37	194	1.74	0.56	9.40	17.25	4.23
水域	700.93	6.29	5	0.04	7.62	5.30	11.69	140.19
其他用地	452.80	4.06	29	0.26	1.44	2.31	6.53	15.61

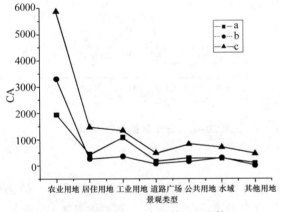

图 20-34　三个区的 CA 比较

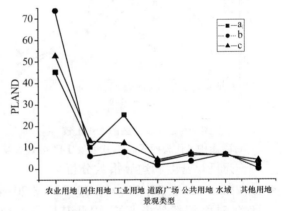

图 20-35　三个区的 PLAND 比较

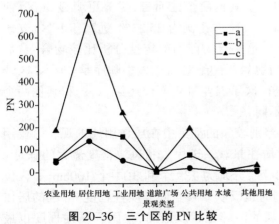

图 20-36　三个区的 PN 比较

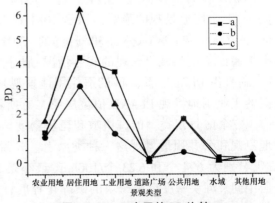

图 20-37　三个区的 PD 比较

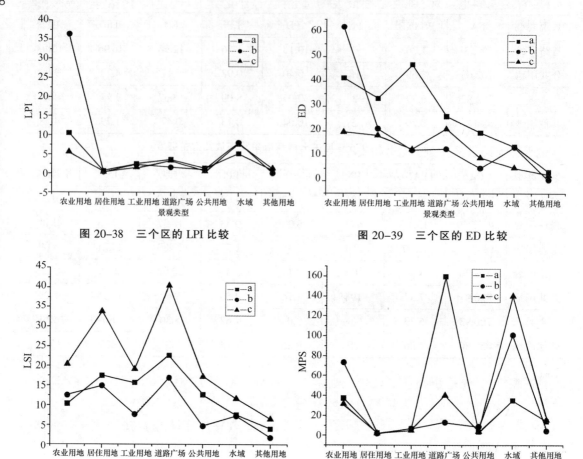

图 20-38　三个区的 LPI 比较　　　　　图 20-39　三个区的 ED 比较

图 20-40　三个区的 LSI 比较　　　　　图 20-41　三个区的 MPS 比较

(注:图中 a 代表西固区;b 代表安宁区;c 代表城关七里河区)

①面积、密度和边界指数分析

表 20-12~表 20-14 及图 20-34~图 20-41 显示,三个区景观类型的绝对面积中,农业用地绝对面积都是最大的,因此其所占的面积百分比也最高,而且 b 区(安宁区)农业景观面积所占百分比高达 73.74%,这个比例相对于其他两个区而言,优势更明显;a 区(西固区)工业用地景观的绝对面积是 1081.45 hm²,其所占比例为 25.23%,远高于 b 区(安宁区)的 7.90%和 c 区(城关七里河区)的 12.07%,这一点与前面的定性分析比较吻合,从数据上验证了兰州城市景观的实际情况;居住用地景观的绝对面积大小顺序是 c 区>a 区>b 区,而且由 PLAND 看,c 区的居住用地景观是仅次于农业景观而位居第二,这和其他两个区的工业用地景观 PLAND 值位居第二有所不同。

三个区景观类型的斑块数和斑块密度值差别较大的都集中在居住用地景观、工业用地景观和公共用地景观这三种类型上。先说居住景观,斑块数和斑块密度最大的都是 c 区,分别为 694 个和 6.23 个/100hm²,最小是 b 区,分别为 139 个和 3.11 个/100hm²,a 区位居中间。斑块密度反映斑块的破碎化程度,同时也反映景观空间异质性程度。c 区的居住景观斑块数最多、PD 值最大,说明其居住景观的破碎化程度最高,空间异质性程度也最大;再看工业用地景观,斑块密度最大的是a区,最小的是b区,说明1976年西固区的工业用地景观不管是绝对面积,面积百分比还是斑块密度都占很大优势,而安宁区的工业布局相对少一些;另外第三个曲线起伏点对应的是公共用地,从斑块密度来看a区和c区很接近,都大于b区,说明1976年安宁区的公共用地景观开发程度较低,不及a区和c区开发程度高。

三个区的最大斑块形状指数(LPI)的曲线起伏最大点集中在农业景观类型上,其他景观类型差别不大,其中又以b区的农业景观最大斑块形状指数为最大,这是因为安宁区的农业用地比较集中连片,比如安宁区的万亩桃园。这也说明1976年人们对安宁区的干扰还比较小,人类活动的强度比较弱。从边界密度曲线的分布趋势看,a区各种景观类型的边界密度略大于其他两个区的相应类型,而其他两个区差异不大。

②形状和破碎度指数分析

关于三个区景观类型的形状指数和破碎度指数,c区各种景观类型的LSI都高于其他两个区对应景观类型的LSI,而曲线起伏的最大值差值点均出现在居住用地景观和道路广场景观上。斑块形状指数(LSI)是反映一定尺度上斑块和景观复杂程度的定量指标,斑块形状指数越小、斑块的形状越规则和简单;反之,则越不规则和越复杂。而且,如果景观类型为线性布局,形状越狭长,LSI值也就越大。c区的居住用地景观形状和分布较其他两个区复杂,道路广场景观则是形状复杂、长度更长。平均斑块面积波动较大的景观类型是道路广场和水域。b区的道路广场景观MPS值最小,a的最大,说明b区的道路景观类型更破碎,异质性更强。水域景观则是c区的MPS值最大,具有最大的斑块平均面积。

(2)1976年三个区景观格局总体特征分析

根据兰州实际情况和景观分类图,利用Fragstats软件计算得出1976年三个区的景观总体特征表20-15。

表20-15　1976年三个区城市景观总体特征对照表

景观指数	a	b	c
TA	4287.17	4474.5	11140.07
PN	485	265	1384
PD	11.31	5.92	12.42
MPS	8.84	16.88	8.05
ED	141.45	97.93	44.4
LPI	10.56	36.39	7.62
LSI	23.49	16.69	39.31
MSI	1.28	0.64	1.16
CONTAG	58.63	72.15	59.27
SHDI	1.54	1.04	1.51
SHEI	0.79	0.53	0.78
IJI	82.97	63.38	83.94

(注:表中a代表西固区;b代表安宁区;c代表城关七里河区)

由表20-15可以看出,从景观水平上来说,三个区的景观格局指数区别更为显著,从景观总面积看,c区景观总面积远远大于a区和b区。斑块总数PN和斑块密度PD也是如此,即 c 区>a 区>b 区。边界密度则出现相反特征,a 区>b 区>c 区。最大斑块指数 LPI 是 b 区>a 区>c 区,主要受农业景观影响,LPI 的值和斑块类型级别上的最大斑块指数趋势相同。由景观形状指数 LSI 看,c 区>a 区>b 区,说明 c 区的景观破碎度最高,斑块形状不规则。蔓延度指数(CONTAG)则是 b 区>c 区>a 区,说明景观 b 区中的某种优势斑块类型形成了良好的连接性,而 c 区和 a 区则是有一个较低的蔓延度值,说明景观中存在许多小斑块,破碎度高。香农均匀度指数(SHEI)和散布与并列指数(IJI)c 区和 a 区都相差不大,但都大于 b 区,这两个指标具有很好的一致性趋势也可以说明:相对于 b 区而言,c 区和 a 区的景观类型均匀分布,有较大的多样性。进一步,香浓多样性指数(SHDI)也存在同样的趋势,即 c 区和 a 区相差不大,但是都大于 b 区。

2.2004 年三个区的景观格局分析

根据 1976 年的景观分区研究,下面使用同样的方法对 2004 年的景观进行分区研究,2004 年的景观分区方法以及景观分区的界线和 1976 年相同,因此本节就不再给出分区界线及景观类型图。根据 Fragstats 软件计算结果,整理得到 2004 年 a、b、c 三个景观分区的斑块类型特征表 20-16、表 20-17 和表 20-18。

(1)斑块特征分析

根据斑块类型特征表,对三个景观分区的斑块特征从两个方面进行分析,一是面积、密度和边界指数,二是形状和破碎度指数。

表 20-16　2004 年西固区景观斑块类型特征表

景观类型	CA	PLAND	PN	PD	LPI	ED	LSI	MPS
农业用地	1020.05	24.27	109	2.59	3.08	58.30	19.37	9.36
居住用地	428.78	10.20	77	1.83	1.42	26.70	13.41	5.57
工业用地	1855.82	44.16	92	2.19	7.26	47.67	11.51	20.17
道路广场	293.70	6.99	106	2.52	4.14	65.07	39.49	2.77
公共用地	286.35	6.81	18	0.43	2.45	8.57	5.27	15.91
水域	287.27	6.84	21	0.50	5.20	17.72	10.88	13.68
其他用地	30.49	0.73	8	0.19	0.26	2.22	4.18	3.81

表 20-17　2004 年安宁区景观斑块类型特征表

景观类型	CA	PLAND	PN	PD	LPI	ED	LSI	MPS
农业用地	2301.75	49.55	90	1.94	12.88	96.36	20.99	25.57
居住用地	456.01	9.82	47	1.01	1.69	33.74	12.41	9.70
工业用地	785.27	16.91	39	0.84	1.76	16.78	7.81	20.14
道路广场	114.73	2.47	135	2.91	3.49	37.05	27.16	0.85
公共用地	626.74	13.49	32	0.69	4.83	25.36	7.96	19.59
水域	321.91	6.93	14	0.30	9.95	22.45	9.83	22.99
其他用地	38.55	0.83	5	0.11	0.67	3.00	3.79	7.71

表 20-18　2004 年城关七里河区景观斑块类型特征表

景观类型	CA	PLAND	PN	PD	LPI	ED	LSI	MPS
农业用地	4245.45	31.98	429	3.23	2.56	66.59	35.20	9.90
居住用地	3614.11	27.22	427	3.22	0.89	65.97	30.45	8.46
工业用地	1537.72	11.58	147	1.11	1.73	23.08	16.88	10.46
道路广场	868.37	6.54	402	3.03	2.96	74.56	72.57	2.16
公共用地	1943.41	14.64	127	0.96	0.76	17.61	13.30	15.30
水域	815.20	6.14	51	0.38	6.52	14.24	14.30	15.98
其他用地	251.29	1.89	5	0.04	0.02	0.23	3.03	50.26

　　根据 2004 年 a、b、c 三个景观分区的斑块类型特征表 20-16~表 20-18，生成曲线图 20-42 到图 20-49。

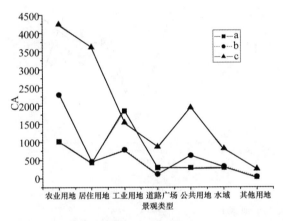

图 20-42　三个区的 CA 比较

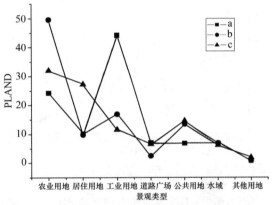

图 20-43　三个区的 PLAND 比较

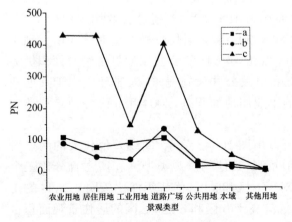

图 20-44　三个区的 PN 比较

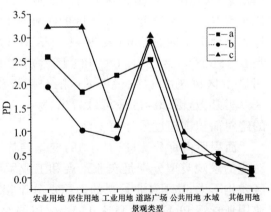

图 20-45　三个区的 PD 比较

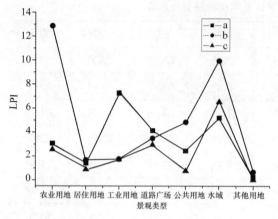

图 20-46 三个区的 LPI 比较

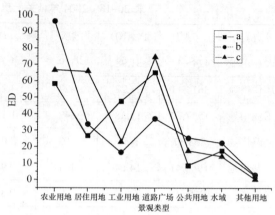

图 20-47 三个区的 ED 比较

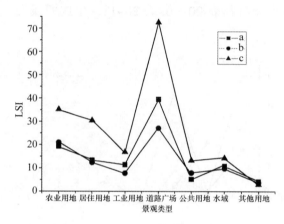

图 20-48 三个区的 LSI 比较

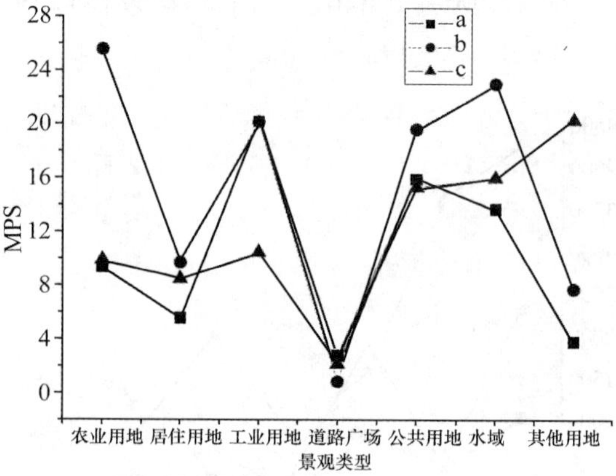

图 20-49 三个区的 MPS 比较

(注:图中 a 代表西固区;b 代表安宁区;c 代表城关七里河区)

①面积、密度和边界指数分析

首先看景观类型的绝对面积,三个区差异明显的景观类型是农业、居住、工业和公共用地景观。2004 年,b 区和 c 区的农业用地绝对面积仍是最大的,同理其所占的面积百分比也最高,和 1976 年相比,a 区的工业用地面积为 1855.82hm²,超过农业用地位居第一,这和其他两个区有差异(表 20-16、表 20-17 和表 20-18)。居住景观的绝对面积由大到小是 c 区>b 区>a 区,而且 b 区和 a 区差别较小。2004 年 c 区的公共用地景观绝对面积优势明显,b 区也超过 a 区,说明 c 区的公用设施和市政公共设施完善,人居环境优于其他两区。另外,从图 20-45 还可以看出,除 a 区的工业用地面积外,2004 年 c 区各种景观类型的绝对面积都超过另外两个区。

面积所占百分比(PLAND)的变化趋势可以由图 20-43 显示,曲线差值较大的两点所对应的景观类型分别是农业景观和工业用地景观,其他的景观类型面积所占百分比三个区差别不大。b 区农业景观的面积百分比相对于 c 区和 a 区,优势仍然比较明显。a 区的工业用地景观 PLAND 值高达 44.16%,以绝对优势高于 b 区和 c 区。c 区的居住景观面积百分比大于其他两区。公共用地景观的绝对面积和百分比都是 c 区>b 区>a 区。

2004年三个区景观类型的斑块数和斑块密度比较:c区各种景观类型的斑块数均大于a区和b区,a区和b区差别不大,且三个区斑块数差异明显的景观类型是农业、居住和道路广场(图20-44)。斑块密度差异明显的景观类型则表现在农业、居住和工业景观上(图20-45),农业景观的斑块密度大小顺序是c区>a区>b区,由于近几年c区设立并建设经济技术开发区等,使得c区对农业用地的开发程度加大,一些农业用地被开发成为城市建设用地,而导致农业用地逐渐被分割成小块用地;c区居住景观的斑块数和斑块密度分别是427个和3.22个/hm²,大于a区和b区,且优势明显;工业用地景观,斑块密度最大的仍是a区,最小的是b区,说明工业景观仍然是西固区的优势景观类型。

三个区的最大斑块形状指数(LPI)差别比较明显的景观类型有农业、工业、公共和水域(图20-46)。农业景观中LPI最大的仍是b区,而工业用地景观的最大LPI值则出现在a区,这是因为西固工业区的厂区较大,分布比较集中。公共用地和水域的最大LPI值都出现在b区。c区各景观类型的边界密度稍大于其他两个区,优势不大,且三个区的边界密度起伏较大,曲线相互交织,规律性不明显(图20-47)。

②形状和破碎度指数分析

2004年三个区景观类型的形状指数LSI曲线差别最大值均仍出现在道路广场景观类型上(图20-48),大小顺序是c区>a区>b区,且c区各种景观类型的LSI值都高于其他两个区对应景观类型的LSI,其他两个区的差距不明显。平均斑块面积差别较大的景观类型有农业景观、工业用地景观、水域和其他用地类型(图20-49)。农业景观中,平均斑块面积最大值出现在b区,工业景观中的最大MPS值在a区,水域景观MPS值最大则出现于b区,最小值在a区,其他用地中的最大MPS值在c区。

(2)景观格局总体特征分析

根据兰州实际情况和景观分类图,利用Fragstats软件计算得出2004年三个景观分区的景观格局总体特征表20-19。

表20-19　2004年三个区城市景观总体特征对照表

景观指数	a	b	c
TA	4202.45	4644.95	13275.54
PN	431	362	1588
PD	10.26	7.79	11.96
MPS	9.75	12.83	8.36
ED	172.5	192.29	207.21
LPI	7.26	12.88	6.52
LSI	27.82	26.95	55.49
MSI	1.28	1.38	1.5
CONTAG	58.8	57.44	56.03
SHDI	1.53	1.59	1.63
SHEI	0.78	0.82	0.84
IJI	56.1	65.4	54.05

(注:表中a代表西固区;b代表安宁区;c代表城关七里河区)

由 2004 年三个区城市景观总体特征对照表 20-19 可知,c 区景观总面积远大于 a 区和 b 区的景观总面积之和,斑块总数 PN 也是如此;边界密度的大小是 c 区>b 区>a 区,和 1976 年的趋势恰恰相反;最大斑块指数 LPI 最大值仍出现在 b 区,其次是 a 区和 c 区;c 区的景观形状指数 LSI 值是 55.49,远大于 a 区和 b 区,a 区和 b 区差别不大;蔓延度指数 (CONTAG) 的大小是 a 区>b 区>c 区,但三个区的差别不明显;香农均匀度指数 (SHEI) 和香浓多样性指数 (SHDI) 的趋势相同,都是 c 区>b 区>a 区,这两个指标指向一致可以说明随着开发强度的加大,c 区的景观多样性变大,其破碎程度加强;散布与并列指数 (IJI) 的最大值是 65.4,位于 b 区,说明 b 区的景观分离度小,某种景观类型具有较好的连接性,景观类型分布比较均匀。结合实地调查结果分析,这种景观类型就是农业景观。

3. 1976 年和 2004 年三个区的景观格局动态分析

上述研究对比的是 1976 年和 2004 年各自城市景观分区之间的横向差异,那么从时间序列上来说,从 1976 年到 2004 年,各个景观分区之间的变化趋势与变化速率会不会有所差别呢? 下面我们就这个问题做进一步的探讨 (表 20-20)。

表 20-20 三个区城市景观总体特征比较

景观指数	a		b		c	
	1976	2004	1976	2004	1976	2004
TA	4287.17	4302.45	4474.5	4644.95	11140.07	13275.54
PN	485	431	265	362	1384	1588
PD	11.31	10.26	5.92	7.79	12.42	11.96
MPS	8.84	9.75	16.88	12.83	8.05	8.36
ED	141.45	172.5	97.93	192.29	44.4	207.21
LPI	10.56	7.26	36.39	12.88	7.62	6.52
LSI	23.49	27.82	16.69	26.95	39.31	55.49
MSI	1.28	1.28	0.64	1.38	1.16	1.5
CONTAG	58.63	58.8	72.15	57.44	59.27	56.03
SHDI	1.54	1.53	1.04	1.59	1.51	1.63
SHEI	0.79	0.78	0.53	0.82	0.78	0.84
IJI	82.97	56.1	63.38	65.4	83.94	54.05

(注:表中 a 代表西固区;b 代表安宁区;c 代表城关七里河区)

为了方便直观的看出各个景观分区随时间的变化趋势,根据表 20-20 中的数据,生成图 20-50~图 20-61。关于景观格局的动态变化,从以下两个方面进行具体分析:

(1)面积、密度和边界指数分析

从 1976 年到 2004 年,三个景观分区的总面积都有增加,其中增加较多的是 c 区,从 1976 年的 11140.07hm² 增加到 2004 年的 13275.54 hm²(图 20-50)。由斑块数来看,景观的斑块数增加的是 b 区和 c 区,a 区的斑块数没有增加,反而有所下降(图 20-51),说明西固景观区内部斑块之间有所调整,通过土地的开发再利用等,一些小的斑块被合并,从而导致斑块数目有所下降。因为 a 区的景观总面积变化不大，而斑块数有所下降，因此导致 2004 年 a 区的斑块密度比 1976 年有所下降(图 20-52)，b 区的斑块密度 2004 年变大，而斑块密度下降的还有 c 区，c 区的景观面积和斑块数都有增加，但是景观面积增加的幅度超过斑块数目的增加，由此导致 c 区的斑块密度也呈现出下降结果。根据上文中的研究结果，这种内部分区之间的细微差别从兰州城市景观整体上的变化是体现不出来的，这也证明了兰州城市景观分区研究的必要性。图 20-54 显示，从 1976 年到 2004 年，三个区的边界密度都呈现出增加趋势，且 c 区的趋势更明显，根据其生态学意义可以判断，相对于其他两个区，c 区的破碎度加大，斑块边缘物种丰富度变大。

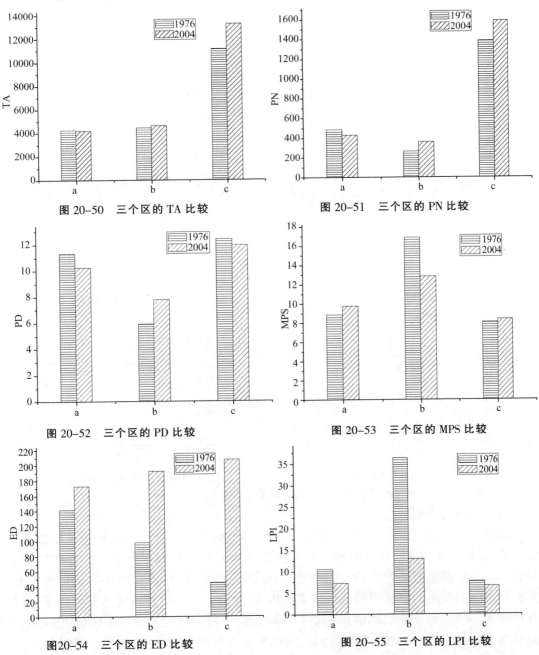

图 20-50　三个区的 TA 比较

图 20-51　三个区的 PN 比较

图 20-52　三个区的 PD 比较

图 20-53　三个区的 MPS 比较

图20-54　三个区的 ED 比较

图 20-55　三个区的 LPI 比较

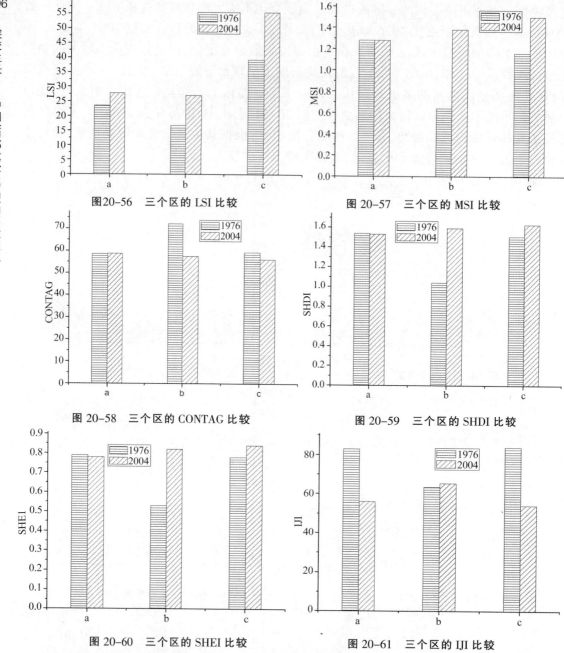

图20-56　三个区的 LSI 比较

图 20-57　三个区的 MSI 比较

图 20-58　三个区的 CONTAG 比较

图 20-59　三个区的 SHDI 比较

图 20-60　三个区的 SHEI 比较

图 20-61　三个区的 IJI 比较

（注：图中 a 代表西固区；b 代表安宁区；c 代表城关七里河区）

（2）形状和破碎度指数分析

由图 20-56 和图 20-57 可知，相对于 1976 年，2004 年三个区的景观形状指数都呈增大趋势，变化程度以 c 区最为明显。平均斑块形状指数，b 区和 c 区变大的趋势明显，a 区变化不大。根据这两个指标的生态学意义，他们共同说明，2004 年斑块形状指数变大，是因为景观内部斑块的形状变的越来越不规则，越复杂。这一趋势也符合实际情况，具有客观规律性。三个区的最大斑块指数都呈下降状态，下降幅度较大的是 b 区（图 20-55），LPI 值的变化趋势说明，从 1976 年到 2004 年，随着开发程度的加强，景观的破碎度加大。

(3)蔓延度和多样性指数分析

如图 20-58 所显示,2004 年三个区的蔓延度指数(CONTAG)有所降低,下降程度较大的是 b 区,根据其生态学意义,其指标值下降则意味着景观中存在许多小斑块,整个景观是朝着多种要素的密集格局方向发展,景观的破碎化程度加大。对比图 20-59 和图 20-60 可知,香农多样性指数和均匀度指数表现出极大的相关性,除 a 区的变化不明显外,b 区和 c 区都有明显的增加, 考虑这两个指标的生态学意义以及指标变化方向的一致性说明,2004 年的城市景观多样性增加的同时,景观破碎度加大。散布与并列指数,除 b 区稍有增加外,c 区和 a 区的趋势是明显变小(图 20-61),说明景观的分离度变大,相同景观的相邻机会变小,同样说明景观的破碎程度加大了。

本章小结

兰州城市整体景观格局现状及动态变化特征如下:(1)兰州市各种城镇建设用地面积都有增加,农业用地减少,农业用地转移的主要方向是居住用地、工业用地和公共用地,近几年来变化尤为突出;(2) 相对于 1976 年来说,2004 年的景观斑块数量上升较多;(3)景观形状有明显趋于不规则趋势,景观指数 PD、ED 值也在增大,而平均斑块面积有明显减少,说明景观破碎化较为迅速、强烈;(4)景观多样性略有上升,说明这一时段的景观变化没有带来强烈的景观要素流失;(5) 从格局整体上来说,2004 年和 1976 年相比, 景观特征趋于更加破碎化和多样化;(6)通过对比知道,兰州城市景观格局的变化趋势符合城市景观演变的一般规律。兰州市景观格局随着粒度的变化符合尺度推绎的一般规律,具有明显的尺度依赖性。随着粒度的增加,斑块面积、斑块密度以及边界密度等景观指数对粒度变化都表现出很强的敏感性,即对尺度变化具有明显的依赖性。对粒度变化不明显的指数有平均斑块形状指数和平均分维数。

从功能分区角度分析:(1)从景观水平上来说,西固区、安宁区、城关七里河三个区之间的差异很显著,且这种差异随时间有所变化。从景观水平上来说,相同之处是城关七里河区的景观总面积、斑块总数 PN 和斑块密度 PD 都远远大于西固区和安宁区,这个特点在 1976 年和 2004 年是相同的。另外还有最大斑块指数 LPI、景观形状指数 LSI 等指标,三个区的大小顺序 1976 年和 2004 年也是一致的。不同之处在于:1976 年三个区边界密度的特征是西固区>安宁区>城关七里河,而 2004 年边界密度的大小顺序则恰恰相反,是城关七里河>安宁区>西固区。这一指标和土地利用的开发程度有关,边界密度越大,则开发强度越大,景观的破碎程度越高;(2)从景观类型上来说,1976 年三个区的各景观类型之间的差异显著,曲线规律较 2004 年明显,这也说明随着经济发展,人类活动作用的强化,城市内部分区之间的景观格局差异变得越来越复杂;(3)三个区的景观格局随时间变化的趋势大致相同,但也有细微差别。如斑块密度除了安宁区变大,城关七里河和西固区的斑块密度都是下降的。这种内部分区之间的细微差别只有通过分区研究才能体现出来,这也说明了兰州城市景观分区研究的必要性。(4)兰州城市景观格局的变化显然是人类对景观干扰不断加强的结果,特别是景观的破碎化与斑块形状的复杂化,因为在短短的近 30 年间,自然条件的变化是很小的。

结论与讨论

自 20 世纪 70 年代以来,美英等西方发达国家广泛实施了新自由主义的经济政策,世界各国积极推动基础科学研究和高新技术革命,以及大多数社会主义国家进行资本主义的制度转型,共同促使信息时代的来临和知识经济的快速发展,尤其是资本主义制度的全球化、经济全球化和文化全球化。世界社会经济体系的分化和整合、合作和竞争,人口快速增加,人类生产力的大幅度提升和生产、管理、技术、社会文化生活的现代化或后现代化,促使世界各国城市体系及其生长环境和发展状态发生了深刻而快速的变化。分裂或分化、整合、模仿、地方化、创新、文化特色化、郊区化等成为世界大中城市规划和建设普遍面对的主要问题。后现代主义、全球化、阶层分化、文化传统、发展水平的差异化都带来了一系列的规划和管理的难题或者是城市生长与演化的理论和实践探索的难题。

对于中国而言,改革开放以来,中国在政治、经济、社会、文化各领域都发生了快速而深刻的变化。在国家范围内,改革开放以来中国各省区之间的经济联系十分活跃和广泛,迅速打破了计划经济时期的各省区经济结构"大而全"的格局,形成了国家层面的统一市场和社会经济体系,虽然也存在所谓的"诸侯经济"现象。广泛而深刻的制度变革、现代化进程、城市化进程、工业化进程和郊区化进程必然促使城市生长演化及其体系发生深刻的转型。而且,中国社会经济改革在时间和空间上都采取了渐进模式,这必然会在国家范围内引起从东部沿海到西部内陆城市生长转型的"梯度"现象。因此,中国城市生长过程与转型必将与中国社会经济体系融入世界体系的方式、强度、特点、时机等有关,也与国内自身改革的模式、强度、时机、时序安排等有关。不过,尽管当今发达国家已经进入了非组织化的资本主义阶段 (Lash and Urry,1987),然而中国城市与国外城市之间的经济联系却并没有完全一体化,国家仍然有一定的独立性,中国的企业也远没有北美和西欧等发达资本主义国家那样脱离国家的框架(Knox and McCarthy,2005)。

中国城市生长与转型深深受制于国内外社会经济体系演变过程与模式（宏观环境）,更受制于自身的条件、基础、(外界的)机遇和管理阶层对机遇的有效把握,这是一个涉及方方面面的系统工程,因为改革越深入,城市生长与转型所遇到的问题就越全方位和深层次化。由于转型期中国城市生长显然在制度变迁和对外开放政策的推动下受到了投资、市场化、土地有偿使用等经济因素、人口(自由)流动、居住"自由化"、收入差异化等社会因素,价值观多元化、文化多样化等文化因素,以及高速和复合式交通网络日趋成熟和日新月异的通讯网络的交通通讯因素等综合性要素的复合影响与作用,中国城市生长出现了全方位的转型,如城市体系组织、城市经济、城市空间、城市社会、城市建筑与文化等。

1.城市系统转型

改革开放以来,中国城市系统实际上发生了至少两个层面的转型:一是伴随着中国经济快速融入世界经济体系,中国城市体系与世界城市体系进行了卓有成效的接轨或融合,演变为越来越开放和复杂化的城市系统;二是从计划经济时代的,大致以各省区为单元的(省区制)城市等级体系演化为以全国市场为基准的(国家空间尺度)多元化、网络化、复杂化的城市系统。这个系统在现阶段实际上也并不排斥或者说还保留了部分原来系统的成分或特色,如省区内城市系统的等级性,越落后的地区越明显。另外,因为改革开放和制度改革的梯度模式,中国城市系统也显示了由沿海到内地的差异性。一方面,先发达和先开放的东部沿海地区的城市率先"整合或融化"了中、西部地区的城市系统;另一方面,西部地区的城市系统也积极地融入和进行内部的分化和整合,但是并没有改变不断被边缘化的命运和现实(杨永春,冷炳荣,2009)。

复杂网络视角的研究表明:中国城市可划分为三大城市区,即中国北方城市区、长江城市区和南部城市区,形成三极多核的空间格局,三极是指北京、上海和广州。全国城市联系网络的连接节点主要集中在环渤海地区、长三角地区和珠三角地区的主要城市,并且有进一步极化的态势。但从三大地区内部比较来看,环渤海地区城市等级性明显,长三角地区和珠三角地区呈现多核化发展趋势,城市网络化发展在加强。也就是说,东部沿海地区的核心城市网络主导了和整合了全国的城市网络体系的转型。例如,转型期西部城市分别属于以北京为核心的北部城市区(陕西、甘肃、宁夏、新疆等省区)、以上海为中心的长江南部城市区(重庆市与四川省)、以广州–深圳为核心的南方城市区(云南与贵州省),且这种趋势有不断强化的趋势。这表明中国西部城市改革开放以来逐步打破了计划经济时期以省区为空间尺度的等级体系,形成了与沿海高等级城市相互连接的国家尺度的城市网络体系,虽然在一定程度上也保留了部分省区等级联系的特征。显然,重庆、成都、西安、昆明等城市是中国西部城市网络组织的枢纽和中心节点。而且,基于生产者服务业视角的成渝地区城市网络的研究结果也表明了中国西部城市网络发展水平偏低,仅处于起步阶段,城市间的互动作用还比较弱。所以,改革开放以来,国家政策对城市网络影响甚大。不同政策区的城市网络发展水平和趋势显然不同。优先得到政策支持区域其城市网络显然发展程度高,如沿海开放区的枢纽城市,处于国家城市网络演化的高端和支配地位;相反,西部地区城市明显处于被边缘化的地位,而且,这个趋势尚未得到明显的遏制,使中国西部城市生长与转型宏观上处于不利地位。

基于GDP规模分布的视角,中国城市体系的城市GDP规模等级性仍处于加强趋势中,不同于当代发达国家的城市等级扁平化(Smith,2005)的趋势。然而,2002年以来这种加强的趋势在减弱。因此,中国城市间的差距仍将继续扩大,并将持续一段时间。在不久的将来,中国城市体系也将有可能出现GDP规模等级扁平化的现象。不过,中国西部城市GDP规模分布与全国的趋势大体相同。基于人口规模分布的视角,中国城市人口规模分布在1990—1996年间存在扁平化现象,而在1997—2006年间的等级性在波动中略有加强。中国西部城市人口规模分布与全国情况大相径庭,其城市人口规模分布的等级性在强化。这表明中国城市体系等级性有加强趋势,中国西部地区更加明显,与世界城市体系的扁平化趋势差异较大。

2.城市的经济转型

改革开放以来,制度和政策要素、外来资本对于城市经济转型起到了核心的作用。市场化、分权化、全球化对中国城市经济发展和转型的影响越来越深入和广泛。这样,随着时间的积累和城市经济系统的成功转型以及土地有偿使用制度和货币购房等政策的实施,城市产业结构和分工以及城市空间资本密度必然做出相应的调整。理论上,中国(西部)城市的产业结构、分工和城市资本空间分布必然顺应市场经济体系的要求,当然也同时体现了转型期中国社会经济制度的过渡特征,即中国的制度特色的影响。

制度角度的研究结果表明:总体上,制度要素对城市经济发展的影响非常大,尤其以外资最为典型,已然形成了从东部到西部的梯度差异。显然,西部地区的城市经济成长在国家尺度上处于落后的地位,这明显与改革开放的空间渐进式的安排有关。通过对制度要素、劳动力投入和资本投入与 GDP 的量化分析,可以看到在空间尺度上,回归方程中劳动力要素均显著程度不高,而资本存量不但显著程度较高,且回归系数较大,这说明了简单的劳动力数量的投入对中国城市经济增长的影响有限,而资本投入的作用仍然十分巨大。在制度变量方面,回归方程中财政比率不显著,私劳比率显著性均较高,而外资比率各个区域差距较大,在中部地区没通过检验,东部地区显著程度较高。这说明政府投入对于我国城市经济增长的影响力不显著,而劳动力市场的开放对中国城市经济增长意义重大且不具有空间的分异性,外资影响力方面,依然是东部地区十分显著。从空间角度来看,制度要素均衡程度:财政比率>私劳比率>外资比率。从基尼系数来判断,最为均衡的财政比率基尼系数说明我国各个地区城市政府对于控制当地经济发展的程度基本相当。而私劳比率在西部城市表现出了最均衡,且变化一直不大,这在某种程度上可以说明西部城市劳动力市场发展缓慢,而正是由于缓慢的发展造就了一直以来的最均衡。对于外资比率,在东部地区呈现了波动上升的趋势,这表明外资在进入东部地区的地域选择趋势在增加;西部地区外资比率一直高度不均衡,这说明外资在进入西部地区的地域选择性十分强烈,亦显现出了外资在进入西部地区时的谨慎。无论从哪个要素来判断,中部地区均是发展最为均衡的地区。西部地区,除外资比率外,其它要素均呈现较高的均衡度而且变化均不大,这也说明了西部地区相关要素发展相当迟缓。通过以制度要素为分类变量对我国转型期城市的类别分析,发现虽然按照制度要素在不同的时间可以将城市区分为不同的类别,但在类别内部并没有表现出强烈的地域或等级的偏好性,各个类别中的城市仍然表现的有些"杂乱",而当以制度要素综合进行分析时,类别更不明显,大部分变量只集中在某一类,亦没有表现出明显的偏好性。

整体上,(外来)资金是制约中国(西部)城市工业化和城市化的主要因子之一。根据外来资本的投入类型、机制、规模和条件,其将从产业链、生态环境、经济、政治、社会、文化等角度对所投入城市产生不同程度的影响,兰州的案例分析充分的证实了这一点。兰州市外来投资主要集中在市区的第二、三产业,且国外资金总额始终低于国内资金,省外资金少于本省资金。其中,东部地区对兰州的投资力度正在加大,中部地区投资始终很少。在国外资金中,每年港澳台的资金额都远高于各大洲。虽然化工原料及化学制品制造业、医药制造业、金属制品业等原有支柱产业仍然是外来资金涉足的主要领域,但是其它兰州具有优势的资源开发及其深化加工的产业门类也逐渐成为外来资金投资的选择。因此,外来投资主要集中于重化工业等主导产业部门,对兰州市产业结构、生态环境、城市空间结构调整产生了正负两方面的影响。

城市产业结构的确发生了历史意义的转型。在三次产业产值结构方面,尽管某些城市在某些时间段内高度指数有所下降,但西部城市三次产业产值结构仍主要处于高度化趋势之中,产业产值结构变动速度有趋缓之趋势。在三次产业就业结构方面,尽管某些城市在某些时间段内高度指数有所下降,但三次产业就业结构仍主要处于高度化的趋势之中,且此趋势较三次产业产值结构高度化之趋势更为明显,虽然这种变动速度有减缓之趋势。在变动速度分布方面,西部城市总体上几乎变化不大。在三次产业的产值与就业结构的关联方面,西部城市产业结构偏离度平均值从 1995 年的 0.501 骤减为 2000 年的 0.320,然后增加到 2007 年的 0.370,存在着先骤减后有略微增加之趋势;而其产业结构偏离度标准差则从 1995 年的 0.279 分别减为 2000 年的 0.279 和 2007 年的 0.235,存在着差异程度递减之趋势,且递减速率有所减缓。产业结构偏离程度较强的城市大多处于较低发展阶段,而产业结构偏离程度较弱的城市大多是处于较高发展阶段的城市,由此可见,西部城市符合产业结构偏离度随着发展水平的提高而呈现的倒"U"字型趋势的后半部分。此外,GDP 增长对就业带动的作用不明显。2000—2007 年间,第一产业就业 GDP 弹性系数大于 1 的城市仅有乐山、铜川,第二产业就业 GDP 弹性系数大于 1 的城市仅有巴中、玉溪,而没有一座城市的第三产业就业 GDP 弹性系数大于 1。

中国城市行业分工虽发生了历史意义的变化,但也存在一定的相似性,西部地区更是如此。例如,西北地区地级城市行业结构的差别很大,其中甘肃省地级城市的差别更大;且西北地级城市行业结构的相似性存在着一定程度的空间自相关性。从行业角度看,西北地级城市行业的分工可能性按以下顺序递减:农林牧渔业→采掘业→电力、煤气及水生产供应业→居民服务和其他服务业→公共管理和社会组织→教育→租赁和商业服务业→房地产业→水利、环境和公共设施管理业→科研、技术服务和地质勘查业→制造业→住宿和餐饮业→卫生、社会保险和社会福利业→文化、体育和娱乐业→建筑业→金融业→交通运输、仓储及邮政业→信息传输、计算机服务及软件业→批发和零售业。总体上,西北地级城市的专门化程度较高,而城市间专门化程度差别较大,且采掘业与电力、煤气及水生产供应业的地位很突出,表明依赖于低层次行业的分工格局在西北城市中仍有很大的影响份量。此外,在西北较为落后的发展状态下,科技和信息传输、计算机服务及软件业等高端的服务功能主要集中在核心城市,且核心城市拥有相对较高的多样化程度。

中国城市资本密度的空间分布也发生了历史意义的变化。计划经济体制下,中国城市资本密度呈现波动均衡空间分布或(非常)弱递减规律(区位通达度的影响),局部地区甚至出现递增现象;转型期,其相应变化曲线则居于市场经济体制和计划经济体制之间,并不断向市场经济空间分布模式靠拢,确实出现了波动下降趋势和曲线斜率增大。而且,1990—2005 年住宅、商业、办公等市场化程度高的建筑类型比市政等市场化程度低的建筑类型明显地更接近市场经济体制下的模型,显然是推动城市建筑高度空间变化的核心推动力,而工业建筑仅存在较强的扰动过程。中国计划经济体制下城市由中心到外围呈现商务→住宅→工业→农业的用地空间结构模式,且转轨期依然保留了计划经济体制下的特征。计划经济体制与市场经济体制的城市资本密度空间模型差异较大,显然与基于计划经济体制背景下单位制的土地与资本分配与使用模式有关，即各单位或行业获得的土地与资金数量以及两者的比例关系的不同决定了单位资本密度的空间差异。市场经济体制下效益好的单位的城市空间分布的非均衡分布，遵循市场规律运行的用地地块空间分布上的非均衡性，加之各单位拥有的资金能力差异逐渐打破了计划经济模式下的城市资本密度的空间分布格局，最终使转型期中国城市资本密度空间分布出现了与市场经济体制不一致的规律。而且，市场化水平越高，市场调节或控制的用地比例越高，该曲线越接近市场经济体制下的理论模型。从资本视角审视，如果土地利用紧缩和严格审批政策不发生实质性变化，中国城市将更加紧凑化。而且，随着时间的推移，城市资本密度空间变化曲线大致存在较为明显的"雁行式波动上升式"规律，建筑高度提高速度也存在加速趋势。

3.城市的社会转型

快速的工业化、城市化、市场化进程和经济转型使大量农村人口进入城市，如众多的大中专毕业生和所谓的"农民工"，以及因为收入极化和地位差异所引起的快速城市社会分层和分化，出现了以高收入者和权力阶层为核心的"中产阶级"阶层和以下岗职工和低收入者为核心的贫困阶层。各类人口在不同城市流动、工作和生活，打破了计划经济时期"条块分割"的就业格局和低流动性的特征，城市社会系统在市场经济的原则下整合和分化。这些分化至少可以表现在以下几个方面：一是因为市场专业化而引起的就业类型、岗位性质和方式的变化，这导致部分城市的城市化特征和空间发生转型；二是不同阶层人流的特征、流动性、生活方式、空间选择发生了深刻的变化；三是作为社会主义制度核心组织的"单位"在市场化的背景下必然发生解体或转型，这实际上代表了中国城市从社会主义转向市场经济的方式、速度和制度特色。

对中国西部城市化的研究结果表明：根据对城市化水平与人均GDP的分析，新疆的城市化水平增量对人均GDP增长的反应较为灵敏，而西藏则反应较为迟钝；重庆在初期城市化有较好的基础，而贵州和新疆基础较差。此外，西部多数省（区）城市人口分布较集中。在对西部城市之间的城市化进程进行比较时发现，中等城市和大城市的城市化过程与特大城市和小城市相比，对人均GDP增长的反应较为灵敏。西北城市的城市化进程明显落后于西南城市，这不仅是因为西北城市的经济社会发展水平较差，也与西北城市的区位劣势有关。西南城市人口规模增长状况总体上优于西北城市，且其差距仍在继续扩大。在是否需要替补迁移方面，均衡发展型、替补迁移型和滞后膨胀型城市数均在波动中增加，而滞后传统型城市数则在波动中下降。而若对各个城市进行分析，遵义、延安和达州一直属于均衡发展型城市，重庆、成都、自贡、绵阳、乐山、宜宾、昆明、汉中、乌鲁木齐和克拉玛依一直属于替补迁移型城市，平凉、资阳一直属于滞后传统型，其余则在变动之中。

关于贫困阶层问题，从享受低保人口角度的兰州市案例分析表明西部地区城市贫困人口比例较高，以及城市贫困阶层的主要来源是"三无"人员和下岗职工。西部城市贫困阶层产生的原因及机制主要有以下几点：①第二产业发展动力不足，经济效益差，部分企业停产、破产；②第三产业发展不充分，服务业级别较低；③产业结构及产业结构调整下的就业不足；④城市缺乏竞争力，政府财政实力较弱；⑤城市人口快速增长，不断加大就业压力;⑥收入水平较低,物价指数上涨;⑦最低生活保障标准较低,社会保障体系和劳动力市场体系不完善;⑧失地农民、外来打工人员与本地失业人口对工作岗位的竞争;⑨科技进步对劳动力要求不断提高;⑩个人因素,如家庭人口多、负担重,综合素质较低,个人身体原因及陈旧的思想观念。而且,低收入阶层的住宅的选址意向也将成为影响城市社会空间结构的重要因素之一,分析结论如下:①高收入家庭的迁居率与平均迁居次数明显高于低收入家庭;②低收入家庭中大多无迁居计划,其中从未迁移者现住房大多为单位分房,迁居者主要集中在分房、换房和拆迁三种迁居方式;③低收入家庭被调查居民的通勤距离明显低于其它收入等级家庭的被调查成员,且低收入家庭迁居行为中跨区迁移比例很低,除非是拆迁安置后的被动迁移;④决定低收入者迁居的因素除了收入增加外偏向于旧房拆迁、单位调整及家庭调整,而非房价下降。说明低收入阶层自主择居的积极性很弱,几乎不考虑购买商品房,而是通过在现有住房基础上的住房调整来实现居住环境的改善;⑤低收入阶层在住房质量相同的情况下比高收入阶层更加注重通勤支出,住房选址以节约通勤支出为主要考虑因素;⑥低收入者的迁居意向多为自己目前的居住区域,理由是交通方便,这主要是由于无迁居打算而被动适应居住现状的结果。随着城市居民收入两极分化的进一步加剧及城市中越来越多低收入阶层的产生,贫困问题已经越来越成为城市政府及公众关注的焦点,应在城市规划中的注重公平性,保障弱势群体、低收入居民的基本权利,遏制城市贫困化的迅速蔓延,重点关注贫困家庭的住宅环境的改善。对于低收入阶层购房过去一直实行的是经济适用房政策,由于此政策在执行过程中的漏洞,购房者并不全是低收入者。因此,今年我国已有城市改明补为暗补,对低收入购房者直接给予现金补贴。对于兰州市这都是值得借鉴的方法。另外,在关于迁居的调查中我们了解到,很多低收入家庭都将迁居和改善居住环境的希望寄托在旧房拆迁上,因此对于拆迁安置办法,也是规划中需要注意的问题。在安置过程中,必须充分考虑低收入拆迁户的利益,给予其一定的优惠政策。政府要为被拆迁人提供司法及经济救助,保障被拆迁人权益。安置房费用根据不同情况由居民、单位和政府三方共同负担,就地安置、异地安置与货币补偿相结合。扩大安置房源,综合运用廉租住房、经济适用房等政策,也可定向订购符合安置标准的商品房,进行市场化采购,充分保证拆迁安置房的供应。对于愿意异地安置的居民,可以适当增加安置面积或者给予适当经济补偿。在安置房出售时,原面积部分享受公房出售政策,超出部分享受经济适用住房政策或再给予适当的优惠。

与贫困阶层相对的是改革开放以来的"暴发阶层"或先富起来的"富裕阶层"。这个阶层姑且不论其组成成分,但也组成了一个代表了很强消费能力的"最富裕阶层"和"中产阶级阶层"。在市场机制的支持下,这两个阶层的消费能力和理念正在改变城市社会的风气和导向,其中最为突出的现象就是所谓的"绅士化"运动或"中产阶级化"运动。成都市的案例研究正是为了审视这一过程。成都市的绅士化现象呈多样化趋势,并且形成机制趋于复杂化,主要是政府政策、制度创新、产业结构调整,加上开发商的推动和居民个人意愿的诱导,这几个因素的相互作用,最终导致了成都市的绅士化运动。从现象上看,成都市的绅士化具有多样化的特点,从滨水区的绅士化,废弃工业区的绅士化,到旅游休闲的绅士化都充分体现了成都的绅士化现象与中国东部城市,甚至西方发达国家的绅士化现象并无差异;从形成机制来看,成都市的绅士化区域复杂化,越来越多的因素和角色参与到绅士化运动中来,共同推进了绅士化运动的发展,这也与西方绅士化发展到第三阶段时的特点相同,因此,成都市的绅士化已同西方国家的绅士化越来越相似。

尽管成都市的绅士化现象呈多样化趋势,并且与西方发达国家越来越趋同,但其是否会为成都市带来良性的发展也是我们值得探讨的议题。从外部物质环境来说,成都市绅士化运动为城市内部环境的改善做了很大的贡献。从我们调查的三个案例地可以看出,绅士化运动在城市更新、刺激内需消费、土地重新利用等方面起到了积极的作用。然而,探究其深层的影响则发现,绅士化运动导致的两极分化及贫富差异加剧将会成为一个严重的城市社会问题。随着高收入阶层向中心城区地不断迁入,被置换掉的低收入阶层不断地向城市外部迁移,居住分异现象将会越趋严重;同时,富人居住的区域将会逐渐地排斥穷人,最后形成只有富人能进入的非公共区域;而穷人居住的区域将随着人流量的增多而产生一系列恶劣的社会环境现象,成为城市里的"边缘化"区域。这样,成都市也会面临西方国家城市曾出现过的城市问题,对城市将来的发展形成了严重的阻碍。因此,正视绅士化带来的效果,一方面积极地发展与保持绅士化运动给城市带来的优势;另一方面,采取相应的政策减少并防止绅士化运动带来的劣势,这些都是今后我国绅士化研究所面临的问题与挑战。

为了全面理解单位转型,单位社区的演变研究是地理学视角的重要内容。兰州大学本部家属院的案例分析表明:(事业型)单位社区的演变过程是必然的、长期的、复杂的。单位改制或瓦解以及住房改革注定了单位社区分化及其进程。(事业型)单位社区有三种分化类型:传统的单位社区被保留,或单位社区空间上被分解,或单位社区彻底消失。兰州大学本部家属院目前属于第一种类型。随着房改政策的深入,原居民淡出,外来人口流入以及房地产市场化,家属院将在空间上被分解,逐渐演变成混合型社区。总体来看,混合型社区代替事业型单位社区是社区发展的趋势。然而,混合型社区只是单位社区演变过程中出现的一个类型,不是最终的演变结果。随着居民社会经济地位构成的多元化,阶层分化会越来越明显,(事业型)单位社区会向收入同质性而不是职业同质性的社区演变,混合型社区只是其演变过程中某个阶段上的形态,不是其终极演变结果。

4.城市空间转型

新中国成立以来,中国城市土地利用结构和空间分布模式转型可分为两个时段:一是计划经济形成了具有社会主义制度特征的城市土地利用结构;二是转型期从计划经济的城市土地利用模式向符合市场经济体制的土地利用模式转型。随着中国城市社会经济系统的转型,市场化的改革必然要求城市空间利用和结构从计划经济转向以效益优先的市场经济模式,例如土地有偿使用和"退二进三"政策以及CBD的塑造和建设等。不过,由于中国的社会经济转型还没有完全完成,中国城市的土地利用结构转型当然还在持续进行中。所以,当前中国(西部)城市的土地利用结构应当是带有计划经济些许特征的(半)市场经济体制下的土地利用结构模式。实际上,沿海地区和中、西部地区的城市空间转型具有很强的共性,只是转型的程度有差异。同时,因为城市人口快速增加、阶层分化、收入极化、市场供给的阶层分化(差异化供给)、权力介入市场等因素的影响,各种社会因素都对城市空间的转型施加不同程度的影响,城市空间日益成为显示身份、财富、地位和创造资本、财富,甚至表达文化特色、社会公平的场所或区位,即城市空间不断被资本、权利、财富"分割"和"碎化"。中国城市空间转型至少应表现在下列方面:土地利用结构转型、CBD

的塑造、居住空间分异和重构、制造业的迁移和空间重构等方面。

兰州市的实证研究证实:从计划经济时期到转型期,兰州市空间扩张与土地利用结构变化的影响因素可概括为自然条件、规划管理与发展战略导引、体制环境与政策变化和社会经济条件与历史文化四大因素,城市空间扩张呈下列特征:空间结构和形态经历了由单一外部扩张向外部扩展与内部置换、填充相结合转变的过程,并逐渐合理化和有序化。转型期,工业仓储用地和特殊用地比重逐渐下降,公共设施用地总体上也呈下降趋势,但居住、对外交通、道路广场等用地比例逐步上升,但与发达国家综合性城市的同类指标相比还有一定距离;城市土地扩张过程中新增用地效益相对较高,且呈上升趋势;计划经济时期,用地年均扩展贡献率、用地扩展人口弹性系数相对较高,而用地扩展经济弹性指数相对较低。转型期,用地年均扩展贡献率、用地扩展人口弹性系数相对较低,而用地扩展经济弹性指数相对较高;整体上,道路广场用地、居住用地、公共设施用地均得到了有效增长,工业用地的增加主要集中郊区。农业用地消耗最大,大多转化为建设用地。就土地利用强度和行业推动力而言,兰州市各区土地开发强度空间分布由中心到外围大致呈现逐步降低规律。但在其中心区地段单位用地建筑用地率相差不大,仅到外围地区才迅速下降,表明城市中心区土地利用强度在同步增强。行业单位用地建筑占地面积比例、单位用地建筑面积的构成比例与行业建筑年代构成比例表明,住宅建筑在空间上整体推动了城市土地利用强度的上升,是城市土地开发强度提高的核心驱动力,商务、市政、教育、医疗居于其次,而工业建筑的土地利用强度最小。而且,城市传统的住(宅)区与工作区融为一体的模式依然处于核心地位,居住用地显示了向中心区、混合区集中的趋势,中心区商务建筑比例并不突出,而工业用地的主流趋势是向外围迁移。这进一步也证实了转型期中国河谷盆地型(特)大城市的空间转型的若干趋势:城市空间扩张不可避免,服务业用地比例增大;虽向心集中趋势显著,但从城市传统中心向外围扩张趋势较为强劲;盆地用地从宽裕逐步变为紧张,向高级阶地和滩地扩张的趋势显著;从单中心或多中心组团城市向更大规模的单中心或多中心组团模式转变;城市部分职能的"溢出"(从盆地中跳出)效应增强;用地开发强度迅速提高等。

改革开放以来,中国(西部)城市的 CBD 的规划和建设逐步加速,这个潮流逐步从东部沿海延伸到中、西部地区。事实上,除了目标和方式有差异外,其规划、建设和管理的思路和模式本质上大同小异。中国西部城市 CBD 的案例分析结果表明:中国城市空间转型与重构的重要现象之一就是中央商务区的形成和发展。客观上,城市 CBD 建设在一定程度上也体现了市场经济体制下城市服务业职能的快速恢复和发展。然而,中国西部城市 CBD 与东部沿海城市相比,其发育程度相对偏低。根据调查和分析,兰州市目前还不存在墨菲和范斯定义的 CBD,充其量也只是处于雏形 CBD 的状态,规划和引导很重要。兰州市的 CBD 应以整体发育模式为主,南关什字与西关什字两大中心各自略有侧重,共同承担兰州城市 CBD 的职能。今后,应以张掖路、永昌路、酒泉路、中山路、武都路、甘南路等六条商贸金融街为基础,CBD 区域"东拓南展",将西关什字、南关什字、东方红广场等不同功能的繁华商业区连为一体,使兰州中央商务区由菱形状扩展为矩形状,改变由于历史原因所形成的东西街道繁荣、南北街道萧条,景商分离的局面,逐步形成集购物、观光、休闲、娱乐为一体的中央商务区,向更高等级的 CBD 方向发展。值得注意的是,CBD 发展和城市经济发展水平、政策环境、投资力度、辐射能力等因素密切相关,客观上需要一定的时间,不能盲目规划建设和贪大求洋。

　　中国城市居住区分化和整合正在加速进行,东、西部地区并无本质上的区别。中国城市居民住房制度大致经历了"国家配给制"、"单位配给制"、货币化和商品化制度3个阶段。目前已进入了以居民个体为主体购房的第三个阶段。由于社会贫富差距的扩大和市场机制的影响,原有的单位制居住模式发生了不同程度的变化。无论是城市总体的居住区空间结构和单位制住宅区的内部都出现了分化和整合。商品性、多元化的大众住宅区得到了较快发展,并迎合了部分"富裕单位"和少数富裕社会阶层的需求,间接促进了部分居住用地的近郊化。同一单位住宅区内部也将持续分化。商品性大众居住区和单位制居住区将共存相当一段时间,其相互转换取决于各城市发展的速度和单位的生存力,甚至国家的有关政策。而这些将深刻影响整个城市的居住区的空间布局和分化过程。旧城区和郊区住宅建设将同步进行,城市居住区分化将在未来同一的政策下归于一体化分化过程和整合,居住区的分化将切实体现社会分化的程度和结果。同时,虽然中国城市也出现了类似于西方城市的住区"郊区化"现象,但主要是向城市中心区和郊区的双向集聚。居住区分异一方面将有利于原有城市形态的突破与新形态的重新生成,使城市中心区和边缘区土地利用类型通过置换重新焕发活力。兰州的案例分析表明:中国西部城市居住区自新中国成立以来就不断在规模不断扩大的过程中发生变迁。而且,这种变迁显然与中国社会、经济的发展水平和管理制度密切相关,也与城市所处地方的自然地貌条件、发展阶段、城市空间扩张与重构等因素有关。经济发展、制度变革、社会阶层分化等是影响中国西部城市居住空间结构、居民迁居的最为重要的社会经济因素。由于地形的限制,大众居住区,尤其是高级住宅区将集中布局在距离城市中心适中,环境优美的临河、靠山之地,或者跳出河谷盆地限制,在外围选择区位好、交通方便、环境优美的地方选址建设。居民的迁居行为显然与经济能力、文化教育背景、职业差异、家庭结构、个人喜好等因素有关。未来,城市居住的空间分化趋势将进一步强化,也可能出现"富人区"和"贫民阶层区"的分化结果。

　　转型期,中国(西部)城市制造业的区位选择和迁移实际上是市场经济体制下的"经济效益优先"和制度改革背景下的权力介入双重博弈的结果。成都和兰州的案例分析结果表明:经过近30年的积累,城市制造业的空间指向和特征日趋显著,即不同行业和规模企业的区位选择具有各自的特征,并证实了以下结论:1.中国西部大城市的污染型、占地大、效益差、资源型的制造业企业外迁趋势十分显著,这实际上是改革开放以来中国城市"退二进三"的土地利用政策一脉相承的结果,也是中国西部大城市工业郊区化的动力之一,并在推动城市空间扩张的前提下促进了城市的空间重构;2. 在外迁和重组的过程中,制造业总体上表现出空间指向规律,如沿主要交通轴线和开发区布局。而且,制造业在城市不同的乡镇(区)利用市场机制逐步形成各自的特色或集群,即不同类型制造业的区位选择具有各自的空间倾向性。

　　成都市的案例研究结果表明:1.转型期成都市制造业空间结构由中心区向郊区,主要是近郊区迁移,空间布局模式逐渐由紧凑型转变为松散型。2.成都市制造业市域空间尺度上发展不均衡,圈层间呈现由"中心强郊区弱"转为"中心弱郊区强"的态势;圈层内部区域制造业空间差异比较明显,有逐年缩小趋势;空间发展方向上由"类圈层"布局向以新都工业园区、青白江重化工基地为中心的东北轴向和以双流航空港开发区、新津工业园区为中心的西南轴向发展,并于 2004 年后趋于稳定。3.重组后的成都市制造业空间发展依托原有大型工业制造业基地,综合协调资源、环境、交通等要素,在区域层面上呈现以轴为脉络、以圈层为梯度、以组团为载体的"六轴三圈多组团"的空间布局模式;在市域空间尺度上呈现以下 5 个特点:①制造业逐渐向郊区集中,各行业在圈层内部空间优化重组。②依托交通轴向,逐渐出现了沿交通轴线形成一系列的聚集核心的形态。③依托现有产业基础就地重组,形成块状经济。④产业集聚,按门分类形成专业园区。⑤依靠劳动力密集程度和劳动力科技含量大小,出现不同产业地域类型。4.就制造业的行业空间分布而言,高新技术产业、受地方保护较强传统型产业集中度最高,主要集中在城市中心区与城市近郊区;相反依赖地方性原材料或市场的产业以及受地方较弱产业在空间上比较分散。同时制造业不同行业空间分布的差异性较大,其空间变化特征可概括为:①部分劳动密集型产业以解决就业压力,接近市场为原则逐渐向二环内转移,并在市域范围内形成不规则"散点状布局";②具有高附加值和高土地产出效率的高新技术产业、无污染都市型产业呈现一定的离心集中态势,部分对劳动力科技含量要求较高产业,以高校科研机构为"技术扩散源"成点状集中布局,并逐渐发展为专业产业园区的"面状布局";③资源密集型和受地方保护较弱产业逐渐向城市边缘地区甚至以外地区迁移,充分利用比较优势向不同区域转移,形成"离散分布"格局。

基于企业数据的兰州市的案例分析结果表明:1.市域层面的分析表明,兰州市制造业企业的空间分布具有明显的特征。从总量分布上看,呈现出明显的空间特征:(1)高度密集于城区;(2)高速公路、铁路沿线分布趋势显著;(3)集中分布于开发区所属乡镇、街道。从行业结构来看,2008 年兰州市制造业企业高度集中于非金属矿物制品业、化学原料及化学制品制造业、普通机械制造业等行业。而基于两位数行业的空间分布特征,可以将兰州市制造业分为以下六类:(1)较为均衡分布在全市范围内;(2)较为均衡分布在各个街道;(3)较为均衡分布在各个乡镇;(4)集中于少数街道;(5)集中于少数乡镇;(6)集中分布于少数空间单元。从企业规模分布来看,大型企业在空间分布上,明显集中在城区西部扇形地带及邻近这一地带的近郊乡镇,中型企业在空间分布上较大型企业更为广泛,除了集中于城区和近城郊区外,还分散分布在某些乡镇,而小型企业在兰州的分布最为广泛,且有明显的沿高速公路分布的迹象。2.城区层面的分析表明,兰州城区制造业企业的空间结构由内到外呈现明显的圈层分布特征。可以从三个层次来看。首先,作为第一层次的总量分布上呈圈层结构,由中心低密度地带、中间过渡地带、扇形高密度地带构成。其次,第二层次是行业类型分布,从市中心到外依次是城市型工业地带、混合工业地带和重化工地带。第三层次是企业规模的空间分布,从市中心到外依次是中小企业地带、混杂地带、大型企业带动地带。上述三个层次在空间上互相重叠,构成了兰州市内部的制造业空间结构。3.基于行业视角的制造业地理集中与集聚分析表明,无论是两位数还是三位数的兰州市制造业的地理集中度都相当高,同时乡镇级层次的基尼系数显著大于县区层次,这表明兰州市制造业企业在乡镇级的集中程度大于县区层次的。4.基于乡镇(街道)视角的制造业地区专业化分析表明,以乡镇(街道)为空间单元进行的反映专业化水平的基尼系数测算结果都很高,特别是木材加工及竹、藤、棕、草制品业,化学纤维制造业,仪器仪表及文化、办公用机械制造业,烟草加工业,橡胶制品业,家具制造业,有色金属冶炼及压延加工业,纺织业,石油加工及炼焦业等显示出相对明显的专业化分工趋势。此外,兰州市各乡镇(街道)的制造业中的某些行业趋同现象很显著,趋同现象最显著的是非金属矿物制品业,其次是化学原料及化学制品制造业、金属制品业、普通机械制造业、黑色金属冶炼及压延加工业、食品加工业、专用设备制造业、食品制造业、塑料制品业等。5.用区位熵分析方法对兰州市的产业集群进行了辨识,以两位数产业就业区位熵大于等于3、企业数大于等于10以及就业人数大于等于3000作为辨识标准,兰州市一共识别了19个产业集群,分布在城市的15个乡镇(街道)中,一共涉及11个两位数产业门类。兰州市的两位数制造业集群分为三种类型:(1)中小企业型;(2)少数几家大型企业主导型;(3)企业规模均衡型。

5.建筑与文化转型

随着社会生产力的快速提高、居民消费能力和需求的上升,以及城市社会经济的转型和强烈的空间重构,作为文化载体和表达形式的建筑群必然发生深刻的转变。随着建筑空间布局、风格、色彩、特色的变化,与道路、桥梁、商业文化等其它因素一起,它们将随之逐步改变城市的文化特色。虽然,部分城市也尽力在公园设计、旅游景观,甚至部分建筑和桥梁等设计中体现和表达所谓的"城市特色",但是这些"努力"并不能改变城市整体风格的变化和趋势,甚至有可能形成"古代文化"与"现代文化"难以融合的"两张皮",或者已经形成了所谓"千城一面"的缺乏特色的城市问题。实际上,中国(西部)城市在现代化和工业化进程中,到底应形成什么样的文化特色和风格的城市景观和风貌,并没有确切的结论。实际上,计划经济时期,中国城市风貌就已变成了具有当时政治、经济系统所要求的城市文化的特色和风貌了。改革开放以来,随着西方设计思想、先进技术和价值观的引入,中国(西部)城市风格和文化特色开始经历了痛苦的转折和探索。严格地讲,我们好像走向了所谓"现代化的文化和风格",虽然部分领导和学者的确也想规划和建设体现和蕴含中国文化的元素和底蕴的城市风格。事实上,建筑、桥梁、道路、公园等任何物质景观的设计和建设必然与当时的经济承受能力、时间要求、技术水平和能力、使用材料类型和成本、领导的审美眼光和要求、设计人员的水平和能力、(企业或居民)需求方的要求、传统的传承、管理的成本和方式、相关的政策等一系列因素有关。而文化等软环境与城市的历史积淀、居民的素养、管理的水平、发展的需求、民族文化的特色与传承的要求、自然地理和生态环境条件等诸多要求相关。客观上讲,中国城市风貌的形成其实是在"摸着石头过河"的快速进步和转换中快速形成的。表面上看是"时间不等人"逼迫的,实际上却是东西方文化和技术碰撞后,中国城市的规划者和建设者在"茫然不知所措"中,在所谓的不断探索中形成的,即中国的学者、领导者和规划者实际上并没有明晰的,关键是公认的理想化的城市风格让大家去"遵守"或者是学习。于是,中国城市风貌就在各种"合理合法"的规章制度中形成了,因为任何决策也是经过所谓的科学论证和各级领导"拍板"或"点头"的。兰州市的案例分析较为充分的显示了中国(西部)城市特色和建筑转型的相关问题。总之,任何一个城市的特色都是在"兼收并蓄"和"扬弃"方式的过程中形成的,其外表的物质环境也必然蕴含和融入了历史或现代的某种统一或多元的文化根基和特色,而后者也是在历史长河中不断形成和变化的。那么,如何在变化迅速的转型期内塑造具有地方特色文化之魂的城市特色依然是中国城市面临的一个核心问题。

从文化特色的角度看,兰州城市不但拥有传统黄河文明的特征,而且还拥有多民族文化融合的机缘。历史上,城市文化的"软"、"硬"两个层面都渗透了多民族文化背景的黄河文明的本质特征。然而,兰州现存很少的遗迹的历史文化意义在逐步减弱,同时也与当代文化脱节。城市在历史建筑的保护,对传统建筑的重视程度上,对少数民族的建筑及宗教建筑的包容程度明显不足。这些特别体现在城市规划中,不是在规划过程中的忽视就是规划实施的出轨,导致城市建筑风格杂乱无章,破坏旧城市的文脉,割断历史面貌。反应在城市面貌上就是街区与街区间,建筑单体与建筑单体间过渡生硬。

中国建筑特别重视群体组合的美。群体组合常取中轴对称的严谨构图方式,但有些类型如园林、某些山林寺观和某些民居则采用了自由式组合。不管哪种构图方式,都十分重视对中和、平易、含蓄而深沉的美学习惯,而与欧洲等其他建筑体系突出建筑个体的放射外向性格、体形体量的强烈对比等有明显差异。西方现代建筑是基于其发展历程而不断形成,它有其自身独特的历史文化基础,这是区别于其他任何地方建筑风格的根本所在。所以,对于西方社会任何建筑风格在形式上的照搬照抄都是对社会历史传统的抛弃,对本土风格的践踏,是与当地人文环境规律背道而驰的。目前,兰州的建筑风格发展趋势是:功能构造和形式上、风格上都在趋同化,无论是商业还是私人的,既是市内的趋同也是国际国内的趋同。重视地方民族特色的"地方主义"也依然在世界各地得到强化,但由于地方风格,民族风格往往与现代的功能需求,现代建筑的构造具有一定的矛盾,广泛的推广存在一定的问题。如兰州在建筑风格上,不能拒绝过去的经验和传统,既要吸纳现代国际建筑风格,又要更好的保护和修缮历史建筑。这要求政府部门放弃好大喜功、形式主义、官僚主义的行为和管理模式,尽快制订和采纳更为科学的城市规划方案,使城市发展和管理更加稳健和持续化。在采用现代建筑技术、文化思想的基础上,尽可能地保护历史、文化遗产,融入地方特色,规划建设具有多民族文化特色的西部河谷盆地型大都市。

从现代城市规划和建设管理的角度看,兰州城市基于文化层面的城市特色还存在两大关键问题:一是城市宏观层面的景观结构仍然缺乏将自然生态环境与人工景观完美结合的方法和控制手段,尤其是缺乏文化层面的特色或内涵,导致城市建筑空间景观效果几乎难以控制和把握。如果在空中俯瞰很多"谷地"城市,则是一片高低不平,色彩混乱,没有规律和良好的视觉效果,即如何将山、水、建筑、文化较为完美的结合在一起,仍然是一个值得深入研究的课题。笔者建议尽力形成一个生态城市的自然、文化框架,即以黄河百里风情、文化、休闲带为中轴,以南北两山为两翼,构成山水文化城市的骨架,贯彻"带状组团分布,分区平衡发展"的基本战略,形成典型的带状山水文化城市的功能空间结构框架。公园、广场、雕塑等力图突出兰州多民族文化特色和丝绸之路历史文化特色,形成具有特色的十里黄河风情景观带和生态廊道。二是传统建筑文化如何与现代建筑文化相互融合依然是一大难题。例如,兰州城市在过去50年里对城市传统建筑物的"破坏"程度比历史上其它任何一个时期都严重,虽然转型期强化了对传统历史建筑的保护,但是由于城市明显以现代建筑为绝对主流,而其历史文化意义很弱,对少数民族建筑及宗教建筑的包容程度明显不足,而后者又与当代的所谓现代文化脱节,这不但导致了城市建筑风格杂乱无章,也破坏了旧城文脉。

城市建筑的空间布局既体现了城市功能和土地利用结构调整的结果,也受到了传统因素和制度转型因素的深刻影响。转型期兰州市的现状建筑构成与空间分布明显具有下列特点:第一,住宅建筑在各区各圈层几乎都居于优势地位,住宅、工业、商务三类建筑明显是城市主导的建筑类型，三者比例之和竟然超过了92%。而且，住宅建筑容积率显然最高，市政等类建筑容积率较低，工业建筑容积率最低；第二，建筑的整体、全面、快速的更新特征十分显著，各用途的建筑年代在各（功能）区、各圈层都有"年轻化"趋势。兰州市1970年以前的现存建筑主要以工业建筑为主，住宅建筑为辅。1970年代时两者的比例基本接近。1980年以后，明显以住宅建筑为核心，工业建筑比例大幅度降低，商务、教育、市政、医疗等类比例均有不同程度增加，且年代较老的住宅建筑主要为"城中村"民居；第三，从功能区角度分析，城关–七里河、西固、安宁中心区建筑年代构成虽然有差异，但基本趋势一致，即主要以1980年以来的建筑为主。从圈层分布的角度分析，城关–七里河的住宅建筑比例由内向外的趋势是大致降低，工业建筑比例却处于增加态势，但两者的年代由内向外大致则越来越旧；第四，城市资本空间密度由中心到外围确实呈现较为快速的波动下降趋势。同时，兰州市各区土地利用强度空间变化基本呈现了由中心到外围下降的规律。建筑用途空间组合、建筑容积率由中心到外围的空间波动性较为显著，尤其是低容积率建筑"插花"分布在高容积率地区的现象比比皆是，这些现象实际上与单位性质、空间分布，尤其在转型期的发展密切相关。总之，住宅、工业建筑更新与空间分化是城市建筑更新、建筑用途空间分化与组合及其变迁的核心动力因素。而且，工作、居住用地的空间分化过程并不十分强烈，工作–居住邻近布局特征依然十分显著，即单位制模式的影响依旧强烈和深刻。

城市更新必然带动一定空间的建筑更新，而只有一定空间尺度规模的建筑更新才能形成或导致城市更新。建筑更新与达到设计年限后的自我更新，用途改变，区域性土地开发与环境变化，基础设施升级，城市更新，灾害破坏等因素有关。单体建筑更新方式可分为拆旧建新和实质性的改（扩）建两种，而城市建筑更新模式大致可分为建筑群体整体性快速更新（突变式）和零散散落式缓慢更新（渐进式）两种方式。前者往往与土地大规模整治和开发相关联，地域上也是连片的，其与大规模旧城改造或"城中村"改造，规模较大的土地用途转换，成片的建筑老化，土地价值升值快，居民需求提升和结构性转变迅速，（政府）规划管理需求转变，大规模灾害后的重建等因素有关。兰州市建筑更新的主要特点有拆毁重建为绝对主导方式，几乎所有地域、所有用途的建筑都同步进行更新，建筑更新速度空间分布波动较大，整体上从中心到外围大致减慢。而基于建筑特点的兰州市更新有下列特点：一是采用了突变式建筑群体整体快速更新为核心方式；二是因为建筑类型更新速度的差异，以住宅、商务为核心的区域（如老城区）更新最快，以老厂区厂房为核心的区域更新最慢；三是以高新技术开发区为代表的新开发地区更新快；四是新改拓建道路和黄河风情线（1980年以来开始建设）两侧地区更新较快；五是商品房集中区更新快；六是拥有权力、垄断行业以及效益好的企业的家属区更新相对较快，而部分老工业企业住宅区更新最慢（尤其是那些濒临破产的企业）；七是虽然总体上从城市中心到外围更新水平逐步降低，但是波动依然较大，更新水平高或低的"插花"分布现象十分显著。兰州城市更新显然与人口因素、经济因素与需求因素、地价上升、空间功能调整、政府财力迅速增加、开发区建设、旧城与"城中村"改造、大规模基础设施建设、大面积的1980年前的建筑设计水平与建造质量差、各单位发展速度差异等因素有关。以旧城改造、大面积商品房开发和各类开发区为标志推动了兰州城市更新和建筑更新水平。住宅、工业建筑分别是更新最快、最慢的建筑类型，其余类型居于其间，这也直接导致石化工业基地的西固区的建筑更新和城市更新水平最低。从各方面的影响因素来看,兰州市由于社会经济发展速度太快,投资又缺乏严格的管理,规划管理还存在一些问题,以及一些历史遗留问题的影响,普遍采取了突变式的建筑群体整体性快速更新为主导,而且主要以拆旧建新为核心方式的建筑更新模式,迅速形成了新的建筑景观格局和建筑文化,但也冲击了原有文化体系,导致具有地域特色的传统文化和社会网络几乎荡然无存。因此,兰州城市建筑更新与城市更新的经济性与合理性、文化传承与景观特色、建筑设计的预见性(建筑结构的适应性、寿命的长短是否合理)、合理的更新速度、城市特色培养等问题都值得进一步研究和探讨。

兰州市建筑色彩演化的规律表明,随着经济基础的日益雄厚,以建筑材料色彩为外部色彩的建筑比例日益急剧下降,而以涂料、瓷砖等进行外部装修的建筑比例快速增加。虽然行业差异对兰州市建筑色彩造成了一定影响,但只有工业建筑类型砖红色依然占据绝对优势,白色紧跟其后外,其它类型大都呈现砖红色比例迅速下降,白色建筑比例快速提高,黄色、蓝色、红色、橘黄色、粉红色等建筑比例多数处于不同程度的上升状态。因此,各行业建筑色彩在一定程度上具有相似的演化趋势,这说明兰州市建筑色彩演化趋势具有某种内在共性和形成机制。实际上,各单位决定建筑色彩的力量就是单位主管人员与规划人员。而面向市场的建筑色彩虽然也是开发商和规划人员占主导作用,但需求的影响力将逐渐缓慢扩大。兰州市以地方建筑材料色彩——砖红色、砖青色为主的传统建筑色彩迅速向以白色、红色、黄色、蓝色、橘黄、粉红为主的色彩体系演化,而且是冷、暖色调体系并存,这与当代中国城市建筑一般都采用白色、灰色,以及高明度、低彩度的暖色调(梁晶,卢菁,2004)的现实即有一致的地方,也有不同的方面,但却同样使城市的地域文化特色及个性形态不复存在。如 2000-2005 年所建的办公建筑的暖色调所占比例并不低,住宅建筑冷色调依然十分突出,这也不符合城市地处北方,建筑色彩一般应以暖色调为主的发展趋势。而且,兰州市由于城市拆迁的区位限制性,各个时期、各类型建筑组成了城市建筑色彩的主体,建筑的年代组合和类型组合特征影响了城市目前特有的现状色彩景观。

城市建筑色彩存在建筑色彩的技术决定律、经济基础决定律、人文选择律、单体建筑决定律、(全球化进程中的)趋同律与差异律。人类进行建筑色彩种类设计与选择的自由度随着技术与经济的进步将逐步提高。但是,这种自由度将受到人文选择因素不同程度的约束,根据文化差异、制度差异、历史发展轨迹的不同而出现不同的演化路径。经济发展水平、设计理念、色彩选择的技术自由度、主管人员观念、需求导向,以及城市建筑色彩整体特征与文化积淀所引致的规划管制等因素是我国城市建筑色彩形成的主要影响因素与基本条件。近 20~30 年来,我国城市经济发展水平迅速提高,强大的经济基础为我国建筑色彩的多样化提供了雄厚的基础。而且,我国建筑色彩材料技术日新月异,和国际建筑材料市场紧密联结,使我国单体建筑色彩选择的自由度大大拓宽。但是,由于我国城市建设规模大,速度太快,规划水平低,管理模式落后,建筑色彩最终决定权实际上掌握在各级领导与规划人员手里,绝大部分城市居民对建筑色彩并没有多少影响力。因此,在我国城市建筑色彩的选择中,城市居民,具有传统文化特征的建筑色彩体系和来自国外,甚至随心所欲选择形成的新的建筑色彩体系的冲突日益尖锐。由于研究水平滞后和规划管理松散,随着材料技术的进步和经济能力的快速提高,我国城市的色彩体系和特征将可能越来越混乱,各城市色彩体系逐渐同一化,形成了建筑色彩万花筒的局面,而新的色彩体系因缺乏文化内在魅力和传承性而出现物质与文化的分离现象,造成难以弥补的巨大损失。所以,由于城市建筑色彩存在其内在的演化机制,尤其是我国城市建设领域一直没有统一的色彩语言,对建筑色彩也没有明确的规范要求,也没有专业机构来指导和监督城市建筑色彩的规划,使我国城市建筑色彩整体上呈现无秩序发展状态(梁晶,卢菁,2004)。因此,应有层次和步骤地把握整体特色化的色彩基调和局部丰富的色彩风格,逐步促成多样和谐的城市"色彩—形态"景观结构,协调现代化发展趋势与传统地域文化特色的冲突,按照"整体协调、多样统一",沿城市主干道、城市功能片区,考虑居住体、交通体、办公体、产业体、商贸体、文娱体、院校体、标志体等八大类可控的建筑色彩类型,划分的风貌协调区、整体控制区、引导发展区、景观控制区等城市建筑色彩控制区,若干大型城市色彩景观结点和城市色彩界面控制带,并分别提出指导性的城市建筑色彩管理内容,对城市建筑色彩逐步予以控制和协调,形成各城市应有的建筑色彩特色(尹思谨,2003),如北京市将城市建设的主色调定为灰色,威海市更将城市建筑的主体色彩浪漫化地定位为"蓝天、白云、碧海、红瓦"等。因此,设计师必须具有对城市形象负责的自觉意识,为整个城市形象而慎重选择外立面色彩及材料,必须与所处的地域文化相协调,必须与建筑的主体风格相统一。如我国福建、广东以及国外的新加坡、澳州等地的城市色彩都倾向于明快灿烂的颜色,而我国江南一带的建筑色彩为了与当地气候相适应,多为白色调,显露出秀丽、清雅之感,体现了建筑色彩的含蓄之美。而我国北方城市的建筑则因阳光灿烂及豪放的山水形势,故建筑色彩多偏于明快、鲜艳(逯海勇,胡海燕,2004)。哈尔滨等寒冷地区城市的建筑色彩宜选用暖色调的调合色为基调,在明度上以淡雅、明快的浅色为宜,以一种大面积的色彩为主导色,另配小面积的调配色(杨莉,梅晓冰,1998)。但无论是艳丽还是朴素,建筑色彩与建筑特色必须从城市文化入手,把建筑色彩选择提升到城市形象的高度上去考虑(梁晶,卢菁,2004),保护或形成新的城市地域文化特色和城市个性。

6.城市生态景观转型

城市是以人类为主体的自然—社会—经济复合生态系统,城市景观是深受人类活动影响的景观类型,同时城市生态系统也深深地刻上了人类影响的烙印。中国社会经济和制度转型、文化需求多样化和文化类型多元化,以及空间重构,城市的生态景观系统发生了历史性的变化。从景观角度看,城市化过程伴随着一系列自然景观被人工景观所取代,景观格局的这种时空演变在很大程度上反映了自然与社会文化方面的生态化过程。兰州的案例分析很好的揭示了城市社会经济转型过程中城市景观的时空演变格局和特征。

转型期,兰州城市整体景观格局现状及动态变化特征如下:(1)各类城镇建设用地面积都有增加,农用地减少并大部分转化为居住用地、工业用地和公共用地;(2)相对于1976年来说,2004年的景观斑块数量上升较多;(3)景观形状有明显趋于不规则趋势,平均斑块面积有明显减少,景观破碎化较为迅速、强烈;(4)景观多样性略有上升,说明这一时段的景观变化没有带来强烈的景观要素流失;(5)从格局整体上来说,景观特征趋于更加破碎化和多样化。边界密度越大,则开发强度越大,景观的破碎程度越高;(6)城市景观格局演变具有明显的尺度依赖性,即随着粒度的增加,斑块面积、斑块密度以及边界密度等景观指数对粒度变化都表现出很强的敏感性,即对尺度变化具有明显的依赖性。

参考文献

1. Abadie, S. Dermisi, Is Terrorism Eroding Agglomeration Economies in Central Business Districts? Lessons from the Office Real Estate Market in Downtown Chicago, Journal of Urban Economics (2008), doi: 10.1016/j.jue.2008.04.002.

2. A.G.Bunn, D.L.Urban, T.H.Keitt. Landscape connectivity: A conservation application of graph theory. Journal of Environmental Management,2000,59(4): 265–278.

3. Adams, D. (1994)Urban Planning and the Development Process, London, University College London Process.

4. Alain Barrat, M. Barthelemy. The Architecture of Complex Weighted Networks. Proceedings of the National Academy of Sciences(PNAS), 2004, 101(11): 3747–3752.

5. Alain Barrat, M. Barthelemy. The effects of spatial constraints on the evolution of weighted complex networks. Journal of Statistical Mechanics, 2005, 5(5): P05003.

6. Albert J.Robinson, Economics and New Towns: A Comparative Study of the United States, the United Kingdom, and Australia, New York:Praeger,1975.

7. Alonso W.Location and Land Use[M].Cambridge:Harvard University Press,1964.7–53.

8. Anderson, G. and Ge, Y. (2004)Do Economic Reforms Accelerate Urban Growth? The Case of China, Urban Studies, 41(11), pp. 2197–2210.

9. Anthony Downs,Fernando Costa.(2005)Smart Growth/Comment:An Ambitious Movement and Its Prospects for Success [J].American Planning Association.Journal of the American Planning Association 71, 4:367–378.

10. Armando Bazzani, Bruno Giorgini, Graziano Servizi and Giorgio Turchetti. A chronotopic model of mobility in urban spaces. Physica A:Statistical Mechanics and its Applications,2003,325(3–4):517–530.

11. Ayyub Malik. After modernity: contemporary non –western cities and architecture. Future33.2001.

12. Badcock, Blair, 1984, Unfairly Structured Cities, Blackwell, Oxford

13. Bai C, Du Y, Tao Z, et al. 2004. Local protection and regional specialization: evidence from China's industries[J]. Journal of International Economics, 63:397–417.

14. Barabási A.–L. Network Theory– the Emergence of the Creative Enterprise. Science, 2005, 28(9): 639–641.

15. Barabási A. –L., Albert R.. Emergence of Scaling in Random Networks. Science,

514　1999, 286(15): 509-5113.

16. Barabási A. -L., Reka, Jeong, Hawoong. Mean-field theory for scale-free random networks. 1999. available: http://arxiv.org/abs/cond-mat/9907068 .

17. Barthélemy M. Crossover from Scale-Free to Spatial Networks. Europhysics Letters 2003, 63(6): 915-921.

18. Batisse C, Poncet S. 2004. Protectionism and industry location in Chinese provinces [J]. Journal of Chinese Economics and Business Studies,2:133-154.

19. Batty M. Cellular automata and urban form:A primer, Journal of American Planning Associate, 1997, 63:266-274.

20. Batty M. Cities as Complex Systems: Scaling, Interactions, Networks, Dynamics and Urban morphologies. in R. A. Meyers(eds.) Encyclopedia of Complexity and Systems Science, Springer, 2009.

21. Batty M. Cities as small worlds. Environment and Planning B: Planning and Design, 2001, 28: 637-638.

22. Batty M. Faster or complex? A calculus for urban connectivity (editorial). Environment and Planning B: Planning and Design, 2004, 31:803-804.

23. Batty M. Whither network science? (editorial). Environment and Planning B: Planning and Design 2008, 35: 569-571.

24. Bertaud, A., Renaud, B. (1997) Socialist cities without land markets. Journal of Urban Economics 41, pp. 137-151.

25. BIAN Y J. and LOGAN J R. Market transition and the persistence of power: the changing stratification system in urban China.American Sociological Review,1996,61:739-758

26. Bilton, Tony, etc., Introductory Sociology. The Macmillan Press Ltd.[M]. Houndmills: Great Britain,1987.

27. Bin Jiang, Christophe Claramunt and Bjirn Klarqvist.Integration of space syntax into GIS for modelling urban spaces. International Journal of Applied Earth Observation and Geoinformation, 2000, 2(3-4):161-171.

28. Birk R J, Stanley T, Snyder G I, et al. Government programs for research and operational uses of commercial remote sensing data [J]. Remote Sens. Environ. 2003, 88:3-16.

29. Booth C. Life and Labour of the People in London[M]. London: William and Norgate, 1889

30. Branstetter, L. G. and Feenstra, R. C. (2002)Trade and foreign direct investment in China: a political economy approach, Journal of International Economics, 58, pp. 335-358.

31. Bruechner Jan.The structure of urban equilibria:a unified treatment of the Muth-Mills Mode.In:E S Mills (ed.),Handbook of Reginal and Urban Econimics,Vol.II.Elsevier Science Publisher B V,1987.

32. Brulhart M. Economic geography, industry location and trade: the evidence[J]. World Economy, 775-801.

33. C.Y.Jim, Sophia S. Chen, Comprehensive green space planning based on landscape

ecology principles in compact Nanjing city, China. Landscape and Urban Planning, 2002, 65 : 95–116.

34. Carroll J, Connell J. You gotta love this city: The Whitlams and Inner Sydney [J]. Australian Geographer, 2000, 31: 141–154.

35. Chan, K. (1992)Economic growth strategy and urbanization policies in China, 1949–82, International Journal of Urban and Regional Research, 16, pp. 275–305.

36. Chen SS, Jim CY. Quantitative assessment of the treescape and cityscape of Nanjing, China [J].Landscape Ecol., 2003,18:395–412.

37. Chen, H. and Jia, B. and Lau, S. S. Y. (2008) Sustainable urban form for Chinese compact cities: Challenges of a rapid urbanized economy, Habitat International, 32, pp. 28–40.

38. Chien, S. (2008)The Isomorphism of Local Development Policy: A Case Study of the Formation and Transformation of National Development Zones in Post–Mao Jiangsu, China. urban studies, 45(2), pp. 273–294.

39. Cho,Cheol –Joo.Amenities and urban residential structure:an amenity – embedded model of residential choice. PaPers in Regional science,2001,80.

40. Clark, E. (1995) The rent gap re–examined, Urban Studies 32(9), pp. 1489–1503.

41. Clement P.Urban design concept and strategy – historical and spacial constinuity. World Constructions, 2001,(6):23–25.

42. Clifford M. Guy .Classifications of retail stores and shopping centres :some methodological issues . GeoJournal 45:255–264,1998.

43. Cook E. A. Urban landscape networks: an ecological planning framework. Landscape Research 1991, 1:8–15.

44. Curran W. Gentrification and the Nature of Work: Exploring the Links in Williamsburg, Brooklyn [J]. Environment and Planning A, 2004, 36: 1243–1258.

45. Dale, A. and Bamford, C., Social polarization in Britain, 1973–1982. Evidence from the General Household Survey: a comment on Pahl's hypothesis [J]. International Journal of Urban and Regional research,1989(16):481–500.

46. David A. Hensher, Jenny King. Parking demand and responsiveness to supply , pricing and location in the Sydney central business district . Transportation Research Part A 35:177–196.

47. David C. Thorns.the transformation of Cities:urban theory and urabn life, New York : MALCRAVE MACMILLAN,2002.

48. Davidson M, Lee L. New–build Gentrification and London's Riverside Renaissance [J].Environment and Planning A, 2005, 37: 1165–1190.

49. Davis K. The Urbanization of the Human Population [M].In Breese G (ed).The City in Newly Developing Countries. New Jersy: Englewood Clifs, 1968.

50. Deng, F. (2003a) The political economy of public land leasing in Beijing. In: Bourassa, S., Hong, Y. (Eds.), Leasing Public Land: Policy Debates and International

Experiences, Lincoln Institute of Land Policy, Cambridge, MA.

51. Deng, F. (2003b) Development zones and urban land reform in China. Asian Geographers in press.

52. Deng, F.(2003c)Public Land Leasing and the Changing Roles of Local Governments in Urban, China. Annals of Regional Science in press.

53. Deng, F. and Huang, Y.(2004) Uneven land reform and urban sprawl in China: the case of Beijing, Progress in Planning , 61, pp. 211–236.

54. Deng, X. and Huang, J. and Rozelle, S. and Uchida, E.(2006) Growth, population and industrialization, and urban land expansion of China, Journal of Urban Economics, Available online at www. sciencedirect. com. 1–20, accessed October 8, 2008.

55. Derek Fraser, The Evolution of the British Welfare State, Macmillan, 1982:226.

56. Derudder B. and P.J. Taylor. The Cliquishness of World Cities. Global Networks, 2005, 5 (1): 71–91.

57. Ding Chengri.Managing urban growth for efficiency in infrastructure:provision: dynamic capital expantion and urban growth boundary model.Ph.D.Dissertation,1996.

58. Ding, C.(2004) Urban Spatial Development in the Land Policy Reform Era: Evidence from Beijing, Urban Studies, 41(10), pp. 1889–1907.

59. Ding, X. L. (1994)Institutional amphibiousness and the transition from communism— the case of China. British Journal of Political Science, 24(3), pp. 293–318.

60. DonaldT.Critchlow and Ellis W. Hawley. Poverty and Public Policy in Modern America[M].Chicago,1989:58

61. Douglas Goudie. Zonal method for urban travel surveys: sustainability and sample distance from the CBD. Journal of Transport Geography 10(2002):287–301.

62. Dumais G, Ellison G, Glaeser E L. 2002. Geographic concentration as a dynamic process[J]. The Review of Economics and Statics, 84:193–204.

63. Ebenezer. Howard. Garden Cities of Tomorrow. The MIT Press, 1976.

64. Ed., B.R.Mitchell, British Historical Statistics, Cambridge, 1998:605

65. Elke Hietela,Rainer Waldhardtb,Annette Otte.Linking socio –economic factors, environment and land cover in the German Highlands,1945–1999[J].Journal of Environmental Management,2005,75:133–143.

66. Emily Hoffhine Wilsona,James D Hurda,Daniel L Civcoa,et al.Development of a geospatial modelto quantify,describe andmap urban growth[J].Remote Sensing of Environment, 2003,86:275–285.

67. Esteban, A habitat island approach to conserving birds in urban landscapes: case studies from southern and northern Europe. Biodiversity and Conservation, 2001, 10:2023–2043.

68. F L Wu. The （Post-）Socialist Entrepreneurial City as a State Project: Shanghai's Regionalization in Question. Urban Studies, 2003, 09.

69. Fan C C, Scott A J. 2003. Industrial agglomeration and development: a survey of spatial economic issues in East Asia and a statistical analysis of Chinese regions [J].

Economic Geography, 79:295-319.

70. Fan, C.(1999)The Vertical and Horizontal Expansions of China's City System. Urban Geography, 20(6), pp. 493-515.

71. Fang, C. and Xie, Y. (2008) Site planning and guiding principles of hi-tech parks in China: Shenzhen as a case study, Environment and Planning B, 35, pp. 100-121.

72. Fei Yuan,Kali E Sawaya,Brian C Loeffelholz,et al.Land cover classification and change analysis of the Twin Cities (Minnesota) Metropolitan Area by multitemporal Landsat remote sensing[J].Remote Sensing of Environment,2005,98:317-328.

73. Flores A.,Pickett S. T. A., Zipperer W.C., Pouyat R.V., Pirani R, Adopting a modern ecological view of the metropolitan landscape: the case of a green space system for the New York City region[J].Landscape and Urban Planning, 1998,39:295-308.

74. Frank Schweitzer Giorgio Fagiolo, et al. Economic Networks: The New Chanlleges. Science, 2009, 325(5939): 422-425.

75. Friedmann, J.(2006)Four Theses in the Study of China's Urbanization, International Journal of Urban and Regional Research, 30(2), pp. 440-51.

76. Friedmann, J.(2007)Reflections on Place and Place-making in the Cities of China, International Journal of Urban and Regional Research, 31(2), pp. 257-79.

77. Fujita, M.Urban Economic Theory: Land use and city size,Cambridge University Press,Cambridge,England,1989.

78. Garba Rufai Funtua,WANG Xiao-ming.Study on Urban Renewal and Management in Nigeria.华中科技大学学报,2006,23(增刊1):166-171.

79. Gastner M.T. Newman M.E.J. The spatial structure of networks. Eur. Phys. J.B,2006, 49: 247-252.

80. George C.S.Lin. (2002)The Growth and Structural Change of Chinese Cities: a Contextual and Geographic Analysis[J].Cities, 19(5):299-316.

81. George Xian,Mike Crane.Assessments of urban growth in the Tampa Bay watershed using remote sensing data [J].Remote Sensing of Environment,2005,97:203-215.

82. Glaeser,E.L.and kahn, M. E.sprawl and Urban Growth.Harvard Institure of Economic Research,2003.

83. Glass R. Introduction: Aspects of Change [M]. In Centre for Urban Studies, London: Aspects of Change, Mac Gibbon and Kee, 1964.

84. Godron. Using Landscape ecology in planning and Management. New York: springer-Verlag, 1990.

85. Grant R. Jones, Megan S. Atkinson. Making a marriage with the land: the future of the landscape [J]. Landscape and Urban Planning, 1999, 45: 61-92.

86.Greg Hise. 'Nature's workshop' industry and urban expansion in Southern California, 1900-1950 . Journal of Historical Geography,Volume 27 , Issue 1:74-92.

87. Gu, C. and Roger C. K. and Chan and Liu, J. and Kesteloot, C. (2006) Beijing's socio-spatial restructuring: Immigration and social transformation in the epoch of national

518

economic reformation, Progress in Planning, 66, 249–310.

88. Gu, C. and Wang, F. and Liu, G. (2005) THE STRUCTURE OF SOCIAL SPACE IN BEIJING IN 1998: A SOCIALIST CITY IN TRANSITION, Urban Geography, 26 (2), pp. 167–192.

89. Guo, C. and Gub, C. and Wu, F. (2006) Urban poverty in the transitional economy: a case of Nanjing, China, Habitat International, 30, pp. 1–26.

90. H. S. Sudhira, T. V. Ramachandra, K. S. Jagadish. Urban sprawl: metrics, dynamics and modelling using GIS. International Journal of Applied Earth Observation and Geoinformation, 2004, 5(1): 29–39.

91. H.A.Nijlan, E.E.M.M.Van Kempen., G.P.Van Wee, J.Jabben Costs and benefits of noise abatement measures. Transport Policy[J].2003.10.131–140.

92. Haber W. Using landscape ecology in planning and Management. In: Zonneveld, I. S. and Forman, R. T. T. (Eds). Changing Landscapes: an Ecological Perspective. Springer – Verlag, New York,1990,217–231.

93. Hackworth J, Smith N. The Changing State of Gentrification [J]. Tijdschrift voor Economische en Sociale Geografie 2001, 22: 464–477.

94. Hackworth J. Inner –city Real Estate Investment, Gentrification, and Economic Recession in New York City [J]. Environment and Planning A, 2001, 33: 863–880.

95. Han, S. and Wang, Y. (2003) The Institutional Structure of a Property Market in Inland China: Chongqing, Urban Studies, 40(1), pp. 91–112.

96. Han, S. S. and Wong, S. T. (1994) The Influence of Chinese Reform and Pre–reform Policies on Urban Growth in the 1980s. Urban Geography, 15(6), pp. 537–564.

97. Han, S. (2004) Spatial structure of residential property–value distribution in Beijing and Jakarta, Environment and Planning A, 36, pp. 1259–1283.

98. Harris C. D. and Ullman E. L. (1945) The nature of cities, The Annals of the American Academy of Political and Social Science, CCXII, pp. 7–17.

99. Harvey, D. (2006) The Right to the City, in Richard Scholar, ed., Divided Cities. Oxford, UK: Oxford University Press, pp. 83–102.

100. Harvey, D. (1996) Justice, Nature and the Geography of Difference. Oxford, UK: Blackwell.

101. Harvey, D.(1973) Social Justice and the City. London, UK: Edward Arnold.

102. Harvey, D. (1978) The urban process under capitalism, International Journal of Urban and Regional Research, 2, pp. 101–131.

103. Harwit, E. (2005) Telecommunications and the Internet in Shanghai: Political and Economic Factors Shaping the Network in a Chinese City, Urban Studies, 42 (10), pp. 1837–1858.

104. He S. New –Build Gentrification in Central Shanghai: Demographic Changes and Socioeconomic Implications [J]. Population, Space and Place, 2009.10:548–564.

105. He S.(2007) State–sponsored Gentrification under Market Transition: The Case of

Shanghai [J]. Urban Affairs Review, 43(2): 171-198.

106. Healey, P. (1992) An institutional model of the development process, Journal of Property Research, 9, pp. 33-44.

107. Healey, P. and Barrett, S. M. (1990) Structure and agency in land and property development processes: some ideas for research, Urban Studies, 27(1), pp. 89-104.

108. HEINZ HEINEBERG. Germany after unification: urban settlement systems in the 1990s [J].Beitrage Zur Regionalen Geographie,2000, (52).

109. Herold M,Clarke K C,Scepan J.Remote sensing and landscape metrics to describe structures and changes in urban landuse .Environment and Planning A,2002,(34):1443-1458.

110. Herold M,Goldstein NC,Clarke KC. The spatiotemporal form of urban growth: Measurement,analysis and modeling[J]. Remote Sens. Environ. 2003,86:286-302.

111. Ho, P. and Lin, C. S. G. (2003) Emerging land markets in rural and urban China: policies and practices, The China Quarterly, 175, pp. 681-706.

112. Ho, P. (2001) Who owns china's land? Policies, property rights and deliberate institutional ambiguity, The China Quarterly, 166, pp. 394-421.

113. Hoyt H. (1939) The Structure and Growth of Residential Neighborhoods in American Cities, Government Printing Office, Washington DC.

114. Hualou Long, Gerhard K, Heilig, Xiubin Li, Ming Zhang. Socio-economic development and land-use change: Analysis of rural housing land transition in the Transect of the Yangtse River, China. Land Use Policy, 2007, 24:141-153.

115. Huang, L. and Tan, Y. and Song, X. and Huang, X. and Wang, H. and Zhang, Si, and Dong, J. and Chen, R. (2003) The status of the ecological environment and a proposed protection strategy in Sanya Bay, Hainan Island, China, Marine Pollution Bulletin, 47, pp. 180-186.

116. Huang, Y. (2003) A room of one's own: housing consumption and residential crowding in transitional urban China, Environment and Planning A, 35, pp. 591-614.

117. Huang, Y. (2004) Housing markets, government behaviors, and housing choice: a case study of three cities in China, Environment and Planning A, 36, pp. 45-68.

118. Hulshoff R M. Landscape indices describing a Dutch Landscape [J]. Landscape Ecology, 1995, 10(2):101-111.

119. Hyok-Joo Rhee. Home-based telecommuting and commuting behavior . Journal of Urban Economics 63(2008):198-216.

120. Imre Salma,Imre Balashazy,Werner Hofmann.Effect of physical exertion on the deposition of urban aerosols in the human respiratory system[J].Aerosol Science,2002,33:983-997.

121. Irene Van Kamp,Kess Leidelmijer,Gooitske Marsman.Urban environmental quality and human well-being Towards a conceptual framework and demarcation of concepts: a literature study[J].Landscape and urban planning,2003,65:5-18.

122. Isabel Sawhill ed.. Welfare Reform: An Analysis of Issues [M]. Urban Institute,1995.

123. Jay D. Gatrell.Re-thinking economic development in peripheral regions.The Social

Science Journal, 1999,36(4):623–639.

124. Jenerette G D and Wu J. On the definitions of scale. Bulletin of the Ecological Society of America,2000,81:104–105.

125. Jerry A Griffith,Edward A Martinko,Kevin P Price. Landscape structure analysis of Kansas at three scales[J].Landscape and Urban Planning,2000(1):45–61.

126. Jianguo Wu,Dennis E.Jelinski,Matt Luck,et al.Multiscale analysis of landscape heterogeneity:Scale variance and pattern metrics [J]. Geographic Information Sciences,2000,6(1):6–19.

127. Jianguo Wu.Effects of changing scale on landscape pattern analysis:scaling relations [J].Landscape Ecology,2004,19:125–138.

128. John Peponis, Catherine Ross and Mahbub Rashid.The structure of urban space, movement and co–presence:The case of Atlanta. Geoforum,1997,28(3–4):341–358.

129. Jungyul Sohn.Are commuting patterns a good indicator of urban spatial structure?. Journal of Transport Geography.13(2005)306–317.

130. Junho H. Choi et al. Comparing world city networks: a network analysis of Internet backbone and air transport intercity linkages. Global Networks, 2006, 6(1): 81–89.

131. Kevin Fox Gotham.Tourism Gentrification: The Case of New Orleans'Vieux Carre (French Quarter),Urban Studies,2005,42(7):1099–1121.

132. Kevin Fox Gotham.Tourism Gentrification: The Case of New Orleans'Vieux Carre (French Quarter),Urban Studies,2005,42(7):1099–1121.

133. Khan, A. R. and Riskin, C.(2001) Inequality and Poverty in China in the Age of Globalization. New York, NY: Oxford University Press.

134. Kloosterman R C, van Der Leun J P. Just for starters: Commercial Gentrification by Immigrant Entrepreneurs in Amsterdam and Rotterdam Neighborhoods [J]. Housing Studies, 1999, 14: 659–677.

135. Knox, P. L.(1992) The packaged landscapes of post–suburban America. In J. W. R. Whitehand and P. J. Larkham (eds.), Urban landscape: international perspectives, Routledge, London.

136. Kodera S.Laws,Ordinances and regulations in Japan concerning colors of various structures[J]. AIC Color,(93).

137. Kornai, J. (1992)The socialist system: the political economy of communism. Princeton University Press, Princeton, NJ.

138. Krugman P. Geography and Trade[M]. Cambridge(USA): MIT Press. 1991.

139. Kunzmann, K. R.(2008) The implication of rapid economic growth in China for spatial development in metropolitan city–regions in Europe, Town Planning Review,79 (2–3), pp. 331–346.

140. La, S. and Ding, C. and Tsai, P. and Lan, C. and Xue, M.(2008) A game–theoretic approach to urban land development in China, Environment and Planning B, 35, pp. 847–862.   141. Lam N S N. and Quattrochi D A. On the issues of scale,resolution,and fractal

analysis in the mapping sciences. Professional Geographer,1992,44:88–98.

142. Lampard E E. The History of Cities in the Economically Advanced Areas 〔M〕. In Friedmann J. and Alonso W,eds. Regional Development and Planning. Cambridge,Mass:M.I.T. Press,1964.

143. Laurie M. An Introduction to Landscape Architecture 〔M〕. American EISEVR Publishing Company,INC,England,1975.

144. Lawrence A.B.,Robert D.B.,An ecological framework for the planning,design and management of urban river greenways. Landscape and urban Planning, 1995(33): 211–225.

145. Lee Fleming, Charles King, III, Adam I. Juda. Small Worlds and Regional Innovation. Organization Science 2007, 18(6): 938–954.

146. Lees L. A re-appraisal of Gentrification: Towards a Geography of Gentrification 〔J〕. Progress in Human Geography, 2000, 24: 389–408.

147. Lees L. Super-gentrification: The Case of Brooklyn Heights, New York City 〔J〕. Urban Studies. 2003a, 40: 2487–2509.

148. Lees L. Visions of Urban Renaissance: The Urban Task Force Report and the Urban White Paper, in Urban Renaissance? New Labor, Community and Urban Policy Eds R Imrie, M Raco(Policy Press, Bristol) 2003b, pp: 61–92.

149. LI H and Reyonlds J F. A new contagion index to quantify spatial Pattern of landscape〔J〕.Landscape Ecology,1993,8:155–162.

150. Li, L. and Li, X.(2007) Land Readjustment: An Innovative Urban Experiment in China. Urban Studies, 44(1), pp. 81–98.

151. Li, L. H. and Walker, A.(1996) Benchmark pricing behavior of land in China's reform, Journal of Property Research, 13, pp. 183–196.

152. Li, L. H.(1999) Urban Land Reform in China. New York: St Martin's Press.

153. Li, S.(2005) China's Changing Urban Geography: A Review of Major Forces at Work, Issues and Studies, 41(4), pp. 67–106.

154. Li, S.(2004) Life course and residential mobility in Beijing, China, Environment and Planning A, 36, pp, 27–43.

155. LIN N and BLAN Y J.Getting ahead in urban China 〔J〕.American Journal of Sociology.1991,97.p:657–688.

156. LIN N. Local market socialism: local corporation in action in rural China〔J〕.Theory and Sociey,1995,24:301–354.

157. Lin, G. C. S. and Wei, Y. H. D.(2002) China's restless urban landscapes I: New challenges for theoretical reconstruction, Environment and Planning, 34(9), pp. 1535–1544.

158. Lin, G. S. C.(2004) The Chinese globalizing cities: National centers of globalization and urban transformation Progress in Planning, 61, pp. 143–157.

159. Liquan Zhang,Jianping Wu,Yu Zhen,Jiong Shu. A GIS-based gradient analysis of urban landscape pattern of Shanghai metropolitan area,China. Landscape and Urban Planning, 2004,69(1):1–16.

522

160. Liu Shenghe,Wu Chuanjun,Chen Tian.the comment on the theories of urban land use in West Countries. GeographicalH. S. Sudhira, T. V. Ramachandra, K. S. Jagadish.Urban sprawl: metrics, dynamics and modelling using GIS.International Journal of Applied Earth Observation and Geoinformation, 2004,5(1): 29-39.

161. LOGAN J R. (eds.).The new Chinese city:globalization and market reform [M]. Oxford: Blackwell Publishers,2002.

162. Logan, J. R.(Ed.).(2002) The new Chinese city: Globalization and market reform. Oxford: Blackwell Publishers.

163. Logan, J. R. and Bian, Y. J. and Bian, F. Q.(1999) Housing inequality in urban China in the 1990s, International Journal of Urban and Regional Research, 23(1), pp. 7-25.

164. Lopez E,Bacco G,Mendoza M,Duhau E. Predicting land-cover and land-use change in the urban fringe-A case in Morelia city Mexico[J].Landscape and Urban Planning, 2001,55(4):271-285.

165. Louise Crewe and Jonathan Beaverstock.. Fashioning the city: Cultures of consumption in contemporary urban spaces. Geoforum,1998,29(3):287-308.

166. Lourdes Diaz Olvera, Didier Plat and Pascal Pochet. Transportation conditions and access to services in a context of urban sprawl and deregulation—The case of Dares Salaam. Transport Policy,2003,10(4):pp.287-298.

167. Lü Junhua.Beijing's old and dilapidated housing renewal.Cities, 1997,14(2):59-69.

168. Lu, D.(2006) Remaking Chinese Urban Form: Modernity, Scarcity and Space, 1949-2005. New York, NY: Routledge.

169. Luo, X. and Shen, J.(2009) A study on inter-city cooperation in the Yangtze river delta region, China. Habitat International, 33, pp. 52-62.

170. M.Antrop.Landscape change and the urbanization process in Europe.Landscape and Urban Planning, 2004,67(1):9-26.

171. M.B.Gleave. Port activities and the spatial structure of cities:the case of Freetown, Sierra Leone.Journal of Geography . Vol.5,No.4:257-275.

172. Ma, L. J. C.(2002) and Cui, G H. Economic Transition at the Local Level: Diverse Forms of Town Development in China. Eurasian Geography and Economics, 43(2), pp. 79-103.

173. Ma, L. J. C. and Wu, F. eds.(2005) Restructuring the Chinese City: Changing Society, Economy and Space. New York, NY: Routledge.

174. Ma, L. J. C. and Wu, F.(2004) Restructuring the Chinese city: Diverse processes and reconstituted spaces. In L. J. C. Ma, & F. Wu (Eds.), Restructuring the Chinese city: Changing society, economy and space. London: Routledge, 2005.

175. Ma, L. J. C.(2004) Economic reforms, urban spatial restructuring, and planning in China, Progress in Planning, 61, pp. 237-260.

176. Ma, L. J. C.(2007) From China's Urban Social Space to Social and Environmental Justice, Eurasian Geography and Economics, 48(5), pp. 555-566.

177. Ma, L. J. C.(2006a) guest editor, Special theme issue on "Urban China", China

Information, 20, pp. 3.

178. Ma, L. J. C. (2006b) The State of the Field of Urban China: A Critical Multidisciplinary Overview of the Literature, China Information, 20(3), pp. 363–390.

179. Ma, L. J. C.(2005) Urban administrative restructuring, changing scale relations and local economic development in China, Political Geography, 24, pp. 477–497

180. Ma, L. J. C. (2002) Urban transformation in China, 1949–2000: a review and research agenda, Environment and Planning A, 34(9), pp. 1545–1569.

181. Macdonald K A. Ecology's last frontier: studying urban areas to monitor the impact of human activity [J].Chron. Higher Educ.,1998,44:A18.

182. Mack Hostetler. Landscape structure analysis of Kansas at three scales. Landscape Ecology, 2000, 4:25–54.

183. Marc Antrop. Landscape change and the urbanization process in Europe. Landscape and Urban Planning, 2004, 67:9–26.

184. Marcon E, Puech F. 2003. Evaluating the geographic concentration in French manufacturing industries[J]. Regional Science and Urban Economics, 29:575–604.

185. Marcuse, P. and van Kempen, R.(Eds.) Globalizing cities: A new spatial order? Oxford: Blackwell. 2000.

186. Marcuse,P. Dual city: a muddy metaphor for a quartered city [J].International Journal of Urban and Regional research,1989(13):697–708.

187. Martin Herold,Noah C Goldstein,Keith C Clarke.The spatiotemporal form of urban growth:Measurement,analysis and modeling [J].Remote Sensing of Environment,2003,86:286–302.

188. Martin Herold,Noah C Goldstein,Keith C Clarke.The spatiotemporal form of urban growth:Measurement,analysis and modeling [J].Remote Sensing of Environment,2003,86:286–302.Smith, Richard G.(2005), Networking the City, Geography 90(2): pp. 172–176.

189. Marton, A. M., Wu, Wei. Spaces of globalisation: Institutional reforms and spatial economic development in the Pudong new area, Shanghai, Habitat International, 2006,30, 213–229.

190. Mathew Luck,Jianguo Wu. A gradient analysis of urban landscape pattern:a case study from the Phoenix metropolitan region,Arizona,USA [J]. Landscape Ecology. 2002,17: 327–339.

191. McGee and Terry and Lin, G. C. S. and Wang, M. and Marton, A. and Wu, J. (2007) China's Urban Space. New York, NY: Routledge.

192. MeDonnell M J and Piekett S T A. Eeosystem structure and function along urban–rural gradients: An unexploited opportunity for ecology. Ecology,1990,71:1232–1237.

193. Menezes M. Argollo de and A –L Barabási. Fluctuations in Network Dynamics. Physical Review Letters, 2004, 92(2): 028701–4.

194. Meng Caihong,Yang Yongchun (Corresponding author) ect.Remote Sensing Image Based Study on the Spatial Evolvement and Mechanism of Urban Residential District in China

Since 1949.2006 IEEE International Geoscience and Remote Sensing Symposium And 27th Canadian Symposium on Remote Sensing.2006.(EI 收录)

195. Meng Caihong,Yang Yongchun,Zhang Congguo.Research on Imago Space of Valley City-a Case Study of Lanzhou City Chinese Geographical Science.2004,Vol.14(3):283-288.

196. Meng, X. and Gregory, R. and Wang, Y.(2005) Poverty, inequality, and growth in urban China, 1986—2000, Journal of Comparative Economics, 33, pp. 710-729.

197. Michael C.,Wimberly,Janet L.Ohmann.A multi-scale assessment of human and environmental constraints on forest land cover change on the Oregon (USA)coast range[J]. Landscape Ecology,2004,19:631-646.

198. Michael Katz. Improving Poor People[M].Princeton University Press,1995.

199. Michael Katz. In the Shadow of the Poorhouse: A Social History of Welfare in America [M]. Basic Books, New York, 1986.

200. Michael Leaf. Inner city redevelopment in China:Implications for the city of Beijing. Cities,1995,12(3):149-162.

201. Michael Pacione.Urban environmental quality and human wellbeing -a social geographical persective[J]. Landscape and urban planning,2003,65:19-30.

202. Miguel Arana,Amando Garcia.A Social Survey on the Effects of Environmental Noise on the Residents of Pamplona,Spain[J].Elsevier Science,1998,53:245-253.

203. Mills E S.An aggregative model of resource allocation in a metropolitan area[J]. American Economic Review,1967,57:197-210.

204. Monica G Turner, Rober H Gardner. Quantitative Methods in Landscape Ecology. The Aanalysis and Interpretation of Landscape Heterogeneity [M]. Springer-Verlag 1990.

205. MU F.Commentary-transitional city[J]. Environment and planning A,2003,35:1331-1338.

206. Muth R F.Cities and Housing[M].Chicago:university of Chicago Press,1969.

207. N.F.R.Crafts, British Economic Growth during the Industrial revolution, Clarendon, 1985:45

208. Naveh Z, Lieberman. Landscape Ecology: Theory and Application. Landscape Planning,1984,(8):356-362.

209. Nee, V.(1989) A theory of market transition: from redistribution to markets in state socialism, American Sociological Review, 54, pp. 663-681.

210. Nicholas Dagen Bloom. Suburban Alchemy: 1960s New Towns and the Transformation of the American Dream. Colunbus: Ohio State University Press, 2001.

211. Nick Buchanan , Ross Barnett , Simon Kingham , Doug Johnston . The effect of urban growth on commuting patterns in Christchurch ,New Zealand . Journal of Transport Geography 14(2006):342-354.

212. Niu, H. and Wang, A. and Zhang, W. and Yang, Y.(1998) The Research on the feasibility of Constructing a New Town in QinWangChuan Areal Research and Development, 17(3), pp. 45-47.

213. O'Neill R V,Krummel J R,Gardner R H,et al. Indices of landscape pattern [J]. Landscape Ecology,1988,1(3):153-162.

214. Olsen E R, Ramsey R D, winn D s. A modified factual dimension as a measure of landscape diversity [J].Photo Grammetric Engineering Remote Sensing,1993,59: 1571-1520.

215. Ong B.L. Green plotration: an ecological measure for architecture and urban planning [J].Landscape and Urban Plarming, 2003, 63:197-211.

216. Pahl, R. and Wallace,C. Forms of work and privatization on the Isle of Sheepy[A]. In Roberts,B. Finnegan,R. and Gallie, D., eds., New approaches to economic life, economic restructuring, unemployment and the socials division of labor [C]. Manchester: Manchester University Press,1985.

217. Parongama Sen, Dasgupta S.Arnab Chatterjee, et al. small-world properties of the indian railway network. Phys. Rev. E, 2003, 67(3): 036106-5.

218. Paul Weyrich. Cultural Conservatism: Toward a New Agenda [M]. New York,1997.

219. Peter J. M. and Rothenberg, S. and Nakahara, M.(2003) Globalization and urban environmental transitions: Comparison of New York's and Tokyo's experiences, The Annals of Regional Science, 37, pp. 369-390.

220. Phillips M. Other Geographies of Gentrification [J]. Progress in Human Geography, 2004, 28: 5-30.

221. Phillips, D.R. New Town in East and South-east Asia. Oxford University Press, 1987

222. Pirnat J. Conservation and management of forest patches and corridors in suburban landscapes. Landscape and Urban Planning, 2000, 52:135-143.

223. Po, L.(2008) Redefining Rural Collectives in China: Land Conversion and the Emergence of Rural Shareholding Co-operatives, urban studies, 45(8), pp. 1603-1623.

224. Pow, C.(2007)Securing the 'Civilised' Enclaves: Gated Communities and the Moral Geographies of Exclusion in(Post-)socialist Shanghai, Urban Studies, 44(8), pp. 1539-1558.

225. Qian, Z.(2008) Empirical evidence from Hangzhou's urban land reform: Evolution, structure, constraints and prospects. Habitat International, 32, pp. 494-511.

226. Qing Shen.Spatial technologies, accessibility, and the social construction of urban space.Computers, Environment and Urban Systems,1998, 22(5):pp.447-464.

227. R Collins G,C. Collins C Camillo Sitte:The Birth of Modern City Planning .New York:Rizzoli International Publications. Inc,1986.

228. Ralph Dolgoff. Donald Feldstein and Louise Skolnik, Understanding social Welfare [M]. Addison Wesley Longman, Inc. , 1997.

229. Raul Romero-Calcerrada. The role of land abandonment in landscape dynamics in the SPA, Encinares Central Spain,1984-1999 [J]. Landscape and Urban Planning,2004, 66: 217-232.

230. Reissiman L. The Urban Process,Cities in IndustrialSocieties [M].Glence: Free Press, 1964.

231. Richard Voith . Parking , Transit , and Employment in a Central Business District .

Journal of Urban Economics 44 :43–58.

232. Robinson, Jennifer. (2005), Urban geography: world cities, or a world of cities, Progress in Human Geography 29(6): pp. 757–765.

233. Roderick J·Lawrence.Human ecology and its applications [J]. Landscape and urban planning,2003,65:31–40.

234. Roger Bristow, Hong Kong's New Towns: A Selective Review. Oxford University Press.1989.

235. Rowntree S B. Poverty, a Study of Town Life[M]. London: Macmillan,1901.

236. Ryosuke Okamoto. Location choices of firms and workers in an urban model with heterogeneities in skills and preferences. Regional Science and Urban Economics 37(2007) 670–687.

237. Santiago Saura.Effects of remote sensor spatial resolution and data aggregation on selected fragmentation indices[J].Landscape Ecology,2004,19:197–209.

238. Sassen S. The Global City: New York, London and Tokyo, Princeton [M]. NJ: Princeton University Press, 1991.

239. Sawaya KE,Olmanson LG,Heinert NJ,et al.,Extending satellite remote sensing to local scales: Land and water resource monitoring using high–resolution imagery [J]. Remote Sens. Environ. 2003,88:144–156.

240. Schneider D C. The rise of the concept of scale in ecology. BioScience,2001,51: 545–553.

241. Schneider, A. and Seto, K. and Webster, D. (2005) Urban growth in Chengdu, Western China: application of remote sensing to assess planning and policy outcomes, Environment and Planning B, 32, pp. 323–345.

242. Sergio Porta, Crucitti P, Latora V. The network analysis of urban streets: A dual approach. Physica A, 2006, 369(2): 853–866.

243. Sergio Porta, Crucitti P, Latora V. The network analysis of urban streets: a primal approach. Environment and Planning B: Planning and Design 2006, 33(5): 705–725.

244. Sergio Porta.The community and public spaces: ecological thinking, mobility and social life in the open spaces of the city of the future.Futures,1999,31(5):437–456.

245. Serrano M A Boguna M. Topology of the world trade web. Physical Review E, 2003, 68(1): 015101–015105.

246. Seto, K. C. and Fragkias, M.(2005) Quantifying spatiotemporal patterns of urban land –use change in four cities of China with time series landscape metrics, Landscape Ecology, 20, pp. 871–888.

247. Shen, J. and Feng, Z. and Wong, K.(2006) Dual–track urbanization in a transitional economy: The case of Pearl River Delta in South China. Habitat International, 30, pp. 690–705.

248. Shen, J.(2007) Scale, state and the city: Urban transformation in post–reform China. Habitat International, 31, pp. 303–316.

249. Shen, X. and Ma, L. J. C. (2005)Privatization of rural industry and de facto

突变生长——中国(西部)城市转型的多维透视

urbanization from below in southern Jiangsu, China, Geoforum, 36, pp. 761–777.

250. Siu Kei Hwe, Raymond K. Cheung ,Yat–wah Wan . Merging bus route in Hong Kong's central business district:Analysis and models . Transportation Research Part A 40 (2006):918–935.

251. Slater T. Municipally Managed Gentrification in South Parkdale, Toronto ［J］. The Canadian Geographer, 2004, 48: 303–325.

252. Smith N. New globalism, New Urbanism: Gentrification as Global Urban Strategy ［J］. Antipode, 2002, 34: 427–450.

253. Smith N. The New Urban Frontier: Gentrification and the Revanchist City ［M］. London: Rutledge, 1996.

254. Smith, N. The New Urban Frontier: Gentrification and the Revanchist City. Routledge, London. 1996.

255. Smith, N.(1979) Toward a theory of gentrification: a back to the city movement by capital not people, ournal of the American Planning Association 45, pp. 38–8.

256. Smith, Richard G.(2005), Networking the City, Geography 90(2): pp. 172–176.

257. Soren T. Anderson, Sarah E.West.(2006)Open space, residential property values , and spatial context . Regional Science and Urban Economics 36:773–789.

258. Spencer M. Foundation of Modern Sociology. In: Alex Inkeles. Prentice –Hall Foundations of Modern Sociology Series ［M］. Englewood: Prentice Hall, 1985.

259. Stephen J Walsh, David R Butler, George P Malanson. An overview of scale, pattern,process relationships in geomorphology: a remote sensing and GIS perspective ［J］. Geomorphology,1998(21): 183–205.

260. Stephen W. K. and Lennon H. T. and Choy, W. and Ho, K. O.(2007) Privatization, housing conditions and affordability in the People's Republic of China. Habitat International, 31, pp. 177–192.

261. Steward E W. Social Problems In Modern American ［M］. New York: McCraw–Hill, 1983.

262. Strait J.B. The disparate impact of metropolitan economic change: The growth of extreme poverty neighborhoods,1970–1990［J］.Economic Geography,2001,77(3):272–305.

263. Strogatz Duncan J. Watts & Steven H. Collective Dynamics of 'Small –world' Networks. Nature, 1998, 393(4): 440–442.

264. Sun, Y.(2002) Sources of innovation in China´s manufacturing sector: imported or developed in–house, Environment and Planning A, 34, pp. 1059–1072.

265. Susan M. W. and Clifton W. P.(2006) Metropolitan spatial dynamics: Shanghai. Habitat International, 30, pp. 199–211.

266. Tai–Chee Wong. The changing role of the central business district in the digital era :the future of Singapore's new financial district . Land Use Policy 21(2004):33–44

267. Tan, M. and Li, X. and Lu, C. and Luo, W. and Kong, X. and Ma, S.(2008) Urban population densities and their policy implications in China. Habitat International, 32, pp.

471–484.

268. Taylor P. J. Leading World Cities:Empirical Evaluations of Urban Nodes in Multiple Networks. Urban Studies, 2005, 42(9): 1593–1608.

269. Taylor P. J. Measurement of the World City Network. Urban Studies, 2002, 39(13): 2367–2376.

270. Taylor P. J. World Cities Network: A Global Urban analysis. London: Routledge, 2004.

271. Taylor Peter J. et al. Comparing Airline Passenger Destnations With Global Service Connectivities: A Worldwide Empirical Study of 214 Cities,. Urban Geography,2007, 28(3): 232–248.

272. The "Courbe des Populations." A Parallel to Pareto's Law, The EconomicJournal 46 (182): pp. 254–263.

273. Thomas Crow, Terry Brown, Raymond De Young. The Riverside and Berwyn experience: Contrasts in landscape structure, perceptions of the urban landscape, and their effects on people. Landscape and Urban Planning, 2006, 75:282–299.

274. Thomas W.McDade,Linda S.Adair.Defining the "urban"in urbanization and health:a factor analysia approach[J].Social Science&Medicine,2001,53:55–70.

275. Thompson C. W. Urban open space in the 21 century [J].Landscape and Urban Planning, 2002, 60:59–72.

276. Tian, G. and Liu, J. and Xie, Y. and Yang, Z. and Zhuang, D. and Niu, Z.(2005) Analysis of spatio–temporal dynamic pattern and driving forces of urban land in China in 1990s using TM images and GIS, Cities, 22(6), pp. 400–410.

277. Tian, L. (2008) The Chengzhongcun Land Market in China: Boon or Bane –A Perspective on Property Rights. International Journal of Urban and Regional Research,32(2), pp. 282–304.

278. Torry B. We need more research on the impact of rapid urban growth Chron [J]. Higher Educ.,1998,45:B6.

279. Troll. Luftbildplan and okologische bodenforschung. Z.Ges. Erdkundc, 1939.

280. Turner H B L,Clark W C,Kates R W,et al (Eds). The earth as Transformed by Human Action: Global and Regianal Changes in the Biosphere 0evr the Past 300 Years [M]. Cambridge: Cambridge University Press with Clark University,1990.

281. Turner.T,Landscape Planning [M].New York: Nichols Publishing,1987.

282. Ulla M. mortberg. Resident bird in urban forest remnants; landscape and habitat Landscape Ecology, 2001, 16:193–203.

283. Véronique Dupont.Socio–spatial differentiation and residential segregation in Delhi: a question of scale.Geoforum,2004.35(2):157–175.

284. Wai, A.(2006) Place promotion and iconography in Shanghai's Xintiandi, Habitat International, 30, pp. 245–260.

285. Walder, A. G.(1997). The state as an ensemble of economic actors: Some inferences

from China's trajectories of change. In J. M. Nelson, C. Tilly, & L. Walker (Eds.), Transforming post-communist political economies (pp. 432–452). Washington, DC: National Academy Press.

286. Walter,B. et al.Sustainable cities:concepts and strategies for eco-city development. 1994.

287. Wang, D. and Li, S.(2004) Housing preferences in a transitional housing system: the case of Beijing, China, Environment and Planning A, 36, pp. 69–87.

288. Wang, D. and Li, S. (2006) Socio -economic differentials and stated housing preferences in Guangzhou, China, Habitat International, 30, pp. 305–326.

289. Wang, J. and Stephen S. Y. L. Gentrification and Shanghai's new middle-class: Another reflection on the cultural consumption thesis, Cities,(2009) 26, 57–66.

290. Wang, X.(2002) State-owned enterprise reform in China: has it been effective, in: R. GARNAUT and L. SONG(Eds) China 2002: WTO Entry and World Recession, pp. 29–44. Canberra: Asia Pacific Press at the Australian National University.

291. Wang, Y. and Wang, Y. and Bramley, G.(2005)Chinese Housing Reform in State-owned Enterprises and Its Impacts on Different Social Groups, Urban Studies, 42 (10), pp. 1859–1878.

292. Wang, Y. P. and Murie, A.(2000) Social and spatial implications of housing reform in China. International Journal of Urban and Regional Research 24(2), pp. 397–417.

293. Watts D. J. Dodds P. S. Newman M. E. J. Newman. Identity and Search in Social Networks. Science, 2002, 296: 1302–1305.

294. Weber C,Puissant A.Urbanization pressure and modeling of urban growth:Example of the Tunis metropolitan area [J]. Remote Sensing of Environment,2003,86:341–352.

295. Wei, Y. and Li, W. and Wang, C.(2007) Restructuring industrial districts, Scaling up regional Development: A Study of the Wenzhou Model, China, Economic Geography, 83 (4), pp. 421–444.

296. Wei, Y. (2001) Investment and regional development in Post -Mao China, GeoJournal, 51, pp. 169–179.

297. Wong, C. and Qian, H. and Zhou, K.(2008) In search of regional planning in China-The case of Jiangsu and the Yangtze Delta, Town Planning Review, 79(2-3), pp. 295–329.

298. Wong, S. and Tang, B. and Horen, B.(2006) Strategic urban management in China: A case study of Guangzhou Development District, Habitat International, 30, pp. 645–667.

299. Wu J. Effects of changing scale on landscape pattern analysis:Scaling relations. Landscape Ecology [J].2004, 19:125–138.

300. Wu, F. and Ma, L J C. (2006) Transforming China's globalizing cities. Habitat International, 30, pp. 191–198.

301. Wu, F. and Ma, L. J. C.(2004) The Chinese city in transition: Towards theorizing China's urban restructuring. In L. J. C. Ma, F. Wu (Eds.), Restructuring the Chinese city:

530 Changing society, economy and space. London: Routledge, 2005.

302. Wu, F. and Webber, K. (2004) The rise of foreign gated communities in Beijing: Between economic globalization and local institutions. Cities, 21(3), 203–213.

303. Wu, F. and Yeh, A. G. O.(1999) Urban spatial structure in a transitional economy: the case of Guangzhou, China, Journal of the American Planning Association, 65(4), pp. 377–394.

304. Wu, F. and Zhang, F. (2008) Planning the Chinese city: Governance and development in the midst of transiton. Town Planning Review, 79(2–3), pp. 149–156.

305. Wu, F. and Zhang, J.(2007) Planning the Competitive City–Region–The Emergence of Strategic Development Plan in China. Urban Affairs Review, 42(5), pp. 714–740.

306. Wu, F.(2002) China's changing urban governance in the transition towards a more market–oriented economy. Urban Studies, 39(7), pp. 1071–1093.

307. Wu, F. (2001) China's recent urban development in the process of land and housing marketisation and economic globalisation. Habitat International, 25, pp. 273–289.

308. Wu, F. (2004) Intraurban residential relocation in Shanghai: modes and Stratification, Environment and Planning A, 36, pp. 7–25.

309. Wu, F.(2004) Residential relocation under market –oriented redevelopment: the process and outcomes in urban China, Geoforum, 35, pp. 453–470.

310. Wu, F. (2002) Socio –spatial differentiation in urban China: evidence from Shanghai´s real estate markets, Environment and Planning A, 34, pp. 1591–1615.

311. Wu, F. (2003) The (post –) socialist entrepreneurial city as a state project: Shanghai's reglobalisation in question, Urban Studies, 40(9), pp. 1673–1698.

312. Wu, F. (2000) The global and local dimensions of place –making: Remaking Shanghai as a world city. Urban Studies, 37(8), pp. 1359–1377.

313. Wu, F.(1998) The New Structure of Building Provision and the Transformation of the Urban Landscape in Metropolitan Guangzhou, China, Urban Studies, 35(2), pp. 259–283.

314. Wu, F.(1997) Urban restructuring in China's emerging market economy: towards a framework for analysis, International Journal of Urban and Regional Research, 21 (4), pp. 640–663.

315. Wu, J. and Barnes, T.(2008) Local planning and global implementation: Foreign investment and urban development of Pudong, Shanghai, Habitat International, 32, pp. 364–374.

316. Wu, J. and Yang, Y. and Song, G. (2007) Studies on Residents'Preference on Housing Location in Lanzhou, Arid Land Geography, 30(3), pp. 444–449.

317. Wu, W. and Yang, Y. and Ma, J. and Mao, L.(2005) Developmental Research on Chinese New Town: a Case Study of Yuzhong New Area of Lanzhou. Urban Problems, 3, pp. 20–25.

318. Wu, W.(2004) Cultural strategies in Shanghai: regenerating cosmopolitanism in an era of globalization, Progress in Planning, 61, 159–180.

319. Wu, W. (1999) Reforming China's Institutional Environment for Urban Infrastructure Provision. Urban Studies, 36(13), pp. 2263–2282.

突变生长——中国(西部)城市转型的多维透视

320. Wu, W. (2004) Sources of migrant housing disadvantage in urban China, Environment and Planning A, 36, pp. 1285–1304.

321. Wyly E K, Hammel D J. Islands of Decay in Seas of Renewal: Housing policy and the resurgence of gentrification [J]. Housing Policy Debate, 1999, 10:711–771.

322. X. Deng et al., Growth, population and industrialization, and urban land expansion of China. Journal of Urban Economics(2007), doi:10.1016/j.jue.2006.12.006.

323. Xiang, B.(1993). Beijing has a Zhejiang village (Beijing You Ge Zhe Jiang Cun), Sociology and Social Survey(She Hui Xue Yu She Hui Diao Cha), 3, pp. 68–74.

324. Xu Zelai and Zhu Nong. City Size Distribution in China: Are Large Cities Dominant? Urban Studies, 2009, 46(10): 2159–2185.

325. Xu, J.(2006) Competition and Cooperation of Finance Centers: A Study of Hong Kong's Status as a Global Financial Center (Working Paper No. 71), HongKong, Center for China Urban and Regional Studies.

326. Xu, J.(2008) Governing city-regions in China-Theoretical issues and perspectives for regional strategic planning, Town Planning Review, 79(2–3), pp. 157–185

327. Xu, W. and Tan, K. C.(2002) Impact of reform and economic restructuring on rural systems in China: a case study of Yuhang, Zhejiang, Journal of Rural Studies, 18, pp. 65–81.

328. Xu, X Q and Ouyang, N and Zhou, C.(1995) The Changing Urban System of China: New Developments since 1978[J]. Urban Geography, 16(6), pp. 493–504.

329. Y.Yamaguchi, Y.Shismoda, M.Mizuno. (2007) Transition to a sustainable urban energy system from a long-term perspective:Case study in a Japanese business district . Energy and Buildings 39:1–12

330. YANG Kong-qing, YANG Lei, GONG Bai-hua, et al. Geographical networks: geographical effects on network properties Front. Phys. China, 2008, 3(1): 105—111.

331. Yang, C. and WU, C.(1996) Zhong Guo Tu Di Shi Yong Zhi Du Gai Ge Shi Nian [Ten-year Reform of Land Use System in China], Beijing: Zhong Guo Da Di Publisher.

332. Yang, D. and Wang, H. (2008) Dilemmas of Local Governance under the Development Zone Fever in China: A Case Study of the Suzhou Region, Urban Studies, 45(5), pp. 1037–1054.

333. Yang, Y. and Chang, C.(2007) An Urban Regeneration Regime in China: A Case Study of Urban Redevelopment in Shanghai's Taipingqiao Area, Urban Studies, 44 (9), pp. 1809–1826.

334. Yeh, A. G. O. and Li, X.(1999) Economic development and agricultural land loss in the Pearl River delta, China, Habitat International, 23(3), pp. 373–390.

335. Yeh, A. G. O. and Wu, F.(1996) The new land development process and urban development in Chinese cities. International Journal of Urban and Regional Research 20(2), pp. 330–353.

336. Yeh. A. G. O. and Wu, F.(1995) Internal structure of Chinese cities in the midst of economic reform, Urban Geography, 16, pp. 521–554.

337. Yeoh, B. S. A.(1999) Global/globalizing cities. Progress in Human Geography, 23 (4), pp. 607–616.

338. Yeqiao Wang,Xinsheng Zhang.A dynamic modeling approach to simulating socioeconomic effects on landscape changes[J].Ecological Modeling,2001,140:141–162.

339. Yongchun Yang, Linhuang Qiao, Zhen Li and Congguo Zhang. Evolution trend of Chinese city's building color and its mechanism: a case study of Lanzhou. 2008 Preceedings of Information Technology and Environmental System Sciences, May 15–17, 2008.

340. Yongchun Yang, Zhen Li, Junhui Wu. Spatial distribution and combination of city buildings in Lanzhou during transition times. IGU Commission of "Monitoring Cities of Tomorrow" Guangzhou, Aug 6–14,2007.

341. Yu, L.(2008) Learning process of Chinese urban planning: the case of Xiamen's City Comprehensive Plan, Environment and Planning C, 26, pp. 229–242.

342. Yu, Z.(2006) Heterogeneity and dynamics in China's emerging urban housing market: two sides of a success story from the late 1990s. Habitat International, 30, pp. 277–304.

343. Yu –Pin Lin. Multivariate analysis of soil heavy metal pollution and landscape pattern in Chang Hua County in Taiwan Landscape and Urban Planning, 2002, 62:1 9–35.

344. Yusuf, S. and Wu, W.(2002) Pathways to a World City: Shanghai Rising in an Era of Globalisation, Urban Studies, 39(7), pp. 1213–1240.

345. Zajczyk F. The Social Morphology of the New Urban Poor in a Wealthy Italian City: the Case of Milan [A]. In: Mingione E. Urban Poverty and the Underclass [C]. Oxford: Blackwell, 1996.

346. Zhan, L.(2008) Conceptualizing China' surbanization under reforms. Habitat International 32, pp. 452–470.

347. Zhang, J. and Wu, F.(2008) Mega–event marketing and urban growth Coalitions—A case study of Nanjing Olympic New Town, Town Planning Review, 79(2–3), pp. 209–226.

348. Zhang, L.(2003) Economic Development in Shanghai and the Role of the State, Urban Studies, 40(8), pp. 1549–1572.

349. Zhang, Q.(2006) Institutional transformation and marketisation: the changing patterns of housing investment in urban China. Habitat International, 30, pp. 327–341.

350. Zhang, T.(2002) Urban development and a socialist pro –growth coalition in Shanghai. Urban Affairs Review, 37(4), pp. 475–499.

351. Zhang. T.(2006) from Intercity Competition to Collaborative Planning–The Case of the Yangtze River Delta Region of China. Urban Affairs Review, 42(1), pp. 26–56.

352. Zhen Li, Yongchun Yang, Yuxiang Liu. Difference among the Growth of GDP and Urbanization of the Provinces and the Cities in West China since the Reform and Opening Up. China Population, Resources and Environment. Elsevier, ScienceDirect Online.2009.

353. Zhou Yixing,ON THE SUBURBANIZATION OF BEIJING, CHINESE GEOGRAPHICAL SCIENCE,1997,7(3): 208–214.

354. Zhou, Y. and Ma, L. J. C.(2003) China's Urbanization Levels: Reconstructing a Baseline from the Fifth Population Census, Research Report, The China Quarterly.

355. Zhou, Y. and Ma, L. J. C.(2000) Economic restructuring and suburbanization in China, Urban Geography, 21(3), pp. 205-236.

356. Zhu, J.(2004) From Land Use Right to Land Development Right: Institutional Change in China's Urban Development, Urban Studies, 41(7), pp. 1249-1267.

357. Zhu, J.(1999) Local growth coalition: The context and implications of China's gradual urban land reforms. International Journal or Urban and Regional Research, 23(3), pp. 534-548.

358. Zhu, J. M.(2005) A Transitional Institution for the Emerging Land Market in Urban China, Urban Studies, 42(8), pp. 1369-1390.

359. Zhu, Y.(2007) China's floating population and their settlement intention in the cities: Beyond the Hukou reform. Habitat International, 31, pp. 65-76.

360.(美)托伯特·哈姆林著,邹德侬译,建筑形式美的原则.中国建工出版社,1982

361. CBD 将成为下一个经济泡沫.中州建设,2005(11):5.

362. E.霍华德(金经元译).明日的田园城市.北京:商务印书馆,2000.

363. F 范剑勇.2004.市场一体化、地区专业化与产业集聚趋势——兼谈对地区差异的影响.中国社会软科学,(6):39-51.

364. Hassan Afrakhteh,唐子颖.发展中国家的城市增长和新城规划:德黑兰大都市区案例研究. 国外城市规划,2003,02:9-13.

365. http://210.72.51.4.2005 年兰州市城镇单位在岗职工工资水平位居西北五省会城市末位.数据时空,2006-04-05.

366. http://news.china.com.来自低保对象声音:低保标准仅是个温饱标准,2005-08-15.引自经济参考报.

367.http://news.jschina.com.cn/gb/jschina/guonei/node20597/node27876/node27889/node27891/userobject1ai1560114.html.

368. http://unn.people.com.cn/GB/134673/134684/8085381.html =甘肃省白银西区经济开发区简介 2008-9-22.

369. http://www.baiyin.cn/NewShow.aspx?LanMu=今日白银 &SubLanMu=新闻动态 &sID=23147&Code=69521ae19719abdcdcba9609d6c9f0d0 2008-3-26.

370. http://www.lrn.cn/landmarket/.

371. J·A·迪克逊,L·F·斯库拉,R·A·卡朋特,等。环境影响的经济分析[M].北京:中国环境科学出版社,2001,174.

372. P.克莱芒.城市设计概念与战略——历史延续性与空间连续性.世界建筑,2001,(6):23-25.

373. Peter Calthorpe(美),李俊(译). 重新定义美国梦. 国外城市规划,2004,01:72-73.

374. Peter Hall(美),陈闽齐(译). 全球城市. 国外城市规划,2004,04:6-10.

375. Д.Л. 阿尔曼德(李世玢译),景观科学[M].北京:商务印书馆,1975.

376. 阿尔贝托·阿莱西.今日意大利.世界建筑,2005,(9):16-19.

377. 安成谋.兰州市商业中心的区位格局及优势度分析[J].地理研究,1990,9(1):28-34.

378. 白银市地方志编纂委员会.白银市志.中华书局出版.1998.

379. 柏春.城市景观的可持续发展[J].城市问题.1999,90(4):15-18.

380. 包亚明.现代性与空间生产.上海:上海教育出版社,2002,序10.

381. 宝鸡市地方志编纂委员会.宝鸡市志(上).三秦出版社.1997.

382. 宝鸡统计局,宝鸡统计年鉴(2002).中国统计出版社.2003.

383. 保罗·萨缪尔森、威廉·诺德豪思.经济学,第16版[M].北京:华夏出版社,1999.

384. 鲍克.中国开发区研究:入世后开发区微观体制设计.人民出版社,2002.

385. 鲍其隽.中央商务区的特色规划[J].四川建筑,2006,26(1):19-23.

386. 北京城市贫困阶层问题研究课题组.北京市城市贫困阶层问题研究[J].北京联合大学学报,2002,16(3):17-20.

387. 布仁仓,胡远满,常禹等.景观指数之间的相关分析.生态学报,2005,25(10):2764-2775.

388. 布什.伦敦东区人民的劳动和生活,1889;朗特里.贫困:城镇生活研究,1901.

389. 蔡禾,张应祥.城市社会学:理论与视野[M].广州:中山大学出版社,2003.

390. 蔡宁,胡结兵,殷鸣.产业集聚复杂网络结构与功能分析.经济地理,2006,26(3):31-35.

391. 曹春华.转型期城市规划运行机制研究——以重庆市都市区为例.重庆大学博士学位论文.2005.

392. 曹小曙,阎小培.经济发达地区交通网络演化对通达性空间格局的影响:以广东省东莞市为例.地理研究,2003,22(3):305-312.

393. 柴彦威,陈零极,张纯.单位制度变迁:透视中国城市转型的重要视角[J].世界地理研究,2007,16(2):60—69.

394. 柴彦威,刘志林,李峥嵘,龚华,史中华,仵宗卿.中国城市的时空间结构[M].北京:北京大学出版社,2002.

395. 柴彦威,刘志林,沈洁.中国城市单位制度的变化及其影响[J].干旱区地理,2008,31(2):155—163.

396. 柴彦威,曲华林,马玫.开发区产业与空间及管理转型.科学出版社,2008.

397. 柴彦威.城市空间.北京:科学出版社.2005.

398. 柴彦威.以单位为基础的中国城市内部生活空间结构[J].地理研究,1996,(15):30-38.

399. 柴彦威著,中日城市结构比较研究,北京:北京大学出版社,1999.9

400. 常跟应.区位、制度与我国西部工业空间集聚机制研究——以兰州市为例.地域开发与研究,2007,16(6):48-52.

401. 常怀生译.建筑环境心理学.台湾田园城市文化事业有限公司出版,1995

402. 陈超.上海外资制造业企业的空间分布特征.上海城市规划,2007,(2):26-30.

403. 陈锋.转型时期的城市规划与城市规划的转型.城市规划,2004,28(8):9-19.

404. 陈浮,陈刚,包浩生,彭补拙.城市边缘区土地利用变化及人文驱动力机制研究.自然资源学报,2001,16(3):204-210.

405. 陈竑,陈琪,周云新.生态城市,城市规划与建设的目标——论南宁市的生态环境保护与可持续发展.重庆环境科学,1999,21(6):21-24.

406. 陈基伟,韩雪培.高分辨率遥感影像建筑容积率提取方法研究.武汉大学学报(信息科学版),2005,30(7):580-587.

407. 陈及.关于 CBD 商业发展的思考[J].中国经贸导刊,2005(14).

408. 陈健,杨永春.制度变迁对中国不同等级规模城市经济增长影响的量化研究,地域研究与开发,2010,29(1):6-10.

409. 陈健,杨永春.转型期制度变迁对我国城市经济发展的绩效分析,城市发展研究,2010,17(6):11-15.

410. 陈金虎,佛山市顺德区伦教城南"大成围"居住区,小城镇建设,2005(10):35-37.

411. 陈利顶,傅伯杰.黄河三角洲地区人类活动对景观结构影响的分析.生态学报,1996,16(4):335-344.

412. 陈鹏.中国土地制度下的城市空间演变.北京:中国建筑工业出版社.2009.

413. 陈瑞玉.城市社区体育服务网络建设研究.成都体育学院学报,2005,(4):26-29.

414. 陈苏柳,刘生军,徐苏宁.兼收并蓄 多元发展——把脉城市建筑风格.城市规划,2006,30(4):73-75.

415. 陈玮,王涛,丛蕾.创建"多样和谐"的城市色彩环境——武汉城市建筑色彩控制和引导技术.2004,Vol.28(12):94-96.

416. 陈文娟,蔡人群.广州城市郊区化的进程与动力机制,热带地理,1996(2):122-129.

417. 陈潇潇,朱传耿.我国城市社区研究综述及展望[J].重庆社会科学,2007,(09):110.

418. 陈彦光,周一星.城市化 Logistic 过程的阶段划分及其空间解释——对 Northam 曲线的修正与发展.经济地理,2005,25(6):817-822.

419. 陈彦光.发展的自组织特征与判据——为什么说所有城市都是自组织的?城市规划,2006,30(8):24-30.

420. 陈燕萍,卜蓉.对居住区交通规划指导模式的反思,建筑学报,2002(8):10-11.

421. 陈烨,试析城市景观的概念及其本质.新建筑.2004 年第 5 期.15-17.

422. 陈益升,陈宏愚,湛学勇.经济技术开发区与高新技术产业开发区未来发展分析.科技进步与对策,2002,05:28-30.

423. 陈瑛.城市 CBD 与 CBD 系统.北京:科学出版社,2005:6-9.

424. 陈莹,王利刚.再谈中央商务区[J].经济师,2005(1):47-48.

425. 陈涌.城市贫困区位化趋势及其影响.城市问题,2000(6):15-17.

426. 陈佑启,武伟.城乡交错带人地系统的特征及其演变机制分析.地理科学,1998 18(5):418-424.

427. 陈则明.城市更新理念的演变和我国城市更新的需求.城市问题,2000,(1):11-13.

428. 陈昭锋.论我国经济技术开发区城市化功能开发.城市开发,1998,04.

429. 程大林,张京祥.城市更新:超越物质规划的行动与思考.城市规划,2004,28(2):70–73.

430. 程道平.现代城市规划.北京:科学出版社.2004,9.

431. 程玉申著,中国城市社区发展研究,上海:华东师范大学出版社2002.3.

432. 楚波,梁进社.基于OPM模型的北京制造业区位引资的影响分析.地理研究,2007,26(4):723–734.

433. 崔功豪,魏清泉,陈宗兴等.区域分析与规划.北京:高等教育出版社,1999年.

434. 崔功豪,武进.中国城市边缘区空间结构特征及其发展.地理学报,1990,(45):439–410.

435. 崔赫,华晨.大规模拆迁改造的反思及城市更新开发新策略.特区经济,2004,(11):171–172.

436. 戴德胜,姚迪,刘博敏.层次性与多元化——中国CBD发展的建构特征.现代城市研究,2006(2):63–66.

437. 戴维·波普诺著,李强等译.社会学.北京:中国人民大学出版社,1999.

438. 戴晓晖.中产阶层化—城市社会空间重构进程.城市规划学刊,2007,168(2):25–31.

439. 丹尼尔.W.布罗姆利著,陈郁等译.经济利益与经济制度 & 公共政策的理论基础.上海:上海人民出版社,1997.18,131–132.

440. 单文慧.不同收入阶层混合居住模式——价值评判和实施策略.城市规划,2001,25(2):26–29.

441. 单泽润.大连城市建筑风格的美学追求.大连大学学报,1999,Vol.20(5):10–15.

442. 道格拉斯.C..诺思著,陈郁,罗华平等译.经济史中的结构与变迁.上海:上海人民出版社,1994.225–226.

443. 邓锋,张小雷等.乌鲁木齐都市圈交通联系分析及"2小时交通圈"建设.干旱区资源与环境,2005,19(2):40–45.

444. 邓力平,唐永红.经济全球化、WTO与中国特殊经济区再发展.厦门大学出版社,2003.

445. 邓明.试谈兰州五泉山景观的两个特色.兰州学刊.1998/04.

446. 邓卫.香港的新市镇建设及其规划.国外城市规划,1995,04:7–11.

447. 邓晓梅.从单位社区到城市社区.规划师,2002,(08):11.

448. 邓毅.城市景观的生态化设计.城市问题.2002,110(6):17–20.

449. 丁成日.市场失效与规划失效.国外城市规划.2005,20(4):1–6.

450. 丁成日.城市空间规划——理论、方法与实践.北京:高等教育出版社,2007年.

451. 丁成日.空间结构与城市竞争力.地理学报,2004,59(增刊):85–92.

452. 丁成日.土地政策与城市住房发展.城市发展研究,2002,9(2):85–92.

453. 丁成日.中国城市的人口密度高吗.城市规划,2004,199(8):43–48.

454. 丁谦.关于贫困的界定.开发研究,2003(6):63–65.

455. 董奇.伦敦城市更新中的伙伴合作机制.规划师,2005,21(4):100–103.

456. 董庆士,张萍.兰州市交通噪声的现状分析及对策.西北师范大学学报(自然科学版).2003,39(3):81-84.

457. 都阳.转型中的中国城市发展——城市级层结构、融资能力迁移政策.经济研究,2003,(6):64-71.

458. 窦今翔.中国古代建筑的色彩.中国房地产,2002,pp.246,73.

459. 杜岸迪,李军.法国城市更新的两个典型.武汉大学学报(工学版),2002,35(5):33-36.

460. 杜德斌,加拿大城市住户居住选址行为研究——以多伦多都市普查区和蒙特利尔都市普查区为例,世界地理研究,1997,(1):58-65.

461. 杜国庆.发展中国家的城市体系空间结构研究——以中国为例(英文). 南京大学学报(自然版), 2006, 42(3): 225-241.

462. 杜军."中央商务区"的概念发展与相关问题.当代经济管理,2006(2):106-108.

463. 段娟,文余源,鲁奇.近十五年国内外城乡互动发展研究述评.地理科学进展,2006,25(4):118-128.

464. 段云鹏,刘京红.我国城市居住郊区化对策研究,山西建筑,2006,32(1):35-36.

465. 儿玉晃.日本环境色彩诸问题.色彩研究(日),1991,(1):2-4.

466. 樊纲. 开发区的定位与创新. 中国土地,2003,03:15-16.

467. 樊杰, 王宏远, 陶岸君, 徐建红. 工业企业区位与城镇体系布局的空间耦合分析——洛阳市大型工业企业区位选择因素的案例分析,地理学报,2009,64(2):141-151.

468. 范宇,姚士谋.知识经济与中国城市更新.地域研究与开发,2003,22(1):40-43.

469. 范育阳,毕向阳.全球化、城市更新与空间的政治经济学——区域规划对于北京旧城保护与发展有效性限度的初步分析.北京电子科学学院学报,2003,11(2):84-88.

470. 方可.西方城市更新的发展历程及其启示.城市规划汇刊,1998,(1):59-63.

471. 方兴.从世界 CBD 的兴衰看我国 CBD 建设.求实,2004(5):139-140.

472. 方一平,陈国阶.成都市城市环境与经济协调发展分析.城市环境与城市生态,2000,13(5):21-23.

473. 房国坤,姚士谋,李昌峰等.上海市空间扩展与环境演化的若干问题,人文地理,2000,15(6):17-20.

474. 风笑天.社会学研究方法.北京:中国人民出版社,2001.

475. 冯建.杭州城市形态和土地利用结构的时空演化.地理学报,2003,58(5):343-353.

476. 冯健,西方城市内部空间结构研究及其启示,城市规划,2005,29(8):41-50.

477. 冯健.杭州城市工业的空间扩散与郊区化研究.城市规划汇刊,2002,(2):42-47.

478. 冯健.杭州城市形态和土地利用结构的时空演化.地理学报,2003,58(5):343-353.

479. 冯健.转型期中国城市内部空间重构,北京:科学出版社,2004.

480. 冯绳武.黄河上游的河谷盆地平原,引自冯绳武著,区域地理论文集[M],甘肃教育出版社,1992.

481. 冯淑华, 沙润. 我国自驾车旅游与旅游绅士化研究. 人文地理, 2009, 107(3):61-65.

482. 傅伯杰,陈利顶,马克明,王仰麟等.景观生态学原理及应用[M].北京:科学出版社,2001.

483. 傅伯杰.黄土区农业景观空间格局分析.地理学报,1995,15(2):113-120.

484. 傅伯杰.景观多样性分析及其制图研究.生态学报,1995,15(4):345-350.

485. 傅丽华.株州城市 CBD 功能及结构演变分析.株州工学院学报,2004,18(4):105-106.

486. 高峰,周洁.旧城区改造中建筑更新初探.经济师,2005,(9):58.

487. 高洁.城市规划的利益冲突与制衡.华东经济管理.2006,20(10):32-36.

488. 高金锁.建筑色彩选择的影响因素分析.工业建筑,2006,Vol.36(增刊):73-76.

489. 高峻,宋永昌.基于遥感和 GIS 的城乡交错带景观变化研究——以上海西南地区为例.生态学报,2003,23(4):805-813.

490. 高履泰.论居住小区建筑色彩.北京建筑工程学院学报,1996(1):44-47.

491. 高平.当代中国建筑更新中的传统与演变.山西建筑,2006,32(2):20-21.

492. 高世明,王亮,王明田,刘英权.基于城市更新的行政中心选址—以佛山市三水区为例.规划师,2006,05:45-46.

493. 高晓路.北京亚奥地区居住环境设计与管理的经济利益,地理学报,2007,62(2):147-156.

494. 高毅存.城市规划与城市化.北京:机械工业出版社,2004.

495. 葛公文.古都西安 CBD 发展现状与城南 Sub-CBD 规划建设研究.世界地理研究,2004,13(3):66-71.

496. 耿慧志.大城市人户分离特征综述和对策思考,城市规划学刊,2005(4):67-71.

497. 龚慧娴.北京开发区发展与城市化的关系.清华大学硕士论文,2005.

498. 龚建周,夏北成,李楠.广州市土地覆被格局异质性的尺度与等级特征.地理学报,2006,61(8):873-88.

499. 龚建周,夏北成,李楠等.快速城市化地区土地覆盖景观特征的粒度效应.生态学报,2006,26(7):2198-2206.

500. 龚清宇.追溯近现代城市规划的"传统"——从"社经传统"到"新城模型".城市规划,1999,(2):16-18.

501. 辜博,陈国文.中国的建筑文化.工程设计.2003,(4):35-44.

502. 顾朝林,M.Kestloot.北京社会极化与空间分异研究.地理学报,1997(5):385-393.

503. 顾朝林,蔡建明,牛亚菲等.中国城市地理.北京:商务印书馆,2002.

504. 顾朝林,庞海峰.基于重力模型的中国城市体系空间联系与层域划分.地理研究,2008,27(01):1-12.

505. 顾朝林,于涛方,李王鸣等.中国城市化:格局·过程·机理.北京:科学出版社,2008.

506. 顾朝林,甄峰,张京祥.集聚与扩散—城市空间结构新论.南京:东南大学出版社,2000.

507. 顾朝林.中国城镇体系.北京:商务印书馆 1992.

508. 顾朝林.战后西方城市研究的学派.地理学报,1994,49(4):371-382.

509. 顾朝林.中国城市地理.北京:商务印书馆,2002 年,394-417.

510. 顾朝林编著.城市社会学.南京:东南大学出版社,2002.

511. 关爱萍. 城镇贫困与缓贫对策研究. 兰州大学学报（社会科学版）,2003,31(1): 108-111.

512. 关信平.中国城市贫困问题研究.长沙:湖南人民出版社,1999.

513. 郭鸿,江曼琦等.城市空间经济学,北京:经济科学出版社,2002.2.

514. 郭力君.国内外城市规划实施管理比较研究.地域研究与开发,2007,26(2):66-70.

515. 郭嵘,卢军.哈尔滨旧居住区改造策略研究,哈尔滨工业大学学报,2002,35(4): 684-686.

516. 郭士梅,牛慧恩,杨永春.城市规划中人口规模预测方法评析.西北人口,2005, (1):6-9.

517. 郭士梅,杨永春等.中国西部城市居民对城市人居环境认识的社会调查研究.辽宁师范大学学报(社会科学版),2004,Vol.27:19-10.

518. 郭勇,白德石.关于城市更新中建筑发展思考.哈尔滨建筑大学学报,1999,32(3): 89-92.

519. 郭榛树. 邓小平理论与当代中国的社会分层. 中共云南省委党校学报,2002,3 (10):17-20.

520. 国家计委宏观经济研究院.21世纪初我国经济技术开发区发展战略研究.宏观经济管理,2000,06.

521. 国庆喜,肖少英.粒度效应对城乡过渡区景观格局分析的影响.东北林业大学学报,2004,32(2):49-51.

522. 韩荡.城市景观生态分类——以深圳市为例,城市环境与城市生态,2003.16(2): 50-52.

523. 韩建萍.城市贫困:下个世纪全球发展面临的难题.中国贫困地区,1996(3):42-45.

524. 韩希忠.企业社区发展研究.北京:中国石油大学出版社,2004.

525. 韩佑燮. 关于新城市类型的分类研究——以韩国为例. 城市规划汇刊,1998,04: 55-59.

526. 韩佑燮. 韩国新城建设的时期划分以及与英国的比较. 国外城市规划,1999,02: 34-36.

527. 郝传宝.论住房商品化的演变.石油教育,2003,(3):106.

528. 何春阳,陈晋,史培军,范一大.大都市区城市扩展模型——以北京城市扩展模型为例.地理学报,2003,58(2):294-304.

529. 何春阳,史培军,陈晋等.基于系统动力学模型和元胞自动机模型的土地利用情景模型研究.中国科学(D辑),2005,35(5):464-473.

530. 何春阳,史培军,陈晋等,北京地区城市化过程与机制研究.地理学报,2002,57 (3):363-371.

531. 何康."强单位"社区:依赖症与市场化——转型期地方政府、垄断企业与社区的关系.华中师范大学,2007:3.

532. 何流,崔功豪.南京城市空间扩展的特征与机制.城市规划汇刊,2000,(6):56-60.

533. 何深静.快速城市化时期广州的多种绅士化现象研究.中国地理学会百年庆典学术论文摘要集,2009.Ⅱ.59.

534. 何兴刚.城市开发区:区位选择、投资环境、产业结构.开发研究,1994,02.

535. 何邕健,李楠,董晓玉.1990年以来天津市中心城区居住空间结构演变.城市问题,2006(6):65-69.

536. 何雨,陈雯.当代城市社区发展中的若干趋势与挑战.沈阳工程学院学报(社会科学版)2009(01):53-54.

537. 贺灿飞,梁进社,张华.北京市外资制造企业的区位分析.地理学报,2005,60(1):122-130.

538. 贺灿飞,谢秀珍.中国制造业地理集中与省区专业化.地理学报,2006,61(2):212-222.

539. 贺灿飞.中国制造业地理集中与集聚.北京:科学出版社,2009.

540. 贺静,唐燕,陈欣欣.新旧街区互动式整体开发——我国大城市传统街区保护与更新的一种模式.城市规划,2003,Vol.27,No.4:57-60.

541. 贺业钜.中国古代城市规划史.中国建筑工业出版社.1996.

542. 胡华颖.城市·空间·社会——广州城市内部空间分析.广州:中山大学出版社,1993.

543. 胡军,孙莉.制度变迁与中国城市的发展及空间结构的历史演变.人文地理,2005(1):19-23.

544. 胡兆量.北京浙江村——温州模式的异地城市化.城市规划汇刊,1997,(3):28-30.

545. 虎有泽,冯瑞.兰州市区民族关系研究.西北民族学院学报(哲学社会科学版).2001年第3期.

546. 华平.市场转型与城市社区重构.江汉大学学报(社会科学版),2009,(1):96.

547. 华伟.单位制向社区制回归——中国城市基层管理体制50年变迁.战略与管理.2000,(01):86.

548. 黄悱雯.德国:城市更新之路.北京规划建设,2004,(5):148-153.

549. 黄吉乔,上海市中心城区居住空间结构的演变,城市问题,2001(4):30-34.

550. 黄建中,1980年代以来我国特大城市居民出行特征分析,城市规划学刊,2005(3):71-75.

551. 黄亚平.城市空间理论与空间分析.南京:东南大学出版社,2002.185-197,227-252.

552. 黄亚平.城市规划与城市社会发展.北京:中国建筑工业出版社,2009.

553. 黄泽民.我国多中心城市空间自组织过程分析——克鲁格曼模型借鉴与泉州地区城市演化例证.经济研究,2005,(1):85-94.

554. 惠晓峰,拓宏伟.中国城镇贫困群体问题成因探析[J].延安大学学报(社会科学版),2004(6):81-85.

555. 贾新锋,黄晶."拼帖"与中国城市的更新.建筑学报,2005,(7):12-14.

556. 姜东厚.城市更新的时间与思考.规划师,2002,18(5):53-56.

557. 姜华,张京祥.从回忆到回归——城市更新中的文化解读与传承.城市规划,

2005,29(5):77-82.

558. 姜杰,刘忠华,孙晓红.论我国城市更新中的问题及治理.市政管理,2005,(4):58-61.

559. 姜杰,刘忠华.论我国城市更新的机制因素和文化因素.济南大学学报,2005,15(3):16-21.

560. 姜守明.试论当代美国的社会保障制度[J].南京师大学报(社会科学版),1998(1):47-52.

561. 姜涛.由密尔顿凯恩斯新城规划看当代城市规划新特征.规划师,2002,01:73-76.

562. 姜巍,高卫东,居住空间分异——乌鲁木齐市在发展中面临的严峻问题,干旱区资源与环境,2003,17(4):43-47.

563. 姜芸,大城市边缘区居住空间可持续发展的体系建构,四川建筑,2006,26(5):7-9.

564. 蒋三庚.北京CBD商业发展趋势及对策分析.首都经济贸易大学学报,2005(1):10-13.

565. 蒋阳,未来城市形态与城市建筑的哲学探究.江苏社会科学,2004,(1):108-111.

566. 焦燕.城市、建筑研究的动态环境色彩.世界建筑,1998,(5):85.

567. 焦燕.城市建筑色彩的表现与规划.城市规划, 2001,Vol.25(3):61-64.

568. 焦燕.建筑外观色彩的表现与设计.北京:机械工业出版社,2001.

569. 揭爱花.单位:一种特殊的社会生活空间.浙江大学学报(人文社会科学版),2000,(05):76.

570. 金晓斌,周寅康,张希.兰州市城市景观生态规划.城市环境与城市生态.2004, 17(2):42-44.

571. 金煜,陈钊,陆铭.2006.中国的地区工业集聚:经济地理、新经济地理与经济政策.经济研究,(4):79-89.

572. 金哲,陈君,乔桂云.生活中的色彩学.济南:山东科学技术出版社,1989.

573. 金忠民.大都市综合居住社区规划新思维.城市规划汇刊,1997,(04):29.

574. 荆立新.关于哈尔滨市CBD构建模式及营建的对策研究.北方经贸,2004(12):71-72.

575. 荆子洋,邹颖.对当今城市居住形态的反思,新建筑,2003(3):73-76.

576. 景晓芬."社会排斥"理论研究综述.甘肃理论学刊.2004.2(3):20-24.

577. 敬东.城市经济增长与土地利用控制的相关性研究.城市规划,2004, Vol.28,No.11,60-70.

578. 琚顺喜,杨振平.变福利为商品以房改解房困.中国医院管理,1997,(10).

579. 凯文·林奇著,林庆怡等译,城市形态,北京:华夏出版社,2001.

580. 康晓光.中国贫困与反贫困理论.南宁:广西人民出版社,1995.

581. 克劳斯,彼得·克罗斯(德)(胡晓丹译).历史城市中心区的城市更新与城市建设的文物保护——以1990年德国统一后的勃兰登堡市为例.建筑学报,2004(特辑):13-14.

582. 孔德新,城市居住区布局理论,住宅科技,1998(7):3-8.

583. 匡文慧,张树文,张养贞,盛艳.1900年以来长春市土地利用空间扩张机理分析.地理学报,2005,60(5):841-850.

584. 旷爱萍.城镇居民贫困问题及对策.衡阳师范学院学报(社会科学),2001,22(8):39-42.

585. 兰州市城市建设管理委员会.今日已多姿,明天更壮美-兰州市城市发展建设一览.城市发展研究,2003,10(1):75-78.

586. 兰州市地方志编纂委员会,兰州市土地志编纂委员会.兰州市志.第九卷,房地产志[M].兰州:兰州大学出版社,1999.76-104.

587. 兰州市地方志编纂委员会,兰州市土地志编纂委员会.兰州市志 第五卷 土地志.兰州:兰州大学出版社.1998.

588. 兰州市地方志编纂委员会.兰州市志.兰州大学出版社.1997.

589. 兰州市规划局,兰州市规划设计研究院.兰州市2001-2010年总体规划文本,2001.

590. 雷诚.试论我国城市化中城市规划的若干走向——从公共政策与行政管理角度的探讨.现代城市研究.2007,(8):4-13.

591. 冷红,郭恩章.哈尔滨市高层建筑分布及控制专项规划研究.城市规划.2005,29(5):61-65.

592. 黎熙.现代社区概论.广州:中山大学出版社,1998:12-13.

593. 黎熙元,庄丽华.香港的城市空间与社会分层浅析,广东社会科学,2006.2:154-160.

594. 黎夏,叶嘉安.基于神经网络的元胞自动机及模拟复杂土地利用系统.地理研究,2005,24(1):19-27.

595. 李彬.中国住房改革制度的分割性.社会学研究,2002,(2):80-87.

596. 李翅著,走向理性之城-快速城市化过程中的城市新区发展与增长调控,北京:中国建筑工业出版社,2006.

597. 李芳,高春茂.持续性规划——加拿大的班波顿新城.城市规划汇刊,1994,06:61-65.

598. 李国平,杨开忠.外商对华直接投资的产业与空间转移特征及其机制研究.地理科学,2000,20(2):102-109.

599. 李国庆.社区类型与邻里关系特质-以北京为例.江苏行政学院学报,2007,(02):60-61.

600. 李海清.中国建筑现代转型[M].南京:东南大学出版社.2004.

601. 李汉林.渠敬东,中国单位组织变迁过程中的失范效应.上海:上海人民出版社,2005.

602. 李汉林.中国单位社会:议论、思考与研究.上海:上海人民出版社,2004,5-8,20.

603. 李建波,张京祥.中西方城市更新演化比较研究.城市问题,2003,(5):68-72.

604. 李建华、任彬彬,我国城市居住区的发展模式研究,山西建筑,2005,31(17):34-35.

605. 李健,宁越敏,汪明峰.计算机产业全球生产网络分析_兼论其在中国大陆的发展. 地理学报，2008，63(4): 437-448.

606. 李军.中国城市反贫困论纲.北京:经济科学出版社,2004.

607. 李俊莉,王慧,郑国.开发区建设对中国城市发展影响作用的聚类分析评价.人文地理,2006,21:39-43.

608. 李兰英.城市贫困:原因分析及治理对策.人口与经济,2003(6):42-45.

609. 李立明.我国制造业的行业技术特征与其市场结构的关系研究.吉林大学硕士学位论文.2007.

610. 李玲，许学强.50年来我国城市主导功能的发展变化——从消费城市向生产城市、生活城市的转变.人文地理.2001,16(2):22-25.

611. 李路路,李汉林.中国的单位组织——资源.权力与交换.浙江:浙江人民出版社,2000：7-9-126

612. 李路路.论社会分层研究.社会学研究,1999(1):101-109.

613. 李猛,周飞舟,李康.单位:制度化组织的内部机制.中国社会科学季刊(香港),1996,(16).

614. 李苗洪,李洪.宁波建筑风格浅谈.宁波高等专科学校学报,2000,Vol.12(2):77-79.

615. 李强.简析我国居民的收入差距、贫困层及社会公平.新视野,1996(5):15-19.

616. 李强.中国扶贫之路.昆明:云南人民出版社,1997.

617. 李强等.我国城镇贫困层问题及对策.人口研究,1996(5).

618. 李士英.城市生活垃圾对居民健康的影响.职业与健康.2000,16(8),74.

619. 李书娟,曾辉.遥感技术在景观生态学研究中的应用.遥感学报，2002.6(3):234-240.

620. 李淑艳.中国制造业产业集聚趋势实证研究.东北师范大学硕士学位论文.2005.

621. 李团胜，程水英.西安市环城绿化带的景观生态效应.水土保持通报,2002,22(2):20-23.

622. 李团胜,石铁矛.试论城市景观生态规划.生态学杂志.1998.17(5):63-67.

623. 李团胜,肖笃宁.沈阳市城市景观分区研究.地理科学,1999,19(3): 232-236.

624. 李团胜,肖笃宁.沈阳市城市景观结构分析.地理科学,2002,22(6):717-723.

625. 李团胜,肖笃宁主编.城市景观生态建设——以沈阳市为例,景观生态学研究进展.长沙:湖南科学技术出版 社,1999.

626. 李团胜.城市景观异质性及其维持.生态学杂志,1998,17(1):70-72.

627. 李维敏.广州城市廊道变化刘城市景观生态的影响.地理学与国土研究,1999,15(4):76-80.

628. 李湘洲.谈谈城市建筑的色彩.住宅科技,1996,(3):47-48.

629. 李小建,李国平,曾刚等.经济地理学.北京:高等教育出版社,1999年.

630. 李小云.开发区的布局建设与城市空间结构的演化.浙江大学硕士论文,2005.

631. 李晓慧,新城市主义居住区研究,武汉理工大学硕士毕业论文,2003.

632. 李晓文,方精云,朴世龙.上海城市土地利用转变类型及其空间关联分析.自然资源学报,2004,19(4):438-446.

633. 李晓文,方精云,朴世龙.上海城市用地扩展强度、模式及其空间分异特征.自然资源学报,2003,18(4):412-422.

634. 李欣珏,杨永春.兰州市加工与制造业、信息类产业的决策行为研究.兰州大学学报(社会科学版),2005,Vol.33:21-26.

635. 李新琪,李秀萍,海热提·涂尔逊.乌鲁木齐市城市环境与社会经济发展协调程度分析。新疆环境保护.2001,23(3):1-4.

636. 李雪铭,李双建等,基于 Surfer7.0 的城市居住小区区位条件评价研究,经济地理,2004,24(5):638-642.

637. 李雪铭,李婉娜,1990 年代以来大连城市人居环境与经济协调发展定量分析,经济地理,2005,25(3):383-386.

638. 李雪英,孔令龙.当代城市空间拓展机制与规划对策研究.现代城市研究.2005,(1):35-38.

639. 李延,杨永春,张理茜.区域协议机制与边界城市兴衰——以 EL Paso 与 Torreon 为例,城市问题,2009,(4):88-93.

640. 李增刚.溯因、归纳与演绎.山东经济,2004(1):5-7.

641. 李振福.城市化水平测度模型研究.规划师,2003,19(3):64-66.

642. 李震,杨永春,刘宇香.西北地级城市的行业分工测度研究,地域研究与开发,2010, 29(2):65-71.

643. 李震,杨永春,乔林凰.改革开放以来西部省(区)及城市 GDP 增长和城市化差异研究.中国人口.资源与环境,2008,18(5):19-26.

644. 李震,杨永春.基于 GDP 规模分布的中国城市等级变化及其影响因素研究——等级扁平化抑或是等级性加强？城市规划. 2010,(4):27-31.

645. 李志刚,薛德升,魏立华.欧美城市居住混居理论实践与启示,城市规划,2007,31(2):38-44.

646. 李庄容,陈烈.广州市边缘区商品房开发分析,经济地理,2006,26(4):601-604.

647. 梁海宏.社会分层的功能论、冲突论、交换论——解释及其综合.社会,2001(2):8-10.

648. 梁进社,楚波.北京德城市扩展和空间依存发展——基于劳瑞模型德分析,城市规划,2005,29(6):9-14.

649. 梁晶,卢菁.城市建筑色彩浅探——兼论重庆建筑色彩及材料搭配.重庆建筑,2004,(1):33-34.

650. 梁琦.产业集聚论.北京:商务印书馆.2004.

651. 林汉川.论开发区的优惠政策.财政研究,1994,02.

652. 林家奕,李文红,姜文艺."有机更新"理论指导旧老建筑更新改造初探——记华南理工大学旧体育馆更新改造设计.长安大学学报(建筑与环境科学版),2004,21(1):4-47.

653. 林理升,王晔倩.2006.运输成本、劳动力流动与制造业区域分布.经济研究,(3):115-125.

654. 林琳,欧莹莹.改革开放后广州市居住区演进特征分析,规划师,2004,20(9):60-

655. 林琳.成功打造中央商务区的关键是什么.浙江经济,2007(5):44-45.

656. 林跃勤.怎样建设一流的 CBD.特区经济,2004(1):40-42.

657. 刘鹏,董廷旭,文星跃.绵阳城市内部人口迁居原因及空间类型,绵阳师范学院学报,2006,25(5):101-105.

658. 刘宝全.国际贸易网络测度与演化研究.上海交通大学博士论文,2007.

659. 刘滨谊.现代景观规划设计[M].东南大学出版社.1999. pp, 24-25.

660. 刘博敏.论现代城市更新与其发展趋势.东南大学学报,1996,26(6B):14-16.

661. 刘长岐,王凯,影响北京居住空间分异的微观因素分析,西安建筑科技大学学报(自然科学版),2004,36(4):403-412.

662. 刘春霞,朱青,李月臣.2006.基于距离的北京制造业空间集聚.地理学报,61(12):1247-1258.

663. 刘斐,李志刚.城市管理与科技[J].2000,2(3):31~34.

664. 刘贵利.城市生态规划理论与方法.南京:东南大学出版社,2002.

665. 刘贵利.汕头市城市生态功能区设计.城市规划汇刊,2001,5:65-69.

666. 刘海泳,顾朝林.北京流动人口聚落的形态、结构与功能.地理科学,1999(6):497-503.

667. 刘红.城市增长、土地增值与城市政策.中央财经大学学报,2008,(8):71-76.

668. 刘红萍,杨钢桥.城市住宅用地空间扩张机制与调控对策.经济地理,第 25 卷第 1 期 2005 年 1 月:109-116.

669. 刘宏鲲,张效莉,等.中国城市航空网络航线连接机制分析.中国科学 G 辑,2009,39(7):935-942.

670. 刘宏鲲,周涛.中国城市航空网络的实证研究与分析.物理学报,2007,56(1):106-112.

671. 刘宏梅.对网络信息时代成都 CBD 建设的展望[J].四川建筑,2006,26(1):52-56.

672. 刘厚俊等.开发区发展的理论基础与战略选择.科技与经济,2003,01:28-32.

673. 刘继生,陈彦光.城市人口分布的非线性空间自相关及其局域性探讨.自然科学进展,2006,16(7):828-834.

674. 刘佳燕.借鉴国际经验适时推动我国大都市地区新城建设.规划师,2003:10:16-19.

675. 刘建.为现代都市建筑注入传统文化元素——以重庆市为例.城市问题,2001,(6):29-32.

676. 刘建军."跨单位组织"与社会整合:对单位社会的一种解释.文史哲.2004,(2):146-155.

677. 刘建军.单位中国—社会调控体系重构中的个人、组织与国家[M].天津:天津人民出版社,2000:3

678. 刘健.马恩拉瓦莱:从新城到欧洲中心——巴黎地区新城建设回顾.国外城市规划,2002,01:31-35.

679. 刘君德,靳润成,张俊芳.中国社区地理.北京:科学出版社,2004:45.

680. 刘君德.上海浦东新区行政区-社区体系及其发展研究.城市建设,1995:9-10.

681. 刘俊.城市更新概念、模式、推动力.建筑论坛,7-10.

682. 刘茂松,张明娟.景观生态学——原理与方法.北京:化学工业出版社,2004.

683. 刘美平.城市土地制度的改革与优化.当代经济研究,2002,10):56-58.

684. 刘启波,周若祁.生态环境条件约束下的窑居住区居住模式更新,环境保护,2003(3):21-23.

685. 刘青昊.城市形态的生态机制.城市规划,1995,(2):20-22.

686. 刘盛和,陈田,蔡建明.中国半城市化现象及其研究重点.地理学报(增刊),2004,101-108.

687. 刘盛和,何书金.土地利用动态变化的空间分析测算模型.自然资源学报,2002,17(5):533-540.

688. 刘盛和,吴传钧,陈田.评析西方城市土地利用的理论研究.地理研究,2001,20(1):111-119.

689. 刘盛和,吴传钧,沈洪泉.基于GIS的北京城市土地利用扩展模式.地理学报,2000,55(4):407-416.

690. 刘盛和.城市土地利用扩展的空间模式与动力机制.地理科学进展,2002,21(1):43-50.

691. 刘曙华,沈玉芳.上海城市扩展模式及其动力机制,经济地理,2006,26(3):487-491.

692. 刘松茯.近代哈尔滨城市建筑的文化表征.哈尔滨建筑大学学报.2002,35(2):96-100.

693. 刘松茯. 西方现代建筑在哈尔滨的发展轨迹. 哈尔滨工业大学学报.2002,34(3):424-429.

694. 刘旺,张文忠.国外城市居住空间相关研究的回顾与评述,人文地理,2004(3):6-11.

695. 刘旺,张文忠.城市居民居住区位选择微观机制德实证研究——以万科青青家园为例,经济地理,2006,26(5):802-805.

696. 刘望堡,翁计传.住房制度改革对中国城市居住分异的影响,人文地理,2007,93(1):49-52.

697. 刘文俭.城市建筑文化与城市文化建设.中国地产市场,2006,(3):38-49.

698. 刘小平,黎夏,等.基于多智能体的土地利用模拟与规划模型.地理学报,2006,Vol.61, No.10,1101-1112.

699. 刘晓颖,北京大都市住宅郊区化的基本特征与对策,城市发展研究,2001,8(5):7-12.

700. 刘晔.历史文化名城保护中的城市更新研究.山西建筑,2006,32(10):5-6.

701. 刘玉成. 千秋功业——忆府南河综合治理工程.城市发展研究, 1999,3:34-38.

702. 刘玉亭,吴缚龙,何深静,李志刚.转型期城市低收入邻里的类型、特征和产生机制:以南京市为例.地理研究,2006,25(6):1073-1082.

703. 刘玉亭等.国内城市贫困问题研究.城市问题.2002(5):45-49.

704. 娄学萃.西太平洋经济性特区透视.北京大学出版社,1994.

705. 卢峰,陈维予.当代欧洲城市建筑风格浅析.重庆建筑大学学报,1998,Vol.20(3):46-48.

706. 卢汉龙.单位与社区:中国城市社会生活的组织重建.社会科学,1999,(02):52-57.

707. 卢新海,傅建群.公共管理视角下的城市规划职能初探.城市规划学刊.2005,160(6):69-75.

708. 陆大道.区域发展及其空间结构.北京:科学出版社,1999.

709. 逯海勇,胡海燕.当代城市建筑色彩设计的几个问题.规划师,2004,7(20):56-59.

710. 路风.单位:一种特殊的社会组织形式.中国社会科学,1989,(1):21-25.

711. 路江涌,陶志刚.2006.中国制造业区域聚集及国际比较.经济研究,(3):103-114.

712. 吕炳怀.我国城市更新理论与实践的回顾分析及发展建议.城市研究,1999,(5):46-48.

713. 吕俊华、彼得·罗、张杰编著,中国现代城市住宅1840-2000,北京:清华大学出版社,2003.

714. 吕俊华.英美的城市更新.世界建筑,1995,(2):12-16.

715. 吕萍,徐跃红,沈佳庆.工业用地空间集散特征及其内在动因研究——以北京市为例.地域研究与开发,2008,27(5):76-80.

716. 吕卫国,陈雯.制造业企业区位选择与南京城市空间重构.地理学报,2009,64(2):142-152.

717. 吕晓蓓,伍炜.城市规划实施评价机制初探.城市规划.2006,30(11):41-56.

718. 吕晓英.兰州产业结构及其变动特征分析.甘肃社会科学,2000,(6):90-92.

719. 吕学静.日本的社会保障制度及其改革[J].首都经济贸易大学学报.2000(4):36-39.

720. 吕一河,傅伯杰.生态学中的尺度及尺度转换方法.生态学报,2001,20(12):2096-2105.

721. 罗伯特·考克斯.从不同的角度透视全球化[A].梁展.全球化话语[C].上海:三联书店,2002.

722. 罗福源,罗寿枚.国内CBD研究回顾与展望.城市问题,2004(6):15-19.

723. 罗乐宣,姚岚.卫生资源配置转向社区卫生服务的预测模型.中国卫生经济,2005,(2):58-60.

724. 罗晴和.特区经济学导论.中央编译出版社,2000.

725. 罗文媛,赵明耀.建筑色彩造型的美学原理.哈尔滨工业大学学报,1997.

726. 罗文媛,赵明耀.建筑色彩造型的特点与基本图式.哈尔滨工业大学学报,1997,Vol.30(4):96-102.

727. 罗永泰,张金娟.我国中央商务区发展问题研究.城市发展研究,2004,11(2):28-32.

728. 罗勇,曹丽莉.2005.中国制造业集聚程度变动趋势实证研究.经济研究,(8):106-

115.

729. 罗哲文,王振复.中国建筑文化大观[M].北京:建筑工业出版社.2001.

730. 马交国，杨永春. 国外生态城市建设趋势及其启示. 国外城市规划.2006,Vol.21(2):71-74.

731. 马交国,杨永春.兰州市旧城区生态城市规划研究.现代城市研究,2008,(2):36-43.

732. 马交国,杨永春.生态城市理论研究进展.地域研究与开发,2004,Vol.23(6):40-44.

733. 马克斯·韦伯.共同体内部的权利分配:阶级、等级、政党(《经济与社会》第8章第6节).北京:商务印书馆,1997.

734. 马清裕,陈田,牛亚菲,钱志鸿.北京城市贫困人口特征、成因及其解困对策[J].地理研究,1999,18(4):400-406.

735. 马清裕,张文尝,北京市居住郊区化分布特征及其影响因素,地理研究,2006,25(1):121-130.

736. 马严.城市景观格局与城市可持续发展[J].浙江师范大学学报(自然科学版).2003,26(3):293-296.

737. 迈克·詹克斯等.紧缩城市——种可持续发展的城市形态.北京:中国建筑工业出版社,2004.183-192.

738. 迈克尔·德维洛克,雷切尔·格雷夫,海伦·辛普森.企业区位选择、地区优惠政策和聚集效应[J].经济师,2008,(3):26-28.

739. 毛蒋兴,闫小培.城市交通系统对土地利用的影响作用研究——以广州为例.地理科学,2005,Vol.25,No.3,353-360.

740. 茅于轼. 开发区"三为主"观念要调整. 中国土地,2003,10:3.

741. 孟晓晨,石晓宇.深圳"三资"制造业企业空间分布特征与机理.城市规划,2003,27(8):19-25.

742. 孟延春. 旧城改造过程中的中产阶层化现象. 城市规划汇刊, 2000, 1: 48-51.

743. 孟延春. 西方绅士化与北京旧城改造. 北京联合大学学报, 2000, 39(1): 24-28.

744. 苗长虹，王兵.1980年代以来英美城市社会极化问题及其研究. 世界地理研究,2003,12(12):1-8.

745. 苗天青,朱传耿,中国房地产市场的地域特征分析,经济地理,2005,25(3):324-328.

746. 苗阳.我国城市建筑更新的相关因素分析.同济大学学报(社会科学版),2000,增刊,37-40.

747. 莫辉辉,王姣娥,金凤君. 交通运输网络的复杂性研究. 地理科学进展, 2008, 27(6): 112-120.

748. 牟玲,万伟.再论城市建筑色彩设计.四川建筑,25(5):35-36.

749. 聂仲秋.城市开发区规划建设发展轨迹研究.西安建筑科技大学硕士论文,2001.

750. 牛津现代高级英汉双解词典.商务印书馆,牛津大学出版社,1996.

751. 潘金虎,石培基,董晓峰.中国地级以上城市腹地的测度分析.地理学报,2008,63

(6): 635–645.

752. 潘爽. 陇海——兰新地带西段自然环境与城市发展关系研究. 兰州大学硕士论文,1993.

753. 潘小娟.城市基层权利重组:社区建设探论.北京:中国社会科学出版社,2006:86.

754. 攀枝花统计局.攀枝花统计年鉴(2002).中国统计出版社.2003.

755. 裴相斌,从景观学到景观生态学.见肖笃宁主编——景观生态学:理论、方法及应用.北京林业出版社.1999.82–85.

756. 彭高峰,蒋万芳,陈勇.新区建设带动旧城改造,优化城市空间结构.城市规划,2004(2):29–31.

757. 彭建,王仰麟,张源等.土地利用分类对景观格局指数的影响.2006, 61(2): 157–168.

758. 彭建,王仰麟.城市景观功能的区域协调规划——以深圳市为例.生态学报,2005,25(7):1714–1719.

759. 皮黔生,王凯. 走出孤岛——中国经济技术开发区概论. 三联出版社,2004.

760. 皮黔生.论中国开发区的孤岛效应及其第二次创业.南开大学博士论文,1999.

761. 蒲蔚然,刘骏.探索促进社区关系的居住小区模式.城市规划汇刊,1997,(04):55.

762. 濮婕. 挤出 CBD 泡沫——首届全国商务功能区论坛综述. 中国经济周刊,2005(24):32–33.

763. 仟宗卿,柴彦威.论城市商业活动空间结构研究的几个问题.经济地理,2000,20(1):115–120.

764. 钱江海,韩定定.基于预期流优化的空间网络引力模型.物理学报,2009, 58(5): 3024–3029.

765. 乔林凰,杨永春,向发敏,杨晓娟.1990 年以来兰州市的城市空间扩展研究.人文地理,2008,23(3):59–63.

766. 秦红岭.大城市居住空间贫富分异与社会公平,现代城市研究,2006(9):81–84.

767. 秦红岭.试论城市规划应遵循的普遍伦理.城市规划,2005(5):66–70.

768. 邱建华. "绅士化运动"对我国旧城更新的启示. 热带地理, 2002, 22(2): 125–128.

769. 邱莉莉.莫斯科的城市建筑风格与特色,城市问题,2001,102(4):61–63.

770. 邱灵,申玉铭,任旺兵.北京生产性服务业与制造业的关联及空间分布.地理学报,2008,63(12):1299–1310.

771. 饶小军,邵晓光.边缘社区:城市簇群社会空间透视.城市规划,2001(9):47–51.

772. 任超.成都市中央商务区的构建.四川省情,2004(2):25–27.

773. 任慧成,王付胜.关于城市新贫困问题的探讨.兰州学刊,2004(2):168–170.

774. 日本的城市建筑风格.全国建设市场信息.中国建设信息.1997(3).

775. 戎武杰、周虹,重塑城市生活的魅力—浅谈商业区和居住区的关系,建筑学报,2002.12:22–24.

776. 荣国.城市特色与色彩控制.规划师,2002,(1):39–42.

777. 阮云龙.对北京市海淀区单位社区体育的现状调查研究.北京体育大学,2005:8.

778. 邵军.产业导向型城市新城区的发展研究——以南京江宁东山新城区为例.东南大学硕士论文, 2006.

779. 邵振琦,曹荣林,宰娟.城市—文化—建筑.城市问题,2004,(6):7-12.

780. 申卫军,邬建国,林永标等.空间粒度变化对景观格局分析的影响.生态学报,2003,23(12):2506-2519.

781. 沈福熙.建筑概论.上海:同济大学出版社.1994.

782. 沈宏婷.开发区向新城转型的策略研究——以扬州经济技术开发区为例.城市问题,2007,12:68-72.

783. 沈清基.论城市规划的生态化[J].规划师,2000,16(3):5-9.

784. 施淑文.建筑环境色彩设计.北京:中国建筑工业出版社,1991.

785. 石新伟.浅谈北京城市建筑的可持续发展.山西建筑, 2005,Vol.31(1):7-8.

786. 史培军,陈晋,潘耀忠.深圳市土地利用变化机制分析.地理学报,2000,55(2):151-160.

787. 世界银行.2000/2001年世界发展报告:与贫困作斗争.北京:中国财政经济出版社,2001.

788. 舒波,我国城市景观设计的反生态化现象及思考.四川林勘设计,2005,(1): 12-15.

789. 四川省攀枝花市志编纂委员会.攀枝花市志.四川科学技术出版社.1994.

790. 宋家泰,顾朝林.城镇体系规划的理论与方法初探.地理学报,1988,43(2): 97-107.

791. 宋娟. 城市扩张的内在动因——一个新古典分析框架. 工业技术经济, 2005,24(3):120-121.

792. 宋秀坤,王铮.上海城市内部高新技术产业区位研究.地域研究与开发,2001,20(24):18-21.

793. 宋迎昌等.北京市外来人口空间集聚特点、形成机制及其调控对策.经济地理,1997(4):71-75.

794. 宋治清,王仰麟.城市景观及其格局的生态效应研究进展.地理科学进展,2004,23(2):97-106.

795. 苏勤,林炳耀,刘玉亭.面临新城市贫困我国城市发展与规划的对策研究[J].人文地理,2003(10):17-21.

796. 苏振民,林炳耀,城市居住空间分异控制:居住模式与公共政策,城市规划,2007,31(2):45-49.

797. 孙桂平,龙丽民.石家庄市城市空间拓展动力机制分析.中国环境管理干部学院学报,2005,15(2):31-34.

798. 孙晖,孙志刚.城市中心发展的历史映射——海牙 Spui 地区城市更新评析.国外城市规划,2005,20(4):59-64.

799. 孙娟,夏汉平.广西贵港市城市建成区景观格局动态变化研究.地理与地理信息科学. 2005 年,(4):36-40.

800. 孙立平. 区域开发区整合研究——以常州市开发区为例. 华东师范大学硕士论

文,2007.

801. 孙立平.转型与断裂——改革以来中国社会结构的变迁.北京:清华大学出版社,2004,217.

802. 孙群郎.20世纪70年代美国的"逆城市化"现象及其实质.世界历史,2005,(1):19-29.

803. 孙少玲.城市建筑设计的基本含义.中山大学学报(自然科学版),1998,37(增刊),34-36.

804. 孙世界,王浩锋.城市扩展中的居住区布局形态发展初谈,建筑,2001,19(6):66-67.

805. 孙伟,刘亚平.高新技术企业区位选择影响因素分析.科技进步与对策,2008,25(7):61-64.

806. 孙彦峰,沈丽英.略论社区图书馆的建设、管理与服务.图书馆理论与实践,2005,(6):118-119.

807. 孙钰. 城市外部性的经济分析与对策研究. 财经问题研究,2003.232(3).

808. 谈明洪,李秀彬,吕昌河.20世纪90年代中国大中城市建设用地扩张及其对耕地的占用.中国科学(D辑),2004,34(12):1157-1165.

809. 谈文琦,徐建华,岳文泽等.城市景观空间自相关与自相似的尺度特征研究.生态学杂志,2005,24(6):627-630.

810. 覃成林. 中国区域经济差异研究. 北京: 中国经济差异研究,1997.

811. 谭烈飞.迈向现代化的古都北京·北京城市色调的演变及特点.北京联合大学学报,2003, Vol.17(1): 51.

812. 谭文勇.单位社区—回顾、思考与启示.重庆大学,2006:2-3,13-16.

813. 谭英,北欧旧城居住区的更新与改造,世界建筑,1996(2):22-29.

814. 潭善勇.社区服务的走向及其发展方向.城市问题,1999,(5):32-33.

815. 潭深.城市单位保障的形成及特点.社会学研究,1991,(5).

816. 汤海孺.不确定性视角下的规划失效与改进.城市规划学刊.2007,169(3):25-29.

817. 汤姆森.英国的贫困:关于家庭经济来源和生活标准的调查[M].伦敦:阿伦莱恩和培根图书公司,1997.

818. 唐燕. 经济转型期城市规划决策及管理中的寻租分析. 城市规划.2005,25(1):25-29.

819. 唐忠新.贫富分化的社会学研究[M].天津:天津人民出版社:1998.

820. 唐忠新.现代城市社区建设概论[M].上海:上海交通大学出版社,2008:15-16.

821. 陶亮,朱喜钢.CBD边缘区发展策略探讨—以南京市广州路为例.现代城市研究,2005(1):58-66.

822. 陶铁胜.社区管理概论.上海三联书店,2001:2.

823. 藤丽,杨永春.狭义河谷型城市的交通问题研究.经济地理,2002,Vol.21(1).

824. 天水市统计局.天水统计年鉴(2002).中国统计出版社.2003.

825. 田光进,张增样.基于遥感和GIS的海口市景观格局动态演化.生态学报,2002,22(7):1028-1034.

826. 田莉.城市土地批租:控制与引导.城市规划,1999,23(8): 21-23.

827. 田文祝,改革开放后北京城市居住空间结构研究,北京大学博士论文,1999.

828. 田野、栗德祥、毕向阳,不同阶层居民混合居住及其可行性分析,建筑学报,2006(4):36-39.

829. 田毅鹏.单位社会的终结—东北老工业基地"典型单位制"背景下的社区建设.社会科学文献出版社,2005:1.

830. 宛素春等编,城市空间形态解析,北京:科学出版社,2004.

831. 万勇,王玲慧.城市居住空间分异与住区规划应对策略,城市问题,2003(6):76-79.

832. 万兆栋.产业集群——开发区发展的战略选择.南京工业大学硕士论文,2004.

833. 汪长根.试论开发区第二次创业的几个基本问题.江南论坛,1998,06.

834. 汪明峰,宁越敏.互联网与中国信息网络城市的崛起.地理学报,2004,59(3):446-454.

835. 汪昭兵,杨永春.城市规划导引下空间扩展的主导模式——以复杂地形条件下的城市为例.城市规划学刊,2008,(5)106-114.

836. 汪昭兵,杨永春,杨晓娟,杨永民.体制变迁下的兰州城市总体规划实施效果分析,城市规划,2010,34(2):61-67.

837. 王爱民,缪勃中,陈树荣.广州市工业用地空间分异及其影响因素分析.热带地理,2007,27(2):132-138.

838. 王朝晖,李秋实,编译.现代国外城市中心商务区研究与规划[M].北京:中国建筑工业出版社,2002.

839. 王成金.中国物流企业的空间组织网络.地理学报,2008,63(2): 135-146.

840. 王德宽.城市外观重塑切莫走入文化品位误区.城市规划,2003,27(11):76-78.

841. 王恩涌,赵荣,张小林等.人文地理学.北京:高等教育出版社,2000.

842. 王发曾.城市建筑空间设计的犯罪防控效应.地理研究,2006,25(4):681-691.

843. 王峰玉,吴怀静,魏清泉.现阶段我国开发区几个战略问题的思考.地域研究与开发,2006,01:23-26.

844. 王海江,苗长虹.我国中心城市对外服务能力的空间格局.地理研究,2009,228(4): 957-967.

845. 王宏伟,袁中金,侯爱敏.城市化的开发区模式研究,地域研究与开发,2004.02:9-10.

846. 王鸿烈.影响兰州城市建筑风格形成的几个因素.建筑科学,2004,20(4):84-86.

847. 王慧,田萍萍,刘红,秦泗刚.西安城市CBD体系发展演进的特征与趋势[J].地理科学,2007,27(1):31-39.

848. 王慧.开发区发展与西安城市经济社会空间极化分异.2006.

849. 王慧.开发区与城市相互关系的内在机理及空间效应.城市规划,2003.

850. 王缉慈.关于中国产业集群研究的若干概念辨析.地理学报,2004,58(增刊):47-52.

851. 王缉慈.企业集群与区域发展.北京大学出版社,2001.

852. 王缉慈等.创新的空间:企业集群与区域发展.北京:北京大学出版社,2001.

853. 王缉慈等.我国制造业集群分布现状及其发展特征.地域研究与开发,2003,(12):29-33.

854. 王娇娥,莫辉辉,等.中国航空网络空间结构的复杂性.地理学报,2009,64(8):899-910.

855. 王今.产业集聚的识别理论与方法研究.经济地理,2005,(1):9-15.

856. 王晶晶.兰州市民迁居特征、机制及意向研究.兰州大学本科学位论文.2004.

857. 王开泳,陈田.对我国大城市行政区划调整的思考——以广州市近年来行政区划调整为例.城市问题,城市问题,2006,(7):70-75.

858. 王利民.试论城市景观生态建设问题.人文地理,2003,18(1):94-96.

859. 王明浩,罗永泰.科学发展天津CBD模式研究.城市,2004(6):7-11.

860. 王鹏,城市公共空间的系统化建设,南京:东南大学出版社,2002.

861. 王如松.高效和谐——城市生态调控原则与方法.长沙:湖南教育出版社,1988.

862. 王如渊.西方国家城市更新研究综述.西华师范大学学报(哲社版),2004,(2):1-6.

863. 王受之.世界现代建筑史.北京:建筑工业出版社.1999.

864. 王受之著,当代商业住宅区的规划与设计——新都市主义论,北京:中国建筑工业出版社,2001.

865. 王双,何春阳,潘耀忠,杨明川.水资源约束下北京地区2004-2020土地利用变化情景模拟研究.自然资源学报,2006,21(4):535-545.

866. 王炜,方创琳,李宏伟.焦作市景观生态规划研究.应用生态学报,2005,16(9):1724-1728.

867. 王未,邵龙.论地域文化与城市建筑设计风格.学术交流,2003,(3):127-129.

868. 王文刚,中西方城市居住空间分异现象探究,经济论坛,2006.22:65-66.

869. 王欣.伦敦道克兰城市更新实践.城市问题,2004,(5):72-76.

870. 王兴平,崔功豪.中国城市开发区的区位效益规律研究.城市规划汇刊,2003,09:6-12.

871. 王兴中,王非,国外城市社会居住区域划分模式,国外城市规划,2001(3):31-32.

872. 王兴中.后工业化大城市内部经济空间结构和演化主导本质.人文地理,1989,(4):33-45.

873. 王兴中.中国内陆大城市土地利用与社会权力因素的关系——以西安为例.地理学报,1998,53(增刊):175-185.

874. 王修信.城市建筑可持续发展策略初探.城市研究,1999,(1):42-47.

875. 王旭.20世纪后半期美国大都市区空间结构趋同现象及其理论意义.世界历史,2006,(5):1-12.

876. 王延瑜.世界各国经济开发区.香港新闻出版社,1989.

877. 王彦辉.城市建筑"群"论——一种城市空间环境设计观念.华中建筑,2001,19(3):61-63.

878. 王烨峰.城市新区发展研究初探——以苏南地区为例.东南大学硕士论文,2006.

879. 王颖.上海城市社区实证研究——社区类型、区位结构及变化趋势.城市规划汇刊,2002,(06):33.

880. 王永军,李团胜,刘康等.榆林地区景观格局分析及其破碎化评价.资源科学,2005,27(2):161–166.

881. 王振亮.上海市松江新城跨越式发展中的规划决策创新与探索.城市规划汇刊,2004,(2):92–93.

882. 王卓,尚涛,柳桃青.基于非确定性思考下的城市规划新思维探讨.武汉大学学报(工学版).2007,40(5):103–107.

883. 王紫雯,王媛. 城市传统景观特质的整体性分析研究——以杭州市环湖地区为例.规划研究,2004,28(7):14–20.

884. 韦晶磊,居住空间分异问题的探讨,当代经理人,2006(7):211–212.

885. 维雷娜·申德勒/Verena M.Schindler.欧洲建筑的色彩文化——浅述建筑色彩运用的不同方法.世界建筑,2003,(色彩专辑),17–24.

886. 魏立华,卢鸣,闫小培.社会经济转型期中国"转型城市"的含义、界定及其研究架构,现代城市发展研究,2006,(9):36–44.

887. 文军.城市贫困化问题的社会学思考[J].城市问题,1997(5):35–38.

888. 乌德亚·瓦尔格.贫困再思考:定义和衡量[J].国际社会科学(中文版),2003(1):151–160.

889. 乌鲁木齐统计局.乌鲁木齐统计年鉴(2002).中国统计出版社.2002.

890. 邬建国.景观生态学——概念与理论. 生态学杂志,2000,19(1):42–52.

891. 邬建国.景观生态学——格局、过程、尺度与等级.北京:高等教育出版社,2000.96–117.

892. 吴缚龙.中国城市社区的类型及其特质[J].城市问题,1992,(5):24–25.

893. 吴宏安,蒋建军,周杰,等.西安城市扩展及其驱动力分析.地理学报,2005,60(1):143–150.

894. 吴骏莲,顾朝林等,南昌城市社会区研究——基于第五次人口普查数据的分析,地理研究,2005,24(4):611–619.

895. 吴良镛,人居环境科学导论,北京:中国建筑工业出版社,2002.

896. 吴良镛.北京旧城与菊儿胡同.北京:中国建筑工业出版社,1994.

897. 吴启焰,罗艳. 中西方城市中产阶级化的对比研究.城市规划,2007,31(8):30–35.

898. 吴启焰,尹祖杏. 城市中产阶层化研究进展及未来展望. 人文地理,2008,2:19–25.

899. 吴启焰,崔功豪.南京市居住空间分异特征及其形成机制.城市规划,1999,(12):23–35.

900. 吴启焰,任东明.改革开放以来我国城市地域结构演变与持续发展研究——以南京都市区为例.地理科学,1999,19(2):108–113.

901. 吴启焰.大城市居住空间分异研究的理论与实践.北京:科学出版社,2001.33–45.

902. 吴庆华. 社区阶层化:后单位社会城市社区变异的必然趋势. 学术交流,2008,(10):136.

903. 吴文鑫,杨永春,马交国.中国城市新城(区)发展研究——以兰州市榆中新区为例.城市问题,2005,(3):20–25.

904. 吴文鑫,杨永春.兰州市外来投资分析及其对城市发展的影响.干旱区研究,2004,Vol.21(2):187–191.

905. 吴文鑫,杨永春等.中国城市新城(区)发展研究——以兰州市榆中新区为例[J].城市问题,2005(3):20–25.

906. 吴学花,杨蕙馨.中国制造业产业集聚的实证研究.中国工业经济,2004(10):36–43.

907. 吴志强,史舸.城市发展战略规划研究中的空间拓展方向分析方法.城市规划学刊.2006,161(1):69–74.

908. 伍俊辉,杨永春,宋国锋.兰州市居民居住偏好研究.干旱区地理,2007,30(3):444–449.

909. 伍业刚,李哈滨.景观生态学的数量研究方法[A].见:刘建国.当代生态学博论[C].北京:中国科学技术出版社,1992.30–40.

910. 武进著,中国城市形态结构、特征及其演变,南京:江苏科学技术出版社,1990.

911. 西安市规划设计研究院.西安城市空间发展战略研究(R),2002.

912. 夏学銮.中国社区建设的理论架构探讨.北京大学学报(哲学社会科学版),2002,(1):127.

913. 夏友富.外商投中国污染密集产业现状、后果及其对策研究,管理世界,1999,(3):109–123.

914. 鲜肖威,张林源,艾南山等.自然环境、人为因素与城市聚落发展的关系,地理科学,1983,(3):311–319.

915. 鲜肖威.兰州城市聚落的形成与发展,地理研究,1982,(2):131–138.

916. 向发敏,杨永春,乔林凰.兰州城市建筑文化风格的演变与形成因素.建筑科学与工程学报,2007,466(6):22?25.

917. 向发敏,杨永春,乔林凰.兰州城市建筑文化风格与特色的历史演变与及其成因分析.云南地理环境研究,2007,19(4):63–68.

918. 向欣然.趋同与求异——关于城市建筑特色的思考.建筑学报,1997,(10):12–14.

919. 肖达,21世纪的住宅模式谈——读《Building the 21st Century Home》有感,城市规划汇刊,2003(2):80–83.

920. 肖达,胡刚.居住区分期开发中的居住社区变迁——社会发展对居住社区物质环境的影响,上海城市规划,2005(2):5–8.

921. 肖笃宁,高峻,石铁矛.景观生态学在城市规划和管理中的应用.地球科学进展,2001,16(6): 813–820.

922. 肖笃宁,李秀珍,高峻等.景观生态学[M].北京:科学出版社,2003.

923. 肖笃宁,赵羿,孙中伟等.沈阳西郊景观结构变化的研究.应用生态学报,1990,1(1):75–84.

924. 肖笃宁,钟林生.景观分类与评价的生态原则[A].见:景观生态学研究进展[C].长沙:湖南科学技术出版社,1999:24–29.

925. 肖笃宁,钟林生.景观分类与评价的生态原则.应用生态学报.1998, 9(2): 217–221.

926. 肖笃宁.论现代景观科学的形成与发展.地理科学,1999,19(4):379–384.

927. 肖笃宁.土地利用规划与城市规划.中国土地科学,1996,10(6):12–13.

928. 肖军.略论城市更新.国土经济,2000,(4):26–27.

929. 谢守红.大都市区的空间组织.科学出版社,2004.

930. 谢守红.城市社区发展与社区规划.北京:中国物资出版社,2008:12

931. 谢叙祎.2006.上海制造业集聚的动因研究.世界经济情况,(17):30–33.

932. 谢志霄,肖笃宁.城郊景观动态模型研究——以沈阳市东陵区为例.应用生态学报,1996,7(1):77–81.

933. 刑海峰.开发区空间的演变特征和发展趋势研究——以天津技术开发区为例.开发研究,2003,04:39–42.

934. 邢海峰.新城有机生长规划论.北京:新华出版社,2003.

935. 熊剑平、刘承远、袁俊,武汉市住宅小区德空间结构与区位选择,经济地理,2006,26(4):605–609.

936. 熊军,胡涛.开发区"二次创业"的全球化视角.华中师范大学学报(自然科学版),2001,04.

937. 修春亮,祝翔凌.地方性中心城市空间扩张的多元动力.人文地理,2005,20(2):9–13.人文地理

938. 徐滨.英国工业革命中的经济发展与贫困救济政策变革.广西社会科学,2004(7):136–138.

939. 徐冲,张世政.浅谈医院建筑的色彩.中国医院管理杂志,2002,Vol.18(10):627–628.

940. 徐春宁.西北的色彩.东南大学学报,1996,Vol.26(6B):132–136.

941. 徐淳厚,陈艳.国外著名CBD发展得失对北京的启示.北京工商大学学报(社会科学版),2005,20(5):101–106.

942. 徐国臣.事业单位改革若干问题研究.大连理工大学,2001:2.

943. 徐雷,王卡,曹震宇.复合与开放的交织:当代城市建筑环境的特征分析.浙江大学学报,1998,12(4):157–161.

944. 徐奇标.简谈单位制及单位制改革构思.特区展望,1997,(3).

945. 徐永祥.社区发展论.上海:华东理工大学出版社,2000:31.

946. 徐勇,马国霞,沈洪泉.北京丰台区土地利用变化及其经济驱动力分析.地理研究,2005,24(6):860–868.

947. 徐圆.中国工业地区专业化程度与产业集聚的实证研究[D].东南大学硕士学位论文.2006.

948. 徐再荣.当代美国的福利困境与福利改革[J].史学月刊,2001(6):140–144.

949. 许宁.中国经济开发区发展研究.西南财经大学硕士论文,2007.

950. 许学强,葛永军,张俊军.广州城市可持续发展及企业行为研究[J].地理科学,2003,23(2):218–222.

951. 许学强,胡华颖,叶嘉安.广州市社会空间结构的因子生态分析.地理学报.1989, 44(4):385-399.

952. 许学强,周一星,宁越敏. 城市地理学. 北京: 高等教育出版社,2005.

953. 许学强.我国城镇体系的演变与预测.中山大学学报(哲社版),1982,3):14-21.

954. 薛德升.西方绅士化研究对我国城市社会空间研究的启示.规划师.1999,15 (3):109-112.

955. 薛东前,姚士谋.我国城市系统的形成和演进机制 .人文地理,2000,15(1):35-38.

956. 薛凤旋,杨春. 外资:发展中国家城市化的新动力. 地理学报,1997,05:193-206.

957. 薛俊菲.基于航空网络的中国城市体系等级结构与分布格局.地理研究,2008, 27(01): 23-33.

958. 亚当·斯密.国民财富的性质和原因研究(上卷)[M].北京:商务印书馆,1997:128-129.

959. 延善玉.张平宇,马延吉,李蕾,沈阳市工业空间重组及其动力机制[J].人文地理, 2007,22(3):107-111.

960. 闫小培,毛蒋兴,普军.巨型城市区域土地利用变化的人文因素分析——以珠江三角洲地区为例.地理学报,2006,61(6):613-623.

961. 闫小培,毛蒋兴.高密度开发城市的交通与土地利用互动关系——以广州为例. 地理学报,2004,59(5):643-652.

962. 阎树鑫,郑正.城市设计中的色彩引导—以温州中心城为例[J].城市规划汇刊, 2003(4):61-65.

963. 阎小培. 改革开放以来广州城市社会结构变化研究. 中山大学学报 (社科版), 1999(2): 70-78.

964. 阎小培.信息产业与城市发展研究,科学出版社,1999.

965. 阎小培等.广州市及周边地区商品房的开发与分布.地理学报,2001,(5):570-579.

966. 阳建强.历史性校园的价值及其保护——以东南大学、南京大学、南京师范大学老校区为例.城市规划,2006,30(7):57-62.

967. 阳建强.中国城市更新的现况、特征及趋向.城市规划,2000,24(4):53-57.

968. 杨宝良.2005.我国渐进式改革中的产业地理集聚与国际贸易.上海:复旦大学出版社.

969. 杨德昭著,新社区与新城市-住宅小区德消逝与新社区德崛起,北京:中国电力出版社,2006.

970. 杨东峰,殷成志,史永亮. 从沿海开发区到外向型工业新城——1990 年代以来我国沿海大城市开发区到新城转型发展现象探讨.城市发展研究,2006,80-86.

971. 杨东峰. 从开发区到新城:现象、机理及路径——以天津泰达为例,清华大学博士论文,2006.

972. 杨东平.对城市建筑的文化阅读.重庆建筑,2002,(3):56-58.

973. 杨帆.从政治视角理解和研究城市规划.规划师. 2007,23(3):65-69.

974. 杨贵庆, 面向市场机制的上海市居住区开发与规划对策研究, 城市规划汇刊,

1999(3):20-22.

975. 杨俊宴,吴明伟.中国城市 CBD 量化研究——形态 功能 产业. [M].南京:东南大学出版社,2008.

976. 杨莉,梅晓冰.浅谈城市建筑色彩视觉污染.哈尔滨建筑大学学报,1998,Vol.31(3):96-98.

977. 杨青生,黎夏. 基于粗集的知识发现与地理模拟——以深圳市土地利用变化为例.地理学报,2006,61(8):882-894.

978. 杨荣南,张雪莲.城市空间扩展的动力机制与模式研究.地域研究与开发,第 16卷,第 2 期 1997 年 6 月:1-4.

979. 杨上广,王春兰.上海城市居住空间分异的社会学研究,社会,2006,26(6):117-137.

980. 杨盛元,大城市居住区位研究浅议——以重庆为例,经济地理,1996,16(2):12-17.

981. 杨滔. 城市空间网络与大规模城市更新后的社会整合——伦敦金丝雀码头的启示.世界建筑,2005,(11):81-85.

982. 杨滔. 有机社区——围绕广州珠江新城的密集住区规划构想. 国外城市规划,2000,01:37-39.

983. 杨晓娟,杨永春,等.基于信息熵的兰州市用地结构动态演变及其驱动力.干旱区地理,2008:31(2):291-297.

984. 杨晓民.中国单位制度.北京:中国经济出版,1999:3-5,96-105.

985. 杨永春,冷炳荣等.中国西部城市的边缘化风险,城市问题,2009,(8):11-18.

986. 杨永春,李欣珏.中国城市资本密度空间变化与机制,地理研究,2009,28(4):933-946.

987. 杨永春,孟彩红,等.基于 GIS 的兰州城市用地变化分析.山地学报,2005,23(2):174-184.

988. 杨永春,孟彩红. 1949 年以来中国城市居住空间演变与机制研究——以河谷盆地型城市兰州为例,人文地理,2005,20(5):37-43.

989. 杨永春,乔林凰,侯利.土地利用强度的空间分布与行业驱动力研究——以兰州市为例.城市规划,2008,32(09):63-68.

990. 杨永春,汪一鸣.中国西部河谷型城市地域结构及其外部形态研究.地域研究与开发,2000,19(4):58-61.

991. 杨永春,吴文鑫.外来投资与西部城市发展的关系——以兰州为例.地理研究,2005,Vol.24(3):443-452.

992. 杨永春,伍俊辉,杨晓娟等.1949 年以来兰州城市资本密度空间变化及其机制.地理学报,2009,64(2):189-201.

993. 杨永春,向发敏,伍俊辉.中国城市建筑色彩演变趋势与机制研究——以兰州市为例.建筑学报,2007,Vol.24(2):86-90.

994. 杨永春,杨晓娟,等.兰州城市建筑构成与空间分布研究.人文地理,2008,23(6):32-36.

995. 杨永春,杨晓娟.1949-2005年中国河谷盆地型大城市空间扩展与土地利用结构转型——以兰州市为例.自然资源学报,2009,24(1):37-49.

996. 杨永春,曾尊固.兰州市地域结构分析,地理科学,2002,22(4):468-475.

997. 杨永春,张从果,刘志国.快速集聚发展过程中的河谷型城市的空间整合与规划——以兰州市为例.干旱区地理,2004,Vol.27(4):603-609.

998. 杨永春,张从果,吴文鑫.中国西部地区大都市圈发展规划研究——以兰州大都市圈规划为例.城市规划,2005,(4):23-29.

999. 杨永春,张理茜,李志勇,伍俊辉,等.建筑视角的中国城市更新研究——以兰州市为例,地理科学,2009,29(1):36-41.

1000. 杨永春,赵鹏军.中国西部河谷型城市职能分类初探.经济地理,2000,20(6):58-61.

1001. 杨永春.兰州城市概念规划研究,兰州:甘肃人民出版社,2004.

1002. 杨永春.兰州城市建筑的空间分布,世界地理研究,2008,17(1):39-46.

1003. 杨永春.试论河谷盆地型城市的土地利用空间结构模式.兰州大学学报,2001,37.(3):127-133.

1004. 杨永春.试论西北地区典型河谷盆地型城市兰州的发展模式.人文地理,2000,15(1):10-14.

1005. 杨永春.中国河谷型城市研究,地域研究与开发,1999,18(3):61-65.

1006. 杨永春.中国西部河谷型城市的发展和空间结构研究.兰州大学出版社,2003.

1007. 杨永春.中国西部河谷型城市的发展及其环境问题.山地学报,2004.

1008. 杨永春.中国西部河谷型城市的形成与发展.经济地理,1999,18(2):44-49.

1009. 杨勇翔.城市更新与保护.现代城市研究,2002,(3):5-10.

1010. 姚士谋,朱振国,陈爽等.香港城市空间扩展的新模式,现代城市研究,2002.2:61-64.

1011. 姚士谋.中国大都市的空间扩展.合肥:中国科学技术大学出版社,1997.

1012. 姚雅琼,郝少波.旧城商业街更新方法探索——武汉解放路商业街更新设计对策.中国园林,24-29.

1013. 叶嘉安.香港的经济结构转型与土地利用规划.地理学报,1997,52(增刊):39-51.

1014. 叶连娜·叶雷什耶娃[俄],瓦列里·摩尔[俄].海参崴城市及建筑空间结构的发展变化.城市建筑,2005,30-36.

1015. 叶南客,李芸.国际城市更新运动评述.世界经济与政治论坛,1999,(6):62-64.

1016. 叶迎君,面向新世纪德居住区规划趋势分析,城市研究,2000(4):57-59.

1017. 易华,诸大建,刘东华.城市转型:从线性增长到精明增长.价格:理论与实践,2006,66-67.

1018. 殷洁,张京祥,罗小龙.基于制度转型的中国城市空间结构研究初探.人文地理,2005,20(3):59-62.

1019. 殷洁,张京祥,罗小龙.转型期的中国城市发展与地方政府企业化.城市问题,2006(4):36-41.

1020. 尹思谨.城市色彩景观的规划与设计.世界建筑,2003(9):68-72.

1021. 雍顺荣.漫谈建筑色彩的作用.工业建筑,2001,31(4):79.

1022. 于红蕾.居住区区位模糊综合评价法.山西建筑,2004,30(23):20-21.

1023. 于立.城市规划的不确定性分析与规划效能理论.城市规划汇刊.2004,150(2):37-42.

1024. 于涛方,吴志强.长江三角洲都市连绵区边界界定研究.长江流域资源与环境,2005,14(4):397-403.

1025. 于涛方,彭震,方澜.从城市地理学角度论国外城市更新历程.人文地理,2001,16(3):41-44.

1026. 于显洋.单位意识的社会分析.社会学研究,1991,(5).

1027. 余柏椿.城市设计感性原则与方法.中国城市出版社.1997.

1028. 余庆康.1991年汉城大都市区建设的5座新城.国外城市规划,1995,04:15-18.

1029. 俞孔坚.城乡与区域规划的景观生态模式.国外城市规划,1997,(3):27-31.

1030. 袁宏川.宜昌城市建筑风格与三峡文化初探.三峡大学学报(人文社会科学版),2001,Vol.23(增刊):230-231.

1031. 岳文泽,徐建华,徐丽华等.不同尺度下城市景观综合指数的空间变异特征研究.应用生态学报,2005,16(11):2053-2059.

1032. 运迎霞,严奉天.世界经济性特区浅议.城市规划,1994,04:15-19.

1033. 曾辉,郭庆华,刘晓东.景观格局空间分辨率效应的实验研究——以珠江三角洲东部地区为例.北京大学学报(自然科学版),1998,34(6):820-826.

1034. 曾辉,江子瀛.快速城市化景观格局的空间自相关特征分析——以深圳市龙华地区为例.北京大学学报(自然科学版),2000,36(6):824-831.

1035. 曾辉,姜传明.深圳市龙华地区快速城市化过程中的景观机构研究.生态学报,2000,20(3):378-383.

1036. 曾辉,夏洁,张磊.城市景观生态研究的现状与发展趋势.地理科学,2003,23(4):284-292.

1037. 曾鹏.毛泽东社会分层理论初探.求实2003(2):18-20.

1038. 翟国强.超高层建筑的建筑设计理念——对天津经济技术开发区CBD超高层建筑国际招标方案的评析.建筑学报,2006,(5):86-89.

1039. 张宝锋."单位型社区"居民政治参与的微观机制——对Z社区的个案研究.晋阳学刊,2006,(04):42.

1040. 张兵.我国城市住房空间分布重构.城市汇刊,1995,(2):38.

1041. 张闯,孟韬.中国城市间流通网络及其层级结构——基于中国连锁企业百强店铺分布的网络分析.财经问题研究,2007,5):34-41.

1042. 张春花等.大连居住空间的扩展及郊区化研究.地域研究与开发,2005,24(1):66-69.

1043. 张纯,柴彦威,陈零极.从单位社区到城市社区的演替:北京同仁堂的案例.国际城市规划,2009,24(5):36.

1044. 张纯,柴彦威.地理学视角下的城市单位.国际城市规划,2009,24(5):2-7.

1045. 张纯,柴彦威.中国城市单位社区的残留现象及其影响因素.国际城市规划,

2009,24(5):15-20.

1046. 张更立.走向三方合作的伙伴关系:西方城市更新政策的演变及其对中国的启示.城市发展研究,2004,11(4):26-32.

1047. 张广鸿,刘明.解读 CBD.北京:中国经济出版社,2006.

1048. 张海龙,蒋建军,等.近 25 年来西安地区土地利用变化及驱动力研究.资源科学,2006,28(4):71-77.

1049. 张浩然.广东省制造业集聚程度的变动趋势及影响因素研究.吉林大学硕士学位论文.2009.

1050. 张弘. 开发区带动区域整体发展的城市化模式——以长江三角洲地区为例.城市规划汇刊,2001,06:65-69.

1051. 张红霞,不同居住区居民社区参与的差异性比较,社会,2004.5:54-56.

1052. 张宏著,从家庭到城市得的住居学研究,南京:东南大学出版社,2001.12.

1053. 张鸿雁. 论当代中国城市社区分异与变迁的现状及发展趋势. 规划师,2002,(08):6-7.

1054. 张华,贺灿飞.2007.区位通达性与在京外资企业区位研究.地理研究,(5):984-994.

1055. 张辉.城镇贫困居民的"安全网".新华月报,1998(8).

1056. 张辉.我国城市住区可持续发展的现实选择.城市规划汇刊,2001,(1):63.

1057. 张惠远, 倪晋仁. 城市景观生态调控的空间途径探讨. 城市规划,2001,25(7):15-18.

1058. 张建华,张淑静.2006.产业集群的识别标准研究.中国软科学,(3):83-90.

1059. 张杰,邓翔宇,袁路平.探索新的城市建筑类型,织补城市肌理——以济南古城为例.城市规划,2004,28(12):47-52.

1060. 张杰,吕杰.从大尺度城市设计到"日常生活空间".城市规划,2003,27(9):40-45.

1061. 张杰. 北京 CBD 产业发展模式及对策研究. 首都经济贸易大学学报,2006(1):28-33.

1062. 张捷、赵民.新城规划的理论与实践—田园城市思想的世纪演绎.中国建筑工业出版社,2005.

1063. 张捷. 当前我国新城规划建设的若干讨论——形势分析和概念新解. 城市规划,2003,05:71-75.

1064. 张京祥,崔功豪.城市空间结构增长原理.人文地理,2000,15(2):15-18.

1065. 张京祥,吴缚龙,马润潮. 体制转型与中国城市空间重构——建立一种空间演化的制度分析框架. 城市规划,2008,06:55-60.

1066. 张京祥,殷洁,罗小龙.地方政府企业化主导下的城市空间发展与演化研究.人文地理,2006,21(4):1-6.

1067. 张京祥. 全球化背景中的区域发展与规划变化. 国外城市规划,2004,03:01-04.

1068. 张京祥.城镇群体空间组合.南京:东南大学出版社,2000.

1069. 张京祥.中西方城市居住社区比较研究要述——类型、内质及演变.现代城市研究,1995,(05):11-12.

1070. 张敬淦.北京:历史文化名城的保护与可持续发展——论全国文化中心建设.北京联合大学学报,2003,16(1):40-43.

1071. 张军,殷青.城市更新中建筑文化延续的层面探讨.低温建筑技术,2006,(2):34-36.

1072. 张俊芳.中国城市社区的组织与管理.南京:东南大学出版社,2004:25-127.

1073. 张开琳.巴黎拉德方斯 sub-CBD 建设及其经验借鉴[J].城市开发,2004,12:60-62.

1074. 张凯等编著,城市生态住宅区建设研究,北京:科学出版社,2003.

1075. 张理茜,杨永春,杨晓娟,张强.兰州市 CBD 的界定与发展规划研究,人文地理,2009,24(2):54-59.

1076. 张丽梅.社会调控体系下单位社区发展研究.华中科技大学,2004.

1077. 张丽梅.社会调控体系下单位社区发展研究.规划师,2005,(10):88-89.

1078. 张利权,甄彧.上海市景观格局的人工神经网络(ANN)模型.生态学报.2005 年 5 月.第 25 卷第 5 期.958-964.

1079. 张路峰.生态视野下的北京旧城更新.建筑学报,2005,(6):40-41.

1080. 张洛先,徐永利.中国现代城市行政中心建筑的演变.时代建筑,2004,(1):141-145.

1081. 张茂林.90 年代中后期我国城镇贫困与反贫困问题探讨.人口与经济,1997(2):40-44.

1082. 张敏.美国新城的规划建设及其类型与特点.国外城市规划,1998,04:51-54.

1083. 张敏杰.单位社区的嬗变与公民社会发育.河北学刊,2009,(01):131-132.

1084. 张清君,杜德斌.略论美国的住房问题与人口极化[J].现代城市研究,2000(3):59-62.

1085. 张仁开,张洛锋.新概念 CBD:城市 CBD 建设的创新模式.中国建设信息,2005(11):35-38.

1086. 张尚武,王雅娟.大城市地区的新城发展战略及其空间形态.城市规划汇刊,2000,06:44-47.

1087. 张士新.城市建筑色彩与形象的个性定位.小城镇建设,2005,(7):36-37.

1088. 张庭伟.1990 年代中国城市空间结构的变化及其动力机制.城市规划,2001,Vol.25(7):7-14.

1089. 张庭伟.当代美国规划研究与芝加哥经济转型.国外城市规划,2006,Vol.21,No.4,1-5.

1090. 张同升,梁进社,宋金平.2005.中国制造业省区间分布与分散研究.经济地理,(3):315-319.

1091. 张伟.对中国当代城市建筑文化的思考.社会科学论坛,2005,(3):44-45.

1092. 张文忠,城市居民住宅区位选择的因子分析,地理科学进展,2001,20(3):268-275.

1093. 张文忠,城市内部居住环境评价德指标体系和方法,地理科学,2007,27(1):17-23.

1094. 张文忠,刘旺等,北京城市内部居住空间分布与居民居住区位偏好,地理研究,2003,22(6):751-759.

1095. 张文忠,孟斌等,交通通道对住宅空间扩展的居民住宅区位选择的作用——以北京为例,地理科学,2004,24(1):7-13.

1096. 张文忠,王传胜,吕旷,樊杰.珠江三角洲土地利用变化与工业化和城市化的耦合关系.地理学报,2003,58(5):677-685.

1097. 张文忠.城市居民住宅区位选择的因子分析.地理科学进展,2001,9(3):268-275.

1098. 张险峰,张云峰.英国伯明翰布林德利地区——城市更新的范例.国外城市规划,2003,18(2):55-62.

1099. 张晓明.长江三角洲巨型城市区特征分析.地理学报,2006,61(10):1025-1037.

1100. 张晓平,刘卫东.开发区与我国城市空间结构演进及其动力机制.地理科学,2003,04.

1101. 张新焕,杨德刚,陈曦.乌鲁木齐近50年城市用地动态扩展及其机制分析.干旱区地理,第28卷第2期2005年4月:263-269.

1102. 张燕妮,魏毓洁.对我国现代城市更新的思考.高等建筑教育,2006,15(1):20-22.

1103. 张涌.新制度经济学视角下产业集群形成及发展机理研究.暨南大学博士学位论文.2008年.

1104. 张宇.CBD现象的启示与高层建筑的近地空间[J].新建筑,2002(2):44-45.

1105. 张玉英,姜兴革,徐伟.寒冷地区城市建筑色彩浅析.低温建筑技术2000,(1):20-21.

1106. 张越.苏锡常三市人口郊区化研究[J].经济地理,1998,(18):39-40.

1107. 张越.新城的类型研究.科技信息,2007.

1108. 章光日.从大城市到都市区——全球化时代中国城市规划的挑战与机遇.城市规划,2003(5):33-37.

1109. 赵翠薇,濮励杰,孟爱云,黄贤金,周寅康.基于经济发展阶段理论的土地利用变化研究——以广西江州区为例.自然资源学报,2006,21(2):172-179.

1110. 赵德海,论居住区商业网点的建设与发展,商业研究,1999(11):65-67.

1111. 赵晶等,20世纪下半叶上海市居住用地扩展模式、强度及空间分异特征,自然资源学报,2005,20(3):400-405.

1112. 赵民,陶小马.城市发展和城市规划的经济学原理,北京:高等教育出版社,2001.

1113. 赵民,赵蔚.社区发展规划——理论与实践.北京:中国建筑工业出版社.2006.

1114. 赵鹏军,彭建."边缘城市"对城市开发区建设的启示——以天津经济技术开发区为例.地域研究与开发,2000,04:54-57.

1115. 赵文武,傅伯杰,陈利顶.尺度推移研究中的几点基本问题.地球科学进展,2002,17(6):905-911.

1116. 赵文武,傅伯杰,陈利顶.景观指数的粒度变化效应.第四纪研究,2003,23(3):326-333.

1117. 赵燕菁.专业分工与城市化:一个新的分析框架.城市规划,2000,(6):17-28.

1118. 赵燕青.经济转型过程中的户籍制度改革.城市规划汇刊,2003,(1):16-20.

1119. 赵玉宗,顾朝林,李东和,等.旅游绅士化:概念、类型与机制.旅游学刊,2006,21(11):70-74.

1120. 赵玉宗,寇敏,卢松,等.城市旅游绅士化特征及其影响因素——以南京"总统府"周边地区为例.经济地理,2009,29(8):1391-1396.

1121. 赵月,杜文,陈爽.复杂网络理论在城市交通网络分析中的应用.城市交通,2009,7(1):57-65.

1122. 赵玥笙.城市建筑空间与环境.中外建筑,2003,(5):43-44.

1123. 赵云川.关于城市公共环境色彩的设计.艺术论坛,2002(19):30-33.

1124. 赵云伟.当代全球城市的城市空间重构.国外城市规划,2001(5):2-5.

1125. 赵振斌,包浩生,马荣华.城市格网化及其景观生态效应研究.地理科学,2001.

1126. 甄栋,刘云月.现代城市更新的经济学视野.山东建筑工程学院学报,2004,19(4):13-18.

1127. 甄峰,顾朝林.信息时代空间结构研究新进展.地理研究,2002(2):257-266.

1128. 郑伯红,王忠诚.重庆市中央商务区的职能特征与重新定位.城市问题,2002(4):28-31.

1129. 郑东军,黄华.走向新现代主义:巴黎拉德芳斯新区与柏林波茨坦广场建筑解读.新建筑,2006,(2):45-49.

1130. 郑国,邱士可.转型期开发区发展与城市空间重构——以北京市为例.地域研究与开发,2008,(6):39-42.

1131. 郑国.北京制造业空间结构演化研究.人文地理,2006,(5):84-88.

1132. 郑皓.中国城市居住空间分布格局演进研究,苏州科技学院学报(工程技术版),2006,19(3):47-50.

1133. 郑启颖.现代工业建筑的色彩构成设计.工业建筑,2002,Vol.32(1):24-26.

1134. 郑淑蓉.社区商业的发展模式及其运作.商业经济文荟,2004,(3):2-3.

1135. 郑文武,魏清泉.论城市规划的诉讼特性.城市规划.2005,29(3):36-39.

1136. 郑元同.乐山城市建设与历史文化名城保护.人文地理,2005,(5):56-58.

1137. 中国城市规划设计研究院.白银市城市总体规划(2001-2020).

1138. 钟旭东,屈云东.城市建筑环境色彩的审美溯源与实践.艺术百家,2006,(3):64-68.

1139. 钟源,杨永春.开发区主导下的中国西部河谷型城市空间结构演进研究.甘肃科技,2007,(4):1-5.

1140. 重庆市地方志编纂委员会.重庆市志(第七卷).重庆出版社.1998.

1141. 周崇.单位型社区的社区参与研究[D].华中师范大学,2008:5

1142. 周春山,陈素素等,广州市建成区住房空间结构及其成因,地理研究,2005,24(1):77-88.

1143. 周春山,刘洋,朱红.转型时期广州市社会区分析.地理学报,2006.

1144. 周方,聂冲.浅析国外CBD发展的理论与实践[J].技术经济,2007,26(2):115-119.

1145. 周刚华,贾生华.城市土地利用要追求最佳效益——论城市化加速阶段土地资源的配置.中国土地,2001,12:18-21.

1146. 周国华,贺艳华.长沙城市土地扩张特征及影响因素.地理学报,2006,61(11):1171-1180.

1147. 周国艳.试析现行中国城市规划在地方层面实施的有效性及存在的问题——兼论大城市边缘开发区的规划控制.国际城市规划.2007,22(4):75-83.

1148. 周海旺.城市贫困人口的现状和解困政策研究——以上海为例[J].人口研究,2001,25(3):10-16.

1149. 周华荣. 乌鲁木齐景观生态功能区划及生态调控研究. 干旱区地理,2001, 24(4):314-320.

1150. 周素红, 闫小培. 广州城市居住-就业空间及对居民出行的影响, 城市规划, 2006,30(5):13-18.

1151. 周一星,孟延春.沈阳的郊区化——兼论中西方郊区化的比较,地理学报,1997,52(4):289-299.

1152. 周一星,张莉,武悦.城市中心性与我国城市中心性的等级体系.地域研究与开发, 2001, 20(04): 1-5.

1153. 周一星, 张莉. 改革开放条件下的中国城市经济区. 地理学报, 2003, 58(2):271-284.

1154. 周颖,周峰,等.中国 FDI 的行业空间分布与对区域经济发展的影响分析.经济地理,2001, 21(2): 169-173.

1155. 朱介鸣.中国城市规划面临的两大挑战.城市规划学刊. 2006,166(6):1-8.

1156. 朱爽.兰州市制造业空间集聚及其对城市空间格局的影响研究.西安建筑科技大学硕士学位论文.2007.

1157. 朱文一.空间·符号·城市.北京:中国建筑工业出版社,1993.

1158. 朱文一.中国营建理念 VS"零识别城市/建筑".建筑学报,2003,(1):30-32.

1159. 朱喜钢, 周强, 金俭. 城市绅士化与城市更新—以南京为例. 城市发展研究, 2004, 11(4): 33-37.

1160. 朱喜钢.城市空间集中与分散论.北京:中国建筑工业出版社,2002.

1161. 朱晓华,蔡运龙.中国土地利用空间分形结构及其机制.地理科学,2005.

1162. 朱亦梅. 斯文·赫定素描兰州.丝绸之路.2005/02.

1163. 朱英明. 城市群经济空间分析. 北京: 科学出版社, 2004.

1164. 宗跃光. 大都市空间扩展的廊道效应与景观结构优化——以北京市区为例[J].地理研究,1998(2):119-124.

1165. 宗跃光.大都市空间扩展的周期性特征.地理学报,2005, Vol.60(3):418-424.

1166. 邹兵,"新城市主义"与美国社区设计的新动向,国外城市规划,2000(2):36-38.

1167. 邹卓君.大城市居住空间扩展研究,规划师,2003,19(11):108-110.

▶ 彩图 7-5a 1950 年兰州市不同年代的建筑层数及其空间分布

图例
1-5
5-8
道路
街区
河流

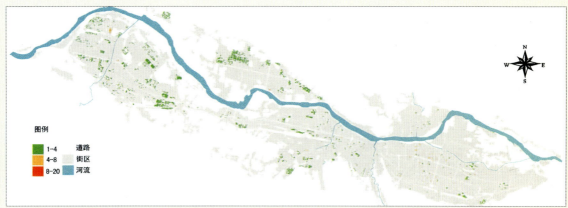

▶ 彩图 7-5b 1960 年兰州市不同年代的建筑层数及其空间分布

图例
1-4　道路
4-8　街区
8-20　河流

▶ 彩图 7-5c 1970 年兰州市不同年代的建筑层数及其空间分布

图例
1-3　道路
3-7　街区
7-17　河流

▶ 彩图 7-5d 1980 年兰州市不同年代的建筑层数及其空间分布

图例
0-3　道路
3-9　街区
9-18　河流
18-33

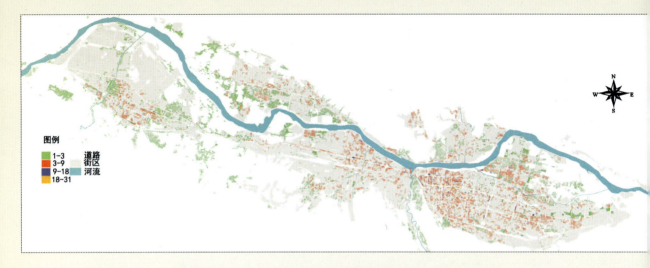

▲ 彩图 7-5e 1990 年兰州市不同年代的建筑层数及其空间分布

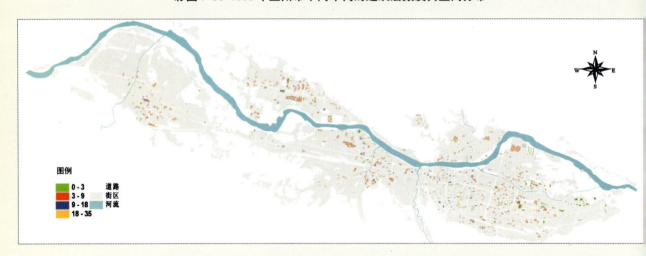

▲ 彩图 7-5f 2001-2005 年兰州市不同年代的建筑层数及其空间分布

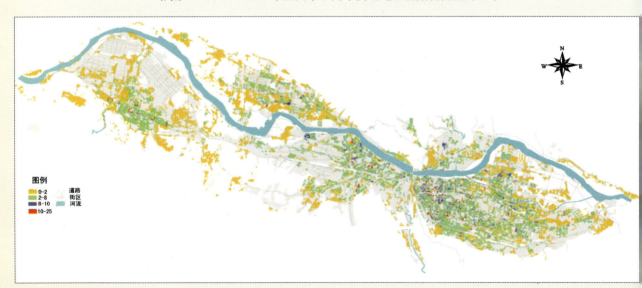

▲ 彩图 7-7 2005 年兰州市住宅建筑的层数及其空间分布

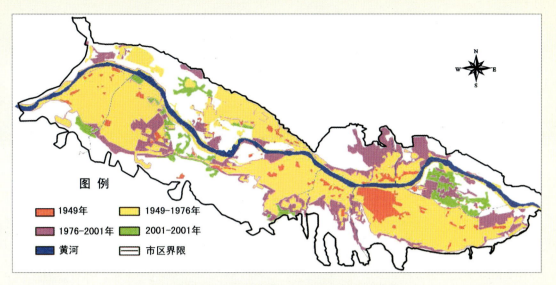

▲ 彩图 12-2 兰州市城市土地空间扩张示意图

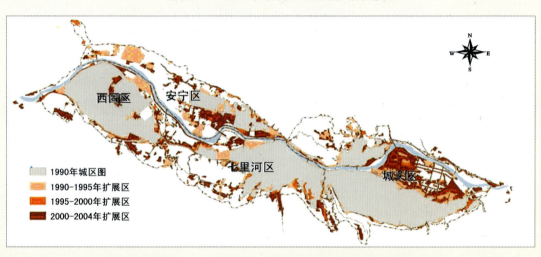

▲ 彩图 12-3 1990 年以来兰州城市扩展的时间变化图

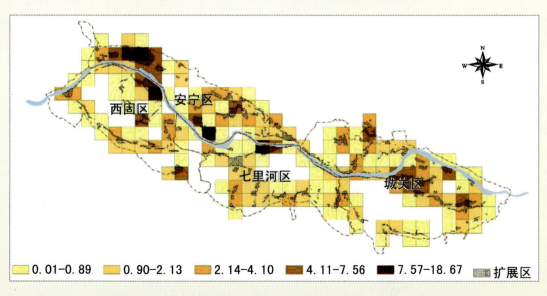

▲ 彩图 12-4a 兰州城市 1990-2004 年空间扩展的空间分异图 1990-1995 年

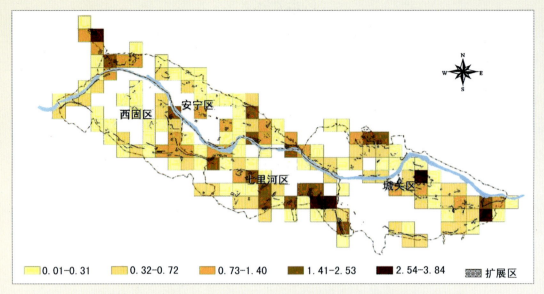

▲ 彩图 12-4b 兰州城市 1990-2004 年空间扩展的空间分异图 1995-2000 年

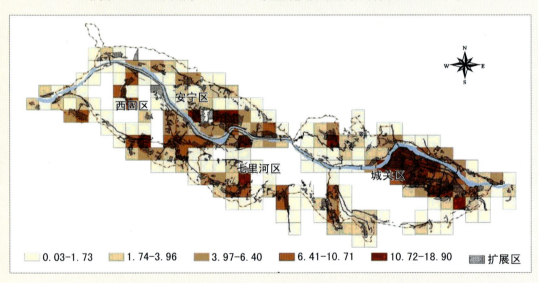

▲ 彩图 12-4c 兰州城市 1990-2004 年空间扩展的空间分异图 2000-2004 年

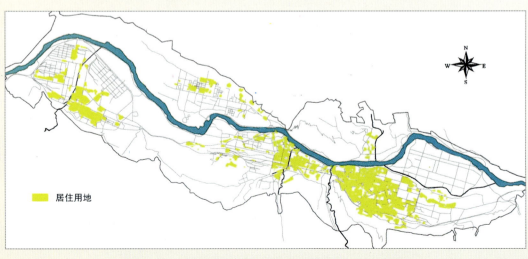

▲ 彩图 12-5a 兰州市转型期不同年份的居住区分布 1976 年

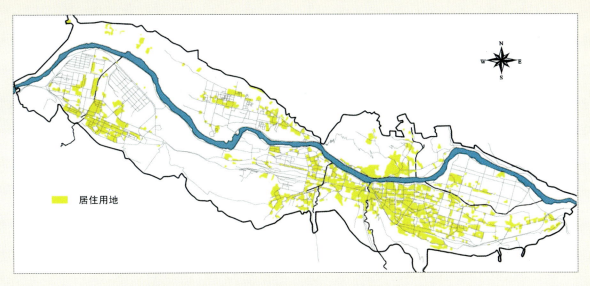

▲ 彩图 12-5b 兰州市转型期不同年份的居住区分布 2001 年

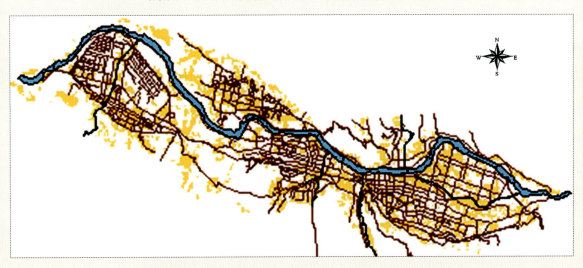

▲ 图 12-5c 兰州市转型期不同年份的居住区分布 2005 年

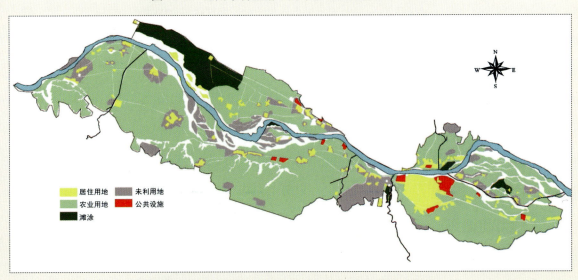

▲ 彩图 12-7a 兰州市不同年份的土地利用现状图 1949 年

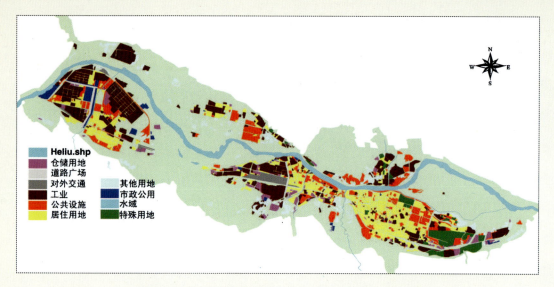

▲ 彩图 12-7b 兰州市不同年份的土地利用现状图 1976 年

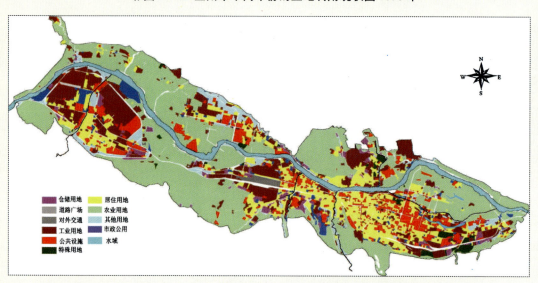

▲ 彩图 12-7c 兰州市不同年份的土地利用现状图 2001 年

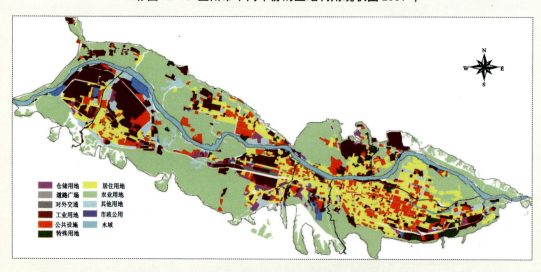

▲ 彩图 12-7d 兰州市不同年份的土地利用现状图 2004 年

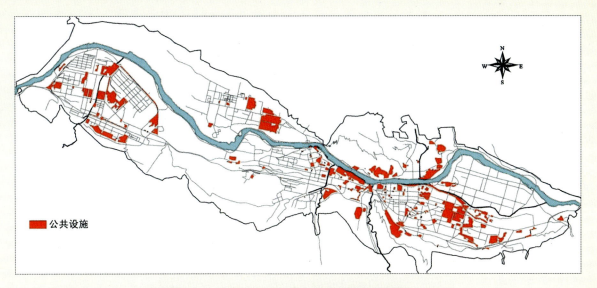

▲ 彩图 12-8a 兰州市不同年份公共设施用地现状图 1976 年

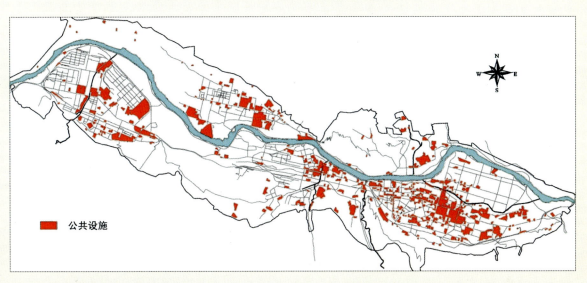

▲ 彩图 12-8b 兰州市不同年份公共设施用地现状图 2001 年

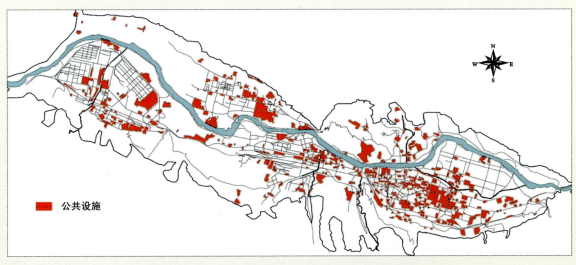

▲ 彩图 12-8c 兰州市不同年份公共设施用地现状图 2004 年

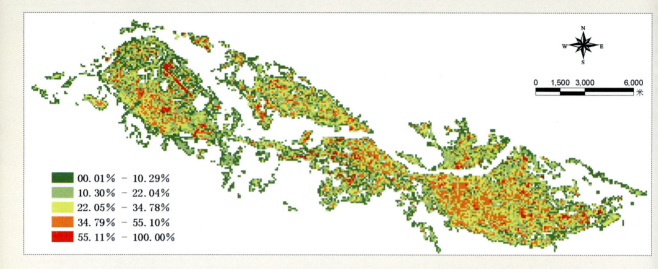

▲ 彩图 12-10 a 兰州市 100m×100m 用地单元的建筑用地面积比例与建筑强度的空间变化

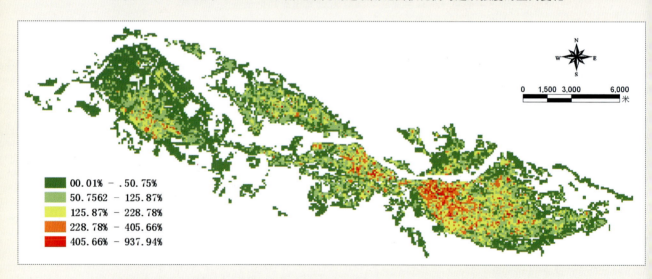

▲ 彩图 12-10b 兰州市 100m×100m 用地单元的建筑用地面积比例与建筑强度的空间变化

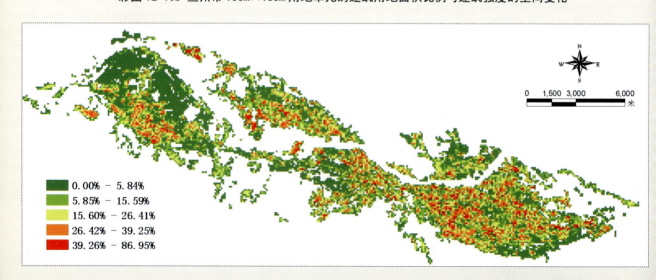

▲ 彩图 12-13a 兰州市 100m×100m 用地单元的住宅建筑用地面积比例与建筑强度的空间变化

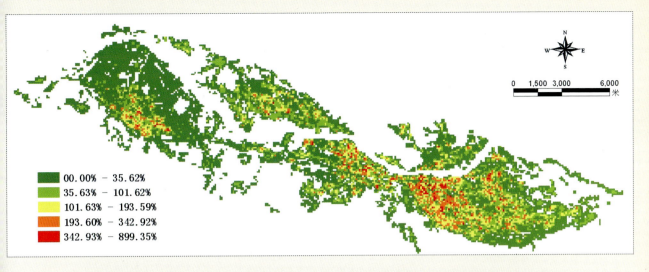

▲ 彩图 12-13b 兰州市 100m×100m 用地单元的住宅建筑用地面积比例与建筑强度的空间变化

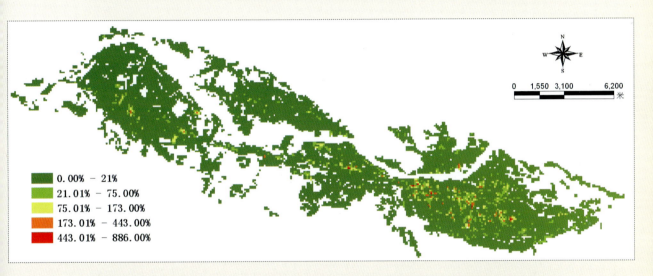

▲ 彩图 12-14a 兰州市 100m×100m 用地单元的商业建筑用地面积比例与建筑强度的空间变化

▲ 彩图 12-14b 兰州市 100m×100m 用地单元的商业建筑用地面积比例与建筑强度的空间变化

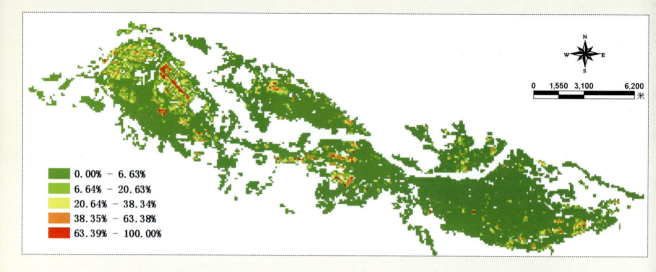

▲ 彩图 12-15a 兰州市 100m×100m 用地单元的工业建筑用地面积比例与建筑强度的空间变化

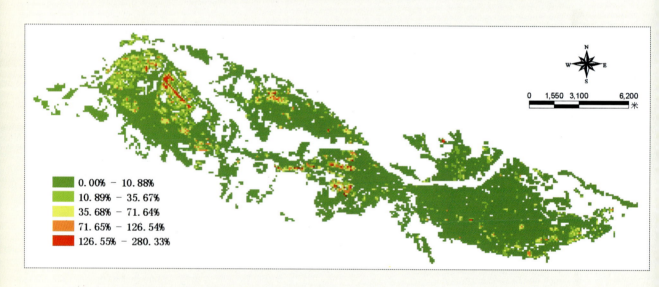

▲ 彩图 12-15b 兰州市 100m×100m 用地单元的工业建筑用地面积比例与建筑强度的空间变化

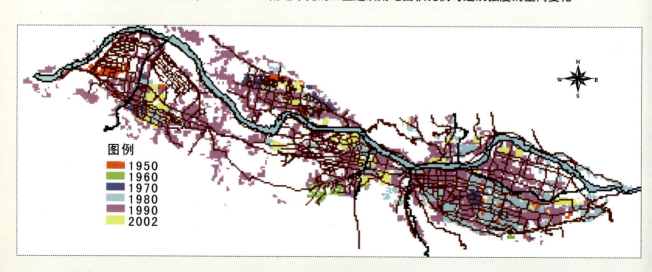

▲ 彩图 14-29 兰州市居住空间结构

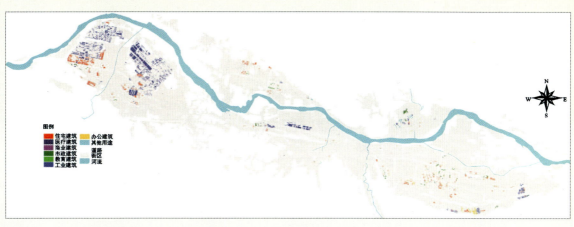

▶ 彩图 17-1a 兰州城市建筑主要类型
现状图 1950—1959 及其以前年份

▶ 彩图 17-1b 兰州城市建筑主要类型
现状图 1960—1969 及其以前年份

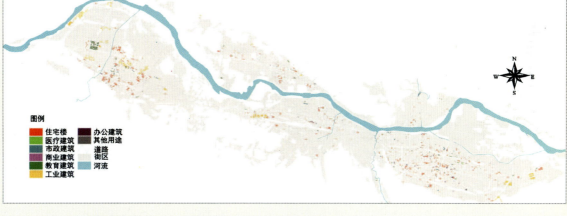

▶ 彩图 17-1c 兰州城市建筑主要类型
现状图 1970—1979 年

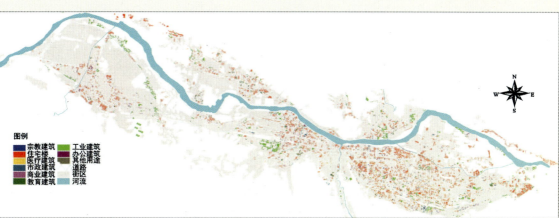

▶ 彩图 17-1d 兰州城市建筑主要类型
现状图 1980—1989 年

图例
宗教建筑　工业建筑
住宅楼　　办公建筑
医疗建筑　道路
市政建筑　街区
商业建筑　河流
教育建筑

图例
住宅楼　　工业建筑
在建　　　办公建筑
医疗建筑　道路
市政建筑　街区
商业建筑　河流
教育建筑

图例
0-1
1-1.6
1.6-2.168
2.168-3.63
3.63-9.279
河流
道路
● 圆点坐标

图例
0 - 0.105
0.105 - 0.35
0.35 - 0.712
0.712 - 2.803
河流
道路

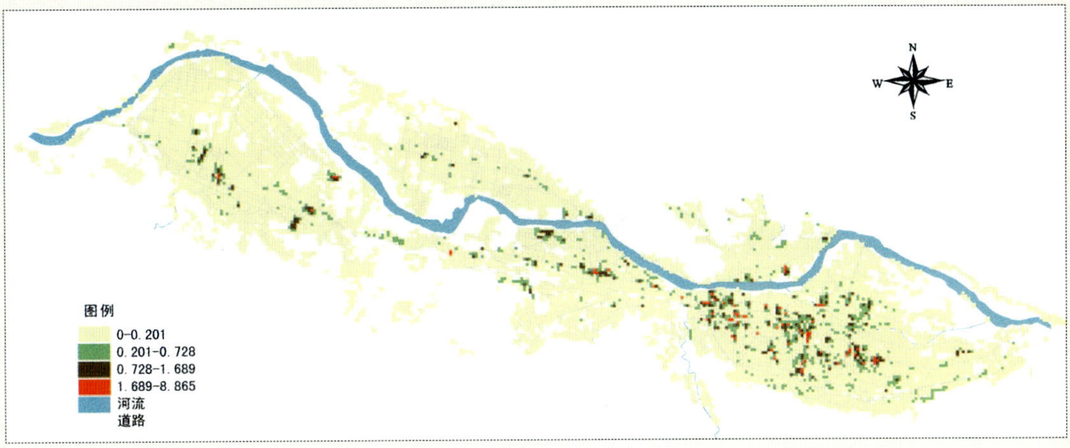
N
W
E
S
图例
0-0.201
0.201-0.728
0.728-1.689
1.689-8.865
河流
道路

▶ 彩图 17-3c 兰州市 2005 年建筑容积率的空间分布：商务建筑

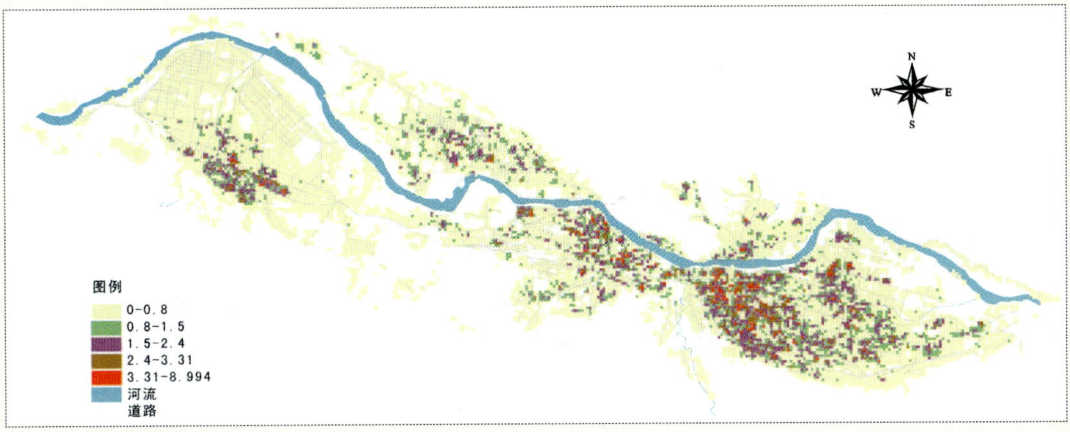
N
W
E
S
图例
0-0.8
0.8-1.5
1.5-2.4
2.4-3.31
3.31-8.994
河流
道路

▶ 彩图 17-3d 兰州市 2005 年建筑容积率的空间分布：住宅建筑

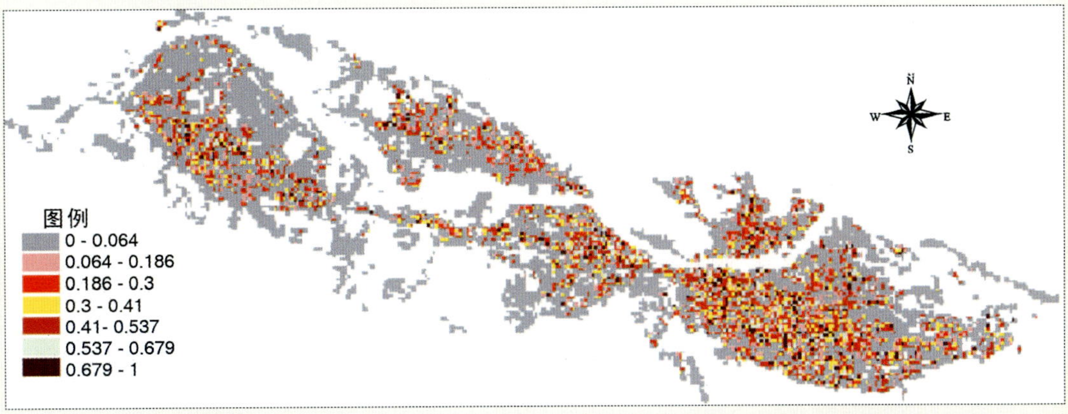
N
W
E
S
图例
0 - 0.064
0.064 - 0.186
0.186 - 0.3
0.3 - 0.41
0.41- 0.537
0.537 - 0.679
0.679 - 1

▶ 彩图 17-8 兰州市建筑用途 Simpson 多样性指数

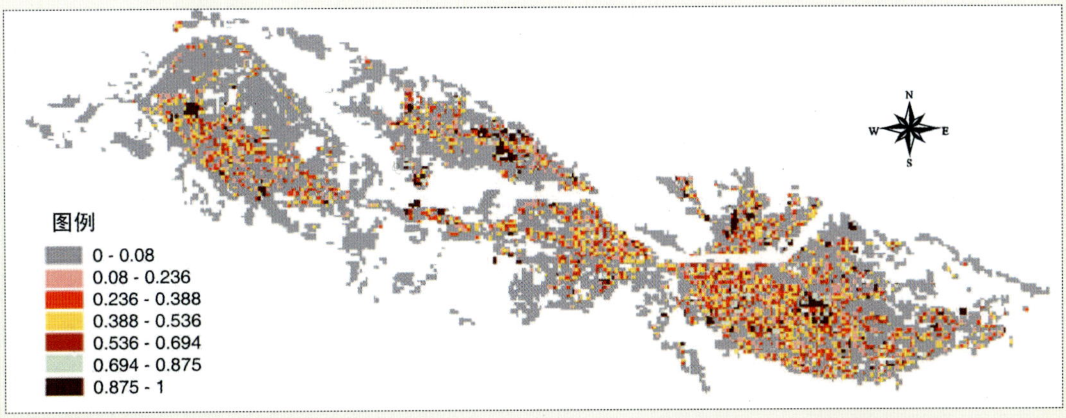
N
W
E
S
图例
0 - 0.08
0.08 - 0.236
0.236 - 0.388
0.388 - 0.536
0.536 - 0.694
0.694 - 0.875
0.875 - 1

▶ 彩图 17-9 兰州市建筑用途 Shannon-Weavear 多样性指数

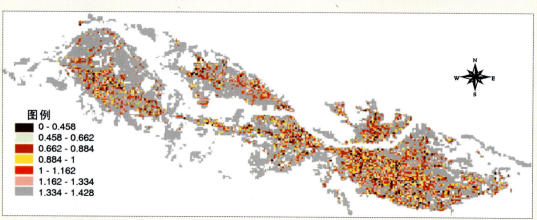

彩图 17-10 兰州市建筑用途景观优势度（D）指数

图例
- 0-0.092
- 0.092-0.426
- 0.265-0.583
- 0.426-0.583
- 0.583-0.756
- 0.765-0.969
- 0.969-1.428

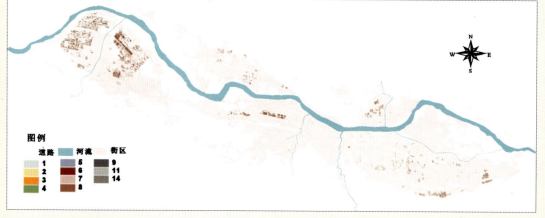

彩图 17-11 兰州市建筑用途景观均匀度（E）指数

图例
- 0 - 0.458
- 0.458 - 0.662
- 0.662 - 0.884
- 0.884 - 1
- 1 - 1.162
- 1.162 - 1.334
- 1.334 - 1.428

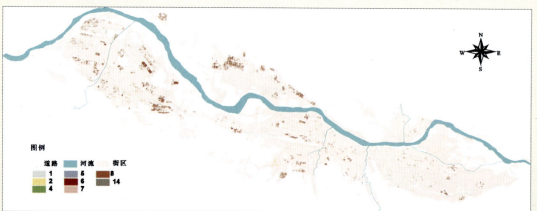

彩图 19-12a 兰州城市建筑色彩主要类型现状图 1960 年及以前

图例

道路	河流	街区
1	5	9
2 3	6 7 8	11 14
4		

彩图 19-12b 兰州城市建筑色彩主要类型现状图 1960-1969 年

图例

道路	河流	街区
1	5	8
2 4	6 7	14

▶ 彩图 19-12c 兰州城市建筑色彩主要
类型现状图 1970-1979 年

▶ 彩图 19-12d 兰州城市建筑色彩主要
类型现状图 1980-1989 年

▶ 彩图 19-12e 兰州城市建筑色彩主
要类型现状图 1990-1999 年

▶ 彩图 19-12f 兰州城市建筑色彩主
要类型现状图 2000-2005 年

◄ 彩图 19-13 兰州城市建筑色彩
Shannon (SHDI) 多样性指数图

图 例
- 0 - 0.171
- 0.171 - 0.479
- 0.479 - 0.699
- 0.699 - 0.851
- 0.851 - 0.994
- 0.994 - 1.182
- 1.182 - 1.622

◄ 彩图 19-14 兰州城市建筑色彩
Shannon (SHDI) 多样性指数图

图 例
- 0 - 0.171
- 0.171 - 0.479
- 0.479 - 0.699
- 0.699 - 0.851
- 0.851 - 0.994
- 0.994 - 1.182
- 1.182 - 1.622

◄ 彩图 20-2 1976 年城市景观类型图

农业用地
居住用地
工业用地
道路广场
公共建筑
水域
其他用地

5   0   5 kilometers

◄ 彩图 20-11 2004 年城市景观类型图

农业用地
居住用地
工业用地
道路广场
公共用地
水域
其他用地

5   0   5 kilometers